यशपाल का

विप्लव-३

मार्च १९४०-जून १९४१

यशपाल का विप्लव-३

मार्च १९४०-जून १९४१

सम्पादन एवं समन्वय

आनन्द

भूमिका

प्रदीप सक्सेना

विप्लव कार्यालय, लखनऊ की ओर से

लोकभारती प्रकाशन

विप्लव कार्यालय, लखनऊ
की ओर से

लोकभारती प्रकाशन
पहली मंजिल, दरबारी बिल्डिंग, महात्मा गाँधी मार्ग
प्रयागराज–211 001
वेबसाइट : www.lokbhartiprakashan.com
ईमेल : info@lokbhartiprakashan.com

शाखाएँ : 1–बी, नेताजी सुभाष मार्ग, दरियागंज
नयी दिल्ली–110 002
अशोक राजपथ, साइंस कॉलेज के सामने
पटना–800 006 (बिहार)
36–ए, शेक्सपियर सरणी
कोलकाता–700 017

प्रथम संस्करण : 2021

मूल्य : ₹900

बी.के. ऑफसेट
नवीन शाहदरा, दिल्ली-110 032
द्वारा मुद्रित

YASHPAL KA VIPLAV-III
by Yashpal

ISBN : 978-93-90625-19-2

प्राक्कथन

''यशपाल का विप्लव : अग्रलेखों का संचयन'' के २०१४ में प्रकाशन के बाद उसी शृंखला में यह अगली तीन प्रस्तुतियाँ है। इन तीनों खण्डों में संपादकीयों तथा सम्पादकीय टिप्पणियों के साथ लेख, स्तम्भ तथा विविध लेखन है।

पाठकों के लिए ''विप्लव'' के प्रकाशन का इतिहास इन पुस्तकों में संकलित सामग्री को समझने में सहायक होगा। ''विप्लव' के पहले चरण का प्रकाशन नवम्बर १९३८ में आरम्भ हुआ था और अप्रैल १९४० तक चला था। अंग्रेज़ सरकार द्वारा बारह हज़ार रुपये की जमानत की मांग के बाद पत्रिका का नाम ''विप्लवी ट्रैक्ट'' कर दिया था जो जून १९४० से जून १९४१ तक प्रकाशित हुई थी। जून १९४१ में सोवियत संघ पर नाज़ी जर्मनी के आक्रमण के बाद प्रकाशन बंद हो गया था।

''विप्लव'' के पुनः प्रकाशन का इतिहास यह है : मार्च १९४७ से जुलाई १९४७, सितम्बर १९४७ से नवम्बर १९४८ तथा जनवरी १९४८ से अप्रैल १९४९ तक, जब भारतीय कम्युनिस्ट पार्टी द्वारा आयोजित देशव्यापी रेल हड़ताल के समय (कम्युनिस्ट पार्टी का सदस्य न होने पर भी) यशपाल को जेल में बन्द कर दिया गया था।

प्रकाशवती पाल ने अपने संस्मरण ''लाहौर से लखनऊ तक'' में लिखा है कि यशपाल प्रायः ''विप्लव'' और ''विप्लवी ट्रैक्ट'' के अंकों में भिन्न-भिन्न नामों से भी लेख लिखा करते थे। इन तीनों संकलनों में सामग्री का चयन निम्न निर्धारकों के आधार पर किया गया है। एक तो संपादकीय या वे लेख जिनके साथ लेखक के रूप में यशपाल का नाम रहता था। दूसरे वे स्तंभ जैसे **चक्कर क्लब, चाय की चुस्कियां, चिलम चक्कर, बेकार एण्ड कम्पनी** आदि जिन्हें वे **सेक्रेटरी** या **दुर्मुख** आदि उपनामों से लिखते

थे। तीसरे **विनिमय, समालोचना, टिप्पणियाँ** आदि शीर्षकों के अंतर्गत प्रकाशित सामग्री।

इसके अतिरिक्त 'विप्लव' और 'विप्लवी ट्रैक्ट' में बहुत से लेख ऐसे हैं जो भाषा, शैली और विचारों में साम्य होने के कारण संभवत: यशपाल ने लिखे थे परन्तु लेखक के बारे में निश्चित सूचना न होने के कारण इन संकलनों में सम्मिलित नहीं किए गए हैं। पहली श्रेणी में निम्न नामों से लिखे लेख हैं : एक मज़दूर, एक विद्यार्थी, एक शिक्षार्थी की नोट बुक, निजी संवाददाता, कोई एक, एच. हिस्टोरिकस, विप्लव कार्यालय, नकाबपोश, एक समाजवादी, एक जानकार, सनीचर, श्री मुँहफट जी आदि।

दूसरी श्रेणी में चन्द्र, जय, गोविन्द, राकेश, जयदेव, रमेश, सत्येन्द्र, गोपाल, सुधीर, भारत भूषण, आनन्द भूषण आदि हैं।

'विप्लव' और 'विप्लवी ट्रैक्ट' में प्रकाशित यशपाल की कहानियां उनके विभिन्न कहानी संग्रहों में तथा अप्रकाशित रचनाओं के संग्रह (मरणोपरान्त प्रकाशित) में संकलित हैं।

१९३८, १९३९, १९४० तथा १९४१ के अंकों में प्रकाशित ''चक्कर क्लब'' स्तंभ प्रस्तुत संकलनों में नहीं है क्योंकि वे अधिकांश में १९४२ में प्रकाशित ''चक्कर क्लब'' नाम की पुस्तक में सम्मिलित कर लिये गये थे। परन्तु १९४७-४८ में प्रकाशित 'चक्कर क्लब' स्तंभ सम्मिलित किया गया है।

''मार्क्सवाद की पाठशाला'' स्तंभ, जिसे यशपाल ''विचक्षण'' नाम से लिखा करते थे, १९४० में प्रकाशित ''मार्क्सवाद'' नाम की पुस्तक में सम्मिलित मान लिया गया है। ''मार्क्सवादी पाठशाला'' शीर्षक से कुछ स्तंभ १९४७-४८ में शंकर तथा नाचिकेता ने लिखे थे, शेष पर लेखक का नाम नहीं है।

'विप्लव' के पहले दो अंकों—नवम्बर १९३८ तथा दिसम्बर १९३८—में प्रकाशित सामग्री का विवरण नीचे दिया गया है जिससे पाठकों को विषयों और लेखकों की विभिन्नता और अनेकरूपता का कुछ अनुमान लग सके।

'विप्लव', 'विप्लवी ट्रैक्ट' तथा 'बागी' (उर्दू) के पुराने अंकों की फ़ाइलें प्रकाशवतीजी ने दुर्गा भाभी (दुर्गादेवी वोहरा) द्वारा लखनऊ में स्थापित शहीद स्मारक शोध संस्थान को दी थीं। संस्थान के सीमित सहयोग के कारण संभवत: कुछ सामग्री प्रस्तुत तीनों खण्डों में संकलित होने से रह गई हो।

यशपाल ने १९२१ से १९२६ के बीच बरेली से प्रकाशित "भ्रमर" मासिक, कानपुर से प्रकाशित "प्रताप" साप्ताहिक (सम्पादक: गणेशशंकर विद्यार्थी) तथा "प्रभा" मासिक (सम्पादक, बालकृष्ण शर्मा 'नवीन') में भी लिखा था। १९३८ में कानपुर से प्रकाशित "प्रताप" में साप्ताहिक स्तम्भ "गर तू बुरा न माने" भी लिखा था। यथासंभव प्रयत्न के बावजूद उपलब्ध न होने के कारण यह सामग्री भी प्रस्तुत तीनों खण्डों में संकलित न की जा सकी।

विप्लव (अंक १) नवम्बर १९३८

हे विप्लव (सम्पादकीय)—यशपाल; **अक्तूबर विप्लव ज़िदाबाद**—शिवसिंह; **कांग्रेस समाजवादी पार्टी**—आचार्य नरेन्द्र देव; **तरुण राग** (कविता)—हरिवंशराय 'बच्चन'; **चक्कर क्लब** (स्तम्भ)—सेक्रेटरी (यशपाल); **नीरस रसिक** (कहानी)—यशपाल; **चेकोस्लोवाकिया का बलिदान क्यों?**—डॉ. एस.पी. सिन्हा; **यूरोपीय जीवन का आकषर्ण**—वी.पी. सिन्हा; **हमारी गुलामी तुम्हें मुबारक**—प्रकाशवती पाल; **यू.पी. का औद्योगीकरण**—आचार्य जुगलकिशोर; **कांग्रेस का कार्यक्रम और स्वतन्त्रता**—शचीन्द्रनाथ सान्याल; **लखनऊ की हड़ताल**—एक मज़दूर; **आज़ाद का बमवाद**—सुखदेवराज; **सिंहावलोकन** (आपबीती)—यशपाल; **चाय की चुस्कियाँ**—दुर्मुख (यशपाल); **डकैती का लाइसेंस**—डॉ. नरसिंहदत्त शर्मा; **गरीब की दिवाली**—काशीराम; **विनिमय**—यशपाल।

विप्लव (अंक २) दिसम्बर १९३८

साम्राज्यविरोधी मोर्चा (सम्पादकीय) : कमाल, अहिंसात्मक लाठी, फ्रांको के सहायक खलीकुज़्ज़मा, क्या शान्ति सम्भव है?—यशपाल; **रूस क्या करे?**—एम.एन. राय; **क्रान्तिकारी आन्दोलन और गाँधीवाद** (श्री जोगेश चटर्जी का भाषण)—एक विद्यार्थी; **समाजवाद और गाँधीवाद का मौलिक भेद**—शफीक अहमद नकवी; **चक्कर क्लब**—सेक्रेटरी (यशपाल); **प्रगति** (कविता)—मुकुल; **काला कानून** (बम्बई की हड़ताल के सम्बन्ध में)—सन्तोष कुमार कपूर; **रूस का पंचायती राज क्या कर रहा है?**—डॉ. एस.पी. सिन्हा; **तूफान का दैत्य** (कहानी)—यशपाल; **इंशाअल्ला** (कहानी)—शफीक बानो; **हिन्दू-मुस्लिम समस्या**—ब्रजमोहन भटनागर;

गाँधीजी और उनकी अहिंसा—विचित्र नारायण शर्मा; **सिंहावलोकन** (आपबीती)—यशपाल; **स्त्रियों के खास हक**—आर.एस. दुबे—**आगे का क्रान्तिकारी आन्दोलन**—मन्मथनाथ गुप्त; **इस अधूरे स्वराज में कुछ अधूरों के मज़े**—डॉ. नरसिंह दत्त शर्मा; **चाय की चुस्कियाँ** (स्तम्भ)—दुर्मुख (यशपाल); **मार्क्सवाद की पाठशाला**—विचक्षण (यशपाल); विचक्षण (यशपाल); **मार्क्सवाद की पाठशाला—अपव्यय और अभाव** (शब्दचित्र)—मंगलामोहन; **विनिमय** (प्राप्त पत्र)—यशपाल; **समालोचना** (प्राप्त पुस्तकें)—यशपाल; **शेष टिप्पणियाँ**—यशपाल।

—आनन्द

भूमिका

विप्लव-युग की देन *यशपाल का 'विप्लव'*

यशपाल की कहानी के साथ ही जो चीज़ मेरे हाथ लगी वह एक पॉकेट बुक थी—'वे तूफानी दिन'। यह 'सिंहावलोकन' का संक्षिप्त संस्करण थी। क्रांतिकारी साहित्य की खोज में तब तक मैं शहर के सभी पुस्तकालयों में सदस्यता ले चुका था। शहर के तीन कॉमरेडों के संपर्क में आ चुका था। ये तीनों राधेश्याम नामधारी थे। राधेश्याम सक्सेना, राधेश्याम पाराशरी और राधेश्याम शर्मा। इनमें कॉमरेड पाराशरी का निजी पुस्तकालय मार्क्सवाद की दृष्टि से बेहतर था। वे एम.एन.राय के 'रेडीकल ह्यूमैनिस्ट' की भी एजेंसी रखते थे। बाद में सी.पी. आई और फिर सी.पी.एम में चले गये थे। संयोग ही था कि तीनों कॉमरेड बाद में सी.पी.एम. के प्लेटफॉर्म पर इकट्ठे हुए और बदायूँ शहर पार्टी की नींव पड़ी। यह १९७० के आस-पास की बात है। इन तीनों ने ही मुझसे यशपाल की चर्चा की और उनका साहित्य पढ़ने को कहा।

यह संयोग तब और पुष्ट हो गया जब शहर के एकमात्र डिग्री कॉलेज में, ग्रेजुएशन के लिए मैंने प्रवेश किया और स्टूडेंट फ़ेडरेशन की गतिविधि आरंभ की। वहीं अपने शिक्षकों में मैंने मधुरेश को पाया, जिनसे यशपाल की घनिष्ठता पता लगी और मेरी प्रसन्नता का ठिकाना नहीं रहा। हर तरफ से यशपाल की धाराएँ आकर मुझमें गिरने लगीं। लेकिन मैं संगठन और पार्टी की ओर से अधिक प्रेरित और सक्रिय था, साहित्य के विशुद्ध पाठक या समीक्षक के रूप में नहीं। मधुरेश के साथ, लेकिन उनसे भिन्न इस पथ पर जो तब चलना शुरू किया, वह अभी तक जारी है। और तभी मैंने 'विप्लव', 'चांद', 'हिन्दूपंच' और 'हंस' के दर्शन किये। विचारधारात्मक पक्षों में रुचि गहन हुई और ऐसी पत्रिकाओं में दिलचस्पी बढ़ चली जो *मार्क्सवादी शिक्षण-सिद्धांत* का कोई पैटर्न रखती थीं। ज़ाहिर है, इसमें *विप्लव* को मैंने अपने बहुत निकट, मन के अनुकूल और उच्चस्तरीय पाया। बल्कि कहूँ कि अप्रतिम भी। जब शोध का अवसर आया, तब इमर्जेंसी लगी हुई थी और मुखर मार्क्सवादी शब्दावली से

बचने की सलाह सब ओर से मिल रही थी। 'क्रांति' और 'विप्लव' वगैरह पर रिसर्च की कोई गुंजाइश नहीं निकल पा रही थी और सबसे बड़ी मुसीबत यह थी कि 'विप्लव' जैसी पत्रिका पर पी-एच.डी. के लिए कोई गाइड करने के लिए तैयार न था। मधुरेश स्वयं 'डॉ.' नहीं थे और न पी.एच.डी. करना चाहते थे। फिर मुझे कराने का तो कोई सवाल ही नहीं था। कहना न होगा कि आज इस भूमिका को लिखते समय तक 'विप्लव' पर शोध करने की तड़प कहीं-न-कहीं छिपी रहती आयी है। इस तड़प के पीछे मेरी यह मान्यता है *कि यशपाल में मार्क्सवादी तर्कशास्त्र के निर्माण की मौलिक क्षमता थी और वह भारतीय मार्क्सवाद जैसी कोई चीज़ तैयार कर रहे थे।* इस बात को स्पष्ट करने के लिए हमें कॉमरेड शिव वर्मा को स्थापनाओं के पास चलना होगा—

१९७९ में लोकभारती से ही प्रकाशित और मधुरेश द्वारा संपादित पुस्तक 'क्रान्तिकारी यशपाल : एक समर्पित व्यक्तित्व' में सबसे अंत में एक छोटा-सा लेख है—'यशपाल और भारत की कम्युनिस्टपार्टी'[१] जो शिव वर्मा ने लिखा है। प्रामाणिकता के लिए शिववर्मा से बेहतर नाम मेरे पास और कोई नहीं है। उन्होंने पूरी ईमानदारी से यह बयान दिया है—

''१९४२ के 'भारत छोड़ो' आन्दोलन से सम्बंधित राजबन्दियों से इलाहाबाद के नैनी केन्द्रीय कारागार का एक नम्बर हाता खचाखच भरा था। खेल-कूद के साथ-साथ राजबन्दियों में राजनैतिक समस्याओं पर वाद-विवाद और सहचिन्तन भी होता था। मार्क्सवाद, समाजवाद, कम्युनिज़्म आदि की भी खूब चर्चा रहती, अध्ययन गोष्ठियाँ भी चलती थीं।''[२] इसी सिलसिले में एक दिन उनके जी में आया, पता लगाऊँ कि लोगों को राजनीति विशेष रूप से *समाजवाद की प्रथम प्रेरणा कहाँ से मिली?* उनका बयान है कि—''मैंने लगभग एक सौ नौजवानों से, जिनमें कम्युनिस्ट, सोशलिस्ट और कांग्रेसी सभी प्रकार के लोग थे, एक ही प्रश्न पूछा—'राजनीति और समाजवाद की ओर आपके झुकाव का प्रथम प्रेरणा स्रोत क्या था?' सौ में लगभग सत्तर-पचहत्तर लोगों ने या तो राहुल जी का नाम लिया, या यशपाल का। किसी ने कहा, राहुल जी का साहित्य पढ़कर और किसी ने कहा, यशपाल जी का। कुछ ने दोनों का नाम लिया।''[३] शिव दा यशपाल से नैनी जेल में दोबारा १९३८ में मिले थे। उन्होंने यह भी स्पष्ट किया कि *''यशपाल जी विधिवत् कम्युनिस्ट पार्टी के सदस्य कभी नहीं रहे।''*[४] लेकिन ''कम्युनिस्ट पार्टी में यशपाल का कितना सम्मान था, इसका अनुमान इस बात से लगाया जा सकता है कि विधिवत पार्टी सदस्य न होते हुए भी १९६० के राज्यपार्टी सम्मेलन का उद्‌घाटन करने के लिए यशपाल को आमन्त्रित किया गया था।''[५]

१९३८ में जेल से बाहर आकर यशपाल द्वारा जो ऐतिहासिक निर्णय लिया गया वह *'विप्लव'* के रूप में मूर्त्त हुआ और नवंबर १९३८ में *एक मासिक* के रूप में, उसका प्रवेशांक समाने आया। जिसके मुखपृष्ठ पर यह उद्‌बोधन छपा था—

तुम करो शान्ति समता प्रसार
विप्लव! गा अपना अनल-गान

इस अनल-गान का स्रोत क्या था, यह 'हे विप्लव'! के उद्‌बोधन में निहित है—"विप्लव मनुष्य और उसके समाज की जीवन-शक्ति का स्रोत है। मनुष्य समाज का विकास के मार्ग पर एक पड़ाव पूरा कर दूसरे पड़ाव में कदम रखना विप्लव है।"[६] यहाँ यशपाल की दृष्टि को देखा जा सकता है। केवल विद्रोह या सशस्त्र विद्रोह नहीं। व्यापक अर्थ में है 'विप्लव'। मनुष्य और समाज की जीवन शक्ति, उसका विकास और अगले चरण या पड़ाव के अर्थ में। जीवन की गति के रूप में। चलना ही जिन्दगी है, रुकना ही मृत्यु है। लेकिन किस दिशा में चलना है? अनल-गान किसका? प्रवेशांक का सम्पादकीय निर्देश देता है—

"हे विप्लव की अग्नि: हे दलित और पीड़ित जनता के शक्ति-उद्‌गार उठ! भारत के निशक्त और ठंडे पड़ गये खून को गरम कर दे। भारत तेरी ओर आँखें लगाये प्रतीक्षा कर रहा है। उसे उत्पीड़न के रक्त के कीचड़ से निकाल कर समता और शान्ति की समतल भूमि पर खड़ा कर उसके सामने मनुष्यत्व के विकास का मार्ग खोल दे।"[७] और 'विप्लव' ने यह विकास-मार्ग खोल दिया।

इस विकास मार्ग का चरित्र प्रवेशांक के लेखकों और उनके योगदान से जाना जा सकता है। इसके लेखक थे—आचार्य नरेंद्र, देव, आचार्य जुगुल किशोर, श्रीमती उमा नेहरू एम.एल.ए., कॉमरेड शिव सिंह, शरीफ़ अहमद नक़वी, पं. विचित्र नारायण शर्मा, डॉ. एस.पी. सिन्हा, वी.पी.सिन्हा, शचीन्द्रनाथ सान्याल, सुखदेव राज, कॉ. प्रकाशवती पाल, डॉ. नरसिंह दत्त शर्मा, कॉ. काशीराम। ७२ पृष्ठ की ठोस पठनीय सामग्री। इसमें यशपाल ने अपने नाम से कहानी प्रकाशित की 'नीरस रसिक' और संस्मरण लेखन—'सिंहावलोकन' की शुरुआत की। इसके अलावा संपादकीय और अन्य स्तंभों की शुरुआत भी की। जैसे चक्कर क्लब, चाय की चुस्कियाँ वगैरह कुल मिलाकर अलग-अलग नामों से २८ पृष्ठों का लेखन कार्य यशपाल ने स्वयं किया। अगले अंकों में भी यशपाल अपने विभिन्न नामों, उपनामों और छद्मनामों से इन स्तंभों के माध्यम से क्रांतिकारी चेतना का निर्माण करते मिलते हैं। नामों, उपनामों, छद्मनामों की यह श्रृंखला हिन्दी में अपने ढंग की अकेली है। यह यशपाल की रूप और वस्तु पर पकड़ पर मुहर लगाती है और उनके राजनीतिक चिन्तन की प्रौढ़ता को सिद्ध करती है।

यशपाल 'विप्लव' के स्तंभों को एक विद्यार्थी, एक शिक्षार्थी, एक जानकार, एक मज़दूर, किसान कार्यकर्त्ता, रेलवे मज़दूर, एक कांग्रेसी, जय, महमूद हिन्दी, चन्द्र, नचिकेता, शंकर, विचक्षण आदि संज्ञाओं से लिखते हुए मार्क्सवादी लोकशिक्षक का दायित्व निभाते हैं। क्या उनके इस रूप और योगदान से आप परिचित हैं? अवश्य ही उनकी कहानियों और उपन्यासों को आपने पढ़ा होगा, लेकिन इन स्तंभों के माध्यम से 'विप्लव' में व्याप्त उनके योगदान का परिचय नहीं रहा होगा। यह सीधे उन्हें प्रेमचंद की परंपरा से जोड़नेवाली चीज़ है। कथाकार, संपादक, पत्रकार एक से एक समृद्ध रूप का आप साक्षात्कार कर सकते हैं। इसीलिए मैंने ''यशपाल पुनर्मूल्यांकन'' का प्रस्ताव किया था। और प्रोफेसर कुँवरपाल सिंह के संपादन में इसे तय्यार कराया था।[८] और उसमें अपना लेख प्रस्तुत किया था—*'जिस यशपाल को हमने जाना ही नहीं।'*[९] शीर्षक ही कह देता है 'विप्लव' के बारे में। वह हिन्दी की मार्क्सवादी आलोचना के प्राध्यापकीय पक्ष के विरुद्ध एक बगावत जैसा लेख था। मधुरेश ने यशपाल पर जिस काम की शुरुआत १९७९ में की थी, उसी को 'भारतीय लेखक' के यशपाल अंक को तैयार करते हुए मधुरेश ने और समृद्ध किया था।'[१०] मैं यशपाल संबंधी उनके ऐसे प्रयत्नों का साक्षी भी हूँ और सहयोगी भी। 'विप्लव' संबंधी अपनी मांग को १९७९ से ही यथावसर उठाता रहा हूँ।

२००६ में मधुरेश ने आधार प्रकाशन से अपनी प्रस्तुति 'यशपाल-रचनात्मक पुनर्वास की एक कोशिश' में एक टिप्पणी ''यशपाल : विप्लव की भूमिका और प्रकृति'' पर अलग से लिखी।[११] और एक बार फिर विप्लव के महत्त्व को रेखांकित किया। यह टिप्पणी 'विप्लव' का संस्मरण ही है कि कैसे यशपाल और प्रकाशवती जी ने संयुक्त रूप से इस उद्यम को चलाया।

जैसा कि चरित्र था सरकार की कोप दृष्टि से 'विप्लव' कैसे बच सकता था? १९४० में १२,००० रुपये की ज़मानत मांगी गयी। 'विप्लव' का इतिहास आगे बढ़ा। 'विप्लव', 'बाग़ी' भी बना और 'साथी' भी। जब 'साथी' नाम स्वीकृत नहीं हुआ तो 'विप्लव', 'विप्लवी ट्रैक्ट' बन गया। जब ऐसा हुआ तो स्तंभों में भी फेरबदल हुआ। 'चाय की चुस्कियाँ', 'चिलम चक्कर' में अन्तर्भुक्त हो गयीं और 'चक्कर क्लब', 'बेकार एण्ड कंपनी लिमिटेड' में बदल गया। ताकि अन्तर्वस्तु वही रहे और लोकशिक्षण का काम चलता रहे।

इस तरह 'विप्लव' ने अपना पहला दौर पूरा किया। 'विप्लव' की शुरुआत नवंबर १९३८ से हुई और जून १९४१ तक सभी दिक्क़तों, चेतावनियों और ज़मानतों के बावजूद वह निकलता रहा। इसे हम 'विप्लव' के पहले दौर के रूप में देख सकते हैं। बीच में लंबे समय तक बंद रहने के बाद मार्च, १९४७ से इसका दूसरा दौर शुरू हुआ। और दूसरी बार शुरू होकर वह अप्रैल १९४९

तक प्रकाशित हुआ। आज़ाद भारत में अपने ही देश की सरकार द्वारा देशव्यापी रेल हड़ताल में धर-पकड़ में यशपाल की गिरफ्तारी के बाद वह बंद हो गया। एक ऐतिहासिक भूमिका निभाकर। सदा के लिए।

मार्च १९४७ में जब 'विप्लव' दोबारा मैदान में आया, तो यशपाल ने नोट किया कि "१९३८ से १९४१ तक के 'विप्लव' के अंकों की मांग अभी तक हो रही है।"[१२] जबकि वे अंक अनुपलब्ध होते गये थे। यशपाल ने सूचित किया कि "१९४७ से आरंभ होने वाले विप्लव की पूरी फाइल रखने के लिए अभी आप १९४७ फरवरी का अंक ही मांग सकते हैं।"[१३] यानी बस एक महीने पहले का। यह तो हुई सामान्य अंकों की बात, विशेषांक तो कुछ गिनने भर को बचे थे, वह भी उनके लिए जो 'विप्लव' की पूरी फाइल रखना चाहते थे। सबकी नज़र में ये विशेषांक अलग-अलग कारणों और रुचियों से महत्त्वपूर्ण हो सकते हैं लेकिन मैं हिन्दी में प्रस्तुत पहले-पहल 'मार्क्स विशेषांक' पर आपका ध्यान आकर्षित करना चाहूँगा जो मेरी जानकारी में हिन्दी ही नहीं, अन्य भारतीय भाषाओं में भी अतुलनीय है। मार्क्स पर हिन्दी में विशेषांक की योजना या विचार १९४० से पूर्व मेरे संज्ञान में नहीं है। मेरी जानकारी की सीमा हो सकती है, फिर भी कहना चाहूँगा 'विप्लव' के ये ५ विशेषांक यशपाल की प्रतिबद्धता और विचारधारा की ५ बेहतरीन मिसालें हैं, जिनके बिना भारतीय क्रान्तिकारी आन्दोलन का कोई इतिहास पूर्ण नहीं होगा। मेरी दृष्टि में ये ५ विशेषांक हैं—

१. 'विप्लव' का प्रवेशांक
२. 'विप्लव' का 'आज़ाद' अंक
३. 'विप्लव' का 'लाहौर षड्यंत्र' अंक
४. 'विप्लव' का 'शोषित' विशेषांक; और
५. 'विप्लव' का "मार्क्स' विशेषांक

एक बार फिर कहूँगा कि १९४० में हिन्दी और भारत की किसी भी भाषा की किसी भी पत्रिका में ऐसी योजना दिखायी दी हो, ध्यान नहीं पड़ता। यहाँ 'मार्क्स अंक' की ओर अपने पाठकों का ध्यान आकर्षित करना चाहूँगा, क्योंकि 'विप्लव' की समस्त शिक्षाओं और प्रेरणाओं का स्रोत मार्क्स ही तो हैं। देखना चाहिए कि सशस्त्र संग्राम से सम्बद्ध मार्च १९४० में कितने लोग मार्क्स और उनकी रचनाओं से परिचित थे? लेनिन से फिर भी परिचित थे। रूसी क्रांति से परिचित थे। स्वयं १९४० के जनवरी अंक में 'विप्लव' की संपादकीय टिप्पणी यशपाल लेनिन के ऊपर लिख चुके थे— *'नास्तिकों का देवता लेनिन'*।[१४] इसमें उन्होंने महान लेनिन के समस्त महामानवीय गुणों को रेखांकित किया। और उनके देवता होने के कारणों को बताते हुए कहा—

"धर्म और परमेश्वर की आज्ञा की काल्पनिक ज़ंज़ीरों में जकड़े जाकर लूटे और चूसे जाने से इन्कार करने वालों ने नास्तिकों ने उसका देवता के समान आदर किया, क्योंकि उसने भगवान की इच्छा और उसके सन्देश के पाखण्ड की आड़ लेकर नहीं बल्कि शुद्ध तर्क और जनता की अनुमति को भगवान की आज्ञा का स्थान दिया। उसने अपनी आज्ञाओं को आध्यात्मिकता के मन्दिर की चोटी पर रख जनता के तर्क से ऊँचा बनानेकी कोशिश नहीं की। जनता के निर्णय को उसने अपनी 'आत्मा की आवाज़' से कुचल दे की कोशिश नहीं की। अब तक देवताओं की क़ैद से छुड़ा कर देवताओं का स्वामी बना दिया। इसलिए वह मानसिक, आर्थिक, सामाजिक और राजनैतिक स्वतन्त्रता के पुजारी नास्तिक समाजवादियों की दृष्टि में देवता बन गया।"[१५] लेकिन यशपाल ने विशेषांक मार्क्स पर तैयार किया, जिनके सच्चे वारिस थे लेनिन। जबकि लेनिन पर सामग्री से दुनिया पटी पड़ी थी। 'मार्क्स विशेषांक' भी केवल प्रगतिशील, मार्क्स-केंद्रित कविता या कहानी से भरपूर नहीं है, यानी कि केवल साहित्य-लेखन उसके केंद्र में नहीं है; उसमें तो मार्क्स, मार्क्सवाद, समाजविज्ञान, क्रांतिकारी आंदोलन, सशस्त्र, संग्राम, भारतीय समाज, भारतीय समस्याएं, मार्क्स या गांधी, किसान और स्त्री तक के मुद्दों को समेटा गया है। उसकी रेंज इतिहास, राजनीति, साहित्य और वैचारिकता को स्पर्श करने वाली है। प्रामाणिकता के लिए उसकी विषय सूची प्रस्तुत है :

पराया सुख : यशपाल ५३–६०
कांग्रेस समाजवादी पार्टी की सफाई : रमाकांत श्रीवास्तव ६१–६४
भगतसिंह की बरसी पर : जय ६५–६६
होली (कविता) : सम्राट बहादुरशाह ६७
मार्क्सवाद में किसान : रमेश वर्मा ६९–७२
मार्क्सवाद का दार्शनिक पहलू : दुर्गादत्त पंत ७३
मार्क्सवाद में स्त्री का स्थान : हाजरा बेगम ७७–७९
सिंहावलोकन : यशपाल ८२
मार्क्सवाद की पाठशाला ८४
चाय की चुस्कियाँ ९०
मार्क्स और स्टैलिन ९२
विनिमय ९६[१६]

ज़रूर यह चुनौती स्वीकार की जानी चाहिए कि १९४० में भारतीय भाषाओं की कितनी पत्रिकाओं ने मार्क्स और लेनिन पर विशेषांक तैयार किये? या चन्द्रशेखर आज़ाद पर अंक केंद्रित करने की हिम्मत की? चलित क्रांतिकारियों पर केंद्रित करने का साहस नहीं था तो किसी पत्रिका का 'शोषित अंक' चर्चित रहा हो, तो उसे ही बताया जाये।

यशपाल का महत्त्व तब स्पष्ट हो सकेगा जब कोई यह जानेगा कि कितने ही क्रांतिकारी अपना महान त्याग और बलिदान पथ छोड़कर वैरागी, स्वामी और बाबा लोग बन गये। अक्षय कुमार दत्त—शांतिनाथ, सूर्यकुमार सेन—निर्वाणानंद, यतीन वंद्योपाध्याय—निरालंब, देवव्रत वसु—प्रज्ञानंद और दीनेश गुह—स्वामी तुरीयानंद बन गये।[१७] ये सभी एक समय परम विप्लवी थे। विप्लव युग के सुन्दर फल थे। लेकिन कितनों की परिणति स्वामियों और बाबाओं में हुई। इन सबके विपरीत यशपाल भौतिकवादी पथ पर आगे बढ़े और अपने पीछे कितने ही विद्यार्थियों-और-अध्यापकों को दिव्या-पथ का पथिक बनाया। झूठे-सच से रू-ब-रू कराया। और 'विप्लव' के आलोक में विचार करने का प्रशिक्षण दिया। मार्क्सवाद के अंतर्विरोध-सिद्धांत को तमाम भारतीय सन्दर्भों में लागू किया और लागू करना सिखाया। लेकिन इसे हिन्दी का दुर्भाग्य ही कहा जायेगा कि हमारे शिखर मार्क्सवादी आलोचक डॉ. रामविलास शर्मा ने अपने बुलडोजरी लेखन से अन्य मार्क्सवादी लेखकों पर सामान्यत: लेकिन यशपाल पर विशेषत: कृपा की। उनके महान योगदान को कभी रेखांकित नहीं किया, बल्कि मार्क्सवाद से ही खारिज कर दिया। उन्हें जैनेन्द्र और अज्ञेय की साड़ी-जम्पर-उतार परंपरा की कड़ी में रखा। उन्हें अंत तक पतनशील मार्क्सवादी सिद्ध करते रहे।

कम लोगों को ज्ञात होगा कि मार्क्सवाद में निष्ठा और उसके निर्माण में, उसके आदर्शों के प्रचार-प्रसार में 'विप्लव' के पटाक्षेप के बाद १९४९ में ली शाओ ची की पुस्तक 'चीनी कम्युनिस्ट पार्टी' के इतिहास के अनुवाद, प्रकाशन और वितरण का दायित्व पाठकों से उनके इस पक्ष के वस्तुनिष्ठ मूल्यांकन की अपेक्षा करता है, जो विश्व मानवता की दृष्टि से भारतीय मार्क्सवाद में उनकी निष्ठा को दर्शाता हैं।

डॉ. शर्मा की मान्यताएँ या आलोचना में व्याप्त खुले दुराग्रहों और आरोपों से यशपाल का 'विप्लव' ही अकेले उन सबसे यशपाल को बाइज़्ज़त बरी कर देता है।

'विप्लव-युग' की सर्वश्रेष्ठ झांकी हमें 'विप्लव' के अंकों में प्राप्त होती है, बशर्त्ते कोई देखने का कष्ट तो उठाये! 'विप्लव' यह परीक्षा देने के लिए आज भी तैयार है। क्या आप उनके साथ न्याय के लिए तैयार हैं?

—प्रदीप सक्सेना

सन्दर्भ

1. देखिए, शिववर्मा का लेख : यशपाल और भारत की कम्युनिस्ट पार्टी' प्र. सं. 1979, पृ. 300 : लोकभारती प्रकाशन, इलाहाबाद-1
2. उपर्युक्त पृ. 300
3. वही, पृ. 300
4. वही, पृ. 301
5. वही, पृ. 301
6. पूर्वोद्धृत, द्वारा प्रबोधचंद्र मजूमदार : यशपाल-संपादक और पत्रकार, उपर्युक्त, पृ. 285
7. वही, पृ. 285
8. यशपाल : पुनर्मूल्यांकन : संपादक-कुँवरपाल सिंह, प्र. सं. 2004, शिल्पायन, दिल्ली।
9. देखिए, प्रदीप सक्सेना का आलेख, जिस यशपाल को हमने जाना ही नहीं : उपर्युक्त, पृ. 215
10. देखिए, मधुरेश द्वारा संपादित 'भारतीय लेखक' का यशपाल विशेषांक-2004
11. देखिए, मधुरेश द्वारा लिखित : यशपाल-रचनात्मक पुनर्वास की एक कोशिश, आधार प्रकाशन, पृ. 110
12. देखिए, 'विप्लव' मार्च 1947 : सं. यशपाल, पृ. 39
13. वही, पृ. 39
14. देखिए, 'विप्लव', जनवरी 1940, पृ. 11
15. उपर्युक्त, पृ. 11
16. देखिए, 'विप्लव' मार्क्स अंक : मार्च 1940 : विषय-सूची
17. विस्तार के लिए देखिए : नलिनी किशोर गुह का ग्रंथ—'बंगाल की विप्लव-कथा ', संवाद प्रकाशन, मेरठ, पृ. 347

अनुक्रम

मार्च
१९४०

मार्क्स या गाँधी?

गाँधी जी जिस समाजवाद या साम्यवाद की स्थापना का स्वप्न देखते हैं, उसे मार्क्स के समाजवाद का ही रूप समझकर, भेद केवल गाँधी और मार्क्स के कार्यक्रम में ही समझना भूल है। गाँधी जी का साम्यवाद पुरानी प्रणाली को दृढ़ करने की चेष्टा है और मार्क्सवाद है क्रान्ति द्वारा नये समाज की स्थापना का यत्न। —सं.

मनुष्य समाज का अधिक भाग दु:ख, कष्ट और भूख से तड़प रहा है। इन लोगों के दु:ख, कष्ट और भूख से तड़पने का कारण यह है कि इन निरुपाय लोगों की मेहनत के फल को अमीर और पैदावार के साधनों को अपने हाथ में रखनेवाले लोग अपने प्रबन्ध द्वारा इन लोगों से छीन लेते हैं। इस बात के खोज निकालने का सेहरा मार्क्स के लिए बाँधा जाता है। लेकिन हमें बात ठीक ऐसी ही नहीं जान पड़ती। अमीर और पैदावार के साधनों को अपने हाथ में रखनेवाले लोग ग़रीबों की मेहनत का फल लूटते हैं, इस बात को सबसे पहले उन्हीं लोगों ने स्वीकार किया था जिन लोगों ने अमीरों को ग़रीबों पर दया कर दान धर्म करने और त्याग का उपदेश दिया था। दान, धर्म और त्याग का उपदेश देनेवालों ने अपने चारों ओर लूट और अत्याचार को देखा और समाज में ग़रीब मनुष्यों को अधिक और अमीर मनुष्यों को कम मेहनत करते हुए देखकर ग़रीबी और अमीरी का कारण भी समझ लिया। उन्होंने इस बात को भी अनुभव किया कि परिश्रम करनेवाले अपने परिश्रम का फल नहीं पा रहे। यह देखकर उनके दिल को दु:ख भी हुआ और उनके हृदय से आवाज़ निकली–ज़ुल्म मत करो! इन ग़रीबों को भी ज़िन्दा रहने दो! तुम्हारे पास ज़रूरत से ज़्यादा है, वे भूखे मर रहे हैं, तुम सन्तुष्ट हो, तुम्हारा दिल भरा है, पेट फटा जा रहा है, कुछ ग़रीबों को भी दो, इसी में तुम्हारी शोभा है।

यह सब तो इन धर्मात्मा पुरुषों और पीर पैगम्बरों ने कहा परन्तु एक बात उन्होंने कभी नहीं कही और वह बात यह है कि दूसरे की कमाई के मेहनत के

फल को छीन लेने का हक़ किसी को नहीं है। उन्होंने यह भी नहीं कहा कि पैदावार के साधनों को अपने हाथ में करके मेहनत करनेवालों के गले में रस्सी बाँधकर जानवरों की तरह उनसे परिश्रम करा कर ख़ुद अमीर बन जाना बेइन्साफ़ी है, ऐसा करने से मनुष्य समाज का नाश हो जायेगा। उनकी अक़्ल यहाँ तक पहुँच भी नहीं सकती थी, क्योंकि समाज उस समय इतना उन्नत नहीं हुआ था। उन धर्मगुरुओं ने ग़रीबों और साधनहीन लोगों को यह उपदेश नहीं दिया कि तुम अपने परिश्रम का फल छीना मत जाने दो! उन्होंने उपदेश दिया अमीरों को दान और दया का। उन्होंने अमीरों और पैदावार के साधनों के मालिकों द्वारा ग़रीब मज़दूरों और किसानों की मेहनत के फल को छीन लेने के हक़ को स्वीकार किया परन्तु साथ ही इस पाप को सुन्दर बनाने के लिए दान और दया का उपदेश भी दिया।

मार्क्स ने जो नयी बात बतायी वह थी—अमीर किस कैंडे से ग़रीब की मेहनत के फल को खींच लेता है! उसने इसे अन्याय बताया और कहा कि मनुष्य समाज में यदि लूट का यह तरीक़ा चलता रहेगा तो ग़रीबों की संख्या इतनी अधिक बढ़ जायेगी और उनकी हालत इतनी गिर जायेगी कि उनके लिए ज़िन्दा रहना न सिर्फ़ मुश्किल हो जायेगा बल्कि समाज का नाश हो जायेगा।

उसने इस संकट से बचने का उपाय बताया कि साधनहीन लोग संगठित हो जायें। समाज के सभी काम उनकी ही मेहनत से चलते है इसलिए संगठित होकर वे जो चाहे कर सकते हैं। इन साधनहीन लोगों को चाहिए कि समाज की इस मौज़ूदा व्यवस्था को, जिसमें लाखों, करोड़ों मेहनतकशों की मेहनत कुछ इने-गिने ऐसे आदमियों के हाथ में चली जाती है जो पैदावार के साधनों पर अपना क़ब्ज़ा किये बैठे हैं, पलट दें। यही क्रान्ति है। धर्म और अहिंसा पर समाज को सदा श्रद्धा रही है और इस धर्म और अहिंसा के नाम पर ही मनुष्य समाज में श्रेणियों द्वारा श्रेणियों को लूटने के हक़ों का समर्थन होता रहा है। धर्म और अहिंसा की जय मनानेवाले कहते हैं कि मार्क्स जिस क्रान्ति द्वारा समाज से लूट और अन्याय को दूर करना चाहता है, वह क्रान्ति एक भयंकर ख़ूनी क्रान्ति होगी और उसमें रक्त की नदियाँ बह जायेंगी। इस प्रकार की क्रान्ति से संसार में कभी शान्ति नहीं हो सकती, बल्कि नाश ही होगा।

महात्मा गाँधी भी हमारे मौज़ूदा समाज में अन्याय और अत्याचार का बोल बाला और समाज की प्रत्येक व्यवस्था की जड़ में पशुबल को ही देख पाते है। वे भी चाहते हैं समाज में शोषण और अत्याचार न रहे। इस बात में वे मार्क्स के साथ सहमत हैं। परन्तु मार्क्स की एक बात वे मानने के लिए तैयार नहीं और वह यह कि समाज की जो श्रेणी पैदावार के साधनों को अपने हाथ में रखकर साधनहीन

श्रेणी का शोषण करती है, उसके हाथ से इन पैदावार के साधनों को लेकर सम्पूर्ण समाज के हाथ सौंप दिया जाये।

ऐसा करना महात्मा जी की दृष्टि में हिंसा होगी। महात्मा जी का विचार है कि मालिक कहलानेवाली श्रेणी को यदि यह विश्वास हो जाये कि सामाजिक क्रान्ति करने से, समाज की मौज़ूदा व्यवस्था में परिवर्तन करने से सम्पूर्ण समाज का, जिसमें वे पूँजीपति भी शामिल है, अधिक कल्याण हो सकता है तो वे स्वयं ही इस प्रकार की क्रान्ति या परिवर्तन की कोशिश करेंगे। महात्मा जी पूँजीपति श्रेणी के हाथ से पैदावार के साधनों को ले लेना भी ज़रूरी नहीं समझते बल्कि वे समाज में शान्ति और सुख की ऐसी व्यवस्था का स्वप्न देखते हैं जिसमें पूँजीवादी यानी उत्पत्ति के साधनों पर अधिकार रखनेवाले और उत्पत्ति के साधनों से हीन सभी श्रेणियाँ एक समान अधिकार और बराबरी की अवस्था में रह सकेंगी। महात्मा जी के विचार के अनुसार केवल इसी प्रकार के समाज में शान्ति क़ायम रह सकती है।

प्रो. शिब्बन लाल का यह कहना कि मार्क्स और गाँधी जी एक ही आदर्श को पाने की चेष्टा कर रहे हैं, हमारे विचार में ठीक नहीं। मार्क्स के विचार में समाज में दुःख, कष्ट, अन्याय और शोषण का कारण है, सम्पूर्ण समाज का जीवन पैदावार के जिन साधनों से चलता है उनका एक श्रेणी के हाथ में होना। महात्मा जी समाज के संकट के इस कारण को तो मानने के लिए तैयार हैं परन्तु मार्क्स द्वारा बताये गये इलाज अर्थात पैदावार के साधनों को पूँजीपति श्रेणी से ले लेने की बात को मान लेने के लिए तैयार नहीं यदि गाँधी जी इस तजवीज़ को मान लेने के लिए तैयार होते तो शिब्बन लाल जी को यह कहने की आवश्यकता न होती कि गाँधी जी की राय में तो आदर्श समाज वह है जिसमें मालिक श्रेणी और मालिक श्रेणी की दया पर रहनेवाली दास श्रेणी, जिसे हम आजकल किसान–मज़दूर या नौकरीपेशा श्रेणी कह सकते हैं, दोनों श्रेणियाँ मौज़ूद रहें, परन्तु परस्पर प्रेम और सद्‌भावना से रहें और उनके अधिकार भी समान रहें।

मार्क्स कहता है मालिक और दास के अधिकारों की समानता और सद्‌भावना एक धोखा है। जब एक श्रेणी को आप दूसरी श्रेणी का उपयोग पशुओं की तरह करने का अधिकार दे देते हैं तो फिर उनमें अधिकारों की समानता की बुनियाद ही कहाँ रह जाती है? महात्मा जी की दृष्टि में अधिकारों की समानता का अर्थ वही व्यवस्था है जिसके कारण दुःख, कष्ट और अन्याय समाज में चल रहे हैं। अधिकारों की इस समानता का अर्थ है कि मालिक का अधिकार और कर्त्तव्य है कि दासों पर शासन करे और उनकी पालना करे और दास का कर्त्तव्य और

अधिकार है कि मालिक की सेवा करे और आज्ञा पालन करे और इस प्रकार दोनों अपने-अपने जीवन को एक 'आदर्श' बनायें।

इस आदर्श समाज में मालिक दास का पालन करेगा तो केवल अपने उपयोग के लिए ही? जिस समाज में एक श्रेणी महज़ दूसरी श्रेणी की सेवा का साधन बन जाये, उसमें न्याय और समानता का स्वप्न देखना केवल मालिक श्रेणी के लिए ही सम्भव है और इसे केवल अन्धे का बार-बार अपनी झोली में भीख डालना ही कहा जायेगा, चाहे इसकी तह में कितने ही बड़े न्याय के आदर्श की सद्‌भावना छिपी हो।

महात्मा गाँधी एक ओर तो मालिक और दास के प्रेमपूर्ण और समानता के सम्बन्ध का स्वप्न देखते हैं और दूसरी ओर इस बात का भी दावा करते हैं कि यदि मालिक श्रेणी को यह समझा दिया जाये कि सम्पूर्ण समाज का हित समाज की व्यवस्था के बदल देने में ही है तो मालिक श्रेणी स्वयं ही क्रान्ति कर इस अवस्था को बदल देगी। इस क्रान्ति के लिए वे सत्याग्रह और प्रेम के शस्त्र का उपयोग करने की सलाह देते हैं। मार्क्सवादियों को सत्याग्रह और प्रेम से कोई विरोध नहीं। मार्क्सवादियों का उद्‌देश्य है समाज से एक श्रेणी द्वारा दूसरी श्रेणी का शोषण समाप्त करना। यदि यह उद्‌देश्य सशस्त्र क्रान्ति की अपेक्षा प्रेम की क्रान्ति द्वारा अधिक सरलता से सम्पन्न हो सकता है तो इसमें मार्क्सवादियों को भी कोई आपत्ति नहीं हो सकती।

परन्तु प्रेम और हिंसा क्या है और वह पैदा किस प्रकार हो जाते हैं, इस बात की ओर ध्यान दिये बिना हम शायद प्रेम और हिंसा के महत्त्व को न तो ठीक-ठीक समझ सकते हैं और न ठीक रूप से उनका व्यवहार ही कर सकते हैं। हमारे समाज में प्रेम की जो कमी और हिंसा की अधिकता दिखायी देती है उसका कारण क्या है? गाँधी जी और उनके सिद्धान्तों को माननेवाले लोगों का विचार इस सम्बन्ध में यह है कि मनुष्य के स्वभाव में ही हिंसा और अन्याय करने की प्रवृत्ति है।

मार्क्सवादी मनुष्य को इतना नीच नहीं समझते। मार्क्सवादी दृष्टिकोण से इतिहास की खोज करने पर हम इस परिणाम पर पहुँचते हैं कि मनुष्य का आचार व्यवहार किन्हीं कारणों से ही निश्चित होता है। मनुष्य यदि हिंसा करता है तो उसका एक कारण होता है और जब प्रेम करता है तो उसकी भी एक वजह होती है। समाज में मौज़ूदा हिंसा और प्रेम की वजह समझ लेना कठिन नहीं है। प्रत्येक जीव अपने जीवन की रक्षा का यत्न करता है और अपने जीवन को अधिक अच्छी तरह और आराम से बिताने के लिए जो कुछ भी सम्भव है, वह करता है। इसके लिए जब जीवों में अपने-अपने स्वार्थों के लिए छीनाझपटी होने लगती है तो हिंसा होने लगती है। मनुष्य समाज में

भी यही होता है। जब मुनष्य अपना-अपना स्वार्थ पूरा करने के लिए यत्न करते हैं और कुछ मनुष्यों के अपने स्वार्थ के यत्न से दूसरे आदमियों को नुक़सान पहुँचने लगता है और जिन्हें नुक़सान होता है वह इस प्रकार के प्रयत्नों का विरोध करने लगते हैं, तो समाज में हिंसा प्रकट हो जाती है। ठीक इसके विरुद्ध किसी भी काम में एक साथ जिन प्राणियों का स्वार्थ सिद्ध होता है या किसी इच्छा की पूर्ति होती है, जिन्हें एक-दूसरे की सहायता से सन्तोष होता है, तो उनमें प्रेम हो जाता है। जब हितों में विरोध होगा तब हिंसा प्रकट होगी ही और ऐसी हिंसा को रोकने के लिए या विरोध के प्रयत्नों को रोकने के लिए जो प्रबन्ध या व्यवस्था की जायेगी वह स्वयं एक बड़ी हिंसा होगी इसका उद्देश्य होगा विरोधी को दबाना और इसका एक बहुत प्रत्यक्ष उदाहरण है हमारे देश पर क़ायम विदेशी शासन।

समाज से हिंसा दूर उसी समय हो सकती है जब मनुष्यों के हितों में विरोध न रहे और केवल ऐसी अवस्था में उनमें प्रेम भी पैदा हो सकता है। मार्क्स ने इतिहास की खोज से यह बताया कि मनुष्य दो श्रेणियों में बँटे हुए हैं, जिनके हित एक-दूसरे के विरुद्ध हैं। एक श्रेणी है जो मेहनत कर धन द्रव्य पैदा करती है और दूसरी श्रेणी है जो मेहनत के साधनों की मालिक होने की हैसियत से इस पैदा किये गये धन द्रव्य को लेकर मेहनत करनेवालों की मज़दूरी का बड़ा भाग स्वयं रखकर, कम भाग ग़रीब मेहनतक़शों को दे देती हैं। यह हिंसा है क्योंकि इससे दूसरे के परिश्रम को छीना जाता है। इससे उसकी स्वतन्त्रता छीनी जाती है। यदि समाज में पैदावार के साधनों पर एक श्रेणी की मिल्क़ियत न होकर सम्पूर्ण समाज का अधिकार हो जाय तो हितों में विरोध न रहेगा और हिंसा की गुंजाइश मिटकर प्रेम की गुंजाइश हो जायेगी।

वर्तमान समाज में लगातार हिंसा हो रही है यह तो गाँधावादी स्वीकार करते हैं परन्तु इसके साथ ही उनका यह कहना है कि पूँजीपति और ज़मींदार श्रेणी के हाथ से उनकी मिल्क़ियत छीनने से इस श्रेणी को दुःख होगा, इसलिए यह हिंसा होगी। हिंसा द्वारा हिंसा का इलाज करना उचित नहीं। हिंसा का इलाज होना चाहिए प्रेम से।

यह बात कहने को बड़ी अच्छी और आकर्षक मालूम होती है परन्तु इसका अर्थ कुछ नहीं। इसका मतलब अगर कुछ है, तो यही कि साधनहीन लुटती जानेवाली श्रेणियाँ अत्याचार बरदाश्त करती जायें और कृपा और आशा की नज़र से लूटनेवालों की ओर देखती जायें। महात्मा जी चाहते हैं प्रेम से समझकर अत्याचार और लूट करनेवाली श्रेणी को अत्याचार और लूट न करने के लिए तैयार किया जाये। मार्क्सवादी कहते हैं श्रेणियों का झगड़ा मिटाकर लूट करने की

सम्भावना ही न रहे। भेद यह है कि मार्क्सवादियों के तरीक़े से अत्याचार करनेवाली श्रेणी रह ही नहीं जाती, हिंसा करने का मौक़ा ही किसी के हाथ में नहीं रहता। इसके विरुद्ध गाँधीवादी तरीक़े में अत्याचार और लूट की शक्ति लूट करनेवालों के हाथ रहेगी अवश्य, परन्तु उनसे प्रार्थना की जायेगी कि वे कृपा कर ऐसा न करें।

महात्मा जी का 'प्रेम' ऐसी अवस्था में भ्रम फैलाने के यत्न के सिवा और कुछ नहीं। एक ओर तो आप एक श्रेणी के अधिकार छीनते हैं (चाहे वे अधिकार अन्यायपूर्ण ही क्यों न हों) और दूसरी ओर आप उन्हें पुचकारते भी जाते हैं। इस पुचकारने से उन्हें क्या तसल्ली और क्या लाभ होगा? हम मनुष्य समाज के इतिहास में देखते हैं कि मालिक सदा अपने-आपको दासों-किसानों और मज़दूरों के पिता बताते आये हैं परन्तु उनके इस पितापन से दासों को क्या लाभ हुआ? जब आप किसी के हितों का या कहिये लूट के अधिकारों का विरोध करते हैं, तो इस विरोध को चाहे कितना ही प्रेमपूर्वक क्यों न कीजिये, दूसरे आदमी को वह हिंसा ही मालूम होगी। इसका स्पष्ट उदाहरण हमने अपने ही आन्दोलन में देखा है। जब शराब और विदेशी कपड़े के व्यापारियों की दुकानों पर गाँधी जी के प्रेममय उपदेश से प्रेमपूर्वक सत्याग्रह किया गया तो उस समय इस प्रेम से शराब और विदेशी कपड़े के व्यापारियों का हृदय परिवर्तन न हुआ। हो सकता है एक-दो का हो गया हो परन्तु समाज का व्यवहार तो साधारण व्यक्तियों के चलन से ही निश्चय होता है।

मार्क्सवादियों द्वारा समाजवाद की स्थापना की चेष्टा में गाँधीवादियों को ख़ूनी क्रान्ति की चेष्टा दिखायी देती है। इसमें भी हम मिथ्या भ्रम के अतिरिक्त और कुछ नहीं देख पाते। महात्मा जी प्रजातन्त्र प्रणाली को तो हिंसा नहीं कह सकते। ऐसी अवस्था में यदि समाज के शोषित और पीड़ित, जिनकी संख्या, १०० में ९० से भी अधिक है यदि यह निश्चय कर लें कि समाज में अत्याचार और लूट का आधार पूँजीवादी और ज़मींदारी प्रथा नहीं रहनी चाहिए, तो क्या यह हिंसा होगी? ऐसी अवस्था में तो जनमत का विरोध करना ही हिंसा होगी। किसी एक सभा में ऐसा न हुआ सही परन्तु संसार के शोषितों और पीड़ितों का यह निश्चित मत है, उनकी यह माँग है कि अत्याचार और शोषण का आधार पूँजीवादी प्रणाली नहीं रहनी चाहिए। इस बात से संसार की गति देखनेवाला कोई भी आदमी इनकार नहीं कर सकता। ऐसी अवस्था में हिंसा कौन कर रहा है? स्पष्ट है कि वही लोग जो समाजवादी प्रणाली क़ायम करने का विरोध कर रहे हैं। और मज़ा यह है कि यह लोग समाजवादियों और मार्क्सवादियों को हिंसा का भक्त और समर्थक बताते हैं।

◈

चाय की चुस्कियाँ
दुर्मुख

कुछ लोगों का ख़याल है कि भक्त कबीरदास के बाद दूर की सूझ के महात्मा अब पैदा नहीं होते। जो कुछ वे कह गये, कोई कह न सकेगा। क्या अच्छा कह गये वे—

रंगी को नारंगी कहें, बने दूध को खोया।
चलती को गाड़ी कहें, यह देख कबीरा रोया।।

लेकिन हमारे यहाँ एक महात्मा पैदा हुए हैं और उनका कहना है—

जमदूत को डॉक्टर कहें, झगड़ालू को पंच।
डाकू को मालिक कहें, कहें शान्ति को जंग।।

× × ×

कबीरदास जी के पास भक्त और महात्मा की डिग्री थी, इसलिए वे जो कह गये उस पर सबको विश्वास हो गया परन्तु हमारे महात्मा की बात लोग मानना नहीं चाहते क्योंकि उनके पास डिग्री नहीं। इसलिए उन्हें अपनी बात की टीका करनी पड़ती है। टीका यों है—

अभी हाल में पटने में डॉक्टरी कॉलेज में सभा हुई और ग़ौर इस बात पर हुआ कि डॉक्टरों की तादाद इतनी बढ़ गयी है कि बीमार नहीं मिलते। लीजिये साहब अभी तक डॉक्टर पैदा करने की फ़िक्र थी, अब ज़रूरत है बीमार पैदा करने की। मसल मशहूर है महामारी फैलने पर डॉक्टरों की फसल पकती है।

कचहरी के वकीलखाने यानी बार रूम में काले चोगे पहने वकील यों झुरमुट बाँधे रहते हैं जैसे मरघट पर गिद्ध। यह हैं—झगड़े सुलझानेवाले, पर इन्हें शिकायत है कि मुक़द्दमे नहीं मिलते, लोग झगड़ते क्यों नहीं।

किसान–मज़दूर की कमाई खींच लेनेवाले मिल–मालिक और ज़मींदार मालिक हैं और अन्नदाता और पैदावार करनेवाले मोहताज। चीज़ों का दाम बढ़ाकर रुपया खींचनेवाले सेठ–साहूकार हैं भद्रपुरुष और चीज़ ख़रीदने के लिए अपनी मेहनत का दाम माँगनेवाले मज़दूर हैं, हड़ताली और झगड़ालू।

और सुनिये—यूरोप की लड़ाई में लड़ाई का सामान बेचकर अमेरिका तोंद फुला रहा है और साथ ही अमेरिका शान्ति का दूत बनकर शान्त रहने का उपदेश दे रहा है। गोया कि आतिशबाज़ कहता है—आतिशबाज़ी चलाना ठीक नहीं।

और आगे चलिये—देश के सबसे बड़े राजनैतिक नेता हैं महात्मा गाँधी। और गाँधी सेवासंघ के लिए उपदेश है कि राजनीति में दख़ल नहीं देना। मलिकान्दा में गाँधी पन्थियों का समारोह (कान्फ्रेन्स) हुआ और उसमें प्रस्ताव पास हुआ—

आज्ञा भई भगवान् की तभी बनायो संघ,
अक़िल से सोचो नहीं मानो गाँधी कंत।

× × ×

एक साहब का ख़याल है कि ज़माना तरक्क़ी कर रहा है और बड़े-बड़े घर की औरतें बुर्क़ा और पर्दा छोड़ सभाओं में जाकर लेक्चर देती हैं और बड़े आदमियों से हाथ मिलाने लगी हैं।

दूसरे साहब ने कहा—"ठीक है, तभी तो अब कहारिनें और कुँजड़ियाँ चिक के भीतर से बात करती हैं और इक्केवालियाँ बुर्क़ा ओढ़ने लगी हैं।"

× × ×

एक और साहब को जो फैशन और फ़ज़ूलख़र्ची से तंग है, शिक़ायत है कि अब तो निचले दर्जे की औरतें भी गहनों से लद-लदकर और धोती पर चद्दर ओढ़-ओढ़कर चलती हैं। और भले घर की औरतों को देश की ग़रीबी का इतना ख़याल है कि वे बेचारी कुर्ती (ब्लाउज़) पहनती हैं तो बिना बाँह की, सिर में कंघी पट्टी करने तक की फुर्सत उन्हें नहीं कि रूखे बाल बिखरे रहते हैं और अगर सवारी करने पर मजबूरी ही हो जाये तो ड्राइवर की तनख़ाह बरबाद करने के बजाय वे बेचारी ख़ुद ही गाड़ी भी चलाती हैं।

× × ×

लड़ाई की ख़बरें आती हैं और उसमें बहादुरी और ज़ुल्म का चर्चा रहती है। जो लोग बहादुरी की क़द्र करते हैं वे परेशान हैं कि किसे बहादुरी समझें और किसे ज़ुल्म?

इसका हल सीधा है अंग्रेज़ों की नज़रों में जर्मनी के काम ज़ुल्म, अपने काम बहादुरी। जर्मनी की नज़रों में अंग्रेज़ों के काम ज़ुल्म और अपने काम बहादुरी।

अमेरिका चाहता है शान्ति और इसीलिए लड़ाई के सामान से दोनों की मदद करता है। हिन्दुस्तान की नज़रों में बात बिलकुल सीधी है—

'राइट लेफ़्ट कर चले बहादुर तन कर करे सलाम,
रुपया पैसा ख़ूब बटोरे दुनिया हो ग़ुलाम।
शाबाश बेटा, सुथरे! कोई मेरे कोई जिये, सुथरा घोल बताशा पिये।

साहब, यह राय हमारी नहीं, यह राय है सरकार बहादुर आलिया की, जो आवाज़ की दुनिया (रेडियो) में अपना सन्देश सुनाती हैं।

× × ×

पहले अख़बार कहते थे, फ़िनलैण्ड में रूसियों के छक्के छूट रहे हैं। अब कहते हैं नहीं बात कुछ और है। इंग्लैण्ड के मज़दूरों के एक नेता फ़िनलैण्ड हो आये हैं। उनसे लोगों ने पूछा—"क्यों साहब, फ़िनलैण्ड में रूसियों के बरबाद होने की ख़बर सच है क्या?"

नेता साहब ने कहा—"ज़रूर।"

—"कैसे?"

—"अख़बार में जो छपा है।"

—"तुमने ख़ुद भी देखा?"

—"हमें मान्हरीम[१] साहब ने बताया है।"

१. मान्हरीम फ़िनलैण्ड की रूस के ख़िलाफ़ लड़नेवाली सेना के कमाण्डर हैं।

× × ×

मज़दूरों के यह नेता फ़िनलैण्ड से लौट कर इस बात पर ज़ोर दे रहे हैं कि फ़िनलैण्ड के प्रजातन्त्र की रक्षा के लिए हथियार भेजो।

लोग उनसे पूछते हैं स्पेन के प्रजातन्त्र की रक्षा के लिए तो तुम हथियार भेजने के ख़िलाफ़ थे, अब यह क्या?

यह नेता जवाब देते हैं कि स्पेन को भी तो हमने सहायता दी थी। खोज कर मालूम किया गया तो मालूम हुआ कि स्पेन के प्रजातन्त्र की सहायता के लिए इन्होंने बासी सिगरेट भेजे थे—बासी जो सुलगते नहीं थे। ग़नीमत यह है कि सिगरेट बारूद के बने नहीं थे।

× × ×

आख़िर यह लीडर हैं कौन?

सर! सिट्रेन!

सर और मज़दूरों के नेता?

इसमें ताज़्जुब क्या? मि. जिन्ना ग़रीब मुसलमानों के नेता हैं और इस देश के नवाब और राजे प्रजातन्त्र के रक्षक हैं।

× × ×

यूरोप की लड़ाई का इस समय वह हाल है जो साँड़ों की लड़ाई में सींग फँस जाने पर होता है। जो हिले उसी का सींग टूटे।

इधर लोगों का ख़याल है कि बसन्त का मौसम आये, बरफ़ पिघले तो फिर कुछ हलचल हो। कुछ लोग मना रहे हैं जल्दी बसन्त आये। पर फ्रान्स और जर्मनी

की सीमा पर कम्बल ओढ़कर सोये हुए सिपाही मना रहे हैं यह बरफ़ पड़ती रहे और क़यामत तक पड़ती रहे।

× × ×

'देखिये रामगढ़ कांग्रेस में सब फ़ैसला हो जायेगा'—सब तरफ़ यही सुनायी देता है। पर क्या फ़ैसला हो जायेगा? फ़ैसला जो होगा सो आप अभी जान सकते हैं, ज्योतिष के ज़रिये नक्षत्रों के योग से।

देखिये इस दफ़े वर्किंग कमेटी की मीटिंग हो रही है पटना में। सन् १९४० है, मुक़ाबला ब्रिटिश दमन नीति से, सामने हैं कुछ नये सुधार।

अब आप हिसाब लगाइये। पटना स्थान में पहले कांग्रेस वर्किंग कमेटी की मीटिंग कब हुई थी? १९३४ में। १९३४ और १९४० दोनों सम साल हैं। तब शत्रु कौन था, ब्रिटिश दमन नीति, सो ही अब भी है। तब प्रश्न क्या था? काउन्सिल स्वीकार की जाय या नहीं, अब भी वही प्रश्न है।

जब दिशा, स्थान, समय, शत्रु और प्रश्न एक ही हैं तो परिणाम भी वही होगा! यानी फिर से मन्त्रीपद ग्रहण होगा। चाहे कुछ विलम्ब से हो या शीघ्र हो!

× × ×

कांग्रेस में निश्चय होगा कि वर्किंग कमेटी ने जो कुछ किया, ठीक किया और आगे जो करेगी वह ठीक करेगी। वर्किंग कमेटी निश्चय करेगी, महात्मा गाँधी ने जो कुछ किया ठीक किया और जो करेंगे ठीक करेंगे।

कुछ लोग जो राजनीति और विधान के क़ायदे क़ानून से परिचित नहीं, पूछ बैठते हैं—तो इसमें आज की स्थिति से फ़र्क़ ही क्या होगा?

आख़िर आप ही बताइये कांग्रेस वर्किंग कमेटी को पूर्ण अधिकार देने के सिवा और कर ही क्या सकती है?

× × ×

कम्युनिस्ट लोग राजनीति कुछ नहीं समझते। राष्ट्रपति के चुनाव में सवाल पेश हुआ कि वोट गाँधी जी के नुमाइन्दे को दिया जाये या लेफ़्टिस्ट नुमाइन्दे को?

कांग्रेस समाजवादियों ने समझाया—"एकता चाहिए भाई, गाँधी को नेता मानते हो तो उसी के 'प्यादे' को वोट दो।"

कम्युनिस्टों ने कहा—"भाई हम चुप ही रहेंगे।"

फिर आया सवाल प्रान्तीय चुनाव का। फिर सवाल हुआ वोट गाँधीवादियों के नुमाइन्दे को दोगे या लेफ्टिस्ट नुमाइन्दे को?

समाजवादियों ने कहा—"वाह गाँधीवादी को वोट कैसे देंगे, हम लड़ेंगे।"

कम्युनिस्टों ने फिर कहा—'भाई चुप ही रहेंगे। तुम्हीं ने तो सिखाया है कि झगड़ा नहीं करना।'

× × ×

कांग्रेस की बात जाने दीजिये। कुछ साहित्य चर्चा हो! अब तक सवाल था कि हिन्दी-उर्दू को मिलाकर हिन्दोस्तानी बनायी जाये। अब एक प्रस्ताव यह है कि अंग्रेज़ी को भी उसमें मिला लिया जाये और तीनों को मिलाकर एक भाषा तैयार हो। इस भाषा का एक नमूना तो उच्छृंखल प्रकाशन कार्यालय ने तैयार किया है और उससे अच्छा नमूना लखनऊ के एक प्रगतिशील चना बेचनेवाले ने किया है। सुनिये—

मेरा चना बना है 'राइट' Right,
इसको बेचा 'डे एण्ड नाइट' Day and night,
मेरे चने में बेहद 'माइट' Might,
खाने से कमर रहेगी 'टाइट' Tight,
इसको खाने से बढ़ती 'साइट' Sight,
मेरे चने में है 'न्यू लाइट' New light,
कहिये ऐंग्लो-हिन्दुस्तानी का यह नमूना मंजूर है या नहीं?
इस देश में तीन बोलियाँ होनी चाहिए—
हिन्दुओं के लिए—संस्कृत हिन्दोस्तानी
मुसलमानों के लिए—फारसी हिन्दोस्तानी
ईसाइयों के लिए—अंग्रेज़ी हिन्दोस्तानी

विनिमय

विप्लव कार्यालय में प्राप्त पत्र और उनके उत्तर

बरेली,
२-२-४०

''प्यारे भाई–

भारत की गुलामी जिसे दूर करने की बहुत जल्दी जरूरत है, इसे दूर करने के लिए कई पार्टियाँ बनी हैं परन्तु ऐसी पार्टी केवल आप ही की ही है जो भारत

की स्वतन्त्रता को जल्दी-से-जल्दी प्राप्त कर सकती है। आपके नियम पढ़े, सोचने के बाद इस परिणाम पर पहुँचा कि मैं भी आपकी पार्टी का मेम्बर बनूँ और रूहेलखण्ड के प्रसिद्ध वीर इलाके में इसकी शाख कायम करूँ। मैं हमेशा इस कोशिश में रहा हूँ और यह मेरा सौभाग्य है कि आप जैसे साथी मिल रहे हैं। मैं इस काम के लिए आपको बरेली आने का निमन्त्रण देता हूँ। फरवरी के अन्तिम सप्ताह में आप जो भी तारीख निश्चित करें लिखिये। नोटिस इत्यादि छपवाकर बाँट दिये हैं। आते समय पार्टी के फार्म या विज्ञापन और जरूरी कागजात भी साथ लायें, आशा है आप आने की कृपा करेंगे।''

—आपका —साथी...

यह पत्र सम्पादक 'विप्लव' को लिखा गया है परन्तु जिस पार्टी की ओर इस पत्र में संकेत है उसे समझ लेना कुछ भी कठिन नहीं। और उस पार्टी से जिस प्रकार के कार्यक्रम की आशा की गयी है वह भी समझा ही जा सकता है।

इस प्रकार की धारणा का कारण यह विश्वास है कि देश और जनता की स्वतन्त्रता चन्द आदमियों की पार्टी प्राप्त कर सकती है। स्वतन्त्रता की लड़ाई में पार्टी का महत्त्व है जरूर परन्तु वह है केवल जनता को सही मार्ग पर लाने के लिए, जनता को उनकी बात समझाने के लिए। जनता की लड़ाई को चन्द आदमियों की टोली नहीं जीत सकती। उसे जनता को ही जीतना होगा। और फिर क्या एक ऐसी टोली जिसका कार्यक्रम गुप्त हो, जो जनता के सम्पर्क में नहीं आ सकती, क्या कभी जनता को मार्ग दिखाने का काम कर सकती है?

कुछ नौजवान जनता के समाने अपने त्याग और वीरता का उदाहरण रखकर जनता को हथेली पर सिर रखकर मैदान में उतर आने के लिए तैयार कर देना चाहते हैं। ऐसे वीर युवक महात्मा गाँधी की तरह की स्वप्न लोक के निवासी हैं जो जनता के सामने अत्यन्त सरल उपाय स्वराज्य प्राप्त करने का रख देते हैं परन्तु वह अत्यन्त 'सरल' उपाय जनता के लिए कठिन और करीब-करीब असम्भव ही होता है।

रूस की क्रान्ति की सफ़लता का श्रेय लेनिन को है और लेनिन की सबसे बड़ी समझदारी इस बात में थी कि उसने रूसी क्रान्ति के आन्दोलन को गुप्त क्रान्तिकारी पार्टी के कार्यक्रम से हटाकर, जनता का आन्दोलन बना दिया।

हमारे देश में पार्टियों की कमी नहीं, दुर्भाग्य से अधिकता ही है। ऐसे समय अच्छा हो यदि पार्टियों का ख्याल छोड़ हम कांग्रेस में ही अपना अग्रसर मोर्चा दृढ़ करें।

—स.

× × ×

''डियर कॉमरेड!

आपका पत्र 'विप्लव' आज पहली बार पढ़ा, आपके मज़मूनों से यही पता लगता है कि आप अहिंसा के पक्षपाती हैं। आप जैसे आदमी जिन पर भारतवर्ष की स्वतन्त्रता निर्भर है, वही यदि अहिंसा के समर्थक हो गये तो भगवान ही भारतवर्ष की रक्षा करें। स्वराज्य लेने का तो केवल यही उपाय है कि हिंसा करो और जीवित रहो। रूस का उदाहरण आपके सामने है। वहाँ अगर समाजवादी सरकार स्थापित हो पायी तो केवल बमों, पिस्तौलों, तोपों इत्यादि के इस्तेमाल से। आप कहते हैं कि हमारे पास हथियार नहीं। मैं कहता हूँ यदि चार पाँच लाख युवक फ़ौज में भरती हो जायँ तो वहाँ से हमें प्रत्येक वस्तु आसानी से मिल सकती है। जर्मनी का उदाहरण आप के सामने है। वह युद्ध के कर्जे से कितना दबा हुआ था। जबसे हिटलर आया है उन्होंने हथियार बनाये और ज्यादा ताकतवर बन गये। अब सारी दुनिया उससे डरती है। अंग्रेजों ने केवल इसलिए जंग शुरू किया है कि उन्हें नया खतरा दिखायी पड़ रहा था। वे जानते हैं कि मरना है तो लड़ कर ही क्यों न मरें। दुनिया जर्मनी से क्यों डरती है? इसलिए कि वह हिंसा का पक्षपाती है। वह जानता है कि इनको कैसे सीधा किया जाता है। अफ़सोस है हमारे नेताओं पर और आप जैसे नौजवानों पर जो इतना समझते हुए भी कि बग़ैर हिंसा के ज़िन्दा रहना मुश्किल है, अहिंसा के पक्षपाती बने हुए हैं। अगर १९३० से इस समय तक हिंसा रहती तो अंग्रेजों को छट्टी का दूध याद आ जाता। कांग्रेस भी प्रत्येक युवक से यह प्रण लेने के लिए बेकरार है कि वह अहिंसा पर विश्वास करता है। मैं समझता हूँ कि किसी भी देशभक्त को ऐसा प्रण नहीं लेना चाहिए। आप सोचते होंगे कि मुझे कांग्रेस पर विश्वास नहीं। मुझे कांग्रेस पर विश्वास है परन्तु मतभेद भी है, एक चर्खे और दूसरा अहिंसा का....।''

हमारे देश की राजनीति में हिंसा और अहिंसा के प्रश्न को उद्देश्य और धार्मिक विश्वास का रूप देनेवाले लोगों के भावों का एक उदाहरण यह पत्र है।

हमारे आन्दोलन का उद्देश्य न तो हिंसा कर खून बहाना ही है और न अहिंसा कहलानेवाले एक खास तरह के व्यवहार के लिए अपने उद्देश्य को झमेले में डाल देना है।

हमारा उद्देश्य है इस देश की जनता के लिए आत्मनिर्णय का अधिकार प्राप्त करना। देश की करोड़ों जनता को आत्मानिर्णय का अधिकार न होना उनका लगातार शोषण होना उनका लूटे जाना ही सबसे बड़ी निःसन्देह इस हिंसा को हम मिटा देना चाहते हैं। हमें अपने उद्देश्य और लक्ष्य तक पहुँचना है। उसके लिए ज़रूरी नहीं कि सीधी राह न चल कर, जान-बूझकर उस राह चलें जहाँ रुकावटें अधिक हों और हम

पैर से कीड़े–मकोड़ों को बेमतलब मसलते चलें। हमारा मतलब भी नहीं कि उस उद्देश्य तक पहुँचने के लिए बीमारी के जो कीड़े हमारा खून और शक्ति चूस–चूस कर बना रहे हैं, उन्हें हम दूर न करें।

हमें न हिंसा कर दिल के अरमान निकालने हैं न अहिंसा के नाम पर समाज और शुल्क में छायी लगातार हिंसा की ही रक्षा करनी है। हमें प्राप्त करना है अपना उद्देश्य और उसके लिए शक्ति संचय करने की ज़रूरत है। शक्ति का अर्थ केवल खून बहाना ही नहीं बल्कि क़ब्जे का मुकाबिला करना भी है और यदि खून बहाने से हमारी शक्ति बढ़ने के बजाय घटती है, तो वह नैतिक बुद्धिमत्ता है?

रूस ने बम और पिस्तौल के जरिये जनता का राज स्थापित कर लिया, यह ख्याल ग़लत है। रूसी लगभग बरस तक बम्ब और पिस्तौल चलाते रहे और ज़ारशाही के शरीर में चुटकियाँ काटने के अतिरिक्त और कुछ न कर सके। उन्हें सफलता तभी हुई जब लेनिन के साहस कर आतंकवाद को छोड़ जनता द्वारा क्रान्ति करने का कार्यक्रम आरम्भ किया। हमारे नौजवान का यह कहना कि ४–५ लाख आदमी फ़ौज में भरती कराकर हम सब तरह के हथियार पा सकते हैं, ठीक उसी तरह है जैसे कोई लड़का— 'अम्माँ मैं दिल्ली फतह कर लूँ अगर रास्ते में कोई न रोके।' जर्मनी का उदाहरण दूसरी भूल है।

× × ×

प्रिय सम्पादक, रंगून

'विप्लव' के जनवरी अंक में प्रकाशित लेख 'बर्मा में सशस्त्र क्रान्ति के प्रयत्न' लेख में कुछ भूल है जिनकी ओर ध्यान दिलाना आवश्यक है।

(१) बर्मा में भारतीयों को साधारणत: कुरंगी नहीं कहा जाता। कुरंगी केवल आन्ध्र प्रान्त से आये हुए कठिन परिश्रम करनेवाले मज़दूरों को ही पुकारा जाता है। साधारणत: बर्मा में भारतीयों की स्थिति अच्छी है। वे सरकारी नौकर हैं या व्यापार और साहूकारी करते हैं।

(२) 'गालोन' का चिह्न जो बर्मी क्रान्ति में झण्डे के रूप में व्यवहार में लाया गया था, जिसका चित्र 'विप्लव' के जनवरी अंक के ४१ पृष्ठ पर है, इसका वर्णन बर्मा की दन्त कथाओं में विशेष रूप से आता है। गालोन एक उड़नेवाला वीभत्स जीव समझा जाता है।

(३) 'विप्लव' के इस लेख में लिखा गया है कि पिछली क्रान्ति से बर्मा में भयंकर आतंक छा गया है। यहाँ ऐसी कोई बात दिखायी नहीं देती। दुर्भाग्य की बात कहिये

या जो बात हो, बर्मा में अभी तक अहिंसात्मक आन्दोलन का सिद्धान्त कदम नहीं जमा पाया है। यहाँ की जनता शस्त्रों के बिना किसी आन्दोलन की कल्पना ही नहीं कर सकती। रंगून में सविनय आज्ञा भंग और सत्याग्रह चलाने की कोशिश पिछले दिनों नेताओं ने की थी परन्तु वह एक ही दिन में बोतलों और ईंटों की लड़ाई में परिवर्तित हो गया और उसका अन्त भी हो गया।

–भुवनेश्वर 'पाण्डे', रंगून

इस संशोधन के लिए हम श्री भुवनेश्वर जी के प्रति कृतज्ञ हैं। —स.

समालोचना

[illegible]

[illegible] ५ [illegible]

और साहस पूर्वक सतीत्व के नाम पर नारी की होने वाली दुर्गति का लेखा समाज के विचार के लिये समाज के सम्मुख रख दिया है। यदि बन्दर को आइना देखकर क्रोध आता है तो आइना क्या करे? इसी प्रकार सर्वदानन्दजी की पुस्तक में अपनी करतूत देख कर यदि आज का पुरुष समाज नाराज हो तो उसके लिये दोष किसे दिया जाय। बहुत [illegible] राजविद्रोह और समाज विद्रोह के लिये दण्ड एक ही ढंग पर मिलता है। यदि आप व्यवस्था की त्रुटियों की चर्चा करते हैं तो मान लिया जाता है कि उससे स्वाभाविक ही प्रवृत्ति क्रान्ति की ओर होने लगती है। हमारे समाज में स्त्री पुरुष के सम्बन्धों के प्रति संरक्षण के लेखक का यही अपराध है। क्रान्ति और परिवर्तन को रोकने का सीधा उपाय यह है कि त्रुटि को छिपा जाय, उसे त्रुटि न बताया [illegible]। [illegible] किसी रोग [illegible] [illegible] विचार से पुरुष के उसके [illegible] और [illegible] का [illegible] बांध दिया है। यदि [illegible] है तो निर्लज्ज है, यदि स्त्री की दुर्दशा होती है तो वह भी प्रकट नहीं होना चाहिए, इससे उसका ही अपमान है और इसमें कुसूर भी उसी का है, फिर बताइये किस तरह से स्त्री की शिकायत सामने आये और किस तरह उस पर विचार हो और किस तरह उसके उपचार की बात उठे।

सर्वदानन्द लिखते हैं। स्त्रियों की इन शिकायतों को सामने रख देने से ही क्या समाज के ढंग से [illegible] जाय—यथार्थ पकड़ कर [illegible] [illegible] जाती है।—यही उनकी पुस्तक का परिचय है। [illegible] की दृष्टि से—पुस्तक [illegible] यदि [illegible] रोचकता [illegible] हो जाती [illegible] सब ही सामने आ [illegible] कद का चित्र [illegible] जाता है परन्तु नारी की [illegible] में [illegible] जाती है और फिर उसके मुंह पर [illegible] रख कर [illegible] दिया जाता है। पुस्तक रोचक है—पर कठिन वेदना पूर्ण है परन्तु इसका उद्देश्य केवल रोचकता नहीं होना चाहिये।

पं० [illegible]

अप्रैल
१९४०

सम्पादकीय टिप्पणियाँ

हम कहाँ और किधर?

हमारे चारों ओर की परिस्थितियों ने हमें अपने वैयक्तिक और सामाजिक जीवन की रक्षा के प्रयत्न करने के लिए मजबूर कर दिया है। हमारे यह जीवन रक्षा के प्रयत्न ही हमारी राष्ट्रीय स्वतन्त्रता और देशभक्ति का रूप धारण कर प्रकट हो रहे हैं। इस देश के विशाल जनसमूह में अपने वैयक्तिक और राष्ट्रीय जीवन की रक्षा के लिए चेतना और भावना तो उत्पन्न हो चुकी है परन्तु हमारे प्रयत्नों को सफल बनाने के लिए हमारी इस चेतना और भावना का, जिसे हम राष्ट्रीय जागृति और स्वतन्त्रता की इच्छा का नाम देते हैं, एक ऐसे निश्चित मार्ग पर चलना ज़रूरी है जिससे हमारे राष्ट्रीय प्रयत्नों की शक्ति व्यर्थ में ख़र्च न होकर हमें सफ़लता की ओर ले जा सके। इसी आवश्यकता को पूरा करने के लिए समाज और राष्ट्र में नेताओं की ज़रूरत होती है। और जब कोई नेतृत्व समाज और राष्ट्र के इस उद्‌देश्य को पूर्ण करने में अटकने और भटकने लगता है तो सम्पूर्ण समाज और राष्ट्र की भलाई के लिए उस नेतृत्व का बदल जाना भी ज़रूरी हो जाता है।

समाज और समूह की चेतना और इच्छा ही उसकी वास्तविक नेता है। और समाज की इस चेतना और इच्छा को प्रकट कर समाज को उसकी इच्छा और आवश्यकता को पूरा करने के मार्ग पर ले जानेवाले व्यक्ति ही उसके नेता होते हैं। हमारे देश के जीवन-रक्षा या स्वतन्त्रता -प्राप्ति के प्रयत्नों के मार्ग में मौज़ूद ब्रिटिश सरकार के हितों की रुकावट इसे स्वाभाविक रूप से आगे बढ़ने नहीं देती। इन रुकावटों को दूर कर देश की जनता को जीवन के मार्ग पर आगे ले जाना ही हमारे नेतृत्व का काम है। जीवन की कठिनाइयों के बढ़ने के साथ-साथ हमारी आगे बढ़ने की इच्छा अधिक उग्र रूप धारण करती जाती है। आगे बढ़ने के लिए बेचैन जनता पीछे से धक्का मार रही है और हमारा नेतृत्व आगे रुकावटें देखकर परेशान है।

जनता की यह आगे बढ़ जाने की इच्छा और नेताओं की परेशानी का द्वन्द्व ही आज दिन इस देश की राष्ट्रीय स्वतन्त्रता प्राप्त करने का साधन कांग्रेस के सामने पेश उलझन है।

स्वतन्त्रता प्राप्त करने के प्रयत्न में जो संकट और मुसीबतें आनेवाली हैं, उनसे न तो जनता डरती है और न हमारे नेता। जनता रोज़मर्रा की कठिनाइयों से तंग आकर झुँझला उठी है कि आगे क़दम क्यों नहीं बढ़ाया जाता। और हमारे नेता सोचते हैं, आगे बढ़ाये जानेवाले क़दम के पीछे क्या इतनी शक्ति होगी जो सामने मौज़ूद रुकावट को दूर कर सके और पीछे न लौट पड़े! जनता और नेताओं के दृष्टिकोण का यह भेद कांग्रेस में काफ़ी उग्र रूप में प्रकट हो रहा है। रामगढ़ का समझौताविरोधी सम्मेलन कांग्रेस के मार्ग में आनेवाली इसी समस्या का प्रकट रूप था। बजाय इसके कि हम किसी दृष्टिकोण को ग़लत समझ लें, बेहतर होगा कि हम दृष्टिकोण में भेद का कारण समझने की कोशिश करें।

जनता के प्रत्येक प्रयत्न का मूल्य लाखों मनुष्यों के प्रयत्न के मूल्य के बराबर है। इसलिए ज़रूरत है इस बात की कि हमारा कोई भी प्रयत्न कोरी भावुकता या निरी बहादुरी दिखा देने की इच्छा से न हो और न जनता की शक्ति का उपयोग एक व्यक्ति या कुछ व्यक्तियों की शान और मर्यादा की उमंग को पूरा करने के लिए किया जाये।

हम प्रयत्न कर रहे हैं आज़ादी के लिए। पराधीनता का अनुभव और उससे छुटकारा पाने की इच्छा ही हमारी शक्ति है। इसलिए देखना यह होगा कि हमारी यह शक्ति समाज के किन अंगों में भरी हुई है। पराधीनता से मुक्ति पाने की हमारी यह शक्ति सबसे अधिक बलवान् हमारे समाज के उन्हीं अंगों में है जो पराधीनता के संकट को सबसे अधिक अनुभव कर रहे हैं। हमारे समाज के जो अंग पराधीनता को केवल 'राष्ट्रीय अपमान और देश के कलंक' आदि भारी-भरकम शब्दों के रूप में ही अनुभव नहीं कर रहे हैं बल्कि जिनके लिए पराधीनता का अर्थ है, मुँह का ग्रास छिन जाना, तन ढाँकने को चीथड़े न पा सकना और कठिन-से-कठिन परिश्रम करने के लिए तैयार रहने पर भी बेबसी के कारण, हाथ में उपाय न होने के कारण, बेकार रहकर भूखे और नंगे रहना; जिनके लिए पराधीनता का अर्थ है अधिक-से-अधिक मेहनत करने के बावज़ूद स्वयं आधे पेट रहना और अपने कुनबे को बिलखते देखना। अपने-आपको रोटी कमाने लायक़ बना देने में अपनी सम्पूर्ण शक्ति और साधन ख़र्च करने के बाद जो देखते हैं कि उन्हें रोटी कमा सकने के लिए कुछ करने के लिए किसी चीज़ को छूने या किसी ऐसी जगह क़दम रखने की इजाज़त नहीं जहाँ वे कुछ कर सकें।

साम्राज्यवाद का नाश हो! आज़ाद हिन्दुस्तान ज़िन्दाबाद! इन्क़लाब ज़िन्दाबाद के नारे लगाते हुए रेल का लम्बा सफ़र कर जो लोग प्रस्तावों और संशोधनों पर हाथ उठा देने के लिए कांग्रेसों पर पहुँचते हैं, वे ही दरअसल हमारे समाज में पराधीनता के बोझ को सबसे अधिक अनुभव करनेवाले अंग नहीं हैं। और जब समाज के इसी अंग को लेकर आज़ादी की लड़ाई के मोर्चे पर पराधीनता की खाईं को पाटने के लिए क़ुर्बानियों का पुल बाँधना पड़ेगा, तब निस्सन्देह हमारे नेताओं के मन में शंका और सन्देह पैदा होगा। उनके सामने सवाल उठेगा—"देश स्वतन्त्रता के युद्ध के लिए तैयार है भी या नहीं?"

परन्तु हमारे समाज का ९५ फ़ीसदी से भी बड़ा अंग स्वतन्त्रता का अर्थ एक उमंग पूरा करना नहीं बल्कि रोटी का ग्रास गले के नीचे उतरना समझता है। जिसका क्षीण स्वर हमें सुनायी पड़ता है "जो कमायेगा सो खायेगा—यह ज़मीन सबकी है—जो पैदा हुआ है सो जियेगा!" हमारे स्वतन्त्रता -आन्दोलन में हमारा यह अंग जो सबसे बड़ा है, सबसे बलवान् है सबसे पीछे है। क्योंकि निराशा से झुके हुए उसके सिर को उठाकर उसे मार्ग दिखाया नहीं गया। आज़ादी के हक़ की माँग को गला फाड़-फाड़कर उन लोगों ने उठाया है जिनके लिए आज़ादी शान और सुविधा का प्रश्न है। अगर आज़ादी का प्रश्न और नारा उठानेवाले इन राष्ट्रीय कार्यकर्त्ताओं का दावा है कि वे देश और समाज के शोषितों और दलितों के प्रतिनिधि हैं तो इनके लिए आवश्यक है कि वे इस समूह के संकटों के कारणों को सामने लाकर इन्हें दूर करने के लिए इस जन समूह को मोर्चे पर लायें। और इन्हीं किसान मज़दूरों और सफ़ेद केंचुली के भीतर भूख से तड़पनेवाली शिक्षित क़लम-मज़दूर श्रेणी को अपनी लड़ाई लड़ने के लिए राष्ट्रीय लड़ाई की हरावल पर खड़ा करें। उनके हितों और अधिकारों का झण्डा हमारे कूच के आगे चले और स्वतन्त्रता का अर्थ हो इन लोगों के लिए जीवन का अधिकार।

यह लोग केवल अस्पष्ट बातें और अस्पष्ट माँगें लेकर, आज़ादी को केवल एक सुनहरी ऊषा समझकर अपनी लड़ाई को लड़ने के लिए आगे नहीं आयेंगे। किसान के लिए किसान की हैसियत से उसके सामने आनेवाली कठिनाई ही सबसे बड़ा प्रश्न है। बहुत कम भूमि और कम साधनों की हालत में बहुत कम पैदा कर सकने पर भी उसकी उपज का बहुत बड़ा भाग लगान की सूरत में उससे छीन लिया जाना ही उसकी पराधीनता है। असमर्थ होने के कारण जिस लगान को वह अदा नहीं कर सका, उसका उसके सिर पर लदते जाना उसकी बेबसी है। इस लगान को जब उसकी ज़मीन अदा नहीं कर सकती तो इसे अदा करने के लिए बेबसी के कारण उसे क़र्ज़े में बँधना पड़ता है। इस बेजा लगान और क़र्ज़े के बोझ से छूटना उसकी

आज़ादी का आरम्भ और स्वयं जोती जानेवाली ज़मीन का मालिक बनना उसकी आज़ादी है। कौन किसान इस आज़ादी के मोर्चें पर प्राण निछावर करने के लिए तैयार न होगा?

मज़दूर का दिन भर हड्डी-तोड़ परिश्रम करने के बाद भी भरपेट रोटी न पाना और एक समय उससे ज़रूरत से ज़्यादा मेहनत करा, दूसरे समय उसे भूखा मरने के लिए छोड़ देना उसकी पराधीनता है। उसकी मेहनत से पैदा की गयी चीज़ें ही उसे न मिल सकें, उन चीज़ों को जब वह ख़रीदना चाहे तो उनका मूल्य बढ़ा दिया जाये और जब उसकी मेहनत से तैयार की गयी चीज़ों के दाम बढ़ जाने पर वह अधिक मज़दूरी माँगे, तब उसे ठुकरा दिया जाये, यही उसकी पराधीनता है। अपने-आपको ज़िन्दा रखने के लिए माँग उठाने का आन्दोलन और संगठन करने की स्वतन्त्रता उसे न होना ही उसकी बेबसी है।

कांग्रेस ने कब इन शोषित और दलित श्रेणियों की शक्ति को स्वीकार कर उनके अधिकारों को स्वतन्त्रता के आन्दोलन का मुख्य अंग बनाया? कब कांग्रेस ने मुन्शी पेशा और मध्यम श्रेणी के दुकानदारों की जीवन-समस्या को अपनाकर उनके जीवन से सम्बन्ध रखनेवाले प्रश्नों को उठाकर, उन्हें यह समझने का मौक़ा दिया कि आज़ादी का अर्थ उनके लिए ज़िन्दा रहने का हक़ होगा?

यदि हमारे स्वतन्त्रता के आन्दोलन ने क्रियात्मक रूप धारण कर आगे बढ़ना है तो वह इन्हीं श्रेणियों की शक्ति पर ही आगे बढ़ सकेगा। उसकी बुनियाद जीवन में त्याग की भावना पर नहीं, ज़िन्दा रहकर आगे बढ़ने की भावना पर ही क़ायम हो सकेगी। हमारी लड़ाई को आगे बढ़ाने के लिए इन्हीं श्रेणियों में ऐसे संगठित केन्द्रों (Caders) का पैदा होना ज़रूरी है जो इसे अपने जीवन का प्रश्न समझकर उसके लिए जनशक्ति को जागरित और संगठित करें।

इस समय हमारी माँगें होनी चाहिए—

(१) जहाँ कहीं भी किसान किन्हीं कारणों से लगान देने में असमर्थ हो, वहाँ लगान मुआफ़ हो, उनके क़र्ज़े स्थगित और मुआफ़ हों। किसी भी हालत में उन पर लगान बढ़ने न पाये।

(२) मज़दूर और क़लम-मज़दूर संगठित होकर अपनी माँगें पेश कर सकें। वे अपने संगठन द्वारा बेकारी का मुक़ाबला कर सकें। क़ीमतें बढ़ाकर उन्हें दी जानेवाली मज़दूरी उनसे वापस न लौटायी जाये। जहाँ उनकी मज़दूरी उनका पेट न भर सकती हो वहाँ उसे बढ़ाया जाये। यदि उनकी मेहनत से तैयार चीज़ों की क़ीमतें बढ़ती हैं तो उनकी मज़दूरी और तनख़्वाह बढ़े।

(३) बड़े-बड़े पूँजीपतियों के लाभ के लिए केवल कल्पना में ही व्यापार-संकट का भय पैदा कर छोटे-छोटे दुकानदारों के कारोबार को चौपट न कर दिया जाये। युद्ध का ख़र्चा पूरा करने के नाम पर टैक्सों से इनके कारोबार का गला न घोट दिया जाये।

(४) इन सब माँगों को आज उठाने की ज़रूरत है और इन्हें उठाना चाहिए कांग्रेस को अपनी आरम्भिक कमेटियों द्वारा और मण्डल और वार्ड कमेटियों द्वारा। हमारे आन्दोलन का यह रूप हो जाने पर कौन उसकी उपेक्षा कर सकेगा और कौन इससे उदासीन रह सकेगा?

(५) हमारे स्वतन्त्रता के आन्दोलन को चलाने के एकमात्र उपाय बोलने, लिखने और सभा करने के अधिकार को हमसे न छीन लिया जाये।

इन माँगों पर ही हमारा ठोस आन्दोलन खड़ा हो सकता है और यह स्पष्ट है कि ऐसा गहरा और व्यापक आन्दोलन कुछ एक नेताओं की क़ुर्बानी और बलिदान पर ही नहीं चल सकता। इस आन्दोलन के लिए आवश्यक है सम्पूर्ण जागरित जनता का उठकर चलना और वह तभी हो सकेगा जब हम उपर्युक्त बातों का ध्यान रखेंगे।

कोई भी प्रयत्न जो जनता को पीछे छोड़कर किया जायेगा, आगे बढ़नेवाली टुकड़ी को शेष जनता से अलग कर देगा। ऐसा आन्दोलन जनता का आन्दोलन नहीं बल्कि एक छोटे-से सीमित दल का आन्दोलन हो जायेगा और चाहे वह कितने ही उचित मार्ग पर क्यों न चल रहा हो, जनता की शक्ति उनके साथ न होने से उसका असफल होना आवश्यक हो जायेगा। संसार के क्रियात्मक क्षेत्र में सफलता केवल न्याय की धारणा पर अधिकार की दुहाई देने से नहीं होती। सफलता होती है शक्ति से और हमारी शक्ति है, हमारा जन-समुदाय। यदि इस शक्ति की उपेक्षा कर—स्पष्ट शब्दों में कहें तो कहना होगा कि सम्पूर्ण जागरित राष्ट्र की, कांग्रेस की उपेक्षा कर—अगर हम कुछ व्यक्तियों की क़ुर्बानी के बल पर आगे बढ़ना चाहते हैं तो यह हमारी राजनैतिक भूल होगी और याद रखिये राजनीति में भूलों का दूसरा नाम होता है कर्त्तव्य को न पहचानना, उद्देश्य के प्रति विश्वासघात! यदि हम अपने कर्त्तव्य को नहीं पहचानते हैं तो हमारी हज़ार सद्भावनाएँ और क़ुर्बानी की इच्छाएँ भी हमें स्वयं मर मिटने और उस जनसमूह की शक्ति को बरबाद होने से नहीं बचा सकेंगी जिनके नेतृत्व का हम दम भरते हैं। नेतृत्व का स्थान उमंगों और जोश को नहीं बल्कि विवेक को दिया जाना चाहिए और उसका निर्णय व्यक्ति और दल की मर्यादा से नहीं जनसमूह की शक्ति और सफलता के विचार से होना चाहिए।

हम संयुक्तप्रान्त के फ़ॉरवर्ड ब्लाक को इस बात के लिए बधाई देते हैं कि

उन्होंने देश और अपने प्रान्त की परिस्थिति को पहचानकर राजनैतिक दूरदर्शिता से काम लिया है। उन्होंने कुछ व्यक्तियों की उग्र भावना का प्रदर्शन करने की बजाय कांग्रेस के समूह में ही अपनी शक्ति को मिलाकर कांग्रेस के सम्पूर्ण समुदाय को आगे बढ़ाने का निश्चय किया है। यदि बंगाल के गाँधीवादी फ़ॉरवर्ड ब्लाक के बहुमत की उपेक्षा कर वहाँ अपनी तूती अलग बजाने की चेष्टा करेंगे तो यह उनकी ग़लती होगी और कांग्रेस के जनसमूह की शक्ति को छिन्न-भिन्न करने का उत्तरदायित्व भी उन्हीं के सिर होगा।

मुल्कफ़रोश

"मैं हैरान रह गया जब मुझे एकदम महात्मा गाँधी के बराबर दर्जा दे दिया गया।"

इस एक वाक्य में उत्तर है उस प्रश्न का जो आज भारत के राजनैतिक दृष्टि से जागृत लोगों को परेशान किये हुए है। लोग पूछते हैं—आख़िर मि. जिन्ना को क्या हो गया जो हिन्दू-मुसलमानों को लड़ाकर देश को तबाह करने की क़सम खाये बैठे हैं?

यही बात है जिसने मि. जिन्ना को सहसा महात्मा गाँधी के दर्जे पर पहुँचा दिया। पर किसने पहुँचाया मि. जिन्ना को उस दर्जे पर, किसकी आँखों में पहुँच गये वे उसे दर्जे पर?

धन्यवाद दें मि. जिन्ना ब्रिटिश सरकार के प्रतिनिधि वाइसराय को जिसने उन्हें इतना फूलने का मौक़ा दिया, उन्हें वह इज़्ज़त बख़्शी जिसकी जिन्ना ख़ुद भी आशा न करते थे ब्रिटिश सरकार के प्रतिनिधि धन्यवाद दें जिन्ना को जिन्होंने इस आड़े समय हिन्दू-मुसलमान के सवाल को कभी हल न होनेवाली समस्याओं पर खड़ा कर ब्रिटिश सरकार को उस परेशानी से बचा लिया जिसका इस युद्ध के समय ख़याल करने से ब्रिटिश सरकार को चक्कर आने लगता है।

मि. जिन्ना का जिस मुस्लिम क़ौमियत और सभ्यता का दावा है, उसकी बुनियाद कितनी है? और उस क़ौमियत और सभ्यता का कितना सुन्दर नमूना वे ख़ुद हैं? जिन दो सभ्यताओं और जातियों के कभी एक साथ न मिल सकने की बात जिन्ना साहब इतने दावे से कहते हैं उसकी गहराई कितनी है? आज भी सिर से चोटी और गले से जनेऊ निकल जाने पर हिन्दू जातीयता और सभ्यता मुस्लिम जातीयता और सभ्यता में बदल जाती है और सिर पर एक बालों का गुच्छा रखकर गले में जनेऊ डाल लेने से मुस्लिम जातीयता और सभ्यता हिन्दू जातीयता और सभ्यता में बदल जाती है और इन दोनों विरोधी जातियों का एक साथ रहना असम्भव हो जाता है। मि. जिन्ना को इस बात का अभिमान है कि १५० साल तक

एक साथ ही विदेशी हुकूमत के ग़ुलाम रहने के बावज़ूद भी हिन्दुओं और मुसलमानों में परस्पर भेद बना ही हुआ है और उन्हें शायद इस बात का भी अभिमान होगा कि वह भेद कभी इतना प्रबल न था जितना कि ख़ुद उनकी कोशिश से वह आज है।

ताज़ीरात हिन्द के क़ानून के मुताबिक़ सम्राट् की प्रजा में विरोध फैलाना एक बड़ा भारी अपराध है परन्तु मि. जिन्ना जिस क़दर सम्राट् की प्रजा में विरोध फैलाने का यत्न करते जाते हैं, वे सम्राट् की सरकार की नज़रों में ऊँचे उठते जाते हैं, उनकी क़द्र बढ़ती जाती है। और ज्यों-ज्यों मि. जिन्ना को ऊँचा उठाया जाता है, ऊँचाई की वजह से उनका सिर घूमता जाता है और वे उस बदहवास शराबी की तरह बन जाते हैं जो नशे में हो जाने पर अपने-आपको कुछ और ही समझकर पीता ही चला जाना चाहता है और ख़ुद अपने शरीर पर चोट कर समझता है कि वह शत्रु को नीचा दिखा रहा है। अपने कुछ बयानों में तो मिस्टर जिन्ना बदहवासी में अनौचित्य की हद पर पहुच जाते हैं और के एक क़ौम बन सकने की राह में ऐसी रुकावट है जिसका उपाय नहीं, तो शीया और सुन्नियों में होनेवाले झगड़ों के बारे में जिन्ना साहब के पास क्या जवाब है? क्या शीया और सुन्नी एक साथ रह सकते हैं? उनके लिए भी तो एक शीया हिन्दुस्तान और एक सुन्नी हिन्दुस्तान बसाने की ज़रूरत पड़ेगी।

मि. जिन्ना अपने-आपको मुसलमानों का एकमात्र नेता मान बैठे हैं परन्तु किस अधिकार से? इस देश के १/५ से ज़्यादा मुसलमान उन्हें अपना नेता मानने के लिए तैयार नहीं हैं पश्चिमोत्तर सीमा प्रान्त में जो कांग्रेस मन्त्रिमण्डल क़ायम हुआ वह उस प्रान्त के मुसलमानों के बहुमत से ही हो सका। मुसलमानों का राष्ट्रीय दल 'अहरार पार्टी' भी मि. जिन्ना को अपना नेता मानने के लिए तैयार नहीं। अहरारी लोग न तो हिन्दुस्तान के टुकड़े करने के ही पक्ष में हैं, न मुस्लिम-लीग के हिमायती हैं। बल्कि इसके उलटा वे कांग्रेस से पूर्ण सहयोग करते हैं। मुसलमानों का सबसे अधिक विश्वासपात्र धार्मिक संगठन जमीयतुलउलेमा भी मुस्लिम लीग और मुस्लिम-लीग की भेद डालनेवाली नीति का विरोध करता है। भारत के आठ करोड़ मुसलमानों में दो करोड़ से अधिक मोमिन मुसलमान हैं और उन्हें मुस्लिम लीग से कोई मतलब नहीं बल्कि कांग्रेस को देश की आज़ादी की लड़ाई लड़नेवाली संस्था समझकर वे उससे सहयोग करते हैं। शियाओं की संख्या बहुत अधिक न होने पर भी देश की राजनीति में उनका स्थान विशेष महत्त्व का है और शीया राजनैतिक कान्फ्रेन्स को न मि. जिन्ना पर और न मुस्लिम लीग की फूट नीति पर ही विश्वास है।

यह है मि. जिन्ना के मुसलमानों के एकमात्र प्रतिनिधि होने के दावे की असलियत! एक-चौथाई से भी कम मुसलमान मि. जिन्ना की नीति पर विश्वास करते हैं परन्तु चूँकि मि. जिन्ना को मुसलमानों का प्रतिनिधि मानने से किसी का उल्लू सीधा होता है, उन्हें यह कहने का मौक़ा मिलता है कि हिन्दुस्तान की कोई साझी राजनैतिक माँग नहीं, इसलिए जिन्ना मुसलमानों के एकमात्र नेता मान लिये जाते हैं और उन्हें इस सेवा का पुरस्कार मिलता है कि उन्हें गाँधी जी के बराबर ऊँचा बना दिया जाता है जिस क़ीमत पर जिन्ना मुल्क को बेच देने के लिए भी तैयार हैं।

मि. जिन्ना को यह न भूल जाना चाहिए कि उनको यह आशातीत ऊँचा पद मिलने का कारण है सरकार की कांग्रेस से घबराहट! दाँव-पेच और कुटिल नीति के कारण जो ऊँचा पद उन्हें दिया जा रहा है उसकी बुनियाद केवल भ्रम और ग़लतफ़हमियों पर ही है। उनका आदर केवल पासंग के रूप में किया जा रहा है। परिस्थितियाँ इस देश की जनता की आखें शीघ्र ही खोलेंगी और उस दिन भी जिन्ना अगर ज़िन्दा होंगे तो वे पलड़े सीधे हो जाने पर पासंग की तरह निकालकर फेंक दिये जायेंगे।

सरकार का रुख़

भारत के सम्बन्ध में सम्राट की सरकार द्वारा जितने भी ऐलान किये जाते हैं उन सब में सरकार का उद्देश्य बताया जाता है, भारत को वैधानिक सुधारों के मार्ग से आत्मनिर्णय के शासन या पूर्ण स्वराज्य की ओर से जाना। परन्तु कार्य होता है इससे ठीक उलटा। इस समय हमारा देश एक वैधानिक संकट में पड़ा हुआ है और यूरोप के युद्ध ने हमारी अवस्था को और भी मुसीबत में डाल दिया है। नाममात्र को या दिखावे के रूप में जो नागरिक स्वतन्त्रता का आडम्बर किया गया था, वह तो जाता ही रहा। इसके अलावा युद्ध की स्थिति के बहाने विदेशी शासन के कारण पैदा होनेवाले असन्तोष को, जो देश में कांग्रेस के नेतृत्व में उठ रहा है, दबाने के लिए रोज़ नये-से-नये दाँव-पेच व्यवहार में लाये जाते हैं और इसका सबसे ताज़ा नमूना है कम्युनिस्टों के विरुद्ध आर्डिनेन्स।

कम्युनिस्टों के विरुद्ध आर्डिनेन्स निकालने का अभिप्राय यदि कम्युनिज़्म के विचारों को दबाने की चेष्टा है तो इससे अधिक बर्बर चेष्टा और क्या होगी? यदि ज़ार की हुकूमत जिसकी बर्बरता की बराबरी भारत सरकार करने का अभिमान नहीं कर सकती, कम्युनिज़्म के विचारों को नहीं दबा सकी तो भारत सरकार भी नहीं दबा सकेगी। और यदि मंशा कम्युनिस्ट का नाम देकर प्रभावशाली उग्र राष्ट्रीय कार्यकर्त्ताओं को चुन लेना है तो हम कहेंगे यह बहाना बहुत कमज़ोर

है। यदि कम्युनिस्ट होना अपराध है तो जिन्हें कम्युनिस्ट कह कर दण्ड दिया जाये उन्हें कम्युनिस्ट प्रमाणित करना भी आवश्यक है। परन्तु क्या ऐसा किया जाता है?

कम्युनिस्टों पर दोष लगाया जाता है कि वे अपने विदेशी मालिकों के आधीन इस देश के शासन को हानि पहुँचाने की चेष्टा कर रहे हैं। ऐसा करना तो सम्राट की सरकार के प्रति विद्रोह करना है और ऐसा करनेवालों को दण्ड देने के लिए आवश्यक है कि सरकार अदालत के सामने उनका षड्यन्त्र प्रमाणित कर उन्हें दण्ड दे। और अगर गुस्ताख़ी मुआफ़ हो तो हम कहेंगे कि भारत सरकार जिस सरकार के इशारे पर नाचती है, ह्वाइट हाल में बैठी वह सरकार भी तो भारत के लिए विदेशी मालिक ही है। कम्युनिस्टविरोधी घोषणा के निकलने के बाद से जिन लोगों की गिरफ़्तारी की गयी है, उनमें सबसे पहले हमें कॉमरेड जयप्रकाश नारायण और सज्जाद ज़हीर का ही नाम याद आता है। इन उदाहरणों को देखकर तो हमें पण्डित जवाहरलाल नेहरू की बात ही माननी पड़ती है कि कम्युनिस्टविरोधी घोषणा केवल हमारे राष्ट्रीय आन्दोलन को दबाने के लिए एक ख़तरनाक हथियार है जिसका वार सामने से नहीं बग़ल से किया जा रहा है ताकि जनता यह समझे कि यह घोषणा केवल सामाजिक शान्ति भंग करनेवालों लोगों के विरुद्ध है, परन्तु उसकी चोट पड़ती है राष्ट्रीय कार्यकर्त्ताओं पर ही।

राष्ट्रीय सप्ताह का कार्यक्रम

राष्ट्रीय सप्ताह हम प्रति वर्ष मनाते आये हैं और इस वर्ष उसका विशेष महत्त्व है। क्योंकि हम अपनी सत्याग्रह की लड़ाई को आरम्भ कर रहे हैं। देश की जनता इस सप्ताह की प्रतीक्षा, आशा और आशंका से कर रही थी। ६ अप्रैल से राष्ट्रीय सप्ताह आरम्भ हो गया और उसके साथ जो राष्ट्रीय कार्यक्रम आरम्भ हुआ है वह हमारे नये स्वतन्त्रता -दिवस के प्रतिज्ञा-पत्र की ही भाँति वास्तविक क्रियात्मकता से शून्य है।

राष्ट्रीय सप्ताह के लिए जो कार्यक्रम हमारे सामने आया है उसमें महात्मा गाँधी के दृष्टिकोण से रचनात्मक क्रम की भावना की ही प्रधानता है। ऐसा हो सकता है परन्तु इस रचनात्मक कार्य की सूक्ष्मता को जनता न तो बीस बरस में ग्रहण कर सकी है और न आज ही इस कार्यक्रम ने कहीं जनता में प्राण फूँक दिये हैं। इस कार्यक्रम की ओर अविश्वास से देखकर जनता को हम कहते सुनते हैं—"यह तो ठीक है, परन्तु असली बात अभी अनेकों हैं!"

वह 'असली बात' इस रचनात्मक कार्यक्रम में कही नहीं और न उसकी ध्वनि ही इससे सुनायी पड़ती है। "खद्दर बेचो चर्ख़ा कातो, चर्ख़े का अखण्ड अनुष्ठान।" यही कुछ दिखायी देता है। सार्वजनिक स्थानों में चर्ख़ा कात-कातकर जनता का मनोरंजन करना बहुत निरीह और निर्दोष है परन्तु इससे राजनैतिक जागृति और अपने अधिकार को पहचानकर उसके प्राप्त करने की तत्परता का क्या सम्बन्ध? अलबत्ता सार्वजनिक स्थानों में तकली और चर्ख़े का खेल देखकर हमारा ध्यान उस महापुरुष की ओर अवश्य जाता है जिसके व्यक्तिगत उदाहरण ने लोगों को स्वयं अपनी बुद्धि से न सोचकर उसकी बात को स्वीकार करने के लिए मजबूर कर दिया है। उसके प्रति हमारे मन में इससे श्रद्धा पैदा हो सकती है परन्तु संग्राम और आन्दोलन और बात है।

संग्राम की ज़रूरत है वैयक्तिक या राष्ट्रीय जीवन की रक्षा के लिए। क्यों न हम राष्ट्रीय सप्ताह में राष्ट्रीय जीवन के प्रश्नों की ओर जनता का ध्यान दिलायें? क्यों न हम, इस सप्ताह में शोषित जनता के कानों में उनके जीवन की माँगों का मन्त्र फूँक दें? ज़रूरत है इस सप्ताह गाँवों में किसानों पर बढ़ते लगान के ख़िलाफ़ और फ़सलें ख़राब होने के कारण लगान घटाने के पक्ष में आवाज़ उठाने की। ज़रूरत हैं किसान को यह राज़ बताने की कि स्वयं जोती ज़मीन का वह मालिक है। ज़रूरत हैं मज़दूर को यह बताने की कि उन्हें भी अधिकार है मनुष्य की तरह ज़िन्दगी बिताने का और उस अधिकार को प्राप्त करने के लिए उन्हें संगठन का मन्त्र देने की, उन्हें यह बताने की कि उनका युद्ध उनकी ज़िन्दगी और मौत का सवाल है, उन्हें बताने की कि संसार के शोषित एक हैं और उनका युद्ध है संसार में अन्याय और शोषण के विरुद्ध।

ज़रूरत है नगरों में यह बताने की कि नागरिकता के अधिकार—स्वतन्त्रता से मिलना-जुलना, स्वतन्त्रता से विचार प्रकट करना, अपना शासन स्वयं करना मनुष्यता के अधिकार हैं। ज़रूरत है यह बताने की कि हम पर लगाये जानेवाले टैक्स हमारे लाभ के लिए और हमारी इच्छा से होने चाहिए। यदि राष्ट्रीय सप्ताह में और कुछ भी न कर गली-गली हम इन स्वतन्त्रता के सिद्धान्तों की गूँज पहुँचा देते हैं तो चुपचाप बैठ तकली और चर्ख़ों का प्रदर्शन करने से मनुष्यता के नाते यह कहीं बेहतर होगा। परन्तु शायद वह शान्त रचनात्मक कार्य न समझा जाये।

◈

समालोचना

श्यामू की माँ लेखक : श्री पाण्डुरंग सदाशिव साने, एम.ए.। अनुवादक : श्री गोपीवल्लभ उपाध्याय। प्रकाशक : लोकसंग्रह छापाखाना, ६२४ सदाशिव पेठ, पूना २। मूल्य १ रु.

मूल पुस्तक मराठी भाषा में है और इस पुस्तक का मराठी भाषा में विशेष आदर हुआ है। पुस्तक का विषय और उद्‌देश्य है परिवार के प्रेममय वातावरण में आगामी मनुष्य जीवन के लिए सदाचार और नैतिकता की नींव तैयार करना। पुस्तक की कहानी अनेक खण्डों के रूप में है जो सहस्त्र-रजनी-चरित्र की कथाओं की भाँति कही गयी है परन्तु सहस्त्र-रजनी-चरित्र की भाँति पुस्तक की कहानियों का उद्‌देश्य केवल कल्पना की उड़ान और मनोविनोद नहीं। यह एक उपदेश है जो कहानी के लिबास में पेश किया गया है। पुस्तक की शैली आधुनिक गल्पकला के अनुकूल नहीं बल्कि प्राचीन कहानियों के रूप में है। भाषा की शैली और वर्णन के ढंग में अवश्य आधुनिकता है और कई स्थानों पर संक्षिप्त वर्णन अत्यन्त मनोग्राही है।

पुस्तक का उद्‌देश्य हमारे समाज द्वारा स्वीकृत, नैतिकता और कुसंस्कारों के बीच विवेक की रेखा खींचकर प्राचीन धर्म-विश्वास और धारणा के आधार पर क़ायम नैतिकता की रक्षा करना और वे सामाजिक प्रथाएँ जिनके कारण व्यावहारिक जीवन में कठिनाइयाँ पेश आती हैं, उन्हें दूर करने की ओर ध्यान दिलाना है, परन्तु लेखक के ध्यान में यह बात नहीं आयी कि नैतिकता की प्राचीन धारणा और उससे सम्बन्ध रखनेवाले रीति-रिवाज़ बहुत हद तक एक ही स्त्रोत से उत्पन्न हुए हैं और दोनों का अन्त भी एक साथ ही होगा। पुस्तक में जो सामाजिक चित्र खींचे गये हैं, उनमें प्रेम और करुणा के रंगों को ख़ूब उभारकर दिखाया गया है, अवगुणों और उनके कारणों पर परदा डालने की कोशिश की गयी है। परन्तु परदा डालने से तो उपचार हो नहीं सकता। इसमें सन्देह नहीं रोचकता की दृष्टि से पुस्तक ख़ूब सफल हुई है।

—प्र.

राजनैतिक भारत लेखक : कॉमरेड मन्मथनाथ गुप्त, श्री हनुमानप्रसाद गोयल, श्री दामोदर स्वरूप गुप्त; प्रकाशक : विश्वविद्यालय परीक्षा बुक डिपो, पानदरीबा, इलाहाबाद। मूल्य सजिल्द अढ़ाई रु., बिना जिल्द सवा दो रु.

प्रस्तुत पुस्तक भारत की राजनैतिक स्थिति का प्रामाणिक विश्लेषण है। हमारे सामाजिक और राजनैतिक आन्दोलन को चलाने का साधन है हमारा राजनैतिक

संगठन। इस संगठनों की शक्ति और विचारधारा पर ही हमारे आन्दोलनों की सफलता निर्भर करती है। तीन योग्य लेखकों ने हमारे देश में इस समय मौज़ूद सभी राजनैतिक तथा साम्प्रदायिक संगठनों—कांग्रेस समाजवादी पार्टी, अग्रगामी दल, रियासती प्रजा मण्डल, मज़दूर आन्दोलन, उदार दल, किसान आन्दोलन, मुस्लिम लीग, हिन्दू महासभा, ख़ाकसार, सिक्ख आन्दोलन, ऐंग्लो-इण्डियन लीग आदि देश की पैंतालीस पार्टियों के उद्देश्य, कार्यक्रम और संगठन का इतिहास इस पुस्तक में दिया है। पुस्तक में अनावश्यक विस्तार न कर केवल आवश्यक विषय ही सम्मिलित किये गये हैं परन्तु आवश्यक विषय और जानकारी की सभी बातें उसमें आ गयी हैं। देश की राजनैतिक और सामाजिक परिस्थिति को समझने के लिए पुस्तक केवल उपयोगी ही नहीं बल्कि आवश्यक है। पुस्तक में ३६२ पृष्ठ और चित्रों की संख्या भी पर्याप्त है, छपाई साफ़ और काग़ज़ अच्छा है।

× × ×

कायाकल्प लेखक : पण्डित बुद्धदेव विद्यालंकार, प्रकाशक : पण्डित बुद्धदेव विद्यालंकार, गुरुदत्त भवन, लाहौर। मूल्य १ रु.

पुस्तक उपन्यास नहीं है जैसा कि नाम से प्रतीत होता है। लेखक का विचार है मनुष्य समाज का कायाकल्प करने का। संकट में पड़े समाज का वह उद्धार करना चाहता है वैदिक सिद्धान्तों के अनुसार। मनुष्य समाज ने लाखों वर्ष के अनुभव से जो सीखा है उसकी उपेक्षा कर वह उसे उसके बचपन की याद दिलाकर शिक्षा देना चाहता है। पुस्तक में अनेक विषयों पर छोटे-छोटे निबन्ध हैं जिनमें साम्यवाद और मार्क्सवाद पर भी विचार किया गया है। साम्यवाद के नाम से लेखक ने समालोचना की है समाजवाद की, यह विश्वास कर कि समाजवाद का आधार सबको समान बना देना है। यह लेखक का अज्ञान है। इसी प्रकार मार्क्सवाद पर भी जो टिप्पणी की गयी है वह मार्क्सवादी की दृष्टि से न्याय-अन्याय की धारणा को समझे बिना ही। पुस्तक की छपाई और काग़ज़ बहुत सुन्दर है। जो लोग पश्चिम की ओर से आँख-कान बन्द कर पूर्व की स्तुति करना चाहते है, उन्हें पुस्तक से विशेष सन्तोष होगा। मूल्य १रु.

वि. का.

× × ×

'सन्त ज्ञानेश्वर' फ़िल्म

सिनेमा और साहित्य में यदि मनोरंजन के साथ ही सामाजिक उन्नति का उद्देश्य भी पूरा हो तो सोने में सुगन्ध है। बिलकुल निरुद्देश्य मनोरंजन पशुता की

सीमा पर गिर जाता है। प्रभात कम्पनी इस समय जिस 'सन्त ज्ञानेश्वर' फ़िल्म को पूरा करने में लगी हुई है, वह हमारी सामाजिक क्रान्ति के मार्ग में एक साधन के रूप में आयेगी और उससे जो मनोरंजन होगा वह अलग। सन्त ज्ञानेश्वर का जीवन हमारे समाज की रूढ़ी दासता के विरुद्ध विद्रोह का संग्राम था। सामाजिक क्रान्ति के जिस कार्य को ज्ञानेश्वर ने अपने जीवन-काल में आरम्भ किया था, उसकी ओर से आँखें बन्द कर हम सन्त को केवल अवतारी पुरुष मान उसकी पूजा करने लगे। प्रभात पुराने इतिहास की झलक दिखाकर हमें फिर उस उद्देश्य की याद दिलाना चाहती है और वह भी रूखे उपदेश के रूप में नहीं बल्कि एक कलापूर्ण और रोचक फ़िल्म के रूप में।

वि. का.

चाय की चुस्कियाँ
दुर्मुख

मुसलमान भाइयों को कांग्रेसी सरकारों से सबसे बड़ी शिकायत यह है कि उनकी संस्कृति का ख़ून किया जा रहा है। इसके कई सुबूत पेश किये जाते हैं और सबसे बड़ा सुबूत यह है कि कांग्रेसी सरकार ने यू.पी. सरकार की मोहर तक में गंगा-जमुना और मत्स्यावतार घुसेड़ दिया है।

लेकिन मज़ा यह है कि ब्रिटिश सरकार की मोहर में ज़नाना जुराबबन्द (Ladies Garter) हर चीज़ के ऊपर लगता देखकर किसी को एतराज़ न हुआ। ब्रिटिश साम्राज्य की मोहर में ताज के दोनों ओर एक शेर और एक सींगदार घोड़ा खड़ा रहता है। और इस सब पर बकसुएदार ज़नाना जुराबबन्द लग रहता है और उस पर जो लिखा रहता है उसकी किसी को परवाह नहीं क्योंकि वह फ्रेंच में है और उसका अर्थ साधारणत: समझा नहीं जाता। इस पर लिखा रहता Honi soit qui mal y Pense ओनी सुआ कि माल या पान्स। इसका अर्थ है—लानत उस पर जो इसे बुरा बताये, गोया कि ब्रिटिश सरकार जो करे सो सब ठीक है।

नहीं, इसका अर्थ इतना आसान नहीं। आख़िर ज़नाना जुराबबन्द की इतनी मानता क्यों? इसका क़िस्सा है सन् १३४३ की बात है। राजा एडवर्ड तीसरे ज़रा शौक़ीन मिज़ाज थे और सैलिसबरी की काउण्टेस (सरदारनी) पर उनकी विशेष

कृपा थी। बॉल नाच हो रहा था। काउण्टेस शायद किसी और के साथ नाच रही थीं और बादशाह सलामत ख़ून के घूँट पी रहे थे। नाचते-नाचते काउण्टेस का जुराबबन्द खिसककर गिर पड़ा। बादशाह सलामत झपटे हुए गये और जुराबबन्द उठाकर अपनी बिर्चिस पर ही चढ़ा लिया। अमीर-उमरा यह देखकर झेंपने लगे और काउण्टेस भी शरमाने लगीं लेकिन बादशाह जो करता है सो सब सही होता है, इसलिए एडवर्ड ने कहा—"लानत उस पर जो इसे बुरा बताये।" और लगे काउण्टेस को बग़ल में लेकर नाचने।

काउण्टेस के जुराबबन्द की इज़्ज़त बढ़ाने के लिए जुराबबन्द का ख़िताब अमीर उमरा को दिया जाने लगा। उसे शाही मोहर में शामिल कर लिया गया और वह सबके सिर पर ठुकती है। और बुरक़ापरस्तों की कोई तौहीन ज़नाना जुराबबन्द को सिर पर रखकर नहीं होती।

× × ×

ताज़ीरात हिन्द में आत्महत्या की कोशिश करना अपराध है परन्तु आत्महत्या कर लेनेवाले के लिए कोई सज़ा नहीं है। बात बेतुकी-सी मालूम होती है परन्तु गाँधीवाद में भी इसी से कुछ मिलती-जुलती-सी बात है। मिल का कपड़ा पहनना पाप है परन्तु मिल का कपड़ा बनाना पुण्य है। इसीलिए कितने ही बड़े-बड़े गाँधीवादी ख़ुद तो खद्दर पहनते है परन्तु अपनी मिलों में लाखों गज़ मिल का कपड़ा बना देते हैं और उन्हें महात्मा जी का आशीर्वाद भी काफ़ी मात्रा में प्राप्त होता है।

× × ×

कांग्रेस की प्रदर्शनी देखकर हमें विश्वास हो गया कि भारत का उद्धार ग्राम उद्योग से ही होगा। वहाँ देखा हमने एक छह गज़ मलमल का थान जिसकी क़ीमत थी १५०रु.। इसमें ३०० नं. का सूत लगा था। इस सूत को कातने में ६ मास लगे थे और इसे बुनने में जुलाहे को तीन माह लगे थे, गोया यह नौ महीने की कमाई ऐसे कारीगरों की थी जिनका मुक़ाबला करनेवाले इस देश में एक-दो ही मिल सकेंगे। इनकी औसत मज़दूरी हुई आठ आने प्रतिदिन! यह तो हुई मज़दूरी बहुत ही लायक़ कारीगरों की जो ३०० नम्बर के सूत पर काम करते हैं। साधारणत: ४०-५० नम्बर के सूत पर काम करनेवाले ख़द्दर के कारीगरों की मज़दूरी क्या होगी?

× × ×

ख़ुशी की बात है कि इस थान को ख़रीदनेवाले एक देशभक्त निकल ही आये। आप थे बिहार की कपड़ा मिल के डाइरेक्टर! सवाल यह है कि ऐसे कितने देश भक्त होंगे जो इस भाव पर मलमल ख़रीद सकेंगे?

× × ×

इंग्लैण्ड के पत्रों ने इस बात पर बड़ा सन्तोष प्रकट किया है कि रायल एअर फ़ोर्स के जहाज़ पोलैण्ड की राजधानी वारसा पर उड़ आये हैं और वहाँ से कुछ तसवीरें ले आये हैं। वारसा निवासियों को रायल एअर फ़ोर्स की बहादुरी से ख़ुशी तो क्या, उलटा बिचारों के ज़ख़्मों पर नमक छिड़का गया होगा। आकाश की ओर मुँह उठाकर कहते होंगे—

काश अपनी ज़िन्दगी में हम यह मंजर देखते
बाद मरने के कोई बालाए बाम आया तो क्या?

× × ×

यू.पी. में कांग्रेसी सरकार ने मुस्लिम संस्कृति को दबाने के लिए ख़ाकसारों पर जो ज़ुल्म किये थे उन्हें देखकर जिन्ना साहब का ख़ून खौल उठा था। परन्तु पंजाब में सर सिकन्दर की सरकार ने जिस शान्त और प्रेमपूर्ण तरीक़े से ख़ाकसारों की मुसीबत को दूर करने का उपाय शुरू किया है, उसके लिए तो जिन्ना साहब को उन्हें बधाई देनी ही चाहिए। हम इस इन्तज़ार में आँखें लगाये बैठे हैं।

× × ×

अब हिन्दू-मुसलमानों का झगड़ा मिटने का कोई उपाय नहीं रहा। अब हिन्दुस्तान को दो हिस्सों में बाँटना ही पड़ेगा। और पाकिस्तान बनाना ही पड़ेगा।

पाकिस्तान में मुसलमानों की सब शिकायतें दूर हो जायेंगी। मिसाल के तौर पर मुस्लिम संस्कृति और भाषा की रक्षा की जायेगी। वहाँ जो क़ायदे और क़ानून बनेंगे उनका एक मामूली नमूना हमें एक मौलाना साहब से मिला है। उनका दावा है कि औरंगज़ेब की रूह से सलाह कर यह क़ानून तैयार किये गये हैं—

एक क़ानून के मुताबिक़ सब लोगों को मूँछें कतरवाकर दाढ़ी रखानी पड़ेगी। धोती-पतलून कोई नहीं पहनेगा। सब लोगों को टखने से ऊँचे पायजामे या तहमत पहनने पड़ेंगे। रेडियो, ग्रामोफ़ोन, सिनेमा, थियेटर सब बन्द कर दिये जायेंगे, कुफ्र फैलानेवाली तालीम के कॉलेज-स्कूल बन्द करके अरबी और फ़ारसी के मक़तब खोले जायेंगे, जगह-जगह क़ब्रें और मज़ार बनेंगे और प्याऊ की जगह इस्तंजे के लिए मिट्टी के ढेर लगाये जायेंगे। उस पोशाक में मि. जिन्ना कितने भले मालूम होंगे?

× × ×

सवाल यह है कि पाकिस्तान में बोली कौन-सी बोली जायेगी? ज़ाहिर है कि उर्दू! लेकिन उर्दू तो कई क़िस्म की है। मिसाल के तौर पर कश्मीरी-उर्दू, बंगाली-उर्दू और फिर मद्रासी-उर्दू।

यह मुसीबत जब पेश आयी तो मौलाना साहब ने फ़ैसला दिया है कि सक़ील से सक़ील उर्दू में भी ८० फ़ीसदी तक लफ़्ज़ हिन्दोस्तानी ज़ुबानों के हैं। इसलिए वहाँ महज़ अरबी-फ़ारसी बोली जायेगी। लेकिन इस बात पर कोई फ़ैसला नहीं हो पाया कि अरबी बोली जायेगी या फ़ारसी? और फिर तुर्की क्यों नहीं बोली जायेगी?

× × ×

एक साहब जिन्हें हर बात में ज़रब, जमा, तक़सीम की आदत है, कहते क्या हैं कि इस इलाक़े की कुल माली आमदनी सिर्फ़ बीस करोड़ रुपये है और ख़र्च वहाँ का अलग रहने दीजिये तो भी रेलवे का क़र्ज़ा और दूसरे क़र्ज़ों का सूद ही सालाना तीस करोड़ के क़रीब-क़रीब आ जाता है। ख़र्च पूरा होगा तो कैसे?

लेकिन ऐसी बनिये-बक्कालों की दलीलों पर जिन्ना साहब ग़ौर करना इस्लामी शान के शाया नहीं समझते।

कुछ लोगों को शिकायत है कि 'विप्लव' इतनी ख़ुश्क पत्रिका है कि इसमें होली के अवसर पर भी कहीं मुस्कान की झलक नहीं दिखायी देती। इसलिए दुर्मुख को सम्पादक का हुकुम हुआ है कि एक साहित्यिक ग्रामीण गीत होली के लिए भेजा जाये। हाज़िर है—

मेरे अँगना में तुम्हारा क्या काम है।
जिसकी बीबी मोटी उसका भी बड़ा नाम है,
महिफ़ल में लगा दो, मसनद का क्या काम है?
मेरे...
जिसकी बीबी छोटी उसका भी बड़ा नाम है,
गोद में खिला लो बच्चे का क्या काम है?
मेरे ...
जिसकी बीबी काली उसका भी बड़ा नाम है,
आँखों में लगा लो सुरमे का क्या काम है।
मेरे...
जिसकी बीबी गोरी उसका भी बड़ा नाम है,
कमरे में लगा दो बिजली का क्या काम है?
मेरे...

× × ×

केन्द्रीय गवर्नमेण्ट ने हुकुम निकाला है कि कम्युनिस्ट लोग बहुत उपद्रव कर रहे हैं इसलिए उनके नेताओं को गिरफ़्तार कर लिया जाये।

लेकिन हिन्दुस्तान में कम्युनिस्ट पार्टी एक अर्से से ग़ैरक़ानूनी है और इस अर्से में कम्युनिस्ट होने के जुर्म में किसी की गिरफ़्तारी नहीं हुई इसलिए हम समझने लगे थे कि हिन्दुस्तान में क़ानूनन कम्युनिस्ट लोग नहीं हैं। लेकिन अब सरकार बहादुर को ज़रूरत है कि कम्युनिस्ट गिरफ़्तार किये जायें, इसलिए पुलिस को कम्युनिस्ट ढूँढ़ने ही पड़ेंगे और वह पुलिस जिस पर करोड़ों रुपये ख़र्च होते हैं, इतनी नकारा साबित नहीं हो सकती कि ज़रूरत के वक़्त कुछ कम्युनिस्ट न ढूँढ़ निकाले।

जून
१९४०

बेकार एण्ड कम्पनी लिमिटेड

नाम

हिन्दुओं के पुराण ग्रन्थों में लिखा है, 'संघौ शक्तिः कलौ युगे।' इसका अर्थ है, सत्ययुग, त्रेता और द्वापर में सत्य और धर्म की शक्ति थी और न्याय का बोलबाला था परन्तु कलियुग में शक्ति संगठन में ही होगी। इसीलिए कलियुग में जहाँ देखो संगठन का प्रयत्न दिखायी देता है। इसलिए बेकार लोगों को भी अपना संगठन क़ायम करने की ज़रूरत महसूस हुई। इस संगठन का नाम है—बेकार एण्ड कम्पनी लिमिटेड।

मेम्बरी की शर्त

बेकार एण्ड कम्पनी लिमिटेड में जो चाहे चार आना सालाना चन्दा देकर मेम्बर नहीं बन सकता। हर तरह के बेकार लोग भी इसमें शामिल नहीं हो सकते। 'बेकार' शब्द का अर्थ बेकार एण्ड कम्पनी की दृष्टि में है (-) वे लोग जो यत्न करने पर पेट भरने के लिए कारोबार नहीं पा सकते। जो लोग घर में काफ़ी मालमता मौज़ूद रहने के कारण कोई काम करने की ज़रूरत नहीं समझते, बेकार एण्ड कम्पनी लि. के मेम्बर नहीं बन सकते। उदाहरण के तौर पर इस देश के सभी बड़े-बड़े ज़मींदार और रियासतों के मालिक बेकार फिरा करते हैं, या सेठ जी भी दुपहर की धूप में भोजन करने के बाद कुछ देर बेकारी में सुस्ताते हैं। यह लोग बेकार नहीं गिने जायेंगे और न बेकार एण्ड कम्पनी लिमिटेड के मेम्बर बनने के हक़दार होंगे।

स्त्रियों की समस्या ज़रा टेढ़ी है। इस देश की प्रायः सभी स्त्रियाँ बेकार रहती हैं परन्तु निर्वाह के लिए नौकरी-मज़दूरी नहीं ढूँढ़तीं, न उन्हें ज़रूरत महसूस होती है लेकिन उन्हें बेकार नहीं समझा जा सकता। कम्पनी का यह फ़ैसला है कि हिन्दुस्तान की औरतें बेकार नहीं गिनी जायेंगी। वे सब घरेलू नौकर हैं, रोटी, कपड़े

और ज़ेवर पर रोटी पकाने, घर सँभालने और बच्चे पैदा करने का काम करती हैं। वे सब बेरोज़गार नहीं।

बेकार की वास्तविक परिभाषा यह है कि वह समाज की मौज़ूदा हालत से परेशान हो और उसे बदलने की कोशिश करे। इसलिए वे राजनैतिक कार्यकर्त्ता बेकार एण्ड कम्पनी लिमिटेड के मेम्बर हो सकेंगे जो 'काक वृत्ति' कौए की तरह माँग-छीनकर अपना गुज़ारा चलाते हैं और सदा क्रान्ति के लिए काँय-काँय करते रहते हैं।

बेकार एण्ड कम्पनी लिमिटेड के सदस्य दो प्रकार के होंगे। एक तो सम्मानित बेकार, जिन्हें दरअसल कोई काम करने को है ही नहीं और ज़रूरतों से परेशान हैं। दूसरे बेकार एण्ड कम्पनी लि. में वे लोग शामिल हैं जो फ़िलहाल तो बेकार नहीं, परन्तु जिन्हें बेकार बन जाने का भय सदा बना रहता है। उदाहरण के तौर पर दफ़्तरों में नौकरी करनेवाले बाबू लोग। हर साल एण्ट्रेन्स और बी.ए. की फ़सल पकने पर जब पढ़े-लिखे लड़के २०-२५ रुपये में मिल सकते हैं, उस समय पुरानों को साठ-सत्तर दे-देकर कुर्सियों पर बैठाये रखना कई साहब लोगों को बिलकुल व्यर्थ जान पड़ता है।

मिलों के मज़दूर जिन्हें बाज़ार मन्दा होने के बहाने ख़र्चा कम करने की आड़ में हमेशा निकाल दिया जा सकता है। अगर कोई किसान मेम्बर बनना चाहता है तो उसे अधिकार है क्योंकि भूमि का मालिक पलक मारते उसे बेकार कर दे सकता है।

जेल जाने के आदी सत्याग्रही भी, जिन्हें राष्ट्रीय आन्दोलन से सिर्फ़ इतना ही सम्बन्ध है कि वे जेल जाने के लिए हमेशा तैयार रहते हैं और जब वे जेल से बाहर हों, तो उन्हें बेकार ही समझना चाहिए—बेकार एण्ड कम्पनी लिमिटेड के मेम्बर बन सकते हैं।

स्त्रियों की मेम्बरी बिलकुल बन्द तो नहीं है परन्तु वही स्त्रियाँ बेकार एण्ड कम्पनी की मेम्बर बन सकती हैं जो असन्तुष्ट हों। परन्तु जेवर काफ़ी न मिलना और सन्तान न होना असन्तोष का मुनासिब कारण नहीं समझा जा सकता। असन्तोष के मुनासिब कारण यह हो सकते हैं—अच्छा पढ़ा-लिखा पति या मनमाफ़िक पति न मिल सकने के कारण अपना जीवन निरर्थक समझ रही हों। आयु काफ़ी हो जाने पर भी 'पत्नी' की नौकरी न मिली हो।

उद्देश्य और कार्य

कुछ लोगों का कहना है आवश्यकता आविष्कार की जननी है। बेकार लोग आवश्यकता से सदा परेशान रहकर भी कोई आविष्कार नहीं कर सकते, इसलिए उनका विश्वास इस कहावत पर नहीं। उनका विश्वास है "अवकाश आविष्कार की जननी है।" बेकारों को अवकाश की कमी नहीं अधिकता ही रहती है इसलिए कामकाज में फँसी रहनेवाली

जनता की भलाई के लिए वे राजनैतिक, सामाजिक और साहित्यिक विषयों पर विचारकर सिद्धान्त क़ायम किया करेंगे।

दफ़्तर

एक दफ़्तर प्रत्येक सम्मानित संस्था का होना ज़रूरी है, परन्तु बेकार एण्ड कम्पनी के पास किराये के लिए फण्ड नहीं है। फ़िलहाल विप्लव कार्यालय की इमारत में 'चक्कर क्लब' के ग़ैरक़ानूनी संस्था करार दे दिये जाने पर फ़ाइल 'टु लेट' हो गयी है, उसी में बेकार एण्ड कम्पनी लिमिटेड का दफ़्तर रहेगा और रिपोर्ट प्रकाशित होगी 'विप्लवी ट्रैक्ट' में ताकि ब्योरे और हवाले के लिए कठिनाई न हो।

विशेष विवरण (Special Remarks)

बेकार एण्ड कम्पनी लिमिटेड जहाँ तक उद्देश्य और बहस-मुबाहसे का सम्बन्ध है, अनलिमिटेड यानी सीमारहित है और जहाँ धेले-पैसे का सवाल है, बिलकुल लिमिटेड यानी संकुचित है।

इन सब बातों का ध्यान रखकर इस कम्पनी में सम्मिलित होने या इसकी बात को समझने की कोशिश की जाये।

हस्ताक्षर मैनेजर

बे.क.लि.

× × ×

बेकार एण्ड कम्पनी लिमिटेड के मेम्बरों का विचार है कि मई-जून की गरमी में स्कूल-कॉलेजों और दफ़्तरों में छुट्टी देना सरमायादार सरकार की शरारत है। अधिकांश मेम्बर चाहते हैं कि इतवार को भी उन्हें दफ़्तर जाने की इजाज़त मिल जाये तो वे ख़ुशी से वहीं जाकर बिजली के पंखे और खस की टट्टी की आड़ में दुपहर बिताया करें। घर कमबख़्त में क्या रखा है, तंग जगह, हवा का नाम नहीं, पंखा नहीं, ख़स की टट्टी तो स्वप्न है। पर बड़े अफ़सरों का ऐसा ख़याल नहीं इसलिए इतवार को छुट्टी की जाती है और बेकार कम्पनी के मेम्बरों को कोई खुला बरामदा या हवादार मकान तलाशकर दुपहर काटने के लिए इकट्ठा हो जाना पड़ता है।

बरफ़ एक वाहियात चीज़ है। डॉक्टर इसे नुक़सानदेह बताते हैं और पैसा इस पर फ़ज़ूल ख़र्च होता है। लेकिन जब पैसे की सवा सेर मिलने लगती है बल्कि जब बरफ़वाला हाँक लगाता है—तीन पैसे की पाँच सेर! फिर अनेक भले आदमी डॉक्टर की नसीहत भूलकर बरफ़ का पानी गरमी में पी ही लेते हैं। एक ज़माना था, बरफ़ अपवित्र समझी जाती थी; पानी ही तो है, जाने किस-किस जात का हाथ लगा हो पर अब रिवाज बदल गया है। समय की बात है।

बेकार कम्पनी में बरफ़ डालकर शरबत बनाया और पीया जाने लगा। एक सज्जन अपना ग़िलास बहुत अहिस्ता-अहिस्ता सुरक रहे थे। वे चाहते थे ठण्डक का मज़ा जितनी अधिक देर तक लिया जा सके लिया जाये! परन्तु गिलासों की कमी के कारण उनके सामने बैठे हुए भले आदमी जो गिलास खाली होने की प्रतीक्षा में थे और चाहते थे कि यह गिलास को एक ही घूँट में निगल जायें ताकि उनकी बारी आये, बोले—देखो तो बरफ़ का शरबत क्या मिल गया, मानो कोई न्यामत मिल गयी, ख़तम करना ही नहीं चाहते।

उन्हीं के दूसरे साथी जो ख़ुद भी प्रतीक्षा में थे और शायद गाँव से आये थे, बोले—भाई, इन अंग्रेज़ों ने भी कमाल कर दिया है! क्या बैसाख, जेठ की गरमी और ये साले पानी को जमाकर बरफ़ कर देते हैं।

गिलास हाथ में लिये हुए साहब बोले—बरफ़ का शरबत न्यामत नहीं तो और क्या है, जनाब! जहाँगीर जैसे बादशाह इसके लिए तरसते थे।

दूसरे साहब जो इतिहास में क़दम रखते थे, बोले—जहाँगीर शीराज़ी शराब बरफ़ में ठण्डी करके पीता था।

—बरफ़ आती थी तुम्हारे सिर से!

—क्या दहकानी हो। कुछ पढ़ा भी है? मुगलों के वक़्त में देहली और आगरा में कुमाऊँ के पहाड़ों से लगातार बरफ पहुँचती थी। मुगलों की हिन्दू बेगमों के लिए साँड़नी सवार रोज़ दिल्ली में गढ़मुक्तेश्वर से गंगा का पानी पहुँचाते थे।

सुननेवालों की आँखें आश्चर्य से खुली रह गयीं। पर अहिस्ता-अहिस्ता शरबत पीनेवाले भी एक ही ढीठ थे, बोले—तो फिर सिवा जहाँगीर और उसके मुँहलगे मुसाहिबों के और किसी की क्या मज़ाल होगी कि बरफ़ का शरबत पी सके और आज यार लोग बरफ़ का शरबत उड़ा रहे हैं। वाह रे मशीन की करामात! क्या मज़ा है घुण्डी घुमा दी और फर्राटे से पंखा चल रहा है।

—पंखा क्या पहले नहीं चलता था?

—चलता था जब सेठ-सरदार लोग छपर खट लगाकर लेटते थे और मजूरे कमरतोड़ मेहनत कर पंखे की डोरी खींचते-खींचते ऊँघने पर कमर पर लात खाते थे। बिजली के पंखे का क्या है; दिन-रात चलाओ, महीने में ६ नहीं ७ का बिल सही। मज़दूर लगाकर पंखा खिंचाइये तो पता चले और नहीं तो बदरीनाथ से बरफ़ मँगाकर ही एक गिलास शरबत पी लीजिये। लल्लू, दिवाला निकल जायेगा—और बड़े ज़ोर से हँस पड़े।

साथ ही बैठे एक साहब बोले, अरे इन मशीनों की बदौलत ही तो यह बेकारी फैल रही है। पुराने ज़माने में यह बेकारी कहाँ थी।

—बेकारी नहीं थी इसी का क्या सुबूत?

धूप से तपती सड़क पर सौ मन का बोझा उठाये फर्र से उड़ी जाती लारी की ओर इशारा कर उन्होंने कहा—यह देखो इसी को, यह कितने गाड़ीवालों और बैलों का पेट काटे लिये जा रही है। यही है तुम्हारी मशीन जिससे दुनिया का भला होगा? इस हिंसा से दुनिया का भला होगा?

मौक़े की बात, उसी समय सड़क पर से ईंटों का एक ठेला जा रहा था। भैंसे ठेले में पूरा ज़ोर लगाकर खींच रहे थे परन्तु धूप से गल गये तारकोल में गाड़ी के पहिये और भैंसों के खुर चिपके जाते थे। गाड़ीवान हाथों के ज़ोर से भैंसों की पीठ पर सड़ाक-सड़ाक चाबुक जमाये जा रहा था। और ज़बान से किसम-किसम की गालियाँ देकर भैंसे को लज्जित कर जल्दी-जल्दी चलने के लिए मजबूर कर रहा था। धूप और बोझ से भैंसों की ज़ुबान निकली जा रही और गाड़ीवान के धूप से भरे शरीर पर से पसीने की धारें बह रही थीं।

इस भैंसागाड़ी की ओर संकेत कर मशीन के हामी बोले—नहीं तुम्हारा कल्याण करेगी या भैंसागाड़ी। तुम जो मशीन को हिंसक बताते हो, तुम्हें जोत दिया जाये इन भैंसों की जगह या तुम्हारे अहिंसा के अवतार महात्मा गाँधी को?

—इसका मतलब?

—अरे मतलब क्या; बिना मशीन के संसार से हिंसा दूर हो ही नहीं सकती, न न्याय हो सकता है, न मनुष्यता क़ायम रह सकती है। अरे शहर-भर के नल आज बन्द हो जाये और कहारों से पानी भरवाना पड़े तो क्या कहारों के साथ यह इन्साफ़ होगा कि वे दिन-भर कन्धों पर बँहगियाँ ढोयें और आप चौबारे पर नहाया करें? यह रिक्शा गाड़ी क्या है, यह पालकी क्या है, यह मेहतर का काम क्या है? आपको यह थोड़े ही पसन्द है कि आप पाखाने जायें और बाद में नल से लटकती जंजीर खींच लें, इसे आप समझते हैं—अपना पाख़ाना ख़ुद साफ़ करना और यह आपको गवारा नहीं। आप चाहते हैं भंगी आपका पाख़ाना सिर पर लादकर चले तब आपको सन्तोष होगा कि भारत की प्राचीन सभ्यता शेष है।

एक साहब ने पालथी मार आगे बढ़कर कहा—बड़ी लम्बी हाँक गये पर यह तो बताइये, सब जगह आपकी मशीन ही हो जायेगी तो यह कहार, मज़दूर और भंगी भूखे मरेंगे या नहीं? नहीं मरेंगे तो करेंगे क्या?

—करेंगे क्या! आप क्या करते हैं, यह भी वही करेंगे। इन्सान के करने लायक़ हज़ार काम हैं जिन्हें यह लोग करेंगे।

एक और साहब बोल उठे—दफ़्तर में बाबूगिरी करेंगे, दुकान करेंगे, सेठ और अफ़सर बनेंगे?

—क्यों साहब, बनेंगे क्यों नहीं? सेठ और अफ़सर बनना क्या किसी की बपौती है? मशीन के विरोधी तो चाहते ही हैं कि सामन्ती सरदारों का युग रहे, संसार की सब अच्छी-अच्छी चीज़ें अमीरों और सरदारों के लिए रहें। अमीरों और सरदारों को ख़ुद आराम और भोग-विलास से इतना सुख नहीं होता जितना कि इस बात से होता है कि संसार के भोग्य पदार्थ केवल उन्हीं के लिए है। वे जनता की पीठ पर चढ़कर उन्हें पैरों से रौंदते हुए चलते हैं। दूसरों को बेबस और भूखा नंगा देखकर, उन्हें मोहताज देखकर उन्हें बहुत सन्तोष होता है।

—आपका मतलब यह है कि भारतवर्ष में पहले दरिद्रता थी और अब ख़ुशहाली है। जनाब, यह सोने की चिड़िया थी और यहाँ दूध के दरिया बहते थे।

—होगी जनाब, यहाँ बहुत ख़ुशहाली होगी। हमें तो उस ज़माने की जो तसवीरें देखने को मिलती हैं, सब कमर में धोती लपेटे नंगे आदमी ही देखने को मिलते हैं।

एक और साहब बोल उठे—अगर उस समय सब लोग ख़ुशहाल थे तो जनाब दान देने का इतना महत्त्व क्यों बखाना गया है? जब दरिद्र थे ही नहीं तब दान कौन माँगता होगा और किसे दिया जाता होगा?

प्राचीन भारत की इस प्रकार की निन्दा सुनकर कुछ साहिबान को बुरा लगा इसलिए बात बदल गयी। एक साहब रामगढ़ कांग्रेस हो आये थे, वे बोले—लीजिये आपकी घरेलू प्राचीन दस्तकारी का नमूना हम आपको बतायें। रामगढ़ में हमने खद्दर का एक थान देखा जो अँगूठी में से निकल जाता था।

मशीन के विरोधी जाँघ पर हाथ मारकर बोले—अरे साहब इस गुजरे ज़माने में भी ऐसे-ऐसे कारीगर पड़े हैं तो उस ज़माने का क्या कहना?

—हाँ, फिर सुनिये तो उस थान के कतने-बुनने में छह माह लगे थे और उसकी कीमत थी १५० रुपये उसे ख़रीदा था बिहार के एक कपड़ा मिल के मालिक ने।

—अरे भाई क़ीमत तो उसकी होगी ही, मेहनत नहीं उसमें लगी है?

—सो तो ठीक, लेकिन जितना महीन यह कपड़ा था उससे कहीं महीन और मुलायम कपड़ा बाज़ार पाँच आने गज़ मिल सकता है। जिसका बर भी ज़्यादा होता है। थान था कुल बारह गज़ का। बाज़ार में उतने कपड़े की क़ीमत हुई पौने चार रुपये—पन्द्रह आने में एक कुरते का कपड़ा मिला। लेकिन उस थान का कुरता बनेगा साढ़े सैंतीस रुपये में!

मशीन के विरोधी बोले—अरे आप न पहनिये, इतना बारीक़! मोटा कपड़ा पहन लीजिये।

पर मुश्किल तो यह है कि दिल हमारे भी है, गरमी हमें भी लगती है, तबीयत हमारी भी चाहती है कि अपने लड़के को महीन कपड़ा पहनाये। पर आप कहते हैं, नहीं मशीन तुम्हारी दुश्मन है, फिर चलो उसी सामन्तशाही के युग में। जब सरदार लोग तो ईरान के कालीनों पर मेंढ़े लड़ाया करें, या मखमल से मढ़ी पालकी में सरदार अपनी प्रेमिका की ठोड़ी पर लगे पान के दाग़ की तारीफ़ में कविता कहते जायें और मज़दूर-कहार जेठ-बैसाख की दुपहरिया में उस पालकी को कन्धों पर उठाये चोटी का पसीना एड़ी तक बहाते हुए हाँफते चले जायें और फिर आप कहेंगे यह अहिंसा है और मशीनों ने आकर हिंसा फैला दी।

बेकारों की उस मण्डली में एक ऐसे गाँधीवादी भी मौज़ूद थे जो कम-से-कम 'हरिजन' अख़बार ज़रूर पढ़ते थे। बहुत गम्भीरता से उन्होंने कहा—कम-से-कम इतना तो आप मानेंगे ही कि मशीनों की बदौलत सब धन पूँजीपतियों के पास खिंचा चला जाता है। इस से अमीरों की अमीरी बढ़ती है और ग़रीबों की ग़रीबी बढ़ती है। इस अन्तर को कम करने का सबसे आसान तरीक़ा यही है कि ग़रीब अमीरों की मशीनों का मुँह न ताके, अपना गुज़ारा आप चलायें—कहिये?

—वाह साहब आप भी हवा में फन्दा फेंकते हैं। अरे जिसके पास अपनी ज़रूरत पूरी करने लायक़ चीज़ें बना सकने का सामान हो वह ग़रीब ही क्या? और फिर ग़रीब से आप आशा यह करते हैं कि वह दिन-भर में मज़दूरी कर आठ आने कमाकर अपना और बाल-बच्चे का पेट न भरे लेकिन दो आने का सूत काते ताकि अमीर के पास उसका धन न चला जाये। अरे वह तो जायेगा ही, वह तो जब तक पैदावार के साधन मशीन अमीर की सम्पत्ति है तब तक तो ऐसा होगा ही। इस तरीक़े से न तो ग़रीब का पेट भरेगा और न अमीर की अमीरी बढ़नी बन्द होगी। सीधा इलाज करते आपको डर क्यों लगता है? क्यों नहीं कहते कि पैदावार के सभी ज़रिये सबके साँझे हो जाये, सबकी मेहनत अपने ही पास रहे, किसी के अमीर-ग़रीब होने का झगड़ा ही न रहे।

—यानी आपका मतलब है कि सोशलिज़्म हो जाना चाहिए—कहनेवाले साहब ने नाक-भौं सिकोड़ ली।

—आख़िर आपको सोशलिज़्म के नाम से इतनी चिढ़ क्यों है। देखिये, सभी धर्मों में यह उपदेश है कि मनुष्य को अधिक सम्पत्ति इकट्ठी नहीं करनी चाहिए परन्तु मनुष्य अधिक सम्पत्ति इकट्ठी करता है इससे विषमता फैलती है, दूसरों का हिस्सा मारा जाता है। धर्मोपदेश के अनुसार अपनी सम्पत्ति को दूसरों के हित के लिए यदि मनुष्य छोड़ना नहीं चाहता तो मनुष्य और समाज के हित के लिए वह सम्पत्ति उससे छुड़ानी ही पड़ेगी। इसमें बुराई क्या? जब हम जानते हैं कि धर्म और

समाज का हित कुछ आदमियों के पास अधिक सम्पत्ति एकत्र न होने देने में है तो फिर किसी की जिद्द की परवाह कर उसे और उसके समाज को संकट में कैसे पड़े रहने दिया जाये? देखिये, बीमार अक्सर दवाई नहीं पीना चाहते परन्तु उन्हें पिलानी ही पड़ती है।

यह साहब अपना धर्मोपदेश इतना लम्बा करते गये कि दूसरे लोगों को ऊँघ आने लगी और इन्हें शर्मिन्दा होकर चुप हो जाना पड़ा।

सिद्धान्तों की बात

वादों का विवाद

पूँजीवाद, समाजवाद, नाज़ीवाद, फ़ासिस्टवाद

आज यूरोप में युद्ध की आग धधक रही है और सम्पूर्ण संसार इसकी लपट से झुलस रहा है। रूस के प्रधानमन्त्री मोलोतोव का कहना है कि यह युद्ध पूँजीवाद, नाज़ीवाद और समाजवाद के भाग्य का निर्णय करेगा। इसलिए इन तीनों सिद्धान्तों को समझने की चेष्टा करना उपयोगी होगा। —सं.

मनुष्य समाज में जीवन के क्रम को जारी रखने के लिए समाज के उपयोग की वस्तुओं का निरन्तर पैदा होते रहना ज़रूरी है। किसी भी उपयोगी पदार्थ पैदा करने को दो वस्तुओं की आवश्यकता रहती है। एक वस्तु है प्रकृति या प्रकृति में स्वयं मौज़ूद वस्तुएँ—भूमि, जल, लकड़ी आदि और दूसरी वस्तु है मनुष्य की मेहनत। इन चीज़ों के मेल से उपयोगी पदार्थ तैयार होते हैं। जो उपयोगी पदार्थ समाज में मनुष्य द्वारा पैदा किये जाते हैं, उन्हें मनुष्य उसी समय व्यवहार में लाकर समाप्त भी कर देता है और चाहे तो बचाकर आइन्दा उपयोग के लिए रख सकता है। बचाकर रखे हुए पदार्थ आइन्दा पैदावार में मनुष्य की सहायता करते हैं। और जब मनुष्य द्वारा पहले किसी समय पैदा किये गये पदार्थ पैदावार करने के काम में सहायक होने लगते हैं तो पैदावार के काम में प्रकृति, मनुष्य की मेहनत और पहले से बचाकर रखे हुए धन की भी सहायता के कारण उसका भी भाग हो जाता है। यदि एक मनुष्य अपने हाथों की सहायता से दिन-भर में पाँच सेर फल तोड़ सकता

है और एक लाठी की सहायता से दस सेर, तो पाँच सेर फल मनुष्य की उस दिन की मेहनत का भाग हुआ। और पाँच सेर लाठी की सहायता का भाग। इसलिए क़ायदा यह होना चाहिए कि जब पैदावार बाँटी जाये उस समय एक भाग मनुष्य द्वारा की गयी मेहनत के लिए निकाला जाये और दूसरा भाग पहले से की गयी मेहनत का, जो कि पैदावार के काम में उतना ही हिस्सा लेती है, जितना कि ताज़ी मेहनत। पहले से संचित मेहनत का नाम है पूँजी! इस प्रकार आइन्दा पैदावार के सहायक हुए—मनुष्य की मेहनत और पूँजी।

पूँजी मनुष्य की पैदावार को बढ़ाने में बहुत मदद देती है, इसलिए पूँजी का महत्त्व बहुत अधिक है। पूँजी को बढ़ाने के लिए पूँजीपति को अपना मुनाफ़ा निकालने की स्वतन्त्रता होनी चाहिए। जब एक आदमी को मुनाफ़े के रूप में धन कमाने की स्वतन्त्रता होती है तब वह बहुत अधिक परिश्रम करता है। समाज के लाभ के लिए वह नये आविष्कार और नये कारोबार करता है। पूँजी को बढ़ाने की स्वतन्त्रता होने से ही समाज उन्नति कर सकता है। क्योंकि पूँजी पैदावार का बड़ा साधन है। अपने देश में पूँजी की उन्नति करने के लिए दूसरे देशों से व्यापार किया जाना आवश्यक हो जाता है। पूँजी की सहायता से कला-कौशल की उन्नति कर लेनेवाले देशों के लिए अपना व्यापार बढ़ाने और अपने देश की प्रजा का पेट भरने के लिए यह ज़रूरी होता है कि वे दूसरे देशों में अपने कारख़ानों में तैयार किया गया माल ले जाकर बेचें; वर्ना उनके कारख़ानों के करोड़ों मज़दूर बेकार रहेंगे। इन पूँजीवादी देशों के लिए यह भी आवश्यक होता है कि वे अपने देश के कारख़ानों में बिना किसी रुकावट के माल तैयार करने के लिए कच्चा माल उन देशों से लाने का प्रबन्ध करें जहाँ वह बहुतायत से मिल सकता है। अपना माल खपाने और कच्चा माल लाने के लिए पूँजीवादी देश दूसरे देशों को अपना उपनिवेश बना लेते हैं, या उन्हें अपने अधीन कर लेते हैं। पूँजीवादी देश को मुनाफ़ा मिलता रहे इसके लिए यह भी आवश्यक हो जाता है कि उपनिवेश या पराधीन देश को कला-कौशल और व्यापारिक उन्नति केवल उस सीमा तक करने दी जाये जहाँ तक कि मालिक देश के उद्योग-धन्धों या व्यापार की मुक़ाबले के कारण हानि न पहुँचे।

जब अनेक देश इस प्रकार कला-कौशल की उन्नति कर अपना-अपना व्यापार बढ़ा लेते हैं तो एक समस्या पैदा हो जाती है। संसार का क्षेत्रफल बढ़ाया नहीं जा सकता, न नये-नये देश आवश्यकतानुसार पैदा किये जा सकते है। इसलिए जिन देशों की उन्नति नहीं हो पायी और जिन देशों को वश में रखकर लाभ उठाया जा सकता है, उन देशों पर क़ब्ज़ा करने के बारे में या उन्हें आपस में बाँटने के बारे में झगड़ा होने लगता है। इससे भिन्न-भिन्न पूँजीवादी राष्ट्रों में आपस में झगड़े होते हैं। जिन

पूँजीवादी देशों ने पहले उन्नति कर अपना क़ब्ज़ा अनेक देशों पर कर लिया है, या अपना साम्राज्य क़ायम कर लिया है वे देश चाहते हैं कि मौज़ूदा हालत में कोई परिवर्तन न किया जाये। वे कहते हैं कि परिवर्तन करने की कोशिश करने से झगड़ा होता है, यह अन्याय और अत्याचार है। जिन देशों का क़ब्ज़ा ऐसे लाभदायक देशों या उपनिवेशों पर नहीं हैं, वे कहते हैं, हमें भी जीवित रहने और उन्नति करने का अधिकार होना चाहिए। वे देश कहते हैं कि उनकी राष्ट्रीय उन्नति और विकास के लिए युद्ध ज़रूरी है और साम्राज्यवादी देशों का अपने क़ायम साम्राज्य की रक्षा करने या उसे बढ़ाने के लिए लड़ना ज़रूरी हो जाता है। साम्राज्य की रक्षा के लिए साम्राज्य की सीमा पर स्थित देशों और साम्राज्य के अधीन देशों तक आने-जाने के मार्गों का साम्राज्यशाही शक्ति के हाथ में रहना ज़रूरी हो जाता है।

पूँजीवादी लोगों का विश्वास है कि पूँजीवाद में भी संसारव्यापी शान्ति स्थापित हो सकती है। उसका एक उपाय तो यह है कि बड़े-बड़े साम्राज्य आपस में एक समझौता कर कमज़ोर देशों को परस्पर बाँट लें और समझौते के अनुसार प्रत्येक देश को आवश्यक स्थान और साधन दे दिये जायें। लेकिन ऐसा समझौता हो जाने के बाद जब किसी देश की पैदावार की शक्ति बढ़ जाने से या आबादी बढ़ जाने से उस देश को अपनी पूँजी के लिए अपने निश्चित स्थान के अलावा जगह ढूँढ़नी पड़ेगी, तब युद्ध फिर आवश्यक हो जायेगा।

इसलिए कुछ पूँजीवादी यह भी कहते हैं कि संसार से युद्धों को दूर करने का उपाय यह है कि राष्ट्रीयता और देश की सीमाओं का ख़याल छोड़कर सभी देशों के पूँजीपतियों को स्वतन्त्रता होनी चाहिए कि जहाँ से भी लाभ उठाया जा सके बराबर मेल और समझौते से मुनाफ़ा उठायें। पूँजीवाद में मुनाफ़ा कमाने के लिए पूँजीपतियों में ज़बरदस्त होड़ या मुक़ाबला चलता है, उससे छोटे-छोटे व्यापारी समाप्त होते जाते हैं। जब दो देशों के व्यापारियों में मुक़ाबला चलता है, तो बलवान् देश के व्यापारियों और पूँजीपतियों द्वारा चलायी गयी उस देश की सरकार दूसरे देश के पूँजीवादियों के लिए रास्ता बन्दकर अपना एकाधिकार करने की कोशिश करती है, इससे युद्ध होते हैं।

पूँजीवादी कहते हैं कि एक-एक व्यापार के सभी पूँजीपतियों को सम्मिलित रूप से व्यापार चलाना चाहिए और संसार-भर में व्यापार का मुनाफ़ा आपस में बाँट लेना चाहिए। अनेक बड़े-बड़े पूँजीपतियों के व्यापार अनेक देशों में चलते हैं और सभी देशों की पूँजीपति कम्पनियों में दूसरे देशों की पूँजी लगी रहती है। इस प्रकार पूँजीवादी देशों में परस्पर पूँजी का एक रिश्ता क़ायम रहता है। परन्तु इस सिद्धान्त के अनुसार चलने पर भी नये उठते और बढ़ते पूँजीपतियों और पूँजीवादी देशों को सन्तोष नहीं होता और उन लोगों की दृष्टि में युद्ध और संघर्ष जीवन के लिए आवश्यक बना रहता है। परन्तु

पूँजीवादियों का विचार है कि मनुष्य की व्यक्तिगत, सामाजिक, राष्ट्रीय और संसार-भर की उन्नति के लिए व्यक्ति की अपने जीवन रक्षा साधन तैयार करने की स्वतन्त्रता होनी चाहिए। इस स्वतन्त्रता के बिना मनुष्य और उसकी सभ्यता उन्नति नहीं कर सकती। उनका विचार है मनुष्य को व्यक्तिगत उन्नति की स्वतन्त्रता न होने पर मनुष्यों में परिश्रम साहस आदि के गुण न रहेंगे।

समाजवाद और वर्गवाद

सब मनुष्यों को जीवन का समान अधिकार है और सब मनुष्यों को जीवन के साधन समान रूप से मिलने चाहिए—इस प्रकार के विचार बहुत पुराने हैं और सभी देशों में मिलते हैं। फ्रान्स के प्रसिद्ध दार्शनिक प्राउधन ने कहा था—"सम्पत्ति एक प्रकार की चोरी है।"

उसी विचार को मार्क्स ने वैज्ञानिक रूप दिया और कहा—"सम्पत्ति और धन मेहनत करनेवालों की मेहनत का फल है।" परन्तु मेहनत करनेवालों से उनकी मेहनत से पैदा सब-कुछ ले लिया जाता है, उसके पास शेष रह जाता है उतना ही जिसके बिना उसका शरीर जीवित नहीं रह सकता—या जिसके बिना वह अगले दिन काम करने लायक़ नहीं रह सकता। शहद की मक्खी शहद बनाती है; अपने-आपको जीवित रखने के लिए कुछ शहद तो वह खा लेती है, शेष चला जाता है मनुष्यों के पास। इसी प्रकार मेहनत करनेवाला किसान या मज़दूर जो कुछ पैदा करता है, उसमें से कुछ भाग तो उसे जीवित रखने के लिए पूँजीपति को उसे दे देना पड़ता है, शेष पूँजीपति के यहाँ चला जाता है। इस ढंग से लाखों मेहनत करनेवालों की मेहनत का फल बहुत थोड़े-से आदमियों के हाथ चला जाता है और जब तक यह ढंग-पूँजीवादी ढंग-क़ायम रहेगा लाखों आदमी ज़रूरी तौर पर बहुत ही ग़रीब और कुछ आदमी बहुत ही अमीर रहेंगे।

वही पूँजीपति अधिक मुनाफ़ा कमा सकेगा जिसके सामान की बिक्री अधिक हो। इसलिए पूँजीपति एक-दूसरे की अपेक्षा कम लागत पर माल तैयार करने की कोशिश करते रहते हैं। माल पर लागत कम करने का उपाय यह है कि जहाँ तक हो सके मज़दूरी कम दी जाये। किसी भी सामान को तैयार करने में मुख्य ख़र्च मज़दूरी पर ही होता है। कपड़ा तैयार करनेवाला पूँजीपति कपड़ा सस्ता बेचने के लिए जुलाहे को कम मज़दूरी देगा और सूत सस्ता खरीदना चाहेगा। इसलिए सूत बेचनेवाला सूत कातनेवाले को कम मज़दूरी देगा और कपास सस्ती ख़रीदने की कोशिश करेगा। इससे कपास का व्यापारी कपास बोनेवाले किसान को कम कीमत देने की भरसक चेष्टा करेगा। मेहनतवाला पिसता जायेगा।

पूँजीपतियों की आपस की बढ़ाबढ़ी का परिणाम यह होता है कि पूँजीपति एक-दूसरे को मारकर संख्या में कम होते जाते हैं। पूँजीपतियों का मुनाफ़ा थोड़े-से पूँजीपतियों अर्थात् केवल बड़े पूँजीपतियों के हाथ में जाता है और वे बहुत भारी पूँजी जमा कर लेते हैं। इससे मेहनत करनेवालों की हालत बद-से-बदतर होती चली जायेगी।

पूँजीवादी समाज में पूँजीपतियों का उद्‌देश्य है—मुनाफ़ा कमाना। इसलिए वे लोग वही चीज़ें तैयार करना या पैदा करना चाहते हैं, जिनकी बिक्री से अधिक मुनाफ़ा होने की आशा रहती है। इस वजह से पूँजीवादी समाज में ऐशो-इशरत के सामान अधिक तैयार किये जाते हैं और जीवन की ज़रूरी चीज़ें तैयार करने की ओर कम ध्यान दिया जाता है।

भिन्न-भिन्न देशों के पूँजीपति कच्चे माल और बाज़ारों के लिए परस्पर झगड़ते रहते हैं इसलिए इन देशों में आपस में युद्ध होना अनिवार्य हो जाता है। इस अवस्था पर विचार कर फ्रान्स के दार्शनिक रूसो ने कहा था, यदि सम्पत्ति और पैदावार के साधनों पर पूँजीपतियों की जगह मज़दूरों और किसानों का सम्मिलित अधिकार हो जाये तो न तो मुनाफ़े के लिए छीन-झपट रहेगी और न झगड़े पैदा होंगे। इस अवस्था में पैदावार मुनाफ़ा कमाने के लिए नहीं बल्कि उपयोग और व्यवहार के लिए होने लगेगी। इस अवस्था में पैदावार के साधन, व्यापार और आने-जाने के साधन जनता की ज़रूरतों को पूरा करने के लिए ही काम में लाये जायेंगे।

सवाल उठता है, मज़दूर कौन है? समाजवादी समाज में सभी लोग मज़दूर होंगे। जो भी आदमी किसी भी प्रकार का काम या मेहनत करेगा वह मज़दूर समझा जायेगा, चाहे वह हथौड़ा और हल चलाकर मेहनत करे या क़लम और अपनी ज़बान को इस्तेमाल कर मेहनत करे। देश-भर के सम्पत्ति और पैदावार के सम्पूर्ण साधन मज़दूरों के हाथ में दे देने का मतलब होगा, इन चीज़ों को देश या समाज की सम्पूर्ण जनता के हाथ में दे देना।

समाजवादी समाज का सिद्धान्त है, प्रत्येक मनुष्य को काम करने का अवसर मिले, प्रत्येक मनुष्य को अपनी उन्नति करने का समान अवसर मिले, प्रत्येक मनुष्य को उसकी मेहनत का पूरा फल मिले, कोई एक व्यक्ति पैदावार के साधनों का मालिक बनकर दूसरों की मेहनत का फल लूट न सके। पैदावार के साधनों को सम्पूर्ण समाज एक साथ मिलकर पैदा करता है, इसलिए उनका सम्पूर्ण समाज की साझी सम्पत्ति होना उचित है।

वर्गवाद या कम्युनिज़्म समाजवाद की अन्तिम अवस्था है। मनुष्य समाज समाजवाद की राह वर्गवाद पर पहुँच सकेगा। समाजवाद में तो समाज का सिद्धान्त रहता है—"प्रत्येक अपनी शक्ति-भर काम करे और प्रत्येक को उसके परिश्रम के अनुसार पदार्थ

मिलें'' परन्तु वर्गवाद में कला-कौशल और उद्योग-धन्धों की पूर्ण उन्नति हो चुकने पर पैदावार के साधनों का पूर्ण उपयोग होने से पैदावार के बहुत अधिक बढ़ जाने पर वर्गवाद में समाज का सिद्धान्त हो जाता है—''प्रत्येक व्यक्ति अपनी शक्ति-भर काम करे और प्रत्येक को उसकी आवश्यकता के अनुसार पदार्थ मिले।''

मार्क्स ने समाजवाद और वर्गवाद (कम्युनिज़्म) के जिन सिद्धान्तों को वैज्ञानिक रूप देकर संसार के सामने रखा है, उनके अनुसार अलग-अलग देशों के निवासियों में ईर्ष्या-द्वेष और मुक़ाबला नहीं रहता, बल्कि देश-देश का भेद मिटाकर संसार सब देशों के मेहनत करनेवालों की एक बिरादरी बन जाता है। इस तरीक़े से संसार में युद्धों के कारण मिटकर शान्ति स्थापित हो जा सकती है। किसी एक देश में समाजवाद के सफल हो जाने पर वह देश संसार के दूसरे देशों के शासितों के सामने अपना उदाहरण रखकर उन्हें शोषण से मुक्ति पाने के लिए उत्साहित करेगा। ऐसा देश मेहनत करनेवाले किसान मज़दूरों की संसारव्यापी क्रान्ति का केन्द्र बन जायेगा।

स्टालिन का समाजवाद

किसी एक देश में समाजवाद क़ायम हो जाने पर वह देश पूँजीवादी देशों के लिए भय का कारण हो जायेगा और पूँजीवादी उस देश में समाजवाद को असफल करने की पूरी चेष्टा करेंगे। यह बात मार्क्स के सामने भी विचारों के रूप में आयी थी। इसीलिए मार्क्स ने कहा था कि समाजवाद की सफलता अकेले किसी एक देश में नहीं हो सकती। समाजवाद तभी सफल हो सकता है जब संसार भर में किसान-मज़दूर क्रान्तियाँ होकर सभी देशों में समाजवाद क़ायम हो।

१९१७ में रूस में जब मज़दूरों ने क्रान्ति कर समाजवाद की स्थापना कर ली तो उनके सम्मुख यह प्रश्न आया—''एक देश में जहाँ मज़दूर क्रान्ति कर समाजवाद की स्थापना करने में सफलता मिली है, पहले उसे दृढ़ और सफल बना लिया जाय या अन्य देशों में, जहाँ फ़िलहाल क्रान्ति की सम्भावना नहीं, वहीं क्रान्ति की कोशिश में सम्पूर्ण शक्ति व्यय कर रूस में प्राप्त की गयी सफलता को भी हाथ से चले जाने दिया जाये?''

इस बात को लेकर लेनिन की मृत्यु के पश्चात् रूस के दो प्रसिद्ध नेताओं स्टालिन और त्रात्स्की में झगड़ा शुरू हुआ। रूस के किसान-मज़दूरों या रूस की जनता ने स्टालिन की राय को सही समझा और त्रात्स्की को रूस से बाहर निकाल दिया गया। रूस का समाजवाद ठीक वैसा समाजवाद तो नहीं जैसा कि किसी देश में सम्पूर्ण संसार में एक साथ समाजवाद हो जाने पर होना सम्भव था। रूस के

किसान-मज़दूरों के राज और किसान-मज़दूरों की मिल्कियत में चलनेवाले उद्योग-धन्धों को पूँजीवादी देशों से सदा ख़तरा रहता है और पूँजीवादी देश उद्योग-धन्धे और व्यापार के क्षेत्र में रूस को उखाड़ फेंकने की कोशिश करते रहते हैं। इतना ही नहीं, वे वहाँ कई गुप्त तरीक़ों से असन्तोष फैलाने, अपने गुप्तचरों द्वारा षड्यन्त्र आदि कराने की भी चेष्टा करते रहते हैं। इसलिए रूस में समाजवादी शासन की ओर से बड़ी सख़्त देख-रेख रखी जाती है ताकि विदेशी पूँजीवादी समाजवादी सरकार को असफल करने के प्रयत्न में सफल न हो सके।

कहा जाता है, रूस में प्रजातन्त्र नहीं है। वहाँ भी मज़दूरों की या मज़दूरों के प्रतिनिधियों की तानाशाही है। वहाँ बोलने, लिखने और सभा करने की स्वतन्त्रता सबको नहीं है। तर्क के तौर पर यह बात ठीक मानी जा सकती है, परन्त अमली तौर पर यह बात सही नहीं है। मज़दूरों की तानाशाही का मतलब है मज़दूरों की इच्छा से शासन। रूस में कोई भी व्यक्ति पूँजीपति नहीं रह गया है, सभी मज़दूर हो गये हैं, इसलिए रूस में मज़दूरों की तानाशाही का अर्थ होगा, जनता की तानाशाही। सभी लोग जिस बात को चाहते हैं उसे अगर सख़्ती के साथ मनाया जाता है, या जिस बात में सम्पूर्ण समाज की रक्षा है उसका पालन सख़्ती से कराया जाता है तो इसे कठोर शासन कहा जा सकता है परन्तु यह अत्याचार नहीं कहा जायेगा। इसे यदि अत्याचार कहा भी जाये तो यह अत्याचार केवल उन लोगों पर है जो सम्पूर्ण समाज और जनता की इच्छा के विरुद्ध चलना चाहते हैं।

एतराज़ किया जाता है कि रूस में समाजवादी शासन के विरुद्ध कोई बात सही नहीं जाती; क्या यह विचार स्वतन्त्रता है? सवाल यह उठता है जब रूस में सभी लोग मज़दूर हैं और मज़दूरों के समाजवादी शासन को सम्पूर्ण जनता या हज़ारों लाखों में से एकाध को छोड़ सम्पूर्ण जनता अपने हित के लिए आवश्यक समझती है और इस समाजवादी शासन के विरुद्ध प्रचार अपने हितों के विरुद्ध समझती है, तो क्या प्रजातन्त्र और विचार स्वतन्त्रता का यह अर्थ है कि कुछ आदमियों को इस बात की स्वतन्त्रता दी जाये कि वे सम्पूर्ण जनता की इच्छा के विरुद्ध, उसके भावों को चोट पहुँचाने के लिए जो चाहे करें?

समाजवादी शासन का विरोध करने की स्वतन्त्रता रूस में न होने पर भी समाजवादी शासन में किस प्रकार काम हो, कौन नीति अधिक कामयाब और लाभदायक होगी, इस बात पर विचार करने और नुक़ताचीनी करने की स्वतन्त्रता वहाँ सबको है। मज़दूरों को अपने प्रतिनिधि चुनने, कितना काम वे करेंगे और कितने समय तक करेंगे, इन बातों का निश्चय करने की स्वतन्त्रता है। प्रत्येक मज़दूर या समाजवादी समाज का नागरिक यह जानता है कि समाज की पैदावार को बढ़ाने से

समाज का और व्यक्ति का जीवन सुखी होता है, इसलिए रूस में नये आविष्कारों के मार्ग में कोई रुकावट पैदा नहीं हो रही, बल्कि पहले की अपेक्षा वहाँ अधिक आविष्कार हो रहे हैं। पैदावार पहले की अपेक्षा कई गुणा अधिक बढ़ गयी है, इसका प्रमाण है आज रूस की बढ़ी हुई शक्ति। आविष्कारों के होने से और मशीनों की ताक़त बढ़ने से वहाँ जब एक आदमी पहले की अपेक्षा अधिक काम कर सकता है तो शेष आदमियों को बेकार नहीं कर दिया जाता, बल्कि सभी मज़दूरों के काम के घण्टे घटा दिये जाते हैं और पैदावार बढ़ जाने पर मज़दूरी बढ़ा दी जाती है।

रूस के समाजवादी प्रजातन्त्र में एक सौ से भी अधिक छोटे-छोटे राष्ट्र सम्मिलित हैं। इन राष्ट्रों में न आपस में एक-दूसरे का शोषण करने के लिए ईर्ष्या, स्पर्द्धा और झगड़ा है और न उनमें किसी का दबाव दूसरे के ऊपर है। समाजवादी सिद्धान्त के अनुसार अन्तरराष्ट्रीय नीति का मन्त्र यह है कि सभी मनुष्यों को अपना शासन स्वयं करने का अधिकार है। संसार में युद्ध नहीं होने चाहिए क्योंकि इससे मनुष्य की वह शक्ति जो मनुष्य समाज को सुखी और सम्पन्न बनने में व्यय होनी चाहिए, मनुष्यों का नाश करने में व्यय होती है।

नाज़ीवाद

नात्सी शब्द का अर्थ है जाति या नस्ल, और नाज़ीवाद का अर्थ है जाति या नस्ल का सिद्धान्त। नाज़ीवाद का वास्तविक अभिप्राय है—जाति या नस्ल का शासन। नाज़ी लोग भी अपने-आपको सोशलिस्ट (समाजवादी) कहते हैं परन्तु इनके समाजवाद का आधार दूसरा है। मार्क्स द्वारा बताये गये समाजवाद में, जिसका कि शासन रूस में है, समाज को मज़दूरों-किसानों (सभी मेहनत करनेवालों) का समूह माना जाता है। वहाँ सामाजिक संगठन का आधार मेहनत करनेवाला है, परन्तु नाज़ीवाद या नस्ल के आधार पर क़ायम समाजवाद में समाज की व्यवस्था का आधार है—नस्ल!

नाज़ीवाद में कोई भी व्यक्ति पूँजीपति बनकर अपने मुनाफ़े के लिए काम कर सकता है। शर्त सिर्फ़ यह है कि किसी भी पूँजीपति का कारोबार ऐसा न होना चाहिए जिससे नस्ल को हानि पहुँचे और सबसे पहले उन पदार्थों की पैदावार की जानी चाहिए जिन्हें सरकार ज़रूरी समझती हो।

समाजवाद और कम्युनिज़्म में, धर्म, सम्प्रदाय, जाति और नस्ल किसी भी बात का विचार नहीं किया जाता। विचार किया जाता है केवल इस बात का कि कोई मनुष्य समाज के उपयोग के लिए पैदावार के काम में मेहनत करता है या नहीं, और वह किसी दूसरे की मेहनत से तो लाभ नहीं उठाता? परन्तु नाज़ीवाद मनुष्य

मात्र को अनेक ऊँची-नीची जातियों में बाँट देता है, जिनमें सबसे ऊँची जाति मानी जाती है जर्मन या आर्यन (आर्य) जाति और सबसे नीचे दर्जे की जाति समझी जाति है सेमेटिक (यहूदी और अरब-ईरान के लोग) जाति।

नाज़ी लोग जाति या देश के लाभ के लिए देश के सभी लोगों से यह आशा करते हैं कि वे बिना नुक़्ताचीनी किये जाति के नेता और जाति की सरकार की आज्ञा का पालन करते जाये। मज़दूरों, किसानों, ग़रीब लोगों या मध्यम श्रेणी के लोगों को दबाकर भी यदि सरकार को मज़बूत और इस योग्य बनाया जा सकता है कि वह संसार की अन्य जातियों और राष्ट्रों पर अपना अधिकार क़ायम करने के लिए युद्ध कर सके, तो उनके विचार में ऐसा ही होना चाहिए क्योंकि नाजी-नस्ल का भला इसी में है।

यहाँ एक सवाल पैदा होता है कि नाज़ी-नस्ल का भला किस बात में है—इस बात का फ़ैसला कौन करेगा? जर्मनी में इस बात का फ़ैसला करती है नाज़ी सरकार। सरकार सदा उन्हीं लोगों के अधिकार में रहती है जो देश में सबसे शक्तिशाली होते हैं। पूँजीवाद के इस ज़माने में शक्तिशाली वे ही लोग होते हैं जिनके हाथ में दूसरों के पेट की रोटी रहती है—अर्थात वे पूँजीपति जिनका अधिकार पैदावार के साधनों पर होता है। एक दफ़े पूँजीपतियों की सरकार क़ायम हो जाने पर जर्मनी के पूँजीपति ही यह फ़ैसला करेंगे कि जर्मन नस्ल का लाभ या जर्मन सरकार का हित किस बात में है और जर्मन सरकार क्या चाहती है। यदि यह पूँजीपति फ़ैसला करें कि जर्मनी को चाहिए कि वह अपनी सन्तान के भूखे मरते रहने पर भी दूसरे देशों पर क़ब्ज़ा करने के लिए तोपें और जहाज़ बनाये, तो यही बात जर्मन नस्ल के लिए लाभदायक समझी जायेगी। यदि जर्मन सरकार यह फ़ैसला करे कि जर्मनी को अपना साम्राज्य दूसरे देशों पर फैलाने के लिए युद्ध की तैयारी करनी है और इस काम के लिए जर्मनी के मज़दूरों को कम मज़दूरी लेकर बहुत अधिक काम करना चाहिए, तो जर्मन नस्ल का यही फ़ैसला समझा जायेगा।

अब सवाल उठता है कि जर्मन साम्राज्य को बढ़ाकर दूसरे देशों पर कब्ज़ा कर लेने के बाद लाभ जर्मन नस्ल के मज़दूरों का होगा या पूँजीपतियों का? उस समय फिर जर्मन सरकार फ़ैसला करेगी कि जर्मनी का माल दूसरे देशों में सस्ता बिकना चाहिए तभी दूसरे देशों के बाज़ारों पर जर्मन माल का क़ब्ज़ा होगा। परिणाम यह होगा कि जर्मनी के मज़दूरों को फिर कम मज़दूरी पर अधिक परिश्रम करना पड़ेगा और लाभ होगा जर्मनी के पूँजीपतियों को।

अन्तरराष्ट्रीय नीति में नाज़ीवाद का बिलकुल सीधा सिद्धान्त यह है कि संसार में सबसे श्रेष्ठ जाति जर्मन जाति है और उसी का राज्य संसार भर पर क़ायम होना चाहिए और जर्मनी को इस योग्य बनाने के लिए जर्मनी की प्रजा को अपनी सरकार

के सब प्रकार के शासन को शान्ति से स्वीकार करते जाना चाहिए। या कहिये नाज़ीवाद का उद्देश्य है जर्मन प्रजा को साधन बनाकर जर्मन पूँजीपतियों का शासन संसार पर क़ायम करना।

फ़ैसिस्टवाद

नाज़ीवादी में जो स्थान नस्ल का है फ़ैसिस्टवाद में वह स्थान राष्ट्र का है। कोई भी नस्ल या जाति हो, इटली देश में रहनेवाले सभी लोग इटालियन राष्ट्र में सम्मिलित हैं। फ़ैसिस्टवाद का उद्देश्य है संसार में इटली की प्रधानता क़ायम करना और उस उद्देश्य से ही राष्ट्र की नीति निश्चित की जाती है। फ़ैसिस्टवाद में राष्ट्र की प्रतिनिधि सरकार ही सब-कुछ है। और क्योंकि उत्पत्ति के साधन पूँजीपति व्यक्तियों के हाथ में है, इसलिए सरकार भी स्वाभाविक तौर पर पूँजीपतियों के ही हाथ में है और उन्हीं का हित और शक्ति राष्ट्र का हित और शक्ति समझी जाती है। सरकार के नीति के विरुद्ध सार्वजनिक तौर पर विचार प्रकट करना इटली में भयंकर अपराध है और इस अपराध के लिए बिना अदालती कार्यवाही के ही जेल की सज़ा दे दी जाती है। अन्तरराष्ट्रीय नीति की दृष्टि से नाज़ी लोग जो अधिकार जर्मनी के लिए चाहते हैं, वही अधिकार फ़ैसिस्ट लोग इटली के लिए चाहते हैं। भेद केवल यह है कि नाज़ीवाद फ़ैसिस्टवाद से उग्र है।

रूस के समाजवादी शासन और जर्मनी के नाज़ी या इटली के फ़ैसिस्ट शासन में यह बात एक ही-सी जान पड़ती है कि सरकार की नीति के विरुद्ध सार्वजनिक प्रचार की आज्ञा नहीं! परन्तु एक बात का मौलिक भेद इन दोनों में क्रियात्मक रूप से दिखायी देगा। रूस में सरकार का अर्थ है—मज़दूरों-किसानों (मेहनत करनेवालों) की सरकार और रूस में प्रचलित क़ानून के अनुसार सभी लोगों का मज़दूर या किसान बनना ज़रूरी है; इसका अर्थ है सभी की सरकार।

रूस में पैदावार के साधन किसी एक व्यक्ति या श्रेणी के हाथ में न होने से सभी मनुष्य समान हैं। परन्तु जिस समाज में पूँजीपति श्रेणी होगी वहाँ अवश्य उनकी प्रधानता होगी, वहाँ समानता नहीं हो सकती। देश में मौज़ूद पूँजी और पैदावार के साधनों को जनता की सम्पत्ति बनाकर सम्पूर्ण जनता को मज़दूर या किसान तो बनाया जा सकता है परन्तु व्यक्तिगत पूँजी के अमल में सबको पूँजीपति नहीं बनाया जा सकता।

इस दृष्टि से समाजवादी सरकार की इच्छा को राष्ट्र की इच्छा समझा जा सकता है परन्तु पूँजीवाद के क़ायम रहते सरकार को सम्पूर्ण राष्ट्र की इच्छा का नाम नहीं दिया जा सकता।

◈

चिलम चक्कर
दुर्मुख

पुराणों में कई स्थान पर प्रसंग आता है कि इन्द्र देवता अमुक-अमुक ऋषि की तपस्या देख घबरा उठे और उसका व्रत भंग करने की चेष्टा करने लगे। जब पुराणों में ऐसा लिखा है तो यह ठीक ही होगा, परन्तु भगवान् ने इन्द्र महाराज के कुछ गुण देखकर ही तो उन्हें देवताओं का नेता बनाया होगा? आख़िर इन्द्र इतने कमीने नहीं हो सकते, यह सोच-सोचकर हमें इतिहास की खोज करने की आवश्यकता अनुभव हुई।

खोज की गयी कि ऋषि लोग तपस्या किस प्रकार करते होंगे? पुरातन काल के हमारे ऋषियों के नामलेवा आज जो साधु-तपस्वी दिखायी देते हैं, उनकी तपस्या का प्रमाण होता है, उनकी चिलम और उसमें से निकलनेवाले धुएँ की मात्रा। इसलिए हमने यह समझा कि तपोवन में जो ऋषि अधिक वेग से चिलम पीकर धुएँ का बादल खड़ा कर देता होगा, उसी की तपस्या सबसे प्रबल समझी जाती होगी। और मेघों के राजा इन्द्र जब अपने शासन से बाहर किसी बड़े मेघ को देखते होंगे, तो अपनी शक्ति घटने के भय से घबराकर दौड़ते होंगे।

आधुनिक विज्ञान की अधिकांश वस्तुएँ भारतवासियों ने यूरोप से सीखी हैं परन्तु चिलम निर्विवाद रूप से भारत की प्राचीन सभ्यता और संस्कृति का चिह्न है, वह आत्मिक उन्नति का निर्दोष उपाय है। क्योंकि धुआँ सदा ऊपर की ओर जाता है इसलिए चिलम के धुएँ के साथ मनुष्य की आत्मा का मेल होने से आत्मा की गति ऊर्ध्वमुखी हो जाती है इसलिए भारतीय संस्कृति की रक्षा के लिए चिलम कल्चर की रक्षा ज़रूरी है।

× × ×

बहुत-से लोग गीता या कुरान पढ़ते हैं क्योंकि इनका पढ़ना पुण्य है। समझ में आना पढ़ने की शर्त नहीं। इस तरह बाबू लोग गीता या कुरान की जगह अख़बार पढ़ते हैं—सिर्फ़ इसलिए कि सुबह अख़बार पढ़ना ही चाहिए। हमारा ख़याल है कि सुबह चिलम का दम लगाये बिना अख़बार पढ़ना फ़जूल है। अगर आप अख़बार पढ़ चुके हों तो चिलम का एक दम लगाकर फिर पढ़िये और देखिये कि कैसे अख़बार के पन्ने पर सात समुन्दर और तेरह नदी का रहस्य दिखायी देता है!

आज सबसे बड़ा सवाल है, लड़ाई का! हिन्दुस्तानी लीडर सोचा करते हैं कि हिन्दुस्तान से लड़ाई में जो मदद जा रही है, उसके लिए बधाई का सेहरा अपने

सिर बाँधे या नहीं? कांग्रेस के नेता कहते हैं, हम तो इस बधाई और बहादुरी का सेहरा अपने सिर तभी बाँधेंगे जब अंग्रेज़ सरकार यह कह दे कि यह मदद हमें अपने ज़ोर से नहीं तुम्हारी मेहरबानी से मिल रही है। यानी हमें दुहे बेशक जाओ लेकिन हमारी टाँगों की रस्सी खोल दो। अंग्रेज़ी सरकार कहती है, दुहे हम तुम्हें जा ही रहे है, फिर रस्सी खोल देने की ही ऐसी कौन ज़रूरत?

कांग्रेस कहती है—अरे रस्सी खोलकर हमें पुचकार दो, हम दूध इससे कहीं ज़्यादा देंगे।

सरकार कहती है—और जो कहीं तुमने लात मार दी तो हम इतने से भी जायेंगे। हमारे यहाँ पुरानी कहावत है : डाल पर बैठी दो चिड़ियों से पिंजरे की एक भली।

× × ×

और आपने कांग्रेस के सेक्रेटरी कृपलानी साहब का बयान पढ़ा? कृपलानी साहब को शिकायत है कि यूरोप में जनता को साहस दिलाकर शत्रु का मुक़ाबला करने के लिए तैयार किया जाता है और भारत में इसके ठीक उलटे शत्रु के हमले और अत्याचार का भय दिखाकर शत्रु का मुक़ाबला करने के लिए जनता को तैयार किया जाता है; यह क्या तरीक़ा है? कृपलानी साहब यह भूल जाते हैं कि अगर हिन्दुस्तानियों का हौंसला बढ़ाया जायेगा तो पहले वे हौंसला बढ़ानेवाले के हाथ से ही रस्सी तुड़ाने की कोशिश करने लगेंगे।

× × ×

महात्मा गाँधी अब एक तरह से निराश हो चुके हैं और दु:खी होकर कहते हैं कि वे ब्रिटेन की विजय के लिए भगवान् से प्रार्थना नहीं कर सकते। ब्रिटेन का ख़याल है कि महात्मा जी द्वारा प्रार्थना कराने की ऐसी कोई ख़ास ज़रूरत नहीं, प्रार्थना वे अपने लिये ख़ुद ही कर लेंगे।

मालूम होता है मुसीबत की वजह से सरकार की बुद्धि में कुछ दरार फट गयी है जो भगवान् की अदालत में महात्मा जी की वक़ालत की कुछ क़द्र नहीं करती! बात यह है कि हारे हुए वकील की क़द्र कम होती जाती है। हिन्दुस्तान के लिए महात्मा जी ने इतनी प्रार्थना की, आख़िर उससे हिन्दुस्तान का ही क्या कुछ बन सका?

× × ×

अंग्रेज़ कौम भी बड़ी दलीलबाज़ है। वे कहते हैं, जब महात्मा गाँधी का यह निश्चय है कि अंग्रेज़ न्याय की रक्षा के लिए युद्ध कर रहे हैं, तब भगवान् स्वयं उनकी सुनेगा, चाहे गाँधी जी सिफ़ारिश करें या न करें। लेकिन सियाना कौआ...खाता है। अंग्रेज़ यह नहीं समझते कि हिन्दुस्तान को स्वराज्य देने का मतलब है, गंगा नहाना या काबा

की ज़ियारत करना! अगर अंग्रेज़ इतना कर लेते हैं तो उनके पिछले सब गुनाह मुआफ़ हो जायेंगे और फिर जो चाहे वे करें, भगवान् की रक्षा का हाथ उनके सिर रहेगा—और अगर इतना करने को अंग्रेज़ तैयार नहीं तो उनकी मर्ज़ी! गाँधी जी तो सिफ़ारिश करेंगे नहीं और अंग्रेज़ों को अपनी करनी का फल भोगना ही पड़ेगा।

× × ×

सरकार के मंजूरे नज़र कहते हैं—होश करो, अब भी सँभल जाओ! अगर दुश्मन की फ़तह हो गयी तो तुम्हारा क्या हाल होगा? तुम क्या करोगे?

सुनते हैं यही सवाल कवि अकबर से किसी साहब बहादुर ने पिछली लड़ाई के मौक़े पर पूछा था और कवि अकबर ने उत्तर दिया था—करेंगे क्या हुजूर; सड़कों पर झण्डियाँ लगायेंगे, दरवाज़ों पर ॑त्म्दस स्वागत टाँग देंगे, हो सकेगा तो बैण्ड भी बजायेंगे! और अभिनन्दन पत्र पेश करेंगे।

साहब ने नाराज़ होकर कहा—तुम नमकहराम हो और गद्दार भी!

कवि अकबर ने कहा—हुजूर ने अपनी हुकूमत में सिवा इसके कुछ और सिखाया भी तो नहीं।

कवि अकबर सरकार के ओहदेदार डिप्टी थे। उनका कहा ताज़ीरात हिन्द की रूह से गुनाह नहीं हो सकता और उस वक़्त से आज तक हालत में कुछ फ़र्क़ भी नहीं आया!

× × ×

लेकिन फ़र्ज़ यह कीजिये—ख़ुदा न करे—अगर हिटलर साहब कहीं टपक ही पड़े तो महात्मा गाँधी क्या करेंगे?

महात्मा गाँधी कहेंगे—देखो बच्चा हिटलर, हम भगवान् से तुम्हारे कल्याण के लिए प्रार्थना करेंगे अगर तुम हमें स्वराज्य दे दो!

और कांग्रेस अपने सत्याग्रहियों की पलटन को हिटलर के मार्ग में लिटा देगी और कहेगी, अगर है हिम्मत तुममें तो आओ हमारे सीने पर बूट रखकर निकल जाओ। ख़ुदा के सामने इस बात की गवाही तो रहेगी कि हमने ख़ुशी से तुम्हारे ज़ुल्म को बरदाश्त नहीं किया।

× × ×

जिन्ना साहब ने कांग्रेस के सामने अपनी शर्तें रख दीं। कांग्रेस ने उनकी नहीं मानी तो उन्होंने अँगूठा दिखाकर कहा—तुमसे अच्छी हमारी सरकार, हम उससे अपनी बात मनवा लेंगे। लेकिन इधर सरकार भी तो जिन्ना साहब की सुन नहीं रही। क्या ताज़्जुब अब जिन्ना साहब हिटलर के सामने अपनी शर्तें पेश करें!

और शर्तों के बारे में हम कह नहीं सकते। हाँ, पाकिस्तान की बात अलबत्ता हिटलर मंजूर कर लेंगे क्योंकि अपने यहाँ ख़ुदु हिटलर ने यहूदियों के लिए पाकिस्तान का प्रबन्ध कर दिया है।

× × ×

इंग्लैण्ड से साहब का ऐलान है कि पश्चिमी मोर्चे की ख़बर नहीं दी जायेगी क्योंकि इससे दुश्मन को यह मालूम हो जाता है कि कौन इलाक़ा उनके क़ब्ज़े में आ गया।

× × ×

मुसोलिनी साहब बड़े होशियार हैं—कहते हैं फलाण्डर्स की लड़ाई का फ़ैसला हो जाये तो हम सुलह की कोशिश करेंगे क्योंकि फलाण्डर्स का मतलब है "टाँग किसके क़ब्ज़े में?"

और फिर सुलह की कान्फ्रेन्स करेंगे तो अपनी माँग भी साथ ही रख देंगे—तुम आपस में सुलह कर लो और हम तुम्हारी सुलह करा रहे हैं इसलिए इतना हमें दे दो? इसमें बेजा बात भी कौन है; आजकल हर बात में कमीशन चलता है।

× × ×

कुछ लोग परेशान हैं कि स्टाफोर्ड क्रिप्स साहब हवाई जहाज़ पर उड़ते हुए रूस पहुँचे और फुन्न से लौट भी आये—आख़िर वहाँ बात क्या हुई?

निहायत विश्वस्त सूत्र से मालूम हुआ है कि स्टालिन ने कहा था कि अभी ज़रा और ठहरकर तशरीफ़ लाइये।

× × ×

पुराना क़िस्सा है कि एक जंगल में शेर ने जानवरों पर रहम कर यह फ़ैसला किया कि एक जानवर रोज़ ख़ुद उसके दस्तारख़ान पर हाज़िर हो जाया करे तो जानवरों पर उनकी मेहरबानी रहेगी और वे नाहक चीर-फाड़ नहीं करेंगे।

हमारे बंगाल के ज़मींदार शेरों ने भी ऐसी ही तजवीज पेश की है। वे कहते हैं कि ज़मींदारों को उनकी ज़मींदारियों की सालाना आमदनी का दस-दस गुना एकदम दे दिया जाये, वे किसानों को ज़मीन की मिल्कियत का अधिकार दे देंगे! कहिये इससे ज़्यादा त्याग और इन्साफ़ का उदाहरण आपको कहाँ मिलेगा?

जुलाई
१९४०

सम्पादकीय टिप्पणियाँ

हिंसा का अर्थ है व्यक्तिगत स्वार्थ के लिए दूसरों के अधिकारों को दबाना। अपने अधिकारों को प्राप्त करने या उनकी रक्षा के लिए किये प्रयत्न हिंसा नहीं। मनुष्य का न्याययुक्त अधिकार वही है जिसे मनुष्यमात्र एक समान भोग सकें। जिस अधिकार की रक्षा के लिए समाज के दूसरे मनुष्यों को दबाकर रखना पड़े वह अधिकार न्याययुक्त अधिकार नहीं बल्कि डकैती है।

गाँधी जी छोड़ चले

बीस वर्ष पूर्व १९२० में जब महात्मा गाँधी के नेतृत्व में कांग्रेस ने एक नया ध्येय और नया कार्यक्रम स्वीकार किया था, कांग्रेस के इतिहास में महत्त्वपूर्ण समय आया था। उस परिवर्तन का परिणाम हमने कांग्रेस के पिछले बीस वर्ष के इतिहास में देखा है। अब फिर उतना ही महत्त्वपूर्ण एक और समय आया है जब २१ जून के दिन कांग्रेस की वर्किंग कमेटी ने सामयिक परिस्थितियों के अनुकूल नीति की आवश्यकता समझ, महात्मा जी को सत्य और अहिंसा के महान् आदर्शों की पूर्ति के लिए पूर्ण अवसर देकर इस देश की और अन्तरराष्ट्रीय परिस्थितियों में कांग्रेस की नीति का संचालन करने के बोझ से उन्हें मुक्त कर दिया है।

कांग्रेस की कार्यकारिणी समिति के प्रस्ताव के शब्द बहुत सोच-विचारकर चुने गये हैं। कांग्रेस अब भी सत्य और अहिंसा में विश्वास रखती है और अब भी उसी कार्यक्रम पर दृढ़ रहेगी जिस पर वह गाँधी जी के नेतृत्व में पिछले बीस वर्ष से चलती आयी है। लेकिन फिर भी एक प्रस्ताव पास कर यह घोषणा करने की ज़रूरत अनुभव हुई कि महात्मा गाँधी को सत्य और अहिंसा के अपने महान् आदर्शों को चरितार्थ करने की पूर्ण स्वतन्त्रता और अवसर देते हुए मौज़ूदा संकटमय राष्ट्रीय और अन्तरराष्ट्रीय परिस्थितियों में कांग्रेस गाँधी जी को कांग्रेस की नीति और कार्यक्रम के संचालन के उत्तरदायित्व से स्वतन्त्र करती है।

कांग्रेस वर्किंग कमेटी ने जो कुछ भी निश्चय किया है इसे यदि स्वयं कांग्रेस वर्किंग कमेटी का निश्चय न कहकर महात्मा जी की आज्ञा ही कहा जाये तो अत्युक्ति न होगी। वर्तमान परिस्थितियों में जब कांग्रेस और देश विकट परिस्थितियों में फँसे हुए हैं, महात्मा जी के इस निर्णय का विशेष महत्त्व है। हम यह सन्देह नहीं कर सकते कि विकट परिस्थितियों से घबराकर महात्मा जी उत्तरदायित्व के बोझ को अपने सिर से दूर फेंक देना चाहते हैं, हम यह भी सन्देह नहीं कर सकते कि वर्किंग कमेटी के मेम्बर या कांग्रेस के उत्तरदायी नेताओं का विश्वास महात्मा जी की नीति और व्यक्तित्व पर पहले की अपेक्षा कम हो गया है। फिर इस परिवर्तन का, महात्मा जी के कन्धों से कांग्रेस के कार्यक्रम और नीति के निश्चित करने की ज़िम्मेदारी हटा लेने का प्रयोजन?

इस बात को वर्किंग कमेटी ने अपने प्रस्ताव में ही स्पष्ट करने की चेष्टा की है। वर्किंग कमेटी का प्रस्ताव है—''वर्किंग कमेटी अपने स्वतन्त्रता के आन्दोलन में अहिंसा के सिद्धान्त पर दृढ़ है। वह इस क्षेत्र में अहिंसा के आदर्श की दृष्टि से जनता की स्वाभाविक कमज़ोरियों और अपूर्णताओं और इनके कारण आनेवाले ख़तरों की उस समय तक बेपरवाही नहीं कर सकती जब तक कि वह जनता पर अपना पूर्ण अहिंसात्मक नियन्त्रण क़ायम कर उन्हें पूर्ण रूप से अहिंसात्मक नहीं बना लेती।'' इसके अतिरिक्त प्रस्ताव में दूसरी महत्त्वपूर्ण बात है—कांग्रेस द्वारा अनुभव कर लेना कि वह महात्मा जी के सत्य और अहिंसा के मार्ग पर उनके अन्तिम लक्ष्य तक नहीं पहुँच सकती।

सत्य और अहिंसा के प्रति पूर्ण श्रद्धा रखते हुए भी कांग्रेस वर्किंग कमेटी ने इस बात को महसूस किया कि अमली मैदान में वह इस उद्‌देश्य को जनता द्वारा पूर्ण नहीं करा सकती। २१ जून के दिन ही यह सत्य कांग्रेस वर्किंग कमेटी और गाँधी जी पर प्रकट हुआ हो सो बात नहीं। इससे बहुत पहले से महात्मा जी इस बात को स्वीकार करते आये हैं कि सत्य और अहिंसा का जो आदर्श उनका लक्ष्य है, उसे जनता पूरा नहीं कर पायी है। यह जानकर भी महात्मा जी ने अपनी शक्ति और कांग्रेस के विशाल संगठन की शक्ति को जनता को अपने आदर्श का पाठ पढ़ाने में ही व्यय की और उस आदर्श के पूरा न हो सकने की अवस्था में उन्होंने जनता के आन्दोलन को एक भी क़दम आगे ले जाने से इनकार कर दिया। महात्मा जी की दृष्टि में इस देश की स्वतन्त्रता -प्राप्ति का कोई मूल्य नहीं यदि इस देश की जनता पहले सत्य और अहिंसा की परीक्षा में उत्तीर्ण नहीं हो जाती। और इसी आदर्श के अनुसार पिछले बीस वर्ष तक कांग्रेस का आन्दोलन चला। जहाँ कहीं और जब कभी जनता के स्वतन्त्रता या आत्मनिर्णय का अधिकार प्राप्त करने के

प्रयत्न में महात्मा जी को हिंसा की गन्ध आयी, उन्होंने अहिंसा की रक्षा के लिए जनता के स्वतन्त्रता -प्राप्ति और आत्मनिर्णय के अधिकार की प्राप्ति के आन्दोलन को अहिंसा की वेदी पर बलिदान कर दिया। मौज़ूदा परिस्थितियों में जब सम्पूर्ण देश एक ख़ास अवसर आया देखकर एक बार पूरे प्रयत्न से अपनी राष्ट्रीय स्वतन्त्रता और आत्मनिर्णय के अधिकार को प्राप्त करने के लिए बेचैन हो उठा, महात्मा जी ने उसे पहले अहिंसा की तपस्या पूर्ण करने को ही आज्ञा दी।

परन्तु आज हम महात्मा जी के रवैये में एक परिवर्तन देखते हैं। सत्य और अहिंसा के महान् आदर्श को पूर्ण करने का अधिकार, स्वतन्त्रता और अवसर अपने हाथ में रख कांग्रेस के लिए वे यही उचित समझते हैं कि मौज़ूदा परिस्थितियों में वह क़दम बढ़ाये। कांग्रेस सत्य और अहिंसा को अपना आदर्श अवश्य माने परन्तु मनुष्य की स्वाभाविक न्यूनता या निर्बलता के कारण सत्य और अहिंसा की अपूर्णता के रूप में जो परिणाम उसके सामने आ सकते हैं, उनके कारण वह मौज़ूदा राष्ट्रीय और अन्तरराष्ट्रीय परिस्थितियों में क़दम बढ़ाकर इस देश की जनता के संकट को काटने का जो अवसर आया है, उसे हाथ से न गँवा दे।

कांग्रेस वर्किंग कमेटी और महात्मा जी के रवैये में यह परिवर्तन देश को एक काल्पनिक आदर्श की पूजा की अपेक्षा क्रियात्मक मैदान की ओर ले जा रहा है। इस परिवर्तन से कांग्रेस व्यक्तिगत तपस्या, व्यक्तिगत पूर्णता की धार्मिक भावना के संकुचित क्षेत्र से निकलकर सामाजिक और सार्वजनिक प्रगति की राह पर एक बड़ा क़दम उठायेगी। और यह परिवर्तन परिणाम है कांग्रेस द्वारा जनता के असन्तोष को अनुभव करने का और जनमत को स्वीकार कर आगे बढ़ने की सम्भावना पर विचार करने का।

× × ×

परन्तु ऐसे लोग भी मौज़ूद हैं जिन्हें इस परिवर्तन में महानाश दिखायी दे रहा है। उनका कहना है जिस नेता ने कांग्रेस को गढ़कर तैयार किया, जब वही उसे छोड़कर चला जा रहा है तो आगे आशा क्या की जा सकती है? उन्हें भय है महात्मा जी के कांग्रेस की नीति और कार्यक्रम की ज़िम्मेदारी अपने कन्धों पर से उतार देने के बाद कांग्रेस के एकमात्र हथियार और शक्ति, सत्याग्रह और असहयोग के कांग्रेस द्वारा उपयोग किये जाने का कोई अवसर न रह जायेगा। हमारे अनेक नेता (उदाहरणत: पट्टाभि सीतारामय्या) यह समझते हैं कि भारत और उसकी जनता केवल गीली मिट्टी के लोंदे हैं और उन्हें गढ़कर शक्ल देनेवाले कुम्हार हैं महात्मा गाँधी जिसके बिना यह देश और इस देश की जनता कण-कण होकर बिखर जायेगी!

यह विचार कि भगवान् के भेजे हुए नेता मनुष्य समाज को बनाते हैं, इतिहास को उलटी दूरबीन से देखने का प्रयत्न है। हमारे देश में एक ख़ास क़िस्म की राजनैतिक परिस्थितियाँ होने के कारण, देश के पराधीनता में फँसे होने के कारण, उसके निःशस्त्र होने के कारण और उसके साथ-ही-साथ देश के लगातार असफलता और अनुत्साह अनुभव करते रहने के कारण जब इस देश में जीवन से उपराम और भयभीत होने की प्रवृत्ति जोर पकड़ रही थी, इस देश की मनोवृत्ति ने गाँधी को जन्म दिया। गाँधीवाद इस देश की पराधीन और साधनहीन परिस्थितियों में जीवन को प्राप्त करने और स्वाधीनता पाने की इच्छा का एक आरम्भिक और कमज़ोर प्रयत्न का रूप है। जब इस देश की जनता के लिए अपनी निर्बलता को अनुभव करते हुए संसार में अपने लिये स्थान बनाने के प्रयत्न का साहस करना एक बहुत कठिन बात थी, गाँधी जी ने उस साहस का सूत्रपात किया और साहस का वह सूत्र कुछ सांसारिक और कुछ आध्यात्मिक रूप में हमारे सामने आया! साहस पहली बात थी! जब जनता भौतिक और सांसारिक कठिनाइयों को सामने देख उन्हें दूर करने का साहस एकदम से न कर सकती थी, गाँधी की आवाज़ के रूप में उसने साहस को आध्यात्मिकता का रूप देकर उसका अभ्यास शुरू किया और आरम्भ में साहस उस मैदान में करना शुरू किया जहाँ वास्तव में कोई भय न था। यह मैदान था काल्पनिक और ख़याली! हमने आध्यात्मिकता की आड़ लेकर कहा—हम सत्य के लिए मर-मिटने को तैयार हैं, हम प्रेम के लिए मर-मिटने को तैयार हैं, हम स्वयं दुख उठायेंगे, ऐसा करने से हमें कौन रोक सकता है? इस मैदान में हमने पहले-पहल साहस से बात करना सीखा, अहिंसा का मोहक और मधुर नाम हमने अपने प्रयत्नों और कार्य को देना आवश्यक समझा, ताकि संसार की सहृदयता और सहानुभूति हमारी रक्षा और सहायता के लिए आगे बढ़े या कम-से-कम हमें इस बात का विश्वास रहे कि वह हमारे साथ है। इसके अतिरिक्त हमें यह विश्वास रहे कि भगवान् और परलोक तो हमारे साथ हैं ही। इस काल्पनिक मैदान में हमने अपनी राजनैतिक लड़ाई के पैंतरे सीखने शुरू किये। जीवन के अधिकारों को प्राप्त करने के लिए, सांसारिक शक्ति प्राप्ति करने के लिए हमने त्याग की बातें शुरू कीं। अपने-आपको यह विश्वास दिलाने के लिए कि हम सबल हैं, कमज़ोर नहीं, हम अपने प्रयत्नों में कुछ सफलता देखना चाहते थे और इससे साहस प्राप्त करना चाहते थे। दूसरे के हाथ से कुछ ले लेना आसान न था परन्तु हम चाहते थे अनुभव करना कि हमने कुछ किया है, और यह अनुभव हमने करना चाहा यह देखकर कि हम यह छोड़ने के लिए तैयार हैं, यह कष्ट सहने के लिए तैयार हैं, यह बलिदान करने के लिए तैयार हैं। इसका कुछ लाभ न हुआ

हो सो बात नहीं। इसका लाभ हुआ और वह यह कि हम मानसिक रूप से एक संघर्ष के लिए तैयार हो गये।

मानसिक रूप से तैयार हो जाने के बाद अब वास्तविक संघर्ष की तैयारी की मंज़िल आयी है और हमें इस पर क़दम रखना है। जिस सत्य, अहिंसा और न्याय की कल्पना हमने अपने मन और दिमाग़ में इतने दिन की है, अब उसे असली रूप देने का समय आया है। और जो शक्तियाँ इस सत्य, अहिंसा और न्याय की प्राप्ति के मार्ग में आकर हमारा रास्ता रोकती हैं, उन्हें राह से दूर करने का समय आया है। सबसे बड़ी हिंसा, सबसे बड़ा अन्याय हमारे सामने मौज़ूद है इस देश की राष्ट्रीय पराधीनता और इस देश की विशाल जनता का शोषण! इस हिंसा और अन्याय को दूर कर अहिंसा और न्याय को स्थापित करने का मतलब होगा इस देश के लिए राष्ट्रीय स्वतन्त्रता और आत्मनिर्णय का अधिकार प्राप्त करना, इस देश की जनता के शोषण को समाप्त करना। परन्तु यह उद्देश्य त्याग! त्याग! पुकारने से पूर्ण नहीं हो सकते। इस समय ज़रूरत त्याग की नहीं बल्कि प्राप्ति की है। हमें जीवन के लिए शक्ति और अधिकार प्राप्त करना होगा। कांग्रेस अपने जीवन में आज उसी मंज़िल पर आ पहुँची है जहाँ उसे काल्पनिक पैंतरेबाज़ी छोड़कर संसार और जीवन की वास्तविकताओं का सामना करना है। व्यक्तिगत रूप से हम त्याग की भावना पर श्रद्धा रखते हैं परन्तु उस त्याग का अर्थ है जीवन की शक्ति और अधिकार को प्राप्त करने के लिए संकट और मुसीबत से न डरना। इस त्याग का मतलब यह नहीं कि जीवन की शक्ति और अधिकार को प्राप्त करने की कोशिश न करना।

गाँधी जी जिस आध्यात्मिक अहिंसा और प्रेम की पूजा के लिए हमें तैयार करना चाहते हैं, वह प्राणों की रक्षा के बाद ही हो सकता है और कांग्रेस का उद्देश्य है इस देश की जनता के लिए प्राणरक्षा के अधिकार को प्राप्त करना। सत्य और अहिंसा का अर्थ है, मनुष्य समाज के लिए वह अवस्था प्राप्त करना जिसमें उसके जीवित रहने और विकास पा सकने की अधिक-से-अधिक सम्भावना हो। इस प्रकार की सत्य और अहिंसा का स्वप्न सबसे पहले महात्मा गाँधी ने ही नहीं देखा। सत्य और अहिंसा के शब्द संसार में नये नहीं हैं। संसार में जहाँ कहीं भी जीवन के अधिकारों के लिए प्रयत्न हुआ है, वह सत्य और अहिंसा के नाम पर ही हुआ है। सत्य और अहिंसा का उद्‌देश्य निश्चय कर लेने के बाद हमें उसकी प्राप्ति के लिए यत्न भी करना होगा और उसके लिए मार्ग में आनेवाले संघर्ष से बचने का कोई उपाय नहीं। यदि इस मार्ग में हमें संघर्ष दिखायी देता है और उससे हम बचना चाहते हैं तो इसका अर्थ है हम उद्‌देश्य को निश्चय कर लेने के पश्चात् उसकी प्राप्ति के लिए यत्न करने के लिए तैयार नहीं।

इस देश की राष्ट्रीय स्वतन्त्रता और इस देश की जनता के शोषण से मुक्ति पाने के महान् कार्यक्रम में साहस के बीज बोकर अंकुर तैयार करने के जिस काम की ज़रूरत थी, उसे इस देश की मनोवृत्ति ने गाँधीवाद के रूप में पूर्ण करने की चेष्टा की। यदि यह वाद हमें आगे नहीं ले जाता तो इससे चिपटे रहकर हम अपना विनाश नहीं कर सकते।

जब गाँधी जी इस बात को स्वयं अनुभव कर रहे हैं कि मौज़ूदा राष्ट्रीय और अन्तरराष्ट्रीय परिस्थितियों में भारत का निश्चेष्ट रहना न सम्भव है और न उचित। यदि पिछले बीस वर्ष में उनके सिद्धान्त और उपदेश इस देश की जनता को उनके मार्ग पर चलाने में सफल नही हो सके, तो सिवा इसके और चारा नहीं कि जनता की जीवनशक्ति को अपना मार्ग ढूँढ़ने दिया जाये। जनता की जिस जीवनशक्ति ने गाँधीवाद को ढूँढ़ निकाला था, वह अब दूसरा मार्ग ढूँढ़ निकालेगा। काल्पनिक अहिंसा की अपेक्षा वास्तविक अहिंसा को प्राप्त करने के लिए हमें आगे बढ़ना ही होगा। और इस उद्देश्य से कांग्रेस को अपने कार्यक्रम और नीति में अथवा नेतृत्व में जो परिवर्तन करने पड़ें, वे इस देश का दुर्भाग्य नहीं बल्कि इस देश का सौभाग्य है।

वर्धा प्रस्ताव का अर्थ

मौज़ूदा राष्ट्रीय और अन्तरराष्ट्रीय परिस्थिति में कांग्रेस के अहिंसा के मार्ग पर गाँधी जी के आदर्श तक न पहुँच सकने के कारण कांग्रेस की नीति और कार्यक्रम के बोझ से गाँधी जी को बरी कर देने का क्या अर्थ है, किन-किन विषयों में गाँधी जी तथा वर्किंग कमेटी के दृष्टिकोण में भेद है, यह बात कांग्रेस वर्किंग कमेटी द्वारा स्पष्ट नहीं की गयी। इस प्रस्ताव का अर्थ साधारणत: कांग्रेस के सदस्यों ने यह समझा कि देश की जनता के असन्तोष को अनुभव कर कांग्रेस वर्किंग कमेटी ने देश को महात्मा जी की आध्यात्मिक अनुशासन की कड़ी शर्तों को महात्मा जी की दृष्टि में पूरा न होते देखकर भी कांग्रेस की जो कुछ शक्ति या तैयारी है, उसी के आधार पर वह अपने उद्देश्य को प्राप्त करने के लिए क़दम बढ़ा रही है परन्तु ६ जुलाई के 'हरिजन' में महात्मा जी का जो वक्तव्य प्रकाशित हुआ है वह कुछ और ही है।

कांग्रेस वर्किंग कमेटी के सामने इस समय देश की स्वतन्त्रता -प्राप्ति के लिए प्रयत्न का सवाल नहीं है, उसके सामने सवाल है इस समय ब्रिटिश साम्राज्यशाही से सौदा करने का। केन्द्र और प्रान्तों में ब्रिटिश साम्राज्यशाही की कृपा से जो अधिकार कांग्रेस के मन्त्रियों और प्रतिनिधियों को मिल सकते हैं, उनके मूल्य में ब्रिटिश साम्राज्यशाही को इस युद्ध के चलाने के लिए सहायता देने का।

कांग्रेस वर्किंग कमेटी के इस रवैये से महात्मा जी का मतभेद है। उन्हें वर्किंग कमेटी के इस रवैये में हिंसा की भावना दिखायी देती है। महात्मा जी की ब्रिटेन के प्रति पूर्ण सहानुभूति है, वे इस युद्ध में ब्रिटेन की विजय चाहते हैं, वे ब्रिटेन की इस युद्ध में विजय प्राप्त करने के लिए सहायता भी देना चाहते हैं, परन्तु सहायता देना चाहते हैं, केवल अपनी सहानुभूति, सद्‌भावना और आशीर्वाद के रूप में। ब्रिटिश यदि शस्त्र शक्ति द्वारा इस युद्ध में विजय प्राप्त कर भी लेता है तो महात्मा जी की राय में वह पराजय से भी बुरी है। ऐसी विजय की अपेक्षा महात्मा जी युद्ध में शस्त्रों द्वारा पराजित हो जाना ही मनुष्यता और सभ्यता की रक्षा के लिए अधिक अच्छा समझते हैं।

महात्मा जी स्वराज्य चाहते हैं। भारत के लिए वे पूर्ण और बिना किसी क़िस्म की मेल-मिलावट की स्वतन्त्रता चाहते हैं। परन्तु यह स्वतन्त्रता भारत को मिले क्यों कर? मौज़ूदा विकट परिस्थिति में ब्रिटेन पर ज़ोर डालकर वे स्वतन्त्रता प्राप्त करना नहीं चाहते। ब्रिटेन के प्रति सहानुभूति होने पर उसकी विजय की कामना करने पर भी वे किसी मूल्य पर भी ब्रिटेन को युद्ध के लिए शस्त्र शक्ति के रूप में सहायता देना नहीं चाहते, इसे वे अहिंसा के सिद्धान्त के विरुद्ध समझते हैं।

दूसरी ओर कांग्रेस वर्किंग कमेटी है जो लगातार साम्राज्यवादी युद्धों में सहयोग न देने के प्रस्ताव पास करती आयी है और इसके साथ ही सब अवस्थाओं में भारत की पूर्ण स्वतन्त्रता , बिना किसी प्रकार के विदेशी नियन्त्रण के, अपना उद्‌देश्य बताती आयी है। आज वह ब्रिटिश साम्राज्यशाही से सौदा कर रही है इस बात पर कि न सिर्फ़ केन्द्र में वाइसराय की एक्ज़ेक्यूटिव की संख्या बढ़ाकर उसमें कांग्रेस और दूसरी राजनैतिक संस्थाओं के प्रतिनिधि शामिल कर लिये जायें बल्कि वाइसराय की एक्ज़ेक्यूटिव का नया संगठन हो पूर्णत: निर्वाचित सदस्यों में से। और रक्षा सदस्य और दूसरे महत्त्वपूर्ण पदाधिकारी लोग चुने जायें इन्हीं निर्वाचित सदस्यों में से।

महात्मा जी के शब्दों में कांग्रेस के सामने इस समय बड़ा भारी प्रलोभन पेश है। राज्य शक्ति के संचालन का अवसर हाथ आता देख कांग्रेस मोह में अपने द्वारा स्वीकार किये गये अहिंसा के सिद्धान्त को छोड़ देने के लिए कहीं तैयार न हो जाये? इसमें सन्देह नहीं कि यदि कांग्रेस वर्किंग कमेटी इस समय इस प्रकार का कोई सौदा ब्रिटिश साम्राज्यशाही से कर लेती है तो शासन के बहुत-कुछ अधिकार इस देश के प्रतिनिधि कहलानेवालों के हाथ आ जायेंगे। परन्तु क्या हमारे प्रतिनिधित्व का दम भरनेवाले यह लोग वास्तव में इस देश की शोषित जनता के प्रतिनिधि होंगे? यदि नहीं तो इनके हाथ में शासन की बागडोर एक हद तक चले

जाने के बाद भी देश की शोषित जनता, किसान, मज़दूर और मध्यम श्रेणी के लोगों की अवस्था में क्या परिवर्तन आयेगा?

हम चाहते हैं युद्ध के समय इस देश की रक्षा का पूर्ण प्रबन्ध हो। हम यह भी चाहते हैं कि इस देश की जनता के प्रतिनिधियों के हाथ में इस देश के शासन की शक्ति आये परन्तु उससे पहले यह भी आवश्यक है कि इस देश की शासन व्यवस्था में ऐसे मौलिक परिवर्तन किये जायें जिनसे शासन का अधिकार सँभालनेवालों पर आजकल की भाँति देश के केवल दस प्रतिशत सरमायादारों या ज़मींदारों का ही ज़ोर न हो बल्कि बालिगमात्र का अधिकार हो।

हम यह स्वीकार करते हैं कि गाँधी जी की काल्पनिक अहिंसा हमें क्रियात्मक मैदान में बहुत दूर नहीं ले जा सकी लेकिन कांग्रेस वर्किंग कमेटी का वर्तमान युद्ध में सहायता देने का यह सौदा भी हमें स्वतन्त्रता –प्राप्ति के उद्देश्य में सफल नहीं कर सकेगा।

सीमान्त का संकट

पश्चिमोत्तर सीमान्त प्रदेश की बाबत कांग्रेस सदा ही सद्भावना और सहानुभूति के प्रस्ताव प्राप्त करती आयी है। दूसरी ओर सरकार की ज़बरदस्त फ़ौजें और शस्त्र शक्ति उन्हें शान्त रखने का यत्न करती रही हैं। परन्तु न कांग्रेस की प्रेम और सहानुभूति की बातें ही और न ब्रिटिश सरकार का शक्ति प्रदर्शन ही सीमान्त के संकट का उपाय कर सका है। वही आये दिन सीमान्त से निहत्थे नागरिकों को उड़ाये जाना और डाके पड़ना जारी है। कांग्रेस कई दफ़े प्रस्ताव पास कर अपना फ़ैसला दे चुकी है कि वजीरियों द्वारा निहत्थे नागरिकों पर होनेवाले आक्रमणों का कारण न राजनैतिक है और न उसमें धार्मिकता की ही भावना है। सीमान्त के क़बीलों की अवस्था से परिचित कोई भी आदमी जानता है कि इन क़बीलों की आर्थिक अवस्था वास्तव में ही बहुत शोचनीय है और पेट भरने के लिए कोई उपाय न होने की हालत में उन्हें डाकेज़नी इत्यादि कर अपना पेट पालना पड़ता है। लेकिन इसका उपाय क्या हो? यदि सरकार की तोपों और हवाई जहाज़ों का भय उन्हें पीछे नहीं रख सकता तो गाँधी जी और सीमान्त गाँधी के प्रेम और अहिंसा के उपदेश ही उन्हें कितने दिन शान्त रख सकेंगे? पेट की ज्वाला न धर्म देखती है न भय।

इक़ क़बीलों की पेट की ज्वाला को शान्त करने का उपाय हो सकता है केवल यह कि इन इलाक़ों में उद्योग–धन्धों और कला–कौशल की उन्नति कर इन लोगों के लिए कुछ कारोबार पैदा किया जा सके या ब्रिटिश भारत में ही कारोबार की उन्नति हो, जहाँ यह लोग जीविका पैदा करने का साधन पा सकें। ब्रिटिश सरकार

के लिए इन क़बीलों को औद्योगिक रूप से उस समय उन्नत बनाना राजनैतिक भूल है जिस समय तक ये ब्रिटिश राज की ज़ंजीरों में जकड़ नहीं लिये जाते! आज यदि यह लोग राजनैतिक रूप से स्वतन्त्र होने के कारण डकैतियाँ करते हैं तो शिक्षा और औद्योगिक उन्नति कर लेने के बाद यह एक प्रबल शत्रु बन जायेंगे। इसलिए ब्रिटिश सरकार का हित इनके क़बीलों को जो कुछ वे आज हैं, वैसा ही बनाये रखने में है। श्री भूलाभाई देसाई की अध्यक्षता में कांग्रेस एक डेपूटेशन वज़ीरिस्तान भेजने की तैयारी कर रही है। यह डेपूटेशन आख़िर करेगा क्या? जिन कारणों से वज़ीरी लुटेरे और डाकू बने हैं, उन्हें दूर न कर केवल प्रेम के गीत उन्हें सुनाने से क्या बन सकेगा?

आख़िरी बात

अबकी दफ़े देहली में पाँच दिन तक लम्बा-चौड़ा लेखा करने के बाद कांग्रेस ने फिर अपनी अन्तिम बात कही है लेकिन इस अन्तिम बात के साथ-ही-साथ १७ जुलाई को फिर विचार शुरू होगा, और फिर एक और आख़िरी बात कही जायेगी। देहली में कही गयी आख़िरी बात का नतीज़ा क्या होगा? वाइसराय उसका कोई जवाब देंगे या नहीं इस बारे में कुछ कहा नही जा सकता। सम्भव है वे कोई उत्तर न दें और पूना में होनेवाली कांग्रेस की आख़िरी बात की प्रतीक्षा करें। कहने को तो कांग्रेस हर दफ़े अपने पिछले प्रस्तावों को दोहराती है परन्तु जहाँ तक इन प्रस्तावों का क्रियात्मक क्षेत्र से सम्बन्ध है, कांग्रेस अपने सभी मोर्चों से पीछे हटती जा रही है। साम्राज्यशाही युद्ध में किसी भी अवस्था में सहयोग न देने के निश्चय से वह साम्राज्यशाही युद्ध में ब्रिटेन को भारत की पूर्ण स्वतन्त्रता के बदले नैतिक सहयोग देने के लिए तैयार हुई। उसके बाद एक निश्चित समय में पूर्ण आज़ादी के ऐलान के साथ भारत की आत्मरक्षा में सहायता देने की बात आयी, और अब बात हो गयी है केवल स्वतन्त्रता का अधिकार स्वीकार कर एक राष्ट्रीय सरकार नियत कर देने पर, जिसके अध्यक्ष होंगे वाइसराय ही और वही उनकी एक्ज़ेक्यूटिव काउन्सिल रहेगी। झगड़ा है केवल उसमें वाइसराय द्वारा नियत किये गये मेम्बरों की जगह असेम्बलियों में निर्वाचित मेम्बरों के लिए जाने का।

दूसरी ओर साम्प्रदायिक संस्थाओं के प्रति भी कांग्रेस का मोर्चा पीछे हटता जाता है। एक समय था कि सम्मिलित सरकारें (Coalition Government) बनाने की बात कांग्रेस को राष्ट्रीयता के विरुद्ध जान पड़ती थी लेकिन आज जिस राष्ट्रीय सरकार के क़ायम करने की बात केन्द्र और प्रान्तों में की जा रही है, उसमें कांग्रेस के साथ सभी साम्प्रदायिक संस्थाओं के सहयोग की बात स्वीकार की जा रही है।

यह साम्प्रदायिक संस्थाएँ हैं, मुस्लिम लीग और हिन्दूसभा। आज साम्प्रदायिक सरकारों के मन्त्री कांग्रेस को संकट से निकलने की राह बताने आते हैं।

ख़ैर कि फिर भी कांग्रेस वर्किंग कमेटी के देहली के निश्चय को अन्तिम बात कहा ही जा रहा है लेकिन इस अन्तिम बात के भी सरकार द्वारा ठुकरा दिये जाने पर क्या होगा? इसके उत्तर में राजेन्द्र बाबू ने फ़रमाया है कि तब होगा असहयोग। लेकिन इस असहयोग का महत्त्व देश और सरकार की दृष्टि में क्या होगा? बल्कि हम यह जानना चाहते हैं कि इस असहयोग से आपके ही रवैये में क्या फ़र्क़ आ जायेगा? असहयोग तो अपने अक्टूबर १९३९ में युद्ध आरम्भ होने के कुछ दिन बाद ही कर दिया था। लेकिन उसका परिणाम क्या हुआ? आपके इस असहयोग का मतलब यह था कि ब्रिटिश सरकार की ओर से शासन कार्य के जो भी अधिकार जनता के प्रतिनिधि कहलानेवाले कांग्रेसी लोगों के हाथ सौंप गये थे, उन्हें अपने सरकार के हाथ वापस कर दिया ताकि गवर्नर असेम्बलियों और दूसरी प्रतिनिधि संस्थाओं के झंझट में पड़े बिना अपना काम करते जायें। कांग्रेस ने ब्रिटिश सरकार और देश को जनता में चलनेवाले झगड़े को उसके विस्तृत क्षेत्र से समेटकर कांग्रेस के नेताओं और ब्रिटिश शासन के प्रतिनिधियों की पैंतरेबाजी में ही सीमित कर दिया है। आम जनता के जीवन से सम्बन्ध रखनेवाली आर्थिक कठिनाइयों को इस आन्दोलन में लाने से साफ़ इनकार कर दिया गया और आज भी यही हो रहा है। आज कांग्रेस की जो कुछ नीति है, उसके सिवा इससे हो भी क्या सकता है?

बाहरी आक्रमण और देश के भीतर अव्यवस्था के भय से कांग्रेस सरकार की ओर सहयोग का हाथ बढ़ा रही है। इसका अर्थ है वर्तमान राजनैतिक और आर्थिक व्यवस्था को दृढ़ करने का यत्न जिसमें देश की ९०% जनता का कोई प्रतिनिधित्व नहीं और जिसमें उनका निर्दयतापूर्ण शोषण हो रहा है। हम यह नहीं कहते कि देश को बाहरी आक्रमण और भीतर की अव्यवस्था से बचाने की ज़रूरत नहीं। शत्रु के जूते की नाल अपने सीने पर किसे अच्छी लग सकती है और देश में खड़ी हो जानेवाली अव्यवस्था से किसे शान्ति मिल सकती है? लेकिन इस बाहरी हमले और भीतरी अव्यवस्था से बचने का उचित उपाय तो यह है कि इस देश की आम जनता को वे अधिकार दिये जायें जिनकी रक्षा करने के लिए वे संसार की विकट-से-विकट शक्ति का मुक़ाबला जी-जान से कर सकें।

◈

प्रजातन्त्र की नींव

जिस प्रजातन्त्र की रक्षा के लिए इस समय यूरोप में महायुद्ध चल रहा है उस प्रजातन्त्र की वास्तविकता क्या है? —*सं.*

यदि हम मनुष्य समाज के इतिहास को देखें; जिस मार्ग पर चलकर मनुष्य आज अपनी मौज़ूदा अवस्था तक पहुँचा है उसकी ओर ध्यान दें तो हमें स्वीकार करना पड़ेगा कि बिलकुल आरम्भिक अवस्था को छोड़कर जिसका कोई प्रामाणिक ज्ञान हमारे पास नहीं है, मनुष्य सदा ही किसी-न-किसी प्रकार की सरकार द्वारा शासित रहा है। धर्मशास्त्र और राजनीति के विद्वान् मनुष्य को समझाते आये हैं कि समाज में शान्ति और व्यवस्था की रक्षा के लिए सरकार का रहना ज़रूरी है। मनुष्य को परस्पर की लूटपाट और मारकाट से बचाने के लिए समाज में सरकार का रहना उतना ही ज़रूरी है जितना कि उसे पाप से बचाने के लिए ईश्वर और परलोक का भय ज़रूरी है। मनुष्य समाज में सभी लोग एक समान नहीं, कुछ कमज़ोर हैं और कुछ बलवान्। बलवान् कमज़ोरों पर अत्याचार न कर सकें इसके लिए ज़रूरत है एक व्यवस्था और शासन की; यह व्यवस्था, शासन या प्रबन्ध ही सरकार कहलाता है। सरकार का उद्देश्य समझा जाता है समाज के, व्यक्तियों के अधिकारों की एक समान रक्षा करना।

सरकार के अनेक रूप हमारे सामने आज भी मौज़ूद हैं। सरकार का एक रूप है राजा द्वारा समाज या प्रजा का शासन, दूसरा रूप है प्रजा द्वारा अपने प्रतिनिधि चुनकर अपना शासन करना और तीसरा रूप जो आजकल विशेष प्रबल दिखायी दे रहा है, समाज के एक नेता द्वारा समाज का शासन। सरकार का यह पहला रूप राजतन्त्र कहलाता है, दूसरा प्रजातन्त्र और तीसरा अधिनायकतन्त्र या तानाशाही। यूरोप का मौज़ूदा युद्ध हो रहा है एक ओर जर्मनी और इटली और दूसरी ओर मित्रराष्ट्रों-इंग्लैण्ड, फ्रान्स, बेल्जियम, हालैण्ड और नार्वे इत्यादि में। जर्मनी और इटली तानाशाही सरकारें हैं और मित्रराष्ट्र प्रजातन्त्रात्मक सरकारें समझी जाती हैं। मित्रराष्ट्रों का कहना है कि जर्मनी का तानाशाही शासन अत्याचारपूर्ण शासन है जो व्यक्तिगत, सामाजिक और राष्ट्रीय स्वतन्त्रता का अन्त कर देनेवाला शासन है। दूसरी ओर मित्रराष्ट्रों का प्रजातन्त्र शासन मनुष्य की व्यक्तिगत सामाजिक और राष्ट्रीय स्वतन्त्रता की रक्षा करता है। मित्रराष्ट्रों में से अनेक देशों इंग्लैण्ड, बेल्जियम और हालैण्ड इत्यादि में सरकारों के सिर पर राजा शोभायमान है परन्तु यह राजा प्रजा द्वारा नियत प्रतिनिधि सभाओं द्वारा

ही शासन चलाते हैं, इसलिए इन देशों का राजतन्त्र भी प्रजातन्त्र ही है। मित्रराष्ट्र प्रजातन्त्र के रूप में मनुष्य के व्यक्तिगत, सामाजिक और राष्ट्रीय अधिकारों की रक्षा के लिए लड़ रहे हैं।

दूसरी ओर जर्मनी और इटली की तानाशाही में विश्वास रखनेवाली सरकार का कहना है कि प्रजातन्त्र एक ढोंग मात्र है जिसमें व्यर्थ के दिखावे और ऊटपटाँग अधिकारों के नाम पर व्यक्ति, समाज और राष्ट्र की शक्ति बर्बाद हो जाती है और राष्ट्र का प्रबन्ध बलवान् और दृढ़ नहीं हो पाता। समाज के सशक्त और बलवान् अंग व्यक्तिगत लाभ और अपनी श्रेणी के लाभ के लिए राष्ट्र की सरकार की नीति को चलाते हैं जिस कारण राष्ट्र की शक्ति का विकास नहीं हो पाता। राष्ट्र का नेता, डिक्टेटर या तानाशाह राष्ट्र की प्रजा की भावना को प्रकट करता है इसलिए डिक्टेटर द्वारा निश्चित की गयी नीति प्रजा की इच्छा द्वारा निश्चित की गयी नीति है, उसमें अत्याचार या अन्याय कुछ नहीं बल्कि डिक्टेटर द्वारा एक मज़बूत शासन व्यवस्था क़ायम करने से राष्ट्र की शक्ति बलवान् होती है और वह आगे बढ़ता है। साधारण शक्ति, योग्यता और बुद्धि के लोगों को समाज के शासन में दख़ल देने की कोई ज़रूरत नहीं। उन्हें इसी बात से सन्तोष करना चाहिए कि सरकार उनके हित के लिए ही शासन कर रही है। जर्मनी और इटली ने पिछले दस वर्षों में जो शक्ति प्राप्त कर ली है, उसे तानाशाही सरकार की उपयोगिता और सफलता के प्रमाणस्वरूप पेश किया जाता है।

तानाशाही शासन में यद्यपि प्रधानता एक नेता को ही दी जाती है परन्तु किसी भी विस्तृत समाज में एक व्यक्ति का शासन क़ायम नहीं हो सकता। पुराने समय में देशों को विजय करनेवाले विजयी नेता भी केवल अकेले राज्य स्थापित नहीं कर पाते थे, उनके साथ भी दल रहते थे जो एक श्रेणी का स्वार्थ सिद्ध करने के लिए बन जाते थे। आजकल की शासन-व्यवस्था में जहाँ प्रजा का दख़ल शासन की नीति और रूप निश्चित करने में रहता है, शासन प्राय: पार्टियों और दलों द्वारा चलता है। इस पार्टी या दल का नेता ही शासक कहलाता है—चाहे वह नाज़ीपार्टी और फ़ैसिस्टों की तरह डिक्टेटर या फ़ूहरेर कहलाये या इंग्लैण्ड, अमेरिका और फ्रान्स के प्रबल राजनैतिक दलों के ढंग के अनुसार प्रधानमन्त्री या प्रधान कहलाये। शासन की नीति निश्चित की जाती है दल या पार्टी द्वारा। जिस देश में जिस समय जो पार्टी सबसे बलवान् होती है उस देश में उस समय उसी पार्टी के प्रतिनिधि प्रजा की प्रतिनिधि सभाओं में चुने जाते हैं और वे प्रतिनिधि अपनी पार्टी की नीति के अनुसार शासन का तरीक़ा चलाते

हैं।

पार्टी क्या है? प्रजा में एक प्रकार के राजनैतिक विचार रखनेवाले लोगों या कहिये एक ख़ास ढंग का शासन चलानेवाले लोगों का संगठन पार्टी कहलाता है। किसी भी व्यक्ति के राजनैतिक विचारों या उसके किसी ख़ास एक ढंग का शासन चाहने के कुछ कारण होते हैं। मनुष्य जो कुछ उचित समझता है उसे ही कार्य रूप में लाना चाहता है। और मनुष्य साधारणत: उचित उसी बात को समझता है जिसमें उसका अपना स्वार्थ या हित होता है। मनुष्य के स्वार्थ या हित का अर्थ यह नहीं कि हम मनुष्य या व्यक्ति को बिलकुल ख़ुदगर्ज़ ही समझ लेते हैं। हम उदार विचार के मनुष्यों को भी अपने समाज में देखते हैं जो त्याग और क़ुर्बानी करने के लिए तैयार रहते हैं। परन्तु क़ुर्बानी और त्याग भी तो किसी उद्‌देश्य से ही किया जाता है। एक मनुष्य अपने परिवार या देश के लिए अपनी जान बलिदान कर देता है परन्तु वह दूसरे परिवार या देश के लिए ऐसा नहीं करता। अपने देश की जनता की ख़ातिर जान दे देना उचित समझा जाता है और दूसरे देश से युद्ध हो जाने पर उस देश की जनता का संहार करना उचित समझा जाता है। यही नहीं बल्कि स्वयं अपने देश में ही जब दो दलों में विरोध हो जाता है तो अपने दल के लिए प्राण निछावर करना और दूसरे दल का संहार करना, उसे कुचल देने की कोशिश करना प्रशंसा की बात हो जाती है। इसे त्याग और बलिदान कहा जाता है। मनुष्य जिन लोगों के बिना अपना जीवन नहीं बिता सकता, अपने-आपको वह जिस दल बिरादरी और परिवार का अंग समझता है, उसके लिए वह सब-कुछ करने के लिए तैयार हो जाता है। उस समय हम समझते हैं कि यह नि:स्वार्थ है परन्तु वह भी वास्तव में स्वार्थ ही होता है। वह स्वार्थ व्यक्तिगत और संकुचित स्वार्थ नहीं होता, वह स्वार्थ एक विशाल और विस्तृत स्वार्थ होता है जिसे दल या श्रेणी का स्वार्थ कहा जाता है। इस प्रकार हम देखते हैं कि राजनैतिक दलों की नीति उनके अपने स्वार्थ पर निर्भर रहती है।

प्रत्येक देश या समाज में अनेक श्रेणियाँ रहती हैं और सबसे बलवान् श्रेणी अपने स्वार्थी के अनुकूल शासन क़ायम करती है। इसलिए यह नहीं कहा जा सकता कि जर्मनी और इटली में हिटलर और मुसोलिनी का, रूस में स्टेलिन का और प्रजातन्त्र कहलानेवाले देशों में प्रजा का शासन है। इन सभी देशों में शासन है उन सबसे प्रबल राजनैतिक दलों का जो अपने देश की सबसे बलवान् श्रेणी के हितों की रक्षा के लिए संगठित हुए हैं। वास्तव में इन सभी देशों में शासन है बलवान् और सबल श्रेणी का। समाज में कौन श्रेणी सबसे बलवान्

होगी यह समझ लेना भी कठिन नहीं। मनुष्य के जीवन में सबसे बड़ी बात है जीवित रहने के साधन, जिसके पास जीवित रहने के साधन नहीं हैं वह निर्बल हैं। समाज में हम देखते हैं जीवित रहने या पेट भरने के लिए कमाई करने के साधन सब लोगों के पास सामान रूप से नहीं होते। कुछ व्यक्ति इन साधनों के मालिक होते हैं और शेष जनता इन मालिकों की इच्छानुसार, इन मालिकों का लाभ जिस प्रकार को उसी प्रकार, इन साधनों में अपना परिश्रम लगाकर जीवन के लिए उपयोगी वस्तुओं की पैदावार करती है और उस पैदावार में से मालिकों की इच्छानुसार कुछ भाग अपना पेट भरने के लिए भी पा लेती है। समाज में मालिकों की यह श्रेणी ही सबसे बलवान् श्रेणी होगी और शासन इसी श्रेणी के लाभ की नीति के अनुसार निश्चित होगा।

कहने को जर्मनी और इटली में राष्ट्रीय समाजवादी डिक्टेटरशिप की नीति है और इंग्लैण्ड, फ्रान्स और अमेरिका में प्रजातन्त्रवाद और प्रजातन्त्र शासन है। परन्तु यदि हम निश्चय होकर वास्तविकता की जाँच करें तो हमें इन दोनों प्रकार के शासनों में कोई भी भेद दिखायी न देगा। शासन दोनों ही जगह पूँजीपति श्रेणी का है। अलग-अलग देशों में परिस्थितियों में अन्तर आ जाने से पूँजीवादी शासन के रूप बदल जाते हैं। इंग्लैण्ड, फ्रान्स और अमेरिका में पूँजीवाद शासन बहुत सीधे-साधे ढंग पर है। अर्थात् पूँजीपति लोग जिनके हाथ में सभी साधन हैं, जिनके हाथ में रेल, तार, डाक, रेडियो और बैंक हैं, जो धन ख़र्च कर सकते हैं, अपने हित की बातें आम जनता को समझा देते हैं या अपने हाथ में मौज़ूद साधनों से जनता को अपने हित की बात स्वीकार करने के लिए विवश कर अपनी श्रेणी के हितों के अनुकूल शासन चलाते हैं। जनता को विश्वास दिलाकर कि देश की अधिक संख्या की इच्छा के अनुसार देश की सरकार की नीति चल रही है, उन्हें चुप करा देते हैं परन्तु इस बात को कोई भी समझदार व्यक्ति स्वीकार नहीं कर सकता कि इन पूँजीवादी देशों की ९९% जनता प्रसन्नता से अपने हितों के विरुद्ध पूँजीवादियों के हितों के अनुकूल शासन को स्वीकार कर रही है।

जर्मनी और इटली में परिस्थिति इससे भिन्न थी। महायुद्ध के बाद जर्मनी और इटली में पूँजीवादी शासन कमजोर पड़ गया था और वहाँ किसान और मज़दूर श्रेणियाँ प्रबल होकर शक्ति हाथ में लेने की तैयारियाँ करने लगी थीं। ऐसी अवस्था में हिटलर और मुसोलिनी जैसे नेता आगे आये। जिनके पीछे उन देशों के पूँजीपतियों की शक्ति थी परन्तु मुँह से वे नारे लगाते थे राष्ट्रीय समाजवाद के। समाजवाद के नाम पर उन्होंने अपने देशों की ग़रीब जनता को

यह विश्वास दिलाकर कि उनकी नीति ग़रीबों का दु:ख दूर करेगी, अपने पीछे लगा लिया और उसके साथ ही वे राष्ट्रीयता के नारे लगाकर देश की मध्यम श्रेणी को यह विश्वास दिलाते गये कि उनकी नीति जर्मनी और इटली की राष्ट्रीयता को दृढ़ कर उन्हें अन्तरराष्ट्रीय क्षेत्र में ऊँचा उठायेगी। राष्ट्र की शक्ति बढ़ाने के नाम पर उन देशों के पूँजीपतियों के व्यापार की उन्नति करने की कोशिश की गयी और अपने देश के पूँजीपतियों के व्यापार को विदेशों में फैलाने के लिए, दूसरे देशों को जीतने के लिए और अपने देश की सैनिक शक्ति को बढ़ाने के लिए, उन देशों के ग़रीब किसानों और मज़दूरों को चुपचाप कठिनाइयों को बरदाश्त करने के लिए कहा गया। क्योंकि हिटलर और मुसोलिनी के पीछे उन देशों के पूँजीपतियों की ताक़त थी, उन देशों के पूँजीपतियों के हितों को राष्ट्रीय उन्नति का नाम देकर उन लोगों ने अपनी तानाशाही क़ायम कर ली। आज बलवान् जर्मनी और बलवान् इटली का अर्थ है, जर्मनी और इटली के पूँजीपतियों की बलवान् सरकारें जो अपने देश की शोषित श्रेणियों को वश में रख सकती हैं।

इन प्रजातन्त्र कहलानेवाले और तानाशाही सरकार क़ायम करनेवाले देशों की शासन-व्यवस्था में कुछ भी अन्तर नहीं। दोनों में ही अल्पसंख्यक पूँजीपति श्रेणी की हुकूमत है, प्रजातन्त्र कहीं भी नहीं। प्रजातन्त्र तो केवल उसी अवस्था में क़ायम हो सकता है जब प्रजा में कोई ऐसी श्रेणी न हो जो दूसरी सब श्रेणियों को दबा सके अर्थात् पूँजीपति श्रेणी न हो। जब तक समाज में एक श्रेणी ऐसी है जिसके हाथ में साधन है और दूसरी श्रेणी ऐसी है जिसके हाथ में साधन नहीं, तब तक यह आशा करना कि देश के शासन में साधनहीन और साधनसम्पन्न श्रेणी का समान अधिकार होगा, अपने-आपको धोखा देने की कोशिश करना है।

प्रजातन्त्र उसी अवस्था में सम्भव है जब प्रजामात्र एक समान अवस्था में हो, कोई श्रेणी दूसरी श्रेणी की दया पर निर्भर न करती हो और न किसी श्रेणी के लिए अपने अधिकार की रक्षा करने के लिए दूसरी श्रेणी को दबाकर रखने की ज़रूरत हो। यह सब पूँजीवाद के रहते नहीं हो सकता। इसलिए वास्तविक प्रजातन्त्र क़ायम होने से पहले समाज से पूँजीपति श्रेणी और पूँजीहीन श्रेणी का भेद मिट जाना आवश्यक है।

यह भी कहा जाता है कि रूस में पूँजीवाद की समाप्ति हो चुकी है फिर भी वहाँ क्यों तानाशाही क़ायम है? रूस में यदि तानाशाही है तो वह किस प्रकार की तानाशाही है? रूस की इस तानाशाही को किसान-मज़दूरों की तानाशाही

कहा जाता है। यदि हम यह भी मान लें कि रूस में किसान-मज़दूरों की तानाशाही है तो फिर सवाल यह उठता है कि मज़दूर श्रेणी ज़ुल्म किस पर करती होगी? ख़ासकर ऐसी अवस्थाएँ जब कि रूस में पूँजीपति श्रेणी है ही नहीं! जब समाज में एक ही श्रेणी हो तो वहाँ एक श्रेणी द्वारा दूसरी श्रेणी के ऊपर शासन करने का प्रश्न उठता ही नहीं। और जब प्रजा में साधनहीन और साधनसम्पन्न लोग अलग-अलग न हों तो सबके लिए समान रूप से अपने लिये शासन की नीति निश्चित करने की भी स्वतन्त्रता हो सकती है और यही एक अवस्था है जिसमें प्रजातन्त्र की सम्भावना हो सकती है।

बेकार एण्ड कम्पनी लिमिटेड
(विलास नगरी में मज़दूरों की चर्चा)

बेकार एण्ड कम्पनी लिमिटेड के नियमों में बतायी गयी बेकार की परिभाषा के अनुसार मसूरी में बोनाफ़ाइड (Bonafide विश्वासयोग्य) बेकार मुश्किल से ही मिलेगा क्योंकि शिमला-नैनीताल की तरह सरकारी दफ़्तर मसूरी में नहीं आते। और अपने ख़र्च पर न सही सरकार के ही सही, मसूरी की सैर का सौभाग्य असन्तोष की आग में सुलगते हुए किसी क़लम मज़दूर (क्लर्क) को नहीं मिल सकता। और जिसे रोटियों के लाले हैं, वह गरमी की शिकायत क्या करेगा? लेकिन इसका मतलब यह नहीं कि मसूरी में देशभक्त न दिखायी दें। सलीके से अचकन और नोकदार गाँधी टोपी पहने, हाँफते हुए पाँच कुलियों से खींची जाती हुई रिक़्शा पर देश की चिन्ता में गम्भीर चेहरा बनाये देशभक्त आपको काफ़ी तादाद में मिल सकेंगे। हाँ अलबत्ता चमगादड़ की श्रेणी के बेकार आपको मसूरी में ज़रूर मिल सकेंगे, जो पेट भर खाना खा, हाथ में सिगरेट ले होटल के ड्राइंग-रूम में बैठ दूसरों को हैरान करने के लिए अजीब-से-अजीब और नयी बात कह सकते हैं। बेकारों के लिए मसूरी उतने ही आश्चर्य और कौतूहल की चीज़ है जितना कि गौरीशंकर की चोटी, कामस्काटका और होनोलूलू का वर्णन ऊँची मध्यम श्रेणी के लोगों के लिए है। इसलिए यदि मसूरी की रिपोर्ट बेकार एण्ड कम्पनी लिमिटेड को मिल सके तो उनके लिए रिकार्ड में रखने लायक़ वस्तु होगी।

सवाल उठता है कि जो लोग लाहौर, देहली और लखनऊ में ख़स की दोहरी टट्टियाँ और रूम कूलर (कमरा ठण्डा करने के यन्त्र) लगाकर अपने मकान को चाहे जितना ठण्डा कर सकते हैं, वे दौड़े हुए मसूरी क्यों आते हैं? हमारा ख़याल है, मसूरी एक क्लब है जिसकी मेम्बरी का चन्दा है वहाँ पहुँच जाना और जेब में इतना रुपया होना कि बिना गिने दिया जा सके। हिन्दुस्तान भर के चुने हुए शरीफ़ आदमी अपने-अपने नफ़ीस शौक लेकर यहाँ आते हैं और कुछ दिन ज़िन्दगी के अरमान निकालते हैं। आख़िर मैदानों में भले आदमी करें तो क्या? वहाँ न कपड़े पहने जा सकते हैं, न आपके कपड़ों की तारीफ़ करनेवाला ही कोई मिलता है। आपके शहर के पन्द्रह-बीस आदमी आपकी असलीयत जानते हैं, उन पर आप क्या रोब जमाइयेगा? लेकिन मसूरी में यह बात नहीं। मुल्क-भर के चुने हुए क़द्रदाँ यहाँ आते हैं जो आपकी शौक़ीन तबीयत और फराख़दिली की क़द्र कर सकते हैं। एक गहरी नज़र, एक हलकी-सी मुस्कराहट कि बस आपका ख़र्च किया रुपया और की हुई मेहनत सब सार्थक हो गयी। शिमला, नैनीताल में आप चाहे जितना ख़र्च कीजिये, चाहे जितना बनिये और सँवरिये, बड़े-बड़े सरकारी अफ़सरों के सामने आख़िर आप हैं क्या? लेकिन मसूरी में यह बात नहीं, यहाँ सवाल यह नहीं कि आप क्या हैं? यहाँ सवाल है, आप दिखायी क्या पड़ते हैं? सिक्के में चाँदी कितनी है और ताँबा कितना है, यह सवाल यहाँ किसी को परेशान नहीं करता। चमकता हुआ, खनकता हुआ सिक्का चाहिए। आप कौन हैं, कहाँ से आये हैं—इस बात से किसी को मतलब नहीं। अगर आप एक शाम को बीस-एक रुपये ख़र्च कर सकते हैं तो हैकमैन में जाइये, राजा-नवाबों के साथ एक फ़र्श पर बैठिये, रानियों-महारानियों, लेडियों और हिन्दुस्तान की बेनज़ीर परियों की खिलखिलाहट सुनिये और उनका नाचना-फुदकना देखिये। देखिये कि दायीं तरफ़ बात करते हुए बायीं तरफ़ कैसे देखा जाता है, देखिये कि परिचित के सामने आने पर कैसे कहीं दूर नज़र चली जाती है और अपरिचित के सामने पड़ने पर कैसे होंठ थिरक जाते हैं। कमर में कितना बल चलते वक़्त आना चाहिए और विस्मय प्रकट करते समय किस तरह आँखों की सफ़ेदी घूम जानी चाहिए। बात-बात पर कैसे ओह! कहा जाता है, बात उड़ा दी जाती है और कैसे बात में से बात निकलती आती है। यह है फर्स्टक्लास मसूरी।

सेकण्डक्लास मसूरी आपको सड़कों पर दिखायी देती है। बक्सों में बन्द क़ैद भोगते हुए कपड़ों को इसी की बदौलत निजात मिलती है। यहाँ छूने या बोलने का सवाल नहीं, यहाँ आप देख सकते हैं, देखिये—बंगाली केश-विन्यास, उलटी साड़ी और खोजती हुई आँखें, देखिये पंजाब की शलवार-

लम्बी कमीज़ और गले में बँटा हुआ दुपट्टा और गुस्ताख नज़रें और यू.पी. की न-यहाँ-न-वहाँ की चाल। हिन्दुस्तान कालों का मुल्क है, होगा लेकिन मसूरी नहीं। कम-से-कम औरतें काली नहीं हैं, अगर नीचे काली होंगी भी तो मसूरी में सब गोरी हो जाती हैं। पाउडर शायद आप अपने शहर में भी देखते होंगे, यहाँ देखिये पलस्तर! अगर चेहरे पर मक्खी बैठ जाये, तो उसके पैरों के दाग़ बन जायें! ताज़े ख़ून से अधिक लाल होंठ।

और इस सब फूल-सी कोमल, कल्पना-सी सुन्दर मसूरी को जीवित रहने के लिए कुली चाहिए जो उन चढ़ाइयों पर जहाँ शरीफ़ों को पहुँचाने के लिए पाँच-पाँच कुलियों को हाँफ जाना पड़ता है, डेढ़-डेढ़, दो-दो मन के बोझ रस्सी के सहारे माथे से पीठ पर लटकाये आवश्यक सामान ढोते हैं, तीन-तीन, चार-चार मील छह-छह पैसे के लिए। इन विकट चढ़ाइयों पर मोटर और घोड़े का बस नहीं। यहाँ कुली नामक जीव का ही सहारा है जो अपनी निस्तेज मटमैली आँखों से आपकी ओर देख हाथ बढ़ाकर बात-बात पर कहता है—“बख़्शीश!”

× × ×

मसूरी की इस विलास नगरी में मज़दूरों के साथ हमदर्दी की सभा—यह भी एक विचित्र रहस्य था और होनेवाले बीसों तमाशों में से एक नायाब और अजीब तमाशा था। घोड़े की घास की उन्नति और रक्षा के लिए कुछ लोग सभा करने जा रहे थे।

ऐसे आकर्षक तमाशे में बिनबुलाये भी जाना चाहिए बल्कि कोहनियाँ चलाकर, राह बनाकर भीतर घुसकर तमाशा देखना चाहिए।

मज़दूरों के प्रति सहानुभूति दिखाने के लिए की जानेवाली उस सभा में उपस्थिति मज़दूरों की नहीं बल्कि बड़े लोगों की थी और वे लोग उसी कौतूहल से आये थे जैसे लोग भालू का नाच देखने जाते हैं। बीच के दर्जे के या औसत दर्जे के लोगों के लिए वहाँ गुंजाइश न थी। छोटा-सा हाल क़िस्म-क़िस्म की सैण्टों से यों भर रहा था मानो साबुन बनाने के कारख़ाने का गोदाम हो। साड़ियों के रंगों का यह हाल था मानो इन्द्रधनुषों की प्रदर्शनी हो रही हो। पुरुष भी थे तो ऐसे कि उनके कपड़ों पर पहनने के बाद इस्तरी की गयी लगती थी। आपस में बातचीत जितनी हो रही थी वह सब अंग्रेज़ी में और बहुत मँजी हुई अंग्रेज़ी में, जिसे स्कूली अंग्रेज़ी जाननेवालों के लिए समझना आसान नहीं।

सभानेत्री (लेडी प्रेसीडेण्ट) ने सोने के हैण्डल लगी ऐनक को आँखों के सामने कर एक काग़ज़ पर देखकर कहा—“हमारे मज़दूरों की बहुत बुरी हालत है, हमारे दिल में उनके लिए हमदर्दी होना चाहिए—बरसात में उनके ठहरने के

लिए मोटरस्टैण्ड पर अड्डे होने चाहिए और हमें कोशिश करनी चाहिए कि इन बेचारे मज़दूरों को थोड़ा-बहुत यानी मामूली तौर पर लिखा पढ़ा दिया जाये, उन्हें साफ़ रहना सिखाया जाये और उन्हें छोटी-मोटी दस्तकारी सिखायी जाये। यह सब काम करने के लिए आप कमेटी बनाइये। मेरे ख़याल में उस कमेटी का नाम मज़दूर सेवा संघ होना चाहिए। यह काम चलाने के लिए मेम्बरों को कुछ चन्दा देना चाहिए। मेरे ख़याल में पाँच रुपया चन्दा काफ़ी होगा?—उन्होंने प्रश्नात्मक दृष्टि से उपस्थित लोगों की ओर देखा।

एक उपस्थित सज्जन ने राय दी—पाँच रुपया चन्दा रखने से शायद मेम्बरों की संख्या कम रहे इसलिए चन्दा दो रुपये रखना अच्छा होगा। इस बात पर राय ली गयी कि चन्दा पाँच रुपये हो या दो रुपये। पाँच रुपये के पक्ष में बारह वोट मिले दो रुपये के पक्ष में तेरह और मेम्बर भी कुल तेरह ही बने। मतलब यह कि उपस्थित जनता उन लोगों की थी जिनके लिए पाँच रुपये या दो रुपये में विशेष अन्तर नहीं था। इस मज़दूर सहायक कमेटी के लिए कई ख़िताबों से सुशोभित एक प्रधान चुना गया और फिर काम चलाने के लिए सेक्रेटरी और ज्वाइण्ट सेक्रेटरी चुने गये।

एक मज़दूर कार्यकर्त्ता ने मज़दूरों की अवस्था कह सुनायी—मज़दूरों की अवस्था बहुत बुरी है, उन्हें पशुओं से भी अधिक कठोर परिश्रम करना पड़ता है, माथे के सहारे बोझा ढोने के कारण उनके सिर में दर्द बना रहता है और चढ़ाइयों पर बोझा ढोने से उनके दिल की धड़कन बहुत बढ़ जाती है और वे प्रायः कम उम्र में ही मर जाते हैं। बारह फुट लम्बी और दस फुट चौड़ी जगह में प्रायः सोलह-सोलह कुली रात को बसेरा करते हैं। एजेन्सीवाले फ़ी मन की ढुलाई छह आने लेते हैं परन्तु इन कुलियों को फ़ी मन छह पैसे ही मिलता है और वह भी तीन-तीन मास पश्चात् जब हिसाब होता है। तब उनका ढोया हुआ दो सौ मन असबाब सिर्फ डेढ़ सौ मन रह जाता है। इन मज़दूरों की अवस्था सुधारने के लिए हमें कोई प्रयत्न करना चाहिए।

उसने बताया कि उन लोगों ने कुलियों में शिक्षा प्रचार करने का प्रयत्न किया है। छह जगह रात को पाठशालाएँ लगती हैं। सत्ताईस व्यक्तियों को पढ़ना-लिखना सिखलाया जा चुका है और बहुत-से अभी सीख रहे हैं। लोगों ने यह सब सुनकर ताली बजा दी।

इसके बाद एक कुली ने अपना व्याख्यान पढ़ा। यह व्याख्यान स्कूल की कापी के एक पन्ने पर लिखा हुआ था। पढ़नेवाले का शरीर काँप और गला रुँध जाता था परन्तु कुली के इस साहस और वीरता के लिए उपस्थित जनता के चेहरों पर

मुस्कराहट दिखायी दे रही थी। कुली ने जो कुछ कहा वह उसी के शब्दों में दिये देते हैं—

प्रधान जी,

मसूरी से हमारा बहुत पुराना रिस्ता है। अगर आप यक़ीन करें तो हम यह कहेंगे कि आरम्भ के उन दिनों में जब कि यहाँ आज की तरह न नये बड़े-बड़े चौमंजिले मकान दिखायी देते थे न दुकानें, सारी मसूरी एक वीरान जंगल झाड़ी बनी हुई थी, तब हमीं लोगों ने यानी हमारे बाप-दादाओं ने ही पहले-पहले इसे बसाया और आबाद किया। आज मसूरी बड़ा शहर हो गया है और हमारे ऊपर एक बड़ी ज़बरदस्त कमेटी बन गयी है जिसमें कहते हैं यहाँ के बड़े-बड़े आदमी मेम्बर, म्युनिसपल कमिशनर तथा चियरमैन हैं जो कि हर तिसरे-चौथे साल हमारे पास भी आ जाया करते हैं, और हमको कमेटी से हमारे सुधार की बात कहकर अपने नाम पर वोट देने को मजबूर कर जाते हैं। पर अगर आप कहने दें तो तब से हमारी हीन हालत और भी बदतर होती गयी, हम ग़रीबों के गाड़े पशीने की कमाई पर कमेटी ने कई ऐजैण्ट, ऐजैन्शी व हिस्सेदार बैठा दिये हैं जिनमें हमारी कमाई बाँट लेते हैं। हम अलग-अलग अपनी हालत क्या बतायें, बस इतना ही कह शकते हैं कि हमकों कई रातों तो भूखे ही शोकर सन्तोष करना पड़ता है, रहने की हमारी हालत यह है कि कई-कई कुली एक तंग कोठरी में अपना रूखा-सूखा खाना बना खाकर भेड़- बकरियों की तरह बाहर खुले में पड़े रहते हैं, और इस तरह वर्सा व सर्दी शह कर इस ज़िन्दगी के दिन गिनते हैं। आप लोग हमें काफ़ी गन्दा व मैला-कुचेला पाते हैं और इसीलिए कई हमसे घृणा भी करते हैं। हमें भी अपने ऐसे जीवन से सचमुच में काफ़ी असन्तोष है, पर करें क्या मजबूर हैं। जब हमें पीने को पानी तक मय्यसर नहीं फिर हमारे रोज़ नहाने की इच्छा कहाँ तक जायज़ है यह आप ख़ुद ख़याल कर सकते हैं। यह सही है कि हम अपढ़ हैं इसलिए लोग हमको जाहिल, मूर्ख व गँवार समझते हैं। हम सीधे-साधे नासमझ हैं। इससे कमेटी के टण्डैल से लेकर पुलीसवाले तक हमीं को तंग करते हैं। और असल बात तो यह है कि बड़े-बड़े जण्टलमैन बाबू भी हमको कम परेशान नहीं करते। जब वे हमारी पीठ पर से उतरते हैं तो हमें डरा-धमकाकर आधा-पाधा मजूरी ही लेने को मजबूर करते हैं। पिछले साल का क़िस्सा तो शायद आपने सुना ही होगा जब कि एक साहब बहादुर ने हमारे कुछ रिक्सा कुली भाइयों को बालगिंज की सीधी पहाड़-सी चढ़ाई पर उन्हें इतना तेज घसीटने को मजूर किया कि उनमें से एक के तो उसी वक़्त दम फूलकर वहीं पर प्राण निकल गये और वे साहब अपने लेट होने के लिए गाली देते हुए दूसरा रिक्सा करके चलते बने। एक बाबू साहब ने

तो हाल में कुछ कुलियों को पिस्तौल तक दिखाकर भयभीत किया।

तो अब कहाँ तक सुनायें हम आप सज्जनों को अपनी मुशीबतों की राम कहानी। बस आख़िर में इतना ही कहना काफ़ी है कि हम ग़रीबों पर यहाँ जो बीत रही है उसे हमारा ही दिल जानता है। आज आपने हमारे लिये सोचा तो हम आपका हृदय से धन्यवाद करते हैं और यह उम्मीद करते हैं आगे से आप हमें भूलेंगे नहीं। बस—वन्दे मातरम्।

मज़दूर का व्याख्यान समाप्त होने पर हाज़रीन ने ख़ुश होकर ख़ूब ताली बजायी और दूसरे मज़दूर ने अपना व्याख्यान पढ़ा, यह भी हम उसी के शब्दों में दिये देते हैं।

हम मसूरी इसलिए आते हैं कि दो-चार पैसे कमाकर अपने बाल-बच्चों के लिए कपड़े, नमक, गुड़, आदि ले जायें और राजा को कर दे सकें। मसूरी में पिछले बीस साल से रहने पर भी हम यहाँ पर परदेशी हैं। कमेटी बिना टिकट लिये हमें कहीं पर खड़ा रहने भी नहीं देती। एक आना महीना फ़ी रुपया सूद पर कहीं से क़र्ज़ा लाते हैं तब टिकट लेते हैं। हमारे रहने का कोई इन्तज़ाम नहीं, केराया बहुत ज़्यादे है। हम रात को दुकानों के बरामदे में सोते हैं। पुलिस हमको बिलकुल जानवर समझती है। कमेटी भी हमारे लिये कुछ इन्तज़ाम नहीं करती। न पीने को पानी मिलता है नहाने को दूर रहा और पाख़ाने दो-दो फरलांग दूर हैं। मज़दूरी का भी हाल अच्छा नहीं। लोग इधर-उधर सैकड़ों रुपया ख़र्चा करते हैं मगर हमें चार आने के बजाय तीन ही आना देने चाहते हैं। हम पढ़े-लिखे नहीं हैं इसलिए हम ग़रीब हैं और हमको मज़दूरी करनी पड़ती है। मगर हम अब ख़ूब पढ़ेंगे और अपनी दशा सुधारने की कोशिश करेंगे।

प्रस्ताव

(अ) मसूरी के मज़दूरों की यह आम सभा सिटीबोर्ड से प्रार्थना करती है कि किंकरेग में हमको बरसात में पानी से बचने के लिए एक टीनशेड बनाने की कृपा करें।

(ब) सिटीबोर्ड से यह भी प्रार्थना है कि वहाँ (Kincraig) किंकरेग में एक जुझेवर आदमी रखने की कृपा करें ताकि कुलियों को एजेन्सियों से ठीक-ठीक मज़दूरी मिल जाया करे।

इसी समय जब सभा अपना काम प्राय: समाप्त करने को थी, मज़दूरों को इनाम बाँटने के लिए एक बहुत बड़ी रियासत की महारानी साहिबा जून के मौसम में जबकि दूसरी लेडियाँ रूमाल से अपने चेहरे पर हवा कर रही थीं, सफ़ेद दस्ताने

पहिने हुए पीठ पीछे एक अर्दली लिये पधारीं, जिनके सम्मान में सम्पूर्ण सभा उठ खड़ी हुई।

लेडी प्रेसीडेण्ट ने स्वयं ही यह प्रस्ताव पढ़ा और उपस्थित जनता से प्रस्ताव के समर्थन में हाथ उठाने के लिए कहा। प्रस्ताव पास हो गया।

इसके बाद मसूरी के एक स्कूल के अध्यापक जो मज़दूरों में शिक्षा प्रचार के लिए सहानुभूति रखते हैं और पहले यह काम करते भी आये हैं, धन के लिए अपील करने के लिए खड़े हुए। उपस्थित लेडियों की क़ीमती साड़ियाँ और ज़ेवरों की ओर भूखी नज़रें डालकर उन ग़रीब मज़दूरों को शिक्षित बनाने के लिए पैसे की अपील की। बीच में वे तानाबाज़ी से भी न चूके। सुना ही तो गये कि मसूरी में ऐसे-ऐसे राजा-महाराजा आते हैं, जिनका एक रात के चाय-पानी का बिल हैकमैन में आठ सौ रुपये हो जाता है और जब दूसरे दिन सुबह हम शिक्षा प्रचार के लिए चन्दा माँगने जाते हैं तो हमें मिलता है—सिर्फ़ इक्यावन रुपये।

उपस्थित लोगों ने हँस-हँसकर उदारता से पाँच-पाँच दस-दस रुपये के नोट भेंट करने शुरू किये। एक साहब ने आहिस्ता से कहा जहाँ तीन रु. रिक़्शा के लगे हैं वहाँ पाँच रु. ज़ुर्माना और सही। और जब सुनाया गया कि महारानी साहिबा ने कृपा कर पचीस रुपये दान दे दिये हैं तो सभा-भवन में ज़ोर से ताली बज उठी।

अब हाज़रीन के दिल बहलाने के लिए गढ़वाली मज़दूरों का गाना, उनकी बंसरी और 'जोथा' नाच शुरू हुआ, ठीक वैसा ही जैसा कि रात के समय जब मसूरी की सड़कें सूनी हो जाती हैं और रिक्शा कुली थियेटर में बैठे साहब की इन्तज़ार में सड़क पर एक-दूसरे की बग़ल में हाथ डाल पैर पटक-पटककर नाचा करते हैं।

× × ×

इस निकम्मे शौक में हाज़रीन को कुछ मज़ा न आया इसलिए उठ-उठकर वे खिड़कियों के सामने खड़े होकर बातचीत करने लगे।

एक साहब ने सिगरेट जलाते हुए कहा—सुन लिया जनाब मज़दूर क्या कहते हैं?

—क्या?

—चूँकि हम अपढ़ और ग़रीब हैं इसलिए हमें मज़दूरी करनी पड़ती है। अब आप इन्हें पढ़ा लिखा दीजिये और फिर बोझा आप अपने सिर पर ढोइये, अपना रिक्शा ख़ुद खींचिये, अपने कपड़े ख़ुद धोइये और ताज़्जुब नहीं जो अपना पाख़ाना भी ख़ुद ही साफ़ करना पड़े।

पतलून की जेब में हाथ डाले हुए खिड़की का सहारा लिए साहब ने कहा—

अरे यह सब भी कहीं होता है? सब दिल बहलाने की बातें हैं, मज़दूर लोग दो दिन के लिए स्ट्राइक भी कर देंगे तो आख़िर झख मारकर अपना काम करेंगे ही।

एक और साहब जो शायद चमगीदड़ बेकार थे, बिना बुलाये ही खिड़की के पास आकर बोले—कोई ज़बरदस्ती तो कर ही नहीं सकता, फ़र्ज़ कीजिये किसी का दिल नहीं करता कि वह सिर पर बोझ ढोये। सिर पर बोझा ढोने या पाख़ाना साफ़ करने के बजाय कोई दूसरी ही मज़दूरी करना चाहे तो आप क्या उसे रोक देंगे?

—दूसरी मज़दूरी करेगा कैसे? कोई मज़दूर अपनी मज़दूरी छोड़कर भंगी का काम करने को तैयार होगा तभी तो भंगी कोई दूसरी मज़दूरी पा सकेगा!

एक साहब बिना किसी की तरफ़ देखे बोले—अरे यह लोग मज़दूरों की उन्नति करेंगे? घोड़ा घास से दोस्ती करेगा तो खायेगा क्या? मज़दूरों की भी अगर उन्नति हो गयी तो इनकी शान किस बात पर क़ायम रहेगी?

बिना बुलाये बोलनेवाले साहब ने गरम होकर कहा—अरे और मज़दूरी न मिलेगी, सत्याग्रह कर भूखा मर जायेगा। वह पेट कैसे भरेगा; यह वह ख़ुद सोच लेगा। फ़र्ज़ कीजिये वह आपका काम नहीं करेगा, फिर आप अपना काम करेंगे या नहीं?

इन्हीं चमगीदड़ बेकार के एक साथी और बीच में कूद पड़े। वे बोले—आप जानते हैं ये भंगी या इस तरह के दूसरे कामों को करनेवाले लोग अक़सर ज़रायम-पेशा कौमों से आये हैं। यह लोग पहले टोलियाँ बाँधकर ठगी-डकैती किया करते थे। सरकार ने जब इन लोगों का ठगी और डकैती का काम बन्द कर दिया यह लोग भंगी और डोम बन गये। फ़र्ज़ कीजिये यह लोग फिर से अपना पुराना पेशा अख़्तियार कर लें तो क्या कीजियेगा?

—अरे कोई और इस काम को कर लेगा।

—अब आये आप ढंग पर! इन बेचारों को भी पढ़ने-लिखने और आदमी बनने का मौक़ा दीजिये और आदमी बनने दीजिये। जो जिस लायक़ होगा वह स्वयं उस काम को चुन लेगा। यह पाबन्दी क्यों लगी रहे कि वकील का बेटा गधों का सरताज होने पर भी मुनसिफ़ बन जाये और कुली का बेटा अक़्ल रखने पर भी रिक्शा खींचकर जानवर का ही काम करे।

इधर महारानी साहिबा ने इनाम बाँटने शुरू कर दिये थे। मज़दूरों के लड़कों को दाँत और हाथ साफ होने के लिए साबुन की टिकियाँ इनाम मिल रही थीं और उनसे हँसकर अपने दाँत जनता को दिखाने के लिए कहा जा रहा था।

मज़दूरों की बहस की अपेक्षा यह तमाशा कहीं अधिक आकर्षक था इसलिए लोग बहस छोड़कर मज़दूर लड़कों का हँसना नहीं बल्कि झेंपना देखने चले गये।

◈

चिलम चक्कर
दुर्मुख

आप जानते हैं चिलम चक्कर में सभी ढंग के आदमी शामिल रहते हैं। एक रसिया तबीयत के शौक़ीन धुएँ की लम्बी फूँक छोड़ते हुए हाथ फैलाकर बोले—"है हसीनों में सभी कुछ पर वफ़ादारी नहीं।"

उनकी बात का मतलब एक दूसरे साहब, जिनकी आँखें लाल हो रही थीं, कुछ और ही कुछ समझे और बोले—"गाँधी जी में भी है सब-कुछ पर दुनियादारी नहीं।" अपनी बारी पर चिलम थामते हुए तीसरे साहब ने कहा—"इसकी वजह?"

—"इसकी वजह यह कि महात्मा जी चिलम नहीं पीते। पीते हैं बक़री का दूध और उसका असर दिमाग़ पर यह होता है कि जहाँ भेड़िये ने धमकी दी उन्होंने आँखें बन्द कर मिमियाना शुरू किया—

तेरा काम जाने, मेरा राम जाने।
ज़ालिम की तलवार जाने, ग़रीब की जान जाने,

देख भेड़िये, मैं कितनी सीधी हूँ, मेरे न पंजे हैं न दाँत। सींग हैं ज़रूर, पर तुझे मारती थोड़े ही हूँ। देख मेरे मन में तेरे लिये कितना प्रेम है। मेरे प्रेम का प्रभाव क्या तेरे ख़ूँख़्वार दिल पर नहीं पड़ता?

और भेड़िया कहता है—तू सींग नहीं चलाती यही अच्छा है। नहीं तो अगर कहीं हज़ारों बकरियाँ अपने सींग तानकर सामने खड़ी हो जातीं और हम उन पर कूद भी पड़ते तो तीन चार के सींग ज़रूर हमारे कोमल पेट में धँस जाते।

बक़री कहती है भेड़िये से—

"हम ज़ुल्म सहे जायें तुम ज़ुल्म किये जाओ,
गर उफ़ भी करें हम तो सर तन से जुदा करना।"

भेड़िया कहता है—

"ग़लत है जज़्बे दिल का शिकवा देखो ज़ुर्म किसका है?
न तुमको खायं गर हम तो भरें क्या पेट पत्थर से?"

लेकिन बकरी के दिल में तो मुहब्बत है और उसे अभिमान है अपने सींग न उठा सकने का, इसलिए कहती है—

"शहादत थी मेरी क़िस्मत में जो दी यह खूँ मुझको,
जहाँ तलवार को देखा झुका देती हूँ गरदन को।"

और फ़िर भगवान् के भी तो आँखें हैं। उन्होंने भेड़ियों को दाँत और पंजे दिये

हैं और मुझे दिया है दूध और प्रेम से मिमियाना...''

अचानक रुककर यह साहब बोले—''क्या कह रहे थे हम...?''

मालूम हुआ कि चिलम की फूँक का नशा कुछ उतरने लगा था इसलिए इन्होंने फ़िर चिलम के लिए हाथ बढ़ा दिया और चिलम से ऊपर-नीचे कई दम लगातार खींचकर बोले, देखो—''चिलम न पीने का असर जानते हो क्या होता है? रूस में एक बड़ा भारी ऋषि था टॉल्सटाय। हमारे देश के गुरु महात्मा जी टॉल्सटाय को अपना गुरु स्वीकार करते हैं। वह चिलम (पाइप) पिया करता था। एक दिन उसकी अक्ल जो मारी गयी तो चिलम पीना छोड़ दिया। जब चिलम पीता था बीसियों किताबें उसने लिख डालीं और जब चिलम छोड़ दी तो दिमाग़ पर ऐसा असर हुआ कि जंगल देहात में चला गया और कुटिया में सड़-सड़कर मर गया। वही बात टॉल्सटाय के चेले गाँधी जी करने जा रहे हैं। चले हैं अंग्रेज़ों की मदद करने। मदद करने को मुद्दत से तैयार थे लेकिन भगवान् ने हिम्मत अब दी है। ख़ैर, अंग्रेज़ों के प्रति प्रेम से गाँधी जी का हृदय छलक रहा है और आप इस युद्ध में विजय प्राप्त करने का तरीक़ा बता रहे हैं कि वे अपने हथियार रख दें और जरा मुस्कराकर, ज़रा आँखें नीची कर और हाथ सीने पर रख, हिटलर और मुसोलिनी से कहें।

—''आइये, क्या चाहिए आपको? जो कुछ चाहिए आपको लीजिये, हमारे सुन्दर द्वीप लीजिये, हमारे सुन्दर-सुन्दर महल लीजिये और क्या चाहिए आपको? हमारा माल-असबाब और धन-दौलत लीजिये। आप हमें इस देश से चले जाने की आज्ञा दे दें तो बेहतर वर्ना हमें क़त्ल कीजिये, हमारी औरतों को क़त्ल कीजिये, हमारे बच्चों को क़त्ल कीजिये। एक बात हम न कर सकेंगे और वह यह कि हम आपको सहयोग न दे सकेंगे।''

एक साहब जो कुछ शक्की मिज़ाज थे, बोले—और बाक़ी सहयोग देने को रह ही क्या गया? बकरी कहे भेड़िया मुझे खा बेशक ले लेकिन मैं अपना सहयोग न दूँगी; इसका मतलब?

—मतलब इसका क्या? बस कह जो रहे हैं सहयोग न देंगे। ज़ालिम को रोकेंगे भी नहीं और ज़ुल्म करने भी देंगे और यों उसकी मदद न करेंगे।

—तो हिटलर को और चाहिए क्या? यह तो हथियार डाल देने यानी हार मंजूर कर लेने की बात हुई।

—यह तो गाँधी जी हिटलर को जिता देने का नुस्ख़ा बता रहे है। क़ानूनन उन पर डिफेन्स आफ़ इण्डिया ऐक्ट के मातहत मुक़द्दमा चल सकता है।

—लेकिन इतनी बात ज़रूर है कि गाँधी जी का सर्टिफिकेट इस दुनिया में न सही अगली दुनिया में ब्रिटेन के काम आयेगा। ब्रिटेन ने इस दुनिया में काफ़ी मौज मार ली है अब उसे दूसरी दुनिया की भी फ़िक्र महात्मा जी की मार्फ़त करनी है।

× × ×

कांग्रेस डॉमिनिअन स्टेटस माँगती ही रह गयी, डॉमिनिअन स्टेट्स मिल गया वाइसराय साहब को! नुमाइन्दा से राजा हो गये।

दूसरे साहब जो ख़ास राजनीतिज्ञ थे, बोले—यही क़ायदा है, सरकारों के काम ऐसे ही चलते हैं। पहले डॉमिनिअन स्टेट्स मिला है वाइसराय को, फिर मिलेगा गवर्नरों को, बाद में कमिश्नरों को। फिर इसी तरह कलेक्टरों से तहसीलदारों, थानेदारों, पटवारियों से गाँव के चौकीदारों तक पहुँच जायेगा। चौकीदार जिसे चाहेंगे चोटी पकड़ घुमा देंगे। बस ऐसे ही स्वराज्य हो जायेगा।

× × ×

जिन्ना साहब लीग के ख़ुदा हैं जैसे चाहते हैं बनाते हैं, जैसे चाहें बिगाड़ देते हैं। उनके 'कुम' कहने से बंगाल और पंजाब में मिनिस्टरियाँ खड़ी हुईं, पनपीं और मज़बूत हुईं। उनकी दूसरी उंगली हिला देने से ख़ाकसार पैदा हो गये और वे लीगी मिनिस्टरियों को खाने लगे!

अब जिन्ना साहब के सामने सवाल यह है कि अंग्रेज़ी सरकार की मंज़ूरे नज़र मिनिस्टरियों के लीडर की हैसियत से उनका रुतबा बढ़ सकता है या इस्लामी फ़ौज के बेहथियार कमाण्डर की हैसियत से? उन्हें हमदर्दी लीगी वज़ीरों से भी है और ख़ाकसारों से भी, कौन जाने कल किसका सिक्का चले!

× × ×

दुनिया में मज़दूरी किस हिसाब से चलती है इसका भी मज़ेदार लेखा है। हिसाब यों लगाइये कि एक पाउण्ड यानी १२ १/२ रु. कमाने में किसे कितनी देर लगती है। इंग्लैण्ड में इसका हिसाब यों है—घूंसेबाजी १२ १/२ रु. कमाता है सेकण्ड के नवें हिस्से में, नाचनेवाली सुन्दरी ४ १/२ सेकण्ड में उतना ही कमा लेती है। सिनेमा का ऐक्टर १ मि. २० सेकण्ड में, इंग्लैण्ड के मन्त्री लगभग २४ मिनट में, अदालत के जज ४६ मिनट में अख़बारों के लेखक तीन घण्टे बारह मिनट में, नाई ७ १/२ घण्टे में, डॉक्टर ६ ३/४ घण्टे में, और दुकान पर नौकरी करनेवाले १३ १/२ घण्टे में और मामूली मज़दूर लगभग एक सप्ताह में।

हिन्दुस्तान में मामूली मज़दूर १२ घण्टे रोज़ काम करके एक पाउण्ड कमा लेता है लगभग दो मास में और वाइसराय एक पाउण्ड कमा लेते हैं इतना बारह मिनट में बशर्ते उन्हें १२ घण्टे रोज़ काम करना पड़ता हो।

अब अगर मज़दूर अपनी सम्पूर्ण कमाई खा जाये और वाइसराय भी ऐसा ही करें तो वाइसराय की भूख मज़दूर से ३६०० गुणा हुई।

× × ×

वाइसराय साहब हैं न आख़िर ग़रीपरवर। उन्हें ग़रीबों का दिल रखना भी ज़रूरी था इसीलिए उन्होंने क़ानून बना दिया कि नौकर या मज़दूर लोगों की तनख़ाह से भी युद्ध के लिए कटौती की जा सकती है। यह इन्साफ़ का तक़ाज़ा था वर्ना मज़दूरों के दिल में हसरत रह जाती कि वे लड़ाई में सरकार बहादुर की कोई ख़िदमत नहीं कर सके।

लेकिन एक शर्त उन्होंने मज़दूरों की तनख़ाह में कटौती करने पर लगा दी है और वह यह कि मज़दूरी में कटौती मज़दूरों की मर्ज़ी से हो और उसके लिए मज़दूरों को अँगूठा लगाकर अपनी मर्ज़ी की तसदीक़ करनी पड़ेगी।

ख़ैर, अँगूठा लगने की शर्त तो वाइसराय साहब ने लगायी परन्तु ऐसी शर्तों के हज़ार फन्दों की परवाह सरकार के खिलाड़ी कब करते हैं, वे हर फन्दे और सूराख़ से बड़ी शान के साथ बेख़ता निकल जाते हैं।

विनिमय

सम्पादक के नाम 'विप्लव' कार्यालय में प्राप्त पत्रों के उत्तर

प्रिय कॉमरेड,

हम लोग आपको ऐसे समय में कष्ट कदापि न देते लेकिन आज हमने यह बात पार्टी के निश्चय पर लिखी है।

बात यह है कि हम लोग कुछ खास काम हाथ में लिया चाहते हैं और उसके लिए हम लोगों को आपसे ज़रूरी में कुछ प्राइवेट बातों का मशविरा लेना है।

पार्टी अपना काम सुगम तरीक़े पर कर सके इसके और अपने तमाम हालात आप पर खुले तरीके से ज़ाहिर करके आपकी सम्मति प्राप्त कर सके। इसके लिए आप जितनी जल्द हो सके अपना कोई ऐसा पता लिखकर भेजें जिसमें किसी को पत्र या रजिस्ट्री पर कोई शक न हो और पार्टी अपना विचार आप तक पहुँचाकर सुगम रूप से उसे कार्य रूप में परिणित कर सके।

पत्र व्यवहार पूर्णतया गुप्त रखें शेष बातें पत्रोत्तर आने पर लिखेंगे।

पुन:—कृपया भूल न रख कर अपना कोई दूसरा पता जल्द भेजिये जिससे हम लोग शीघ्रता से दूसरा प्रोग्राम बना सकें।

इंक़लाब-ज़िन्दाबाद

कॉमरेड २०-६-४०

वन्दे मातरम्

सेवा में निवेदन है कि आपका साथी मासिक पत्रिका प्रकाशित हुआ या नहीं इसका उत्तर हमें सुचित कीजियेगा।

तथा हमें कृपा कर आप एक लेख भेजियेगा जो कि भारत रक्षा क़ानून के विरुद्ध हो, और हम यहाँ उसे लेख का जनता में प्रचार करेंगे।

तथा आप उस लेख पर अपना नाम मत डालिये। यद्यपि हम गिरफ़्तार हो गये तो इसकी कोई चिन्ता नहीं किन्तु आपको कुछ भय करने की बात नहीं है। आप हम पर विश्वास रखियेगा रजिस्टर से या आपके इच्छानुसार भेजिये।

इन दोनों पत्रों से एक ही ध्वनि निकलती है, और दोनों का एक ही भाव है। और भाव है—नवयुवक के व्याकुल हृदय का जिसमें साहस है, शक्ति है और कुछ कर डालने की उमंग है। यौवन के उत्साह में भय और ख़तरे की ओर उसकी दृष्टि नहीं जाती! वह त्याग के लिए तैयार हैं। भय का सामना करने में उसे एक प्रकार का सन्तोष होता है, यह सब कुछ है परन्तु इसमें अनुभव की वह सूझ नहीं है जो मूल्य के परिणाम भी चाहती है।

बलिदान और त्याग का भाव आदर के योग्य है इसमें सन्देह नहीं परन्तु बलिदान और त्याग करते समय यह देखना आवश्यक रहता है कि जिस उद्‌देश्य से बलिदान किया जा रहा है उस उद्‌देश्य की सफलता में यह बलिदान कहाँ तक सहायक हो सकता है। यदि बलिदान उद्‌देश्य की सिद्धि में सहायक नहीं होता तो वह राष्ट्र और देश की शक्ति का अपव्यय है। जो लोग अपने-आपको बलिदान करने के लिए तैयार हों, उनका पहला कर्त्तव्य यह है कि देखें किस राह से उनका बलिदान राष्ट्र और मनुष्य समाज के लिए हितकर हो सकता है।

इन दोनों ही पत्रों में बहुत स्पष्ट रूप से इशारा किया गया है जोख़िम उठाकर गुप्त रूप से देश की स्वतन्त्रता के लिए प्रयत्न करने का। महात्मा गाँधी के सिद्धान्त में विश्वास न रखकर गुप्त रूप से कार्य करने को पाप न मानकर भी यह देखना उचित है कि राष्ट्र के हित में गुप्त रूप से किये गये कार्य का महत्त्व अधिक है या प्रकट रूप से किये गये कार्य का। गुप्त रूप से किये जानेवाले काम और प्रकट रूप से किये जानेवाले काम में भेद रहता है। गुप्त रूप से किये जानेवाले कार्य की सबसे बड़ी कमी या कमज़ोरी यह रहती है कि उसका दायरा या क्षेत्र बहुत छोटा रहता है। गुप्त समिति में सौ-दो-सौ से अधिक आदमी एक साथ काम नहीं कर सकते परन्तु किसी भी देश में कोई भी आन्दोलन सौ-दो सौ व्यक्तियों की ताक़त या बलिदान के आधार पर सफल

नहीं हो सकता, न हुआ है। आन्दोलन को गुप्त कर देने का अर्थ यह होगा कि आन्दोलन को आम जनता की सहानुभूति और सहायता शक्ति से वंचित कर देना और आम जनता के सामने से आन्दोलन के प्रकाश को हटाकर उन्हें अन्धकार में टक्करें मारने के लिए छोड़ देना।

हमारे देश में राष्ट्रीय आन्दोलन को ठीक राह पर चलाने का आन्दोलन करनेवाले नौजवान हैं कितने, और फिर यदि यह नौजवान वीरता से ख़तरे का सामना करने के सरूर में अपने-आपको आम जनता से अलग कर गुप्त आन्दोलन में चले जायेंगे तो फिर क्या जनता केवल स्वार्थी लोगों के हाथ का खिलौना ही न बन जायेगी?

इसके अलावा आन्दोलन को हमें किस गति और किस रूप में चलाना है, इस बात का निर्णय केवल कुछ एक साहसी युवकों के साहस के आधार पर नहीं करना बल्कि आम जनता की जागृति, राजनैतिक शिक्षा और साहस पर करना है। यदि हम अपनी उमंग को दबाकर हज़ारों आदमियों को अपने साथ लेकर चार क़दम आगे चल सकते हैं तो यह उससे कहीं अच्छा होगा कि हम अकेले दस मील जाकर आकाश में टूटनेवाले तारे की तरह एक चिनगारी चमकाकर विलीन हो जाये और जनता हमारी ओर प्रशंसा-भरी दृष्टि से देखकर जहाँ खड़ी है वहीं खड़ी रह जाये।

यह ठीक है कि दमन के समय में स्वाभाविक तौर पर युवकों की प्रवृत्ति गुप्त आन्दोलनों की ओर जाती है परन्तु राजनैतिक बुद्धिमत्ता दमन का प्रकट मुक़ाबला कर जनता का साहस बनाये रखने में ही है।

इन दोनों पत्रों को यहाँ प्रकाशित करने से हमारा अभिप्राय युवकों की अनुभवहीनता का मज़ाक उड़ाना नहीं बल्कि इस प्रकार के आन्दोलन की कठिनाइयों की ओर ध्यान दिलाना है। इन दोनों पत्रों के लेखक गुप्त आन्दोलन करने की उमंग में भूले हुए हैं। शायद उनका ख़याल है कि सरकार को उनकी आयोजना की बाबत कुछ पता नहीं। लेकिन वे विश्वास रखें कि उनके नाम और पते सरकारी गुप्तचर विभाग के रजिस्टरों में दर्ज हो चुके हैं और बहुत सम्भव है कि पुलिस ने उनका पीछा करना भी शुरू कर दिया हो। हम अपने उत्साही नौजवानों को यह बता देना चाहते हैं कि विप्लव कार्यालय में आनेवाला प्रत्येक पत्र सी.आई.डी. की नज़रों से गुज़रने के बाद ही हमें मिल सकता है। आपकी गुप्त आयोजनाओं का समाचार हमें मिलने से पहले मिल चुका है सी.आई.डी को, यह है आपके गुप्त आन्दोलन का आधार। हम इन पत्रों के लेखकों के नाम यहाँ नहीं दे रहे परन्तु पत्रों के लेखक अपने पत्रों को स्वयं ही पहचान जायेंगे और यह भी समझ जायेंगे कि उनके गुप्त आन्दोलन का श्रीगणेश किस प्रकार हुआ है?

◈

अगस्त
१९४०

बेकार एण्ड कम्पनी लिमिटेड
स्वराज्य क्या करेगा?

सावन में जब सुरमई रंग के बादलों की घटायें उमड़ने लगती हैं उस समय किसान क़ातर आँखों से आकाश की ओर देखकर कहता है—भगवान् बरसाओ, पानी बरसाओ! और गोबर के उपले की माला बना अपने द्वार पर टाँग पानी बरसाने का टोना कर देता है।

अनाज की खत्ती भरे हुए बनिया रात के अँधेरे में चौराहे पर जा रोटी पर दिया जला सिन्दूर और कनेर के लाल फूलों से पूजा कर बैताल की मन्नत मान पानी न बरसने का टोना कर आता है।

भगवान् भी हैरान होते होंगे, क्या करें? पानी बरसायें या सूखा डालें? दोनों ही उनके भक्त हैं, दोनों ही उन पर श्रद्धा रखते हैं और दोनों ही उनकी पूजा करते हैं।

बेकार कम्पनी में इसी बात पर बहस हो रही थी कि ऐसे समय भगवान् किसकी सुनते होंगे और कैसे निर्णय करते होंगे? वे कौड़ी फेंककर सीधी या उलटी कौड़ी गिरने के हिसाब से पानी बरसाने न बरसाने का फ़ैसला कर लेते होंगे या फिर स्वर्ग में मौज़ूद वकीलों से इस बात पर बहस करके न्याय क्या है, इस बात की जाँच करने को कहते होंगे? बेकार कम्पनी के एक मेम्बर बोले—"भगवान् हर काम की भलाई-बुराई और नेकी-बदी देखकर चलते हैं, वे पानी बरसाने के मामले में भी वकीलों की बहस सुनकर ही फ़ैसला देते होंगे।"

दूसरे मेम्बर बोले—"ज़रूर ऐसा ही होगा। और स्वर्ग में जितने वकील पहुँचे हैं, वे सब ज़िन्दगी में बनियों से मोटी-मोटी रक़में खाते रहे हैं इसलिए वे बनियों की-सी ही बात कहते हैं। इसीलिए भगवान् बारिश के हिसाब में सदा ग़लती करते हैं। कभी तो बारिश बहुत कम कर देते हैं और कभी बाढ़ भेज देते हैं। नुक़सान होता है हर तरह ग़रीबों का ही और लाभ होता है हर तरह अमीरों का!"

ऊँघते हुए एक सज्जन जम्हाई लेकर बोले—"होना भी तो यही चाहिए। भगवान् को जितना भोग लगता है, भगवान् के नाम पर जितना पुण्य, दान, ख़ैरात होती है, वह सब अमीर आदमी ही तो करते हैं। ग़रीब भगवान् को क्या देते हैं जो भगवान् ग़रीबों के पीछे अमीरों का काम बिगाड़ दें? और सभी धर्म ग्रन्थों में लिखा है कि जैसा कर वैसा भर; इस जन्म में दो तो उस जन्म में मिले।"

"तो दुनिया में बराबरी तभी हो सकती है", एक और साहब सिर खुजाते हुए बोले—"अगर सब एक बराबर हो जाये?"

लोग हैरानी से उनकी तरफ़ देखते रह गये। जम्हाई लेनेवाले साहब ने आँखें फाड़कर कहा—"यह आपने क्या कहा कि दुनिया में बराबरी तभी हो सकती है जब सब बराबर हो जाय...मतलब?

बराबरी का नुस्ख़ा बतानेवाले अपनी बात पर ख़ुद ही हँसकर बोले—"अरे, हमारा मतलब है कि दुनिया में सोशलिज़्म हो जाये तो भगवान् को रिश्वत देने के लिए किसी के पास माल नहीं रहेगा और फिर भगवान् की नज़रों में सबके करम एक से हो जायेंगे और वे सबको एक-सी बुद्धि, एक-सा बल, एक-सी विद्या दिया करेंगे और सब बराबर हो जायेंगे।"

उनकी बात से चिढ़कर एक साहब ने कहा—"अब तक सोशलिज़्म लगता था केवल आदमियों पर, अब आप उसे भगवान् पर भी लगायेंगे?"

सोशलिज़्म के समर्थक बोले—"जब सब कुछ भगवान् की इच्छा से ही होता है तो संसार में बराबरी और समानता लाने के लिए भगवान् को ही सोशलिज़्म का सबक देना होगा। इसके सिवा उपाय जो नहीं।"

ऐसी अधार्मिक और ईश्वर-निन्दा की बात सुन एक साहब जो चुप थे, बोले—"क्या बेलगाम बकते जाते हो। ईश्वर तुम से कहता है चोरी करो, या पाप करो? ख़ुद अपने मन को वश में रख नहीं सकते और अपने पापों का बोझ डालना चाहते हो ईश्वर पर! जानते हो ऐसी बातें कहने से मुँह में कीड़े पड़ते हैं।"

सोशलिज़्म के समर्थक इससे डरे नहीं बल्कि हँस दिये और फिर सिर खुजाते हुए आँखें बिचकाकर बोले—"बाप रे बाप! मुँह में कीड़े पड़ेंगे? यह होगा तो भी भगवान् की इच्छा से ही होगा और बग़ावत की ऐसी सख़्त सज़ा तो हिटलर के राज में भी नहीं मिलती जैसी कि आप तजवीज कर रहे हैं!"

एक साहब जो अपनी बीड़ी खत्म होने की प्रतीक्षा में उसे अधलेटे पी रहे थे कि बीड़ी खत्म हो तो उठकर घर जायें और दफ़्तर जाने की तैयारी करें, सीधे बैठकर बोले —"जी हाँ, कर्म करने में सब स्वतन्त्र हैं। "कल हमारा बड़ा लड़का स्कूल से निकाल दिया गया क्योंकि उसकी दो माह की फ़ीस नहीं दी गयी थी।

पिछले मास दूसरी तारीख़ को उसकी फ़ीस डेढ़ रुपया नहीं दी जा सकी इसलिए हर रोज़ एक आना जुर्माना होने लगा। क्योंकि हम दूसरी तारीख़ को डेढ़ रुपया नहीं दें सकते इसलिए दस तारीख़ को दो रुपये भरें! मानों हर रोज़ भगवान् हमें एक आना अधिक दिये जाते हैं।'' क्रोध में उनकी आँखें लाल हो गयीं।

उनसे सहानुभूति प्रकट करने के लिए एक साहब ने उन्हें एक और बीड़ी भेंटकर पूछा—''राम राम, यह क्या हुआ, लड़के की फ़ीस दी क्यों नहीं, उसकी पढ़ाई कैसे होगी?''

फ़ीस न दे सकनेवाले साहब की आँखें कुछ भीग-सी गयीं बोले—''वह भी भगवान् की ही दया से। पहली तारीख़ को लड़के का एक और भाई भगवान् की दया से टपक पड़ा है। उसी मामले में दवा-दारू और दाई पर सब तनख़्वाह उठ गयीं और फ़ीस नहीं दे पाये'' ...वे धोती की खूँट से आँखें पोंछने लगे।

उनकी काँपती हुई ठोड़ी और थिरकते हुए होठों को देखकर हम यह न समझ पाये कि लड़के के स्कूल से निकाल दिये जाने पर अफ़सोस प्रकट करें या भगवान् द्वारा पुत्र जन्म के आशीर्वाद पर बधाई दें?

नाभी से उठती हुई एक गहरी साँस खींचकर सोशलिस्ट साहब बोले—''बस देख लीजिये न; यही तो है कर्म करने की स्वतन्त्रता ! यह जो नया जीव भगवान् ने एक ऐसे घर में भेज दिया है जहाँ उसके लिए खाने को अन्न, पहनने को कपड़ा और पढ़ने को फ़ीस नहीं, वह अब कौन-सा कर्म करने में स्वतन्त्र होगा? अब जब वह बालक अपनी बाँस की कमची-सी पतली-पतली टाँगें, कटहल-सा पेट और गोल बेंगन-सा सिर लेकर अनेक रोगों की पिटारी बनेगा तो कहा जायेगा—कर्म का फल! जब वह तालीम न पाकर चौदह-पन्द्रह रुपये माहवार की नौकरी को तरसेगा तब कहा जायेगा—'अयोग्य और नालायक़ों के लिए इस दुनिया में जगह नहीं'—पर यह सब किसकी इच्छा से?''

पुत्र जन्म के सौभाग्य से खण्डित सज्जन अपनी सन्तान के भविष्य का यह चित्र सुनकर फूट-फूटकर रोने लगे।

इनके शोक का असर एक और सज्जन पर हुआ। वे बोले—''हाँ हम मिडिल में अपनी क्लास में अव्वल आकर आगे पढ़ने को पैसा न होकर मुन्शी बन गये और हमारे इन्जीनियर साहब का लड़का तीन-तीन मास्टर रख डिप्टी कलेक्टर बन गया।''

उनके हाथ में व्यर्थ ही पकड़ी हुई बीड़ी को उनके हाथ से ले उसे स्वयं सुलगाते हुए ईश्वर भक्त बोले—''क्या तुम नास्तिकों की बातों से दिल छोटा करते हो बाबू! भगवान् को सब की फ़िक्र है। तुमने सुना नहीं जो पत्थर में बन्द कीड़े

की सुध लेता है वह तुम्हारे बच्चे की सुध न लेगा? अरे भगवान् का धन्यवाद दो जिसके आशीर्वाद से तुम्हारे पुत्र रत्न हुआ, रोकर अपशगुन मत करो।''

''अरे वाह यार, तुम कैसी बातों में आकर दिल छोटा करने लगे! ख़ुशी मनाओ लड़का हुआ है, बड़े भाग्य से लड़का होता है, एक साहब जो दीवार का सहारा लेकर बैठे थे, अपनी जाँघ खुजाते हुए बोले।''

—भाग्य; किसके भाग्य से? मुर्ग़ी रोज़ एक अण्डा देती है, वह किसके भाग्य से अण्डा देती है? अपने भाग्य से या साहब के भाग्य से जो उसे सुबह की चाय के साथ हड़प कर जाता है? ग़रीब के घर बच्चा पैदा होता है बड़े आदमी के भाग्य से जिसे सस्ती तनख़्वाह और मज़दूरी पर क्लर्क, दरबान और मज़दूर की ज़रूरत रहती है। जितने ज़्यादा मज़दूर, दरबान और क्लर्क पैदा होंगे उतने ही सस्ते वे मिलेंगे और बड़े आदमी को अपने क़ारोबार और व्यवसाय में उतनी ही अधिक बचत होगी।''

पुत्र जन्म का आशीर्वाद भगवान् ने जिन्हें दिया था, वे साढ़े नौ बजे का अन्दाज़ा देख अपने दफ़्तर जाने का समय समझ उठकर चल दिये। उनकी जगह खाली होती देख एक दुबले-पतले खद्दरधारी ने पैर फैलाते हुए कहा—''जब तक स्वराज्य नहीं मिलता इन मुसीबतों का उपाय नहीं हो सकता।''

जान पड़ता था, सोशलिस्ट साहब घर से लड़कर निकले थे इसीलिए हर बात पर उलझ बैठते थे। झट बोल उठे—''स्वराज्य हो जायेगा तो कौन मुसीबत टल जायेगी? अगर वाइसराय की जगह पटेल या भूलाभाई लाट हो जायें और यूनियन जैक की जगह तिरंगा ही फहराने लगे तो इससे कौन अलादीन का चिराग ग़रीबों के साथ आ जायेगा कि झट रगड़कर देव को बुला कह दिया ले आओ व्यंजन का थाल, सोना मढ़ी पालकी और रहने के लिए राज महल! अरे स्वराज्य हो जायेगा तो कौन नयी बात हो जायेगी।''

ऐसी देशद्रोही बात सुन खद्दरधारी तैश में लेटे से उठ बैठे और बोले—''कांग्रेस तो गरीबों का स्वराज्य चाहती है, उसमें ग़रीबों का भला कैसे नहीं होगा? महात्मा जी तो दरिद्र नारायण के पुजारी हैं, उनसे बढ़कर तुम सोशलिस्ट जो कोट-पतलून के बिना बात नहीं करते, चले हो ग़रीबों के सहायक बनने?''

कोने में दीवार का ढासना लगाये आँखें झपकनेवाले साहब हाथ बढ़ाकर बोले—''उन्हें तो तब तसल्ली हो जब स्टालिन लेनिन का नाम लिखा जाय!''

सोशलिस्ट साहब दो-दो आदमियों को सामने देख और भी ज़ोर से बोलने लगे—''सुन लीजिये आपकी कांग्रेस चाहती है आहिस्ता से अंग्रेज़ी हुकूमत की जगह हिदुस्तानी हुकूमत ला बैठाना...।''

—"और आप चाहते हैं रूस की हुकूमत ला बैठाना?"

"अरे सुनिये तो सही, आख़िर अंग्रेज़ी हुकूमत में और हिन्दुस्तानी हुकूमत में फ़र्क़ क्या होगा? यही न कि अंग्रेज़ अफ़सरों की जगह देसी अफ़सर आ जायेंगे, हो सकता है कि कुछ उद्योग-धन्धे और कल-कारख़ाने बढ़ जायें, परन्तु इससे सर्वसाधारण मज़दूर, किसान और नौकरी पेशा लोगों को क्या? फ़ायदा होगा केवल बड़े-बड़े पूँजीपतियों को। उनका मुनाफ़ा बढ़ जायेगा, उनके हाथ में दूसरे नये-नये व्यापार आ जायेंगे। अरे बहुत होगा, इस देश की अवस्था इंग्लैण्ड, फ्रान्स, अमेरिका और जर्मनी की-सी हो जायेगी लेकिन उन देशों के ९८% आदमी क्या स्वतन्त्र हैं?"

—"आख़िर स्वतन्त्र आप किसे कहियेगा?"

—"स्वतन्त्र वह है जिसके परिश्रम का फल उससे कोई ले न सके। स्वतन्त्र वह है जिसे अपनी पेट भरने के लिए दूसरे की हुकूमत के मुताबिक़ ग़ुलामी न करनी पड़े, जो अपनी राय बिना भय के प्रकट कर सके। फ़र्ज़ कीजिये आपके देश में स्वराज्य हो जाता है और आपके गाँव का ज़मींदार कहता है कि हम तो अपनी ज़मीन उसी किसान को देंगे जो अपनी मेहनत की कमाई का तीन चौथाई हमारे चरणों में रख दे, मिल मालिक कहता है कि हम अपनी मिल में उन्हीं काम को मज़दूरों देंगे जो अपनी मेहनत के आधे पैसे लें। बड़े-बड़े कारोबारों के मालिक भी ऐसी शर्त लगा दें तो हम और आप क्या करेंगे?"

—"अरे यार, क्या बेपर की उड़ा रहे होगी" उस समय प्रजा के प्रतिनिधि क़ानून बनायेंगे, यह थोड़े ही कि मनमानी चले।"

—"जनाब, ग़रीबों के प्रतिनिधि कभी असेम्बलियों और काउन्सिलों में पहुँच ही नहीं सकते, न कहीं पहुँचे हैं। काउन्सिल में पहुँचने के लिए हज़ारों का ख़र्च चाहिए, बताइये कि ग़रीब आदमी में इतना बूता है कि यह ख़र्चा जोड़ सके? कहाँ से ग़रीब आदमी दौरे करने के लिए ख़र्चा लायेगा? कौन अख़बार उसकी उम्मेदवारी के पक्ष में लेख छापेगा। बल्कि पीठ उलट इसके पूँजीपतियों और ज़मींदारों के लेक्चरार और अख़बार ग़रीबों को यह समझा देंगे कि तुम्हारा भला हमें बाप समझे रहने में ही है, भगवान् की ऐसी ही इच्छा है, वेद-कुरान में ऐसा ही लिखा है। जब तक आदमी आदमी में इतना भेद बना रहेगा कि एक के हाथ में दूसरे का पेट काटने की शक्ति बनी रहे, एक आदमी पूँजी के मोटर पर सवार हो और दूसरा खाली पेट काँपती हुई टाँगों पर हो, तब तक उन्हें राजनीति के क्षेत्र में बराबरी का वोट देना मज़ाक करना है। असली बराबरी तो है पेट भरने के हक़ की बराबरी।"

खद्दरधारी साहब पेट पर हाथ फेर गहरी साँस खींचकर बोले—"असल इलाज तो सब मुसीबतों का हमारा पुराना समाजवाद—भारतीय सभ्यता का समाजवाद है!"

सोशलिस्ट साहब फिर सिर खुजाते हुए बोल उठे—"वह कैसा समाजवाद?"

—"वही जिसमें राजा से लेकर भिखारी तक सब बराबर थे। कोई किसी को लूटता नहीं था, लूटने के साधन ही नहीं थे—बस उसी सभ्यता का प्रचार फिर से होना चाहिए।"

—"आख़िर उस सभ्यता का नमूना मिल कहाँ सकता है?"

—"वाह, रामायण, महाभारत और सभी पुराने ग्रन्थों में उसका नमूना मिल सकता है।"

—"जनाब मुबारक हो आपको वह सभ्यता! पाँच हज़ार बरस पहले की वह सभ्यता, जिस समय इन्सान अभी आधा इनसान था और जो सभ्यता दूसरी सभ्यताओं के पैरों तले कुचली जाकर मर चुकी है, उसे आप फिर से जीवित करना चाहते हैं? वह सभ्यता आपको फिर पाँच हज़ार बरस पीछे ले जायेगी। तब हमारे बुज़ुर्ग न कपड़ा सीना जानते थे, न किताब छापना जानते थे, जब एक आदमी ६ आदमियों के कन्धे पर चढ़कर चलता था, जब खेतों में पानी न बरसने पर आकाश की ओर मुँह उठाकर रोया करते थे...।"

—"क्या बक रहे हो, हमारी पुस्तकों में हवाई जहाज़ का ज़िक्र हैं। पुष्पकविमान पर चढ़कर रामचन्द्र जी लंका से आये थे...।"

—"रहने दो, दुनिया तरक्की करती रही, और हमारी सभ्यता नीचे गिरती गयी! लोग आगे-आगे चीज़ें बनाते गये और हम जो जानते थे वह भी भूलते गये। दुनिया के इतिहास में और तो कहीं ऐसा देखा नहीं कि क़ौमों ने नयी बातें सीखने के बजाय पुरानी भुली दी हों।"

—"जनाब यूरोप की यह सभ्यता आपको ही मुबारक हो जिसकी वजह से करोड़ों सिर कटरहे हैं और ख़ून की नदियाँ बह रही हैं।"

—"और आपकी महाभारत की सभ्यता क्या थी?"

—"तुम्हें तो यूरोप की जूतियाँ पसन्द हैं तुम्हें अपनी सभ्यता पसन्द काहे को आयेगी?"

—"कोई किसी देश की ख़ास सभ्यता भी होती है यह हमें नहीं मालूम। सभ्यता होती है ज़माने की। कभी कोई देश आगे चलता है कभी कोई। अगर एक देश एक तरह ज़िन्दगी बिताता है और दूसरा देश उससे अच्छा तरीक़ा निकाल लेता है, तो जिद्द करके अपने पुराने तरीक़े पर डटे रहने में क्या लाभ? और ऐसा हो

भी कहाँ तक सकता है? और अगर हर एक देश अपनी-अपनी सभ्यता की कसम खाकर बैठ जांय तो उनमें लड़ाई कभी समाप्त ही नहीं हो सकती...।''

जब सोशलिस्ट साहब ने देखा कि बैठे हुए लोगों में से दो आदमी खुर्राटे लेने लगे हैं तो वे भी शर्मिन्दा होकर चुप हो गये।

चिलम चक्कर
दुर्मुख

सुनते हैं एक भले आदमी को डर यह था कि उनके मर जाने के बाद उनके मुहल्ले के लोगों के झंझट दूर हो जायेंगे। बहुत सोचकर मरते समय वे दीवार के सहारे पीठ टिका टाँगें पसार बैठ गये और इसी हालत में अकड़ गये।

विमान पर उनकी पीठ टिकायी जाती तो टाँगें ऊपर को हो जातीं और जब टाँग टिकायी जाती, तो आप उठ बैठते। ऐसी हालत में आख़िर चारा एक ही था...।

आख़िर हालवेल साहब किससे कम थे। ज़िन्दगी में काल कोठरी का तूफ़ान उन्होंने कामयाबी से बरपा किया। मरने के बाद कहीं अमन हो जाता, तो आप अपना स्मारक बनवा गये—''हम तो जाते हैं पर हमारी मिट्टी गुल खिलायेंगी!''

× × ×

जब इतिहास ने साबित कर दिया कि हालवेल साहब की काल कोठरी कभी थी ही नहीं, फिर हालवेल साहब के स्मारक की ज़रूरत?

ख़ैर, जब सरकार समझ गयी हिन्दुस्तानी हालवेल का स्मारक रहने नहीं देंगे, तो फिर सवाल यह उठा कि इस स्मारक को आख़िर रखा कहाँ जाये? गोया कि स्मारक रहेगा ज़रूर—जहाँ है वहाँ न सही किसी और जगह सही।

लोग पूछते हैं—जो घटना घटी नहीं, उसका स्मारक कैसा?

हम कहते हैं इतने बड़े झूठ का स्मारक जिसने इतिहास बना दिया, क्या नहीं रहना चाहिए?

× × ×

सरकार सोच रही है उन्हें गोरों के क़ब्रिस्तान में भेज दिया जाये! यह भी एक अजीब बात रहेगी। अब तक ज़िन्दा लोग मर कर क़ब्रिस्तान जाते थे अब एक क़ब्र

मर कर क़ब्रिस्तान जायेगी? क़ब्रिस्तान से आगे और कोई जगह नहीं क्या?

लेकिन हो सकता है हालवेल साहब ख़ुद ही वहाँ (क़ब्रिस्तान से अगली जगह पर) विराजमान हों। फिर वहाँ उनकी क़ब्र की क्या ज़रूरत?

× × ×

हालवेल साहब ने ज़िन्दगी में अंग्रेज़ों और हिन्दुस्तानियों को लड़ाया—ताज्जुब नहीं उनका स्मारक क़ब्रिस्तान के क़ब्रों को ही आपस में भिड़ाने लगे।

जो हो, हालवेल साहब का भूत स्मारक में अभी तक ज़िन्दा है, यह तो इस झगड़े से साबित हो ही गया।

× × ×

सुनते हैं मेले में एक बैल बिकने आया। बहुत बलवान्, बहुत सुन्दर और सनीला। ग्राहक के सामने आते ही बैल का मालिक उसकी तारीफ़ के पुल बाँधने लगता—जानवर है कि तसवीर है, लाखों में एक है। जो कोई दूसरा जानवर न कर सके, उसे यह कर दिखाये!

एक ग्राहक ने पूछा— बैल हल में तो चलता होगा?

उत्तर मिला—बैल का क्या कहना, हज़ार-लाख जानवर में एक जानवर है, पर हल में ठोकर खा जाता है।

दूसरे ने पूछा—बैल कोल्हू में तो चलता है?

—अरे क्या कहना, ऐसा जानवर है की क्या नहीं कर सकता? लेकिन ज़रा कोल्हू की आवाज से घबराता है।

फिर पूछा—गाड़ी में तो चल लेता है?

—गाड़ी का क्या है, बैल से जो काम लीजिये। बस, ज़रा कन्धे पर जूआ धरने से घबराता है।

गोया कि बैल सब तरह से आदर्श बैल था लेकिन किसी काम नहीं आ सकता था। सो हाल हमारी कांग्रेस के अहिंसात्मक आन्दोलन का है।

युद्ध के समय बाहर से हमला होने पर कांग्रेस की राय में अहिंसात्मक तरीक़ा कारगर नहीं। (महात्मा जी की राय में यह हिटलर का सामना करने का सबसे उत्तम हथियार है।) युद्ध के समय देश में शान्ति रक्षा के लिए यह कारगर नहीं। शान्ति के समय उपद्रवकारियों का दमन करने के लिए कारगर नहीं लेकिन कांग्रेस को विश्वास है अहिंसात्मक तरीक़े में ही, और उसकी नीति भी वही है।

राजगोपालाचार्य तो कहते थे गाँधी कांग्रेस है और कांग्रेस गाँधी है, अब आख़िर यह हो क्या गया?

गाँधी कहते थे स्वराज्य से बड़ा है सत्य और अहिंसा! राजगोपालाचार्य और पटेल कहते थे—सबसे बड़े हैं गाँधी।

आख़िर यह हो क्या गया? अब हो गया—गाँधी और अहिंसा से बड़ा है स्वराज्य, स्वराज्य से बड़ा है मन्त्रीपद! मन्त्रीपद ब्रिटिश सरकार की प्रसन्नता के बिना मिल नहीं सकता। ब्रिटिश सरकार की नज़र में अहिंसात्मक सहायता की क़द्र नहीं, उन्हें चाहिए जंगी तैयारी! इस हालत में बेचारी अहिंसा को कौन पूछे! सो राजगोपालाचार्य ने गाँधी जी के कान में चुपके से कह दिया—

भूखे भजन होत नहीं गोपाला
यह लो अपनी कण्ठी माला।

× × ×

पण्डित जी कहते हैं अगर मैं अंग्रेज़ होता तो शत्रु का सामना अहिंसा से करने की महात्मा जी की सलाह को कभी नहीं मानता! क्योंकि उससे देश की आज़ादी की रक्षा करने का विश्वास जनता को नहीं हो सकता था।

हम कहते हैं, हज़ार शुक्र ख़ुदा का जवाहरलाल जी अंग्रेज़ न होकर हिन्दुस्तानी ही हुए, नहीं तो फिर कांग्रेस उनकी सहायता बिना अहिंसा को अपना मुख्य कार्यक्रम कैसे बना पाती?

पण्डित जी अमली आदमी हैं।

अमली से हमारा मतलब साधारण बोल-चाल में अमल यानी नशा करनेवाले व्यक्ति से नहीं बल्कि अमल करनेवाले क्रियाशील व्यक्ति से है। कई लोगों को कुछ ऐसी बातों से—जैसे लम्बी स्पीच देने से पहले सदा ही कह देना कि अब बोलने का समय जाता रहा है। या कम्युनिस्ट अपने-आपको क्या समझते हैं? हिन्दुस्तान भर के कम्युनिस्टों के मुकाबिले में मज़दूरों से भरी किसी सभा को मैं अपने पीछे लगा सकता हूँ—सन्देह होने लगता है परन्तु विश्वास दिलाया जा सकता है कि बात वैसी नहीं है।

× × ×

पण्डित जी कहते हैंद्ध हिन्दुस्तान के कम्युनिस्ट सिवा नारे लगाने के और कुछ नहीं समझते! अपने चारों ओर की परिस्थितियाँ तो वे समझते ही नहीं। पण्डित जी का कहना ठीक है। कम्युनिस्ट अगर एक बात का ख़याल करें तो पण्डित जी ख़ुश हो सकेंगे कि—

अपने-आपको सोशलिस्ट कहना चाहिए, साम्राज्यवाद का शत्रु अपने-आपको कहना चाहिए, अन्तरराष्ट्रीय राजनीति में साम्राज्यविरोधी संगठन की बात करनी

चाहिए, पूँजीवादी सभ्यता के नाश की बात करनी चाहिए और इसके साथ ही, फ्रान्स और इंग्लैण्ड की पूँजीवादी सभ्यता की रक्षा की बात करनी चाहिए।

× × ×

पूना में राजगोपालाचार्य ने सोशलिस्टों और कम्युनिस्टों को एक नेक सलाह दी है। आप फरमाते हैं—अरे तुम हमारी नुक़ताचीनी करते हो, हमें विश्वास के योग्य नहीं समझते तो तुम हमें ब्रिटिश सरकार के हाथों इस देश का राज ले लेने दो। फिर तुम हम भोले-भालों के हाथों आसानी से ताक़त छीन लेना।

हमें तारीफ़ करनी पड़ती है कितनी भोली और कितनी अहिंसात्मक सलाह है!

× × ×

सर सिकन्दर आये, चुपके से गाँधी जी और मौलाना साहब से बात कर गये। लोगों ने उड़ायी कि जिन्ना साहब को अखाड़े से बाहर छोड़ सिकन्दर साहब कांग्रेस से मोल तोल कर हिन्दू-मुस्लिम एका करा देंगे!

कोई हिन्दू-मुस्लिम एका करा दे, यह जिन्ना साहब को कहाँ बरदाश्त हो सकता था? उन्होंने झट से डाँट दिया, हमसे पूछे बिना कौन हो जी तुम एके की बात करनेवाले?

सिकन्दर साहब ने गिड़गिड़ाकर जवाब दिया—हुज़ूर, हम एके की बात करने नहीं गये, हम तो पंजाब में कांग्रेसियों को पकड़ने के बारे में कांग्रेस से सलाह करने गये थे।

ख़ूब रही। कांग्रेसियों को गिरफ़्तार करने के लिए सलाह भी की तो गाँधी जी और कांग्रेस के प्रधान से। आख़िर सलाह का परिणाम क्या हुआ? कांग्रेसी पकड़ के बन्द कर दिये या क्या हुआ, है किसी में दम यह पूछने का?

शायद समझौता यह हुआ हो—पकड़ो पर एक ख़ास क़िस्म के कांग्रेसियों को।

मार्क्सवादी दृष्टिकोण

शोषण के कारण और साधन

हमारे मौज़ूदा सामाजिक संगठन में अधिकांश मुनष्य और राष्ट्र अपने लिये नहीं बल्कि दूसरे मनुष्यों और राष्ट्रों के भोग का साधन बनकर रहते हैं। —सं.

संसार के प्राणियों को हम दो श्रेणियों में बँटा देखते हैं—एक मनुष्य और दूसरे अन्य जीव जन्तु। मनुष्य-मात्र में एक समानता है। स्त्री-पुरुष के भेद को छोड़कर उनका शरीर एक-सा है। जन्म-मृत्यु, भूख-प्यास की दृष्टि से वे सब एक से हैं परन्तु इस समानता के अतिरिक्त जो कि प्रकृति की रचना है, जहाँ मनुष्य द्वारा बनाये गये तरीक़ों और साधनों का सवाल आता है, वहाँ मनुष्य और मनुष्य में बड़ी भारी असमानता पायी जाती है। भरपेट अच्छा भोजन खाने और आवश्यकता की वस्तुओं को प्राप्त करने की इच्छा तो मनुष्य-मात्र में समान हैं, परन्तु इन इच्छाओं और आवश्यकताओं को पूर्ण करने के साधनों और सामर्थ्य की दृष्टि से मनुष्य-मनुष्य में भयंकर अन्तर है।

मनुष्य की आवश्यकताओं और इच्छाओं की कोई सीमा नहीं। पेट भरना और शरीर को ढँकना, पेड़ से फूल तोड़कर खा लेने और पेड़ की छाल को ओढ़ लेने से भी हो सकता है और अधिक स्वादु फल चुनने से लेकर छत्तीस प्रकार के व्यंजनों को सोने की थाली में खाने और शरीर को राजमहलों के भीतर कोमल-से-कोमल वस्त्रों में लपेटने से भी हो सकता है।

मनुष्य के शरीर की शक्ति की एक सीमा है। यह शक्ति मनुष्य के ज्ञान और सभ्यता के बढ़ने के साथ बढ़ती जाती है, परन्तु सीमा है ज़रूर। यदि मनुष्य के पास हाथ में कुछ भी साधन न हो तो वह बहुत कम पैदा कर सकता है। यदि उसके हाथ में एक खुरपी या हथौड़ा आ जाये तो वह पहले से अधिक पैदावार कर लेगा और यदि वह मशीन बना सके तो वह और भी अधिक पैदावार कर सकेगा। परन्तु एक मनुष्य या व्यक्ति की अपनी पैदा करने की शक्ति की सीमा है। जब तक मनुष्य की इच्छाएँ और आवश्यकताएँ उसकी पैदा करने की शक्ति की सीमा के भीतर रहती हैं, उसे किसी की तरफ़ नहीं देखना पड़ता परन्तु जब उसकी आवश्यकताएँ और इच्छा में उसकी अपनी पैदा करने की शक्ति की सीमा में तृप्त नहीं होती तो उसे दूसरों की शक्ति से काम लेने की ज़रूरत पड़ती है।

हमारे मौज़ूदा समाज का संगठन बहुत पेचीदा और उलझा हुआ है। उसमें किसी भी बात के कारण और परिणामों की खोज करना कठिन हो जाता है। परन्तु समाज की आरम्भिक अवस्था को देखने से यह उलझनें आसानी से समझ में आ सकती हैं। मनुष्य समाज की आरम्भ की अवस्था में, जब अभी मशीनें नहीं बनी थीं और बड़े-बड़े नगर नहीं बसे थे, यदि किसी मनुष्य को अपने सभी काम स्वयं करने पड़ते तो वह उन्हें आसानी से नहीं कर सकता था। वह अकेला ही अपने लिये अन्न और कपास पैदा कर भोजन-वस्त्र तैयार नहीं कर सकता था, मकान नहीं बना सकता था, न जंगली जीवों और शत्रुओं से अपने खेत की रक्षा ही कर

सकता था। इसलिए मनुष्य एक साथ मिलकर परिवार की शक्ल में रहने लगे। एक मनुष्य एक काम को करता तो दूसरा दूसरे काम को और वे लोग आपस में एक-दूसरे की मेहनत से फ़ायदा उठाते और एक-दूसरे को फ़ायदा पहुँचाते। ऐसी हालत में परिवार या गिरोह के सभी मनुष्यों को एक-सी ही हालत में रहना पड़ता, सब लोगों की इच्छायें समान रूप से पूरी होतीं। परिवार या कुनबे के लोग सम्मिलित शक्ति से आवश्यक पदार्थों को उत्पन्न करते और सम्मिलित रूप से उन पदार्थों को काम में लाते। उस समय सबकी शक्ति समान थी, कोई किसी दूसरे को वश में नहीं कर सकता था और न उससे लाभ उठा सकता था।

उस समय मनुष्य लाभ उठाता था केवल पशुओं से। वह उनसे बोझा उठवाकर, हल खिंचवाकर, उनका दूध पीकर और उनकी सन्तान को खाकर पशुओं से लाभ उठाता था। जब मनुष्य पशुओं को खा जाता तो वह लाभ थोड़ी ही देर तक होता परन्तु जब वह उनसे लगातार काम करवाता या उनके दूध और सन्तान को खाता रहता तो यह उपयोग बहुत देर तक होता। मनुष्य द्वारा पशुओं से यों लाभ उठाना पशुओं की शक्ति का शोषण था, ठीक उसी प्रकार जैसे जोंक मनुष्य के शरीर में लगकर मनुष्य के ख़ून का शोषण करती रहती है। मनुष्य पशुओं के शरीर की शक्ति का शोषण करता था और करता है।

उस आदिम काल में परिवार और गिरोह आपस में भूमि या जंगल के फलों और पशुओं के लिए लड़ पड़ते थे। हारनेवाले परिवार या गिरोह के जो आदमी मर गये सो मर गये, परन्तु जो क़ैद हो जाते थे उन्हें जीतनेवाले अपने उपयोग में लाते थे। जब मनुष्य नितान्त जंगली था तब तो वह हारे हुए शत्रु को खा लिया करता था परन्तु समझ आने पर वह उसे जीवित रखकर उससे काम लेने लगा।

पशु को मनुष्य अपने लाभ के लिए जीवित रखता है। पशु को वह खिलाता-पिलाता है परन्तु उतना नहीं जितना कि वह उससे लाभ उठाने की आशा रखता है। इसी प्रकार क़ैद कर ग़ुलाम बनाये हुए मनुष्य को भी जीतनेवाले मनुष्य जीवित रखने के लिए खिलाते-पिलाते ज़रूर थे लेकिन उतना नहीं जितना कि वे उनसे लाभ उठाते थे। ग़ुलामों को रखने का उद्देश्य था उनकी शक्ति से पैदावार कराकर लाभ उठाना या अपने आराम के लिए स्वयं परिश्रम न कर उनसे परिश्रम करवाना।

ग़ुलामों द्वारा काम लेने का तरीक़ा निकल आने से समाज का रूप ही बदल गया। एक मनुष्य जिसके पास दस या एक सौ ग़ुलाम थे, उस मनुष्य की शक्ति दस या सौ मनुष्यों के बराबर हो गयी। वह प्रत्येक ग़ुलाम से एक आदमी की शक्ति के बराबर काम लेता परन्तु उन पर ख़र्च कम करता। इस ढंग से ग़ुलामों के मालिक मनुष्य की शक्ति दूसरे मनुष्यों से बहुत बढ़ गयी। वे सम्पत्ति जमा करने लगे। धन

सम्पत्ति भी ठोस शक्ल में जमा किया हुआ मनुष्य का परिश्रम ही है जो जिस समय चाहे काम में आ सकता है। ग़ुलामों के मालिकों के पैदावार के साधन बढ़ गये। क्योंकि प्रत्येक ग़ुलाम पैदावार का साधन था। ग़ुलामों के मालिकों को पैदावार करने के लिए केवल अपनी ही शक्ति का भरोसा नहीं था। वे केवल प्रबन्ध और इन्तज़ाम करते थे या प्रबन्ध और इन्तज़ाम का बोझ भी चतुर ग़ुलामों के कन्धे पर डाल स्वयं केवल ऐश करते थे। ग़ुलामों के मालिक अब सैकड़ों बीघा ज़मीन के मालिक बनने लगे और अपने कारख़ानों में सैकड़ों आदमियों की शक्ति से होनेवाला काम कराने लगे।

जब ग़ुलामों के मालिकों और सम्पत्तिशाली लोगों के पास सैकड़ों बीघा ज़मीन इकट्ठी होने लगी तो एक-एक मालिक के पीछे सैकड़ों आदमी बिना ज़मीन और सम्पत्ति के होने लगे। जब ग़ुलामों के मालिक सैकड़ों ग़ुलामों को अपने कारख़ानों में रख उनसे पैदावार करवा कर सस्ता माल बेच मुनाफ़ा कमाने लगे तो इस प्रकार के रोज़गारों से अपना निर्वाह करनेवाले सैकड़ों आदमी बेकार होकर ठोकरें खाने लगे। इस प्रकार बेज़मीन और बेरोज़गार हो जानेवाले आदमियों के लिए अपना निर्वाह करने का केवल एक ही उपाय रह गया—कि वे जाकर उन मालिक लोगों का काम करें जिनके क़ब्ज़े में पैदावार के सब साधन आ चुके थे। और उनसे कुछ जीविका पेट भरने के लिए पायें। परन्तु यहाँ यह ध्यान रखना चाहिए कि मालिक लोग किसी आदमी से काम। कराकर उसे जीविका देने के लिए तभी तैयार होंगे जब कि जितने मूल्य का काम वे करायें, उससे कम मूल्य मज़दूरी में दें। इस प्रकार दूसरों के लिए काम करके अपना पेट भरनेवाले लोगों के लिए यह आवश्यक हो जायेगा कि वे जितने मूल्य का काम करें उससे कम मूल्य अपनी मेहनत का लेना स्वीकार करें, अपने श्रम से दूसरों को लाभ उठाने दें।

इतना देख चुकने के बाद हम यह अच्छी तरह समझ जाते हैं कि मज़दूरी या नौकरी पर दूसरों से काम कराने का प्रयोजन दूसरों के परिश्रम से लाभ उठाना या उनका शोषण करना ही है और इस शोषण का साधन है, कुछ व्यक्तियों के हाथ में पैदावार के साधनों का इतना अधिक इकट्ठा हो जाना कि समाज में ऐसे मुनष्यों की एक बड़ी संख्या हो जाये जिसके अपने पास पेट भरने के लिए साधन बिलकुल न हों—अपना पेट भरने के लिए जिन्हें पैदावार के साधनों के मालिकों का दरवाज़ा खटखटाना पड़े। और पैदावार के मालिक जिस शर्त पर चाहें इन लोगों के काम कराकर इन्हें निर्वाह भर के लिए मज़दूरी दे सकें। मालिक और मज़दूर के बीच शर्त या मज़दूरी का अर्थ है, कि मालिक मज़दूर के परिश्रम का कितना फल अपने पास रखेगा और कितना मज़दूर को देगा।

शोषण अनेक रूपों में मनुष्य समाज में मौज़ूद रहा है। सामन्तशाही के युग में शोषण का मुख्य साधन था भूमि पर कर वसूल करना या ग़ुलाम रखकर उनकी शरीर की शक्ति का शोषण कर मुनाफ़ा उठाना। मशीनों का युग आने तक समाज में ऐसे लोगों की संख्या जो सम्पत्तिहीन तो थे परन्तु ग़ुलाम नहीं थे, काफ़ी बढ़ गयी। यदि ग़ुलामों से ही काम कराकर कारोबार चलाते जाते तो इन सम्पत्तिहीन लोगों का निर्वाह कैसे होता? यह लोग बलवे और ग़दर कर अमीर आदमियों की ज़िन्दगी हराम कर देते। इसलिए इस युग के आरम्भ में ही ग़ुलामी के विरुद्ध आन्दोलन चलने लगा और ग़ुलामी की प्रथा का नाश हो गया।

ग़ुलाम रखने का प्रयोजन था अपने शरीर की शक्ति के अलावा दूसरे के शरीर की शक्ति से लाभ उठाना। मशीन युग में ग़ुलाम का स्थान मशीन ने ले लिया। एक-एक मशीन बीसों नहीं बल्कि सैकड़ों ग़ुलामों की शक्ति का काम करने लगी। मशीन के शरीर में सिर्फ़ दिमाग़ नहीं और सब-कुछ है परन्तु बीसियों मशीनें एक आदमी के दिमाग़ के काम में लायी जा सकती हैं। साधनों के मालिक या पूँजीपति जहाँ पहले ग़ुलाम खरीदते थे, वहाँ अब मशीन खरीदने लगे। मशीनों पर आज दस आदमी उतना काम कर सकते हैं जितना पहले एक हज़ार ग़ुलाम कर सकते थे।

ज्यों-ज्यों मशीनें अधिक मनुष्यों का काम करने लायक़ होती गयीं, सम्पत्तिहीन और साधनहीन लोगों की संख्या बढ़ती गयी और समाज स्पष्ट रूप से दो श्रेणियों में बँट गया जिनमें से एक श्रेणी साधनों की मालिक श्रेणी बनायी और दूसरी साधनहीन श्रेणी हो गयी। साधनहीन श्रेणी के पास अपना पेट पालने के लिए केवल एक उपाय रह गया कि वे अपने शरीर की परिश्रम करने की शक्ति को मालिक के हाथ बेचें और मालिक श्रेणी उन मज़दूर कहलानेवालों की शरीर की शक्ति को ख़रीदकर उसे ले कच्चे माल से पैदावार कराये और उस माल को बेचकर अपना मुनाफ़ा कमाये। मज़दूर के शरीर की शक्ति का मूल्य बाज़ार में जितना कम होगा, उतना ही बचत मालिक को होगी, उतना ही अधिक उसे लाभ होगा।

एक मज़दूर या नौकर, चाहे वह खेत पर काम करे या मशीन पर या दफ़्तर में बैठकर काम करे अपना पेट उस समय तक नहीं भर सकता जब तक कि मालिक श्रेणी का कोई आदमी उससे काम लेने के लिए तैयार न हो। मालिक यदि काम लेता है तो उसे एक आदमी की मेहनत ख़रीदनी ही पड़ेगी। ऐसी अवस्था में यदि बाज़ार में ऐसे आदमी जो अपनी मेहनत बेचना चाहते हैं, कम है तो वे अपनी मेहनत का दाम ज़्यादा माँगेंगे और हो सकता है वे अपनी मेहनत का दाम पूरा-पूरा माँग लें। यहाँ तक कि मालिक को कुछ भी मुनाफ़ा न बचे। मालिक के मुनाफ़े

के लिए यह आवश्यक है कि मज़दूरी चाहनेवालों की तादाद बाज़ार में काफ़ी अधिक हो ताकि मालिक श्रेणी सस्ते-से-सस्ते दाम पर उनकी मेहनत की ताक़त को ख़रीद सके।

मज़दूरी का या मज़दूर की मेहनत की शक्ति का कोई मूल्य निश्चित हो सकता है, या नहीं यह एक कठिन सवाल है। इस प्रश्न को दूसरे शब्दों में यों भी पेश किया जा सकता है कि मालिकों द्वारा मज़दूरों के शोषण की कोई हद है या नहीं। वास्तव में इसकी कोई हद नहीं। इसका कारण यह है कि मज़दूर तो काम किये बिना रह नहीं सकता। उसके पास गुज़ारे के लिए सम्पत्ति न होने के कारण उसे तो प्रतिदिन मेहनत करके पेट भरना है। बहुत होगा वह एक या दो दिन काम न करेगा। तीसरे दिन उसे मज़दूरी करनी ही होगी और मालिक की दी हुई मज़दूरी स्वीकार करनी होगी। मालिक को मज़दूरी घटाने की सुविधा सदा रहती है क्योंकि सम्पत्तिहीन मज़दूरों की एक बड़ी तादाद सदा ही मज़दूरी की ताक़ में बेकार पड़ी रहती है। यदि एक मज़दूर पेट भरने लायक़ मज़दूरी से कम लेकर काम करना नहीं चाहता तो सैकड़ों मज़दूर आधा पेट भरने लायक़ ही मज़दूरी लेकर उसकी जगह काम करने को तैयार रहते हैं। वे बिलकुल भूखा मरने के बजाय आधा पेट भोजन पाना ही स्वीकार कर लेते हैं।

मज़दूरों का सम्पत्तिहीन होना और उनकी संख्या का ज़रूरत से अधिक होना, यह उनकी ऐसी कमज़ोरी है जिसके कारण उन्हें सदा हार खानी पड़ती है और अपना पेट काटने के लिए मजबूर हो जाना पड़ता है। एक मज़दूर जो दिन-भर की मज़दूरी पर जाता है, प्राय: अपने मेहनत के दो या तीन घण्टों में इतना काम कर देता है जिससे उसकी मज़दूरी का दाम पूरा हो जाता है। शेष छह या आठ घण्टे जो वह मेहनत करता है वह मालिक के मुनाफ़े खाते में जाती है। और ऐसे मालिक जो हज़ारों मज़दूरों को अपने काम पर लगाते है, हज़ारों ही मज़दूरों की मेहनत का मुनाफ़ा अपने जेब में डाल लेते हैं। हम देखते हैं कि मेहनत करनेवाले कई मज़दूर जहाँ एक झोपड़ी में बसर करते हैं या जहाँ मज़दूर का सारा परिवार एक कोठरी में बसर करता है, वहाँ मालिक श्रेणी के व्यक्ति के सैकड़ों मकान होते हैं जिन्हें वे मज़दूरों की मेहनत को काटकर कमाये धन से बनाकर फिर इन मकानों द्वारा मज़दूरों से कमाई करते हैं। जहाँ एक मज़दूर दिन-भर मेहनत करने के बाद आठ आना मज़दूरी पाता है, वहाँ वह मालिक के लिए रुपया-डेढ़-रुपया पैदाकर देता है। इसीलिए मज़दूर के परिवार को जहाँ दोनों वक़्त का खाना और कपड़े और मकान का प्रबन्ध आठ-आठ आने रोज़ में करना पड़ता है, वहाँ मालिक चार-पाँच सौ रुपये रोज़ ख़र्च करके चार-पाँच सौ रुपये रोज़ बचा लेता है और यह बचा

हुआ धन नये कारोबार और व्यवसाय में लगा मज़दूरों के शरीर से और अधिक रुपया खेंचने का प्रबन्ध कर लेता है।

जो सम्बन्ध मज़दूरों और मालिक का है, वही सम्बन्ध किसान और ज़मींदार का है। बल्कि किसान की हालत और ख़राब है। क्योंकि वह जहाँ चाहे जाकर मज़दूरी नहीं कर सकता। वह अपनी ज़मीन के खूँटे से बँधा हुआ है। वह उसे छोड़कर कहीं और नहीं जा सकता। इसी खूँटे से बँधा हुआ वह पिटता है, निचोड़ा जाता है और उसकी रक्षा कोई उपाय नहीं। इसका सबसे बड़ा उदाहरण स्वयं हमारे अपने देश के किसान हैं। यद्यपि वे सम्पूर्ण देश के लिए भोजन पैदा करते हैं परन्तु वे स्वयं सबसे अधिक भूखे रहते हैं और उनकी कमाई को हड़प कर जानेवाले ज़मींदारों के वैभव का ठिकाना नहीं।

अपने समाज का बाहरी रूप देखकर हम यह समझते हैं कि मज़दूरों और किसानों के अलावा एक अच्छी बड़ी संख्या ऐसे खाते-पीते लोगों की भी है जो सफ़ेदपोश हैं, खाते-पीते हैं और आसूदा हाल हैं। इसमें सन्देह नहीं कि पूँजीपतियों और किसानों मज़दूरों के अलावा हमारे समाज में और भी श्रेणियाँ हैं; उदाहरणत: मध्यम श्रेणी के लोग।

इन लोगों के पास पैदावार के बड़े-बड़े साधन नहीं और न था लोग बिलकुल सम्पत्ति हीन ही हैं। मध्यम श्रेणी के लोग प्राय: वे पेशेवर लोग हैं जो डॉक्टर, वकील, इंजीनियर या इसी प्रकार के दूसरे काम करते हैं। इन लोगों के पास प्राय: कुछ सम्पत्ति भी रहती है। इन लोगों की जीविका चलती है पूँजीपति श्रेणी की सेवा से, इसलिए ये लोग सदा पूँजीपति श्रेणी के सहायक रहते हैं। इसी श्रेणी में से प्राय: मैनेजर आदि बनाकर पूँजीपति श्रेणी का काम चलानेवाले लोग निकलते हैं। निचली मध्यम श्रेणी के लोगों की अवस्था प्राय: बहुत अधिक शोकजनक होती है। पूँजीवाद और बेकारी के बढ़ने के साथ-साथ इनकी अवस्था गिरती ही जाती है। इनमें से जो दुकानदार हैं या छोटे-छोटे व्यापारी, वे बड़े-बड़े पूँजीपतियों के मुकाबिले में उखड़ते जाते हैं और नौकर श्रेणी में आते जाते हैं। नौकर श्रेणी के लोग चाहे वे कितनी ही अधिक तनख़्वाह पायें, अपनी योग्यता और मेहनत का पूरा फ़ायदा नहीं पा सकते वर्ना उन्हें नौकर रखने से पूँजीपति को लाभ क्या होगा? जब तक शिक्षित लोगों की संख्या कम थी, इन लोगों की क़द्र थी परन्तु शिक्षा के प्रचार के साथ-ही-साथ इन लोगों में भी बेकारी बढ़ती जाती है और इनकी नौकरी या मज़दूरी का दर घटता जाता है। इन लोगों की संख्या बढ़ने के साथ इस श्रेणी के लोग मज़दूर श्रेणी में आकर मिलते जाते हैं। अपने स्वभाव, अभ्यास और शान के ख़याल से यह लोग मज़दूरों और किसानों से अपने आपको ऊँचा समझकर उनसे घृणा करते

हैं परन्तु इनकी आमदनी बँटकर प्राय: अच्छे दस्तकार मज़दूर के बराबर ही रह जाती है, फ़र्क़ इतना है कि यह लोग अपनी आमदनी का बड़ा भाग पोशाक पर ख़र्च कर अपनी शान बनाये रखने की कोशिश करते हैं परन्तु अवस्था इनकी मज़दूरों से बेतरह नहीं।

समाज के सभी अंगों की अवस्था पर विचार कर चुकने के बाद हम यह देखते हैं कि समाज शोषकों और शोषितों में बँटा हुआ है। प्रत्येक एक शोषक के पीछे सैकड़ों-हज़ारों शोषितों का जीवन नष्ट होता है। ज्यों-ज्यों शोषितों की अवस्था ख़राब होती जाती है। समाज में पैदावार और खपत का दायरा तंग होता जाता है बेकारी बढ़ती जाती है और समाज का जीवन कठिन होता जाता है।

समाज के जीवन को स्वस्थ्य बनाने के लिये, समाज को ऐसी अवस्था में लाने के लिए जिसमें सब मनुष्यों को जीवन के समान अधिकार है। यह आवश्यक है कि शोषण को बन्द किया जाये या दूसरे शब्दों में समाज में ऐसी व्यवस्था जारी की जाये जिसमें पैदावार के साधनों पर अधिकार किसी एक कोई व्यक्ति का न हो, कोई एक व्यक्ति अपने मुनाफ़े के लिए हज़ारों लाखों व्यक्तियों का शोषण न कर सके बल्कि पैदावार के साधनों पर सम्पूर्ण समाज का अधिकार हो, पैदावार समाज के लाभ और उपयोग के लिए हो—समाज का शोषण न हो सके। समाज की इस शोषणरहित अवस्था को जिसमें व्यक्ति का हित प्रधान न होकर समाज का हित प्रधान होगा, समाजवाद कहा जाता है।

पूँजीपति मुनाफ़े केवल अपनी आवश्यकताओं को पूरा करने के लिए ही कमाते हों सो बात नहीं। मुनाफ़े के ज़रिये बड़ी-बड़ी रक़में या पूँजी पैदा करते जाते हैं और फिर इस पूँजी को व्यवसाय में लगाकर उस पर मुनाफ़ा कमाने की कोशिशें करते हैं। इस प्रकार मुनाफ़ा कमाना या मुनाफ़े के रूप में मेहनत करनेवाली श्रेणियों की शक्ति को धन का रूप देकर इकट्ठे करते जाना ही उनके जीवन का उद्देश्य हो जाता है। पूँजीवाद जब उन्नति करता है तो जैसे कि हमने ऊपर बताया है, देश में बेकारी बढ़ती है और मज़दूरों की मज़दूरी को लगातार घटाते जाने से उनकी ख़रीद का ख़र्च करने की शक्ति घटने लगती है। इस सबका परिणाम होता है कि पूँजीपतियों के माल की खपत कम होना उनका मुनाफ़ा कम हो जाना। एक ओर तो पूँजी बढ़ती है, दूसरी ओर मुनाफ़ा घटता है। इससे पूँजी पर लाभ की तादाद कम होती जाती है, और बहुत-सी पूँजी बेकार पड़ी रहती है। ऐसी अवस्था में पूँजीपति विदेश से व्यापार कर अपने माल को विदेश के बाज़ारों में खपाने की तरकीब निकालता है। विदेशों के व्यापार से आनेवाले मुनाफ़े से उसकी पूँजी और बढ़ती है। अब उसे फ़िक्र होती है अपनी इस पूँजी को विदेश में ले जाकर कल-

कारख़ाने खोलने की। दूसरे देशों में अपनी पूँजी लगाने के लिए यह आवश्यक है कि उस जगह उनकी पूँजी की रक्षा का प्रबन्ध भी हो। इसके लिए दूसरे देशों को पराधीन बनाने की ज़रूरत पड़ती है, साम्राज्य की नींव डाली जाती है, साम्राज्यवाद शुरू होता है। परन्तु पूँजी के विस्तार केवल एक देश का ही नहीं होता बल्कि सभी पूँजीवादी देशों का होता है इसलिए साम्राज्य विस्तार की आवश्यकता भी सभी पूँजीवादी देशों को अनुभव होती है। परन्तु इस पृथ्वी को खींचकर इच्छानुसार बढ़ाया नहीं जा सकता इसलिए पृथ्वी के टुकड़ों के लिए पूँजीवादी या साम्राज्यवादी देशों में युद्ध आरम्भ होते हैं। पूँजीवादी देश माँग करते हैं हमें कच्चे माल की ज़रूरत है, फिर कहते हैं अपना माल खपाने के लिए हमें बाज़ारों की ज़रूरत है और इसके बाद सवाल उठता है अपनी बढ़ती हुई आबादी को बसाने के लिए हमें उपनिवेशों की ज़रूरत है। इसके लिए युद्ध आरम्भ होते हैं। पूँजीवादी तरीक़े के कारण बेकार हो गये किसानों और मज़दूरों की संख्या प्रत्येक देश में बहुत रहती है, इसलिए इन युद्धों के लिए सिपाहियों की भी कमी नहीं रहती।

इस प्रकार हम देखते हैं पूँजीपति के वैभक्तिक लाभ के लिए होनेवाला शोषण व्यक्तियों के शोषण से बढ़ता हुआ उपनिवेशों और पराधीन देशों के शोषण तक पहुँचता है और पूँजीवादी श्रेणी की मुनाफ़े की खोज का प्रयत्न आहिस्ता-आहिस्ता साम्राज्यवाद तक पहुँच जाता है जो शोषण का सबसे प्रधान रूप है। पूँजीवादी तरीक़े पर क़ायम इन साम्राज्यवादी युद्धों में भी पूँजीवादी अपने कारख़ानों से युद्धों का सामान तैयार कर लाभ उठाते हैं और अपने देश के ग़रीब मज़दूरों को दूसरे देश के ग़रीब मज़दूरों का ख़ून बहाने के लिए अपना सिपाही सजाकर फिर उनका शोषण करते हैं जिसका अन्त केवल मूल्य के रूप में ही होता है।

सितम्बर

१९४०

बेकार एण्ड कम्पनी लिमिटेड

सावन और भादों की वर्षा में भेद रहता है। सावन की वर्षा है प्यास से पागल आदमी के लिए दो घूँट जल की तरह, जब जल के स्वाद और सुवास को पहचानने लायक़ होश नहीं रहता। भादों की वर्षा की बात दूसरी है। वह एक तृप्ति की अवस्था में पिये जानेवाले शरबत के गिलास की तरह है जिसमें मीठा ज़्यादा होना, बरफ़ कम या ज़्यादा होना और केवड़े के जल का नये और पुराने होना सब पर ध्यान जाता है भारतवासियों के भूख और लू से झुलसे हुए शरीर चौमासे की जलपूर्ण वायु से जब ज़रा स्निग्ध हो उठते हैं तो उन्हें मनोविनोद की सूझती है। इसीलिए भादों में जन्माष्टमी का त्योहार विशेष उत्साह से मनाया जाता है। चैत में बेचारे राम के जन्मदिन पर सिवा उपवास और मन्दिर दर्शन के कुछ हाथ नहीं आता परन्तु जन्माष्टमी के अवसर पर आनन्द, भक्ति और उत्साह की एक बाढ़ आ जाती है।

बेकार एण्ड कम्पनी का अधिवेशन टीन की जिस छत के नीचे होता है, वह एक मन्दिर के बग़ल में होने के कारण बेकार एण्ड कम्पनी में भगवान् कृष्ण की चर्चा हुए बिना नहीं रह सकता था। अनेक प्रकार के कांसे के घण्टे और घड़ियालों को बजाकर जब सोये हुए भगवान् को जगाने का यत्न किया जाता है, तब बेकार कम्पनी की इस बैठक में मुख से कहीं कोई बात सुनायी नहीं दे सकती। एक साहब कुछ साहित्यिक चर्चा कर रहे थे कि आरती शुरू हो गयी वे दाँत पीसकर रह गये और उस मुहल्ले में मन्दिर बना जानेवाले को दुआ देते हुए आरती समाप्त होने की प्रतीक्षा करने लगे। आरती समाप्त होने पर आप बोले—''यह है भारतीय संगीत जिस संगीत! से आदमियों के दिल की धड़कन बढ़ जाती है, भगवान् का सन्तोष उसी से होता है।''

दूसरे साहब जो उनसे भी एक क़दम आगे बढ़े हुए थे, बोले—''ग़नीमत यह है कि भारतीय सभ्यता के ज़माने में अभी बारूद का आविष्कार नहीं हुआ

था, नहीं तो मन्दिरों में आरती के समय तोपें चला करतीं।'' यदि बीच-बचाव न कर दिया जाता तो मज़ा किरकिरा हो जाता। खैर भारतीय सभ्यता के एक पण्डित ने ताल-सुर का ख़याल न कर मन्दिर में कांसा पीटने की आध्यात्मिक व्याख्या करनी शुरू की। उन्होंने बताया, मन्दिरों में घण्टे-घड़ियाल और शंख बजाने का अभिप्राय दिल बहलाना नहीं बल्कि चित्त और ध्यान को एकाग्र करना होता है।

आरती पर एतराज़ करनेवाले पहले सज्जन बोले—''गुल्ल मचाने से ध्यान एकाग्र होता है, ऐसा ही होगा। परन्तु अब तक हमने यह सुन रखा था कि आवाज़ से ध्यान बँट जाता है।''

भारतीय सभ्यता की व्याख्या करनेवाले सज्जन ने गम्भीर होकर कहा—''प्रत्येक अवस्था में अन्तर्विरोध हो जाता है, जैसे कि भोजन से शरीर पुष्ट होता है लेकिन अधिक खा जाने से आदमी मर जाता है। ठण्डक शरीर को अच्छी मालूम होती है परन्तु एक सीमा के बाद शरीर काँपने लगता है। शरीर की ऊष्णता से मनुष्य का जीवन है परन्तु अधिक ऊष्णता से ज्वर हो जाता है—समझे!''

''जी हाँ, दर्द का हद से गुज़रना है दवा हो जाना'', एक साहब ने टोक दिया।

''बहुत-कुछ उसी तरह'', भारतीय सभ्यता के पण्डित बोलते गये—''मन्दिरों में पूजा के समय जो घण्टे घड़ियाल शंख आदि बजते हैं, वे सब एक साथ बजते हैं और इन शब्दों का अर्थ भी कुछ नहीं होता...।''

—''गोया कि यह सब निरर्थक होता है'', कहकर बीच में बोलनेवाले साहब ने कहकहा लगा दिया।

—''हाँ निरर्थक, लेकिन उस माइने में निरर्थक नहीं जिस माइने में आप समझते हैं। घण्टे-घड़ियाल और शंख के शब्दों में ऐसा कोई अर्थ नहीं जो आपके ध्यान को किसी को खींचले परन्तु इन शब्दों को एक साथ करने का एक प्रयोजन है और वह यह कि आपके ध्यान को आकर्षित करनेवाले शब्द आपके कान में जाकर आपके ध्यान को विषयों की ओर न खींच सकें। आपका दिमाग़ शब्द के भँवर में घिरकर एक स्थान पर टिक जाये और जो लक्ष्य अपने मन के भीतर उपस्थित किया है, उसी पर केन्द्रि हो जाये। बाहर की किसी बात की ओर आपका ध्यान जाये ही नहीं।''

—''सुना है भाँग पीने या सुलफे का दम लगाने से भी मन बस एक ही ओर चल देता है?'' एक साहब ने प्रश्न किया।

—''बस यही तो'', आरती का विरोध करनेवाले साहब ने हाथ पसार कर कहा—''और है क्या? यह पूजा पाठ और यह धर्म; यह सब एक क़िस्म का नशा

है जो दिमाग़ को एक गहरे विश्वास या नशे की हालत में घेर लेते हैं। तभी तो लेनिन ने कहा है—मज़हब जनता के लिए अफ़ीम है।''

भारतीय सभ्यता के एक समर्थक जो अब तक चुप थे, चुटकी लेकर बोले—''जी हाँ, लेनिन ने जब कह दिया तब आप उसे क्योंकर न मानेंगे? और हमारे ऋषियों-मुनियों ने हज़ारों वर्ष तपस्या कह जो कुछ कह दिया उसका कुछ मूल्य नहीं?''

एक साहब जो अपनी कोहनी का तकिया लगाये लेटे मज़े से मन्दिर की सजावट देख रहे थे, करवट ले उठ बैठे और ऋषियों की तपस्या का ज़िक्र करनेवाले साहब की बाँह पकड़ मन्दिर की ओर संकेत करते हुए बोले—''भगवान् कृष्ण तो योगीराज थे न; वह देखिये उनकी योग साधना का नमूना...।''

मन्दिर की बारहदरी में एक ख़ूब बड़ा चित्र चीरहरण का दिखायी दे रहा था। उस चित्र की ओर संकेत कर यह साहब बोले—''इस तरह की योग साधना के लिए तो हम भी तैयार हैं। कहिये तो चलें हम आपके मोहल्ले में?''

ऋषियों की तपस्या का ज़िक्र करनेवाले सज्जन ने हाथ के घूँसे का पैंतरा दिखाते हुए कहा—''चलो आओ बेटा, जूतियों से चाँद गंजी कर दी जायेगी।''

योग साधना के लिए आतुर महोदय ने अद्‌भुत सहनशक्ति का परिचय देते हुए विनीत शब्दों में कहा—''क्यों महाशय जी इस क्रोध का कारण, यदि हम महापुरुषों के क़दमों पर चलने की कोशिश करें तो उसके लिए आप नाई का काम करने को क्यों तैयार हो गये?''

चाँद गंजी करने के लिए तैयार सज्जन ने कुछ फीके पड़ते हुए कहा—''पहले इतना आत्मिक बल तो प्राप्त करो और समझो कि चीरहरण-लीला का अर्थ क्या है? यह सब बातें आध्यात्मिक हैं।

एक साहब जो किसी क़द्र आर्य समाजी मालूम देते थे, बोल उठे—''जनाबे-आली, इसमें अध्यात्म की क्या बात है? गोपियों की नंगी नहाने की बुरी आदत थी। श्रीकृष्ण चन्द्र जी ने उन्हें सबक देने के लिए उनके कपड़े उठाकर सबक दे दिया।''

मन्दिर के घण्टे-घड़ियाल के सम्बन्ध में एतराज़ करनेवाले सज्जन बहुत देर से चुप बैठे उक्ता गये थे, सो बोल पड़े—''क्यों जनाब, सबक देने की इसमें क्या बात थी? फ़र्ज़ कीजिये गोपियों के पास फालतू धोती नहीं थी तो वे नंगी न नहातीं तो करतीं क्या? अगर वे अपनी धोती पहनकर ही नहा लेतीं और गीली धोती बाँधकर गाँव को जातीं तो भगवान् कृष्ण उन्हें किसी और ढंग से सबक देने लगते।''

उनके दूसरे साथी झट से बोल उठे—"क्यों साहब, योगी लोग नंगे-धड़ंगे फिरें तो उनकी तारीफ होती है और यदि बेचारी स्त्री बिना वस्त्र के फिरे तो उसे सबक दिया जाता है।"

भारतीय सभ्यता के दूसरे समर्थक बोले—"जनाब, आप भी अजब आदमी हैं योगियों का मुक़ाबला करते हैं औरतों से।"

"लेकिन नंगे रहने में योगी या औरत होने से क्या अन्तर आ जाता है। नंगे रहने या कपड़ा पहनने का सवाल मनुष्य के अपने व्यक्तित्व के लिए नहीं बल्कि दूसरों के व्यक्तित्व के लिए होता है। अपने-आपको नंगे देखकर न तो किसी के मन में प्रलोभन ही पैदा होता है और न घृणा ही आती है। यह सब होता है दूसरों के शरीर के सम्बन्ध में। यदि औरतों को यह अधिकार नहीं कि पुरुषों के सामने तमाशा करें; तो पुरुषों का ही यह अधिकार कैसे मान लिया जाये कि वे स्त्रियों के सामने तमाशा करें?" एक साहब ने पूछा।

—"लेकिन भगवान् कृष्ण तो नंगे नहीं फिरते थे।" एक नये साहब बोल उठे—"उनको तो आप नयी रोशनी के लोग भी आदर्श मानेंगे।"

"आदर्श मानेंगे ज़रूर, मानेंगे कैसे नहीं लेकिन मुश्किल यह है कि उस आदर्श पर चलने के लिए हमें आज-दिन मौक़ा नहीं है। कृष्ण जी रहे होंगे लाखों-हज़ारों में एक ही जीव! उन्हें जो देखता था उन पर मर मिटता। उनकी शरारत भी किसी को बुरी मालूम न देती। ऐसी वशीकरण मन्त्र हमें भी कहीं से मिल जाये तो फिर क्या कहने।"

भारतीय सभ्यता के समर्थक पूछ बैठे—"क्यों साहब शरारत कैसी?"

—"यही कि गाँव-भर की जवान औरतों को ले चाँदनी रात में नदी के किनारे नाचना। ललिता सखी और राधा से झाड़ियों के पीछे मिलना यह सब...।"

—"फिर वही अहमक़पने की बात कहे जाओगे! तुम्हें समझाया कि यह सब बातें उस पुरुष के लिए कुछ अर्थ नहीं रखतीं जो आत्मा और ब्रह्म को समझ जाता है। उसके लिए स्त्री और भोग में कोई आकर्षण नहीं रहता।"

"माना कि महापुरुषों के लिए इन सब बातों में कोई आकर्षण नहीं रहता परन्तु आधी रात में कष्ट उठा स्त्रियों को बटोरकर यमुना तट पर जाने की ज़रूरत क्या थी? भगवान् कोई ईख का खेत रखाते नहीं थे जहाँ रात में सूअरों और गीदड़ों को हाँकने की ज़रूरत पड़ती।"

एक साहब जो शान्तिपूर्वक बीड़ी पी रहे थे, अहिस्ता से बोले—"शारीरिक वासना और आत्मिक प्रेम में अन्तर होता है।"

—"हाँ साहब होता ज़रूर है।" दूसरे बीड़ी पीनेवाले सज्जन ने हामी भरी—"पर आजकल आत्मिक प्रेम की क़द्र बिलकुल नहीं रह गयी। हम अपने सिर की क़सम खाकर कहते हैं कि आजकल शुद्ध प्रेम का ज़माना नहीं रहा। हमने तो सब करके देख लिया है। कॉलेज में पढ़नेवाली एक लड़की को देख हमारे हृदय में बिलकुल शुद्ध प्रेम का प्रवाह उत्पन्न हुआ। हमने एक चिट्ठी में अपने शुद्ध भावों को प्रकट कर उन देवी जी को लिखा कि हमें किसी भी चीज़ की ज़रूरत नहीं, बस उनके दर्शनमात्र करने से हमें आत्मिक शान्ति मिल जाती है इसलिए हम सन्ध्या को साढ़े-छह बजे उनकी खिड़की के सामने से गुज़र जाया करेंगे, वे हमें दर्शन दे दिया करें...।"

"वल्लाह! बड़े आशिक मिज़ाज हो।" एक साहब ने लेटे से उठाकर झट से बीड़ी जलाते हुए कहा—"हाँ, अब कहो, फिर गये नहीं तुम?"

कहनेवाले सज्जन ने चारों तरफ़ नज़र फ़िरा कर देखा, सभी लोग उनके चेहरे की ओर आश्चर्य और कौतूहल से देख रहे थे। वे कुछ झेंप गये और आँखें नीची करके बोले—"हाँ ख़ास कुछ नहीं लेकिन हमारे आत्मिक प्रेमी की बात पर किसी ने विश्वास नहीं किया।"

—"बेटा जूते पड़े होंगे, बताते क्यों नहीं?"

झुँझुलाकर उन्होंने जवाब दिया—"बताने को उसमें क्या रखा है? लेकिन लोगों के विचार इतने नीच हो गये हैं कि सबको पापी ही समझते हैं और आत्मिक प्रेम में विश्वास ही नहीं करते...।"

बहस इस बात पर चल निकली कि आत्मिक और शारीरिक प्रेम में भेद है या नहीं। एक कम्युनिस्ट साहब बोले कि आत्मिक प्रेम कुछ नहीं होता। आँख से देखे बिना प्रेम हो नहीं सकता तो फिर प्रेम आँख का हुआ। आँख शरीर है आत्मा नहीं। आत्मिक प्रेम के शिकार तड़प कर बोले—"कृष्ण जी राधा को बगल में लेकर नाचें तो आत्मिक प्रेम और हम सड़क पर से खिड़की की राह नजर डाल लें तो शारीरिक वासना।"

इन महाशय के आत्मिक प्रेम की अवहेलना की कहानी से किसी के मन में सहानुभूति का सागर न उमड़ा बल्कि लोग जम्हाइयाँ लेकर और चुटकी बजा कर अपना असन्तोष प्रकट करने लगे। एक साहब ने नयी बीड़ी जलाकर दियासलाई के पीछे बनी तसवीर को दिखाकर कहा—"बाबा-रे-बाबा, देखो तो यह हिटलर का टैंक कैसे हिन्दुस्तान को कुचले डाल रहा है।" वे दियासलाई के पीछे बनी तसवीर दिखाने लगे जो सरकार ने युद्ध के लिए क़र्ज़ा इकट्ठा करने के लिए इश्तहार के तौर पर दियासलाइयों के पीछे छाप दी है।

दियासलाई की डिबिया को अपने हाथ में ले तसवीर को ध्यान से देखकर दूसरे साहब बोले—"सचमुच इस तसवीर को देखकर डर लगता है।"

अधलेटे साहब धोती के छोर से मक्खियों के एक झुण्ड को उड़ाते हुए—"कहाँ, डर लगता है ख़ाक! अरे अपने अड्डों से बीस मील दूर इंग्लैण्ड पर हज़ार-हज़ार हवाई जहाज़ लेकर जर्मनी हमला करता है और हज़ारों बम बरसाने के बाद कहीं एक बैल मर जाता है, कहीं दो लड़कियों की टाँग में चोट आ जाती है और कहीं घास का ढेर जल जाता है। यहाँ दो हज़ार मील उड़कर आने में तो हिटलर के हवाई जहाज़ यहाँ पहुँचते तक तो आंधी में ही उड़ जायेंगे और जो कमबख़्त यहाँ पहुँच ही गये तो कौन मकड़ी की टाँग तोड़ लेंगे। उनकी कलई तो इंग्लैण्ड में ख़ुल ही गयी।"

एक साहब बोले—"सरकार का भी क्या तरीक़ा है? दुश्मन के ख़िलाफ़ हौंसला बढ़ाने के बजाय जर्मनी के भयावने भूत दिखा-दिखाकर लोगों को डरा रही है। यों ही हिन्दुस्तानी बड़े जवां मर्द हैं, तिस पर भय दिखाने तो उनके हौंसले का कहना ही क्या।"

लेटे हुए साहब उठकर बोले—"पर सरकार तो हिन्दुस्तानियों को दिलेर बनाना ही नहीं चाहती। देखिये, लगे थे ज़रा कमर में पेटी बाँधने और फ़ौजी ढंग से पैर पटकने कि सरकार ने मना कर दिया।"

एक और साहब बोले—"हिन्दुस्तान ठहरा ब्रिटिश साम्राज्य का लाड़ला बच्चा। अंग्रेज़ी सरकार यह नहीं चाहती कि हिन्दुस्तानी ख़्वामख़्वाह उछल-कूद कर अपने हाथ-पैर तोड़ लें, इसलिए भारत रक्षा क़ानून बनाकर उसने हिन्दुस्तानियों का फ़ौजी खेल खेलना बन्दकर दिया है।"

महफ़िल में जो साहब सबसे गम्भीर थे, उन्होंने कहा—"अरे भाई, बक तो बहुत रहे हो पर यह सोच लो जो कुछ तुम कह रहे हो वह ख़ुद ही तो कहीं भारत रक्षा क़ानून की हद में नहीं आ जाता? कहीं सरकार तुम्हें बड़े घर भेजकर तुम्हारा बेकारी का इलाज न कर दे!"

उनकी इस बात से महफ़िल के लोगों के चेहरे पर हवाइयाँ उड़ने लगीं। इस विपदा से बचा दिया एक सज्जन ने। वे चौंककर बोले—"अरे, घर में व्रत खोलने के लिए फलाहार का सामान तो हमने पहुँचाया ही नहीं।"और वे उठ खड़े हुए। घर में फलाहार पहुँचाना सभी के लिए ज़रूरी था, इसलिए महफ़िल आसानी से बिखर गयी।

◈

चिलम चक्कर
दुर्मुख

एक साहब ने बीड़ी पीकर उसका टुकड़ा ज़मीन पर फेंक दिया। दूसरे साहब यह देख हँस दिये।

दो-तीन तरफ़ से सवाल किया गया—हँसे क्यों? हँसनेवाले ने बात टालने के लिए कहा—ऐसे ही। बीड़ी फेंकनेवाले साहब ताव में आ गये—"ऐसे भी कोई हँसता है?" इस हँस देने में उन्होंने अपना अपमान समझ लिया।

चिलम चक्कर के इतिहास के विद्वान् बोले—"जनाब, अगर मुग़लों या राजपूतों के दरबार में हँस देते तो तलवार से सर क़लम हो जाता।"

यह सुनकर हमें नानी की एक कहानी याद आ गयी—महाराज कुल्ला कर रहे थे। बाँदी हँस दी। महाराज ने पूछा, हँसी क्यों? बाँदी का मुँह बन्द हो गया। महाराज ने हुक्म दिया—अगर चौबीस घण्टे में बाँदी हँसने का कारण न बताये तो सर क़लम कर दिया जाये। बाँदी को हँसी आयी थी महाराजा की दाढ़ी हिलने पर। अगर हँसने का कारण बताये तो जान मारी जाये, न बताये तो सर काटा जाये। बाँदी दौड़ी हुई पहुँची कालीदास की शरण में और प्राण बचाने की विनती की।

कालीदास ठहरे पुराने घाघ! महाराज के सम्मुख बाँदी की वक़ालत करने आये, बोले—"महाराज बाँदी हँसी थी की कुल्ले से बिखरनेवाली बूँदों को देखकर। कि इस जरा-सी बूँद के बराबर बीज में कितना बड़ा वट वृक्ष छिपा रहता है और फिर महाराज के शरीर को देखकर जिसमें पृथ्वी भर का शासन करने की शक्ति छिपी है।

महाराज ख़ुश हो गये, बोले—"कालीदास का मुँह मोतियों से भर दिया जाये।" लेकिन चिलम चक्कर में हँस देनेवाले सज्जन भी कम नहीं, वे इस युग के कालीदास हैं। बोले—

"भैया, आज घर में पिटते पिटते बच गये। बस यही बीड़ी पीकर फेंक दी थी। घरवाली ऐसी नाराज हुई कि मत पूछो! बोली, डाइन चर जाये इस बीड़ी बनानेवालों को!'

दूसरे साहब जो हिन्दी का अख़बार पढ़ रहे थे, अख़बार में एक इश्तहार दिखाकर बोले—"और यह इश्तहार दे रहे है कि 'पहलवान मार्का' बीड़ी पियो।"

चिलम चक्कर के इतिहास के पण्डित बोले—"यह तो संसार का क़ायदा है कि एक के भले में दूसरे की हानि अक़सर होती है और किसी की हानि में किसी का भला हो जाता है।"

जो साहब हँसी पर बिगड़ बैठे थे, अपनी झेंप मिटाने के लिए बोले—"ख़ूब रही, अच्छा यह जो लड़ाई चल रही है, लाखों मर रहे हैं, बीवियाँ ख़ाविन्दों से, बच्चे माँ-बाप से बिछुड़ रहे हैं, ख़ून के दरिया बह रहे हैं, इस सब सत्यानाश करनेवाले हिटलर को कौन दुआ देता होगा?"

इतिहास के पण्डित बोले—"देता कैसे नहीं होगा दुआ? अमेरिका और विलायत में जितन गोला-बारूद के कारख़ानेवाले हैं, तोप तलवार और हवाई जहाज़ बनानेवाले हैं, कमबख़्त पचीस बरस से ढेरों सामान तैयार कर और क्या सोच रहे थे? यही, किसी हिटलर के आने की ही तो इन्तज़ार कर रहे थे। उन बेचारों का अरबों रुपये का माल सड़ रहा था और जर्मनी ने बीस बरस तक और सब-कुछ छोड़कर बनाया ही गोला बारूद था। ज़र्मनी का सामान तो कोई भला मुल्क खरीदता न था। उसने कहा गोला-बारूद ही बनाओ जो मुफ़्त दिया जा सके....।"

इतिहास के पण्डित अभी कहे जा रहे थे कि नाराज़ होनेवाले साहब ने टोक दिया—"हाँ तो वह कारख़ाने जब चाहे लड़ाई करा देते होंगे? क्या हौआ बीजा की-सी बातें करते हो यार!"

इतिहास के पण्डित ताव खा गये बोले—"ज़हारौंफ का नाम जानते हो?"

हमने कहा—"इतना बड़ा नाम बहुत कम आदमी जानते हैं। कहिये आपको क्या कहना है?"

—"बस, तभी तो ऐसी बातें करते हो। ज़हारौंफ को मरे चार-पाँच बरस हुए होंगे। पिछली लड़ाई के समय ज़हरौंफ के कारख़ाने इंग्लैण्ड में भी थे और जर्मनी में भी। पट्ठा दोनों तरफ़ से माल काटता रहा। ख़ुद बेटा बैठे रहे स्पेन और पुर्तगाल में। और इस सब बहादुरी का ख़िताब मिला कि इंग्लैण्ड और फ्रान्स से राष्ट्र के सहायक और रक्षक का तमग़ा ले आप इतने बड़े आदमी बन गये कि सम्राट जार्ज पंचम पैरिस जाते थे तो इन हज़रत के मेहमान होते थे। और आपका निजी ख़र्च ब्रिटेन साम्राज्य के सम्राट से अधिक था। जब आपका गोला-बारूद सड़ने लगता था तो यूरोप के छोटे राष्ट्रों को लड़ा दिया करते थे। अब माने? कुछ दुनिया की ख़बर भी रखते हो या ऐसे ही बजर बट्टू हो?"

अब वही नाराज़ होनेवाले साहब अपनी बारी पर चिलम फूँकते हुए बोले—"सच्ची, राम जी की क़सम, इस वक़्त कहीं जूट का सट्टाकर लेते तो निहाल हो जाते। कुछ ख़बर है जूट कित्ती तेज़ी पै जा रही है?"

इतिहास के पण्डित बोले—"और यह भी मालूम है कि तेज़ी पर जा क्यों रही है? सरकार ने लड़ाई के लिए पाँच करोड़ बोरी का ऑर्डर दिया है।"

बड़ी निराशा से लम्बी साँस ले एक सट्टेबाज ने चिलम के लिए हाथ बढ़ा दिया और मुस्कारने का यत्न करते हुए बोले—"तुलसीदास जी कह गये हैं—काहू को बैंगन बायरे का कहू को बैंगन पथ।"

दूसरे साहब ने हाथ मिलाने के लिए हाथ बढ़ाते हुए कहा—"तुलसीदास जी के कौन बैंगन के खेत थे; होते तो सभी को बैंगन पथ न बता जाते।"

× × ×

एक साहब ने जाँघ ठोककर कहा—"अब नहीं रुक सकती, अब सरकार और कांग्रेस में छिड़े बिना नहीं रह सकती, चलोगे बेटा जेल ?"

जिन्हें सुनाकर यह दावत दी गयी थी, खम ठोक कर उठ बैठे। बोले—"चलेंगे कैसे नहीं, कम हैं क्या हम किसी से?"

इतिहास के पण्डित बोले—"सो तो तुम बड़े तीसमार खाँ हो, पर जेल चले जाने में ही कौन बहादुरी है? और वहाँ जाकर तुम कर ही क्या लोगे? इससे तुम घर की कोठरी में ही न जा बैठो और बीबी से कह दो बाहर से ताला बन्द कर दें, लो हो गयी जेल।"

दावत देनेवाले साहब ने कहा—"सब तुम जैसे ही होंगे; जेल न जायें तो क्या अपना नाम धरायें?"

इतिहास के पण्डित कुछ सोचकर सिर हिलाकर बोले—"नहीं साहब जेल जाइये, हम भी जायेंगे, हमारी ही ग़लती थी।"

—"बहुत जल्दी समझ आयी क्या बात है?" एक साहब ने पूछा।

पण्डित जी बोले—"इतिहास की ऐसी ही शिक्षा है। इंग्लैण्ड के कालिदास शेक्सपियर के गुरु इटली के विद्वान् बोकेशियो ने लिखा है—

"एक समय एक ज्योतिषी ने एक समझदार आदमी को यह भविष्यवाणी बतायी कि अमुक-अमुक दिन सब कुओं के पानी में ऐसा असर आ जायेगा कि जो एक घूँट पी लेगा पागल हो जायेगा। समझदार आदमी ने अपने घर में एक हौदा ख़ुदवाकर अच्छा पानी भर लिया। आये दिन सचमुच ही सब लोग पागल हो गये। समझदार आदमी ने देखा तो मालूम हुआ कि सारे शहर ने गहरी भाँग खा ली है। वे लोगों को देखकर हैरान थे और लोग उन्हें दाँत दिखा-दिखाकर हँसते थे। उनकी समझदारी को समझनेवाला ही कोई न था। उन्होंने लोगों को भरसक समझाया कि वे पागल हैं; परन्तु लोगों ने उन्हें पागल बनाया। आखिरकार ज़िन्दगी से दुःखी हो उन्होंने भी वह पागल करनेवाला जल पी लिया। वह जल पीते ही उन्हें ऐसा मालूम हुआ कि उनके ज्ञान चक्षु खुल गये वे भी और लोगों की ही तरह समझदार बन

गये। भैया, सो ही बात है। जायेंगे हम भी जेल, पागल थोड़े ही बनना है।''

—''और जेल न जाकर ही आप कौन तीर मार लेंगे?''

—'तीर मारने का तो भैया ज़माना नहीं रहा, अलबत्ता थोड़ा बहुत 'बात' मार सकें तभी बहुत है।'' उन्होंने उत्तर दिया।

एक साहब ने आगे बढ़कर पूछा—''यानी?''

—''यानी यह कि किसी को इतना समझा सकें कि स्वराज्य का मतलब क्या, और उसकी ज़रूरत क्यों?''

× × ×

सवाल यह है कि जिन्ना साहब को वाइसराय की भेंट से सन्तोष अब भी नहीं। परन्तु इतने दिन तक लीगी भाइयों की लगाम खींचे रहने के बाद आख़िर उन्होंने इन्हें बार काउन्सिल में जाने की इजाज़त दे ही दी जिन्ना साहब ने ठीक ही किया। सभी जानते है नींबू बहुत निचोड़ने से कड़वा हो जाता है।

× × ×

यू.पी. के गवर्नर साहब कहते हैं—कांग्रेस पार्टी की बैठक तुम्हें करनी है या लीग पार्टी का जलसा करना है तो आओ सिर आँखों पर असेम्बली हॉल तुम्हारा है। और भइया अगर सभी पार्टियों की बैठक एक साथ करनी है तो अपनी राह देखो असेम्बली हॉल बन्द है।

पन्त जी को यह राज़ समझ में नहीं आया। इतना ही समझ जाते तो मिनिस्टर बन कैसे जाते और फिर जनता के ज़ोर पर मिनिस्टर बन गवर्नर की घुड़की से कैसे भाग निकलते। यह राज़ तो बहुत पुराना है। एक-एक पार्टी ख़ूब चले, इसमें सरकार को एतराज़ नहीं। इसमें हैं कि सब पार्टियाँ मिलकर न चलें। अंग्रेज़ की पुरानी नीति क्या है, यह क्या हर दफ़े बताना होगा?

× × ×

विनिमय

विप्लव कार्यालय में प्राप्त पत्र और उनके उत्तर

''प्रिय सम्पादक विप्लव,

देहली
२१-८-४०

आप अपने पत्र में सदा इस बात का इशारा किया करते हैं कि इस देश की ग़रीबी और ग़ुलामी का इलाज केवल समाजवादी शासन क़ायम करने का प्रयत्न है। और कांग्रेस को समाजवाद का ही मार्ग इख़्तियार करना चाहिये। कोई विचार या सिद्धान्त कैसा है, इस बात का निश्चय उस विचार को मानने वाले व्यक्तियों के आचरण में और सालूक से ही लग सकता है। आप मुझे मुआफ़ करेंगे यदि मैं यह कहूँ कि अपने आपको सोशलिस्ट और कम्यूनिस्ट कहने वाले व्यक्तियों का रवैया जनता की सेवा और परोपकार का नहीं बल्कि स्वार्थ और ख़ुदगर्ज़ी का है। मेरा मतलब किसी ख़ास व्यक्ति पर लांछन लगाना। नहीं मैं यह कहना चाहता हूँ कि समाजवाद को मानकर भी लोग ऐश-इशरत की ज़िन्दगी क्यों बिताना चाहते हैं। उनके रवैये में हमदर्दी और सेवा भाव क्यों नहीं दिखायी देता? एक तरफ़ सोशलिस्ट कहलाना और दूसरी ओर लाखों भूखे मरतों को देखकर भी कोट पतलून डाटकर सिगरेट फूंकना अजीब बात है! यदि बुरा न मानें तो मैं अपने यहाँ से मुख्य सोशलिस्ट साहबान जिन्हें आप जानते होंगे कि बाबत तो यही बात देखता हूँ सोशलिस्टों और कम्यूनिस्टों की दोस्ती पढ़ी लिखी लड़कियों से तो तुरन्त हो हो जाती है...।''

अपने-आपको सोशलिस्ट कहनेवालों के रवैये की इस पत्र की ओर ध्यान दिलाया गया है। पहली बात तो यह है कि सोशलिस्ट कहलाना और सोशलिज़्म के सिद्धान्तों को समझना अलग-अलग बात है और सोशलिज़्म के सिद्धान्तों को समझ लेने पर सोशलिज़्म के प्रचार और स्थापना का यत्न करना बिलकुल अलग बात है। सोशलिस्ट कहलानेवालों में बहुत-से लोग ऐसे भी हैं जो केवल जनता का ध्यान आकर्षण करने के लिए ही अपने-आपको सोशलिस्ट पुकारते हैं। जिस प्रकार ईश्वर में विश्वास रखते हुए भी बड़ी-से-बड़ी बेईमानी की जा सकती है, उसी प्रकार सोशलिस्ट कहला कर भी! इसमें क़सूर अगर है तो उन्हीं आदमियों का जो इस प्रकार के आदमियों को सोशलिस्ट कहते हैं।

इसके अलावा सोशलिज़्म के सिद्धान्तों को तर्क और युक्ति से ठीक और वैज्ञानिक मानकर क़ायल हो जाना एक बात है और उसकी स्थापना के लिए अपना

तन, मन, धन निछावर कर देना दूसरी बात है। संसार में न्याय को पहचानने और स्वीकार करनेवाले तो हज़ारों ही मिल जायेंगे परन्तु उसके लिए कष्ट सहन करनेवाले हज़ारों में दो-एक ही मिल सकेंगे। सोशलिज़्म को सिद्धान्त रूप में स्वीकार करनेवाले भी तो उसी मनुष्य समाज में से आते है। फिर इन लोगों का आचरण और विचार यदि एक से नहीं पाये जाते तो कोई विशेष आश्चर्य की बात नहीं।

मनुष्यों के आचरण को निश्चय करने में उनका स्वार्थ मुख्य रहता है। आर्थिक और राजनैतिक दृष्टि से सोशलिज़्म और कम्युनिज़्म ही ऐसे सिद्धान्त हैं जिनमें अधिकांश जनता का हित है। इसलिए यदि वास्तविक रूप से सोशलिज़्म को समझ लिया जाये और इसके साथ ही व्यक्ति यह समझ जाये कि उसका हित समाज के हित में ही है तो उसके वास्तविक सोशलिस्ट कार्यकर्त्ता बनने में अधिक रूकावट नहीं हो सकती।

शेष रही बात सोशलिस्टों में समाज सेवा और परोपकार का भाव न होने की! समाज सेवा एक चीज़ है और परोपकार दूसरी। समाज सेवा की जाती है समाज के कल्याण के लिए जिसमें अपना कल्याण स्वयं ही होता है, परन्तु उद्देश्य अपना कल्याण नहीं होता। जो मनुष्य समाज के कल्याण को ही अपने कल्याण का आदर्श समझता है, वह समाज के कल्याण के लिए यदि यत्न नहीं करता तो उसने समाजवाद को ठीक तौर पर समझा ही नहीं।

आध्यात्मिक विचारों या गाँधीवाद की दृष्टि से देखने पर समाजवादियों का आचरण अवश्य परोपकार की भावना से हीन जान पड़ेगा। ऐसा होना ज़रूरी भी है। क्योंकि समाजवादी परोपकार में विश्वास नहीं रखता। परोपकार का अभिप्राय होता है दुखियों की सहायता कर परलोक कमाना। समाजवाद परलोक में विश्वास ही नहीं करता। इसके अलावा किसी राह चलते दु:खी को सहायता रूप एक पैसा दे देने से दु:खी के दु:ख का कारण नहीं दूर हो सकता। समाजवादी की दृष्टि से दुखियों के दु:ख दूर करने का उपाय एक-एक व्यक्ति का दु:ख दूर करने से नहीं बल्कि समाज की उस व्यवस्था को बदलने से ही हो सकती है जिसके कारण जनता दु:खी हो रही है। इसलिए यदि कोई समाजवादी अपने ख़र्च के भाग से कुछ बचाकर अपने स्वार्थ के अलावा ख़र्च करना चाहता है तो वह किसी एक दुखिया का दु:ख दूर करने के बजाय उस व्यवस्था को दूर करने में लगाया जाना चाहिए जिसके कारण लोग दु:खी होते हैं।

यदि समाजवादी आराम से रहना चाहता है तो उसमें तज़्जुब की कोई बात नहीं। क्योंकि समाजवादी आवश्यकताएँ कम कर त्याग द्वारा सन्तोष प्राप्त करना अपना आदर्श नहीं समझता। संसार को छोड़ने से उसे अभिमान नहीं हो सकता।

उसकी सफलता तो इस बात में है कि वह समाज के लिए अधिक-से-अधिक पैदावार या सुख के साधन पूरे कर सकता है। हमारी सभ्यता का आदर्श अब तक रहा है कि एक लँगोटी से निर्वाह हो। समाजवादी सभ्यता का आदर्श है कि समाज में प्रत्येक मज़दूर और किसान को अधिक-से-अधिक पदार्थ—रहने को बढ़िया मकान, पहनने को बढ़िया कपड़े, पढ़ने को बढ़िया पुस्तकें, रेडियो और यहाँ तक की हवाई जहाज का उपयोग करने का अवसर मिल सके। यदि समाजवादी स्वयं भी ढंग से रहने का यत्न करता है तो आश्चर्य क्या? समाजवादी का उद्देश्य सबको ग़रीब बना देना नहीं बल्कि सभी को अमीर बना देना है।

रही लड़कियों से समाजवादियों और कम्युनिस्टों की दोस्ती की बात। यह तो लड़कियाँ ही बता सकती हैं कि उन्हें समाजवादियों और कम्युनिस्टों से क्या ख़ुशबू आती है? शायद इसकी वजह यह हो कि लड़कियाँ समाजवादियों के व्यवहार में अपने प्रति सम्मान और सहानुभूति की भावना देख पाती हैं या उन्हें समाजवादियों में साहस दिखायी पड़ता है जो मर्दानगी का एक प्रमाण है और स्त्रियाँ उसकी ओर आकर्षित हो जाती हैं। इसके लिए समाजवादियों या कम्युनिस्टों को क्या सज़ा दी जा सकती है?

अक्टूबर
१९४०

विनियमय

विप्लव कार्यालय में प्राप्त पत्र और उनके उत्तर फ़ैसिज़्म और साम्राज्यवाद

'विप्लवी ट्रेक्ट' का सितम्बर अंक प्रकाशित हुआ है डॉ. प्रकाशवती के सम्पादकत्व में फिर भी उसमें प्रकाशित 'राय साहब पर अनुशासन' और 'राय साहब का फ़तवा' शीर्षक टिप्पणी पर रायवादी (Radical League) साथियों की समालोचना का उत्तर मैं दे रहा हूँ क्योंकि उसमें मेरी पुस्तक 'मार्क्सवाद' से भी उद्धरण दिये गये हैं। सितम्बर अंक में प्रकाशित टिप्पणी का भाव है कि कम्युनिस्टों के विचार से फ़ैसिज़्म में और साम्राज्यवाद में भेद नहीं क्योंकि साम्राज्यवाद द्वारा या फ़ैसिज़्म द्वारा पूँजीवादी शोषण की रक्षा का प्रयोजन एक ही है। साम्राज्य को बढ़ाने के लिए युद्ध करना या बढ़े हुए साम्राज्य की रक्षा के लिए युद्ध करना दोनों एक ही बात हैं। पूँजीवादी शोषण का विरोध करनेवाले कम्युनिस्टों की दृष्टि में फ़ैसिज़्म के ख़ूंख़्वार हथियार से पूँजीवादी शोषण का साम्राज्य स्थापित क़ायम करने का यत्न और पूँजीवादी शोषण से क़ायम साम्राज्य की रक्षा का प्रयत्न एक ही बात है। एक देश अपना पूँजीवादी शोषण क़ायम कर चुका है, दूसरा क़ायम करना चाहता है। दोनों में आपस में झगड़ा होता है तो कम्युनिस्ट होने का दम भरनेवालों को इस झगड़े से क्या मतलब? इसीलिए कम्युनिस्टों की नीति पर चलनेवाला रूस बिल्लियों की इस लड़ाई में बन्दर बना बैठा है। सितम्बर अंक में कम्युनिस्टों की नीति का चर्चा मौज़ूदा युद्ध के सम्बन्ध में किया गया है और दिखाया यह गया है कि इस युद्ध में कोई भी दल उनसे सहानुभूति और सहायता की आशा नहीं रख सकता। कांग्रेस ने कम्युनिस्टों की नीति को स्वीकार नहीं किया इसीलिए उन्हें अपने मालिक ब्रिटेन से सहानुभूति है। कांग्रेस ने पूँजीवादी शोषण के विरुद्ध जिहाद करने की ज़िम्मेवारी को कभी अपने कन्धों पर नहीं लिया। इसलिए ब्रिटेन के प्रति उसकी सहानुभूति या फ़ैसिज़्म के प्रति उसके विरोध को इस कसौटी पर नहीं जाँचा जा

सकता। कांग्रेस की ब्रिटेन के प्रति सहानुभूति स्पष्ट तौर पर इसीलिए है कि ब्रिटेन इस देश का मालिक है, फ़ैसिज़्म इस देश के मालिक का शत्रु है सो हमारा भी शत्रु है।

'विप्लवी ट्रेक्ट' के सम्पादक के प्रति आपको शिकायत है कि वर्तमान युद्ध के प्रति अपनी राय प्रकट नहीं की। 'विप्लवी ट्रेक्ट' पर यह इल्ज़ाम लगाने से पहले यदि हमारे साथी हमारे पिछले अंको को देख लेते तो अच्छा होता।

मेरी पुस्तक 'मार्क्सवाद' से कुछ उद्धरण देकर आपने यह सिद्ध करने का यत्न किया है कि फ़ैसिज़्म और साम्राज्यवाद में भेद है। मेरी पुस्तक के अनुसार साम्राज्यवाद और फ़ैसिज़्म की व्याख्या पृष्ठ २५१ से आपने यह उद्धृत की है—मार्क्सवाद के अनुसार जब किसी देश का पूँजीवाद मुनाफ़े के लिए अपने देश से बाहर क़दम फैलाता है तो वह साम्राज्यवाद का रूप धारण कर लेता है। मार्क्सवाद के अनुसार पूँजीवाद के ऐतिहासिक विकास का परिणाम है साम्राज्यवाद। फ़ैसिज़्म गिरते हुए पूँजीवाद का अपने देशों में निरंकुश तानाशाही क़ायम कर आत्म रक्षा का प्रयत्न है (१४९ पृष्ठ) वैयक्तिक स्वतन्त्रता के आधार पर चलना जब पूँजीवाद के लिए असम्भव हो गया तो पूँजीवाद ने अपनी रक्षा के लिए निरंकुश शासन नाज़ीवाद और फ़ैसिज़्म के रूप में क़ायम किया।

'मार्क्सवाद' में दी गयी इन परिभाषाओं के आधार पर फ़ैसिज़्म और साम्राज्यवाद में भेद दिखाकर साम्राज्यवाद को आप ऐतिहासिक विकास और दूसरे को क्रान्तिविरोधी बताते हैं और आप साम्राज्यवाद की सहायता करना और फ़ैसिज़्म का विरोध करना अपना कर्त्तव्य समझते हैं। फ़ैसिज़्म का विरोध करना कम्युनिस्ट का कर्त्तव्य है इसमें सन्देह नहीं परन्तु साम्राज्यवाद की सहायता करना भी कम्युनिस्ट का कर्त्तव्य हो सकता है यह हमारी समझ में नहीं आता है।

साम्राज्यवाद और फ़ैसिज़्म में केवल उतना ही भेद है जितना एक ही वृक्ष की दो शाखाओं में होता है। जड़ में तो दोनों की ही पूँजीवाद का शोषण है। जब पूँजीपतियों के मार्ग में अड़चनें नहीं रहतीं तब वे आसानी से अपना साम्राज्य क़ायम कर लेते हैं। जब पूँजीवाद स्वयं अपने देश में ही अपना विरोध करनेवाली शक्तियों को जन्म दे देता है और उसके देश के बाहर दूसरे देशों का पूँजीवाद उसका विरोध करने लगता है तो वह फ़ैसिज़्म का रूप धारण कर लेता है परन्तु फ़ैसिज़्म है तो साम्राज्य क़ायम करने का साधन ही। पूँजीवाद का विकास जिन देशों में पहले हो गया और जिन्होंने प्रतिद्वन्द्वियों और मुक़ाबला करनेवालों के अभाव में साम्राज्य क़ायम कर लिये उन्हें तो आप ऐतिहासिक विकास कह दें और जहाँ पूँजीवाद देर से विकसित हो और उसे प्रतिद्वन्द्वियों का सामना न करना पड़े वहाँ उसे क्रान्ति-विरोधी कह दें तो हम इसका क्या उत्तर दे सकते हैं! आप पूँजीवाद के परिणामों

को भिन्न-भिन्न अवस्थाओं में देखकर उसे दो भिन्न वस्तुएँ समझ लेते हैं, उसकी जड़ को नहीं देखना चाहते।

हम आपकी इस बात से सहमत है कि कांग्रेस की नीति में और राय की नीति में विशेष अन्तर नहीं है। राय साहब ब्रिटेन को इस युद्ध में बिना किसी शर्त के सहायता देने के पक्ष में हैं और कांग्रेस भी यह कहती है कि जब स्वयं ब्रिटेन की स्वतन्त्रता ख़तरे में है तो हम ब्रिटेन से अपनी स्वतन्त्रता कैसे माँग सकते हैं और कांग्रेस इस समय ब्रिटेन से स्वराज्य न माँग कर केवल नागरिक स्वतन्त्रता ही माँग रही है। हम यह भी मानने के लिए तैयार हैं कि कांग्रेस शनैः-शनैः राय साहब की नीति पर ही आ रही है परन्तु इससे राय साहब के कम्युनिज़्म का अन्तरविरोध नहीं मिट सकता। कांग्रेस तो कम्युनिस्ट नीति में विश्वास नहीं करती। कांग्रेस की नीति से तो राय साहब के कम्युनिज़्म को नहीं परखा जा सकता। हम राय साहब की नीति की तारीफ़ इस दृष्टिकोण से तो कर सकते हैं कि वे युद्ध के कारण क्रुद्ध ब्रिटिश सरकार से झगड़ा कर अपना सिर नहीं फुड़वाना चाहते और कांग्रेस को भी उनकी बात माननी पड़ रही है परन्तु उनकी तारीफ़ इस बात के लिए नहीं कर सकते कि कम्युनिज़्म के सिद्धान्तों के पण्डित होने के नाते उन्होंने साम्राज्यवाद और फ़ैसिज़्म के ज़ाहिरा भेद की ओर उँगली उठाकर एक पर अपनी मंजूरी की मोहर और दूसरे पर नामंजूरी की मोहर लगा दी है।

रही कांग्रेस द्वारा श्री राय पर अनुशासन की कार्रवाई करने की बात। हम भी श्री राय का यह अधिकार स्वीकार करते हैं कि कांग्रेस के सामने उन्हें अपनी बात रखने का अधिकार है। परन्तु सम्पूर्ण संगठन द्वारा निर्धारित निश्चय की अवहेलना का अधिकार किसी मेम्बर को नहीं है। जब कोई एक मेम्बर अपनी राय को सम्पूर्ण संगठन की राय से बड़ा ख़याल करता है तो उस व्यक्ति का संगठन के भीतर समा सकना सम्भव नहीं रहता। यदि इतने बड़े व्यक्ति को ज़बरदस्ती किसी संगठन के भीतर रखा जायेगा तो वह संगठन के भीतर न समाकर संगठन के टुकड़े-टुकड़े कर देगा।

देश की खेती और किसान!

इस देश के किसानों की दुरावस्था की कहानी पुरानी है। उसे सुनने के हम अभ्यासी हो गये हैं परन्तु कॉमरेड विचक्षण ने जिस सत्य को प्रकट किया है वह रोंगटे खड़े किये बिना नहीं रह सकता। —सं.

भारतीय समाज का संगठन आज दिन किस प्रकार हो रहा है और उसका जीवन निर्वाह किस ढंग पर चल रहा है, इसे समझने के लिए हमें भारत की पिछली जनसंख्या की रिपोर्ट के अनुसार भिन्न-भिन्न लोगों के पेशों पर ध्यान देना होगा। यदि हम अपने समाज की इमारत के ऊपर के हिस्से से नीचे की ओर देखना शुरू करें तो पहले देश की सबसे अमीर श्रेणी पर हमारी नज़र पड़ेगी जिसके हाथ में देश के आर्थिक संगठन की बागडोर है। इस श्रेणी की संख्या देश की सैंतीस करोड़ आबादी में से केवल दस लाख के लगभग है। इस श्रेणी में मुख्यतः बड़े-बड़े ज़मींदार-जागीरदार और मिल मालिक तथा साहूकार हैं जिन्हें जीवन निर्वाह के लिए स्वयं परिश्रम नहीं करना पड़ता, दूसरे लोग उनकी मिल्कियत के साधनों को चला कर पैदावार करते हैं और उनके लिए पूँजी और भोग के साधन पैदा करते रहते हैं।

इस श्रेणी के पश्चात् बारी आती है देश की मध्यम श्रेणी की। इनकी संख्या देश में लगभग एक करोड़ पचास लाख के है। इस श्रेणी में यह लोग सम्मिलित हैं—दफ़्तरों के क्लर्क, मुन्शी, गुमाश्ते, स्कूलों के अध्यापक, छोटे-छोटे दुकानदार, दलाल, व्यापारी, विद्यार्थी तथा दूसरे नौकरीपेशा लोग।

तीसरी श्रेणी में देश की शेष सम्पूर्ण जनता आ जाती है जिसकी अवस्था समझने के लिए उसे भी हम दो भागों में बाँट दे सकते हैं। इनमें से पहले तो वे किसान हैं जिनके पास जोतने। बोने के लिए भूमि है। छोटी-मोटी ज़मीन के यह लोग मालिक होते हैं और उसे प्रायः स्वयं जोतते। बोते हैं। इनकी संख्या लगभग सात करोड़ के है। दूसरे भाग में वे किसान हैं जिनके पास अपनी भूमि नहीं जो दूसरों की भूमि पर मेहनत करके पैदावार कर केवल मज़दूरी पाते हैं जिन्हें खेत मज़दूर कहा जा सकता है। इनके साथ ही उद्योग-धन्धों में मज़दूरी करनेवाले लोगों को भी शामिल किया जा सकता है। इन लोगों की संख्या देश-भर में छह करोड़ पचास लाख के लगभग है।

देश के आर्थिक संगठन का चर्चा करते समय हम देश की आधी आबादी अर्थात् स्त्रियों की चर्चा किये बिना भी नहीं रह सकते। साधारणतः समझा यह जाता है कि भारत में स्त्रियाँ या तो घूँघट काढ़ कर विरह और मिलन के गीत गाकर बाहर गये पति की प्रतीक्षा किया करती हैं या फिर साड़ी में तितली बनकर समाज की शोभा बढ़ाया करती हैं। यह विश्वास ग़लत है किसान और मज़दूर श्रेणी की औरतें प्रायः अपनी श्रेणी के पुरुषों के समान ही परिश्रम करती हैं। मध्यम श्रेणी के लोगों की औरतें अलबत्ता घर के बाहर परिश्रम नहीं करतीं। घर के भीतर परिश्रम वे ज़रूर करती हैं। परन्तु उनका परिश्रम बहुत ही निचले दर्जे की उत्पादक शक्ति या कमाई

का होता है। वे घर के नौकरों के काम करती हैं। उदाहरणत: पति नाम के व्यक्ति तथा सन्तान की सेवा। इन स्त्रियों की सम्पूर्ण शक्ति और बुद्धि इसी काम में ख़र्च हो जाती है।

यह तो सभी जानते हैं कि भारत का मुख्य पेशा खेती है। देश की आबादी का लगभग दो-तिहाई खेती या खेती के ही ढंग के या जो उससे सम्बन्ध रखनेवाले कामों में लगा रहता है। भारत में केवल ३९ ऐसे नगर हैं जिनकी आबादी एक लाख से अधिक है। केवल सात नगर ऐसे हैं जिनकी जनसंख्या चार लाख के ऊपर है। देश के ९० फ़ीसदी लोग गाँवों में ही रहते हैं जिनकी संख्या लगभग सात लाख है, जो फूस तथा खपैरल के बने झोंपड़ों में रहते हैं और जहाँ कीचड़ और दुर्गन्ध भरा रहता है।

ब्रिटिश भारत की कुल भूमि का क्षेत्रफल अड़सठ करोड़ सत्तर लाख एकड़ है। इसमें से २२ फ़ीसदी ज़मीन खेती के सर्वथा अयोग्य है। १३ फ़ीसदी में जंगलात हैं और लगभग सात फ़ीसदी चरागाहों के लिए छोड़ी गयी है। कुल भूमि का ३५ फ़ीसदी अर्थात् २ करोड़ बीस लाख एकड़ भूमि ऐसी है जिसमें ठीक से खेती होती है। भूमि के ८० फ़ीसदी भाग में गेहूँ, चावल, दाल भोजन सामग्री के पदार्थ पैदा किये जाते हैं जो प्राय: सब-के-सब इसी देश में खप जाते हैं। भूमि के २० फ़ीसदी भाग में रुई, चाय, जूट तथा विदेश जानेवाले सामान पैदा होते हैं। सरकार की ओर से कृषि सुधार का जो प्रयत्न किया जाता है, वह भारत में भोजन के उपयोग में आनेवाले सामान को पैदा करनेवाली कृषि के लिए नहीं है बल्कि विदेश जानेवाले सामान के लिए ही है ताकि विदेश, ख़ासकर इंग्लैण्ड जानेवाले भारतीय खेती के पदार्थ अधिक सस्ते और उपयोगी बनाये जा सके।[४] (श्री एन. गांगोली की पुस्तक पैंर्टूर्ह् नोूगदहग घ्ह्र्ग पृष्ठ २६, प्रकाशित १९३९) भारतवासियों के भोजन के पदार्थ उत्पन्न करनेवाली भूमि में खाद न पड़ने से तथा उसकी उन्नति के कोई दूसरे उपाय न किये जाने से उसकी अवस्था बहुत ख़राब तथा उपजाऊ शक्ति भी बहुत घट गयी है। साम्राज्य की ओर से इस देश की खेती की अवस्था पर विचार करने के लिए जो कमीशन आया था, उसका कहना है कि इस देश की भूमि की जैसी अवस्था है उससे अधिक ख़राब होने का भय अब नहीं है अर्थात् वह जितनी ख़राब हो सकती थी हो चुकी है।

भारत में औसतन प्रतिवर्ष ३७ इंच वर्षा हो जाती है। इतनी वर्षा बहुत काफ़ी नहीं परन्तु बहुत कम भी नहीं। यदि इस वर्षा के जल को व्यर्थ न बहने दिया जाये तो इससे पैदावार में पर्याप्त उन्नति हो सकती है। परन्तु इस विषय पर सरकार ख़र्च करने को तभी तैयार हो सकती है जब कि उसे यह विश्वास हो कि इस काम में

लगाये गये रुपये से दस वर्ष के भीतर छह प्रति सैकड़ा ब्याज मिल सकेगा। पिछले पचास वर्ष में सरकार ने खेती की सिंचाई के लिए नहरें भी बनायी हैं परन्तु यह उन्हीं इलाक़ों में हैं जहाँ कि विदेश भेजे जानेवाले खेती के सामान पैदा किये जाते हैं। भारत में खेती की कुल ज़मीन का केवल पाँचवा भाग सिंचाई होती है शेष चार भाग भगवान् की दया पर सूखा या हरा होता है।

भारत के किसान को क़ाहिल मूर्ख और अयोग्य बताया जाता है परन्तु वह करे तो क्या? खेती के लिए सबसे पहले आवश्यकता होती है भूमि की भूमि का यह हाल है कि स्वयं खेती करनेवाले किसानों के पास प्राय: एक-एकड़ भूमि तक नहीं होती और यह भूमि भी प्राय: अनेक टुकड़ों में बँटी रहती है और यह टुकड़े अनेक जगह इतने छोटे होते हैं कि बैलों के लिए खेत में आगे पीछे घूम जाना भी कठिन हो जाता है। किसान की पैदावार इतनी कम होती है कि माल गुज़ारी और लगान देने के बाद उसके पास पेट भरने के लिए भी नहीं बचता। ऐसी अवस्था में वह खेत में खाद डाले तो कहाँ से? सिंचाई का जो प्रबन्ध है उसकी तारीफ़ की ही जा चुकी है।

भारतवासियों का साधारणत: विश्वास है कि भारत पर भगवान् की विशेष कृपा है, यहाँ की भूमि विशेष उपजाऊ है। किसी समय ऐसा रहा होगा। जिस समय भारत में उद्योग-धन्धे भी काफ़ी थे और देश की जनता के निर्वाह का बोझ केवल खेती की ज़मीन पर नहीं था और किसान के पास भूमि काफ़ी थी, सम्भवत: किसान की ऐसी अवस्था थी कि वह खेती को मुनाफ़े से कर सकता था परन्तु आज नहीं। आज भारत में खेती की साधारण पैदावार भोजन के पदार्थ प्राय: संसार के सभी देशों से महँगे हैं। महँगे होने का अर्थ है कि उनके पैदा करने के लिए बहुत अधिक परिश्रम करना पड़ता है परन्तु पैदावार बहुत कम होती है। दूसरे देशों में अपेक्षाकृत बहुत कम परिश्रम से पैदावार कहीं अधिक हो जाती है। सरकारी क़ानून के अनुसार विदेश से भारत में आनेवाले अनाज पर काफ़ी कर लगता है। ऐसा न हो तो अमेरिका, आस्ट्रेलिया आदि देश भारत में इतना अनाज भेज दें कि भारत के किसानों की खेती की पैदावार को कोई ख़रीदे ही नहीं। इसका स्पष्ट अर्थ है कि इस देश की ग़रीब जनता को अपने भोजन का बहुत महँगा मूल्य देना पड़ता है अर्थात् ज़रूरत से बहुत अधिक परिश्रम उन्हें करना पड़ता है फिर भी वे भूखे और नंगे रहते हैं। क्योंकि भारत में उद्योग-धन्धे हैं नहीं जनसंख्या के बहुत बड़े भाग की खेती पर ही निर्वाह करना पड़ता है। किसान के परिवार में पैदा होनेवाले सभी लड़कों में उसकी ज़मीन बँट-बँटकर इतनी कम रह जाती है कि वह खेती करनेवाले को निर्वाह भी कठिनता से कर सकती है। पिछले समयों में जब खेती की ज़मीन

फ़ी किसान पर्याप्त थी, किसान एक फसल काटने के बाद भूमि का कुछ हिस्सा एक फसल के लिए खिल्ला छोड़ देता था। इससे उसके पशुओं को चारा मिलता था। इसके अलावा ज़मीन आराम पाकर प्राकृतिक तौर पर फिर से उपजाऊ बन जाती थी। अब ज़मीन की कमी के कारण जब किसान के गुजारे के लिए भी ज़मीन कम है तो वह उसे खिल्ली कैसे छोड़ सकता है और ज़मीन फिर से उपजाऊ कैसे हो सकती है और क्योंकर पैदावार में कमी न आये? एक ओर तो ज़मीन की पैदावार स्वयं किसान के लिए काफ़ी नहीं दूसरी ओर उसकी नाकाफ़ी पैदावार में हिस्सा बँटनेवालों की कमी नहीं।

किसान

किसान की पैदावार हिस्सा बँटानेवाली सबसे पहले सरकार ही है। इस देश में सरकारी लगान भी अजब गोरखधन्धा है। सरकारी लगान के क़ायदे में एक ख़ूबी यह है कि उसका अधिक बोझ ग़रीब किसान पर ही पड़ता है। इस लगान के दो भाग हैं एक तो स्थायी—जो एक बार ही निश्चित हो चुका है। दूसरा अस्थायी—जो निरन्तर बढ़ता जा रहा है। स्थायी लगान तो वह है जो सरकार ने ज़मींदारों पर निश्चित कर दिया है और अस्थायी वह जो ज़मींदार किसानों से वसूल करते हैं। ज़मींदार लोग भूमि के बड़े-बड़े मालिक हैं जिन्हें लगभग सौ वर्ष पूर्व सरकार ने नियत कर दिया था। इनमें से एक-एक ज़मींदार के पास सैकड़ों हज़ारों गाँवों तक की भूमि है जिसे सरकार ने उन्हें निश्चित लगान पर सौंप दिया था। एक बंगाल का उदाहरण लेकर ही हम लगान के इस क़ायदे का राज़ समझ सकते हैं। बंगाल के ज़मींदार सरकार को तीन करोड़ नब्बे लाख लगान देते हैं और किसानों से वसूल लेते हैं उनहत्तर करोड़![५] (The Problem of India by S.K. Sheleonkar, Page ३८) जिन स्थानों पर लगान अस्थिर है उसका प्रयोजन है कि किसान की परिस्थिति के मुताबिक़ लगान को घटाया-बढ़ाया जा सके। यह प्रयोजन कहाँ तक पूरा होता है यह भी एक ही उदाहरण से स्पष्ट हो जायेगा। पिछले आर्थिक संकट के समय किसानों की खेती की पैदावार का मूल्य प्राय: रुपये में आठ आने ही रह गया था परन्तु सरकार ने लगान में जो कमी किसानों की सहायता के लिए की वह प्राय: रुपये में १ १/२ पाई के लगभग ही थी।

सरकार द्वारा वसूल किये जानेवाले लगान का आधार यह है कि किसान की पैदावार में सरकार का भी भाग है और सरकार प्रति बीघा उपज में से कुछ भाग अवश्य लेगी। मोटी नज़र से यह बात ठीक ही जंचती है परन्तु यहाँ यह बात ध्यान में नहीं रखी जाती कि किसान को कितने बीघे की उपज मिलती है और कितनी उपज

उसके अपने निर्वाह के लिए अत्यन्त आवश्यक है? लगान का दर सभी किसानों के साथ एक-सा है चाहे वह दो बीघे का मालिक हो या एक हज़ार बीघे का। एक हज़ार बीघे के मालिक से तो यदि उसकी उपज का एक बड़ा भाग भी ले लिया जाये तो भी स्वयं उसके अपने निर्वाह के लिए पर्याप्त अन्न बच रहेगा परन्तु यदि चार-पाँच बीघे के किसान से जिसके पास पहले ही अपने निर्वाह के लिए काफ़ी पैदावार नहीं, उसी हिसाब से लगान ले लिया। जायेगा तो उसके लिए सिवा क़र्ज़ा लेकर लगान देने के और चारा न रहेगा। अभिप्राय कहने का यह है कि सरकार इस सिद्धान्त पर तो ज़ोर देती है कि भूमि की पैदावार में सरकार का भी भाग है परन्तु इस बात की ओर ध्यान नहीं देती कि आम किसान में लगान अदा करने की शक्ति है भी या नहीं—स्वयं उसके अपने निर्वाह के लायक़ पैदावार भी वह कर सकता है या नहीं?

ज़मींदार

किसान की मेहनत से पैदा हुई स्वयं उसके लिए भी अपर्याप्त पैदावार में दूसरा हिस्सेदार ज़मींदार है। सरकारी लगान की तो एक सीमा है परन्तु ज़मींदारी लगान की कोई सीमा नहीं। देश-भर की सम्पूर्ण खेती की ज़मीन का ७५ फ़ीसदी भाग ज़मींदारों और ताल्लुक़ेदारों के ही हाथ में है। सभी ज़मींदार एक ही बराबर नहीं। कुछ ज़मींदार तो केवल नाम मात्र के हैं और कुछ बहुत बड़े-बड़े। ज़मींदारों और ताल्लुक़ेदारों का जन्म जैसा कि हम ऊपर बता आये हैं, अंग्रेज़ी राज के आरम्भ में भूमि के प्रबन्ध के लिए अंग्रेज़ों की कृपा से ही हुआ। यदि छोटे-छोटे ज़मींदारों को गिनती से निकाल दिया जाये तो देश की खेती की कुल भूमि का रुपये में से सवा ग्यारह आना से अधिक भाग इन ज़मींदारों के ही हाथ में हैं। ज़मींदार लोग किसान की पैदावार का कितना भाग ले लेते हैं, इसकी कोई सीमा नहीं। बंगाल की ज़मींदारी के उदाहरण में हम यह बता आये हैं कि ज़मींदार किसानों से सरकारी लगान के चौगुने से भी अधिक वसूल कर लेते हैं। किन्हीं प्रान्तों में दस गुना तक वसूल कर लिया जाता है और कहीं केवल तिगुना, अढ़ाई गुना ही। इसमें सन्देह नहीं कि सरकारी लगान के दुगने से तो कहीं भी कम नहीं वसूला जाता। पंजाब में ज़मींदारी का बोझ कम समझा जाता है। परन्तु पंजाब के २७ गावों में तहक़ीक़ात करने से पता चलता है कि खेती की उपज का केवल रुपये में से अढ़ाई पैसे के लगभग ही किसानों के पास रह जाता है और शेष सब ज़मींदार के पास चला जाता है।

सरकारी लगान के अतिरिक्त ज़मींदार किसानों से अपने ज़मींदार होने के हक़ के कारण जो कुछ वसूल कर लेते हैं वह इससे अलग है। ज़मींदार साहब को यदि हाथी-मोटर का शौक है या वे स्कूल खोलकर नाम कमाना चाहते हैं या लड़के-

लड़की की शादी में दो-चार लाख की आतिशबाज़ी फूँक देना चाहते हैं तो इन सब का बोझ किसान पर पड़ेगा। इन चीज़ों के लिए किसानों से प्रति हल या प्रति चूल्हे के हिसाब से टैक्स ले लिया जायेगा। ज़मींदारों की जोत को जोतने के लिए किसानों की बेग़ार या उनके पशुओं का किसानों की ज़मीन पर चलना बहुत ही साधारण बातें हैं। इस प्रकार के टैक्सों में किसान को कितना दे देना पड़ता है इसका अन्दाज़ा एक लेखक ने बंगाल में १ करोड़ नब्बे लाख रुपया लगाया है।

साहूकार

जब किसान की ज़मीन उसकी आवश्यकताओं को पूरा करने योग्य पैदावार नहीं कर सकती और इस पर भी उसे सरकार और ज़मींदार का भाग देना पड़ता है तब प्राण बचाने के लिए क़र्ज़ा उठाने के सिवा उसके पास और चारा क्या है? एक बार क़र्ज़ा उठा लेने पर किसान का क़र्ज़े से छूट जाना प्राय: असम्भव-सा हो जाता है क्योंकि पेट भरने के योग्य भी जब वह पैदा नहीं कर सकता तो पैदावार में से कुछ बचाकर क़र्ज़ा अदा करने का तो सवाल ही नहीं उठ सकता। किसान जो क़र्ज़ लेता है वह अपनी उपज को बढ़ाने या खेती की अवस्था को सुधारने के लिए नहीं बल्कि उसकी अपनी शारीरिक आवश्यकताओं को पूरा करने और सबसे अधिक पिछले क़र्ज़े का सूद अदा करने के लिए लेता है। किसान इस क़र्ज़े को अदा करने के लिए अपने और अपने परिवार के भोजन-वस्त्र में कंजूसी करता है। भरपेट खाने के बजाय आधा पेट खाता है, शरीर को न ढँक कर नंगा ही रहता है तिस पर भी उसकी पैदावार में इतनी गुंजाइश नहीं हो पाती कि वह सरकारी और ज़मींदारी लगान देने के बाद लिये हुए क़र्ज़े का सूद भी अदा कर सके। परन्तु साहूकार क़र्ज़ा देता है भिक्षा नहीं देता, उसे अपना सूद भी चाहिए ही। ऐसी अवस्था में किसान एक साहूकार का क़र्ज़ा और सूद अदा करने के लिए दूसरे से क़र्ज़ा लेता है और उसके क़र्ज़े के बोझ की मात्रा और भी बढ़ती जाती है। इसके लिए उसे अपने परिवार के भोजन में यहाँ तक कि बैलों की ख़ुराक में भी कमी करनी पड़ती है और वह स्वयं और भी अधिक निशक्त होता जाता है तथा उसकी खेती की उपज भी और कम होती जाती है। किसान के पास क़र्ज़ा अदा करने के लिए सामर्थ्य नहीं। यदि वह कुछ बचा सकता या अपनी आवश्यकताएँ ही पूर्ण कर सकता और लगान अदा कर सकता तो वह क़र्ज़ा ही क्यों लेता? तिस पर क़ानून साहूकार की मदद के लिए हैं और किसान के क़र्ज़े पर सूद का दर भी ख़ूब चढ़ा -बढ़ाकर रखता है। इसका परिणाम यह होता है कि सूद के रूप में जब किसान मूल क़र्ज़े से अधिक भी अदा कर चुकता है तब भी उसका क़र्ज़ा बरक़रार रहता है और साहूकार का किसान

की मेहनत के फल पर अधिकार बना ही रहता है। भारत के किसानों का कुल क़र्ज़ा इस समय सरकारी हिसाब के अनुसार पन्द्रह अरब साठ करोड़ से अधिक है। सम्पूर्ण भारत की प्रति वर्ष की खेती की पैदावार का भी मूल्य इतना नहीं होता। और क़र्ज़े की वास्तविक रकम इससे कहीं अधिक है। किसान २५% से लेकर ५०% तक सूद अदा करता है। जिस किसान की अवस्था जितनी ही ख़राब है उसे सूद का दर उतना ही अधिक देना पड़ता है। परन्तु सूद के यह भारी दर हिसाब-किताब के काग़ज़ों में दिखाये नहीं जाते। वहाँ तो ४% और ६% ही दिखाया जाता है। किसानों के इस भयंकर क़र्ज़े को देख सरकार भी घबरा जाती है और उसे समय-समय पर क़र्ज़ा रद्द करने या क़र्ज़ा घटाने के क़ानून पास करने पड़ते हैं। परन्तु इन कानूनों से किसान का कुछ कल्याण नहीं हो सकता। वजह यह है कि साहूकार इन क़ानूनों का उपाय जानता है। क़र्ज़ा रद्द होने की मियाद या ऐसे क़ानून की सम्भावना में वह समय रहते ही किसान की ज़मीन और उसके हल बैल कुर्क करा लेता है। इसका परिणाम यह होता है कि किसान बहुत बड़ी संख्या में बेज़मीन और बेआसरा होते जा रहे हैं। इसका प्रमाण सरकारी रिपोर्ट से ही मिल सकता है। सन् १९२१ में बेज़मीन किसानों अर्थात खेत मज़दूरों की संख्या दो करोड़ दास लाख थी परन्तु दस वर्ष में क़र्ज़े और सूद की अदायगी की मेहरबानी से उनकी संख्या सन् १९३१ में तीन करोड़ दस लाख हो गयी और पिछले दस वर्ष में जिस प्रकार आर्थिक संकट ने किसानों को बरबाद किया है सम्भव है उनकी संख्या पाँच करोड़ तक जा पहुँची है।

खेत मज़दूर

इस देश का सबसे दुःखी, निराश्रम और दलित प्राणी है मज़दूर, जिसके जीवन का कोई भी आश्रय नहीं, जिसे उन किसानों की मज़दूरी करनी पड़ती है जो स्वयं अपना निर्वाह करने में असमर्थ हैं। इन मज़दूरों की मज़दूरी साधारणतः छह पैसे दो आने होती है और यह मज़दूरी भी उन्हें प्रत्येक मौसम में नहीं मिल सकती। साल के अधिकांश भाग में अपना और अपने परिवार का गुज़ारा चलाने के लिए उन्हें इसमें से कुछ बचाकर भी रखना चाहिए।

देश की नगरों में रहनेवाली शिक्षित जनता सात लाख गाँवों में रहनेवाले किसानों की अवस्था से परिचित नहीं। शायद उन्हें उससे कुछ वास्ता भी नहीं परन्तु यह कैसे हो सकता है कि देश के सत्तर फ़ीसदी की इस मरणोन्मुख कंगाली का प्रभाव सम्पूर्ण देश के जीवन पर न पड़े?

◈

बेकार एण्ड कम्पनी लिमिटेड

स्त्रियों की स्वाधीनता–कांग्रेस की मेम्बरी

कुछ लोगों का ख़याल है कि बेकार सिर्फ़ मज़दूरों और क्लर्कों में ही होते हैं पर बात ऐसी नहीं है अच्छे पढ़े-लिखे लोग भी बेकार होते हैं और उनके यहाँ भी बेकारी का चर्चा चल जाता है। एक ऐसे जो सूटिड-बूटिड बेकार कहीं से फटकार खाकर एक दोस्त के यहाँ चाय के वक़्त पहुँच गये थे, उनका उत्साहहीन चेहरा देखकर एक सज्जन ने उन्हें एक सिगरेट थमाते हुए कहा—"जाने दो यार, लो गम ग़लत करो।"

सिगरेट तो उन्होंने ले ली मगर एक बहुत गहरी फुफकार छोड़ते हुए उन्होंने कहा—"इस बेकारी से मौत भली!"

"जानते हो मौत के दफ़्तर के बाहर क्या लिखा है?" दूसरे साहब ने उनकी ओर देखकर कहा—"वहाँ लिखा है—नो वेकेन्सी (जगह खाली नहीं), समझे?"

बेकारी का इतना तिरस्कार सुन एक बेकार विद्वान झुँझला उठे। बोले—"जनाब, बेकारी की इतनी बेक़दरी करना सभ्यता का अपमान करना है। जानते हैं आप महाकवि रवीन्द्रनाथ ने बेकारी के बारे में क्या लिखा है? उन्होंने अपनी एक आख्यायिका में लिखा है कि यदि बेकारी न होती तो संसार में सभ्यता, कला-कौशल और विज्ञान पैदा हो ही नहीं सकता था।"

आरम्भ में सिगरेट सुलगानेवाले सज्जन पूछ बैठे—"आपका मतलब है कि बेकार लोगों के पेट में जब चूहे कूद रहे हों, उस समय वे आविष्कार और कला की बातें करते हैं?"

फटकार खाकर आनेवाले सज्जन का दिल एक पूरी सिगरेट का धुआँ पी जाने के बाद हलका हो चुका था इसलिए कुर्सी से आगे झुककर उन्होंने कहा—"बात यह है कि जब पेट भर मछली का सिर खाकर कवि लोग नींद लेने की चेष्टा करते हैं और नींद बेचारी भी अपनी मिक़दार समाप्त कर चुकती है, इस समय अधमुँदी आँखों में कवि को दिखायी देने लगता है—नन्दन कानन में, मणियों से जड़े राजपथ पर एक सुन्दरी बाला चली जा रही है। फिर दिल बहलाने के लिए कवि को जिस तरह की बाला पसन्द है वही रूप बाला धारण कर लेती है। उसकी आयु सोलह वर्ष की हो जाती है और उसकी देह लता-सी कोमल! जो हवा के झोंके से बल खाती जाती है...."

बीच में टोक कर एक साहब बोल, उठे—"ऐसी की पानी की गागर उठा ले तो कमर में बल पड़ जाये!" मौक़े पर उपस्थित दोनों देवियों ने रूमाल मुख पर रखकर शिष्टाचार के नाते हँसी रोक ली।

कवि की कल्पना का वर्णन करनेवाले बिगड़ बैठे। बोले—"क्या दहकानी हो तुम, पानी ढोनेवालों के लिए कविता नहीं हुआ करती। कविता होती है उन लोगों के लिए जिनके लिए पानी ढोने को दूसरे सैकड़ों ग़ुलाम लगे रहते हैं। कहीं तुमने किसी कविता में किसान को गहरा हल चलाने की ताक़त या मज़दूर के भारी बोझा ढोने की तारीफ़ पढ़ी है? या कहीं आपने यह पढ़ा है कि गीली लकड़ियों से भरे चूल्हे में फूँके मारती हुई नारी का रूप कितना सुन्दर होता है, या कहीं यह देखा है कि बर्तन माँजने की कालिख से भरे औरत के हाथ कैसे जान पड़ते हैं? आप सदा पढ़ते हैं किसी के मुख को कमल या गुलाब समझकर भौंरा भूल से उस पर बैठने की कोशिश करने लगा। आप सदा स्त्री के नयन बाणों का ज़िक्र पढ़ते हैं, आप उसके पैरों के पायजेबों की मधुर रुनुन-झुनन की आवाज़ सुनते हैं, सदा उसकी कोमलता का ही ज़िक्र सुनते है..."

एक उपस्थित देवी जी से न रहा गया। वे बोल उठीं—"आपका मतलब है कि स्त्रियाँ सदा ही चूल्हा फूँकने और बर्तन माँजने के लिए पैदा हुई हैं? स्त्रियाँ कोई पुरुषों की ग़ुलाम नहीं हैं जनाब!"

कवि की कल्पना करनेवाले साहब इस अप्रत्याशित उत्तर से सहम गये परन्तु एक-दूसरे साहब दीवार की तरफ़ देख धुएँ की लम्बी छड़ी मुख से निकालते हुए बोले—"जनाब, चूल्हा फूँकने और बर्तन माँजने से स्त्री ग़ुलाम हो जाती है और रंग-बिरंगी साड़ी में लिपट मुँह पर पाउडर और होंठों पर सुर्ख़ी लगाकर मर्द के सामने ठुमकने में औरत ग़ुलाम नहीं होती...।"

उनकी बात से देवी जी के चेहरे पर लाली फैल गयी इसलिए उनका ध्यान बँटाने के लिए एक सज्जन ने उन्हें सम्बोधन कर कहा—"तुम आज शाम को हमारे साथ चलोगे?"

परन्तु इस इशारे पर ध्यान न दे उन्होंने कहा—"साहब, मतलब तो एक ही है मर्द की ज़रूरत और शौक को पूरा करना—वह चाहे चूल्हा फूँक कर और बर्तन माँज कर किया जाये या उसके सामने ठुमक-ठुमक कर उसे रिझाया जाये!"

देवी जी इस बात से परास्त नहीं हुई बोलीं—तो आपके ख़याल में स्त्रियों की ज़िन्दगी मर्दों के लिए ही है? उनका अपना कोई अस्तित्व नहीं?"

वह मुँहफट साहब भी चुप नहीं हुए, बोल उठे—"अगर औरतों का अपना अस्तित्व है तो वे संसार और समाज में अपने लिये ख़ुद जगह बनायें!"

दूसरी देवी जी जो अब तक चुप थीं; बोली—"अपनी जगह बनाने का मतलब?"

—"अपनी जगह बनाने का मतलब यह है कि अपना जीवन स्वयं गुज़ार सकें। पुरुषों से यह आशा न करें कि पुरुष उनके लिए मकान, भोजन, कपड़ा और दूसरी चीज़ें मुहैया किया करें! जब पुरुष स्त्री के लिए इतना सब करेगा तो स्त्री को पुरुष की इच्छा अनुसार चलना ही पड़ेगा, उसके उपयोग और शौक की चीज़ बनना ही पड़ेगा।"

पहलेवाली देवी जी ने ताने के लहज़े में कहा—"बड़ा एहसान करते हैं पुरुष स्त्रियों पर। न करें वे स्त्रियों के लिए ऐसा। देखेंगे कैसे उनका घर और ज़िन्दगी चल जायेगी?"

मुँहफट साहब और भी उत्तेजित हो गये बोले —"एहसान? एहसान कैसा? एहसान तो बराबरवाले पर किया जाता है। कोई नौकर पर या ज़रूरत की चीज़ पर एहसान थोड़े ही करता है। हम गाय घर में रखते हैं, उसे भूसी खिलाते हैं, दूध दुह लेते हैं, इसमें हमारा गाय पर क्या एहसान और हम पर गया का क्या एहसान। इसी तरह स्त्री पुरुष के काम की चीज़ है, पुरुष उसे अपनी ज़रूरत के लिए पालता है, इसलिए अपनी इच्छा के अनुसार उसे रखा है। वह चाहेगा तो बर्तन-चौके का काम करायेगा उसकी तबीयत होगी तो साड़ी-जूता पहना कर थियेटर साथ ले जायेगा।"

देवी जी और भी नाराज़ होकर बोलीं —"स्त्रियों के बिना आपके घर का काम चल सकता है? देखिये तो चलाकर।"

मुँहफट साहब गरम हो चुके थे। जरा भी हिचके बिना बोले—"काम तो आपके घर का कहार, धोबी और मेहतर के बिना भी नहीं चल सकता परन्तु इससे क्या यह लोग आपके घर के मालिक हो जायेंगे? आपकी इच्छा अनुसार ही उन्हें आपका काम करना होगा, तभी आप उन्हें रोटी कपड़ा देंगे।"

जो देवी प्राय: चुप थीं वे आहिस्ता से बोलीं—"यह तो इन्साफ़ नहीं है। स्त्री पुरुष दोनों का ही अधिकार समान ही होना चाहिए। देखिये यूरोप में स्त्री-पुरुषों के अधिकार बराबर हैं बल्कि अंग्रेज़ लोग स्त्रियों का कितना आदर करते हैं। इसीलिए उनका जीवन सुखमय होता है।"

मुँहफट ने जवाब दिया—"आप कहती हैं इन्साफ़ नहीं है। क्या यह इन्साफ़ है कि पुरुष सम्पूर्ण आयु कमा कमाकर लाये और आप घर बैठी ख़र्च किये जायें? और क्या यह न्याय है कि आप अपनी लड़की को उठाकर एक पुरुष के हाथ सौंप देती हैं मानों वह कोई उपयोग की चीज़ हों परन्तु यह अन्याय आपको खटकता नहीं क्योंकि इससे आपका काम जो निकलता है, उम्र-भर के लिए निर्वाह का

वसीला जो बन जाता है इसलिए इस अन्याय और अपमान को आप आँख मूँदकर निगल जाती हैं। उपयोग के लिए एक सौंपी हुई वस्तु की तरह आप पति के घर आती हैं और वहाँ पहुँच समानता का दावा करने लगती हैं। इससे बढ़कर मज़ाक की बात और क्या हो सकती है? आप जीविका निर्वाह की कठिनाइयों पुरुष की ज़िम्मेवारी और मुश्किलों को नहीं बँटाती, आप केवल उसके आराम और सुख का साधन हैं इसलिए आपको उनकी ही इच्छा के अनुकूल चलना होगा।''

क्रुद्ध होनेवाली देवी जी बोल उठीं—''यूरोप में....''

उनकी बात काटकर मुँहफट बोलते चले गये—''यूरोप में क्या है? वहाँ भी स्त्रियों की स्थिति पुरुषों के समान नहीं है। वहाँ भी बाप की जायदाद का अधिकारी लड़का होता है लड़की नहीं। मर्द ही स्त्री को ब्याहकर अपना घर बसाने के लिए ले जाता है। वहाँ भी स्त्री को मिसेज़ फलाँ कहा जाता है। स्त्री पुरुष की है न कि पुरुष स्त्री का है। रही यह बात कि यूरोपियन स्त्रियों का सम्मान करते हैं; वास्तव में वहाँ मर्द स्त्रियों का सम्मान नहीं करते बल्कि स्त्रियों का उपयोग चतुरता से करते हैं।''

एक समझदार सज्जन दोनों देवियों की ओर देखकर समझ गये कि यह बहस महिलाओं को नाग़वार गुज़र रही है। बहस का रास्ता बदलने के लिए एक अंग्रेज़ी मासिक पत्रिका के पन्ने पलटते हुए वे कहने लगे—''यह तो व्यर्थ की बात है कि समाज में पुरुषों का राज है। हमें तो समाज में सब तरफ़ स्त्रियों का ही राज दिखायी देता है। जहाँ देखिये स्त्रियों की ही तसवीर दिखायी देती है। कविता होती है तो उसमें स्त्री के सौन्दर्य का ज़िक्र रहता है; क्या कमबख़्त पुरुषों में कुछ है ही नहीं?''

मुँहफट साहब शायद घर से लड़कर आये थे और गुस्सा उतारने पर तुले हुए थे। बोल उठे—''पुरुषों में कुछ है क्यों नहीं? पुरुषों में तो सभी कुछ है परन्तु पुरुष स्वयं अपना भोग या उपयोग तो नहीं कर सकता! समाज में पुरुष की प्रधानता है। जितने कलाकार और कवि हैं प्रायः पुरुष हैं इसलिए पुरुष के मनोरंजन के लिए स्त्री को मोहक रूप में पुरुष के सामने रखा जाता है।'' इतना कहकर वे अपनी विजय के गर्व से चारों ओर देखने लगे।

चुप रहनेवाली देवी जी ने कुछ निराशा के स्वर में पूछा—''तो क्या फिर स्त्री कभी पुरुष के समान हो ही नहीं सकती?''

देवी जी की कातरता से मुँहफट की गुस्ताख़ी का नशा मानो सहसा उत्तर गया। कुछ सोचकर आप आहिस्ता से बोले—''हो क्यों नहीं सकती परन्तु उसके लिए स्त्रियों को अपना जीवन अपने पुरुषार्थ से चलाना होगा, उन्हें आर्थिक रूप से स्वाधीन और स्वावलम्बी बनना होगा। वे अपना जीवन पुरुषों के सहयोग से चलायें परन्तु पुरुषों की कृपा पर या उनके आधीन होकर नहीं। तभी उनके स्वाधीनता और

समानता के दावे का कुछ अर्थ हो सकता है। वर्ना यह सब बकवास ही है।'' इतना कह कुछ सोचते हुए वे चुप हो गये।

बड़ी मुश्किल से वे चुप हुए थे इसलिए उन्हें फिर से बोलने का अवसर न देने के लिए किसी ने कोई नयी बहस-तलब बात न कही और मजलिस स्वयं ही समाप्त हो गयी।

× × ×

क़ौमियत का सवाल

किसी भी पराधीन देश के लिए उनकी आज़ादी का सवाल सबसे बड़ा सवाल होना चाहिए परन्तु भारत की राजनीति में सबसे बड़ा सवाल है भारत की जनता के दो भागों, हिन्दू और मुस्लिम में से किसके हाथ में अधिक शक्ति रहे? —सं.

आज ब्रिटिश साम्राज्य नाज़ीवाद और फ़ैसिस्टवाद के विरुद्ध आत्मरक्षा के युद्ध में लगा हुआ है। ब्रिटिश सरकार के युद्ध में फँसे रहने पर भी कुछ लोग भारत की आज़ादी का प्रश्न उठाये बिना न रहे। हमारे बुज़ुर्ग राजनैतिक नेताओं ने समझाया और अंग्रेज़ों को भी यह बात ठीक जँची कि ऐसे समय में जब सम्पूर्ण साम्राज्य की आज़ादी की रक्षा का सवाल उठ खड़ा हुआ है, साम्राज्य के अलग-अलग भागों की आज़ादी का सवाल उठाना समझदारी नहीं। बुद्धिमानी की इस नसीहत के ख़िलाफ़ हमें कुछ नहीं कहना। लेकिन हमें तो आदत है पीछे की तरह घूमकर देखने की। हमें ख़याल यह आता कि अभी डेढ़ बरस पहले जब ब्रिटिश सरकार युद्ध के संकट में नहीं फँसी थी, उस समय भी भारत की आज़ादी का सवाल उठ रहा था और जैसे आज सम्पूर्ण साम्राज्य की आज़ादी खतरे में होने पर साम्राज्य के अंग की आज़ादी का सवाल उठाकर मूर्खता की जा रही है, ठीक इसी तरह उस समय भी सम्पूर्ण देश की आज़ादी की समस्या की उपेक्षा कर इस देश के सम्प्रदायों—हिन्दूओं और मुसलमानों की शक्ति और स्थिति का प्रश्न उठ रहा था। उस दिन भी इंग्लैण्ड के बड़े-बड़े राजनीतिज्ञ मौज़ूद थे परन्तु किसी ने यह नेक सलाह हिन्दुओं और मुसलमानों को न दी बल्कि उस समय यही सलाह दी जाती थी कि तुम्हारे मुल्क की आज़ादी का सवाल हल होते देर न लगेगी, पहले अपने-

अपने अधिकारों, शक्ति और स्थिति का सवाल हल कर लो!

हमने कहा न, हमें तो ज़रा पीछे घूम-घूमकर देखने की आदत है। उसी आदत से मजबूर होकर सवा सौ साल पहले के अपने अंग्रेज़ हाकिमों का तरीक़ा देखने के लिए हमने सन् १८२१ के एशियाटिक जर्नल (Asiatic Journal) की एक कापी उठाकर देखनी शुरू की। अंग्रेज़ हाकिम लिखते हैं—"हिन्दुस्तानियों में मज़हब, रीति-रिवाज़ के मौज़ूद भेदों को मिटाने के बजाय हमें उन्हें बनाये रखने की ही कोशिश करना चाहिए। हमारी नीति होनी चाहिए (Divide et impera) फूट डालो और राज करो[६] (Problen of India) किसी भी राष्ट्र या देश में मौज़ूद सम्प्रदायों और फिरकों के भेदभाव से देश की उन्नति की राह में रुकावट पड़ना स्वाभाविक है। इसलिए देश या राष्ट्र की सरकार का यह कर्त्तव्य हो जाता है कि इन भेदभावों को मिटाकर देश या राष्ट्र की सम्पूर्ण जनता को एक तागे में पिरोकर एक उद्देश्य की ओर ले जाने की कोशिश करे। परन्तु कर्त्तव्य का निश्चय होता है उद्देश्य से! हमारी सरकार का कर्त्तव्य भी सरकार के उद्देश्य से ही निश्चित होना ज़रूरी है। हमारी क़ानून से स्थापित मौज़ूदा सरकार का उद्देश्य है अपनी शक्ति को इस देश में क़ायम रखना। सरकार की शक्ति को क़ायम रखने के लिए देश में शान्ति की ज़रूरत है परन्तु कैसी शान्ति की? हमारे देश में तथा दूसरे देशों की राजनैतिक अवस्था में भेद होने से दूसरे देशों की शान्ति और इस देश की शान्ति में भी भेद है। दूसरे देशों में सरकार होती है जनता की प्रतिनिधि इसलिए जनता में फैलनेवाली अशान्ति के कारण सरकार की स्थिति डाँवाँडोल हो जाती है। हमारे देश की सरकार जनता की प्रतिनिधि नहीं और न वह जनता की इच्छा पर ही निर्भर करती है। इसलिए जनता में परस्पर फैलनेवाली शान्ति-अशान्ति पर इस सरकार की स्थिति निर्भर नहीं करती। हमारी सरकार जनता से बाहर की चीज़ है, इसलिए जनता के आपसी सम्बन्ध से उसका कोई मतलब नहीं। हमारे यहाँ शान्ति का अर्थ दोहरा है। शान्ति का एक सम्बन्ध तो है जनता में परस्पर, जनता के भिन्न-भिन्न अंगों में शान्ति का सम्बन्ध। दूसरा सम्पूर्ण जनता को एक ओर रखकर उसका सरकार के साथ शान्ति का सम्बन्ध। हमारा देश जनता की परस्पर अशान्ति के लिए काफ़ी बदनाम है। परन्तु सरकार के प्रति शान्ति के लिए उसकी नेकनामी भी कम नहीं है। जनता की परस्पर अशान्ति साम्प्रदायिक कलह या फ़िरकेवाराना दंगों के रूप में प्रकट होती है और सरकार के प्रति शान्ति राजभक्ति के रूप में प्रकट होती है।

राजनैतिक ग़ुलामी के कारण हमारे देश में राजभक्ति का अर्थ भी दूसरे देशों से भिन्न है। दूसरे देशों में राजभक्ति यानी राज्य या शासन के प्रति भक्ति का अर्थ होता है अपने देश तथा अपने देश की प्रजा द्वारा चुनी गयी सरकार के प्रति भक्ति

जिसे दूसरे शब्दों में देशभक्ति कहा जा सकता है। परन्तु हमारे देश में राजभक्ति का अर्थ देशभक्ति नहीं हो सकता क्योंकि इस देश की सरकार चाहे, वह क़ानून द्वारा ही स्थापित क्यों न हो, इस देश की प्रजा की प्रतिनिधि होने का दावा नहीं करती और न कर ही सकती है बल्कि ऐसा दावा करने की वह कोई ज़रूरत भी महसूस नहीं करती। स्पष्ट तौर पर इस देश में देशभक्ति और राजभक्ति दोनों अलग-अलग चीज़ें हैं। मनुष्य व्यक्तिगत रूप से या सामाजिक रूप से सदा अपने हित और स्वार्थ की ही बात सोचता है और मनुष्य की यह स्वार्थ की नजर प्राय नज़दीकी स्वार्थ पर जमकर ही रुक जाती है। स्वतन्त्र देशों में प्रत्येक मनुष्य अपने जीवन की अवस्थाओं को अच्छा बनाने के लिए, अपने लिये उन्नति का मार्ग तैयार करने के लिए अपने देश राष्ट्र या सरकार को बलवान् बनाना चाहता है। इस दृष्टि से स्वतन्त्र देशों में एक ओर व्यक्ति का दृष्टिकोण और हित और दूसरी ओर सरकार, देश या राष्ट्र का दृष्टिकोण और हित एक-सा ही रहता है। व्यक्ति अपने हित और उद्देश्य को पूरा करने का साधन देख पाता है देश, राष्ट्र और सरकार की शक्ति में, इसलिए उन देशों में देशभक्ति और राष्ट्रभक्ति स्वाभाविक ही पैदा हो जाती है, ख़ुद ही क़ौमियत का जज़्बा वहाँ मजबूर हो जाता है। परन्तु परतन्त्र या ग़ुलाम देश की स्थिति दूसरी होती है। परतन्त्र देश की सरकार अपने देश की प्रतिनिधि नहीं हो सकती। परतन्त्रता में सरकार जिस देश की प्रतिनिधि होगी, उसी देश का हित करने की वह कोशिश करेगी। परतन्त्र देश में सरकार भक्ति का अर्थ भी उसी देश की भक्ति होगी जिस देश की ओर से सरकार शासन कर रही होगी। ऐसी अवस्था में सरकार भक्ति से क़ौमियत पैदा नहीं हो सकती। बल्कि यदि सरकार देश में क़ौमियत की कोई ज़रूरत न समझे या क़ौमियत को दूर रखना चाहे तो सरकार भक्ति का मतलब क़ौमियत को दूर रखना ही होगा। ग़ुलाम देश में सरकार का कर्त्तव्य होता है देश में इस ढंग से शान्ति की व्यवस्था करना कि देश से अधिक-से-अधिक लाभ उठाया जा सके। सरकार भक्ति का अर्थ होगा सरकार के इस काम में मदद करना। देश में रहनेवाली करोड़ों की आबादी अनेक भागों, गिरोहों, श्रेणियों और सम्प्रदायों में बँटी रहती है। सरकार को देश का शासन करने के लिए सेना की शक्ति, पुलिस की शक्ति और नौकरशाही देश की जनता में से ही भरती करनी पड़ती है! जीविका उपार्जन और पेट भरने के लिए उपायों की ज़रूरत मनुष्य को रहती ही है। सरकार के हाथ में लाखों ही आदमियों की जीविका या रोटी कमाने का अवसर देने की शक्ति रहती है। पराधीन देश में जब देश का कल्याण करके अपना कल्याण करने का अवसर व्यक्ति के हाथ में नहीं रहता तो वह अपने व्यक्तिगत कल्याण के लिए सरकार की शरण जाता है। पराधीन देश की सरकार

सदा ऐसे आदमियों को अपने काम के लिए विश्वासपात्र समझती है, जिनमें देश को स्वतन्त्र करने की इच्छा, राष्ट्रीय भावना या क़ौमियत की बू न हो। जीवन में पेट और रोटी का सवाल सबसे बड़ा सवाल होता है। यह ठीक है कि पराधीन देश में भी कुछ ऐसे व्यक्ति निकल आते हैं जो अपने नज़दीकी व्यक्तिगत स्वार्थ की अपेक्षा अपने समाज और देश के स्वार्थ और हित को ही अधिक महत्त्व देते हैं परन्तु ऐसे व्यक्तियों की संख्या बहुत कम होती है क्योंकि उनका जीवन सांसारिक लाभ की दृष्टि से उन्नति और सफलता का नहीं होता। ग़ुलाम देश में सरकार की कृपा से ऐशोइशरत और सम्मान प्राप्त करना आसान होता है, सरकार की शक्ति का हाथ अपने सिर पर रखकर जनता और प्रजा की दृष्टि में बड़ा बनना और ऊँचा उठना आसान होता है, इसलिए व्यक्तिगत स्वार्थ के विचार से ग़ुलाम देश के मनुष्य देशभक्ति और क़ौमियत को क़ुर्बान कर सरकार भक्ति द्वारा निजी स्वार्थ का उल्लू सीधा करने लगते हैं। सरकार-परस्ती द्वारा स्वार्थ सीधा करने की यह भावाभिव्यक्ति, क़बीले, श्रेणी या साम्प्रदायिक संगठनों में फैलती है। इसका परिणाम यह होता है कि सम्पूर्ण देश के कल्याण द्वारा अपना कल्याण करने की चेष्टा न कर व्यक्ति, क़बीले, श्रेणियाँ और साम्प्रदायिक संगठन एक-दूसरे को पीछे धकेलकर सरकार की कृपा पाने की चेष्टा करने लगते हैं। प्रत्येक श्रेणी या सम्प्रदाय अपने-आपको सरकार का प्यारा बनाने के लिए दूसरे को दबाने की चेष्टा करने लगता है। विदेशी सरकार के लिए परतन्त्र देश में ऐसी अवस्था पैदा हो जाना बहुत बड़े सौभाग्य की बात होती है क्योंकि इस प्रकार की परस्पर ईर्ष्या और स्पर्द्धा की भावना से कुछ श्रेणियाँ और सम्प्रदाय दूसरी श्रेणियों और सम्प्रदायों को सरकार की सहायता में नीचा दिखाने की चेष्टा करते रहते हैं। इसका परिणाम यह होता है कि परतन्त्र देश में विदेशी सरकार के विरुद्ध आज़ादी की भावना पैदा होना कठिन हो जाता है और यदि ऐसी भावना पैदा हो जाती है तो सरकार की कृपा पाने के लिए उस भावना का विरोध करनेवाली श्रेणियाँ और साम्प्रदायिक संगठन भी उस देश में पैदा हो जाते हैं।

यह सब बातें भारत देश में अक्षरशः पूरी उतरी हैं। भारत धीरे-धीरे अंग्रेज़ी सरकार के हाथों में गया। इसमें सन्देह नहीं कि जब भारत अंग्रेज़ों के हाथ में गया उस समय भारत राष्ट्रीयता और क़ौमियत के नाते एक सुदृढ़ संगठन में बँधा हुआ देश नहीं था। परन्तु वह शनैः-शनैः राष्ट्रीयता और क़ौमियत की ओर सरक रहा था। जिस समय अंग्रेज़ जाति ने भारत पर अपना राज्य क़ायम करना शुरू किया, उस समय भारत में सामन्तशाही का ज़माना था। भिन्न-भिन्न प्रान्तों के शासक अपने-आपको राजा, महाराजा, छत्रपति, चक्रवर्ती, बादशाह, शाहंशाह भले ही कहते हों परन्तु थे वे केवल छोटे या बड़े सामन्त और सरदार ही। संसार के सभी

देशों के इतिहास में हम यह बात समान रूप से देख पाते हैं कि जब तक देश सामन्तों और सरदारों के शासन में बँटे रहते हैं, उनमें क़ौमियत और राष्ट्रीयता का विकास नहीं हो पाता है। यूरोप में भी ऐसा ही हुआ। जब व्यापार और कला कौशल के विकास में सामन्तों के अलग-अलग शासित देशों का निर्वाह अलग-अलग होना असम्भव हो जाता है, तभी देश के छोटे-छोटे टुकड़े अपनी-अपनी छोटी-छोटी सीमाओं को तोड़कर एक में मिल जाते हैं और सम्पूर्ण देश की एकता, राष्ट्रीयता और क़ौमियत का ख़याल पैदा हो जाता है। भारत जिस समय विकास की इस अवस्था से गुज़र रहा था, उसी समय इस देश में अंग्रेज़ों का पदार्पण हुआ। सामन्तशाहियाँ और सरदारी शासन टूटे तो सही परन्तु उनकी जगह इस देश का अपना शासन क़ायम न होकर विदेशी शासन क़ायम हो गया। इस विदेशी शासन के सामने भारत में एक देश की भावना या राष्ट्रीयता क़ायम करने का सवाल नहीं बल्कि इस देश को अपने नियन्त्रण में रखने का सवाल था।

भारत सन् १७५७ से लेकर १८५७ तक प्राय: सौ वर्ष के समय में अंग्रेज़ी सरकार के क़ब्ज़े में आया। सं. १८५७ तक अंग्रेज़ों के सामने मुख्य सवाल या इस देश में अपने साम्राज्य के विस्तार का। इसलिए अंग्रेज़ी सल्तनत की बाढ़ देश के एक भाग के बाद दूसरे भाग को निगलती चली गयी। अंग्रेज़ी राज्य के क़ब्ज़े में आने से पहले देश के जो भाग अपने-आपको स्वतन्त्र समझते थे और आपस में एक-दूसरे से अपना कोई सम्बन्ध न समझते थे, अब अपने-आपको एक देश का अंग और एक विदेशी जाति का ग़ुलाम समझने लगे। इसी से १८५७ के विद्रोह में देश-भर में एक साथ विद्रोह की भावना फैलने में सफलता मिली। १८५७ के पश्चात अंग्रेज़ सरकार के सामने सल्तनत को फैलाने का सवाल न होकर सल्तनत को मज़बूत बनाने का सवाल आया और अपनी नीति भी उसी के अनुकूल क़ायम करनी आरम्भ की।

सन् १७५७ से लेकर १८५७ तक अंग्रेज़ सरकार इस देश की सामन्तशाहियों और सरदारियों को गिरा-गिराकर एक चौरस-चपाट भारत में मिलाती आयी थी। १८५७ में एक रूप से चौरस-चपाट हो गये भारत में एक प्रकार की राजनैतिक एकता आ गयी थी परन्तु ज्यों-त्यों कर बच रहे सामन्त-सरदारों के इलाक़ों में जिन्हें देशी राज्य का नाम देकर पुकारा जाता था, अवस्था दूसरी थी। इन देशी राज्यों की सहानुभूति अंग्रेज़ों के आधीन शेष भारत से न थी। राजनैतिक दृष्टि से अंग्रेजी राजा के अन्तर्गत भारत और देशी राजाओं के राज्य के भारत—दो अलग-अलग चीज़ें हो गयीं। १८५७ में अंग्रेज़ी राज्य के विरुद्ध जो ग़दर फैला उसमें देशी राजाओं का सहयोग न था। देशी राजाओं ने अपने-आपको पराधीन प्रजा से अलग समझकर

अंग्रेज़ शासकों का साथी समझा और उन्हीं का साथ भी दिया। इस घटना से अंग्रेज़ों ने भविष्य में सामन्तशाहियों और सरदारियों को मिटाकर भारत को एक चौरस-चपाट राजनैतिक मैदान बनाने का तरीक़ा छोड़ दिया और ब्रिटिश भारत के लम्बे-चौड़े समुद्र में जगह-जगह देशी राज्यों के खँडहरों को अपनी शक्ति से मजबूत बनाकर बाँध लगा दिया। दूसरे शब्दों में कहा जायेगा कि भारत को राजनैतिक दृष्टि से एक बन जाने से रोक दिया। अंग्रेज़ों की इस राजनैतिक दूरदर्शिता का परिणाम हम आज देख रहे हैं। ब्रिटिश भारत की राजनैतिक स्वतन्त्रता के उद्देश्य में भारत के एक-तिहाई भाग अर्थात् देशी रियासतों को कोई मतलब नहीं। इतना ही नहीं बल्कि जब भारत के प्रान्तों के प्रजातन्त्र-संघ-शासन की कल्पना की जाती है तो यह देशी रियासतें अपना राजनैतिक अस्तित्व अलग ही बनाये रखना चाहती हैं। भारत की राजनैतिक एकता, राष्ट्रीयता और क़ौमीयत के पैदा होने और मज़बूत होने में सबसे बड़ी रूकावटें तो यह देशी रियासतें हैं।

गदर के समय तक के अपने अनुभव से अंग्रेज़ों ने यह बात भली प्रकार अनुभव कर ली थी कि ब्रिटिश भारत और देशी राज्यों के अलावा इस देश की जनता साम्प्रदायिक या मज़हबी भेदों में भी बँटी हुई है। उन्होंने भारत की प्रजा में साम्प्रदायिक भेद के परिणाम को तो देखा ही था, सन् १८५७ में साम्प्रदायिक भेद के दूर हो जाने का परिणाम भी देख लिया। ग़दर के समय सिख सम्प्रदाय ने अंग्रेज़ों की काफ़ी सहायता की थी। अंग्रेज़ों के दिल में यह ख़याल था कि अंग्रेज़ी राज्य क़ायम होने से पहले मुस्लिम सल्तनत के ज़माने में हिन्दुओं को काफ़ी सताया गया है और ग़दर के समय बहादुरशाह को हिन्दुस्तान का राजा बनाने की तजवीज का मतलब फिर से मुललमानी राज्य क़ायम करना था। इसलिए अंग्रेज़ी राज्य की मज़बूती के लिए मुसलमानों की अपेक्षा हिन्दू अधिक सहायक और विश्वास के योग्य हो सकते हैं। इस विचार के अनुसार सरकारी कामों में हिन्दुओं को ख़ास जगहें दी गयीं। सब सरकारी नौकरियों में हिन्दू भरे गये। रोटी कमाने का और रोब जमाने का यह मौक़ा पाकर हिन्दुओं ने अंग्रेज़ी तालीम हासिल करने में विशेष उत्साह दिखाया और अपने-आपको इस देश में अंग्रेज़ी राज का कारिन्दा बना लिया। एक तो इस देश में मुसलमानों की अवस्था पहले भी कुछ अच्छी न थी क्योंकि मुसलमानों में राजा और नवाबों के अतिरिक्त जिनकी संख्या दस-पाँच लाख में दो-चार हो सकती है, शेष लोग ग़रीब थे। इस देश के मुसलमान निन्यानबे फ़ीसदी इसी देश के हिन्दुओं में से ही बने हैं और अधिकतर वे ही लोग मुसलमान बने जो मुसलमानी राज में हिन्दुओं पर लगनेवाला टैक्स नहीं दे सकते थे या छोटी जातों के गिने जाने के कारण हिन्दुओं के जात-पाँत के ढोंग के अत्याचार से पीड़ित

थे। ग़रीब तो यह लोग पहले से ही थे। इनके गुजारे का उपाय था या तो नौकरी करना या दस्तकारी से पेट भरना। अंग्रेज़ी राज की बरकत से यह दोनों ही उपाय मुसलमानों के हाथ से निकल गये। सरकार की नाराज़गी की वजह से नौकरी उन्हें मिल नहीं सकती थी और विदेशी कल-कारख़ानों के बने माल से देश के बाज़ारों के भर जाने के कारण दस्तकारी से पेट भरना भी सम्भव नहीं रहा। यह देखकर समझदार मुसलमान इस परिणाम पर पहुँचे कि किसी-न-किसी तरह अंग्रेज़ी सरकार की कृपा पाना ज़रूरी है वर्ना मुसलमान मटियामेट हो जायेंगे। उन्होंने सरकार की भक्ति के गीत गाने शुरू किये, मुसलमानों की दयनीय अवस्था का रोना शुरू किया और सरकार को यह विश्वास दिलाने की कोशिश कि की राजभक्ति और सरकार भक्ति में मुसलमान हिन्दुओं से किसी भी तरह कम नहीं। मुसलमानों को अंग्रेज़ी की तालीम देकर अंग्रेज़ों की नौकरी लायक़ बनाने का यत्न शुरू हुआ। मुसलमानों ने अनुभव किया कि हिन्दू अंग्रेज़ों के साथ मिलकर राज कर रहे हैं और मुसलमान पीड़ित हैं, दलित हैं और पिस रहे हैं। मुसलमानों में इस वृत्ति के नेता थे सर सैय्यद अहमद।

एक ओर तो मुसलमानों में यह वृत्ति काम कर रही थी, दूसरी ओर हिन्दुओं में सरकार का पक्षपात पाकर भी असन्तोष प्रकट हो रहा था। यदि सरकार अपनी सभी नौकरियाँ हिन्दुओं को दे देती तो भी अट्ठाईस करोड़ हिन्दुओं को सन्तुष्ट नहीं कर सकती थी। देश के व्यापार और उद्योग-धन्धे सभी विदेशियों के हाथ चले जाने के कारण बाइज़्ज़त और शरीफ़ खानदान हिन्दुओं के लिए इज़्ज़त और रोब से निर्वाह करने का उपाय सरकारी नौकरी के अतिरिक्त और न था। सरकारी नौकरी से आख़िर कितनों का सन्तोष हो सकता था? परिणाम यह हुआ कि हिन्दू थोड़ी बहुत शिक्षा प्राप्त कर और जीवन के साधनों से महरूम होकर जीवन में कठिनाई अनुभव करने लगे। देश की ग़ुलामी का बोझ और दुःख अनुभव करने और देश की स्वतन्त्रता की चाह भी उन्हें होने लगी। वे इसके लिए आन्दोलन भी करने लगे। उन्होंने विदेशी हुकूमत की ज़ंजीरों में जकड़ी हुई मातृभूमि की पूजा करनी शुरू की और विदेशी हुकूमत को गालियाँ देने लगे। उन्हें अपने जीवन निर्वाह के लिए इस देश की आज़ादी आवश्यक जान पड़ने लगी।

दूसरी ओर थी नयी शिक्षित मुस्लिम जमात जिन्हें जीवन निर्वाह का उपाय दिखायी देता था—सरकार की कृपा प्राप्त कर नौकरी पाने का यत्न करना। मातृभूमि और प्यारे देश के मोहक शब्द उन्हें आकर्षित नहीं करते थे क्योंकि अरब से मज़हब को स्वीकार करने के साथ उन्हें अरब को ही अपना वतन समझने की शिक्षा भी अंग्रेज़ों का पक्षपात चाहनेवाले मुसलमानों ने देनी शुरू की। अंग्रेज़ों की समझ में

भी यह बात आ गयी कि हिन्दुओं को हिन्दुस्तान की आज़ादी चाहिए परन्तु मुसलमान तो इस देश में विदेशी हैं, उनकी सहानुभूति और सहायता से अंग्रेज़ों को सहायता मिल सकती है। हिन्दुओं को अंग्रेज़ जितना दे सकते थे दे चुके थे परन्तु मुसलमानों को अभी बहुत देर तक बहुत-कुछ दिया जा सकता था और मुसलमानों में असन्तोष अनुभव करनेवाले शिक्षित लोगों की भी तादाद बहुत कम थी। इसका परिणाम यह हुआ कि ग़दर के समय जो मुसलमान अपने-आपको हिन्दुस्तानी समझकर हिन्दुस्तान की स्वतन्त्रता के लिए लड़ने के लिए तैयार हुए थे, वे अब अंग्रेज़ों के पक्षपात पर भरोसा कर हिन्दुओं से लड़कर जीविका निर्वाह और पेट भरने की बात सोचने लगे। मुसलमानों की जो भावुकता एक समय देशभक्ति की ओर जा रही थी, उसे इधर से हटाकर मुस्लिम जाति का भला करने की ओर बहा दिया गया। उनके सामने सवाल देश का नहीं बल्कि मुसलमान का रह गया, जिस मुसलमान के साथ अब तक हिन्दुओं और अंग्रेज़ों ने अन्याय किया था परन्तु जिसके लिए अंग्रेज़ों की सहायता से अपना अधिकार प्राप्त करने का समय आ गया था। मुसलमानों की यह प्रवृत्ति और ज़हनीयत इस प्रकार प्रकट हुई कि राष्ट्रीयता की बात करना छोड़कर उन्होंने मुसलमानों के अधिकारों की बात करना शुरू किया। पहले मुसलमान कहता था—

हिन्दी हैं हम वतन हिन्दोस्तान हमारा!

अब वह कहने लगा—

मुस्लिम है हम वतन है सारा जहाँ हमारा!

गोया उसे इस देश से कोई मतलब नहीं। देश की आज़ादी का दूर स्वप्न देखने के बजाय वह अंग्रेज़ी सरकार के पक्षपात से कम-से-कम उतना जितना हिन्दू पा चुके हैं, उतना या उससे अधिक प्राप्त करने की कोशिश करने लगा। इस वृत्ति या ज़िहनीयत का असर यह हुआ कि अपने हकों के लिए विदेशी सरकार से लड़ने के बजाय वह हिन्दुओं से लड़ने लगा। इस ज़हनीयत का सबसे ज़बरदस्त उदाहरण है कायदे-आज़म जिन्ना, जो एक रोज़ कांग्रेस के मेम्बर होकर देश की आज़ादी का ख़्वाब देखा करते थे परन्तु अब वे देखते हैं मुसलमानों की शक्ति क़ायम करने का ख़्वाब!

विदेशी सरकार की कृपा और पक्षपात से लाभ उठाने की इस वृत्ति के ज़िक्र में हम डॉक्टर अम्बेडकर के नेतृत्व में चलनेवाले अछूतों के अधिकार के आन्दोलन की भी उपेक्षा नहीं कर सकते। यह आन्दोलन भी मुसलमानों के अपने आपको पृथक जाति बताकर अधिकार माँगने के आन्दोलन से अलग नहीं। जब कोई माँग पेश करनी हो या आन्दोलन चलाना हो तो उसके लिए सिद्धान्त निकल आने में देर नहीं लगती। देश के दलित और पीड़ित अछूतों ने भी अपने-आपको हिन्दुओं से

पृथक् जाति बताकर अधिकारों की माँग पेश कर दी परन्तु अछूतों में हज़ार अत्याचार सहकर भी अपने-आप को हिन्दुओं से पृथक् जाति कहने का साहस काफ़ी और व्यापक मात्रा में नहीं आ सकता इसलिए उनके नेता अम्बेडकर का सरकार की दृष्टि में वह महत्त्व नहीं हो सका जो कि पृथक राष्ट्रीयता का दावा करनेवाले मुसलमानों के नेताओं का हो गया। अछूतों के अधिकारों की माँग का आन्दोलन, राष्ट्रीयता की भावना के कारण बलवान्, विरोधी और विदेशी सरकार का सफल सहायक नहीं हो सका।

सिक्ख सम्प्रदाय का ऐतिहासिक आधार यद्यपि देश का राजनैतिक पुनरुत्थान ही था परनतु जीविका के फेर में पड़कर वे भी विदेशी सरकार की व्यवस्था को क़ायम करने का साधन बन गये। विदेशी सरकार ने भारत की साम्प्रदायिकता में सदा अपना एक सहायक पाया है। इस साम्प्रदायिक भावना के कारण देश की सामूहिक शक्ति सामाजिक और राजनैतिक निर्माण में न लगकर साम्प्रदायिक संगठनों में व्यय होती रही है। देश की जनता एक नदी की तरह न बहकर छोटे-छोटे तालाबों में बँटकर राष्ट्रीय रूप से निर्बल होती रही है और इसके साथ ही विदेशी सरकार धार्मिक और साम्प्रदायिक स्वतन्त्रता का वरदान जनता को देकर उन्हें अपना भक्त बनाने में भी सफल होती रही है। भारत के सभी सम्प्रदाय ब्रिटिश शासन के युग में अपने-आपको विदेशी सरकार का भक्त और सहायक बताने में अभिमान करते आये हैं। परन्तु सिक्खों के गुरुद्वारा आन्दोलनों में सरकार निष्पक्ष नहीं रह सकी। उसने सुधार का विरोध किया। इससे सिक्खों में सरकार के प्रति भक्ति की कुछ कमी हो गयी और उनमें राजनैतिक जागृति और राष्ट्रीयता यद्यपि वह धार्मिकता का मोटा छिलका मढ़े हुए है, बढ़ने लगी। सरकार अब तक सिक्खों की सिपाहियाना शक्ति की क़द्र कर उन पर विशेष कृपा दिखाती आयी थी परन्तु सिक्खों में राष्ट्रीयता और देशभक्ति की भावना की बढ़ती देख सरकार ने अपनी कृपा का हाथ उन पर से खींचना शुरू कर दिया। पंजाब में मुस्लिम मन्त्रिमण्डल क़ायम हो जाने के कारण यह और भी अधिक स्पष्ट रूप से होने लगा। और सम्प्रदायों की भाँति सिक्खों की स्थिति को भी दो दृष्टिकोणों से देखा जा सकता है। एक तो सिक्ख सम्प्रदाय (एग्व् म्दस्स्ल्हगूब) का अंग होने के नाते और दूसरा भारतवासी होने के नाते। विदेशी सरकार इस देश में भारतवासी होने के नाते किसी व्यक्ति या सम्प्रदाय का कोई अधिकार स्वीकार नहीं करती; अलबत्ता सरकार की छत्रछाया के नीचे वह साम्प्रदायिक दृष्टि से अधिकारों की माँग की ओर ध्यान देने के लिए एक हद तक तैयार रहती है। इसलिए स्वार्थ की भावना राष्ट्रीयता के पीछे रह जाती है। साम्प्रदायिक स्वार्थ और राष्ट्रीय भावना के बीच

होनेवाले संघर्ष का एक अच्छा उदाहरण सिक्खों के कुछ साम्प्रदायिक पहलवानों (नेताओं) के व्यवहार से स्पष्ट हो गया। कांग्रेस को देश का एकमात्र राजनैतिक और राष्ट्रीय संगठन समझकर वे उसमें भी अपनी स्थिति क़ायम रखना चाहते हैं और इसके साथ ही विदेशी सरकार से प्राप्त हो सकनेवाली कृपा और स्वार्थ को वे छोड़ देना नहीं चाहते। वे कांग्रेस का साथ देने के लिए तैयार हैं, यहाँ तक कि कांग्रेस के साथ मिलकर वह वर्तमान युद्ध का असहयोग करने के लिए भी तैयार हैं परन्तु इसके साथ ही सिक्खों के फौज़ में भरती होने के अधिकार की भी वे रक्षा चाहते हैं। उनकी दलील है कि सिक्खों के सेना में भरती न होने से उनकी जगह पंजाब के मुसलमान सब सेनाओं में भर जायेंगे और सैनिक शक्ति मुसलमानों के हाथ चली जायेगी। दूसरी दलील सिखों के सेना में भरती होने का अधिकार रखने की यह है कि सिक्ख इलाकों में खेती के लायक़ ज़मीन की कमी हो गयी है, उनकी आबादी बढ़ गयी है; सिक्ख खेती या सेना की नौकरी के अतिरिक्त और कोई काम नहीं कर सकते। दलील ग़लत है या सही, इस बात को यदि न भी देखा जाये तो भी इस बात से इनकार नहीं किया जा सकता कि इन दलीलों की जड़ में साम्प्रदायिक स्वार्थ की भावना ही काम कर रही है जिसका राष्ट्रीय भावना से मेल नहीं हो सकता।

हिन्दू लोग यद्यपि राष्ट्रीय भावना का प्रमाण दे देने के कारण और सरकारी कृपा के दूसरे सम्प्रदायों की ओर बह जाने के कारण राष्ट्रीयता की ओर अग्रसर हो रहे थे परन्तु हिन्दुओं में भी ऐसे साम्प्रदायिक पहलवान हैं जो राष्ट्रीयता और देश की स्वतन्त्रता को सुदूर स्वप्न की बात समझकर सरकार के पक्षपात में हिन्दुओं के लिए भी दूसरे सम्प्रदायों के बराबर ही स्थान चाहते हैं। दूसरे सम्प्रदायों के प्रति सरकारी पक्षपात के कारण हिन्दुओं के नाश हो जाने की सम्भावना देखते हैं। इन लोगों की सम्पूर्ण शक्ति भी साम्प्रदायिक अधिकार प्राप्त करने तथा साम्प्रदायिक शक्ति बढ़ाने में व्यय होती है।

यह बात बहुत साधारण है कि यदि विदेशी सरकार की शक्ति साम्प्रदायिक पक्षपात के कारण दृढ़ होती है तो साम्प्रदायिक पक्षपात को कभी छोड़ नहीं सकती। विदेशी सरकार जब किसी सम्प्रदाय के प्रति पक्षपात करती है तो इस पक्षपात का प्रयोजन इस समुदाय के प्रति सहानुभूति नहीं होता बल्कि सरकार की स्थिति को मज़बूत बनाना होता है। ऐसी अवस्था में सरकार उसी सम्प्रदाय के प्रति पक्षपात करेगी जो सरकार की शक्ति को मज़बूत बनाने में सहायक होगा। जब देश के सभी सम्प्रदाय इस पक्षपात को प्राप्त करने की चेष्टा करने लगेंगे तो इसका परिणाम होगा कि वे सरकार को रिझाने के लिए एक-दूसरे का गला काटेंगे।

भारत के भिन्न समुदायों का वैमनस्य पहले था सरकार नौकरियों के लिए और सरकारी दायरे में शक्ति प्राप्त करने के लिए परन्तु सरकार से प्राप्त की जानेवाली इस कृपा की तो एक सीमा है। सरकार यदि अपनी सब नौकरियाँ किसी एक ही सम्प्रदाय के लोगों को जीविका कमाने के लिए दे दे तो भी उस सम्प्रदाय की बेकारी और जीविका के प्रश्न को हल नहीं कर सकती और उस सम्प्रदाय में असन्तुष्ट लोगों की एक बहुत बड़ी संख्या बच जायेगी जिसमें जीवन निर्वाह के लिए अवसर की सुविधा न होने के कारण क्रान्ति की भावना अवश्य पैदा होगी। हिन्दुओं में ऐसा ही हुआ। इसके बाद मुसलमानों और सिखों में भी ऐसा ही हो रहा है। इस प्रकार का सरकारी पक्षपात प्रत्येक सम्प्रदाय के केवल कुछ–एक लोगों को ही सन्तुष्ट कर सकता है। सम्प्रदायों की क्यारियों में बँटे हुए देश की सम्पूर्ण भूमि को क्या, एक सम्पूर्ण सम्प्रदाय को भी सन्तुष्ट नहीं कर सकता और बावज़ूद बनावटी रूकावटों के देश में राष्ट्रीयता की भावना उत्पन्न होकर बढ़ने लगती है। सभी सम्प्रदायों के अधिक संख्यक जनता का कल्याण तभी हो सकता है जब देश के सामने आर्थिक विकास का क्षेत्र खुल जाये और वह केवल देश और राष्ट्र की स्वतन्त्रता से ही सम्भव हो सकता है। देश की जनता की यह भावना साम्प्रदायिक संगठनों में भी प्रकट हो रही है। इसलिए सभी साम्प्रदायिक संगठनों ने इस देश की पूर्ण स्वतन्त्रता को अपना उद्‌देश्य प्रकट किया है। मुस्लिम लीग, हिन्दू सभा या अकाली दल कोई भी इस मैदान में पीछे नहीं रहा।

सम्प्रदायों के आर्थिक स्वार्थ से भी बढ़कर राष्ट्रीयता के मार्ग में आनेवाली अड़चन है सम्प्रदायों के प्रतिनिधित्व के अधिकार पर। ब्रिटिश सरकार का दावा है कि भारत में प्रतिनिधि शासन के ज़रिये प्रजातन्त्र की बुनियाद तैयार कर रही है परन्तु इस देश के प्रतिनिधि शासन में प्रतिनिधित्व की बुनियाद है साम्प्रदायिकता पर। किसी मनुष्य के सम्प्रदाय के कारण, उसके हिन्दू, मुसलमान, ईसाई होने के कारण उसके जीवन निर्वाह के उपायों पर प्रभाव पड़े यह एक विचित्र बात है। प्रतिनिधित्व का अधिकार होना चाहिए लोगों की आर्थिक स्थिति और जीवन निर्वाह के ढंग पर। सरकार चाहे वह देशी हो या विदेशी, समाज का एक आर्थिक और राजनैतिक संगठन है जिसका प्रयोजन है समाज के जीवन निर्वाह के ढंग की व्यवस्था करना। सम्प्रदाय या मज़हब का प्रयोजन है मनुष्य की आस्था की उन्नति करना, भगवान् से उसके सम्बन्ध को बनाये रखने और मृत्यु के बाद मनुष्य का क्या होगा, इस बात की व्यवस्था करना। ऐसी अवस्था में देश के लिए शासन और सरकार के क़ानून की व्यवस्था करने के लिए क़ानून बनाने के लिए जो प्रतिनिधि चुने जायें वे साम्प्रदायिक आधार पर चुने जायें यह एक विचित्र बात है। परन्तु देश की जनता को साम्प्रदायिक क्यारियों में बाँटे रहने के लिए यह आवश्यक है कि जनता के सामने सम्प्रदाय का सवाल ही मुख्य हो।

साम्प्रदायिक प्रतिनिधित्व के लिए कारण बताया जाता है भिन्न-भिन्न सम्प्रदायों की संस्कृति और सभ्यता की रक्षा। संस्कृति और सभ्यता की रक्षा केवल ढोंग मात्र है। कभी भी किसी देश या राष्ट्र की सभ्यता एक-सी नहीं रही, न रह सकती है। यदि सभ्यता और संस्कृति में परिवर्तन न हो तो उसमें विकास और उन्नति हो ही नहीं सकती। मि. जिन्ना जिस मुस्लिम सभ्यता की रक्षा के लिए परेशान है वह वास्तव में क्या वस्तु है यह समझ सकना आसान नहीं। भारत के ऊँचे शिक्षित मुसलमान आज जिस ढंग से रहते हैं वह किसी भी मुस्लिम देश की सभ्यता के नमूने पर नहीं है। जब मुसलमान अरब से भारत में आये, वे न तो वह भाषा ही बोलते थे जो मि. जिन्ना बोलते हैं या जिस भाषा (उर्दू) की ये रक्षा करना चाहते हैं। न वे उस ढंग से रहते थे जिस रंग से मि. जिन्ना रहते हैं। मि. जिन्ना जिस मुस्लिम सभ्यता की रक्षा करना चाहते हैं वह ९८% फ़ीसदी हिन्दू और हिन्दुस्तानी है और उसमें और हिन्दुओं की सभ्यता में जो भेद है वह केवल इसलिए शेष है कि यह दोनों सम्प्रदाय एक साथ न रहकर अलग-अलग रहने की चेष्टा करते हैं।

परन्तु राष्ट्रीयता देश का स्वाभाविक जीवन है। साम्प्रदायिकता का बनावटी रंग भावुकता और असहिष्णुता की सहायता से चाहे कितना ही क्यों न चढ़ाया जाये परन्तु जीवन की वास्तविकताएँ जनता की आँखों में भ्रम को दूर कर उसे राष्ट्रीयता का मार्ग दिखाये बिना नहीं रह सकती। भारत का एकमात्र राष्ट्रीय आन्दोलन है कांग्रेस और कांग्रेस देश में राष्ट्रीयता की भावना उत्पन्न कर सकती है। कांग्रेस उसके लिए प्रयत्न करती है परन्तु जीविका प्राप्ति का साधन देना या राजनैतिक अधिकार किसी को दे देना उसके बस की बात नहीं है। विदेशी सरकार, जिसके हाथ में जीविका देने की और राजनैतिक अधिकार देने या पक्षपात करने की शक्ति है, उसे भारत में राष्ट्रीय भावना उत्पन्न होना मंजूर नहीं। वह सदा भारत में राष्ट्रीय भावना न होने और भारत के एक राष्ट्र न हो सकने की बात पर ही ज़ोर दिये जाती है।

कांग्रेस ने भारत में राष्ट्रीय भावना उत्पन्न करने का काम पचास वर्ष से भी अधिक समय तक किया है परन्तु फिर भी विशेष सफलता उसे प्राप्त नहीं हुई। इसका कारण यह है कि कांग्रेस का कार्यक्षेत्र रहा है सदा शिक्षित मध्यम श्रेणी में जिसकी संख्या भारत की सम्पूर्ण जनता में केवल आठ-दस फ़ीसदी है और भारत की जनता का यही भाग है जो साम्प्रदायिक संगठन बनाकर सरकार से पक्षपात की माँग करता है और अपने निजी आर्थिक स्वार्थों में अन्धा हो रहा है। राष्ट्रीय शक्ति पैदा करने के लिए कांग्रेस को चाहिए भारत की ९०% उस जनता तक पहुँचना जो किसान-मज़दूर कहलाती है और जो दरअसल भूखी- नंगी रहकर ग़ुलामी की मुसीबत को अनुभव कर रही है। यदि कांग्रेस इस जनता के सामने उनके जीवन-मरण को निश्चित करनेवाले आर्थिक प्रश्नों को उठाये तो उसे इस जनता की अथाह

शक्ति का बल मिल सकता है परन्तु जनता के इस अंग की शक्ति का बल कांग्रेस को केवल भावुकता भरे पूर्ण स्वतन्त्रता के ऐलानों से ही नहीं मिलेगा; वह मिलेगा तभी जब कि कांग्रेस राष्ट्रीयता के वास्तविक उद्देश्य अर्थात् जनता के जीवन-मरण के आर्थिक प्रश्न को सबसे मुख्य स्थान देगी।

चिलम चक्कर
दुर्मुख

बड़ी पुरानी कहावत है कि एक तेली ने जाट से मज़ाक कर कहा था—"जाट-रे-जाट, तेरे सिर पर खाट।" जाट को कोई मुनासिब जवाब न सूझने पर उसने कह दिया—"तेली रे तेली, तेरे सिर पर कोल्हू।" तेली ने कहा—"दोस्त तुक नहीं मिला।" जाट ने जवाब दिया—"न मिले बोझ से तो मरेगा।"

कुछ लोगों का ख़याल है कि ऐसी बेतुकी बातें सिर्फ़ जाट और तेली जैसे अशिक्षित लोग ही किया करते हैं पर बात ऐसी नही है!

अभी हाल में मालूम होता है 'स्टेट्समैन' ने 'हिन्दुस्तान टाइम्स' से सवाल कर दिया कि, "कांग्रेस के इस प्रस्ताव का क्या मतलब कि अंग्रेज़ों से युद्ध में सहानुभूति भी है परन्तु युद्ध का विरोध करने की आज़ादी भी हमें चाहिए?"

'हिन्दुस्तान टाइम्स' ने खीझकर जवाब दिया—"इसका वही मतलब है जो सारे संसार को आज़ाद बनाने के लिए युद्ध करने पर भी हिन्दुस्तान को ग़ुलाम बनाये रखने का है।"

बात तेली और जाटवाली ही हुई—कांग्रेस के प्रस्ताव की बेतुकी का जवाब न हुआ न सही, 'स्टेट्समैन' को तो कुछ शर्म आयेगी।

× × ×

कुछ लोगों का ख़याल है कि अबकी महात्मा जी ने अहिंसा के प्रचार के लिए युद्ध के विरोध का जो प्यादा चलाया है, उससे सरकार को ज़रूर शह आ जायेगी और सरकार ज़रूर ही समझौते की चौपड़ उठाकर फेंक देगी और फिर क्या है ठन जायेगी।

महात्मा जी हुज़ूर वाइसराय से कहेंगे कि आप ही बताइये फिर हम करें क्या? इतना भी हम नहीं करते तो कांग्रेस ख़तम हो जायेगी—क्या आपके दिल में हमारे लिये इतना भी दर्द नहीं?

हमें एक ज्योतिषी ने बताया है कि हुज़ूर वाइसराय के पास इसका जवाब है। वे कहेंगे—कांग्रेस और चाहे जो न कर सके प्रस्ताव तो पास कर ही सकती है। अबकी आप यह प्रस्ताव पास करा दीजिये—

"कांग्रेस जर्मनी के लज्जा और कायरतापूर्ण आक्रमण की निन्दा करती है और इस बात को हृदय से अनुभव करती है कि ब्रिटिश सरकार इस समय स्वाधीनता और प्रजातन्त्र की रक्षा के लिए लड़ रही है। इसलिए कांग्रेस अंग्रेज़ सरकार की इस युद्ध में विजय चाहती है। यद्यपि भारत के स्वतन्त्रता प्राप्त करने के अधिकार और अहिंसाव्रत के कारण युद्ध के विरोध के अपने अधिकार में कांग्रेस का पूर्ण विश्वास है परन्तु ब्रिटेन की मौज़ूदा उलझन को ध्यान में रखते हुए उसे लाभ उठाना कांग्रेस कायरता समझती है। कांग्रेस इस बात का अनुभव करती है कि मौज़ूदा परिस्थितियों में अहिंसा के पालन के लिए सद्भावना से किया गया युद्ध का विरोध भी ब्रिटिश सरकार के हृदय को चोट पहुँचाये बिना नहीं रह सकता परन्तु इस विचार से भी कांग्रेस अपने अहिंसा के व्रत को छोड़ नहीं सकती और अपना दृढ़ निश्चय प्रकट करती है कि प्रत्येक कांग्रेस मेम्बर सच्ची अहिंसा में विश्वास रखता हुआ युद्ध में होनेवाली हिंसा से व्यक्तिगत असहयोग कर चुप रह सकता है।"

ऐसा प्रस्ताव पास कर देने से कांग्रेस भी बनी रहेगी, उसकी इज़्ज़त भी क़ायम रहेगी और अहिंसा को भी ठेस नहीं लगेगी।

× × ×

राय साहब को शिकायत है कि कांग्रेस फ़ैसिस्टों का समर्थन कर रही है। ठीक तो है क्योंकि कांग्रेस साम्राज्यवादी युद्ध का समर्थन जो नहीं करती।

राय साहब कहते हैं—फ़ैसिज़्म का विरोध करना चाहिए क्योंकि फ़ैसिज़्म अपने साम्राज्य को बढ़ाने की कोशिश करता है इसलिए फ़ैसिज़्म ही साम्राज्यवाद है।

इतना तो हर एक आदमी समझ सकता है कि साम्राज्य को बढ़ाना फ़ैसिज़्म है और ज़ुल्म है। जो बात लोगों की समझ में नहीं आती वह तो यह है कि बढ़े हुए साम्राज्य की रक्षा करना साम्राज्यवाद नहीं, वह एक पुण्य कार्य है।

सुनते हैं एक रियासत के महाराज ने मसूरी की म्युनिसिपल कमेटी को इस प्रकार का एक पत्र लिखा—"हमने तुम्हारे शहर में बड़े-बड़े महल और बँगले बनवाये हैं। इस हर साल आते हैं तो हमारे साथ सैकड़ों नौकर आते हैं। हम हज़ारों रुपया तुम्हारे कुलियों और दुकानदारों को देते हैं और सबसे ज़्यादा टैक्स देते हैं। हमारी बदौलत तुम्हारे शहर के आदमियों की परवरिश होती है लेकिन कितने अफ़सोस की बात है कि हम जब सड़क पर निकलते हैं तो मामूली-मामूली लोग हमारे बराबर कन्धे-से-कन्धा मिलाकर चलने लगते है, हमारे बराबर ही रिक्शा दौड़ाने लगते हैं। हम यह चाहते हैं कि कुछ ख़ास-ख़ास सड़कों पर जिस समय हमारे बाहर निकलने का समय हो, कमेटी रिक्शा और ऐरे-गैरे लोगों का घूमना बन्द कर दे।"

उन दिनों कांग्रेसी वज़ीरों का राज्य था। मसूरी की म्युनिसिपल कमेटी ने जवाब लिख भेजा—"कमेटी हिज़ हाइनेस की ग़रीब-परवरी और मंसूरी को उनकी बदौलत मिलनेवाली रौनक़ को तसलीम करती है लेकिन प्रजातन्त्र के इस ज़माने में जब सब लोगों में मनुष्य की समानता का भाव बढ़ रहा है, इस तरह का प्रबन्ध करना कमेटी की हिम्मत के बाहर की बात है।"

बहुत-से लोग इस बात के लिए कमेटी की तारीफ़ करते हैं लेकिन भइया हमें तो इसमें सरासर कमेटी की ज़्यादती ही दिखायी देती है। आप ही बताइये जब हिज़ एक्सीलेंसी सफ़र करते हैं तो सैकड़ों मील तक रेल की पटरी के दोनों तरफ़ सिपाही खड़े हो जाते हैं, ट्रेनें रुक जाती हैं, लेट हो जाती हैं और बेचारे हिज़ हाइनेस के लिए कुछ भी नहीं!

× × ×

एक साहब, जो इंग्लैण्ड में बहुत दिन रह आये हैं, कहना है कि ब्रिटिश साम्राज्य के सम्राट जब बाहर घूमने के लिए निकलते हैं तो उनके लिए न तो सड़कें खाली की जाती हैं और न सड़कों के दोनों ओर पुलिस और फ़ौज की दीवारें ही बना दी जाती हैं, न घण्टों पहले सड़क पर पहरे लगाये जाते हैं। बस सिर्फ़ दो सिपाही और वे भी बिना वर्दी के उनसे कुछ दूर-दूर चला करते हैं तो फिर हिन्दुस्तान में उनके कारिन्दों के लिए इतना ठाठ करने की ज़रूरत?

इस बात का जवाब दे सकना हमारे लिए मुश्किल है। अपने घर में शायद रोब का सवाल नहीं होता उसकी ज़रूरत शायद दूसरों के यहाँ ही होती है।

लेकिन हमारे महाराजाओं के लिए तो यों भी ख़ास प्रबन्ध होना चाहिए। वजह यह कि ब्रिटिश साम्राज्य के सम्राट तो चलते हैं एक मामूली भलेमानस की तरह और हमारे राजा-महाराजा लोग चलते हैं जवाहिरात की दुकान की तरह।

× × ×

मसूरी की एक और मज़ेदार बात हमने सुनी है पर बात कुछ पुरानी है। उन दिनों मसूरी में सबसे बढ़कर रौनक़ थी स्टिफल होटल की। शान यह थी कि वहाँ हिन्दुस्तानी लिबास को जगह न थी। पण्डित जवाहरलाल नेहरू उन दिनों मसूरी तशरीफ़ लाये और अचकन और गाँधी टोपी पहनकर स्टिफल होटल में एक मेज़ पर जा बैठे। स्टिफल होटल में गाँधी टोपी और वह भी आज से आठ दस बरस पहले!

लोगों ने उन्हें पहचाना या नहीं लेकिन हुआ यह कि किसी बैरे या ब्वॉय ने उनकी बात न पूछी, न मैनेजर ही ने फ़िक्र की। बल्कि लोग और दूर-दूर हट गये। आख़िर पण्डित जी ने ख़ुद एक बैरे को बुलाकर चाय-पानी मुहैया करने का हुकुम दिया। बैरा हुकुम लेकर चला गया लेकिन फिर सब चुप! आख़िर पण्डित जी उठकर चले आये।

अब सवाल यह है कि मसूरी में पण्डित जी को चाय की कमी नहीं। स्टिफल में जाने का प्रयोजन रहा होगा अंग्रेज़ों के तरज़-तरीक़े और सभ्यता का मज़ा लेना। फिर वहाँ गाँधी टोपी पहनकर जाने की क्या ज़रूरत थी? इसका मतलब था शायद गाँधी टोपी की इज़्ज़त बढ़ाना या भारत के लिए एक नयी सभ्यता तैयार करना जिसमें अचकन और गाँधी टोपी ओढ़ाकर अंग्रेज़ी सभ्यता को काम में लाया जाये! यानी भीतर हो अंग्रेज़ीयत और बाहर भारतीयत! या फिर यों कहिये कि आराम और मज़ा तो उसी में है पर हिन्दुस्तानियों का भी दिल रखना हुआ!

× × ×

हमने जब ऊपर का किस्सा सुना तो अंग्रेज़ों के यहाँ अपने अपमान का ख़याल कर दिल बहुत दु:खी हुआ, यहाँ तक कि सो जाने पर सपने में भी वही दिखायी देने लगा। पर सपना तो सपना है, वहाँ इससे भी अधिक दिखायी दिया।

दिखायी दिया कि पण्डित जी स्टिफल होटल की मेज़ पर मुँह लटकाये बैठे हैं और अपने अपमान को चबा-चबाकर निगल रहे हैं। उसी समय कुछ अंग्रेज़ एक खिड़की से उन्हें देख रहे हैं जिन्होंने उन्हें पहचान भी लिया। एक अंग्रेज़ ने कहा, कितने शरम की बात है कि एक मेहमान आता है और उसका अपमान किया जाता है। यह अंग्रेज़ जाति की बाबत क्या सोचेगा? यह सुनकर सारे हँस दिये।

वह अंग्रेज़ झपटता हुआ पण्डित जी के पास आया और बोला—हैलो मिस्टर नेहरू, आप यहाँ! हमारा बड़ा अहोभाग्य है आप जैसे महापुरुष यहाँ तशरीफ़ लाये। मैं इसी होटल में ठहरा हूँ। आप चाय के लिए आये हैं; क्या मैं आपको चाय के लिए निमन्त्रित करने का सौभाग्य प्राप्त कर सकता हूँ?

"ओ! ब्वाय, चाय जल्डी डो, आडमी का वास्टे!"

अंग्रेज़ के हुकुम की उपेक्षा करे, ऐसा कौन?

चाय आ गयी, बातचीत होने लगी। अंग्रेज़ ने कहा—भारत का भविष्य बहुत उज्ज्वल है जहाँ आप जैसे महापुरुष अपना जीवन राष्ट्र की सेवा में लगा रहे हैं।

इसके बाद देखा पण्डित जी अपनी पुस्तक 'मेरी कहानी' वे लिख रहे हैं—"अंग्रेज़ी की सभ्यता और संस्कृत बहुत ऊँची है। मैं उसका क़ायल हूँ।" फिर युद्ध शुरू हो जाता है। जर्मनी के अत्याचारों से पण्डित जी का हृदय पिघल उठता है, वे कहते हैं, "इस समय भारत के स्वराज्य की बात उठाना फ़ज़ूल है, जब ब्रिटेन और फ्रान्स की महान सभ्यता ख़तरे में पड़ी हो तो हमें छोटी-छोटी बातों पर झगड़ा खड़ा नहीं करना चाहिए।...."

इसी समय बूँदें गिरने लगीं और हमें बिस्तर लपेटकर भीतर भागना पड़ा।

◈

नवम्बर
१९४०

क्रान्ति का मार्ग अहिंसा

कांग्रेस की राजनीति में अहिंसा का स्थान सबसे ऊँचा है। इस लेख में कॉमरेड यशपाल ने ऐतिहासिक और तार्किक दृष्टिकोण से हिंसा-अहिंसा के सिद्धान्तों और क्रियात्मक रूप पर विचार किया है। इस लेख में प्रकट किये गये विचार गाँधीवाद के अनुकूल नहीं। यदि कोई पाठक या लेखक महोदय इन विचारों की आलोचना में विचार प्रकट करेंगे तो उनका लेख हम पत्रिका में सहर्ष प्रकाशित करेंगे।

—स.

पुराणों में कथा आती है, एक समय मनुष्य समाज में 'मत्स्य-न्याय' का चलन था। अर्थात् जिस प्रकार मछलियों के समाज में निगल जाने की शक्ति का बोलबाला है उसी प्रकार मनुष्य समाज में भी था। मछली के हाथ पैर नहीं। वह लाठी-तलवार नहीं चला सकती, अलबत्ता जो चीज़ पाती है, बस चलने पर उसे निगल जाती है। यही हालत एक समय मनुष्य समाज में थी। जब मनुष्य मनुष्य रहा होगा तो उसके हाथ-पैर ज़रूर रहे होंगे। लाठी-तलवार भी वह चला सकता होगा। मुख छोटा होने से वह दूसरे मनुष्य को ज़िन्दा मुख की राह निगल नहीं सकता था परन्तु थप्पड़, घूँसा या लाठी की मदद से दूसरे मनुष्य के पास जो कुछ अपने निगल जाने लायक़ देख पाता उसे छीनकर निगल जाता। यदि इस प्रकार दूसरे मनुष्य के पदार्थ निगल जाने में कठिनाई होती तो उसे मार दिया जाता या घायल कर दिया जाता। ऐसी ही थी एक दिन मनुष्य समाज की हालत कि हर एक मनुष्य सभी दूसरे मनुष्यों का शत्रु था और उसे सभी का भय था। ऐसी अवस्था में उसके भय से दूसरों की और दूसरों के भय से उसकी जान हर दम सूखती रहती थी। पुराण कहते हैं, मनु महाराज ने लोगों को समझाया कि यों काम नहीं चल सकता। आपस में समझौता कर लो—क़ायदा बना लिया जाये कि आपस में छीना-झपटी, मार-काट न हो। एक आदमी को राजा-मुखिया चुन लिया जाये और उसके फैसले से क़ायदे के

अनुसार चला जाये। पुराण की कथा है कि इसी प्रकार मनुष्य समाज में अमन और शान्ति स्थापित हुई और राजव्यवस्था क़ायम हो गयी।

कह नहीं सकते यह कथा ठीक है या नहीं? इस कथा का जो भी मतलब रहा हो, एक बात साफ़ और सीधी है कि आपसी विरोध, आशंका और भय की अवस्था में मनुष्य और मनुष्य-समाज का जीवन असम्भव था। इसलिए उसने क़ायदा और व्यवस्था क़ायम कर ली। इस क़ायदे और व्यवस्था के हज़ारों नियम और उपनियम हैं परन्तु इन सबका अर्थ आ जाता है केवल एक शब्द 'अहिंसा' में। मनुष्य हिंसा करता था और उसका समाज इस हिंसा से व्याकुल था। इसलिए उसने निश्चय किया कि समाज से हिंसा को दूर कर अहिंसा क़ायम करें, एक व्यवस्था बनायें!

अहिंसा का प्रयोजन था, और आज भी है मनुष्य के जीवन की रक्षा करना और उसे फलने-फूलने का मौक़ा देना। मज़ा यह है कि मनुष्य जब हिंसा करता है तब उसका प्रयोजन भी अपने जीवन की रक्षा करना ही होता है या अपने जीवन को सुख से बिताने की इच्छा से ही वह दूसरों की हिंसा करता है। यह एक कठिन समस्या है कि अपने जीवन की रक्षा के लिए ही मनुष्य हिंसा और अहिंसा का आश्रय लेता है। इन दोनों परस्पर विरोधी कार्यों से मनुष्य का एक ही प्रयोजन सिद्ध होता है। स्वभावत: प्रश्न उठता है कि वह इन दोनों में से किसका भरोसा करे? हो सकता है कोई मौजी जीव उत्तर दे दे कि जैसे मन की मौज आये, करे? परन्तु यह तो कोई उत्तर नहीं। एक के मन की मौज दूसरे की मौत हो जा सकती है। और भी उसके परिणाम क्या-क्या हो सकते हैं? प्राय: यही सोचकर मनुष्य का क़दम हिंसा की ओर उठने से रुक जाता है। परन्तु फिर भी समाज में हिंसा की कमी नहीं है। सरकार के क़ानून और धमकी व्यवस्था सब हिंसा की रोकथाम के लिए लगे हुए हैं और उसे उखाड़कर फेंकने का यत्न करते रहते हैं। बावज़ूद इसके हिंसा अत्यन्त भयानक मात्रा में समाज में मौज़ूद है।

ऐसे कठिन प्रश्नों का उत्तर पाने के लिए महापुरुषों के वचनों का ही आसरा लेना पड़ता है। मनु महाराज ने कहा है, समाज का कल्याण अहिंसा से ही हो सकता है और फिर एक व्यक्ति के कल्याण का मार्ग भी क्या मनु महाराज, क्या रसूले अल्हावसलम (मुहम्मद), क्या भगवान् के पुत्र ईसा और क्या भगवान् बुद्ध सभी ने अहिंसा ही बताया है। सभी धर्मों ने सम्पूर्ण धर्म का सार और भगवान् को हथियाने की कुंजी भी इस अहिंसा को ही बताया। लेकिन हज़ारों और लाखों बरसों के कठोर सामाजिक शासन और धार्मिक उपदेशों के बावज़ूद हिंसा चली ही आ रही है। अहिंसा का अर्थ है हिंसा को हटाना। जब-जब हम अहिंसा की दुहाई देते

हैं, तब-तब हमारे सामने हिंसा का भूत ज़रूर मौज़ूद होता है वर्ना उसे हटाने का सवाल ही क्यों पेश आये?

और हिंसा है क्या? यही सवाल टेढ़ा है। कार्य रूप से इसका उत्तर देना अत्यन्त कठिन है। मनुष्य को मार डालना या आघात पहुँचाना हिंसा है परन्तु अहिंसा की रक्षा करने और हिंसा को दूर करने के लिए समाज की रक्षक शक्तियाँ या सरकारें मनुष्यों के गले काटना और उन्हें ज़ंजीरों में जकड़कर तड़फाना ज़रूरी समझती हैं। यदि एक काम व्यक्ति करे तो वह हिंसा है, वही काम सरकार द्वारा किये जाने पर न केवल अहिंसा हो जाता है बल्कि अहिंसा का रक्षक और पुण्य कार्य हो जाता है।

यदि हमसे कोई हिंसा-अहिंसा की कसौटी पूछे तो हम कहेंगे कि जो काम अधिकार और शक्ति से किया जाता है वह अहिंसा है और जो काम बिना शक्ति और अधिकार के किया जाता है वह हिंसा है। शक्ति और अधिकार से किये गये कार्य को कुछ झक्की और बहके हुए आदमी भले ही बुरा कहें या हिंसा बतायें परन्तु उनके ऐसा कहने से क्या होता है? संसार के सभी समाजों और देशों में न्याय की यही कसौटी है और जो न्याय है वही अहिंसा है। आप चाहें तो उदाहरणों और घटनाओं की जाँच और छानबीन कर इस सत्य को परख सकते हैं। क़ातिल का काम हिंसा है लेकिन क़ातिल को क़त्ल कर देना समाज का कर्त्तव्य है। और चलिये, आपकी सरकार का हुकुम हो जाये यानी आपके देश की लड़ाई दूसरे देश से छिड़ जाये तो फिर आँख मूँदकर दोनों हाथ से दूसरे देश के आदमियों को क़त्ल करना ही सबसे तरीफ़ का काम है। आप यदि क़त्ल करते हैं तो अपराध करते हैं क्योंकि आपको रोकनेवाली सरकार मौज़ूद है। आपकी सरकार को रोकनेवाला कोई नहीं इसलिए जब वह हुकुम दे देती है, तो आपका बेशुमार क़त्ल बहादुरी हो जाता है, वह देशभक्ति हो जाती है और इस भले काम में अगर आप भी खेत रह गये तो फिर आपके झण्डे लहरायेंगे और आपकी कबर पर चिराग़ जलेंगे। लेकिन यह सब तभी अगर आपका देश और आपकी सरकार लड़ाई में जीत जाती है यानी ताक़त, शक्ति और अधिकार उसके हाथ में रहते हैं। और अगर कहीं बदक़िस्मती से आपकी वह सरकार जिसके हुकुम से आपने क़त्ल करने की बहादुरी की थी, हार गयी, उसके हाथ से शक्ति ताक़त और अधिकार निकल गया तो फिर आपकी सब बहादुरी और देशभक्ति मिट्टी में मिल जायेगी और आपके त्याग और वीरता को घृणापूर्ण अत्याचार कहा जायेगा और इस सब पाप और अपराध का दण्ड न केवल आपको बल्कि आपकी औलाद को पीढ़ियों भुगतना पड़ेगा और आप शहीद हो गये तो बाग़ी का नाम देकर आपकी कब्र पर गधों के हल चलाये जायेंगे।

कार्य रूप से या अमली मैदान में हिंसा-अहिंसा की कसौटी है आपके फ़ैसले को दूसरों से मनवा लेने के लिए आपके हाथ में शक्ति देना। सिद्धान्त रूप से हिंसा और अहिंसा की कसौटी और भी सूक्ष्म कठिन और परिवर्तनशील है। जैसे दिल्लीवालों के लिए लखनऊ पूरब है और कलकत्ते में रहनेवालों के लिए लखनऊ पश्चिम है, उसी प्रकार एक ही काम कुछ आदमियों के लिए हिंसा और कुछ को अहिंसा दिखायी देने लगता है। कलकत्ते की काल-कोठरी का मामला तो अभी ताज़ा है। हिन्दुस्तानियों को वह काल-कोठरी का स्मारक अपना राष्ट्रीय अपमान जान पड़ता था और उसे देखकर उनके कलेजे में कील गड़ जाती थी। अंग्रेज़ सरकार और अंग्रेज़ों को वह काल-कोठरी का स्मारक (हॉलवेल साहब की समाधि) एक शहीद की याद जान पड़ती थी। औरंगजेब ने सचमुच क्या-क्या किया, यह तो कहा नहीं जा सकता परन्तु स्कूल की किताबों में जो कुछ पढ़ाया जाता है उसके हिसाब से कुछ मुसलमान औरंगजेब के नाम से गर्व से सिर ऊँचा कर लेते हैं और हिन्दुओं के मन में उसका नाम सुनने से आग लग जाती है। यह भी जाने दीजिये। किसान खेत में कौआ मारकर टाँग देता है या झूठ-मूठ बाँस पर हाँठी लटकाकर दूसरे बाँस से आदमी की बाँहें बना खेत के लिए एक रखवाला खड़ा कर देता है। मनुष्य के रूप की यह नक़ल किसान जंगली जानवरों की हिंसा से बचने के लिए बनाता है जो उसका खेत उजाड़ जाते हैं परन्तु जंगली जानवर जो उस नक़ल के भय से भूख के मारे व्याकुल होने पर भी खेत में घुसकर भूख नहीं मिटा सकते इसे कितनी बड़ी हिंसा समझते होंगे, इसे कौन मनुष्य जानता? जंगली जानवरों की सभा में किसान के इस कार्य के लिए निन्दा के कितने प्रस्ताव पास हुए होंगे, इसका हिसाब क्या किसी मनुष्य के पास है?

हिन्दू, बौद्ध और जैन बड़े अहिंसात्मक धर्म हैं। कुलाँचे भरते हुए माँ के लाड़ले बकरे या हिरन को या आनन्द से फुदकते हुए पक्षी को मारकर खा जाने को वे महापाप समझते हैं। उतना ही पाप उनकी नज़रों में अण्डे या पक्षियों के बीज को खा जाना है। परन्तु गेहूँ और दाल के अण्डों (बीज) को करोड़ों अरबों की तादाद में पीसकर खा जाना वे उचित समझते हैं। या गाय के गले में रस्सी बाँधकर उसके शरीर को निचोड़कर जो रस (दूध) पिया जाता है, उसे नितान्त निर्दोष अमृत कहा जाता है। अलबत्ता गाँधी जी इसे भी पाप समझते हैं परन्तु करते वे भी ऐसा ही हैं। गाय का रस न सही बकरी का सही।

यह तो हुई धर्म की अहिंसा जिसके कहीं पेंदी नहीं है। एक अहिंसा विज्ञान की भी है जिसका फ़ैसला मनुष्य समाज का कल्याण चाहनेवाले दार्शनिक या

फ़िलॉसफ़र करते हैं। उनका कहना है प्रकृति में जो बलवान् है वही जीवित रहता है। हिन्दू धर्मशास्त्र का कहना है कि प्रकृति के ज़र्रे-ज़र्रे में जीव और आत्मा है। कहीं वह सोया हुआ है और कहीं जागता है यानी कहीं हम उसे अनुभव कर पाते है कहीं नहीं। वनस्पति और जीव जगत् में एक वस्तु दूसरे को हड़प करके अपना जीवन चलाती है। संसार में यही दिखायी पड़ता है। और यह जान पड़ता है कि प्रत्येक वस्तु अपने ही दृष्टिकोण से अहिंसा और न्याय का निश्चय करती है। क्या व्यक्ति क्या समाज सभी इसी नुक़्ते-निगाह से अपना कार्यक्रम और न्याय निश्चय करते हैं।

अहिंसा और न्याय के दृष्टिकोण में दो बातें निश्चित हैं। एक बात यह कि प्रत्येक समाज या जाति के दृष्टिकोण से हिंसा-अहिंसा और न्याय-अन्याय अलग-अलग हैं। दूसरी बात यह कि अहिंसा और न्याय का उद्देश्य होता है समाज या जाति के जीवन के रक्षा करना या उसके लिए विकास का मार्ग खुला रखना। व्यक्ति को हम समाज से अलग नहीं कर सकते वह समाज के शरीर को बनानेवाला कण या इकाई है। इसलिए जब समाज अहिंसा और न्याय के नियम और व्यवस्था क़ायम करता है तो वास्तव में व्यक्ति के हित की रक्षा का ही ख़याल उसकी जड़ में होती है। अलबत्ता जब लाखों, हज़ारों व्यक्तियों के हित को किसी एक व्यक्ति का हित नुक़सान पहुँचाने लगता है तो उस व्यक्ति के हित की चिन्ता या उसके जीवन की रक्षा की ज़िम्मेदारी नहीं ली जा सकती बल्कि हज़ारों-लाखों व्यक्तियों के हित की रक्षा के लिए उसे क़ुर्बान कर दिया जाता है। ऐसी अवस्था में व्यक्ति या छोटे समूह की जो हिंसा की जाती है उसका उद्देश्य अहिंसा की रक्षा करना ही होता है। समाज के छोटे समूह की हिंसा जब बड़ा समूह करता है तो उसे उचित समझा जाता है क्योंकि बड़े समूह के हाथ में शक्ति और अधिकार है और जब समाज का कोई छोटा समूह बड़े समूह के अधिकारों का विरोध करता है और सद्भावना से अहिंसा क़ायम करने के लिए कोई प्रयत्न करता है, शक्ति और अधिकार अपने हाथ में रखनेवाले समूह को उसका यह काम उचित नहीं जँचता तो उसे हिंसा का नाम दिया जाता है। इस छोटे समूह को कुचल दिया जाता है और इस छोटे समूह की जो हिंसा की जाती उसे अहिंसा का ही नाम दिया जाता है। हिंसा के जन्म का कारण यदि हम देखना चाहें तो वह हमें मिलेगा हितों के विरोध में। हितों में विरोध हो जाने से विचारों में विरोध हो जाता है और कार्यों से भी विरोध प्रकट होने लगता है।

यदि मनुष्य-समाज के इतिहास को देखा जाये तो वह समाज के व्यक्तियों के हितों में पैदा हो जानेवाले विरोधों और उसके कारण किये जानेवाले कार्यों की कहानी मात्र है। इस बात को दूसरे शब्दों में यों कहा जा सकता है कि मनुष्य समाज

का इतिहास हिंसा और अहिंसा के प्रयत्नों का ही इतिहास है। इस बात को और भी स्पष्ट किया जाये तो कहना होगा कि समाज में किये जानेवाले परिवर्तनों का इतिहास अहिंसा की एक व्यवस्था के स्थान पर अहिंसा की दूसरी व्यवस्था क़ायम करने का इतिहास है और अहिंसा की व्यवस्था बदलने के लिए जो प्रयत्न किया जाता है वह उन लोगों की दृष्टि में हिंसा जँचे बिना नहीं रह सकता जिनके हितों के अनुसार अहिंसा की पहली व्यवस्था क़ायम की गयी थी।

हिंसा और अहिंसा को उसके अमली और क्रियात्मक अर्थों में समझने के लिए हमें अपनी शुरू की इस बात को दोहराना होगा कि हिंसा किसी व्यक्ति या श्रेणी के जीवन पर या जीवन रक्षा के साधनों पर आक्रमण करना है और इस आक्रमण को रोकने का प्रयत्न अहिंसा है। इस अहिंसा की स्थापना के लिए ही समाज में क़ानून-क़ायदे और व्यवस्था क़ायम की जाती है। जिस समय समाज में जिस श्रेणी की प्रबलता होती है, उसी श्रेणी के हितों के विचार से समाज में अहिंसा की व्यवस्था क़ायम कर दी जाती है और उसी श्रेणी के शासन और हुकुम में से समाज का आर्थिक, राजनैतिक और सामाजिक क्रम चलता है। ऐसी अवस्था में पुराणों की कथा के अनुसार या यूरोप के अनेक प्राचीन विद्वानों के कहने के अनुसार यह विश्वास करना कि समाज में शासन और सरकार की व्यवस्था समाज के सब व्यक्तियों के समझौते से हुई, ठीक नहीं जान पड़ता। समाज में सब व्यक्तियों की इच्छा और समझौते की क़द्र तो तभी हो सकती थी जब सब एक समान होते। उसी अवस्था में सभी के हितों के अनुसार एक अहिंसा की व्यवस्था हो सकती थी। मनुष्य समाज में जीवन रक्षा के लिए सबसे प्रधान वस्तु है जीवन रक्षा या जीविका प्राप्त करने के साधन। जिस व्यक्ति या व्यक्तियों की जिस श्रेणी के पास यह साधन होंगे, शक्ति भी उन्हीं के हाथ में होगी जिनके पास यह साधन नहीं होंगे उनके हाथ में शक्ति भी नहीं होंगी। ऐसी अवस्था में अहिंसा की जो अवस्था क़ायम की जायेगी उसका मुख्य प्रयोजन तो अवश्य यह होगा कि समाज में मनुष्य एक-दूसरे के जीवन पर आक्रमण न करें और एक-दूसरे को नुक़सान न पहुँचायें परन्तु इस नियम का आधार यही होगा कि जीवन रक्षा और जीवन की आवश्यकताओं को पैदा करने के साधन जिन लोगों के हाथ में है, इन साधनों को उनके हाथ से कोई छीने नहीं। परन्तु जीविका कमाने के साधन हाथ में होने की वजह से यदि दूसरों की मेहनत से कमाई हुई जीविका साधनों के मालिकों के हाथ में चली जाये तो उसे अहिंसा ही कहा जायेगा। इसके विपरीत यदि ऐसा कोई प्रयत्न किया जाये जिसके द्वारा जीविका कमाने के साधनों को कुछ ख़ास व्यक्तियों की ही सम्पत्ति न रहने देकर सबकी साँझी सम्पत्ति बना दिया जाये तो ऐसा प्रयत्न पैदावार (जीविका कमाने के)

के साधनों के मालिकों को अन्याय और हिंसा जान पड़ेगा। यह कोई नयी बात नहीं है। इतिहास में सदा यही होता आया है। समाज में जब ग़ुलाम प्रथा को दूर करने का प्रयत्न आरम्भ हुआ था तो ग़ुलामों को पशुओं की तरह व्यवहार करनेवालों को यह हिंसा ही जान पड़ा था। उस समय के क़ानून के अनुसार किसी ग़ुलाम का पशु की तरह मालिक के व्यवहार से आने से इनकार करना बग़ावत, अन्याय और हिंसा ही थी। इसी प्रकार आज समाज में सब पैदावार किसानों और मज़दूरों के परिश्रम से ही होती है। मिलों के हिस्सेदारों और ज़मीन के मालिकों को यह मालूम भी नहीं होता कि पैदावार के लिए क्या कष्ट उठाने पड़ते हैं और उसके लिए किस प्रकार मेहनत की जाती है परन्तु पैदावार सब उन्हीं के क़ब्ज़े में चली जाती है। आज यदि ऐसी व्यवस्था क़ायम करने का प्रयत्न किया जाये जिसमें सभी लोग समान रूप से पैदावार के सब साधनों के मालिक हों और सबको मेहनत कर अपने परिश्रम का फल पाने का अधिकार समान रूप से हो तो पैदावार के साधनों के मालिकों को यह प्रयत्न अन्यायपूर्ण और हिंसात्मक जान पड़ेगा।

जब कोई व्यवस्था मनुष्य समाज के अधिकांश के लिए असह्य हो जाती है और क़ायम व्यवस्था के अनुसार शासक श्रेणी अपने हितों की अहिंसा के लिए या अपने-अपने हितों की रक्षा के लिए अधिकांश मनुष्यों पर हिंसा करती है तब यह अधिकांश श्रेणियाँ अपने जीवन की रक्षा के लिए समाज की व्यवस्था को बदलने का यत्न करती हैं। यदि यह पीड़ित श्रेणियाँ सफल हो जाती हैं तो ऐसी नयी व्यवस्था क़ायम हो जाती है जिसमें इन श्रेणियों को जीवित रहने के साधन मिल जाते हैं; यदि यह असफल हो जाती हैं तो यह मृत्यु की ओर चल देती हैं। एक प्रकार की व्यवस्था से हिंसा को दूर अहिंसा स्थापित करने के प्रयत्न को ही क्रान्ति कहते हैं। मनुष्य समाज का इतिहास व्यवस्था के परिवर्तनों या क्रान्तियों का इतिहास ही है। प्रत्येक क्रान्ति अहिंसा की नयी स्थापना करती है और पुरानी अहिंसा को दूर करती है। पुरानी असह्य व्यवस्था को क़ायम रखने का प्रयत्न हिंसा को क़ायम रखनेवाले बन्धनों को क़ायम रखने का प्रयत्त है। यों तो धर्म और मज़हब अहिंसा के सबसे बड़े रक्षक समझे जाते हैं। जहाँ तक बात कहने और नियम बनाने का सम्बन्ध है वे अहिंसा को महत्त्व भी बहुत देते हैं परन्तु प्रयत्न इनका होता है सदा पुरानी क़ायम व्यवस्था को क़ायम रखना ही जिसमें अधिकांश जनता हिंसा की चक्की में पिसती रहती है।

सामाजिक व्यवस्था और धार्मिक व्यवस्था के दृष्टिकोण से अहिंसा और अहिंसा में भेद आ जाता है। सामाजिक व्यवस्था की अहिंसा का उद्‌देश्य होता है मनुष्य के जीवन को पूर्ण बनाना, उसके लिए विकास का मार्ग खुला रखना परन्तु

धर्म इस अहिंसा को ही उद्देश्य बनाकर व्यक्ति को उस पर क़ुर्बान कर देता है। इसका अभिप्राय होता है कि पुरानी व्यवस्था की रक्षा के लिए अधिकांश व्यक्तियों के जीवन की पूर्णता और उनके जीवन के विकास को क़ुर्बान कर देना। अर्थात् धार्मिक क्षेत्र में अहिंसा जीवन की पूर्णता और विकास का साधन न होकर मनुष्य का जीवन अहिंसा को पूर्ण करने का साधन बन जाता है अर्थात् धर्म और अहिंसा के नाम पर अधिकांश व्यक्तियों के जीवन को निरन्तर क़ुर्बान किया जाता है। इस धर्म और अहिंसा का अर्थ होता है मनुष्य की विचार शक्ति पर ताला लगाकर परिवर्तन, क्रान्ति और विकास के मार्ग को बन्द कर देना।

गाँधीवाद के नेतृत्व में आज हमारे देश में शब्दों की अहिंसा का बहुत बोलबाला है। सामाजिक राजनैतिक और आर्थिक क्षेत्र में सब तरफ़ अहिंसा प्राप्त करने की चर्चा है परन्तु यह अहिंसा सामाजिक नहीं धार्मिक है। इस अहिंसा का मुख्य उद्देश्य बताया जाता है व्यक्ति का आत्मिक कल्याण। व्यक्ति की उस आत्मा का कल्याण जो कि इस समाज और संसार से परे की वस्तु है।

इस अहिंसा को प्राप्त करने का उपाय भी आत्मिक बल ही है। शारीरिक शक्ति का उपयोग करना ही इस अहिंसा की दृष्टि में सबसे बड़ी हिंसा है चाहे वह कितने ही अच्छे उद्देश्य से क्यों न किया जाये! इस प्रकार की अहिंसा परलोक में स्वर्ग प्राप्ति या भगवान् की कृपा प्राप्त करने के लिए चाहे उपयुक्त समझी जाये परन्तु वह समाज के कल्याण के उद्देश्य को प्राप्त नहीं कर सकता। मनुष्य का शारीरिक बल भी उसकी जीवन रक्षा का उसी प्रकार एक साधन है जिस प्रकार की उसकी बुद्धि बल या मानसिक बल जीवन रक्षा के साधन हैं। मनुष्य के इन दो बलों में से एक बल को अनुचित ठहराकर केवल एक से ही काम नहीं चल सकता। जब हम जीवन के साधारण कामों में शारीरिक बल की आवश्यकता समझते हैं तो समाज में अहिंसा की व्यवस्था क़ायम करने जैसे ज़रूरी और महत्त्वपूर्ण काम में उसकी उपेक्षा कैसे की जा सकती है? मनुष्य की ईमानदारी का यह तकाज़ा है कि जिस सिद्धान्त और व्यवस्था में यह मनुष्य समाज के बड़े भाग का कल्याण समझता है उसे क़ायम करने के लिए अपनी शारीरिक और मानसिक शक्ति को पूर्ण रूप से ख़र्च करे। यह शंका की जा सकती है कि सभी श्रेणियाँ अपने-अपने विचारों को व्यवस्था का रूप देने की चेष्टा करें तो समाज में संघर्ष हुए बिना नहीं रह सकता। यह शंका ठीक है परन्तु समाज में यह संघर्ष ही तो विकास है। प्रत्येक परिवर्तन के समय पुरानी और नयी व्यवस्था में संघर्ष होता है और नयी व्यवस्था को स्वीकार किया जाता है। यदि अहिंसा के भय से नयी व्यवस्था को क़ायम करने का प्रयत्न नहीं किया

जायेगा तो इसका अर्थ होगा समाज की व्यवस्था में मौज़ूद वह हिंसा जो समाज को बड़े भाग का शोषण और पीड़न कर रही है, निरन्तर जारी रहे।

हिंसा और अहिंसा को ऐतिहासिक और तार्किक दृष्टिकोण से देख लेने के बाद हम इस परिणाम पर पहुँचते हैं कि वह केवल जीवन के विकास का क्रम है, परिवर्तन का एक मार्ग है। यदि मनुष्य समाज कल्याण और विकास के मार्ग पर चलते रहना चाहता है तो उसे प्राचीन संस्कारों में नहीं बँधे रहना चाहिए। समाज की बदलती परिस्थितियों के अनुसार समाज के अधिकांश के कल्याण के उद्देश्य से अहिंसा का आदर्श क़ायम करना चाहिए और उस आदर्श को प्राप्त करने के लिए भी प्राचीन संस्कारों के बन्धनों को छोड़कर नवीन विचारधारा और नवीन उपायों से आगे बढ़ना चाहिए। अहिंसा का वास्तविक मार्ग क्रान्ति है न कि प्राचीन रूढ़िवाद।

देश के मज़दूर

'विप्लवी ट्रेक्ट' के पिछले अंक में कॉमरेड विचक्षण ने एक लेख देश की खेती और खेती करनेवालों की अवस्था पर लिखा था। इस अंक में उनका लेख देश के मज़दूरों के सम्बन्ध में दिया जा रहा है। आशा है यह लेख मज़दूरों की समस्या के सम्बन्ध में पाठकों की जानकारी बढ़ाने में सहायक होगा। —सं.

भारत कृषि प्रधान देश है। देश के सबसे अधिक आदमी खेती और उससे सम्बन्ध रखनेवाले कामों से ही अपनी गुज़र बसर करते हैं। यहाँ तक कि इस देश के रुपये में से ग्यारह आने आदमी खेती से गुज़र करते हैं। देश के शेष रुपये में पाँच आने आदमियों में से कुछ सरकारी नौकर हैं, कुछ वकील तथा अदालती कामों में लगे रहते हैं कुछ नौकरी पेशा हैं, कुछ लोग कुछ भी कमाई न कर केवल भीख पर गुज़र करते हैं। ऐसे सब लोगों की संख्या मिला-जुला कर डेढ़ करोड़ होगी। बाक़ी इस देश के साढ़े तीन करोड़ आदमी मज़दूरी करके अपना निर्वाह करते हैं।

मज़दूरों की अवस्था पर विचार करते समय यह बात समझ लेना भी ज़रूरी है कि मज़दूर किन्हें समझा जाता है, वे कितने प्रकार के हैं और अपने-अपने कारोबार में उनकी क्या स्थिति है। साधारणत: मज़दूर उन सभी लोगों को कहा जा

सकता है जो स्वयं अपना कारोबार न कर अपना समय और शक्ति दूसरे व्यक्ति का काम करने में लगाते हैं और अपने किये हुए काम से होनेवाली पैदावार का कुछ भाग पाकर अपना निर्वाह करते हैं। जो लोग अपना जीवन निर्वाह करने के लिए दूसरों के कारोबार पर निर्भर करते हैं या अपने परिश्रम की शक्ति बेचते हैं उन सबको मज़दूर कहा जा सकता है। परिश्रम या परिश्रम का परिणाम बेचने में और परिश्रम की शक्ति बेचने में अन्तर है। परिश्रम या परिश्रम का परिणाम बेचने से तो एक निश्चित वस्तु एक निश्चित मूल्य पर बेच दी जाती है, उसमें मुनाफ़ा उठाने का विशेष मौक़ा नहीं रहता परन्तु परिश्रम की शक्ति बेचने का अर्थ दूसरा है। इसके अनुसार बेचनेवाला कुछ ख़ास समय तक के लिए अपनी सामर्थ्य और योग्यता को परिश्रम करने की शक्ति खरीदनेवाले के हाथ बेच देता है या किराये पर दे देता है। परिश्रम की शक्ति खरीदनेवाला या उसे किराये पर लेनेवाला व्यक्ति उतने समय तक परिश्रम करनेवाले को जीवित रहने के लिए आवश्यक पदार्थों के मूल्य देकर ज़िन्दा रखता है। परिश्रम करने की शक्ति का मूल्य तो उतना होगा जितने से एक आदमी कुछ समय के लिए जीवित रह सके परन्तु इतने समय में वह आदमी कितना पैदा कर सकेगा, कितना काम कर सकेगा? इसकी कोई निश्चित सीमा नहीं। उदाहरणत: घोड़े को दिन-भर ज़िन्दा रखने के लिए और उसमें बोझ खींचने की शक्ति बनाये रखने के लिए उसे आठ-दस आने का दाना घास डाल देना काफ़ी है परन्तु इतने समय में वह कितना ही कमा देगा?

ऊपर मज़दूर या मज़दूरी की जो व्याख्या हमने की है, इसके हिसाब से तो समाज के अधिकांश लोग प्राय: निन्यानबे फ़ीसदी मज़दूर ही हैं। तनख़्वाह पर काम करनेवाला, चाहे हज़ार रुपया तनख़्वाह लेता हो चाहे पाँच सौ या दो सौ, वह मज़दूर श्रेणी में ही आ जाता है परन्तु जब हम मज़दूरों की अवस्था और उसके हितों की चर्चा करते हैं तो इन बड़ी-बड़ी तनख़्वाहें पानेवाले लोगों को या कहिये माहवारी निश्चित तनख़्वाह पानेवाले उन लोगों को जो प्रबन्ध का काम करते हैं या दिमाग़ी काम करते हैं, मज़दूरों में नहीं गिनते। इसका कारण यह है कि यह लोग मज़दूरों की तरह अपने परिश्रम की शक्ति बेचकर निर्वाह करने पर भी आसूदा हाल होने के कारण अपने हित और अपना दर्ज़ा मालिक श्रेणी के साथ ही समझते हैं।

मज़दूर से साधारणत: हमारा अभिप्राय रहता है उस श्रेणी के मनुष्यों से जिनकी जीविका स्थिर नहीं होती। जो लोग जहाँ काम पाया वहा मेहनत कर अपना गुज़ारा कर लेते हैं और जिनकी कमाई प्राय: मेहनत के घण्टों और दिनों से गिनी जाती है और जिन्हें मालिक लोग कमाई या पैदावार करने का एक ज़रिया या औज़ार

समझते हैं। एक औज़ार धातु (लोहा, ताँबा, पीतल) या लकड़ी के होते हैं दूसरे औज़ार ख़ून और गोश्त के चलते फिरते होते हैं। पहली तरह के औज़ारों में हथौड़ा, वसूला, खुरपी या मशीनें गिनी जा सकती हैं, दूसरी तरह के औज़ारों में पशुओं, कुलियों और मज़दूरों को गिना जा सकता है।

इन मज़दूरों में भी आगे दर्ज़े या भेद हैं। एक मज़दूर वे जो किसी ख़ास क़िस्म का काम करना नहीं जानते, जो केवल अपने शरीर की शक्ति को ही काम में लगा सकते हैं; मिसाल के तौर पर बोझ ढो सकते हैं या पहियों को ताक़त से हिला सकते हैं, मिट्टी खोद सकते हैं। इनका कोई ख़ास निश्चित काम नहीं, इन्हें जिस काम पर लगाया जाये उस काम में दिन-भर शक्ति लगाकर मालिक का काम करते रहेंगे। दूसरे वे मज़दूर जो एक ख़ास क़िस्म का हुनर सीख गये हैं। मिसाल के तौर पर मेमारगिरी (मकान बनाने का काम) या ख़ास क़िस्म की मशीन पर कपड़ा बुनना, कपड़ा सीना, सूत कातना, जूता तैयार करना, लोहा काटना, छापेखाने का काम या इसी तरह के काम। इस प्रकार के मज़दूर प्रायः अपने सीखे हुए काम को ही करते हैं। साधारण बोझा ढोनेवाले मज़दूर से इनकी मज़दूरी कुछ अधिक रहती है। यह लोग प्रायः काफ़ी समय तक एक ही स्थान पर काम करते हैं और इनमें संगठन हो सकने का भी मौक़ा रहता है। इन मज़दूरों को सीखे हुए मज़दूर या 'कामगर' (Skilled) मज़दूर कहा जाता है और दूसरे मज़दूरों को साधारण या अनसीखे (unskilled) मज़दूर कहा जाता है।

हमारे देश में उद्योग-धन्धों, कल-कारख़ानों की कमी रहने के कारण मज़दूर लोग प्रायः अनसीखे या साधारण (unskilled) क़िस्म के ही हैं। सीखे हुए कामगर (skilled) मज़दूर वे लोग हैं जो रेलवे मिलों, कारख़ानों में काम करते हैं और अनसीखे साधारण मज़दूर सभी जगह मिलते हैं। यों तो यह अनसीखे मज़दूर जहाँ-तहाँ दो-दो, चार-चार की संख्या में काम करते पाये जाते हैं परन्तु इन्हें अधिकतर काम मिलता है सरकारी या नीम सरकारी (Public Works Department) पब्लिक वर्क्स डिपार्टमेण्ट में जहाँ यह लोग प्रायः ठेकेदारों के मातहत रहकर सड़क, पुल या इमारत बनाने का काम करते हैं। इन लोगों की मज़दूरी का कोई निश्चित दर्ज़ा नहीं। कहीं इन्हें, जैसे कि पंजाब में, इन्हें आठ दस आने मज़दूरी मिल जाती है और कहीं चार-छह पैसे, जैसे बिहार उड़ीसा आदि में। इन लोगों की संख्या देश में लगभग ७०-८० लाख के लगभग होगी।

इस देश में प्रायः तीस लाख जुलाहे हैं जो अभी तक करघों पर काम करते हैं। इनमें से अधिकांश जुलाहे व्यापारियों की नौकरी करते हैं। जो तीन-तीन, चार-चार जुलाहे रखकर काम कराते हैं। ऐसी दुकानें या छोटे कारख़ाने उस सरकारी

क़ानून की हद में नहीं आते जो कि बड़ी-बड़ी मिलों या कारख़ानों के लिए बनाये गये हैं। इन जुलाहों की मज़दूरी मिलों में कपड़ा बुननेवालों से बहुत ही कम होती है। इसके अलावा जिन जगहों पर इन्हें काम करना पड़ता है वहाँ न इनकी सेहत का ख़याल रखा जाता है और न आराम का। न तो इनकी मज़दूरी निश्चित करने के लिए क़ानून है और न इस बात का कोई निश्चय है कि उन्हें कितने घण्टे काम करना है। इनमें से बहुत-से जुलाहे ऐसे भी हैं जो बाज़ार से सूत ख़रीदकर कपड़ा बुन लाते हैं और उसे बाज़ार में बेचकर अपना निर्वाह चलाते हैं। दिन-भर की मेहनत का इन्हें जो दाम मिलता है वह प्रायः बहुत ही कम होता है। क्यों कि यह लोग सूत उधार ख़रीदते हैं जो इन्हें बहुत महँगा दिया जाता है और कपड़ा प्रायः बेचते हैं बनिये के यहाँ जो इसे ख़ूब सस्ता ख़रीदकर मुनाफ़े पर बेचता है। इस प्रकार इन लोगों की मेहनत का बड़ा भाग बनिये के यहाँ चला जाता है।

इसके बाद हमारे उन मेहनत करनेवालों का नम्बर आता है जिनका पेशा कई तरह की जाती ख़िदमत करना है। इस जमायत में हम गिनती कर सकते हैं धोबी, नाई, धुनखे आदि लोगों की। इनकी संख्या देश-भर में प्रायः बीस लाख होगी। यह सब काम इस देश में पीढ़ी-दर-पीढ़ी चलते हैं। इन लोगों की आर्थिक अवस्था जुलाहों तथा इस प्रकार के दूसरे काम करनेवालों से अच्छी है फिर भी इनकी औसत आमदनी १३ से लेकर १७ रुपये माहवार तक ही होती है जिसमें इन्हें अपने परिवार के लोगों को भी पालना पड़ता है।

छोटे-मोटे कारख़ानों और दुकानों पर काम करनेवाले जुलाहों, चमड़ा तैयार करनेवालों के बारे में हम कह आये हैं कि न तो इनके काम के घण्टों पर कोई क़ानूनी सीमा निश्चित है और न इनकी मज़दूरी पर ही। इन लोगों की औसत आमदनी १० से १२ रुपये तक ही होती है। इन लोगों में से बीड़ी बनानेवाले मज़दूरों को उदाहरण के तौर पर लिया जाता है। भारत के मज़दूरों की अवस्था पर रिपोर्ट देते हुए ह्वीटले कमेटी (Whitleg commission) ने इन बीड़ी बनानेवालों की बाबत लिखा है कि छोटे-छोटे कमरों में कच्चे फ़र्श पर, जहाँ न तो काफ़ी हवा पहुँच सकती है और न रोशनी, इन लोगों को काम करने के लिए बैठा दिया जाता है। एक-एक कोठरी में इतने अधिक बीड़ी बनानेवाले बैठते हैं कि उन्हें पत्ते और सूखा तम्बाकू अपनी गोद में ही रखकर काम करना पड़ता है और वे लोग यों एक-दूसरे से सटकर बैठते हैं कि किसी और आदमी के लिए वहाँ जगह ही नहीं रहती। इस काम के लिए प्रायः छोटे-छोटे बच्चों और औरतों को ही अधिक पसन्द किया जाता है क्योंकि उनकी कोमल उँगलियाँ इस काम को फुर्ती से कर सकती हैं। लड़के-लड़कियों को प्रायः पाँच बरस की आयु से ही इस काम पर लगा दिया जाता

है और यह लोग दस-बारह घण्टे रोज़ाना काम करते हैं। इनके काम में कभी छुट्टी या इतवार भी नहीं आता। इन लोगों की दिन-भर की मज़दूरी होती है केवल दो आने। बीड़ी के कारख़ानों में काम करनेवाले लड़के-लड़कियों के माता-पिता इन कारख़ानों के मालिकों के कर्जेदार होते हैं। और मज़दूरी के पैसे उस क़र्ज़े में कट जाते हैं। जो हाल बीड़ी के कारख़ानों का है वही हाल लाख का काम करनेवाले, दरी, कालीन, रस्सी आदि बनानेवाले कारख़ानों का भी है।

कल-कारख़ानों के मज़दूर

इस देश के कामगार मज़दूरों की संख्या लगभग पचास लाख है। परन्तु इनमें से प्राय: पन्द्रह लाख मज़दूर बेकार बने रहते हैं। काम पानेवाले पैंतीस लाख मज़दूरों को इनके काम के अनुसार यों बाँटा जा सकता है। प्राय: पन्द्रह लाख कारख़ानों में, दस लाख चाय, रबड़ आदि के बाग़ों में, साढ़े सात लाख रेलवे में, साढ़े सात लाख खानों में। इन सभी कामों में स्त्रियाँ भी काफ़ी बड़ी संख्या में मज़दूरी करती हैं। यह मज़दूर आते हैं गाँवों से क्योंकि जनसंख्या बढ़ती जाती है और देश की खेती इतनी संख्या को भोजन दे सकने में समर्थ नहीं। गाँवों से आनेवाले यह मज़दूर शहरों के जीवन की तड़क-भड़क के प्रलोभन से नहीं बल्कि गाँवों की भूख और दारिद्रय से दु:खी होकर आते है। आरम्भ में यह मज़दूर गाँवों से अपना सम्बन्ध बनाये रखते थे। कुछ समय तक शहर में नौकरी करने के बाद यह अपने गाँव को लौट जाते थे। अब भी रुई की कलों और चीनी के कारख़ानों के मज़दूर प्राय: मौसम में मज़दूरी कर अपने गाँव को लौट जाते हैं परन्तु बड़े-बड़े शहरों में बारहमासी मज़दूरों की बस्तियाँ बस गयी हैं जिनका अपने गाँव से सब सम्बन्ध टूट चुका है। अब कारख़ानों और मिलों में मज़दूरों की कमी भी अनुभव नहीं होती। सभी कारख़ानों और मिलों के बाहर सैकड़ों मज़दूर मज़दूरी की प्रतीक्षा में या छुट्टी जानेवाले मज़दूरों की जगह किसी भी मज़दूरी पर काम करने के लिए झुण्ड-के-झुण्ड फिरा करते हैं।

यद्यपि मज़दूरी के लिए मज़दूर मिलों और कारख़ानों में चक्कर लगाया करते हैं परन्तु फिर भी मिलों के मालिक उन्हें सीधे काम पर नहीं लगाते। मिलों और कारख़ानों में मज़दूरी मज़दूरों के जमादारों या (Jobber) दलालों के ज़रिये ही मिलती है। यह दलाल मज़दूरों से अपना कमीशन या तो पेशगी ले लेते हैं या फिर बाद में महीने भर की तनख़्वाह के रूप में ले लेते हैं। मज़दूरों की तरक़्क़ी एक काम से दूसरे काम पर तब तक नहीं हो सकती जब तक कि दलाल अपना कमीशन न ले ले। मिलों के मालिक इन दलालों से बहुत ख़ुश रहते हैं क्योंकि मज़दूरों के

अपना संगठन बना लेने पर यह हड़ताल हो जाने पर नये मज़दूर लाना या मज़दूरों का संगठन तोड़ना इन्हीं दलालों का काम रहता है।

सन् १९३४ से कारख़ानों के सम्बन्ध में क़ानून पास कर जवान मज़दूरों के लिए प्रतिदिन दस घण्टे काम का और हफ़्ते में ५४ घण्टे काम का क़ानून बना दिया गया है। बारह बरस से कम उम्र के लड़के अव्वल तो कारख़ानों में काम कर नहीं सकते; यदि करते हैं तो प्रतिदिन पाँच घण्टे से अधिक काम नहीं कर सकते। इसके साथ ही कारख़ानों में सफाई और स्वास्थ्य के सम्बन्ध में भी इस क़ानून में नियम है। इसमें सन्देह नहीं कि यदि इन नियमों का पालन किया जाये तो अवस्था में काफ़ी सुधार हो सकता है परन्तु असलियत यह है कि इन्स्पेक्टर लोग कई कारख़ानों में कभी पहुँचते ही नहीं और यदि मालिक का कोई कुसूर पकड़ा भी जाता है तो बात प्रायः टल जाती है। मज़ा तो यह है कि कारख़ानों की एक बड़ी संख्या, जहाँ बिजली या भाप के इंजन काम नहीं करते या जहाँ मज़दूरों की संख्या कम होती है, इस क़ानून के भीतर आते ही नहीं। परन्तु इन कारख़ानों की ही संख्या अधिक है और कुल मिलाकर इनमें काम करनेवाले मज़दूरों की संख्या भी कहीं अधिक है।

खानों में काम ज़मीन के अन्दर करना पड़ता है और वह और भी कठिन है। सन् '१८ से पहले तक खानों के सम्बन्ध में कोई नियम न था। उस समय मज़दूर अपनी स्त्री बच्चों सहित खानों में उतार दिये जाते थे जहाँ वे लगातार २४–३० घण्टे कोयला काढ़ा करते थे। सन् '१८ में क़ानून बन जाने के बाद स्त्रियों और बच्चों को ज़मीन के अन्दर जाकर काम करने की मनाही है। खानों में दुर्घटनाएँ बहुत अधिक होती हैं और इसका कारण है मज़दूरों का अनजान होना परन्तु उनकी शिक्षा का भी कोई प्रबन्ध नहीं। इन खानों में जवान मज़दूर की मज़दूरी जो काम सीख चुके हैं प्रायः ९ या १० आने रोज़ है। साधारण मज़दूर केवल ५–६ आने रोज़ पाते हैं।

चाय और रबड़ के बागों में मज़दूरों की जो दुर्गति होती रही है उसकी तो अनेक कथायें प्रसिद्ध हैं। इन लोगों में काम करनेवालों को प्रायः फुसलाकर एक ख़ास समय तक काम करने के लिए काग़ज़ पर अँगूठा लगवा लिया जाता था और फिर वहाँ बिना किसी मियाद के दिन-भर उनसे काम लिया जाता था। सन् '२६ से सरकारी बागों के अत्याचार को देखकर ख़ास मियाद की शर्त पर अँगूठा लगवाने को क़ानूनन मना कर दिया परन्तु आसाम सरकार ने इस क़ानून की ख़बर देना भी उचित नहीं समझा। उन्हें डर था कि इससे मज़दूरों से ज़बरदस्ती काम न लिया जा सकेगा और बाग़ों के मालिकों को नुकसान पहुँचेगा। इन बागों में सन् '२७ तक मर्दों

की मज़दूरी ७ आने और औरतों की ५ आने थी परन्तु अब घट कर वह ४ आने और ३ आने हो गयी है और बच्चों की मज़दूरी केवल दो आने रह गयी है।

वह तो अवस्था है भारत के उन मज़दूरों की जिन्हें हम काम पर लगा हुआ और खाता-कमाता समझते हैं परन्तु पन्द्रह लाख मज़दूर जो बेकार बने रहते हैं और प्रतिवर्ष हज़ारों ही मज़दूर जो गाँवों में पेट भरने में असमर्थ होकर शहर के कारख़ानों और मिलों तथा दूसरे कामों पर मँडराने को घटाने में सहायक होते हैं। इन सब मुसीबतों का इलाज जहाँ देश में नये कल-कारख़ाने और उद्योग-धन्धे जारी करना है, वहाँ साथ ही मज़दूरों को संगठित करना भी है परन्तु भारत के मज़दूर एक तो अशिक्षित होने के कारण अपने अधिकारों को पहचानते नहीं, दूसरे सरकारी क़ानून भी उन्हें संगठित होने में सहायता न देकर उलटे उनके संगठित होने की राह में रोड़े अटकाते हैं। इसका उदाहरण है बम्बई सरकार द्वारा पास किया गया मालिक-मज़दूर समझौता क़ानून। जो प्राय: उससे भी अधिक हानिकारक रूप में यू.पी. की कांग्रेस सरकार ने तैयार किया था और जिसके विषय में यह अफ़वाह उड़ रही है कि मौज़ूदा उसे जारी करने की बात सोच रही है।

बेकार एण्ड कम्पनी लिमिटेड

कहावत मशहूर है कि चील के घोंसले में मांस कहाँ? हमारा यह ख़याल है कि मांस नहीं रहता होगा तो हड्डियों के टुकड़े ज़रूर वहाँ रहते होंगे जो हाथ डालनेवाले को ज़ख्मी कर देते होंगे। वही बात उस रोज़ बेकार एण्ड कम्पनी की महफ़िल में हो गयी।

मौसम अच्छा देखकर यार लोग अमीनाबाद की बेंचों पर जा डटे थे। बहस के लिए कोई माकूल मज़मून न मिलने से ज़िक्र वही हो रहा था कि सर्दी-गरमी के महीने तो अमीरों के लिए होते हैं और यार लोगों के लिए साल भर में सिर्फ़ दो महीने मौज के आते हैं—यानी मार्च और अक्टूबर जब न पंखे की ज़रूरत होती है न गरम कपड़ों की। क़िस्मत से एक क़दरे भले से नौजवान ने आकर विनीत स्वर में कहा—"हुज़ूर, कहते तो शरम आती है लेकिन मजबूर हूँ। दो दिन से खाने को नहीं मिला। अगर दो पैसे के चने ही दिला दें तो बड़ी मेहरबानी हो।"

एक मेम्बर गरम हो उठे बोले—"खाने को नहीं मिला तो हम क्या करें? मत खाओ!"

नौजवान ने गिड़गिड़ाकर कहा—"हुज़ूर, नौकरी के लिए बहुत कोशिश की मज़दूरी भी नहीं मिली! आप ही कोई काम दे दीजिये। मैं करने को हाज़िर हूँ।"

—"हम काम क्यों दे दें? ख़ुद काम ढूँढ़ो!" उन्होंने कहा और शायद गुस्से से या शरम से मुँह फेर लिया।

इनकी इस बेरहमी को देखकर दूसरे साहब ने कहा—"काटने को क्यों दौड़ते हो भाई, कह दो नहीं है? आख़िर तुम ही बताओ वह क्या करे?"

—"क्यों करने को है क्यों नहीं? इतने आदमी जो जेब में ज़रूरत से ज़्यादा पैसे डाले फिर रहे हैं, क्यों नहीं यह जाकर उनसे छीन लेता! क्यों नहीं जाकर यह चोरी करता, क्यों नहीं डकैती करता?"

—"आपका यह मतलब है कि चोरी-डकैती करे और फिर जेल जाये?"

—"ज़रूर जाये। क्यों नहीं जाये; जब इसके लिए समाज में रोटी का टुकड़ा नहीं तो जेल में जाकर ही पेट भरे। यहाँ इसे कौन सुख है जो जेल में कष्ट हो जायेगा। सबसे पहला कर्त्तव्य है मनुष्य का अपने प्राणों की रक्षा करने के लिए पेट को भरना। जब सीधे ढंग से पेट भरने का जीवन रक्षा करने का मौक़ा एक आदमी को न मिले तो वह करे क्या? जो पैदा हुआ है उसे ज़िन्दा रहने की कोशिश तो करनी ही होगी। ज़िन्दा रहने की कोशिश आप नहीं करने देना चाहते तो उसे पैदा होते ही क्यों नहीं मार डालते। ठीक उसी तरह जैसे अंग्रेज़ों की कुतिया ब्याती है तो जितने बच्चे उन्हें रखने होते हैं, उतनों को बचाकर बाकी को उबलते हुए गरम पानी में गोता दे देते हैं।"

—"ग़रीब लोग तुम्हारी तरह सोचने लगे तो जनाब समाज में अँधेर मच जाये! लोग एक-दूसरे को नोच-नोचकर खाने लगे। ऐसे भी कहीं काम चलता है?"

—"आज क्या लोग दूसरों को नोच-नोचकर नहीं खाते? हज़ार आदमियों को नौकर और मज़दूर रखकर जब एक आदमी उनकी मेहनत का पैसा अदा कर अमीर हो जाता है तो यह नोचना नहीं तो और क्या है? आपको एक तरह का नोचना पसन्द है, दूसरी तरह का नहीं। अच्छा आप ही बताइये इन लोगों के लिए किया क्या जाये जो बेकार हैं? क्या इनके लिए समाज में कोई काम नहीं? क्या इनके लिए समाज में कोई जगह नहीं? तो फिर आप उन्हें फालतू कुत्तों की तरह कुछ खिला कर मार ही क्यों नहीं देते?"

—"ऐसे आदमियों की हमें मदद करनी चाहिए। इन्सानियत के नाते यह हमारा फ़र्ज़ है।"

—"ख़ूब रही! आप मदद कहाँ से करेंगे? आप मदद तो तभी कर सकेंगे जब आपके पास अपनी ज़रूरत से ज़्यादा होगा। आपके पास ज़्यादा तभी होगा जब आप अपनी मेहनत से ज़्यादा हिस्सा ले लेंगे। यह कौन भलमनसाहत है कि आप पहले दूसरे का हिस्सा छीन लें फिर मेहरबानी करके दान करें। कोई आपसे दान क्यों ले? आपने किसी का हिस्सा छीन लिया है तो सीधा तरीक़ा है कि दूसरा आपसे छीन ले। या फिर आप समाज में तरीक़ा ऐसा रखिये कि कोई भी किसी का हिस्सा न छीन सके। सभी को समान रूप से अपनी-अपनी रोज़ी कमाने का अवसर मिले, पैदावार के साधन किसी एक आदमी के पास न हों। सबके पास समान रूप से हों।"

—"यह भी एक स्वप्न है!"

—"स्वप्न कैसे? आप जानते हैं अपनी रक्षा के लिए आदमी को हथियार-बन्द रहने की ज़रूरत रहा करती थी। परन्तु अब समाज ने क़ायदा बना दिया है कि कोई आदमी हथियार-बन्द नहीं रहेगा क्योंकि हथियार-बन्द लोग दूसरों से अधिक ताक़तवर बनकर दूसरों को दबा-धमका कर अनुचित लाभ उठाने की कोशिश कर सकते हैं। हथियारों की ताक़त पुलिस और फ़ौज के रूप में सबकी साँझी होगी जो समाज के सम्मिलित निर्णय के अनुसार काम करे। इसी प्रकार पैदावार के साधनों की ज़रूरत मनुष्य के निर्वाह के लिए ज़रूर है परन्तु अब समय आ गया है कि यह साधन सबके सम्मिलित हों और इनके ज़रिये कोई किसी को अनुचित रूप से दबा न सकें।"

—"यह सब बातें तो छोड़ो पर ज़रूरत है इस बात की कि इन लोगों के लिए नये काम-धन्धे पैदा किये जायें।"

"यह भी कोई तरीक़ा है? यह टूटे हुए बर्तन में बार-बार टाँका लगाने की तरह है। समाज के इस बर्तन में हज़ारों टाँके लग चुके हैं। अब तो ज़रूरत है इसे नये ढंग से गढ़ देने की। तुम्हीं बताओ पिछले बरसों में हज़ारों ही नये पेशे बन गये परन्तु फिर लोगों को काम की कमी है। आप नये काम पैदा करेंगे और वे काम भी चार दिन में उन पूंजीपति लोगों के क़ब्ज़े में चले जायेंगे। आप तरीक़ा ही क्यों नहीं बदलते?"

—"लेकिन बेकार कम्पनी को तो भाई बेकारों से सहानुभूति होनी चाहिए और आप उन्हें गोली मार देने की तजवीज़ करते हैं। जितनी हो सके आप उनकी सहायता कीजिये।"

—"जनाब यह सहायता ही तो अफ़ीस है जो उन्हें अन्धा बना देती है। जिस तरीक़े में ही ग़लती है उसे सुधारने का अर्थ है उसमें केवल ऐसा परिवर्तन करना कि लोगों का असन्तोष प्रकट न हो सके। आप उन्हें उनकी मुसीबत अच्छी तरह अनुभव करने दीजिये ऐसी अवस्था में या तो वे मर जायेंगे या अपनी अवस्था को सुधार लेंगे।"

यह साहब इतनी जोर से बोलने लगे कि इनका मुँह लाल हो गया और बजाय इसके कि इनकी बात पर विचार करते, लोग हँसने लगे।

× × ×

बड़े और सभ्य आदमियों की बैठक में कोई भी चर्चा मौसम के चर्चा से शुरू होता है। क्लर्कों के यहाँ बात होती है बड़े साहब के ज़िक्र से या उनकी अपनी तरक्की की सम्भावना से। बनिया बात करता है भाव के गिरने या चढ़ने की। वकील लोग मुक़द्दमों की पेचीदगियों का ज़िक्र करते हैं और उससे ज़िक्र आता है जज साहब की तबीयत का। कांग्रेसी जिक्र करते हैं सरकार और गाँधी जी के दाँव-पेंच का। ज़िक्र करने के लिए अगर किसी को मज़मून की कमी है तो बड़े आदमियों को, जिन्हें इस बात का ख़याल रहता है कि उनके बेमतलब और बेमौक़ा ज़िक्र की वजह से दूसरे बड़े आदमी उन्हें ओछा या नीरस न समझ लें। इसलिए वे पहले हमेशा ज़िक्र करते हैं मौसम का और फिर बातचीत जिस राह चल निकले। यही मुसीबत बेकार एण्ड कम्पनी में भी है। कांग्रेस के राज में सरकार की टिप्पणी करना आसान काम था पर आजकल नहीं। अक़सर तबीयत करती है कि लड़ाई का ज़िक्र किया जाये लेकिन वह ख़तरे से खाली नहीं। सुनते हैं एक रोज़ कानपुर से आनेवाली गाड़ी में एक लाला साहब लड़ाई के बारे में बहुत बढ़-चढ़कर बक रहे थे वे। यहाँ तक बढ़े कि कहने लगे—"सच्ची ख़बर तो मिलती ही नहीं। यह सब अख़बारवाले झूठी-झूठी छापा करते हैं।" इससे आगे बढ़े तो और दूर के तारे तोड़ने लगे। लोग हैरान थे कि आख़िर इनके पास ख़बर आने का ऐसा कौन सही ज़रिया है?

स्टेशन आने पर लाला जी अपनी जानकारी के रोब में बड़े तपाक से सबको जयराम जी कहकर बिस्तर ले गाड़ी से उतरना ही चाहते थे कि गाड़ी में ही बैठे एक ग़रीब से सफ़ेदपोश सज्जन ने उनके पास आकर कहा—"लाला जी, कहाँ जा रहे हो? चलिये आप के लिए सही ख़बर मिलने का इन्तज़ाम कर दिया जाये।" और स्टेशन के थाने की ओर उन्होंने इशारा किया।

लाला जी के पैरों तले से ज़मीन निकल गयी। झट बात बदल गये और वो आशीर्वाद सरकार को देने लगे कि गंगा जी के पण्डे भी मात रह गये। लाला जी

के चेहरे पर एक रंग आता था और एक जाता था। पुलिस के सफ़ेदपोश साहब ने लाला जी का कन्धा झिंझोर कर पूछा—"बहुत गहरी छान गये थे क्या?"

गिड़गिड़ाकर लाला जी ने कहा—"हुज़ूर, ससुराल से आ रहा हूँ। आप जानते हैं ख़ातिर तो होती है पर ऐसी भी क्या कि सालों ने दूसरी सुसराल पहुँचने (जेल) तक का ही इन्तज़ाम कर दिया!"

× × ×

जब से बेकार कम्पनी में इस घटना की ख़बर पहुँची है, लड़ाई का ज़िक्र बिलकुल बन्द है। और हो भी क्या! सरकार लड़ाई के लिए क्लर्क-मुन्शी तो भरती करती नहीं; उसे चाहिए सिपाही! जो सिपाहीगिरी करने लायक़ है उसके बेकार रहने का डर आजकल नहीं है। डर है तो बेकार कम्पनी के मेम्बरों को ही जो लड़ते भी हैं तो कलम की नोक से। ऐसे बहादुरों को लेकर सरकार करे तो क्या? इन्हें लड़ाई में शामिल होने की दावत न सर सिकन्दर देते हैं, न मजीठिया साहब और न सर छोटूराम! अब तक हिन्दू-मुसलमानों और सिखों की नौकरी का झगड़ा था सिर्फ़ क्लर्कों के लिए या कभी सरकारी दफ़्तरों में चपरासीगिरी के लिए परन्तु अब वह फ़ौज की नौकरी के लिए भी शुरू हुआ। ख़ैर बेकार कम्पनी के मेम्बर हिन्दू, मुस्लिम, सिक्ख झगड़े से बरी हैं। उन्हें अगर कोई फ़िक्र है तो रोज़गार मिलने की। बेकार कम्पनी में एक दफ़े रोज़ ब्रिटेन की जीत के लिए भगवान् से प्रार्थना हो जाती है; बल्कि प्रार्थना यह होती है कि हे भगवान् इटली, जर्मनी और जापान इस लड़ाई में बुरी तरह हार जायें और वहाँ अंग्रेज़ी राज क़ायम हो जाये और फिर वहाँ सरकारी इन्तज़ाम के लिए नये-नये दफ़्तर खुलें और क्लर्कों और मुन्शियों की माँग हो! ताकि हिन्दुस्तान के अंग्रेज़ी पढ़े-लिखे बेकारों को कुछ जगह मिल सके।

× × ×

एक साहब बेकार क्लब में यह पूछ बैठे कि अंग्रेज़ों के हक़ में महात्मा गाँधी अच्छे या जिन्ना?

एक मुसलमान साहब ने बेतकल्लुफ़ी से कहा—"गाँधी अंग्रेज़ों के हक़ में क्या ख़ाक अच्छे हैं। एक तरफ़ तो ज़बानी हमदर्दी दिखाते हैं—हाय रे, तुम्हारे यह चोट कैसे लग रही है। इस मारनेवाले मर्दुए का बुरा हो, देखो हमारी आँखों में भी आँसू आ रहे हैं और जब अंग्रेज़ गाँधी जी को या कहिये हिन्दुस्तानियों को दुश्मन का वार सँभालने के लिए आगे करते हैं तो गाँधी जी कहते हैं—न भाई ना!"

एक बिगड़ेदिल हिन्दू-कांग्रेसी बोल उठे—"और तुम्हारे जिन्ना क्या कहते हैं? सो नहीं दीखता?"

मुस्लिम साहब ने छाती ठोक कर जवाब दिया—"क्यों जिन्ना साहब बुरा क्या कहते हैं? वे कहते हैं हमारा मुतालबा पूरा कर दो, हमारा जायज़ हक़ हमें दे दो और फिर हमारी मदद लो। हमारी कुर्बानी देखो। हमारी एक-एक बूँद सरकार के लिए हाज़िर है।"

एक साहब जो अब तक चुप थे और बीड़ी का धुआँ छोड़कर हवा में धुएँ के गोले बनाने का खेल खेल रहे थे, करवट बदलकर बोले—"गुस्ताख़ी मुआफ़ ख़ाँ साहब, जिन्ना साहब के वे मुतालबात और जायज़ हक़ हैं क्या जिन्हें वे सरकार से भोग रहे हैं और जिनके पूरा हो जाने पर वे सरकार की मदद करने के लिए अपने ख़ून की सब बूँदें बहा देंगे?"

ख़ाँ साहब ने कुछ नरमी से कहा—"मुतालबात यही कि मुसलमानों के साथ इन्साफ़ का सुलूक किया जाये, उन्हें बराबरी का हक़ मिले।"

बीड़ी पीनेवाले साहब ने सिर खुजाकर कहा—"मुआफ़ कीजियेगा, हम यह नहीं समझे कि किससे बराबरी का हक़ जिन्ना साहब चाहते हैं? हिन्दुओं से या सिखों से या ख़ुद अंग्रेज़ों से ही बराबरी का हक़ वे चाहते हैं?"

ख़ाँ साहब कुछ हैरान होकर बोले—"यह कैसा सवाल करते हैं आप? अरे बराबरी का हक़ सभी से बराबरी का होगा।"

बीड़ी पीनेवाले साहब ने कहा—"अच्छा ख़ाँ साहब, मुसलमान हिन्दोस्तान में आठ करोड़ के क़रीब होंगे; नौ करोड़ से तो कम ही हैं। अब अगर जितने हक़ नौ करोड़ मुसलमानों को चाहिए उतने ही हक़ अगर नौ करोड़ हिन्दुओं को भी सरकार दे दे तो बाकी पचीस करोड़ हिन्दुओं को, दो-तीन करोड़ इसाइयों को और सिक्खों को सरकार कहाँ से हक़ देगी?"

एक हिन्दू साहब मौक़ा देखकर आगे बढ़े और बोले—"अरे ख़ाँ साहब, आप लोग सिर्फ़ तलवार चलाना जानते हैं। हिसाब की बात तो समझने नहीं अगर आप हमारी बात मानें तो बड़े फ़ायदे से रहें।"

ख़ाँ साहब ने आश्चर्य और सन्देह से आँखे फाड़कर इनकी तरफ़ देखकर पूछा—"सो कैसे?"

यह साहब जली हुई दियासलाई से अख़बार के काग़ज़ पर हिसाब बनाकर ख़ाँ साहब को समझाने लगे—"सुनिये इस देश में मुसलमानों की तादाद है २२ फ़ीसदी। जिन्ना साहब कहते हैं वाइसराय की काउन्सिल में और लड़ाई के लिए सलाह देनेवाली कमेटी में मुसलमानों की तादाद आधोआध होनी चाहिए। हम कहते हैं अगर यह बात मान ली जाये तो मुसलमानों की संख्या तो है एक-चौथाई से कम और जिन्ना साहब उनके लिए हिस्सा चाहते हैं आधा अर्थात् दो-चौथाई।

इस हिसाब से एक-एक मुसलमान को दो-दो हिस्से मिलेंगे। अब यदि मुसलमानों की संख्या बढ़ गयी और हिस्सा न बढ़ा तो प्रति मुसलमान हिस्सा कम पड़ेगा यानी मुसलमानों की संख्या बढ़ने से जिन्ना साहब के जरबे (गणित) से मुसलमानों का नुक़सान ही होगा और यदि कहीं मुसलमानों की संख्या आज से पाँच गुना हो गयी तो ऐसी हालत में यदि सब-का-सब भाग भी मुसलमानों को मिल जाये तब भी उन्हें बहुत घाटा रहेगा। आधे अधिकार उनके पास अभी हो जायेंगे, बाद में शेष आधे भी मिल जायें तो संख्या तो पाँच गुनी हो जायेगी और अधिकार केवल उतने ही देखिये कितना नुक़सान है! इसलिए मुसलमानों को चाहिए कि अपनी संख्या घटाने की कोशिश करें।''

ख़ाँ साहब ने परेशान हो कर कहा—''वाह, यह भी कभी हो सकता है!''

यह साहब बोले—'ख़ाँ साहब, आप कुछ समझते ही नहीं। देखिये आज मुसलमानों की संख्या कम है तो वे अपने-आपको देश से अलग समझकर रियायत माँग सकते हैं। अगर किसी दिन सभी लोग मुसलमान हो गये तो फिर आप रिआयत किससे माँगेंगे? जिन्ना साहब इस बात को अच्छी तरह समझते हैं, इसीलिए वे हमेशा मुसलमानों के लिए राजनैतिक हकों की माँग तो करते हैं परन्तु इस्लाम का प्रचार कर मुसलमानों की संख्या बढ़ाने की बात नहीं करते। समझे कुछ आप और! वैसे आप जितना कम समझें उतना ही अच्छा है वर्ना जिन्ना साहब की क़दर आप क्या करेंगे?''

जिन साहब ने सरकार के प्रति जिन्ना साहब और गाँधी जी की सहायता के मूल्य के बारे में प्रश्न किया था, वे उकताकर बोले—''वाह यार तुम भी क्या हिसाब लगाने लगे? हम पूछ रहे थे गाँधी जी और जिन्ना में सरकार किसका एतबार करे, तुमने हिन्दू-मुसलमानों के हानि-लाभ का हाड़ा गिनना शुरू कर दिया।''

बीड़ी पीनेवाले साहब बोले—''सच पूछो तो हैं दोनों ही ईमानदार परन्तु दोनों का अपना-अपना मतलब है।''

सवाल करनेवाले साहब चौंककर बोले—''अपना-अपना मतलब? गाँधी जी का मतलब क्या है?''

—''गाँधी जी का मतलब बिलकुल निस्वार्थ पूर्ण है। गाँधी जी के मन में अंग्रेज़ों के प्रति सहानुभूति है, दया है, सहायता की इच्छा है। जब गाँधी जी स्वयं ऐसा सहानुभूति, दया और सहायता की इच्छा का दावा करते हैं तो हमें मान्ना ही होगा। आप गाँधी जी की समझ से इत्तफ़ाक़ न करें पर उनकी ईमानदारी पर शक नहीं कर सकते। जब लाट साहब को गाँधी जी पर एतबार है तो आपके शक की वजह? हम यह भी मानते हैं सरकार की युद्ध की राह में अड़चन भी डालना नहीं

चाहते? परन्तु फिर भी अड़चन डालने का हक़ यानी युद्ध के ख़िलाफ़ प्रचार का हक़ ज़रूर चाहते हैं। यह है सरकार और कांग्रेस में मेल कराने का एकमात्र तरीक़ा। सरकार यदि कांग्रेस को यह अधिकार दे दे तो इसका अर्थ होगा कि सरकार को कांग्रेस जबान से जो सहानुभूति और सहायता की इच्छा प्रकट करती है वह सच्ची बात है। ऐसी अवस्था में कांग्रेस अपनी बात को पूरा करने के लिए और सरकार के विश्वास की रक्षा करने के लिए सत्य और अहिंसा की रक्षा के लिए सरकार की युद्ध की तैयारी की राह में रोड़ा अटकाकर सरकार को परेशान नहीं करेगी और कांग्रेस का अधिकार स्वीकार कर लिए जाने से सरकार के हृदय परिवर्तन का सुबूत मिल जायेगा और कांग्रेस की इज़्ज़त भी रह जायेगी। जब सरकार और कांग्रेस दोनों एक-दूसरे की इज्जत का ख़याल करेंगे और एक-दूसरे का विश्वास करेंगे तो दोनों में समझौता हो ही जायेगा। इस तरह कांग्रेस बिना कुछ पाये भी सरकार से बाइज्जत समझौता कर लेती। महात्मा जी ने बहुत अच्छा नुस्ख़ा बताया था परन्तु वाइसराय साहब माने ही नहीं।''

सवाल करनेवाले साहब ने फिर टोका—''जी हाँ, आप गाँधी जी की बात को समझ गये और वाइसराय की इतनी बड़ी खोपड़ी में यह बात नहीं आयी?''

—''बात खोपड़ी में नहीं आयी होगी सो हम नहीं कह सकते, आयी तो ज़रूर होगी परन्तु वाइसराय साहब हैं नादिरशाह के चेले।''

कुछ न समझकर एक साहब ने पूछा—''यानी।''

—''तुमने सुना नहीं? नादिरशाह ने जब दिल्ली जीत ली तो दिल्ली के सरदारों ने सम्मान करने के लिए उसे हाथी पर बैठाया। नादिरशाह ने पूछा, इसकी लगाम कहाँ? सरदारों ने कहा—हुजूर इसकी लगाम नहीं होती। नादिरशाह हाथी से कूदकर अपने घोड़े पर ही जा बैठे और बोले इस बेलगाम की बड़ी सवारी से हमारी लगामवाली सवारी अच्छी। सो बात वाइसराय की है। वे कहते हैं कांग्रेस के ज़ोर पर सारे मुल्क से सहायता लेने से यह कहीं अच्छा है कि अपने ही ज़ोर पर जो कुछ सहायता मिल सकती है वही ली जाये। लगाम तो अपने हाथ रहेगी।''

सवाल करनेवाले—''और जिन्ना साहब का मतलब?''

—''जिन्ना साहब सीधी बात करते हैं। वे कहते हैं हुकूमत हमारे हाथ दे दो फिर सहायता हम तुम्हारी ख़ूब करेंगे। जितने आदमी जिस तरह हम कहें और जिन-जिनको हम कहें, तुम काम पर तैनात करो फिर ख़ुद ही जो हम चाहेंगे वही होगा। ऐसी हालत में हम तुम्हारी सहायता ख़ूब करेंगे। असल मतलब तो यह है कि हुकूमत हमारे ही हाथ दे दो और फिर बजाय इसके कि वे सरकार की सहायता करें, ख़ुद सरकार को उनकी सहायता करनी पड़ेगी।''

—"जिन्ना साहब को अंग्रेज़ी सरकार ने हक़ माँगना सिखाया था हिन्दुओं, कांग्रेस और दूसरे सम्प्रदायों से, वे लगे ख़ुद अंग्रेज़ी सरकार से ही माँगने। वही बात हुई न कि शेर ने बिल्ली से सब सबक सीख कर उसी पर वार आज़माना चाहा लेकिन बिल्ली ने दरख़्त पर चढ़ने का दाँव बचा लिया था। सो हमारी सरकार ने भी हुकूमत के असली हकों का दाँव बचा ही रखा है।

चिलम चक्कर
दुर्मुख

लोग कहते हैं कि एक चना भाड़ नहीं फोड़ सकता। गाँधी जी कहते हैं एक ही चना फोड़ सकता है बशर्ते वह अहिंसात्मक हो जाये।

अब सवाल यह है कि चना अहिंसात्मक हो जायेगा तो भाड़ फोड़ेगा क्योंकर?

महात्मा जी कहते हैं—जब चना भाड़ फोड़ने के हिंसात्मक विचार को छोड़ देगा और गरम बालू रेत में पड़े-पड़े जल जाने का प्रण कर लेगा और उसी में अपनी सफलता समझेगा तो उसे ऐसा करने से कोई रोक नहीं सकेगा। यही उसकी अहिंसात्मक कामयाबी है।

× × ×

मज़ाक की बात नहीं है। देखिये महात्मा जी ने एक अहिंसात्मक चना विनोबा भावे नाम का हिंसा का साम्राज्यवादी भाड़ फोड़ने भेजा है। जब यह चना जल जायेगा तब वे दूसरा भेजेंगे, फिर तीसरा, फिर चौथा। इससे फ़ायदा यह होगा कि भाड़ चलानेवाले भड़भूँजे को पड़ापड़ की परेशानी भी न होगी और चने भी मज़े में एक-एक कर जलते चले जायेंगे। यानी इधर शहादत भी होती जायेगी, उधर जल्लाद को परेशानी भी उठानी न पड़ेगी। इसे कहते हैं जल्लाद से हमदर्दी और सहानुभूति!

अहिंसा का ऐसा ही भक्त एक उर्दू कवि था, जिसने कहा था—उठाओ खंजर क़त्ल करो हमको पर नाज़ुक कलाई में बल न आ जाये।

× × ×

हम मज़ाक की बात नहीं राजनीति की बात करते हैं और फिर राजनीति भी कैसी? आध्यात्मिक राजनीति। इस आध्यात्मिक राजनीति में तीन बातों के एक साथ

चलने और जीवित रहने की ज़रूरत है। एक ब्रिटिश साम्राज्यशाही सरकार जिसके प्रति महात्मा जी को सहानुभूति है, दूसरी कांग्रेस जिसकी मरने और ज़िन्दगी की ज़िम्मेवारी महात्मा जी ने ली है, तीसरी अहिंसा जो महात्मा जी को भगवान् की प्रेरणा है। यह तीन हैं—पान, बकरी और भेड़िया जिन्हें महात्मा जी को अपनी राजनीति की नाव में पार उतारना है। ज़रूरत इस बात की है कि तीनों सही सलामत रहें और तीनों पार उतर जायें।

सरकार से सहानुभूति का मतलब है कि युद्ध के दौरान में सत्याग्रह न किया जाये। कांग्रेस की रक्षा का मतलब है आज़ादी का आन्दोलन ज़रूर चले और अहिंसा कहती है सत्याग्रह चले। अब इसका उपाय है कि आन्दोलन तो चले पर अहिंसात्मक चले और उसका रूप सत्याग्रह हो। अब यह सत्याग्रह ऐसा हो कि सरकार को परेशानी न हो। तो उसका उपाय यह है कि आन्दोलन भी चले और उसका असर न हो। कहिये आप मान गये कि नहीं? इसे कहते हैं राजनीति।

× × ×

व्यक्तिगत सत्याग्रह (Individual Satyagrah) क्या है?

व्यक्तिगत सत्याग्रह की व्याख्या करते हुए एक साइन्स दां ने बताया कि वह जीरो पावर का बल्ब है जिससे टिमटिमाती रोशनी भी होती रहे और बिजली का करेण्ट भी ख़र्च न हो।

एक हलवाई ने व्यक्तिगत सत्याग्रह का मतलब बताया—सत्याग्रह की मठरी तलना। गाँधी जी कढ़ाई में एक-एक मठरी का मैदा डालते जाते हैं और तली हुई मठरी निकालते जाते हैं। अभी पहली पकौड़ी विनोबा की तली है अब दूसरे की बारी आयेगी। पर मैदा वही डाला जायेगा जिसमें अहिंसा का मोयन पूरा रहेगा।

× × ×

लखनऊ के एक बैठकबाज़ कहते हैं कि गाँधी जी मज़ाक करते हैं पर तक़ल्लुफ़ से। सरकार से दिल्लगी करते हैं पर सुहाती-सुहाती। इसीलिए अखाड़े में उतारा है विनोबा भावे को जिसे सरकार भी बरदाश्त कर जाये। अपने अरमान रोक रखे हैं ताकि कहीं खेल न बिगड़ जाये!

× × ×

लार्ड लिनलिथगो भी मज़ाक में मज़ा न लेते हों सो बात नहीं। यों तो बोलने की आज़ादी के मसले पर वे गाँधी जी के सामने क़बूल कर चुके हैं कि आत्मा की आवाज़ सुनकर युद्ध का विरोध करनेवालों (Conscious Dissenters) के लिए इंग्लैण्ड के क़ानून में जगह है। वे अपने ख़यालात को जनता के सामने प्रकट भी

कर सकते हैं। कर सिर्फ़ वे यह नहीं सकते कि सिपाहियों, सरकारी नौकरों और फ़ौजी कारख़ाने के मज़दूरों को युद्ध के काम में तन-मन-धन से सहायता देने से नहीं रोक सकते। अब आप ही बताइये विनोबा भावे जिन लोगों के सामने बोलने गये थे उनमें से कौन तोप-तलवार लेकर लड़ने जा रहा था जो सरकार फ़िक्र करती?

लेकिन चोर-चोर का खेल तो खेलना ही चाहिए। जब विनोबा भावे "मैं चोर" कहकर न दौड़ें और लिनलिथगो की सरकार उन्हें पकड़ने न दौड़े तो फिर खेल और मज़ाक कैसे हो?

× × ×

एक साहब और सवाल करते हैं कि सिपाही भरती होनेवाले लोग तो रहते हैं पंजाब, यू.पी. में ख़ासकर और ऐसे ही थोड़े-बहुत महाराष्ट्र या हैदराबाद-मैसूर के आस-पास और राजपूताने में। विनोबा युद्धविरोधी प्रचार करने गये गुजरात के इलाक़े में।

इसमें भी समझने की बात है। युद्ध का विरोध कर के सरकार को परेशान करने का तो मतलब गाँधी जी का है नहीं। मतलब तो है बोलने की आज़ादी का! सो बेहतर यही था कि ऐसी जगह बोला जाये जहाँ बोलने से कोई असर न हो।

और फिर महात्माओं के तराक़े निराले ही होते हैं। सुनते हैं भगवान् मसीह के चेले सेण्ट पाल का हृदय जब भक्ति से भर आता था तो वे पक्षियों को ही उपदेश देने लगते थे। विनोबा भावे को शायद यह मालूम नहीं हो रहा होगा नहीं तो वे अपना उपदेश गुजरात की खाड़ी में समुद्र की लहरों को ही सुनाने लगते। उसमें और अच्छा रहता। बोलने की स्वतन्त्रता भी क़ायम रहती और सरकार का दिल दुःखने से हिंसा का डर भी न रहता।

× × ×

ईख के लिए कहावत मशहूर है कि उसे दाँत से कुचलो तो भी रस ही बरसाती है। सो हाल हमारे अमली यारों का है। सरकार उन्हें सज़ा देती है, अमल की चीज़ों पर रोक लगाती है, पास रखने या बनाने पर सज़ा होती है लेकिन फिर भी आफ़रीन है इन लोगों पर कि सरकार को टैक्स के ज़रिये करोड़ से ऊपर की आमदनी करा देते हैं। इसी को असली भक्ति कहते हैं। यह भक्ति सिर्फ़ अमली लोगों में ही हो सो बात नहीं। आप रायवादियों को देख लीजिये सरकार ने उन्हें गिरफ़्तार किया, उनके जुलूस रोके पर उनकी ब्रिटिश साम्राज्य की भक्ति को आँच नहीं आयी।

× × ×

राय साहब तुले हुए हैं तानाशाही का नाश करने पर और वे क़ायम करेंगे किसान–मज़दूरों का राज और समाजवाद। इसके लिए पहले तो उन्होंने कहा कि कांग्रेस में समाजवादी दल क़ायम होना फ़ज़ूल है। फिर उन्होंने कहा कि अंग्रेज़ी पूँजीवाद की जड़ मज़बूत करनी चाहिए कि कहीं उनके पूँजीवादी साम्राज्य की कनातें ढीली न हो जायें। कांग्रेस तो इस युद्ध के साम्राज्यवादी युद्ध न होने का सुबूत ढूँढ़ते–ढूँढ़ते थक गयी इसलिए राय साहब समझ गये कि वह फ़ैसिस्टपरस्त हो गयी। उसे भी उन्होंने छोड़ा। अब तानाशाही के खात्मे और समाजवाद की स्थापना के लिए उन्होंने अश्वमेध करना शुरू किया है। पहले पहुँचे वे लखनऊ में। यहाँ समाजवाद का समर्थक और तानाशाही का दुश्मन उन्हें मिले राजा साहब सलेमपुर! मतलब यह है कि तानाशाही का शत्रु और समाजवाद का मित्र ज़मींदारों से बढ़कर और कौन हो सकता है? यह भी ख़बर है कि वे सरकारी अफ़सरों से मिलने की तमन्ना भी रखते हैं। बस अब एक बात बाक़ी है कि वाइसराय की काउन्सिल में उनके लिए जगह की तजवीज़ हो जानी चाहिए।

× × ×

एक जमाने में रायसाहब घोर अन्तरराष्ट्रीय कम्युनिस्ट थे। इसके बाद कुछ–कुछ 'जवाहिरी' रंग के समाजवादी होने लगे। सुनते हैं कांग्रेस समाजवादियों से ख़तो–किताबत कर एक समाजवादी पार्टी की तजवीज़ उन्होंने की थी जो सूत नहीं बैठी। इसके बाद वे वामपक्षी हो गये। वामपक्ष भी उनका करवट ले गया और एक दिन जब सब वामपक्षवाले कांग्रेस वर्किंग कमेटी के निर्णय पर आवाज उठानेवाले थे, उन्होंने तार देकर कह दिया कि यह ठीक नहीं। अब वे शुद्ध कांग्रेसी बन गये। चाहते थे सिर्फ़ नेतृत्व बदल देना और ज़बर्दस्त तहरीक चला देना; मिसाल के तौर पर युद्ध का विरोध। लेकिन भला हो फ़ैसिज़्म–विरोधी नारे का वे कांग्रेस से कूद कर ज़मींदारों और सरकारी अफसरों की मेज़ पर नज़र आने लगे। कहते हैं शेर भूखा मर जाये पर खायेगा तो शिकार ही। सो बात राय साहब में भी है। हज़ार पार्टियाँ बनानी पड़ें पर रहेंगे वे चोटी पर ही।

× × ×

कुछ लोगों का ख़याल होगा कि पाकिस्तान की बात आयी गयी। इस बेरंग ज़माने में एक रंगीन बात सामने आयी थी सो भी गयी परन्तु बात ऐसी नहीं है। पाकिस्तान अभी ज़िन्दा है मगर ज़िन्दा ही है, उसकी तड़प जाती रही है। नयी रिपोर्ट जो पाकिस्तान के बारे में मिली है उसमें कुछ मज़े की बात नहीं रही। सुनते हैं एक कमेटी लीग ने बना दी है और वह पाकिस्तान का विधान यानी दस्तूरे–अमल तैयार

करेगी और उसके लिए हदबन्दी की तजवीज़ भी करेगी। लेकिन इस कमेटी की तजवीज़ में हलचल और चहल-पहल की कोई बात नज़र नहीं आती।

कमेटी का कहना है हिन्दू मुसलमानों की बस्तियों को हिलाने ज़रूरत नहीं। जुलाने की जो जहाँ बसा है बना रहे, बस कुछ इलाक़ों के नाम बदल दिये जायें। सूबों की लाइनें बदल दी जायें। कुछ यू.पी.वालों को पंजाबी कह दिया जाये, कुछ बिहारियों को बंगाली और कुछ मरहटों को मद्रासी। और फिर वह उनकी 'मातृभूमि' यानी होमलैण्ड समझ ली जाये।

यह अच्छी रही। एक जगह पैदा हुए, बूढ़े हुए, अगलों को पैदा किया, पिछलों को दफ़नाया तब तो वह ज़मीन मातृभूमि बनी नहीं और अब लीग की कमेटी कह देगी और जिन्ना साहब मंजूरी दे देंगे तो वह मिट्टी मादरेवतन बन जायेगी।

× × ×

पाकिस्तान की यही तजवीज़ दरअसल अच्छी है क्योंकि इसमें झगड़े की गुंजाइश है। मिसाल के तौर पर लीग कहेगी सहारनपुर-मेरठ पंजाब में मिलाकर पाकिस्तान बनाया जाये तो हिन्दू कहेंगे यह कैसे हो सकता है?

पहली तजवीज़ में झगड़े की गुंजाइश कम थी। उसका मतलब था हिन्दू इलाकों के मुसलमान अपना हुक्का, बदना, हाँडी और नमाज़ पढ़ने की चटाई उठाकर सिन्ध को चल दें। इसमें किसी को एतराज़ क्या होता? अपनी मर्ज़ी है कोई कहीं जाये या रहे। इसलिए इस तजवीज़ को छोड़ना ही ज़रूरी था। पड़ोसी का सगुन बिगाड़ने के लिए अपनी नाक ही कटानी पड़े क्या हरज़?

× × ×

सत्यमूर्ति साहब को यह बात समझ नहीं आयी कि मि. जिन्ना अपने आपको नौ करोड़ मुसलमानों का प्रतिनिधि कैसे कहने लग गये?

पिछली मर्दुमशुमारी में तो मुसलमानों की गिनती केवल सात करोड़ थी। देखते देखते यह दो करोड़ कहाँ से आ टपके?

वाह रे सत्य के मूर्ति! यह दावा करते हैं कांग्रेस के नाम पर केन्द्र में कांग्रेसी सरकार बनाने का? जो दो करोड़ आदमी बात-की-बात में पैदा नहीं कर सकता वह राजनीति क्या चलायेगा? हिटलर में यही तो ख़ूबी है कि वह दूसरे देशों में जर्मन पैदा कर देता है और फिर उनके हितों की रक्षा के लिए उन देशों को जर्मनी में मिलाने की ज़रूरत स्वयं हो जाती है।

× × ×

सुनते हैं कांग्रेस के बड़े-बड़े लीडर ख़ून का घूँट पीकर रह गये कि सत्याग्रह का झण्डा उन्हें पीछे धकेलकर पकड़ा दिया गया श्री विनोबा भावे के हाथ में। लेकिन यह शिकायत बेमतलब है। तिब्बत में लामा मरने लगता है तो ख़ुद बता देता है कि उसकी आत्मा ने कहाँ जन्म लिया है। सिक्खों के गुरु स्वयं बता देते थे कि उनका अवतारी आत्मा उनके बाद किस शरीर में प्रवेश करेगा। सो अगर गाँधी जी भी अहिंसा का अवतार स्वयं चुन दें तो किसी को बुरा मानने का क्या अधिकार?

× × ×

सुनते हैं महात्मा जी ने व्यक्तिगत सत्याग्रह का फ़ैसला किया तो वर्किंग कमेटी के दो मेम्बर बुरी तरह बिगड़ पड़े। कोई उनके नाम बताते हैं पण्डित नेहरू और मौलाना आज़ाद। लेकिन नामों से फ़र्क़ क्या पड़ता है? यह मेम्बर यहाँ तक बढ़े कि फ़ैसला करने का अधिकार कमेटी के हाथ में ले लेने की बात करने लगे। महात्मा जी ने मामूली-सी धमकी देकर कहा—"है इतनी हिम्मत तो करा लो फ़ैसला आल इण्डिया कांग्रेस कमेटी से!"

अब आप बताइये, आल इण्डिया कांग्रेस कमेटी कितने लोगों को डिक्टेटर चुने? फ़ैसला तो इस बात पर हो सकता है कि भगवान् की प्रेरणा किसे प्राप्त होती है। हम पण्डित नेहरू और मौ. आज़ाद से पूछते हैं कि वे गंगाजली और क़लाम- पाक उठाकर कह दें कि क्या उन्हें भी भगवान् की प्रेरणा होती है।

जब तुम्हें भगवान् की प्रेरणा नहीं होती तो गाँधी जी का मुक़ाबला कैसा?

समालोचना

कहानी (नववर्षांक) : अक्टूबर, १९४०, सम्पादक श्री श्रीपतराय, प्रकाशक : सरस्वती प्रेस, बनारस कैण्ट। सचित्र—पृष्ठ संख्या १४६, मूल्य ६ आना

साहित्यिक अभिरुचि की प्रगति के साथ कहानियों की ओर प्रवृत्ति होना स्वाभाविक है। हिन्दी प्रगति के मार्ग पर है इसलिए इन पिछले दिनों में कहानी साहित्य तेजी से बढ़ रहा है और कहानियों की रुचि को पूरा करने के लिए केवल कहानी की ही अनेक पत्रिकाएँ निकल रही हैं। हम यह नहीं मानते कि साहित्य में कहानी ही सब-कुछ है परन्तु इस बात से इनकार भी नहीं किया जा सकता कि कहानी साहित्य का प्रमुख अंग है। कहानी को किस उद्‌देश्य से व्यवहार में लाया जाता है यह दूसरी बात है। गौण

उद्देश्यों के अतिरिक्त मनोविनोद कहानी का उद्देश्य है ही, इससे भी इनकार नहीं किया जा सकता परन्तु मनोविनोद किस दर्जे का होता है और वह हमें किस ओर सोचने का संकेत देता है, इस विचार से कहानी की अच्छाई-बुराई निश्चित की जा सकती है।

'कहानी' का यह तीसरा वर्ष आरम्भ होता है। पिछले दो वर्षों में 'कहानी' ने क्या कुछ अपने पाठकों को दिया, हम नहीं जानते परन्तु 'कहानी' का यह नववर्षांक हिन्दी प्रगतिशील अवस्था के अत्यन्त अनुरूप है। केवल मनोरंजक कहानियों का समुच्चय न होकर कहानी विषय पर यह लेख एक संग्रहणीय वस्तु है। श्रीहजारीप्रसाद द्विवेदी का लेख 'कहानी क्यों पढ़ी जाती है', श्री गुलाबराय का लेख 'मैं कहानी क्यों नहीं लिख सका', श्री उपेन्द्रनाथ अश्क की कहानी, कला और प्रगतिशीलता विषय पर जिरह, श्री देवराज उपाध्याय का लेख 'कहानी में चरित्र- चित्रण' न केवल कहानी लेखकों के विशेष काम की वस्तु है बल्कि वे कहानी की परख करने का अरमान रखनेवालों के लिए विशेष रूप से पठनीय हैं। श्री हजारीप्रसाद जी और गुलाबराय जी के कहानी पढ़ने और कहानी लिखने के सम्बन्ध के मनोवैज्ञानिक विश्लेषण शायद बहस-तलब नहीं क्योंकि उन्होंने मनुष्य के मस्तिष्क में सुप्त प्रायः कुछ वृत्तियों की ओर संकेत कर उन्हें अधिक सजग करने की चेष्टा की है परन्तु अश्क और उपाध्याय जी द्वारा प्रकट किये गये विचारों के सम्बन्ध में ऐसा नहीं कहा जा सकता। उपाध्याय जी का यह कहना कि कहानी चरित्र-चित्रण की जगह नहीं, पाठक की सूक्ष्म विश्लेषण और जिज्ञासा वृत्ति को भुला देना है। यदि प्लाट या कथानक को ही सब-कुछ समझ लिया जाये तो कहना होगा कि चार वर्ष के बालक से लेकर चालीस वर्ष के पारखी पाठक में कुछ अन्तर नहीं। रबड़ की जापानी गुड़िया और यूनानी मूर्तिकारों द्वारा तराशी गयी मूर्तियों में कुछ अन्तर नहीं। यदि घटना वैचित्र्य और कथानक ही कहानी में सब-कुछ हो तो कहानी पढ़ने से कहीं अच्छा है कि दैनिक अख़बार पढ़ लिया जाये। अश्क जी विचार-प्रधान कहानियों में प्लाट की कमी को केवल लेखक का आलस्य या निष्क्रियता मात्र समझते हैं। हम पूछते हैं प्लाट तो नौटंकी में कहीं अधिक विचित्र होता है फिर आप कालिदास या इबसन के नाटक बार-बार क्यों पढ़ते हैं? हम यहाँ उपाध्याय जी और अश्क जी के मन्तव्यों का उत्तर नहीं दे सकते। हमारा अभिप्राय यह है कि उनके यह विचार विवादास्पद हैं।

परन्तु 'कहानी' के इस अंक में यही लेख सब-कुछ नहीं हैं। यह तो उसका एक बहुत गौण अंश है। उसका वास्तविक कथा भाग बहुत मनोरंजक है और आती हुई प्रगति का सूचक है। रामकुमार वर्मा का 'एक तोला अफ़ीम की क़ीमत' नाटक यद्यपि कहानी नहीं परन्तु उससे अंक की शोभा बढ़ी है। नाटक में व्यवहार की गयी भाषा स्वाभाविकता का एक बहुत ही अच्छा नमूना है। रामदीन की भाषा जहाँ ठेठ है वहाँ ललित भी है और मुरारी मोहन की भाषा जहाँ संस्कृत है वहाँ फैशनेबल भी है। विशेष

प्रशंसा की बात है कि नाटक हास्यरस पूर्ण होने पर भी बेसुरा नहीं हो गया और उसका विद्रूप प्रचार के रूप में प्रकट नहीं हुआ।

कुँवर कृष्णकुमार सिंह की 'दीवाली की रात' मज़दूर–किसान की दुनिया की कहानी है। उसकी धुरी विरोध भावना की आकुल तड़प है परन्तु उसकी भाषा सभा–सोसाइटी की भाषा है। कहानी की भावना के अनुकूल उसकी भाषा न होने से रस विपाक जैसा होना चाहिए नहीं हो पाया।

इस अंक को प्रकाशकों ने सुन्दर कहानियों के नमूने के तौर पर निकालने की चेष्टा की है और यही अच्छा भी हुआ है। बंगाली और गुजराती के प्रसिद्ध कहानी लेखकों, मैक्सिम गोर्की, डोरोथी, कैरेस, रैमन (यथामुद्रित) आदि संसार– प्रसिद्ध गल्पकारों की कहानियों के विषय में हम यदि कहें कि वे अच्छी हैं तो इस सिफ़ारिश का कोई मूल्य न होगा। हम इतना ही कह देना चाहते हैं कि इन बहुत अच्छी कहानियों का अनुवाद भी बहुत अच्छा हुआ है। कहानी प्रेमियों और पारखियों के लिए यह अंक अवश्य संग्रहणीय है।

विनिमय

मि. राय के कार्यक्रम पर प्रश्नोत्तर

'विप्लवी ट्रेक्ट' के सितम्बर और अक्टूबर अंक में कांग्रेस से राय साहब के इस्तीफे और कांग्रेस के निर्णय के विरुद्ध मौज़ूदा युद्ध में ब्रिटेन को बिना किसी शर्त के पूरी सहायता देने के कार्यक्रम के सम्बन्ध में टिप्पणियाँ प्रकाशित हुई थीं। इस सम्बन्ध में पत्रिका के पिछले अंक में डॉ. ए. पी. सिन्हा का पत्र तथा उसका उत्तर प्रकाशित हो चुका है। इस मास भी हमें कुछ पत्र प्राप्त हुए हैं। एक पत्र में केवल सम्पादक पर क्रोध प्रकट कर राय साहब की शान में अनुचित भाषा के प्रयोग का दोष लगाया गया है। पत्र में अनुचित भाषा का कोई उदाहरण पेश नहीं किया गया। हमारा ख़याल है राय साहब की शान में अनुचित शब्दों का प्रयोग न तो उचित है और न 'विप्लवी ट्रेक्ट' में ऐसा किया गया है। फिर भी यदि कुछ साथियों को इससे बुरा अनुभव हुआ है तो हम इसके लिए खेद प्रकट करते हैं।

इस मास प्राप्त पत्रों में सबसे अधिक विस्तृत पत्र जिसमें दूसरे पत्रों का प्रायः सब भाव आ गया है ऊपर दिया गया है। इस पत्र की यह बात निर्विवाद है कि फ़ैसिज़्म

एक अन्तरराष्ट्रीय आफ़त है जिसे जितना जल्दी ही मिटाने का यत्न करना चाहिए। फ़ैसिज़्म की आफ़त वास्तव में है क्या? यह समझ लेने पर उसे दूर करने के उपाय की बाबत हम अधिक अच्छी तरह सोच सकेंगे। ऐतिहासिक रूप से हम देखते हैं कि पूँजीवादी प्रणाली बढ़ते-बढ़ते ऐसी अवस्था में पहुँच जाती है कि वह स्वयं अपने मार्ग में रुकावटें पैदा करने लगती है अर्थात् जब कारोबार और पैदावार के साधन केवल थोड़े से ही आदमियों के हाथों में आ जाते हैं तो समाज के दूसरे आदमी साधनहीन होकर ऐसी व्यवस्था को बदल देने की कोशिश करने लगते हैं। जब देश में मशीनों का प्रचार हो जाने से, कारोबार और उद्योगों का केन्द्रीयकरण हो जाने से बेकार मज़दूरों की संख्या बढ़कर वे पूँजीवादी शोषक अवस्था को बदलने का यत्न करने लगते हैं, उस समय पूँजीवादी समाज की शासक श्रेणी प्रजातन्त्र और जनतन्त्र के ढोंग को छोड़कर अपने हितों की रक्षा के लिए निरंकुश शासन स्थापित करती है। जिस समय तक किसी देश की पूँजीवादी प्रणाली में विकास की पूर्ण अवस्था तक पहुँच जाने के कारण पैदा होनेवाली अड़चनें नहीं आ जातीं, उस समय तक उन्हें कठोर शासन की शरण नहीं लेनी पड़ती। फ़ैसिज़्म पूँजीवाद के उद्देश्य को पूर्ण करने का या उसकी रक्षा का ही साधन है परन्तु यह प्रकट होता है बदली हुई स्थितियों में। पूँजीवाद का मूलमन्त्र है कि विकसित साधनों द्वारा कुछ-एक मनुष्यों द्वारा शेष बहुत बड़े समाज का शोषण। एक देश में पूँजीवाद का विकास होने पर जब पूँजीपति श्रेणी अपने देश में साधनहीन लोगों की बड़ी संख्या पैदा कर देती है और यह साधनहीन जनता पैदावार को उपयोग में लाने में असमर्थ हो जाती है, तब दूसरे देशों पर क़ब्ज़ा कर उनकी अपने बाज़ारों से भरने की कोशिश की जाती है। इस प्रकार अपने देश में बेकार हो गयी श्रेणी को दूसरे देशों की माँग पूरी करने के व्यापार से काम दिया जाता है और देश के पूँजीपति विदेशी व्यापार से भी मुनाफ़ा उठाने की कोशिश करते हैं। इसी प्रयोजन से पूँजीवाद के युग में साम्राज्य विस्तार की चेष्टा की जाती है। जिस समय पूँजीवादी देशों को उपनिवेश आसानी से मिल जाते हैं या दूसरे देशों की औद्योगिक उन्नति न होने के कारण उनके बाज़ारों पर आसानी से क़ब्ज़ा किया जा सकता है, पूँजीवादी साम्राज्य विस्तार के अत्याचार बहुत शीघ्र और उग्ररूप में प्रकट नहीं होते। परन्तु इसका अर्थ यह नहीं कि पूँजीवादी विकास जिन देशों में जल्दी हो गया है या जिन देशों ने पूँजीवादी शोषण के लिए साम्राज्य पहले क़ायम कर लिया है, वे अत्याचार और शोषण नहीं करते। इस बात का स्पष्ट उत्तर तो इतिहास है। किसी भी साम्राज्यशाही शक्ति का इतिहास इंग्लैण्ड-फ्रान्स-हॉलैण्ड आप देख लीजिये, सभी जगह अत्याचार और शोषण की एक ही कहानी मिलेगी। फ़ैसिस्टों का साम्राज्य विस्तार के प्रयत्न अधिक निर्दय और अधिक कठोर जान पड़ते हैं क्योंकि उनके साम्राज्य विस्तार के प्रयत्नों का विरोध करनेवाली शक्तियाँ आज मौज़ूद हैं।

यदि कार्य–कारण सम्बन्ध से फ़ैसिज़्म के अत्याचारों को देखा जाये तो उसका कारण पूँजीवादी शोषण के अधिकारों की प्राप्ति और रक्षा ही है। फ़ैसिज़्म मनुष्यता के लिए अभिशाप है इसमें सन्देह नहीं परन्तु फ़ैसिज़्म को दूर करने का उपाय पूँजीवाद को सहायता देना नहीं है। फ़ैसिज़्म तो स्वयं पूँजीवाद ही है, उसने उग्र रूप धारण इसलिए किया है क्योंकि साधारण उपायों से उसकी रक्षा सम्भव नहीं थी। यदि किसी देश में पूँजीवाद का विकास होता चला जाता है अर्थात् पैदावार के साधन बहुत कम मनुष्यों के हाथ में रह जाते हैं, दिन–प्रतिदिन पैदावार का भाग कम आदमियों के हाथ में जाने के कारण बेकारों की संख्या बढ़ती चली जाती है और ऐसे लोगों की संख्या बढ़ती चली जाती है जो कि मौज़ूदा व्यवस्था से सन्तुष्ट नहीं, उसे बदल देना चाहते हैं तो क्या होगा? दो ही मार्ग मनुष्य–समाज के सामने हैं—या तो अधिकांश जनता के हित के विचार से पूँजीवादी व्यवस्था को बदलकर समाजवादी व्यवस्था क़ायम कर दी जाये या फिर फ़ैसिज़्म क़ायम कर असन्तुष्ट जनता को कुचल कर दबा कर रखा जाये और अपनी बेकार और असन्तुष्ट जनता को सन्तुष्ट करने के लिए अपने शोषण को दूसरे देशों पर लादने के लिए साम्राज्य विस्तार का यत्न किया जाये। पूँजीवाद जिस अवस्था में मौज़ूद है वैसे रह नहीं सकता; उसे या तो समाजवाद का रूप धारण करना होगा या फ़ैसिज़्म का। यदि हम फ़ैसिज़्म के पिशाच से बचना चाहते हैं तो उसे जन्म देनेवाले पूँजीवाद का ही अन्त करना होगा। मौज़ूदा युद्ध में भारत का रवैया क्या होना चाहिए? इस प्रश्न का उत्तर निर्भर करता है इस बात पर कि हमारा उद्देश्य क्या है? इस प्रश्न का उत्तर सिकन्दर हयात ख़ाँ एक देंगे और मि. बिड़ला दूसरा और अम्बेडकर तीसरा। क्योंकि उनके उद्देश्य पृथक्–पृथक् है। जिन लोगों का उद्देश्य समाजवाद द्वारा इस देश और संसार से जीवन की विषमताओं को मिटाना है, उनके लिए क्या उत्तर हो सकता है यह हमने ऊपर दे दिया है।

काशी से एक सज्जन ने डिमिट्राफ़ के एक वक्तव्य का उद्धरण यह प्रमाणित करने के लिए हमारे पास भेजा है कि फ़ैसिज़्म के विरोध में समाजवादी शक्तियों को प्रजातन्त्र का साथ देने के लिए तैयार हो जाना चाहिए। यदि हमारा अनुमान ठीक है तो हम यह वक्तव्य शायद प्रजातन्त्र स्पेन और फ़ैसिस्ट स्पेन के घरेलू युद्ध के समय दिया गया था जहाँ एक ओर फ़ैसिज़्म था और दूसरी ओर वास्तविक प्रजातन्त्र। यह उद्धरण हमारे पास भेजनेवाले सज्जन से हम यह पूछना चाहते हैं क्या वे यह विश्वास करते हैं कि पूँजीवादी आर्थिक विषमताओं के होते हुए भी किसी देश में प्रजातन्त्र क़ायम हो सकता है जिसकी रक्षा का उपाय किया जाये? डिमिट्राफ जो कुछ कहते हैं, अन्तरराष्ट्रीय कम्युनिस्टों की तरफ़ से कहते हैं! हम अन्तरराष्ट्रीय कम्युनिस्ट संघ (Third International) की वक़ालत नहीं कर रहे। हम जो कुछ कहते हैं भारतीय परिस्थितियों में मार्क्सवादी दृष्टिकोण से कहते हैं। और यदि आपके लिए अन्तरराष्ट्रीय कम्युनिस्ट संघ (Third

International) का हुकुम ही एक सही चीज़ है तो हम आपको यह बता देना चाहते हैं कि ब्रिटेन की कम्युनिस्ट पार्टी के सेक्रेटरी हेरी पोलिट ने युद्ध आरम्भ होने पर जो पैम्फलेट इंग्लैण्ड के मज़दूर-किसानों के नाम फ़ैसिज़्म के विरुद्ध संग्राम में जूझने के लिए निकाला था, वह पैम्फ़लेट अन्तरराष्ट्रीय कम्युनिस्ट संघ के निर्णय से वापस ले लिया गया है। हो सकता है हमारा ख़याल ग़लत हो परन्तु लूई फिशर ने अपनी पुस्तक 'हिटलर एण्ड स्टालिन, में कम्युनिस्टो की नीति पर एतराज़ करते हुए ऐसा ही लिखा है। शेष आप स्वयं समझ सकते हैं।

राय साहब साम्राज्यवाद के कितने कट्टर दुश्मन हैं, इस बात का उतना महत्त्व नहीं जितना कि इस बात का है। कि राय साहब साम्राज्यवाद के आधार पूँजीवाद को दूर करने के लिए क्या प्रयत्न करना चाहते है?

शेष रहा ब्रिटिश गवर्नमेण्ट के प्रति कांग्रेस का रुख़। इस विषय में आप जो कुछ कहते हैं, उससे हम इनकार नहीं कर सकते परन्तु सवाल यह है कि कांग्रेस इस देश की एकमात्र राजनैतिक संस्था है। उसे कलह द्वारा या उसका अनुशासन भंग करके नष्ट कर देने की अपेक्षा सीधे रास्ते पर लाने का यत्न करना कहीं अधिक अच्छा होगा। इस बारे में तो हमें स्वयं राय साहब का ही रवैया याद आता है जो कांग्रेस को निर्बल बनाने के भय से उसमें भिन्न-भिन्न पार्टियों का होना भी सहन करने के लिए तैयार नहीं थे।

महात्मा गाँधी ने भी आरम्भ में ब्रिटिश सरकार को युद्ध में बिना शर्त सहायता देने की तजवीज़ की थी। इसीलिए राय साहब का ऐसा करना भी कोई अनुचित काम न था। यह दलील वास्तव में वज़न रखती है परन्तु जरा और आगे चलकर हम देखते हैं कि महात्मा गाँधी अपने व्यक्तित्व को सदा कांग्रेस से ऊँचा रखते आये हैं। इस अधिकार को क़ायम रखने के लिए वे कांग्रेस के मेम्बर तक बनना स्वीकार नहीं करते। क्या राय साहब का भी यही रवैया है? इस रवैये को आध्यात्मिकता के दृष्टिकोण और भगवान् द्वारा महात्मा गाँधी को दी गयी प्रेरणा के आधार पर चाहे उचित कहा जा सके परन्तु मार्क्सवादी दृष्टिकोण से उचित नहीं कहा जा सकता। अन्त में एक बात हमें और नहीं भूल जानी चाहिए और वह यह कि अपनी आदत के विरुद्ध कम-से-कम इस मौके पर महात्मा गाँधी ने अपनी राय को सम्पूर्ण कांग्रेस की राय के सामने झुका दिया परन्तु राय साहब तो ऐसा करने के लिए तैयार नहीं हुए। एक बात हम और अपने पत्र लेखक से पूछना चाहते हैं और वह यह कि राय साहब के लिए आदर्श क्या है, मार्क्सवादी विचारधारा या महात्मा गाँधी की आध्यात्मिक प्रेरणा? हमारा ख़याल है आपके प्रश्नों का उत्तर हम पर्याप्त रूप से दे सके हैं।

◈

दिसम्बर
१९४०

हिटलरवाद

हिटलर के नेतृत्व में चलनेवाली जर्मनी के नाज़ी (राष्ट्रीय समाजवादी) शासन के क्रम-विकास, उसकी सफलता की असलियत, उसके उद्देश्यों पर इस लेख में विचार किया गया है। इसके साथ तथा इस विषय पर भी विचार किया गया है कि नाज़ीवाद में किस अंश तक समाजवाद है और किस अंश तक वह पूँजीवादी साम्राज्यवादी भावना है। —*सं.*

नाज़ी जर्मनी के एकच्छत्र नेता एडोल्फ़ हिटलर का जन्म १२ अप्रैल, १८८९ को आस्ट्रिया के ब्रानो नगर में हुआ था। हिटलर का पिता चुंगी घर का मुन्शी था। हिटलर की शिक्षा आस्ट्रिया के लिंज़ नामक स्थान में चौथी जमात तक एक प्राइमरी स्कूल में हुई। इन दिनों लिंज़ में सब जर्मन नस्ल के लोगों को एक राष्ट्र में संगठित करने का आन्दोलन ज़ोरों से चल रहा था। जर्मनी, आस्ट्रिया, हंगरी, चेकोस्लोवाकिया आदि देशों में जर्मन नस्ल के फैले हुए लोग यह चाहते थे कि इन सब देशों पर जर्मन नस्ल का आधिपत्य क़ायम हो जाये और वे लोग इन सब देशों पर अपनी इच्छा और अपने हितों के अनुकूल शासन कर सकें। इस आन्दोलन का प्रभाव हिटलर के आरम्भिक जीवन पर बहुत गहरा पड़ा। हिटलर चौथी जमात तक शिक्षा प्राप्त करने के बाद चित्रकार का पेशा सीखने के लिए वियाना गया। वहाँ वह पास न हो सका और चित्रकारी के स्कूल में उसे जगह न मिली। अपना जीवन निर्वाह करने के लिए हिटलर ने भट्टे पर ईंटे थापने की मज़दूरी शुरू कर दी। कुछ समय बाद वह पोस्टकार्डों पर चित्र बनाकर उन्हें चायखानों और शराब घरों में बेचने लगा। अनेक अफ़वाहें मशहूर हैं कि वह आरम्भ में दीवारों पर कागज़ चिपका कर कमरे सजाने का काम किया करता था और वह प्रसिद्ध शिल्प ग्रूबर वंश का है। परन्तु इन सब बातों का कोई प्रमाण नहीं मिलता।

लड़कपन से ही हिटलर को आन्दोलनों और जुलूसों का शौक था। जर्मनी की एकता, आस्ट्रियन राजवंश के नाश और समाजवाद विरोधी नारे वह लड़कपन से ही लगाया करता था। सन् १९११ में वह म्यूनिक और बेवेसि में रहा। वहाँ उसका निर्वाह पोस्टकार्डों पर चित्र बनाकर ही चलता था। जब १९१४ में यूरोप का महायुद्ध आरम्भ हुआ उसने आस्ट्रिया के राजवंश के विरोध में आस्ट्रिया की सेना में भरती होने से इनकार कर दिया और जाकर जर्मन सेना में भरती हो गया। सेना में उसे अर्दली की ड्यूटी दी गयी। युद्ध के चार साल में तरक़्क़ी करने का उसे कोई अवसर नहीं मिला। युद्ध के अन्त में गैस लग जाने से उसकी आँखें ख़राब हो गयीं जिससे उसे कुछ समय तक तक़लीफ़ उठानी पड़ी।

युद्ध के बाद हिटलर म्यूनिक लौट आया। यहाँ जर्मन लोगों ने आस्ट्रिया के शासन के विरुद्ध अपनी एक गुप्त सेना बना रखी थी। हिटलर भी इसमें सम्मिलित हो गया। इसे खुफ़िया तौर पर ख़बरें लाने का काम दिया गया। यहाँ उसका परिचय जर्मन मज़दूर सभा की पार्टी से हो गया। उस समय इस पार्टी के कुल छह मेम्बर थे। इनकी सभा म्यूनिक के एक होटल के पिछले कमरे में हुआ करती थी। इस पार्टी के नेता ट्रेक्सलर की जगह हिटलर स्वयं पार्टी का नेता बन गया। पार्टी का नाम भी बदल गया। जर्मन मज़दूर सभा की जगह इसका नाम राष्ट्रीय-समाजवादी-जर्मन मज़दूर सभा हो गया।

पाठकों को यह जानकर विस्मय होगा कि जर्मनी का नाज़ी आन्दोलन न तो स्वयं जर्मनी में प्रारम्भ हुआ और न हिटलर ही इसका जन्मदाता था। नाज़ी पार्टी अर्थात् राष्ट्रीय-समाजवादी दल (नेशनलिस्ट-सोशलिस्ट पार्टी) वास्तव में कार्ल्सबाद शहर में १९१२ में क़ायम हुई थी। कार्ल्सवाद सुदेतनलैण्ड प्रान्त का नगर है। इस समय सुदेतनलैण्ड को नाज़ी सरकार ने जर्मनी में मिला लिया है परन्तु उस समय सुदेतनलैण्ड आस्ट्रिया का भाग था। आरम्भ में यह जर्मन-राष्ट्रीय-समाजवादी पार्टी सुदेतनलैण्ड के उन जर्मनों ने बनायी थी जो अपना निर्वाह करने के लिए जर्मनी छोड़कर वहाँ जा बसे थे और इस प्रान्त को जर्मन सरकार के शासन में लाकर अपना अधिकार बढ़ाना चाहते थे। हिटलर ने भी अपनी पार्टी का नाम जर्मन-राष्ट्रीय-समाजवादी-मज़दूर सभा रख लिया परन्तु इन सब संगठनों का परस्पर कोई सम्बन्ध न था। सन् १९२० में इन सब संगठनों ने कार्ल्सबाद में एक कान्फ्रेन्स करके एक कार्यक्रम निश्चित करना चाहा परन्तु उनमें परस्पर कोई समझौता न हो सका।

सन् १९२० में इन सब संगठनों ने अपने कार्यक्रम के लिए पचीस बातें निश्चित की। वह यह थीं—

(१) सब जर्मन लोग जहाँ कहीं भी बसे हों, एक हैं। (२) वार्साई की सन्धि रद्द कर दी जाये। (३) जर्मनी को इतने उपनिवेश और भूमि मिले कि जर्मनी की सब ज़रूरतें पूरी हो सकें। (४) संगठन के मेम्बर केवल जर्मन नस्ल के लोग ही हो सकते हैं—दूसरी नस्लों के लोग मेम्बर नहीं होंगे। (५) ग़ैर जर्मन नस्ल के लोग हमारे शत्रु हैं। (६) सरकारी नौकरियाँ सिर्फ़ जर्मन को मिलें और जर्मनों में पार्टी भेद न हो। (७) सरकार जनता के हित की ज़िम्मेवार है। (८) विदेशियों को जर्मनी से निकाला जाये, किसी दूसरी नस्ल के व्यक्ति जर्मनी में न बसने पायें। (९) सब जर्मनों के कर्त्तव्य और अधिकार समान हैं। (१०) सब नागरिकों को राष्ट्र हित के लिए काम करना होगा। (११) बिना परिश्रम किये प्राप्त की गयी कमाई (सूद, किराया, लगान आदि) कोई न पा सके। (१२) युद्ध के कारण मुनाफ़ा कोई न उठाये। (१३) बड़ी-बड़ी कम्पनियाँ, खानें आदि राष्ट्र की सम्पत्ति हों। (१४) बड़े-बड़े कारोबारों से और सट्टे आदि से मुनाफ़ा न लिया जाये। (१५) बुढ़ापे में सबको पेन्शन मिले और सबके लिए बीमारी, बुढ़ापे का बीमा हो। (१६) बड़ी-बड़ी कम्पनियों को अपनी शाखाएँ सब जगह फैलाने की मनाही हो और छोटे-छोटे व्यापारियों को मौक़ा दिया जाये। (१७) मालगुज़ारी के नियम बदलें। (१८) समाज से अपराधियों, सूदखोरों और मुनाफ़ाखोरों को निकाल दिया जाये। (१९) प्राचीन रोम के धार्मिक क़ानूनों को बदल कर जर्मन समाज के क़ानून चलाये जायें। (२०) राष्ट्रीयता की शिक्षा दी जाये। (२१) राष्ट्र की शारीरिक अवस्था सुधारी जाये (२२) सबको जबरन सिपाही बनाया जाये। (२३) सब अख़बारों पर क़ब्ज़ा किया जाये। (२४) सब धर्मों को समान स्वतन्त्रता हो यदि वे राष्ट्रीयता का विरोध न करें। (२५) जर्मनी में एक सबल केन्द्रीय सरकार की स्थापना की जाये।

यह पचीस बातें राष्ट्रीयता और समाजवाद की खिचड़ी-सी हैं। कुछ बातों से शोषण समाप्तकर समानता क़ायम करने का भाव झलकता है और कुछ बातों से तानाशाही सरकार क़ायम कर दूसरों को दबाने की राष्ट्रीयता की भावना झलकती है। इस कार्यक्रम का प्रचार हिटलर ने बड़े ज़ोरों से शुरू किया। परिणाम यह हुआ कि युद्ध के पश्चात् पूँजीवादी प्रणाली से सतायी हुई जर्मन जनता उस पर विश्वास करने लगी। जनता की सहायता पाकर हिटलर के नेतृत्व में जर्मनी की इस राष्ट्रीय समाजवादी-दल की शक्ति ख़ूब बढ़ी। जर्मनी के लोग देश फैली हुई असमानता और शोषण से तंग थे ही और दूसरे देशों और उपनिवेशों पर अपना क़ब्ज़ा क़ायम करने के स्वप्न से मोहित होकर उनके दिल में ऊर्जा भरने लगी और वे इस दल में सम्मिलित होने लगे।

नाज़ी पार्टी के जनता की सहानुभूति से शक्ति प्राप्त कर अपनी सरकार क़ायम कर लेने पर उनके कार्य में से वे बातें तो पीछे रह गयी जिनसे शोषण को समाप्त कर समानता फैलाने की भावना प्रकट होती थी। वे ही बातें सामने आयीं जिनसे मज़बूत तानाशाही क़ायम कर दूसरे देशों की भूमि और उपनिवेशों माँग के लिए लड़ाई ठानने की तैयारी की जाती थी।

मज़बूत केन्द्रीय सरकार क़ायम करके दूसरे पर आधिपत्य जमाने की हिटलर की तजवीज़ सरमायादारों, ज़मींदारों और फ़ौजी अफ़सर पसन्द आयी और वे उसकी पार्टी और स्वयं में बड़ी संख्या में भर्ती होने लगे। सन् १९२३ में हिटलर को अपनी शक्ति पर काफ़ी भरोसा हो गया और सरकार पर हल्ला बोलकर अपना शासन क़ायम करने की कोशिश करनी चाही। परन्तु अनेक बड़े फ़ौजी और सरमायादार इस मौक़े पर पीछे हट गये को इस काम में सफलता न मिली और विद्रोह के अपराध में उसे पाँच वर्ष के लिए जेल की सज़ा मिली। जेल जाकर हिटलर ने अपनी पुस्तक शग्ह र्खैस्ज्ज[१] (श्ब ऐूल्त मेरा संघर्ष) लिखनी शुरू की। हिटलर से सहानुभूति रखनेवाले प्रभावशाली लोगों के सरकार पर ज़ोर डालने से आठ महीने जेल में रहने के बाद हिटलर क़ैद से छूट गया। इन आठ मास में हिटलर ने अपनी पुस्तक का पहला भाग ही समाप्त किया था। पुस्तक का दूसरा भाग उसने १९२५ से १९२७ तक जेल के बाहर लिखा।

नाज़ी कार्यक्रम

हिटलर की वह पुस्तक 'मेरा संघर्ष' नाज़ी आन्दोलन कार्यक्रम की रूपरेखा है और हिटलर के राजनैतिक सिद्धान्त का आधार है नस्ल! उसका कहना है कि आर्यन[२] (आर्यन नस्ल के लिये वह नॉर्डिक शब्द का भी व्यवहार करता है।)नस्ल संसार में सबसे ऊंची नस्ल है। आर्यन नस्ल ने संसार की निर्बल और नीचे दर्जे की नस्लों को परास्त कर सदा अपने आधीन किया है और अपनी बुद्धि तथा बल से संसार की सभ्यता को जन्म दिया है। परन्तु आर्यन लोगों ने दूसरी जातियों के साथ विवाह आदि के सम्बन्ध क़ायम कर अपनी शारीरिक, मानसिक और आत्मिक अवन्नति कर ली है। आर्यन नस्ल के अलावा सैमेटिक नस्ल है। इस नस्ल से यहूदी लोगों के विरुद्ध हिटलर को ख़ास शिकायत है। सैमेटिक नस्ल में ईरान और अरब के लोग या प्राय: एशिया के मुसलमान देश में आ जाते हैं। हिटलर का कहना है कि यहूदियों ने अपना संसारव्यापी षड्यन्त्र बना रखा है और वे आर्यन नस्ल की शुद्धता को नष्ट कर उसे कमज़ोर करने का यत्न कर रहे हैं। जर्मन नस्ल ही सबसे शुद्ध और पवित्र आर्यन नस्ल है। इसलिए जर्मनी का ही यह काम है कि यहूदियों के

नेतृत्व में निचले दर्जे की नस्लों के आक्रमण को रोके। आर्यन नस्ल और सभ्यता का दूसरा शत्रु वह बोल्शेविक लोगों या कम्युनिस्टों को समझता है। उसका कहना है कि समाजवाद के रूप में यहूदी लोग आर्यन सभ्यता और नस्ल को कमज़ोर करके संसार की सब नस्लों को एक पाये पर लाना चाहते हैं। यह जर्मनी की आर्यन नस्ल को स्वीकार नहीं हो सकता।

हिटलर के नेतृत्व में नाज़ी पार्टी का कार्यक्रम है:—जर्मनी में आर्यन नस्ल की मज़बूत सरकार क़ायम करके संसार पर फिर से आर्यन नस्ल का एकच्छत्र शासन कायम करना। पहले यूरोप में जितने जर्मन भाषा बोलनेवाले प्रांत या देश हैं, उन सबको एक शासन में संगठित किया जाये। इसके बाद संसार भर पर जर्मन शासन फैलाया जाये। ऐसा करने के लिए पहले सम्पूर्ण यूरोप को जर्मनी के आधीन करना होगा। संसार में जर्मन शासन फैलाने का यत्न करने से इंग्लैण्ड, जिसका कि आज संसार पर शासन क़ायम है, जर्मनी का विरोध करने के लिए आगे बढ़ेगा। हिटलर ने लिखा है, जर्मनी ने १९१४-१९१८ के युद्ध में यही भूल की कि वह इंग्लैण्ड का मुक़ाबला करने लगा। हिटलर का ख़याल था कि यूरोप में जर्मनी चाहे जो करता जाये, इंग्लैण्ड उसकी फ़िक्र न करेगा क्योंकि इंग्लैण्ड का साम्राज्य यूरोप के बाहर ही है। परन्तु इंग्लैण्ड यदि अपने सहायक देशों को यूरोप में चुपचाप परास्त हो जाने देता तो सारे यूरोप पर क़ब्ज़ा कर लेने के बाद हिटलर के लिए इंग्लैण्ड को परास्त करना भी आसान हो जाता। इसलिए यूरोप में हिटलर को अपनी तानाशाही एकच्छत्र क़ायम करते देख इंग्लैण्ड चुप नहीं रह सका।

हिटलर ने अपनी पुस्तक में लिखा है—जर्मनी को कच्चा माल पैदा करने के लिए भूमि की ज़रूरत है। इसलिए इसे पश्चिमी रूस के उक्रेन प्रान्त की भूमि पर अधिकार करना होगा और वहाँ जर्मनी के किसानों को बसाया जायेगा। इस काम के लिए जर्मनी को सहायकों की ज़रूरत भी होगी। जर्मनी के सहायक हो सकते हैं इटली और इंग्लैण्ड। परन्तु पूर्व यानी रूस पर अपना पंजा फैलाने से पहले जर्मनी को पश्चिम में मौज़ूद भय को दूर करना होगा। यह भय है फ्रान्स! इंग्लैण्ड और इटली दोनों ही यूरोप में फ्रान्स की शक्ति को बढ़ते हुए नहीं देखना चाहते इसलिए वे जर्मनी को सहायता देने के लिए तैयार हो जायेंगे। इंग्लैण्ड को ख़ुश करने के लिए जर्मनी को दो काम करने होंगे। एक तो उसे समुद्री शक्ति बढ़ाने का विचार छोड़ देना चाहिए क्योंकि इंग्लैण्ड किसी भी राष्ट्र की समुद्री शक्ति बढ़ते हुए देखना नहीं चाहता। इटली को ख़ुश करना और भी आसान है। उसके लिए जर्मनी के दक्षिण का प्रान्त टाइरोल तो इटली के लिए छोड़ देना होगा। इस प्रकार एक बार यह ऐलान भी कर दिया कि जर्मनी अब यूरोप में और क़दम न बढ़ायेगा।

चेकोस्लोवाकिया के लिए भी ख़ास तौर पर दख़ल न देने का वायदा उसने गोइरिंग की ज़बानी किया था परन्तु उसे भी उसने ले लिया। इसी प्रकार सितम्बर, १९३८ में युद्ध की धमकी देकर सुदेतनलैण्ड पर भी उसने क़ब्ज़ा कर लिया और साथ ही बहुत स्पष्ट शब्दों में यह ऐलान भी उसने कर दिया कि अब इसके आगे यूरोप में वह कुछ भी लेना नहीं चाहता।

इसके बाद मेमल की बारी आयी। मेमल ले लेने के बाद हिटलर ने फिर से आगे न बढ़ने के प्रण को दोहराया। आगे न बढ़ने का ऐलान बार-बार करने का मतलब था कि किसी प्रकार इंग्लैण्ड जर्मनी का मुक़ाबला करने के लिए तैयार न हो जाये! हिटलर को भय था तो दो शक्तियों से। एक इंग्लैण्ड से जिसकी समुद्री शक्ति इतनी अधिक है कि वह जर्मनी का संसार के दूसरे देशों से सम्बन्ध काट दे सकता है। दूसरे उसे भय था रूस का जिसकी सैनिक शक्ति का मुक़ाबला वह नहीं कर सकता था।

अन्तरराष्ट्रीय स्थिति

जर्मनी की बढ़ती हुई शक्ति की ओर ध्यान दिलाकर रूस लगातार इंग्लैण्ड से इस बात का तकाज़ा कर रहा था कि नाज़ी चालों के विरुद्ध परस्पर रक्षा का समझौता कर लिया जाये। इंग्लैण्ड यह नहीं चाहता था। इंग्लैण्ड को हिटलर की उन भभकियों पर भरोसा था जिनमें वह लगातार रूस पर हमला करने का ऐलान करता आया है। रूस पर हिटलर हमला उसी समय कर सकता था जब कि पोलैण्ड तक का सब इलाक़ा उसके पास आ जाये और वह फ्रान्स से निपट ले परन्तु पोलैण्ड के मामले पर ही झगड़ा उठ खड़ा हुआ। पोलैण्ड के बन्दरगाह डैनज़िंग को लेने का मतलब था जर्मनी की समुद्री शक्ति का बढ़ना और इसके साथ ही यूरोप में उसका एकच्छत्र राजा बन जाना। यह बात इंग्लैण्ड और फ्रान्स दोनों को ही नामंजूर थी परन्तु जर्मनी को डैनज़िंग और पोलैण्ड लेना ही था। पोलैण्ड लेते समय यदि रूस जर्मनी का मुक़ाबला करता तो जर्मनी के लिए पोलैण्ड लेना सम्भव न था। पोलैण्ड के मामले में इंग्लैण्ड की अपेक्षा जर्मनी को रूस का भय ही अधिक था।

रूस के सामने भी टेढ़ा प्रश्न था। एक बात स्पष्ट थी कि इंग्लैण्ड नाज़ी शक्ति के फैलाव को रोकने के लिए रूस के साथ समझौता नहीं करना चाहता। दूसरी बात यह कि समय आने पर यदि जर्मनी रूस पर आक्रमण करेगा तो इंग्लैण्ड और फ्रान्स की शक्ति जर्मनी की सहायक होगी। तीसरे रूस की सीमा पर फिनलैण्ड, इस्टोनिया, लातविया और लिथूनिया में सरमायादारी शक्तियों के ऐसे मोर्चे थे जो

रूस के समाजवादी शासन के लिए अन्तरराष्ट्रीय भय पेश कर सकते थे। इन मोर्चों को दूर करने के यत्न यदि रूस इससे पहले करता तो सम्पूर्ण सरमायादार देश उसके विरुद्ध लड़ने के लिए तैयार हो जाते और उनका नेता बनता जर्मनी। जर्मनी और दूसरे सरमायादार देश आपस में उलझ जायें तो रूस के लिए इस समस्या को सुलझाने का मौक़ा तो हाथ आयेगा ही। इसके साथ ही आपस में उलझने से रूस के विरुद्ध सरमायादार देशों की शक्ति भी कमज़ोर होगी।

जर्मनी ने रूस से परस्पर आक्रमण न करने का समझौता करने का प्रस्ताव किया। रूस मुद्दत से जर्मनी को दाँव में लेने की ताक़ में था। प्रस्ताव उसने मान लिया। हिटलर का हौसला बढ़ गया। उसने पोलैण्ड को अपना राजदूत बर्लिन भेजकर अपनी मनचाही शर्तों पर दस्तख़त कर जाने का हुकुम दिया। पोलैण्ड ने इस चाल में आना मंजूर नहीं किया। हिटलर ने डेनज़िंग पर काबू कर पोलैण्ड पर हमला कर देने का हुकुम दे दिया। इंग्लैण्ड के राजदूत ने हिटलर को बहुत समझाया कि अब तक हमने बहुत ग़म खाया; अबकी हम लड़े बिना नहीं रह सकते। पोलैण्ड की रक्षा का हम वायदा कर चुके हैं। हिटलर ने जवाब दिया, ऐसा ही सही। लड़ना है तो आज ही लड़ूँगा जब मेरी आयु ५० वर्ष है। ५५ या ६० वर्ष की आयु में लड़ने से आज लड़ लेना अच्छा है। यह था आरम्भ इस युद्ध का जिससे हिटलर ने नार्वे, बेलजियम, हालैण्ड, डेनमार्क और फ्रान्स को हड़प लिया है और संसार के सबसे बड़ी साम्राज्य की शक्ति से वह अपनी क़िस्मत की आजमाइश कर रहा है।

हिटलर की नीति में हम कोई नयी बात नहीं देखते। साम्राज्य विस्तार के लिए जो कुटिल चालें पूँजीवादी राष्ट्र सभ्यता के विस्तार और निर्बल राष्ट्र की उन्नति के नाम पर अब तक चलते आयें हैं, हिटलर उन्हें अधिक बेशरमी और पशुतापूर्ण ढंग से चला रहा है। अपनी पुस्तक 'मेरा संघर्ष' में जर्मनी के विस्तार के लिए जो कार्यक्रम उसने तैयार किया था, वह तो पूरा न हो सका क्योंकि इंग्लैण्ड की दूरदर्शिता के कारण उसे इंग्लैण्ड की सहायता न मिल सकी। इस अवस्था में उसने रूस के विरोध से बचने की तजवीज़ निकाल ली। इससे एक बात तो स्पष्ट हो गयी कि कम्युनिज़्म का भूत दिखाकर पुरानी सभ्यता और संस्कृति की रक्षा करने का उसका दावा केवल सरमायादार देशों की सहायता पाने की चाल थी। उसका असल उद्देश्य है, एक संसारव्यापी साम्राज्य क़ायम करना जिसका कि वह स्वयं व्यक्तिगत रूप से एकच्छत्र राजा हो।

हिटलर के नाज़ी राज्य में जिसे नेशनल सोशलिज़्म (राष्ट्रीय समाजवाद) कहा जाता है समाजवाद कितना है, यह तो हम ऊपर ज़िक्र कर ही आये हैं परन्तु इसे

शुद्ध पूँजीवाद भी नहीं कहा जा सकता। नाज़ी राज्य में निजी सम्पत्ति और मुनाफ़ा कमाने का अधिकार तो पूँजीवादियों को है परन्तु पूँजीवाद का एक मुख्य सिद्धान्त अर्थात् व्यक्तिगत मुक़ाबले स्वतन्त्रता या कारोबार में व्यक्तिगत निर्णय की स्वतन्त्रता जर्मनी में नहीं है। जर्मनी के पूँजीवादियों पर यह बंधन है कि उनके सब कारोबार युद्ध की सफलता के लिए चलने चाहिए। वहाँ पूँजीवादियों की प्रजातन्त्र कहलानेवाली और व्यक्तिगत स्वतन्त्रता नहीं है। सब कारोबार, ख़ास कर जिनका सम्बन्ध युद्ध से है, नाज़ी सरकार के फ़ैसले से चलते हैं और उनका उद्देश्य है जर्मन साम्राज्य की बढ़ती। परन्तु यह तो इसलिए है कि जर्मनी युद्ध में लगा हुआ है। यदि यह युद्ध समाप्त हो जाये तो यह नीति भी समाप्त हो जायेगी और फिर पूँजीवाद शोषण की प्रणाली स्वतन्त्र रूप से चलेगी।

वास्तविक बात तो यह है कि हिटलर अपने सामने किसी सिद्धान्त या राय की कुछ क़द्र नहीं करता। जहाँ तक संसार पर साम्राज्य क़ायम करने का सवाल है, वह अपने देश की पूंजीवादियों के एतराज़ों को भी सुनने के लिए तैयार नहीं। वह नैपोलियन या सिकन्दर बनने का स्वप्न देख रहा है। उसमें न नीति या न आदर्श का सवाल है, न सिद्धान्त का। वह अपने-आपको जर्मन राष्ट्र के हितों का रक्षक समझता है परन्तु उसने न तो जर्मनी के ग़रीब साधनहीनों को बोलने का अधिकार दिया है न पूँजीवादियों को। वह सम्पूर्ण संसार का शोषण करना चाहता है।

जर्मनी के पूँजीवाद के लिए 'जिसका नेता वह स्वयं होगा' यही है वास्तव में पूँजीवाद का अपनी रक्षा का अन्तिम प्रयत्न। हिटलर के इस शासन को राष्ट्रीय समाजवाद कहना भूल है। यह वास्तव में सैनिक पूँजीवाद है। या इसे हिटलरवाद कहा जा सकता है क्योंकि हिटलर की नीति किसी दल के सिद्धान्तों पर नहीं चलती; वह उसकी अपनी व्यक्तिगत इच्छा या निजी सलाहकारों की राय, जिसे वह मानना चाहे या नहीं, पर ही चलती है।

भारतीय कैसे जीते हैं?

भारत की अधिकांश जनता किन परिस्थितियों में अपना जीवन बिता रही है और यह परिस्थितियाँ इस देश के मनुष्यों को विकास की ओर ले जा रही है या मृत्यु की ओर—यह इस लेख का विषय है। लेख में भावुकता को स्थान न देकर

वास्तविक तथ्यों और सरकारी रिपोर्ट के अंकों द्वारा ही स्थिति पर प्रकाश डालने की चेष्टा की गयी है। —*सं.*

आमदनी

'विप्लवी ट्रेक्ट' के पिछले दो अंकों में इस देश की खेती और खेती करनेवालों की अवस्था और इस देश के मेहनत करनेवाले मज़दूरों की अवस्था का ज़िक्र कर हम यह दिखा चुके हैं कि इनकी वार्षिक आमदनी इस योग्य नहीं होती कि वे अपना पेट भी भर सकें। भारत के उन कुछ किसानों को छोड़कर जो अपनी ज़मीन के स्वयं मालिक हैं, शेष किसानों की अवस्था, जो ज़मीन लगान पर लेकर जोतते हैं, बहुत ही शोचनीय है। उनके सिर पर लदे क़र्ज़े का बोझ १५,६०,००,००,००० रु. है और उनकी औसत आमदनी प्राय: छह पैसे या दो आने प्रति मनुष्य है। ऐसे किसानों की संख्या जिनकी अवस्था अच्छी समझी जाती है, जो प्रतिमास अपनी भूमि से १२ या १३ रु. कमा लेते हैं, पिछली जन-संख्या के हिसाब से प्रति सैकड़ा एक से अधिक नहीं। मिलों और कारख़ानों में मज़दूरी से निर्वाह करनेवालों की अवस्था इन किसानों से कुछ अच्छी है। और जो लोग स्वतन्त्र धन्धा कर अपना निर्वाह करते हैं और ख़ुशहाल समझे जाते हैं, उनकी आमदनी भी औसतन १८-२० मासिक के क़रीब पड़ती है।

भारत के राजाओं-नवाबों की बात जाने दीजिये। इनकी अमीरी और रईसी के क़िस्से तो संसार भर में मशहूर हैं। इनके अलावा भी भारत में अमीर लोगों की एक जमात है। यदि हम डेढ़ दो सौ रुपया माहवार कमानेवाले लोगों को, जो सरकार को अपनी आमदनी पर कर (घ्हम्दस ऊँ) देते हैं, अमीर समझ लें तो इनकी संख्या देश-भर में दस लाख है। यदि प्रत्येक ऐसे परिवार में चार-चार आदमी और गिन लिए जायें तो भरपेट भोजन-वस्त्र पानेवाले ल़ोगों की संख्या पचास लाख पर पहुँच जाती है। इस देश की कुल आमदनी का छठा भाग इन्हीं लोगों की जेब में जाता है। डेढ़ दो-सौ माहवार में चार-पाँच आदमियों का निर्वाह जिस अवस्था में होता है, उसे मध्यम श्रेणी के लोग ही जानते हैं। इन लोगों की संख्या रुपये में २ १/२ पाई से भी कम हैं परन्तु यह लोग खा जाते हैं रुपये में से लगभग ३२ पाई। शेष जनता जो रु. में से ९६ १/२ पाई है उसे मिलता है रु. में से केवल १ १/२ पाई अर्थात फ़ी आदमी इन्हें प्रति रु. दो पाई से भी कम पड़ता है। यदि अमीर कहानेवाले लोगों को एक ओर छोड़ दिया जाये तो देश के ३४ करोड़ अस्सी लाख आदमियों की आमदनी लगभग चार पैसे या इससे कुछ ही अधिक पड़ती है। इंग्लैण्ड और दूसरे देशों में बेकार

होने की अवस्था में मज़दूरों को गुज़ारे के लिए भत्ता दिया जाने पर भी वे अपने सिगरेट वगैरह पर इससे कहीं अधिक ख़र्च कर सकते हैं। उन्हें जब भारत की यह अवस्था सुनायी जाती है तो वे आश्चर्य से कहते हैं—आख़िर ग़रीब भारतवासी खाना-कपड़ा कहाँ से पाते हैं? इसका उत्तर यही हो सकता है कि नंगे रहते ही हैं और प्राय: भूखे भी रहते हैं।

शिक्षा

किसी भी समाज या देश की अवस्था बहुत हद तक उसके सामने मौज़ूद आदर्शों और उनकी राजनैतिक तथा सामाजिक चेतना पर निर्भर करती है। इस चेतना और भावना को बनाना देश की शिक्षा का काम है। इसलिए यह देखना उपयोगी होगा कि भारत में शिक्षा की क्या अवस्था है।

अंग्रेज़ी शासन भारत में क़ायम होने से पहले अठारहवीं सदी में और अंग्रेज़ी हुकूमत क़ायम हो जाने के बाद प्राय: ग़दर के समय तक इस देश में आरम्भिक शिक्षा तथा ऊँचे दर्जे की शिक्षा का एक अपने ढंग का विस्तृत प्रबन्ध था। आरम्भिक शिक्षा प्राय: क्रियात्मक या अमली ढंग की थी और ऊँचे दर्जे की शिक्षा धार्मिक, साहित्यिक या दर्शनशास्त्र के सम्बन्ध की थी। इस प्रकार की शिक्षा का प्रबन्ध प्राय: गाँव-गाँव में था। मौज़ूदा ज़माने में उस शिक्षा का महत्त्व नहीं रहा। जिस शिक्षा की इस ज़माने में क़दर है, वह सरकारी प्रबन्ध पर निर्भर करती है। आज शिक्षा के प्रबन्ध का यह हाल है कि कई-कई गाँवों में मिलाकर कहीं एक प्राइमरी स्कूल दिखायी पड़ता है और मिडिल स्कूल तो देहाती इलाकों में मुश्किल से प्रति सौ वर्ग मील में कहीं एक दिखायी देता है। प्रति साढ़े तीन सौ वर्ग मील में एक हाईस्कूल मुश्किल से मिलेगा और कॉलेजों का हिसाब लगाया जाये तो प्रति चार हज़ार वर्ग मील में एक कॉलेज कठिनता से उस भाग में आ जायेगा। शिक्षा के ऐसे भयंकर अभाव में आर्थिक, सामाजिक और राजनैतिक चेतना कैसे पैदा हो सकती है? परन्तु इस अज्ञान को दूर करने की आवश्यकता और चिन्ता किसे है? देहाती इलाक़ों के मालिक ज़मींदारों और सरकारी अफ़सरों को तो इसके लिए चिन्ता करने की ज़रूरत नहीं क्योंकि ऐसी अवस्था में अर्थात् अपनी अवस्था और अधिकारों को न समझनेवाले लोगों पर शासन करने से और उनका शोषण निर्भय रूप से करने में सदा आसानी रहती है। प्रजा का प्रतिनिधि नयी प्रान्तीय सरकारों के आरम्भ से शिक्षा प्रचार का चर्चा पहले से अधिक होने लगा है इसमें सन्देह नहीं। परन्तु यह सब अफ़सरी ढंग ऐसा है कि इसमें दिखावा तो बहुत होता है, कागज़ी घोड़े भी ख़ूब दौड़ते हैं

परन्तु परिणाम बहुत कम होता है। अभी तक तो इन सब प्रयत्नों का कोई फल प्रत्यक्ष में दिखायी नहीं देता।

भारत में अंग्रेज़ी शासन के क़ायम होने पर इस देश की पुरानी सम्पूर्ण सामाजिक व्यवस्था पलट गयी और उसके साथ ही यहाँ की शिक्षा की व्यवस्था भी नष्ट हो गयी। नयी शासन व्यवस्था क़ायम करने के साथ-ही-साथ शिक्षा की व्यवस्था क़ायम करने की ज़रूरत थी परन्तु अंग्रेज़ी सरकार इस देश के उद्धार का प्रण लेकर नहीं बल्कि इस देश से आर्थिक लाभ उठाने की गरज़ से यहाँ आयी थी। इसलिए सरकार ने केवल अपना प्रयोजन पूरा करने योग्य शिक्षा देकर प्रबन्ध करना ही आवश्यक समझा। सरकार का सब काम अंग्रेज़ी भाषा में ही चलाने की आवश्यकता थी और प्रत्येक मामूली-से-मामूली काम के लिए इंग्लैण्ड से क्लर्क लाना बहुत खर्चीला काम था इसलिए इस देश के लोगों को कामचलाऊ अंग्रेज़ी पढ़ाने की व्यवस्था की गयी। इस व्यवस्था का मतलब केवल अंग्रेज़ी भाषा सिखाना ही था न कि तालीम देना। इसीलिए इस देश की शिक्षा का तरीक़ा संसार के सब देशों से निराला और नितान्त बेहूदा है। चौदह वर्ष तक स्कूल और कॉलेज की शिक्षा प्राप्त करने में लोग केवल अंग्रेज़ी भाषा ही सीखते हैं और वह भी अच्छी तरह नहीं। इस शिक्षा का उद्‌देश्य विद्यार्थियों का मानसिक, दिमाग़ी और आचार सम्बन्धी उन्नति का उन्हें विकास के योग्य बनाना नहीं। इसका उद्‌देश्य है केवल उन्हें सरकारी दफ़्तर के योग्य बना देना और उन पर अंग्रेज़ों की परीक्षा की मोहर लगा देना। शिक्षा के चौदह वर्षों में विद्यार्थी सदा एक या दूसरी वस्तु को घोटा ही करते हैं और इनकी सबसे अधिक शक्ति इसी बात में ख़र्च होती है कि किसी विषय या प्रसंग को अंग्रेज़ी में किस प्रकार प्रकट किया जाये? बिना समझे-बूझे वे इंग्लैण्ड की प्राकृतिक शोभा को याद करते हैं और अंग्रेज़ी राजवंशों के नाम उनकी ज़ुबान पर चढ़े रहते हैं।

घर-बार

भारत के किसी भी अच्छे शहर में चले जाइये। उसके दो हिस्से होंगे—एक साधारण बस्ती, दूसरा सिविल लाइन या सरकारी इलाक़ा। सिविल लाइन में अच्छे-से-अच्छे बँगले, हवादार कोठियाँ और सभ्यता के नये ढंग दिखायी देंगे। यह स्थान है बड़े आदमियों के रहने के जिनमें से कुछ तो अंग्रेज़ अफ़सर होते हैं और अधिकांश वे हिन्दुस्तानी जो अपनी आर्थिक और सामाजिक अवस्था के कारण नये ज़माने की शिक्षा पा सकने के कारण साधारण हिन्दुस्तानियों से दूर रह अपने-आपको साहब समझकर ख़ुश होते रहते हैं।

साधारण भारतीयों के रहने के स्थान, चाहे वे शहरों में हों या गाँवों में, प्राय: तंग, अँधेरे और गन्दे होते हैं। धार्मिक शुद्धता के विचार से चूल्हे के आसपास चाहे जितना चौका लगाया जाये परन्तु घर के सामने भयंकर गन्दगी का ढेर ज़रूर होगा या ग़लियों में गलाजत सड़ती रहेगी। स्वास्थ्य और सफाई की सब तजवीज़ें और कोशिशें सिविल लाइनों या साहब लोगों के बँगलों के लिए होती हैं। नवम्बर से लेकर फरवरी तक जब मौसम ठण्डा रहता है, ग़रीब हिन्दुस्तानियों के पास सर्दी से बचने का एक ही उपाय है कि कोठरियों और झोंपड़ियों में हवा आने के सब सूराख बन्द कर दिये जायें। दम घुट कर मरने से वे इसलिए बच जाते हैं कि खस्ताहाल झोंपड़ियों और कोठरियों के सब छेदों को बन्द कर सकने की उनमें सामर्थ्य नहीं रहती। किसान तो प्राय: अपनी भेड़-बकरी को भी अपनी झोंपड़ी में ही समेट लेता है जहाँ मनुष्य और पशु एक-दूसरे के श्वास की गरमी में ज्यों-त्यों सर्दी काट लेते हैं।

गाँवों और छोटे-छोटे क़स्बों की बस्तियाँ इस प्रकार बसी हैं—घर एक-दूसरे के साथ इस प्रकार भिड़े हुए हैं कि किसी का कोना किसी की लम्बाई में और किसी का दरवाज़ा दूसरे की पीठ में इस प्रकार भिड़ा हुआ है कि गलियों की मुनासिब सफ़ाई हो ही नहीं सकती। यदि इन लोगों के स्वास्थ्य ख़राब होते-होते इन्हें शीघ्र ही मर नहीं जाना देना है तो इन बस्तियों को फिर से बसाने की ज़रूरत है। परन्तु यह सब कैसे हो? भारत तो ग़रीब देश है। यह हमने माना कि इस अस्वास्थ्यकर स्थानों में रहनेवाले ग़रीबों में इतनी हिम्मत नहीं कि अपने लिए नये घर बसा सकें परन्तु भारत सरकार जो अरबों रुपया भारत से बाहर साम्राज्य रक्षा में व्यय कर सकती है, क्या इन गाँवों को नये सिरे से बसाने का प्रबन्ध नहीं कर सकती? सिविल लाइनों की अस्वास्थ्यकर बस्तियों को गिरा कर बसाने के लिए तो सरकार के पास धन आ जाता है परन्तु इस देश के ९० फ़ीसदी ग़रीब आदमियों के निवास की अवस्था को सुधारने के लिए सरकार के पास धन नहीं आ सकता? साधारण-से-साधारण मनुष्य भी इस बात को समझ सकता है कि एक मामूली-से-मामूली बँगला बनाने में जितना ख़र्च हो जाता है, उससे कहीं कम रक़म में एक सम्पूर्ण गाँव को नये सिरे से बसाया जा सकता है।

बड़े-बड़े नगरों का जितना सौन्दर्य है वह केवल कुछ गिने-चुने लोगों के लिए ही। ग़रीब मज़दूरों या कम आमदनी के लोगों की अवस्था वहाँ गाँवों से भी अधिक शोचनीय है। नौकरी पेशा लोग जिनकी आमदनी ३०-३५ रु. माहवार तक है और जो सफ़ेदपोश इज़्ज़तदार आदमी समझे जाते हैं, प्राय: अपने सम्पूर्ण परिवार को लेकर एक ही कमरे या कोठरी में निर्वाह करते हैं। इस परिवार में दो-चार या पाँच आदमी तक हो सकते हैं। प्रत्येक व्यक्ति को कितनी शुद्ध वायु इस हिसाब से मिल

सकेगी और स्वास्थ्य पर उसका कैसा प्रभाव पड़ेगा यह समझ लेना कुछ भी कठिन नहीं। कल-कारख़ानेवाले शहरों में मज़दूरों की अवस्था इससे भी गयी बीती है। बम्बई-कलकत्ते में आबादी का ७४ फ़ीसदी भाग एक ही कोठरी के मकान में कुछ परिवार को लेकर रहता है जिसमें चूल्हा-चौका भी होता है और रात को दरवाज़ा बन्द करना भी ज़रूरी होता है।

मि. शिवाराओ ने इन बस्तियों की खोज एक यूरोपीय स्त्री के साथ मिलकर की थी और उनका कहना है कि साधारणत: प्रत्येक कोठरी में कम-से-कम चार आदमी तो रहते ही हैं। एक १५ फुट लम्बे और १२ फुट चौड़े कमरे में उन्होंने छह परिवारों को रहते देखा जिनके लिए वास्तव में छह चूल्हे उसमें बने हुए थे। जिस समय छह चूल्हे जलते होंगे उस कोठरी के भीतर रहनेवालों की क्या अवस्था होती होगी? तिस पर आश्चर्य किया जाता है कि इस देश के लोगों की औसत आयु घटती जाती है और उनमें क्षय आदि रोग बढ़ रहे हैं। इस कमरे में रहनेवाले छह परिवारों से चार स्त्रियाँ गर्भवती थीं। उनकी सन्तानें भी वहीं हुई होंगी। वह किस अवस्था में हुई होंगी यह अनुमान पाठक स्वयं कर सकते हैं।

इन स्थानों में शुद्ध जल, वायु आदि का प्रबन्ध तो रहता ही नहीं है। इसके अलावा इतने कम स्थान में जो गन्ध वे अपने शरीर से फैलाते हैं, उसको दूर करने का भी उपाय नहीं रहता। परिणाम में तरह-तरह के रोग फैलते हैं और यह लोग मक्खियों की तरह मरते हैं। इन लोगों के स्वास्थ्य की अवस्था का अन्दाज़ा लगाने के लिए इनकी बीमारियों तथा मृत्यु के अंकों को देखना सबसे उपयोगी उपाय होगा।

भूख और रोग

इस देश के स्वास्थ्य की व्यवस्था यह है कि यहाँ प्रति वर्ष प्रति हज़ार में से २४ मनुष्यों की मृत्यु हो जाती है। इंग्लैण्ड में प्रति वर्ष प्रति हज़ार केवल १८ मनुष्य ही मरते हैं। कुछ लोगों का ख़याल है कि भारत की जलवायु गरम और तर होने से यहाँ स्वास्थ्य साधारणत: ख़राब रहता है। परन्तु इतिहास इस बात को ठीक नहीं बताता।

सन् १८८१ में अंग्रेज़ी सरकार द्वारा की गयी भारत की जनसंख्या के समय यहाँ मनुष्य की औसत आयु तीस वर्ष थी। सन् १९३१ में की गयी मनुष्य संख्या के समय भारतवासियों की औसत आयु लगभग साढ़े छब्बीस वर्ष रह गयी और वर्तमान समय में डॉक्टरों का विचार है कि भारतवासियों की औसत आयु केवल तेईस वर्ष ही रह गयी है। यह तो नहीं कहा जा सकता कि दिन-प्रतिदिन देश का जलवायु ख़राब हो रहा है। स्पष्ट बात यह है कि पर्याप्त भोजन न मिलने और स्वास्थ्य क़ायम रखने के लिए परिस्थितियाँ ठीक न होने से लोग बीमार हो जाते

हैं और शरीर में शक्ति न होने से बीमार पड़ने के बाद उनका बचना सम्भव नहीं रहता। १९२६ से १९३५ तक इस देश में इन बीमारियों से इतने लोग मरे हैं:—

हैज़ा	१ करोड़ ७५ लाख
इनफ्लुएंजा	१ करोड़ ४० लाख
प्लेग	१ करोड़ २० लाख
मलेरिया	३ करोड़
बुखार	३ करोड़ ७५ लाख

यह सभी ऐसे रोग हैं जिनका उपाय हो सकता है और दूसरे देशों में होता है। उदाहरणत: इंग्लैण्ड भर से मलेरिया बुखार को समाप्त कर दिया गया है क्योंकि वहाँ मलेरिया के मच्छरों को पैदा होने और बढ़ने का अवसर ही नहीं दिया जाता। रोगों के इस प्रकार फैलने पर भी देश में चिकित्सा की सहायता का यह प्रबन्ध है कि प्रति १६३ वर्ग मील में कहीं एक छोटा-सा अस्पताल पाया जाता है और ४०,१८५ मनुष्य साधारणत: उस अस्पताल पर निर्भर करते हैं।

मनुष्य के शरीर की अवस्था निर्भर करती है उसके भोजन पर। भारत में साधारणत: जनता का भोजन क्या है इसका अन्दाज़ा सरकारी रिपोर्ट से लग सकता है। इस गौयुक्तदेश में, जिसके लिए कहा जाता है कि यहाँ भी दूध की नदियाँ बहती थीं, आजकल सम्पूर्ण देश में देहात को मिलाकर फ़ी मनुष्य बच्चे-बूढ़े समेत प्रति मनुष्य प्राय: तीन छटाँक दूध हिस्से में आता है। इसी में बच्चे पलते हैं और इसी में बच्चों को पालनेवाली मातायें दूध पीती हैं। यदि केवल शहरों को ही लिया जाये तो कलकत्ता-बम्बई में तो प्रति मनुष्य एक तोला दूध हिस्से में आता है और डेढ़ माशा के क़रीब घी उनके हिस्से में पड़ता है। हम घी-दूध की चर्चा कर रहे हैं असली बात तो यह है कि देश की अधिकांश आबादी दिन-भर में केवल एक ही समय भोजन पाती है और वह भोजन पेट को भर कर भूख तो मार देता है परन्तु शरीर की आवश्यकताओं को पूरा करने योग्य शक्ति उसमें नहीं रहती।

भारतवासियों को मिलनेवाले भोजन से ही उनके कपड़े-लत्ते तथा दूसरे आवश्यक सामान के प्राप्त होने का अनुमान लगाया जा सकता है। संक्षेप में यह कहा जायेगा कि इस देश की साधारण जनसंख्या ऐसी परिस्थितियों में जीवित हैं जो जीवन की अपेक्षा मृत्यु के ही अधिक योग्य हैं। तिस पर भी संसार के दूसरे देश भारत से व्यापारिक सम्बन्ध पैदा कर उसे लूटने के स्वप्न देखा करते हैं।

◈

बेकार ऐण्ड कम्पनी लिमिटेड

संसार के कल्याण की चिन्ता केवल बेकारों को ही हो सकती है। परन्तु कोई भी भला आदमी अपने-आपको बेकार मानने के लिए तैयार नहीं। इसलिए संसार के कल्याण की फ़िक्र करनेवालों के लिए बेकार के बजाय एक सम्मान-सूचक नाम की आवश्यकता है।

सवाल यह है कि समाज में सम्मानित कौन लोग हैं? अपनी दृष्टि में तो हर कोई सम्मानित है। दूसरों की दृष्टि में वही सम्मानित है जिसके पास काफ़ी पैसा है। परन्तु केवल पैसा होने से भी मनुष्य बहुत अधिक सम्मानित नहीं हो सकता। सम्मान पाने के लिए ज़रूरत है, हुकूमत कर सकने की। आजकल नौकरशाही की हुकूमत है इसलिए नौकर लोगों का भी सम्मान होता है परन्तु उतना ही जितनी कि वे हुकूमत कर सकते हैं। हुकूमत का अर्थ है दूसरों से काम कराना। जो व्यक्ति दूसरों से काम न कराकर ख़ुद काम करता है उसका कोई सम्मान नहीं करता। मिसाल के तौर पर कोई आदमी चाहे हज़ार लखपती हो लेकिन नौकर-चाकर न रख अपना सब काम अपने ही हाथों से करे, पैदल चले तो उसका कुछ भी सम्मान न होगा। जिस आदमी को अपना काम अपने हाथों न करना पड़े और निर्वाह की चिन्ता भी जिसे ख़ास न हो, उसका सम्मान ज़रूर होगा। या कहिये जो आदमी दूसरों की मेहनत पर गुज़ारा कर आराम करने के लिए या फालतू बातों के लिए समय पा सकता है, सम्मान उसी का होता है। मतलब यह है कि आदमी बेकार रह सके परन्तु भूखा न मरे। जो लोग बेकार रहकर भी पेट भर सकते हैं वे ही दरअसल बड़े आदमी हैं। जिन्हें पेट भरने के लिए मेहनत से फ़ुरसत नहीं मिलती वे मज़दूर हैं।

हमने कहा था कि केवल बेकार ही संसार के कल्याण की चिन्ता कर सकते हैं? पर बेकार दो तरह के होते हैं—एक तो ऐसे बेकार जो भूखे नहीं मरते। इन लोगों की सोहबत सदा भली मालूम होती है क्योंकि यह निश्चिन्त होकर दूर-दूर की बातें कर सकते हैं। दूसरे हैं भूखे बेकार! संसार के कल्याण की चिन्ता इन्हें भी बहुत रहती है। समाज में अपने लिये गुंजाइश न पा यह समाज के ढाँचे को बदलने की फ़िक्र करते हैं। इन लोगों की सोहबत में सदा अशान्ति, बग़ावत और क्रान्ति की ही बातें हुआ करती हैं और यदि कोई भलामानुस इन लोगों की बातों में आ जाये तो उसके समाज से निकाले जाने, राज दण्ड पाने या सीधे शब्दों में कहें तो जेल जाने का भय सदा बना रहता है। इन लोगों की सोहबत में कुछ मज़ा नहीं क्योंकि इनकी बातचीत और तजवीज़ें दिल बहलाव के लिए न होकर सदा लड़ाई-झगड़े के लिए होती है। बहस की ख़ातिर बहस करने के लिए जिस उदारता

की ज़रूरत रहती है, वह उदारता इन लोगों में नहीं पायी जाती। इसीलिए कांग्रेस में भी आप देखते हैं, जो अच्छे खाते-पीते राजनीतिज्ञ हैं वे सदा शान्ति से बातचीत करते हैं। वे बड़े अच्छे शब्दों में, पेचीदा भाषा में लम्बे-लम्बे प्रस्ताव पास करते हैं और जो बेकार राजनीतिज्ञ हैं, हमारा मतलब है आजकल के कम्युनिस्ट और सोशलिस्ट कहलानेवाले लौंडे, वे सदा आन्दोलन शुरू कर देने और सत्याग्रह जारी कर देने के लिए उतावले रहते हैं।

× × ×

बेकार ऐण्ड कम्पनी में तो जब भी बहस होती है उसमें असन्तोष की ही बात होती है और तबीयत आसूदा करने के लिए या तो चने चुरमुरे खाने को मिलते हैं या पीने को 'बालक मारका' बीड़ी-इसलिए बेकार कम्पनी के दो-एक मेम्बर जिनमें अभी सफ़ेदपोशी की बू बाक़ी है, इस बात की ताक़ में लगे रहते हैं कि शाम के पाँच बजे के क़रीब किसी भले आदमी के घर पहुँच जायें! क्योंकि इस वक़्त शरीफ़ आदमी अपने गुज़ारे के लिए तीन तेरह कर फ़ारिग हो बेकार हो जाते हैं और गरम चाय के प्याले पर बैठकर संसार और समाज के कल्याण की बातचीत अक़सर किया करते हैं।

यों अगर आप किसी भले आदमी से चाय का एक प्याला या एक सिगरेट माँग लीजिये और उसे यह मालूम हो कि आपको इन चीज़ों की ज़रूरत है, आप ख़ुद इन्हें नहीं ख़रीद सकते तो मुँह पर ऐसी पड़ेगी कि पाँचों छप जायें परन्तु यदि शरीफ़ आदमी यह समझे कि चाय के प्याले और सिगरेट की आपको कुछ परवाह नहीं, वे आपके-आगे-पीछे चोरी-चोरी फिरते हैं तो यह हो नहीं सकता कि वह आपको यह चीज़ें मंजूर करने के लिए मजबूर न करे। और फिर आजकल मौसम भी अच्छा है। भले आदमी और ख़ास कर शरीफ़ महिलाएँ नैनीताल और मसूरी की सर्दी से घबराकर राजधानियों में आ गयी हैं। यह लोग नयी-नयी वाक़फियतों के लिए मुन्तज़िर रहते हैं। आख़िर जाड़े के पाँच माह किस तरह काटे जायेंगे।

एक बात का आप और ख़याल रखिये! त्याग की बात वे लोग करते हैं जिनके बैंक के हिसाब में काफ़ी रुपया हो या इतनी ज़ायदाद हो कि बिना कमाये आगे गुंजाइश चल सके। भारतीय सभ्यता की रक्षा की चिन्ता प्राय: वे लोग करते हैं जो काफ़ी अंग्रेज़ी पढ़ चुके हैं और किसी क़दर अंग्रेज़ी ढंग से रहते हैं और हो सके तो अंग्रेज़ी में ही बातचीत करते हैं। भारतीय स्त्रियों के आदर्श की बात तो स्त्रियाँ करती हैं जिन्हें पतियों के बराबर बैठकर या उनके सामने दूसरे लोगों से हाथ मिलाकर बात करने का हक़ मिल चुका है। जिन औरतों को चूल्हे-चौके और बच्चों के पोतड़े धोने से फ़ुरसत नहीं, या जो सिर्फ़ चिक की आड़ से गली में आने-

जानेवाले मर्दों को देखकर ही मन बहलाती हैं, उन्हें भारतीय सभ्यता की रक्षा करने का मौक़ा अक़सर नहीं मिल पाता।

हाँ तो एक ऐसी ही ऊँचे दर्जे के भले आदमियों की से चाय वे गरम प्याले शीतल शब्दों के साथ परोसकर चाय की महफ़िल में जहाँ महिलाएँ अपने कोमल हाथों भेंट करती थीं, बेकार ऐण्ड कम्पनी के इतिहास के पण्डित जा पहुँचे।

आज दिन ऐसी कौन महफ़िल है जिसमें बातचीत युद्ध से शुरू न हो? एक साहब ने कहा—"भाई, अगर यह लड़ाई छह माह और चल गयी तो हम तो बरबाद हो जायेंगे।"

उनकी बगल में बैठे हुए दूसरे सज्जन जो ख़ास विलायती सिगरेट पी रहे थे, बोले—"यह पश्चिम की सभ्यता ही ऐसी है कि इसमें नाश के सिवा और कुछ नहीं हो सकता।"

बात शुरू करनेवाले साहब ने कहा—"वाह, इस सभ्यता की रक्षा के ही लिए तो लड़ाई लड़ी जा रही है। मि. चर्चिल से लेकर पण्डित जवाहरलाल नेहरू तक सभी यही बात कहते हैं।"

एक देवी जी ने ठोड़ी पर हाथ रखकर कहा—"बेचारे पण्डित जी को तो चार साल की सज़ा हो गयी। इतनी की तो उम्मीद न थी।"

पश्चिम की सभ्यता की निन्दा करनेवाले साहब ने कहा—"पण्डित जी को चार साल की सज़ा हो गयी इस लड़ाई के ही झंझट में और आप फरमाते हैं कि वे इस सभ्यता की रक्षा के लिए इस लड़ाई में मदद देना चाहते थे।"

जिन्हें यह जवाब मिला था वे, उचककर बोले—"जनाब, हम आपकी बात मानें या पण्डित जी की? पण्डित जी ने स्वयं चिल्ला-चिल्लाकर कहा कि फ्रान्स और इंग्लैण्ड की सभ्यता ख़तरे में है और उनकी सहानुभूति इनके साथ है। यह बात दूसरी है कि सरकार को मदद वे अपने ढंग से करना चाहते थे या अपनी शर्त पर करना चाहते थे।"

"वाह, पण्डित जी पश्चिम की सभ्यता के समर्थक कहाँ हैं, वे स्वयं सदा हिन्दोस्तानी पोशाक में रहते हैं" देवी जी ने अपनी बात का प्रभाव अधिक डालने के लिए अंग्रेज़ी में कहा।

पण्डित जी की पश्चिमी सभ्यता का रक्षक बतानेवाले देवी जी की ओर देखकर बोले—"मुआफ़ कीजिये, यदि मैं ज़रा पर्सनल (वैयक्तिक) बात कह दूँ! आप भारतीय लिबास पहने हैं और शायद यह साड़ी हुई भी इसी देश की बनी है परन्तु आप बैठी हैं कुर्सी पर जो विलायती तरीक़ा है, चाय जिन प्यालों में आप पी रही हैं हालाँकि वे बने जापान में होंगे परन्तु ढंग यूरोप का ही है और जिस भाषा में आपने बात की है

उसे कणाद और गौतम ऋषि गंगा के किनारे नहीं बोला करते थे। इसे अंग्रेज़ी कहते हैं और इसे इंग्लैण्ड के लोग ही बोलते हैं। अब फरमाइये आप भारतीय ढंग अख़्तियार कर रही हैं या यूरोपीय ढंग?''

घबराकर चाय के प्याले को मेज़ पर रख और दोनों हाथों की उँगलियाँ दोनों गालों पर रख भय और विस्मय से अपनी आँखें फाड़कर देवी जी ने कहा—"I would rather die than be Europeonised!" (हाय, मैं तो मर जाऊँ पर यूरोपीय कभी न बनूँ।)

दूसरी देवी जी ने चिन्तित स्वर में कहा—''यदि हमारी सभ्यता ही चली गयी तो फिर शेष ही क्या रह जायेगा?''

''अपनी सभ्यता से आपका अभिप्राय क्या है?'' बहस करनेवाले साहब ने आगे बढ़कर पूंछा।

''यही अपना आचार-विचार अपना धर्म!'' देवी जी ने आत्मविश्वास से उत्तर दिया।

''धर्म? धर्म तो हिन्दुस्तान में हज़ारों नहीं तो सैकड़ों तो ज़रूर ही हैं, तो उतनी ही सभ्यताओं की भी रक्षा आपको करनी होगी! और सभी सम्प्रदायों के लोग अपने-अपने धर्म की सभ्यता को आप पर लादना चाहेंगे। रहा आचार-विचार सो आपका आचार विचार आज वह नहीं जो आपके माता पिता का था।'' उन्होंने जवाब दिया।

एक सज्जन जो अब तक गरमागरम पकौड़ियों की ही चिन्ता अधिक कर रहे थे, बोले—'आप सभ्यता के बाहरी रूप की बात कर रहे हैं। यह बाहरी रूप तो बदलता ही रहता है। असल बात तो है सभ्यता की आत्मा की। हमारी भारतीय सभ्यता में त्याग की भावना है। पश्चिम की सभ्यता में वासना की भावना है। आप देखिये, पश्चिम में लोगों का चरित्र कैसा है? हमारे यहाँ सबसे अधिक महत्त्व चरित्र को दिया जाता है।'

''चरित्र से आपका मतलब?'' बेकार कम्पनी के इतिहास के पण्डित बोले।

''चरित्र से मतलब मनुष्य का आचरण।'' पकौड़ी खानेवाले साहब ने कहा।

''परन्तु चरित्र या रूप तो सदा ही बाहरी होता है क्योंकि उसका सम्बन्ध दूसरों से है। एक बात जो आपकी समझ में सच्चरित्रता है दूसरे की दृष्टि में असच्चरित्रता है। मिसाल के तौर पर एक मारवाड़ी महिला की दृष्टि में मर्दों के साथ बैठकर चाय पीना क्या होगा, आप ही समझ सकते हैं। इसी तरह योरुपियों का सड़क पर चूमते फिरना आपकी दृष्टि में जो कुछ है वह उनकी दृष्टि में नहीं।'' इतिहास के पण्डित बोले।

नमकीन पिस्ते के छिलके चाय की खाली प्याली में और पिस्ता मुँह में भरकर हाथ झाड़ते हुए एक साहब जो अब तक इस काम में मशगूल थे, बोले—''जी हाँ, रात के दस बजे से पहले की सच्चरित्रता और होती है और दस बजे के बाद की और।''

एक देवी जी का चेहरा इस बात से सुन्न हो गया, यह देखकर इन नौ जवान को डाँटने के लिए एक साहब तैयार हो रहे थे कि दूसरी देवी जी के होठों पर मुस्कराहट फूट पड़ी। ऐसी अवस्था में क्रोध दिखाने का मौक़ा नहीं रहा इसलिए जो साहब नाराज़ होने की तैयारी कर रहे थे, उन्होंने एक लम्बा सांस छोड़कर क्रोध को अनावश्यक समझ मुस्करा दिया।

महफ़िल की इस सहनशीलता से बेकार कम्पनी के इतिहास के पण्डित का साहस बढ़ गया। वे जानते थे जितनी देर तक बहस चलेगी उतनी ही देर उन्हें तिपाई पर रखे क्रेवनए के डिब्बे से स्वतन्त्रता पूर्वक सिगरेटें जलाने का हक़ रहेगा। इसलिए बहस को बढ़ाने के लिए उन्होंने कहा—''मुआफ़ कीजिये, वासना की भावना जितनी भारतीय सभ्यता में है उनकी यूरोपीय सभ्यता में नहीं।''

इस बात से उपस्थित देवियों और भद्र पुरुषों के चेहरे पर विस्मय, विरोध और उत्सुकता की छाया फैल गयी।

एक सज्जन ने सभ्यतापूर्वक क्रोध प्रकट करके कहा—''यह आप कैसे कह सकते हैं।''

बेकार कम्पनी के इतिहासज्ञ बोले—''जिस समाज के जो भाव और विचार-धारा होती है, वह उस समाज की भाषा से प्रकट हो जाती है। भावों और विचारों के अनुकूल ही शब्द भाषा में आते हैं! इस बात से तो आप इनकार नहीं कर सकते?''

सभी लोग उत्सुकता से उनकी ओर देख रहे थे। एक नया सिगरेट जलाकर आप बोले—''देखिये, भारतीय भाषाओं में स्त्री के लिए जितने शब्दों का व्यवहार होता है, उनमें से अधिकांश से यही अभिप्राय निकलता है कि स्त्री भोग की वस्तु है। उदाहरणत: देखिये 'सुन्दरी'। सुन्दरी का अर्थ क्या है? पुरुष के लिए तो सुन्दर शब्द का व्यवहार नहीं किया जाता। रमणी शब्द का अर्थ क्या है? जिससे रमण किया जाये! भामिनी? वनिता? वामा नितम्बनी, मुग्धा, श्यामा?...''

एक देवी जी ने रोक कर कहा—''क्यों, श्यामा का अर्थ क्या है?''

''आप धृष्टता क्षमा कीजिये तो श्यामा का अर्थ अमरकोष में है, वह स्त्री जो गरमी के मौसम में शीतलता दे और सर्दी के मौसम में गरमी पहुँचाये।''

वही नौजवान जिन्होंने पहले तीखा मज़ाक किया था, फिर बोल उठे—''वाह साहब वाह, क्या कहना! श्यामा न हुई चाय की प्याली हो गयी जो सर्दी में गरमी और गरमी में ठण्डक पहुँचाती है।''

इतिहासज्ञ फिर बोले—''और यही नहीं, संस्कृत ग्रन्थों में जितनी उपमायें स्त्रियों के लिए दी गयी हैं सब ऐसी हैं जिनसे पुरुषों के मन में उनके प्रति वासना का भाव प्रकट होता है। स्त्री की यदि कहीं प्रशंसा मिलती है तो केवल इसलिए

कि वह पतिव्रता है अर्थात् पुरुष की इच्छा के आगे उसने अपना सिर झुका दिया है। मैं आपसे पूछता हूँ, यूरोप की किसी भाषा में स्त्री के प्रति ऐसी भावना का प्रमाण आप दे सकते हैं?''

उनकी बात का उत्तर देने के लिए पश्चिमी सभ्यता की निन्दा करनेवाले महाशय बोले—''अरे, इन शब्दों से क्या होता है। क्या आप यूरोप के व्यभिचार की अपनी आँखों से देख नहीं पाते। वहाँ कितनी निर्लज्जता फैल रही है क्या आप से छिपी है?''

बेकार कम्पनी के इतिहासज्ञ बोले—''जनाब, ठीक यही बात तो यूरोपवाले भारतवासियों के बारे में कहते हैं; जानते हैं आप वे लोग क्या कहते हैं? वे लोग कहते हैं भारतवासी अपनी स्त्रियों को मनुष्य नहीं समझते बल्कि पशुओं की ही भाँति अपनी सम्पत्ति का अंग समझते हैं। जो ग़रीब है वे अपनी स्त्रियों से खेतों में काम लेते हैं, उनसे बोझ उठवाते हैं। जो और अच्छी अवस्था में है, वे अपनी स्त्रियों को घरों में बन्द रख उनसे घरेलू काम लेते हैं और कामवासना पूर्ण करते हैं। एक यूरोपीय स्त्री ने लिखा है कि भारत की स्त्रियाँ प्राय: अच्छे चरित्र की नहीं होतीं। उनके पति उनका विश्वास नहीं करते इसलिए अपनी स्त्रियों को वे किसी दूसरे पुरुष के सामने नहीं जाने देते। बाहर ले जाते हैं तो जैसे बरफ़ कम्बल में लपेटकर ले जायी जाती है, उसी तरह भारतवासी अपनी औरतों को ले जाते हैं। अब आप ही बताइये, यदि आप यूरोप की औरतों को दूसरे पुरुषों से कमर में बाँह डाले चलता देखकर, उन्हें नाचते देखकर उन्हें चरित्रहीन समझ सकते हैं तो वे लोग भी इस देश की स्त्रियों को पर्दे में रखा जाता देखकर, इस देश की स्त्रियों को विश्वास के अयोग्य समझ सकते हैं। और फिर रिवाज़ तो रिवाज़ ही है। इस देश में लाखों ऐसी स्त्रियाँ मिलेंगी जो अपना मुँह तो ढाँके रहेंगी परन्तु उनका पेट दिखायी देता रहेगा। साधारणत: इस देश में औरतों का मुँह ढाँका जाता है परन्तु पैर नंगे रखे जाते हैं। यूरोप में मुँह नंगा रखा जाता है परन्तु पैर ढाँके जाते हैं। यूरोप की स्त्रियाँ किसी स्त्री के पैर नंगे देख लें तो उसे वेश्या से भी अधिक निर्लज्ज समझती हैं।''

इतिहासज्ञ के इतना लम्बा व्याख्यान दे चुकने के बाद पश्चिमी सभ्यता के विरोधी क्रोध में खीझकर बोले—''तो आपका मतलब क्या है? कि यूरोपवालों का आचरण अच्छा है और भारतवासियों का आचरण ख़राब है?''

''यह कहने को तो तबीयत नहीं चाहती परन्तु आप ही सोचिये आख़िर आचरण का उपयोग क्या है? आचरण ठीक रखा जाता है ताकि मनुष्य व्यक्तिगत रूप से या राष्ट्रीय रूप से अधिक बलवान् बन सके, अधिक योग्य बन सके। यदि

भारतवासियों का आचरण वास्तव में अच्छा होता, व्यक्तिगत और राष्ट्रीय रूप से वे अधिक ऊँचे मनुष्य होते तो क्यों वे इस अवस्था को प्राप्त होते? व्यक्तिगत रूप से क्यों उनकी आयु की औसत इतनी कम रह जाती? क्यों हर मैदानों में वे यूरोप की जातियों से पीछे रह जाते?"

एक देवीजी ने मौक़ा देखकर कहा—"आख़िर पराधीनता और ग़ुलामी भी कोई चीज़ है?"

इतिहासज्ञ बिगड़ उठे बोले—"ग़ुलामी क्या भगवान् के वरदान से हो गयी या कहिये ग़ुलामी सदाचार का प्रमाण है? यदि भारतवासियों में वास्तव में ही सामाजिक और व्यक्तिगत सदाचार की भावना होती तो क्यों उनकी हालत इस प्रकार गिर जाती? क्यों वे ग़ुलाम हो जाते? सदाचार भारतवासियों में है या नहीं, यह कहना कठिन है परन्तु मिथ्याभिमान की कमी अलबत्ता नहीं है। यूरोपियनों को असभ्य समझना, उन्हें अपवित्र समझना, चरित्रहीन समझना और अपने-आपको आदर्श पुरुष! तिस पर नक़ल भी हर बात में उनकी करना क्योंकि उसके बिना चारा नहीं। परन्तु डींग अपनी सभ्यता की मारते जाना। यह है देश अभिमान!"

जिन भलेमानस के घर पर, यह महफिल लग रही थी उन्होंने सोचा यह लोग शायद रात तक न उठें इसलिए उन्होंने यह सुझाने के लिए कि चाय तो समाप्त हो चुकी है पूछा—"चाय और मँगवायी जाये?"

इतिहासज्ञ इशारा समझ गये। इसलिए झट से एक सिगरेट और उठाते हुए उन्होंने कहा—"बस आज्ञा दीजिये, एक ज़रूरी काम है" और चल दिये। उनके चले जाने पर बहस स्वयं समाप्त हो गयी। इसलिए दूसरे लोग भी उठकर अँगड़ाई लेकर अपनी-अपनी जगह चलते बने।

चिलम चक्कर
दुर्मुख

कांग्रेस और सरकार में आख़िर लड़ाई शुरू हो गयी! कांग्रेस का कहना है कि पहले सरकार ने की। सरकार का कहना है ज्यादती कांग्रेस की है। चिलम चक्कर में इसी बात पर बहस होने लगी। दोनों तरफ़ के वकील निकल आये। आख़िर एक सज्जन

ने चिलम का बहुत लम्बा दम लगाकर कहा—"सुनिये, पहल किसी ने नहीं की और दोनों ने की!"

खीझ कर एक साहब ने कहा—"यह कैसे।"

लम्बा दम खींचनेवाले साहब ने हाथ से सब्र करने का इशारा किया क्योंकि दम का धुआँ अभी तक उनके मुख और नाक के छेदों से निकलता जा रहा था। आख़िर वे बोले—"आपने स्त्रियों की लड़ाई की एक पंजाबी कहावत नहीं सुनी? सुनिये—एक पड़ोसिन ने दूसरी से कहा—"आ री बहन लड़ लें!"

इस शान्तिपूर्ण और अहिंसात्मक मनबहलाव के निमन्त्रण का जवाब दूसरी ने अँगूठा दिखा दिया—"वाही वाह...मैं क्यों लड़ूँ?...मैं तो नहीं लड़ती...मेरा लड़े ये ! ...मेरी लड़े जूती...चल लड़ाकी...तेरे सिर में ख़ाक...रण्डी...सिर मूण्डी...।"

"अब बताइये पहले किसने की? और कौन कांग्रेस है...और कौन सरकार? और फिर लड़ाई आज की थोड़ी है...पुरानी है, बीच में केवल स्थगित हो गयी थी। सत्याग्रह कभी समाप्त नहीं होता, वह केवल स्थगित हो जाता है। आपको शायद मालूम नहीं। जब गली में स्त्रियों को लड़ते-लड़ते शाम हो जाती है और चौके-चूल्हे के कामकाज में देर होने लगती है और लड़ाई समाप्त नहीं हो पाती तो स्त्रियाँ बाकी लड़ाई को टोकरी या परात के नीचे ढंक देती हैं कि शेष अगले दिन फ़ुरसत के समय लड़ी जायेगी। इसी तरह सत्याग्रह की लड़ाई को कांग्रेस ने प्रान्तीय स्वराज शासन आज़माने के लिए कुछ देर के लिए कांग्रेसी मन्त्रिमण्डलों की टोकरी के नीचे ढांप दिया था। अब फ़ुरसत है! फिर क्यों न लड़ा जाये?...आप ही बताइये।"

× × ×

एक साहब ने चिन्ता से कहा—"सत्याग्रह की लिस्ट में तुम अपना नाम दोगे?"

देंगे कैसे नहीं?" उन्होंने जवाब दिया।

"तुम्हारा नाम मंज़ूर ही नहीं होगा", एक तीसरे साहब ने बोल दिया। होगा कैसे नहीं?"

"ऐसे ही तुम बड़े लीडर हो न—या मिनिस्टर हो या...एम. एल. ए हो? जानते नहीं तुम सत्ययुग में तपस्या करने और वेद पढ़ने का अधिकार सबको नहीं होता था। रामायण पढ़ी है?...जानते नहीं 'शूद्रक' छिप-छिप के तपस्या करते पकड़ा गया था और रामचन्द्र जी ने कमबख्त का सिर काट लिया था।...बस वही बात है समझे?...सत्याग्रह के इस युग में सत्याग्रह करने का अधिकार केवल उन लोगों को है जो बड़े आदमी हैं या ऊँची जात के हैं। जिनका अहिंसा का यज्ञोपवीत संस्कार हो चुका है...समझे?"

× × ×

राय साहब का कहना है प्रजातन्त्र की रक्षा के लिए सरकार की मदद करनी चाहिए। सवाल यह पैदा होता है सरकार प्रजातन्त्र है या नहीं? चिलम चक्कर के एक सज्जन बोले—"भारत सरकार प्रजातन्त्र हो गयी है।"

"कब से?"

"जब से प्रजा द्वारा चुनी गयी असेम्बलियाँ तोड़कर गवर्नरों का शासन क़ायम किया गया है।" एक साहब ने जवाब दिया!

सरकार के प्रजातन्त्र होने का दावा करनेवाले साहब ने कहा—"नहीं, इसके बाद से। कांग्रेस के प्रजातन्त्र होने का सुबूत यही तो था कि जो चाहता था चवन्नी चन्दा देकर मेम्बर बन सकता था। अब सरकार ने भी चवन्नी चन्दा मंजूर कर लिया है। जो चाहे डाकखाने से चवन्नीवाली कापी लेकर चवन्नी चन्दे के टिकट चस्पां करके सरकार को सहायक होने का दम्भ भर सकता है।"

× × ×

सरकार ने हुकुम दिया था—लड़ाई के ज़माने में मशकूक आदमियों की डाक खोलकर पढ़ ली जाया करे ताकि पता लग जाये कि कौन शरारत पेश आनेवाली है। गाँधी जी ने सत्याग्रह का सन्देश भेजना था पेशावर! सरकार के हुकुम से भी वाक़िफ़ थे। इसलिए उन्होंने बजाय डाक के चिट्ठी अपने विश्वासपात्र आदमी के हाथ भेज दी।

भला सरकार से यह भेद छिपा रह सकता था? सरकार ने इसका भी इलाज कर दिया। नया आर्डिनेन्स जारी हो गया कि जो कोई आदमी चिट्ठी लेकर सफर करेगा, वह गिरफ़्तार होगा और चिट्ठी ज़ब्त।

वही बात हुई—तुम डाल-डाल, हम पात-पात, तुम पात-पात, हम फुनगी।

× × ×

केन्द्रीय असेम्बली में लड़ाई की सहायता के लिए दो करोड़ की रक़म का बिल कांग्रेस ने ठुकरा दिया। सरकार का कहना है कि तुमने प्रान्तीय शासन को भी असेम्बली में ठुकरा दिया था, फिर झक मारकर मन्त्री बने। वैसे ही युद्ध की सहायता के बिल को ठुकरा दिया तो कौन शेर मार लिया। भारत से इतनी सहायता तो हमें मिल ही जायेगी।

× × ×

एक राजनीतिज्ञ का कहना है कि मुस्लिम लीग ने सरकार के ख़िलाफ़ वोट नहीं दिया। अब जिन्ना साहब जाकर वाइसराय से कहेंगे कि देख लो हमारी

वफ़ादारी! तुम तो जफ़ा ही करते रहे हमारी शर्तें नहीं मानी पर हमने उदू (प्रतिद्वन्द्वी) का साथ नहीं दिया।

हो सकता है वाइसराय साहब इसका यह जवाब दें कि तुम्हारी वफ़ादारी को हम ओढ़ें या बिछायें?...अरे तुमने वोट हमारे ख़िलाफ़ नहीं दिया तो कौन हम जीत गये? इसी ताकत पर दावा करते हो सरकार की ताक़त हाथ में सँभालने का?

जिन्ना साहब जवाब देंगे—''हज़रत, कुछ सीटें असेम्बली में हमारी और न बढ़ा दो। फिर हम पत्थर की तरह बैठे रहेंगे, तब भी तुम्हारी ही भलाई होगी?''

× × ×

विद्यार्थियों की एक सभा में भाषण देते हुए जिन्ना साहब ने कहा—''हमारी असली माँग तो है पाकिस्तान। पर उस पर हम अभी ज़ोर नहीं दे रहे।'' वाह साहब, हम तो कहते हैं कि असली माँग पर ही जोर दीजिये। इन छोटी-मोटी बातों में रखा क्या है। बार-बार छँटनी और तराशा से तो यही बेहतर है कि एक बार ही झगड़ा पाक हो!

× × ×

सरकार ने आर्डिनेन्स लगाया था कि अख़बार जो ख़बर लड़ाई और उसके विरोध के मुताल्लिक़ छपे, पहले हमें दिखा लिया करें! अख़बारवालों ने हाय तोबा मचायी कि हम तो सरकार के मददगार हैं, हम पर यह ज़ुल्म क्यों? सरकार ने कहा—अच्छा चलो, तुम ख़ुद ही अपने पर पाबन्दी लगा दो हमारी राय के मुताबिक़, हम तुम्हें कुछ नहीं कहेंगे। अख़बारवाले ख़ुश हो गये, यहाँ तक कि गाँधी जी भी ख़ुश हो गये।

मतलब यह है कि अपना दिल ही जब ग़ुलाम हो जाये तो फिर ग़ुलामी की क्या शिकायत!

× × ×

सुनिये जनाब, हिन्दोस्तान लड़ाई के ख़र्च में बीस लाख रुपया रोज़ दे रहा है। लड़ाई से और जो कुछ हुआ सो हुआ परन्तु इतना तो पता लगा कि हिन्दोस्तान बीस लाख रोज़ ख़र्च करने की हैसियत रखता है।

और अब तक शिक्षा तालीम, स्वास्थ्य और उद्योग-धन्धे के लिए रुपया नहीं था ग़रीब हिन्दोस्तान के पास। हम समझते हैं अगर लड़ाई का ही हिसाब शान्ति के समय देश की हालत सुधारने के लिए रखा जाये तो रोज़ाना एक महकमा ठीक हो सकता है।

× × ×

उस दिन अख़बार में छपा था कि पार्लमेण्ट में व्याख्यान देते हुए चर्चिल साहब ने कहा—एक शुभ समाचार मुझे आप लोगों को देना है कि हमारे हवाई जहाज़ के उड़ाकों ने इटली के एक शहर पर ख़ूब बम बरसाये और शत्रु के सारे शहर को तहस-नहस कर उसमें आग लगा दी!

चिलम चक्कर के एक मेम्बर ने किसी के यहाँ ख़बर पढ़ी और घर जाकर ख़ुशी-ख़ुशी बीवी को सुनाने लगे कि देखा हमारी सरकार कितनी बहादुर है और मूँछों पर ताव देते हुए अपने आठ बरस के लड़के से बोले—"बेटा तू भी बहादुर बनेगा?" बेटे ने निश्चय दिलाया—"ज़रूर।"

शाम को बेटा जी की कुटाई हो रही थी! वजह यह बतायी गयी कि स्कूल से लौटते समय पड़ोसी के लड़के से बेटा जी का झगड़ा हो गया और पक्की दुश्मनी का ऐलान हो गया था। बहादुरी का सबक बेटा जी को मिल ही चुका था। उन्होंने चीथड़ों को एक गेंद बना मिट्टी के तेल में भिगो उसे आग लगा पड़ोसी के घर फेंक दिया।

शिकायत आयी मार पड़ी। लड़का बेचारा कुछ कह नहीं सका पर इतना ज़रूर समझ गया कि जैसे ख़ुद बाप बन जाने से पहले बाप की तरह सिगरेट पीने पर मार पड़ती है उसी तरह सरकार का सिपाही बने बिना दुश्मनों के घर आग लगाने से मार पड़ती है। सिपाही बन जाने के बाद दूसरी बात है।

× × ×

महात्मा गाँधी ने कह दिया पंजाबी तो 'मर्सीनरी' हैं, वे सरकार की सेना में भरती होते तो क्या हुआ?

'मर्सीनरी' को अंग्रेज़ी में कहते हैं—पैसा लेकर काम करनेवाले को। इसका अर्थ होता है—भाड़े का टट्टू। सर सिकन्दर कहते हैं—भाड़े का टट्टू कहकर वीर पंजाबी सिपाहियों का घोर अपमान किया। कहनेवाले कहते हैं—अपमान क्या किया? तनख़्वाह लेकर ही तो, तनख़्वाह के लिए ही तो सेना में भरती होते हो, यदि कह दिया कि पैसे के लिए सेना में भरती होते हैं तो ज़ुल्म कौन हो गया? अपमान क्या हो गया?

नहीं! इसमें अपमान ज़रूर है। बाप का माँ से क्या सम्बन्ध होता है? लेकिन अगर कहा जाये कि फलाँ की माँ का ख़सम...तो फिर क्या होता है?

और फिर अगर अठारह-बीस रुपये माहवार पर सरकार की सेना में काम करनेवाले को मर्सीनरी कहा जायेगा तो हज़ारों रुपया माहवार लेनेवाले तो मर्सीनरी के दादा, परदादा, लकड़दादा हो जायेंगे।

सो सिकन्दर साहब का नाराज़ होना कोई बेज़ा बात नहीं है।

◈

विनिमय

राय साहब की मौज़ूदा नीति पर 'विप्लवी ट्रेक्ट' के पिछले दो अंकों में पर्याप्त विवेचना हो चुकी है। इस मास फिर यह एक लम्बा पत्र पुरी जी का आया है। वस्तुत: इस पत्रिका में नयी बात नहीं है। पुरी जी चाहते हैं कि ऐसा उत्तर दिया जाय की पत्र पर मुसीबत आ जाये—अफ़सोस है ऐसे साहस की उपयोगिता में हमें विश्वास नहीं। अपने पत्र में पुरी जी यह स्वीकार करते हैं कि फ़ैसिज़्म तथा किसी भी साम्राज्यवाद में कुछ अन्तर नहीं। असल में जड़ है पूँजीवाद। पूँजीवाद के विरुद्ध राय साहब की नीति क्या करने की सलाह देती है? इस प्रश्न का उत्तर आप देते हैं—फ़ैसिज़्म नष्ट होते हुए पूँजीवाद को बचाने का साधन है। यदि फ़ैसिज़्म को नष्ट कर दिया जाये तो पूँजीवाद स्वयं नष्ट हो जायेगा।

फ़ैसिज़्म नष्ट होते हुए पूँजीवाद को बचाने का साधन है ज़रूर परन्तु उन देशों में जहाँ कि पूँजीवाद निर्बल हो चुका है, फ़ैसिज़्म के रूप में सशस्त्र पूँजीवाद खड़ा करने की आवश्यकता हुई। जिन देशों में पूँजीवाद बलवान् है, उसे बाहरी और भीतरी विरोध का डर नहीं, वहाँ वह अपने पुराने रूप में चला जा रहा है। उदाहरणत: अमेरिका को ले लीजिये। आप फ़ैसिज़्म को समाप्त करना चाहते हैं। इसका अर्थ है जर्मनी और इटली का पूँजीवाद साम्राज्यवाद! जर्मनी और इटली दो अत्याचारी शक्तियाँ हैं, वे दूसरों की स्वतन्त्रता छीनती हैं तथा उनका विरोध करना चाहिए परन्तु इससे संसार का पूँजीवाद तो नहीं मिट जा सकता। हाँ पूँजीवाद की स्वाभाविक निर्बलता के कारण स्वयं पूँजीवाद का विरोध करनेवाली एक पूँजीवादी शक्ति जो पैदा हो गयी है, वह मिट जायेगी! और फिर जिन शक्तियों को आप उन्नतिशील प्रजातन्त्र शक्तियाँ कहते हैं, वे किस अर्थ में प्रजातन्त्र शक्तियाँ हैं?...क्या अमेरिका को आप प्रजातन्त्र कह सकते हैं या आप उसे समाजवाद की ओर जाता हुआ समझ सकते हैं? फ़ैसिस्ट साम्राज्यवादी शक्तियों के अत्याचार प्रकट हो जाते हैं क्योंकि उनका अन्तरराष्ट्रीय क्षेत्र बहुत छोटा है। क़दम-क़दम पर उनकी लूट का विरोध होता है। अमेरिका जैसी शक्तियाँ जिनका क्षेत्र विस्तृत है, उनके अत्याचार और शोषण व्यापक होने से उसकी उग्रता प्रकट नहीं हो सकती। फ़ैसिज़्म का अर्थ यदि एक श्रेणी का सशस्त्र शासन है तो वह अमेरिका या दूसरे प्रजातन्त्र कहानेवाले देशों में भी मौज़ूद है। अन्तर है केवल इस तानाशाही के बाहरी रूप में।

शेष रहा कांग्रेस क्या कर रही है?...माना कि कांग्रेस इस समय वह नहीं कर रही जो साहसी और उग्र विचार के लोगों की राय में उसे करना चाहिए।

वह ब्रिटिश सरकार को सहायता देने के लिए भी तैयार है परन्तु वह एक प्रकार से नाज़ीवाद का विरोध रायसाहब की नीति की अपेक्षा अधिक कर रही है। यदि नाज़ीवाद का अर्थ है एक राष्ट्र द्वारा निर्बल राष्ट्र की पराधीनता तो भारत की पराधीनता का विरोध कर कांग्रेस नाज़ीवाद का विरोध कर रही है, कांग्रेस उस सिद्धान्त का विरोध कर रही है। राय साहब चाहते हैं केवल एक देश का विरोध करना। माना कांग्रेस सत्याग्रह के रूप में कोई प्रभावशाली कार्य नहीं कर रही परन्तु उस विचार को ज़िन्दा तो रख ही रही है जिसे राय साहब फ़िलहाल भुला देना चाहते हैं।

एक मार्क्सवादी भारतीय को क्या करना चाहिए? इसका उत्तर है, संसार के शोषण को समाप्त करने के लिए भारत की पराधीनता को दूर किया जाना ज़रूरी है। इस कार्य में जो शक्तियाँ नेतृत्व नहीं कर सकतीं बल्कि केवल सहायक शक्तियाँ ही बन सकती हैं उन्हें सचेत करना, संगठित करना भारतीय मार्क्सवादी का काम है। कांग्रेस भारत की स्वतन्त्रता की विरोधी शक्ति नहीं है। कांग्रेस की विरोधी शक्तियाँ अलबत्ता भारतीय स्वतन्त्रता की विरोधी शक्तियाँ हैं। हमें किसकी सहायता करनी है, यह आप स्वयं निश्चय कीजिये।

रही अन्तरराष्ट्रीय क्षेत्र में शोषण और अत्याचार के विरोध की बात? जब हम स्वयं शोषण और अत्याचार की शक्ति को क़ायम रखने का साधन हैं, उनके विरोध की डींग मारना व्यर्थ है। क्या आपने मेरी लिखी 'मार्क्सवाद' नामक पुस्तक पढ़ी है? उसे पढ़ने से आपकी अनेक शंकाएँ मिट सकेंगी।

यशपाल

हेज़ल ब्रे, मसूरी

समालोचना

(विप्लवी-ट्रेक्ट में समालोचनार्थ भेजी जानेवाली पुस्तकों की एक प्रति आने से केवल प्राप्ति-स्वीकार की जायेगी। पुस्तकों की नियमानुसार दो प्रतियाँ आनी चाहिए। समालोचना के सम्बन्ध में किसी तरह की प्रत्यालोचना या विवाद न हो सकेगा।—सम्पादक)

मानव (खण्ड काव्य) : लेखक : श्री श्यामबिहारी शुक्ल 'तरल'।' प्रकाशक : साहित्य निकेतन कानपुर, मूल्य आठ आना

तरल जी हिन्दी काव्य जगत् के लिए नये नहीं हैं। आपकी कविताओं का एक संग्रह 'मज़दूर जगत्' के नाम से प्रकाशित हो चुका है। 'मानव' आपकी कविता की नयी पुस्तक है। 'मानव' छियासठ सवैया का खण्ड काव्य है। यहां कवि ने उसकी प्रशंसा पद और छन्द की दृष्टि से हरिऔध जी के समान की है। कविता का भाव कवि का स्वान्तः सुख और भावना का अनुशीलन है। यह जीवन के संघर्ष की बात नहीं, न प्रेम का क्रन्दन है। यह आत्मतुष्ट कवि का मानव की निर्बलता और निस्सारता में तटस्थता पाने का यत्न है! चित्रण और वर्णन में एक निर्लेप सूक्ष्मता है जो 'सूफ़ी' कविता धारा की विशेषता का चिह्न है जिसकी फारसी साहित्य में विशेष महिमा है। तरल जी का सूफ़ीपना फारसी का अनुकरण नहीं, वह उनका पूर्ण रूप से अपना मौलिक है। इसीलिए अन्त में वे कहते हैं—

आज तो मृत्यु से प्रेम है प्रेयसी,
जीवन से न मुझे अनुराग है।
है पथ की यही अन्तिम सीमा—
यही इतिहास का आख़िर भाग है।

तटस्थ भावना का कविता में बहुत सुन्दर निरूपण हुआ है। पुस्तक का गेटअप बहुत सुन्दर है।

रेखा (कविता) : लेखक : श्री 'आकुल', प्रकाशक, आशा कुटीर, लखनऊ पाकेट साइज़ मूल्य छः आना

'रेखा' की कविताएँ भाव प्रधान हैं और प्रेम प्रधान! उनमें जीवन के 'चुम्बक' स्त्री के प्रेम की खोज और पुकार है परन्तु उसे सज्जनता और सौजन्यता के तक़ल्लुफ़ में लपेटकर करीने से पेश किया गया है। मार्मिकता और अनुभूति का भाव उनमें है इसलिए जेब में रखकर उन्हें वक़्तन-फवक़्तन गुनगुनाया जा सकता है। 'धारा', 'रानी' और 'केशों में' कविताएँ वास्तव में बहुत अच्छी हैं।

× × ×

अतृप्त मानव : लेखक श्री बृजेन्द्र, प्रकाशक, उर्मिला मन्दिर, लखनऊ। मूल्य आठ आना)

'अतृप्त मानव' कहानी संग्रह है। पुस्तक के लिए इतना अर्थपूर्ण और सुन्दर नाम चुनने के लिए लेखक विशेष बधाई का पात्र है। कहानियों में तृप्ति के अभाव, उसके लिए छटपटाहट अवश्य प्रकट है परन्तु साहस का अभाव है। पुस्तक में वास्तविकता के इतने अधिक निकट आने का यत्न किया गया है कि कहानीपना पीछे रह गया है। नयी कहानियाँ लिखने के लिए कथानक इससे लिये जा सकते हैं। आशा है लेखक का अगला अंक अधिक सफल होगा।

—प्र. पाल

जनवरी १९४१

बेकार ऐण्ड कम्पनी लिमिटेड

इस सत्याग्रह से लाभ राय साहब की बात?

वजह चाहे जो हो, बेकार कम्पनी की बैठक में शामिल होनेवाले लोगों में अधिक संख्या उन्हीं लोगों की रहती है जो जेल जाने के लिए सदा से उत्सुक रहे हैं। पर गाँधी जी ने सत्याग्रह का कार्यक्रम कुछ इस ढंग से चलाया है कि मामूली हैसियत के आदमियों के जेल के दरवाज़े के भीतर दाख़िल हो सकने में काफ़ी अड़चन आ रही है। पहले मौक़ा दिया जायेगा लीडरों को। साधारण हैसियत के व्यक्तियों के लिए लीडर बन जाना या लीडरों जितनी प्रसिद्धि पा सकना आसान नहीं। सत्याग्रह कर सकने का परवाना पाने के लिए ज़रूरत इस बात की है कि गाँधी जी से स्वीकृति ली जाये। ऐसे भाग्यशाली कितने हैं जिन्हें व्यक्तिगत रूप से गाँधी जी जानते हों? दूसरे नम्बर पर सत्याग्रह का परवाना उन लोगों को मिल सकता है जिनकी काफ़ी ज़ोरदार सिफ़ारिश प्रान्त के नेताओं के ज़रिये गाँधी जी तक पहुँच सके। प्रान्त के कांग्रेसी नेता किसी व्यक्ति की सिफ़ारिश गाँधी जी तक कर सकें, इस बात के लिए ज़रूरी यह है कि प्रान्तीय नेताओं पर उस व्यक्ति का इतना प्रभाव हों कि वे उसका सम्मान बढ़ाने के लिए तैयार हों। प्रान्तीय नेताओं में सम्मान बढ़ा सकने के लिए जिस आर्थिक स्थिति की ज़रूरत है, वह बेकार कम्पनी में किसी की नहीं। इसलिए फ़िलहाल बेकार कम्पनी का कोई भी व्यक्ति जेल जाने का सेहरा सिर पर नहीं बाँध सका। परिणाम यह हुआ है कि आरम्भ में जेल जाने का सम्मान अपने भाग्य में न देखकर बेकार कम्पनी में सम्मिलित होनेवाले बहुत-से लोग जेल जाने का उत्साह छोड़ बैठे हैं और कुछ तो यहाँ तक असन्तुष्ट हो गये हैं कि उन्हें न केवल जेल जाने के प्रति कोई श्रद्धा नहीं रही बल्कि वे जेल जाना ही व्यर्थ समझने लगे हैं। ऐसे ही एक बग़ावत का रंग पकड़नेवाले गरम कांग्रेसी बोल उठे—

"इस सत्याग्रह में जेल जाने से लाभ क्या? यह तो केवल उन बड़े आदमियों का सत्याग्रह है जो भविष्य में कांग्रेस का राज आने पर अपने लिये असेम्बलियों की मेम्बरी या मन्त्री पद रिज़र्व करा लेना चाहते हैं।"

"तुम्हें ख़ुद जो इसी तरह की बातों का ख़याल रहता है तो सभी को स्वार्थी समझते हो।" उन्हें करारा उत्तर मिला इस उत्तर से उन्हें कुछ होश आया तो आहिस्ता से बोले—"ख़ैर आप यह तो बताइये कि इस सत्याग्रह का मतलब क्या है?"

"आपको अभी तक सत्याग्रह का मतलब ही नहीं मालूम? ख़ूब।" उत्तर देनेवाले साहब ने क्रोध और मज़ाक के स्वर में कहा।

"फ़र्ज़ कीजिये नहीं मालूम।"

"क्यों, सत्याग्रह का मतलब है, युद्ध का विरोध। मालूम हो गया मतलब आपको?" उन्होंने उत्तर दिया। मानो किसी बच्चे की जिद्द को पूरा कर रहे हों।

"युद्ध का विरोध?...युद्ध का विरोध कैसे? सत्याग्रह तो स्वयं एक प्रकार का युद्ध है?....फ़र्क़ है केवल साधन का। आप लाठी, तलवार या गोली न चलाकर अपनी जिद्द से अपना मतलब पूरा कर लेना चाहते हैं।" इन साहब ने उत्तर दिया।

जेल जाने के लिए व्याकुल एक-दूसरे साहब इनका समर्थन करते हुए बोले—"युद्ध का विरोध इस सत्याग्रह का मतलब बिलकुल नहीं वास्तव में ही युद्ध का विरोध करना होता तो सत्याग्रह और तरह किया जाता। यह भी कोई युद्ध का विरोध है कि आप पहले सरकार को ख़बर देने चलते हैं कि देखो, हम युद्ध का विरोध करने जा रहे हैं। आओ हमें ऐसा करने से रोक दो! यह तो केवल जनता को दिखाना है कि हम आन्दोलन चला रहे हैं। वास्तव में इसका असर तो कुछ भी नहीं।"

एक और साहब बोले—"हमें यह समझ नहीं आया कि एक ओर तो गाँधी जी कहते हैं, हम सरकार को परेशान नहीं करना चाहते। दूसरी ओर सत्याग्रह कर सरकार को परेशान भी करते हैं।"

"इसमें समझ न आने की बात क्या है? महात्मा जी बिलकुल ठीक कहते हैं। वे दरअसल सरकार को परेशान नहीं करना चाहते परन्तु, देश की जनता को किस तरह सँभाला जाये? जनता तो आन्दोलन करने पर तुली हुई है। इसलिए सरकार को परेशानी से बचाने का एक ही उपाय है कि आन्दोलन को इस ढंग से चलाया जाये कि उसका वास्तव में कुछ प्रभाव न हो और जनता को भी सन्तोष हो जाये कि आन्दोलन चल रहा है। बहस आरम्भ करनेवाले साहब ने उत्तर दिया और कहते चले गये महात्मा जी का यह व्यक्तिगत सत्याग्रह तो एक बरसाती नहर है।"

"बरसाती नहर का क्या मतलब।" एक महाशय ने पूछा।

"बरसाती नहर का मतलब आप नहीं जानते?...देखिये बरसात में जब सिमिटकर नदी में बहुत-सा पानी इकट्ठा हो जाता है तो यह भय रहता है कि कहीं

बाढ़ आकर किनारे की बस्तियों को न बहा ले जाये? इसलिए नदी में कुछ नहरें खोद दी जाती हैं। पानी इधर-उधर बहाकर नदी की बाढ़ का ज़ोर कम कर दिया जाये। इन नहरों का पानी किसी काम नहीं आता। इसी प्रकार गाँधी जी ने यह व्यक्तिगत सत्याग्रह की नहर चला दी है कि कहीं दरअसल ही आन्दोलन न चल पड़े...''

''आपका मतलब है, गाँधी जी आन्दोलन चाहते ही नहीं'' एक ओर से आवाज़ आयी।''

''अगर आपको बुरा न मालूम हो, तो हम यही कहेंगे कि गाँधी जी दरअसल आन्दोलन नहीं चाहते'' यह साहब हौंसले से सिर ऊँचाकर बोले।

''क्या कहना आपकी अक़्ल का?'' सत्याग्रह के एक समर्थक ने उत्तर दिया।

''आप विश्वास करते हैं, गाँधी जी आन्दोलन चाहते हैं?...हम पूछते हैं गाँधी जी आन्दोलन चाहते किसलिये हैं?...यह तो गाँधी जी स्पष्ट कह चुके हैं कि यह आन्दोलन स्वराज्य की माँग के लिए नहीं है। यह आन्दोलन केवल युद्ध का विरोध करने के लिए है।...जब आपको स्वराज्य की माँग पेश नहीं करनी तो आप युद्ध का विरोध किसलिये कर रहे हैं?...''

इनके समर्थक अपने कम्बल में से उचकते हुए बीच ही में बोल पड़े—''कम-से-कम इतना तो स्पष्ट है कि यह आन्दोलन राजनैतिक आन्दोलन नहीं है। यह आन्दोलन केवल एक आध्यात्मिक आन्दोलन है जिसका उद्देश्य वैष्णव धर्म के अनुसार रक्तपात को रोकना है...कांग्रेस जैसी राजनैतिक संस्था को धार्मिक और आध्यात्मिक आन्दोलनों से मतलब?''

सत्याग्रह के समर्थक बोले—''असल बात तो यह है कि आपका दिल जेल जाने से कतराता है और आप सत्याग्रह में भाग न लेने के लिए बहाने ढूँढ़ रहे हैं।''

इनके इस ताने से लज्जित न होकर यह साहब बोले—''क्यों जायें हम जेल?...हम स्वराज्य के लिस जेल जाने को तैयार हैं लेकिन आपके वैष्णव धर्म के प्रचार के लिए जेल जाने को तैयार नहीं।

''आपको स्वराज्य लेने से रोकता कौन है? आप आगे तो बढ़िये...जब आन्दोलन चल जायेगा तो आप स्वराज्य लिए बिना पीछे न हटना।''

''यह ख़ूब रही, आप चाहते हैं कि हम जेल जायें वैष्णव धर्म का प्रचार करने के लिए और आन्दोलन से मिल जायेगा स्वराज्य!...यदि गाँधी जी के दिल में ईमानदारी है तो हमें इस बात की इजाज़त क्यों नहीं दी जाती कि हम जनता को स्वराज्य के नाम पर...उनके जीवन की कठिनाई—यानी रोटी की माँग के नाम पर आन्दोलन में आगे बढ़ने के लिए कहें?''

एक साहब जो अब तक शायद इसलिए नहीं बोले थे कि उनकी बीड़ी व्यर्थ में न जल जाये और लगातार दीवार के सहारे बैठ धुआँ खींचे चले जा रहे थे बोले—"तुम भी क्या बातें कर रहे हो। जनता की शक्ति में तुम्हें बिलकुल भरोसा ही नहीं। जब एक दफे जनता आन्दोलन के मोर्चे पर खड़ी हो जायेगी तो उसे पीछे कौन हटा सकता है? उस समय वह न गाँधी जी की सुनेगी न किसी और की। उस समय वह रोटी लेकर ही सन्तुष्ट होगी। तुम आगे तो बढ़ो।"

"जी हाँ, आप अपने-आपको बढ़ा भारी राजनीतिज्ञ समझते हैं न, कि आन्दोलन को गाँधी जी के हाथ से छीनकर अपने हाथ में ले लेंगे?" फिर कम्बल में सिमटते हुए यह साहब बोले।

इन्हें ज़रा पीछे हटते देख बहस शुरू करनेवाले साहब फिर आगे आ गये और बोले—"ज़नाब आप भी अजब ख़याली पुलाव पकाने में लगे हैं। जनता आगे आ किस तरह जायेगी? जब इस बात का पूरा प्रबन्ध किया जा रहा है कि जनता किसी तरह भी आगे न आ सके!"

"मतलब आपका?" बीड़ी पीनेवाले साहब ने गम्भीरता से पूछा।

"आपको मतलब ही समझ में नहीं आया? जनता तो तब सामने आयगी जब आप जनता के समझ में आने लायक़ कोई बात कहेंगे। फ़र्ज़ कीजिये आप जनता को कम-से-कम इतना ही समझा दें कि आप युद्ध का विरोध करते किस लिए हैं? आप तो युद्ध का विरोध करते हैं सिर्फ़ इसलिए कि युद्ध का विरोध करने का आपको अधिकार होना चाहिए! इस बारीक़ बीनी को जनता क्या समझे? जनता तो किसी अधिकार के लिए लड़ने को तब तैयार हो जब उसे यह पता चल जाये कि इस अधिकार से उसे लाभ क्या होगा? यों सिर्फ़! अधिकार के नाम के लिए लड़ने की फ़ुरसत और शौक़ तो सिर्फ़ उन लोगों को हो सकता है जिन्हें दिल बहलाने के लिए और तरीक़ा न हो।"

इनकी बात समाप्त होते-न-होते कम्बलवाले सज्जन। फिर आगे बढ़ आये और बोले—"इस आन्दोलन में आप जनता के आगे आ जाने की आशा रखते हैं? इसका मतलब है कि आप गाँधी जी को बिलकुल बुद्धू समझते हैं। गाँधी जी तो अपने इस आन्दोलन को चला ही इस ढंग से रहे हैं कि उसमें न तो जनता के घुस आने की गुंजाइश रहे और न आप जैसे आदमियों के उसमें दख़ल की गुंजाइश हो जो हर बात में जनता की माँगों की पुकार मचाया करते हैं।"

"क्यों गुंजाइश है क्यों नहीं? सवाल किया गया।"

"गुंजाइश यों नहीं है कि इस सत्याग्रह में भाग लेने के लिए आप जनता को कह नहीं सकते। सत्याग्रह में भाग वही लेगा जिसे गाँधी जी इजाज़त देंगे और गाँधी

जी इजाज़त सिर्फ़ उन्हीं लोगों को देंगे जो इस आन्दोलन को सार्वजनिक न बनाकर इसे केवल व्यक्तिगत बनाये रहें।''

''आख़िर आप इस आन्दोलन का अभिप्राय क्या समझते हैं'' एक और सज्जन ने पूछा जो इस लम्बी बहस से किसी भी परिणाम पर नहीं पहुँच सके थे।

''आप ईश्वर में विश्वास रखते हैं या नहीं? बहस आरम्भ करनेवाले साहब ने गम्भीरता से पूछा।''

''ईश्वर पर विश्वास करने या न करने से इस बहस का क्या मतलब?''

''बात यह है कि गाँधी जी सब काम ईश्वर की प्रेरणा से ही करते हैं। इस सत्याग्रह की प्रेरणा भी भगवान् ने ही गाँधी जी को दी है। इसलिए इसका मतलब भी ईश्वर पर विश्वास किये बिना नहीं समझा जा सकता। उन्होंने उत्तर दिया।''

''आप समझ लीजिये, हम ईश्वर पर विश्वास करते हैं, प्रश्न करनेवाले सज्जन ने कहा।''

''अगर आप ईश्वर पर विश्वास करते हैं और यह मानते हैं कि हमारे मौज़ूदा समाज की इस व्यवस्था को जिसमें साधन सम्पन्न साधनहीनों का शोषण करते हैं, इसे भगवान् ने ही अपनी इच्छा से बनाया है तो आपको यह भी मानना पड़ेगा कि भगवान् इस व्यवस्था की रक्षा भी करना चाहते हैं। भगवान् यह भी जानते हैं कि इस देश के भूख से तड़फते हुए शोषित लोग इस व्यवस्था को पलट देने की चिन्ता करने लगे हैं। इस बात से डरकर भगवान् ने गाँधी जी के मन में यह प्रेरणा कर दी है कि वे शोषितों के इस आन्दोलन को रोक कर समाज की इस व्यवस्था की रक्षा करें। सो गाँधी जी इस देश के शोषितों को समझा रहे हैं कि तुम्हारी इस व्यवस्था को उलट देने की माँग से हिंसा होगी। पहले हिंसा को समाप्त करने के लिए तरीक़ा यह है कि तुम दूसरे की हिंसा का शिकार बनो! जब हिंसक हिंसा करते-करते थक जायेगा तो हिंसा करना अपने-आप ही छोड़ देगा। गाँधी जी दलितों और शोषितों को समझाते हैं कि व्यवस्था को बदलने के बजाय इसे सहो। अपने में इतनी सहन शक्ति पैदा कर लो कि कष्ट को कष्ट न समझो! जब शोषित और दलित ऐसी शक्ति पैदा कर लेंगे तो अपने-आप समाज की मौज़ूदा स्थिति क़ायम रहेगी! ईश्वर की इच्छा पूर्ण होगी और उसकी प्रेरणा पूर्ण होगी।''

''तो आपका मतलब है, यह लोग जो जेल जाकर इतना त्याग और बलिदान कर रहे हैं यह व्यर्थ जायेगा?''

'जब त्याग बिना किसी उद्देश्य के किया जायेगा तो वह व्यर्थ जायेगा ही बताइये आख़िर जेल जाने का यह त्याग किया किस उद्देश्य से जा रहा है?

"युद्ध की हिंसा का विरोध करने के उद्‌देश्य से?" परिणाम पर पहुँचने के उद्‌देश्य से एक सज्जन ने पूछा।

"अगर युद्ध की हिंसा का ही विरोध करना वास्तव में उद्‌देश्य हो तो सरकार को ही यह सुझाने की क्या ज़रूरत है कि हम फलानी बात कहने जा रहे हैं बेहतर हो तुम ऐसा करने से पहले ही आकर हमें गिरफ़्तार करके ऐसा करने से बचाओ! या शहर कुछ आदमियों के सामने जिन्हें युद्ध से कुछ ख़ास मतलब नहीं दो नारे लगाकर जेल से क्या फायदा? यह तो केवल दुनिया के सामने दिखावामात्र करना है। आप ही बताइये डेढ़ मास सत्याग्रह से कांग्रेस ने कितने आदमियों को युद्ध में भाग लेने से रोक लिया?"

एक और महाशय बीच में बोल पड़े—"हमें यही समझ नहीं आता कि सत्याग्रह में भाग लेनेवाले या सत्याग्रह को प्रोत्साहन देनेवाले सब लोगों। को सरकार गिरफ़्तार कर रही है परन्तु महात्मा गाँधी जी जो कि इस सत्याग्रह की जड़ हैं उन्हें सरकार हाथ नहीं लगा रही?"

"आप क्या सरकार को मूर्ख समझते हैं?" कम्बल से फिर उचककर सत्याग्रह के विरोधी बोले, "सरकार को तो महात्मा गाँधी को धन्यवाद देना चाहिए कि ऐसे नाज़ुक समय में आन्दोलन को उन्होंने केवल बरसाती नहर बना रखा है। यदि महात्मा जी आन्दोलन को रोकने के लिए बाहर न रहें तो फिर आन्दोलन बरसाती बाढ़ का रूप धारण कर सरकार को मुसीबत में न डाल दे।"

इस आख़िर की बात से सत्याग्रह के समर्थक नाराज़ हो गये। "गाँधी जी पर छींटे कसना आसान है तुम कुछ ख़ुद करके दिखाओ तो जानें वे कहते हुए उठ गये।"

उन्हें जाते हुए देख कम्बलवाले सज्जन ने जल्दी से उन्हें सुनाकर कहा—"हमारे पीछे भी पूँजीपतियों और सरकार की सहायता हो तो हम भी कुछ करके दिखायें।" इस छींटे को सुनकर भी सत्याग्रह के समर्थक ने पीछे घूमकर नहीं देखा। उनके चले जाने के बाद बहस भी समाप्त हो गयी।

× × ×

एक दूसरी जगह इस बात पर बहस हो रही थी कि आख़िर इस सत्याग्रह का परिणाम क्या होगा?

एक सज्जन ने कहा—"होगा क्या असेम्बलियों के मेम्बर और कांग्रेस के पदाधिकारी मिला-जुलाकर चार-पाँच हज़ार आदमी गिरफ़्तार हो जायेंगे और सत्याग्रह समाप्त हो जायेगा।"

उन्हें सुनाकर दूसरे साहब ने कहा—"तुम्हारे जैसे कुछ न करनेवाले ऐसे ही सोचा करते हैं। तुम्हें नहीं मालूम मौलाना आज़ाद ने पहले ही कह दिया है कि यदि

सब नेता गिरफ़्तार हो जायेंगे तो कांग्रेस के चवन्नी मेम्बरों को सत्याग्रह चलाने का अधिकार दे दिया जायेगा।''

''अरे चवन्नी मेम्बर क्या सत्याग्रह चलायेंगे?'' निराशा से पहले साहब ने कहा—''आख़िर क्यों, क्या जनता कुछ नहीं कर सकती?''

''अरे चवन्नी मेम्बरों को इस बात की आशा तो होगी नहीं कि उनकी गिरफ़्तारी की ख़बर और फ़ोटो भी किसी अख़बार में छप जानी है इसलिए वे लोग सरकार को पहले चिट्ठी लिखे बिना ही भरी सभा में लेक्चर झाड़ने लगे। परिणाम यह होगा कि पुलिस को लाठी-वाठी चलानी पड़ जायेगी। हिंसा हो जायेगी और फिर गाँधी जी सत्याग्रह समाप्त करने का हुकुम देकर उपवास शुरू कर देंगे। बस हो गया ख़तम आन्दोलन।''

''अरे भैया, इससे तो कहीं अच्छा होता यदि कांग्रेस राय साहब की ही बात मान लेती। उससे दो फ़ायदे होते एक तो बड़े लाट की काउन्सिल में चले जाने से कांग्रेस की इज़्ज़त बनी रहती दूसरे सरकार की सहायता कर कांग्रेस प्रजातन्त्र की सहायक कहलाने लगती।'' एक-दूसरे साहब ने कहा—

''यह प्रजातन्त्र कौन चिड़िया है? यह हमारी समझ में कभी न आ सका।'' पहले साहब ने पूछा—

''इसमें समझ में न आने की बात क्या है? हिटलर मुसोलिनी तानाशाह हैं ब्रिटिश सरकार प्रजातन्त्र है।'' राय साहब के समर्थक बोले।

''प्रजातन्त्र का अर्थ अगर प्रजा की अधिक संख्या की राय से शासन करना है तो इस समय जब कांग्रेस सरकार की नीति का विरोध कर रही है, उस समय प्रजा के हितों का विरोध करनेवालों को लेकर सरकार क़ायम करना क्या प्रजातन्त्र होने का प्रमाण है? रायसाहब के समर्थक से प्रश्न किया गया।''

एक और साहब बोले—'प्रजातन्त्र से बड़ा ढ़ोंग दुनिया में कोई है ही नहीं। उन्नति का विरोध करनेवाली जितनी संस्थाएँ इतिहास में होती आयी हैं वे सब अपने-आपको प्रजातन्त्र का हामी बताती आयी हैं। पहले आप अमेरिका की रियासतों में ग़ुलामी की प्रथा को हटाने के लिए होनेवाले युद्ध को ही ले लीजिये। इस युद्ध में ग़ुलामी की प्रथा का समर्थन करनेवाले अपने-आप को प्रजातन्त्रवादी कहते थे। इसके बाद रूस में मज़दूरों की सरकार का विरोध करनेवाले अपने आप को समाजवादी प्रजातन्त्रवादी कहने लगे। इसी तरह इस देश में कांग्रेस का विरोध करनेवाले फ़िरकापरस्त लोग भी प्रजातन्त्र और डिमोक्रैसी का नारा लगाया करते थे। सो अब रायसाहब सारी उम्र क्रान्ति के प्रयत्न में दर-दर धक्के खाने के बाद डिमोक्रैट बनने चले हैं। फ़ायदा भी कम

नहीं हुआ। देखिये गवर्नरों से मुलाक़ातें शुरू हो गयीं। नहीं कहाँ वो दिन थे, राय साहब फ़रारी में दिन बिताते थे।'

शायद इन साहब को क़रारा उत्तर मिलता परन्तु अचानक जाड़े की शाम की बारिश शुरू होती देख बेकार लोग अमीनाबाद छोड़ घरों को भाग निकले।

चिलम चक्कर
दुर्मुख

चिलम चक्कर में यह तय पाया है कि बड़े दिन का त्योहार दुनिया-भर में बेशक शान्ति का दिन रहा हो परन्तु अल्लाह ताला के लिए ख़ास मुसीबत का दिन रहा। अल्ला ताला की नज़र में अगर दुनिया के सब लोग प्यारे हैं या कम-से-कम दुनिया-भर के ईसाई ही प्यारे हैं तो भी बड़े दिन अल्लाह ताला और उनके इकलौते बेटे ईसा मसीह पर ज़रूर ख़ास मुसीबत रही होगी। उस दिन ख़ुदा का दरबार छोटे-मोटे आदमियों की तो क्या भगवान् द्वारा संसार की भलाई करने के लिए मुकर्रर किये गये बड़े-बड़े आदमियों की कितनी परस्पर विरोधी दरख़्वास्तें पहुँची हैं।

बड़े दिन के अपने पैग़ाम में हिटलर साहब ने फरमाया कि जर्मन कौम ख़ुदा की सबसे प्यारी कौम है और ख़ुदा का यह फ़ैसला है कि जर्मन क़ौम तमाम दुनिया पर हुकूमत करे इसलिए लड़ाई जीतने में जर्मन क़ौम की मदद करना ख़ुदा की ख़िदमत करना है और ऐसा करने के लिए ख़ुदा का ख़ास हुकुम है।

ब्रिटिश साम्राज्य के सम्राट ने बड़े दिन के रोज़ पैग़ाम दिया कि अंग्रेज़ क़ौम शान्ति और न्याय की रक्षा के लिए लड़ रही है। भगवान् उनकी ओर हैं और उनकी सहायता कर रहे हैं और भगवान् की दया से वे लोग ज़रूर जीत जायेंगे।

भगवान् स्वर्ग में अपने डाइनिंग हॉल में बैठे क्रिसमस का केक खाते रहे और उन्होंने अपने भक्तों को यह भी बताने की ज़रूरत नहीं समझी कि दरअसल उनका विचार क्या है। शायद भगवान् अपने भक्तों की ऊट-पटांग बातों से नाराज़ हो गये हैं और उन्होंने अब दुनियाँ से असहयोग कर उसे अपने भरोसे मरने-जीने के लिए छोड़ दिया है।

× × ×

बड़े दिन के त्योहार के रोज़ १९१४ में जब जर्मनी और इंग्लैण्ड की फ़ौजें फ्रान्स के मैदानों में आमने सामने लड़ रही थीं जर्मनी के सिपाहियों को एक अच्छा मज़ाक सूझा। सुनते हैं बड़े दिन के रोज़ सुबह जब दोनों ओर से गोली गोला चल रहा था उन्होंने एक बड़े तख्ते पर टामी, हैपी क्रिसमस लिखकर अपने मोर्चे पर लटका दिया थोड़ी देर में दोनों तरफ़ से गोली गोला चलना बन्द हो गया और दोनों ओर के सिपाही मोर्चों से बाहर निकल हाथ मिलाने लगे और आपस में सिगरेट और छोटी-मोटी खाने की चीज़ें देने-लेने लगे।

दोनों ओर के सिपाहियों में बातचीत चलने लगी कि आख़िर जब वे एक-दूसरे को पहचानते भी नहीं, उनका कुछ वैयक्तिक झगड़ा भी नहीं तो वे एक-दूसरे की जान लेने को क्यों उतावले हो रहे हैं? लड़ाई का कारण भी दोनों ओर के सिपाही कुछ नहीं जानते थे। इतना ही जानते थे कि दोनों ओर की सरकार का यह हुकुम है कि दूसरों को मारो। सो एक दिन-भर ईसा मसीह के कहने के मुताबिक़ हिंसा और हत्या छोड़ दूसरे दिन फिर वे अपनी-अपनी सरकार की वफ़ादारी में एक-दूसरे का गला काटने लगे।

× × ×

एक साहब यह सवाल करते हैं बड़े दिन के रोज़ इंग्लैण्ड और जर्मनी में लड़ाई बन्द रही परन्तु अफ्रीका के उत्तर में अंग्रेज़ों और इटली की लड़ाई में ज़रा भी फ़र्क़ नहीं पड़ा इसका कारण क्या?

कारण बहुत सीधा है। जर्मनी और इंग्लैण्ड की आबादी है गोरे रंग के ईसाई। बड़े दिन के पवित्र त्योहार के रोज़ ईसाई का ईसाई को मारना ठीक नहीं था। अफ्रीका के उत्तर में मिसर के पास जो लड़ाई हो रही है उसमें इटलीवालों के ख़िलाफ़ लड़नेवाले हैं काले सिपाही। बड़े दिन के त्योहार के दिन उनके मरने-मारने में कोई हर्ज़ नहीं।

× × ×

और सब-कुछ तो समझ में आया परन्तु बड़े दिन के उपलक्ष में महात्मा जी का सत्याग्रह बन्द करना समझ नहीं आया। इंग्लैण्ड और जर्मनी ने तो चौबीस घण्टे की छुट्टी की परन्तु महात्मा जी ने पूरे बारह दिन की छुट्टी कर दी। ख़ैर यह तो हुआ। इंग्लैण्ड और जर्मनी के पुण्य पत्र पर हिंसा न करने का निश्चय किया। हिंसा करना किसे अच्छा लगता है? मजबूरी की और बात है परन्तु सत्याग्रह तो हिंसा नहीं। बल्कि यह सत्याग्रह तो अहिंसा की रक्षा के लिए है क्या पुण्य दिन में अहिंसा का प्रचार करना भी बुरा है? या महात्मा जी मन-ही-मन जानते हैं कि

सत्याग्रह और अहिंसा का नाम धरने पर भी सत्याग्रह है एक प्रकार की लड़ाई ही इसलिए शान्ति मनाने के दिन उसे न करना ही ठीक है।

बड़े दिनों की छुट्टियों में सत्याग्रह न करने का आध्यात्मिक कारण चाहे जो रहा हो परन्तु प्रत्यक्ष कारण यह है कि महात्मा जी बड़े दिनों की छुट्टियों में अफ़सरों को परेशान नहीं करना चाहते क्योंकि यह समय होता है साहब लोगों के आराम या शिकार का। अपने आराम या शिकार को छोड़कर साहब लोग सत्याग्रह के झमेले में पड़ें। यह गाँधी जी को मंजूर नहीं और बात भी ठीक है कि सत्याग्रह से तो बनना-बिगड़ना कुछ है नहीं उसके लिए साहब लोगों के आराम और शौक में ख़लल क्यों डाला जाये। आप ही बताइये सत्याग्रह के ज़रिये इस देश के नागरिक अधिकार प्राप्त करने का महत्त्व अधिक है या साहब लोगों के आराम और शौक का। इसलिए महात्मा जी ने आइन्दा के लिए भी इतवार के दिन सत्याग्रह बन्द कर दिया है।

× × ×

महात्मा जी पर अनन्त श्रद्धा रखनेवाले एक साहब का कहना है कि गाँधी जी बड़े दिन और रविवार को सत्याग्रह इसलिए नहीं करना चाहते कि सब दिन तो भगवान् को न्याय-अन्याय और पाप-पुण्य के झगड़े तय करने ही पड़ते हैं कम-से-कम ऐसे पवित्र दिन तो भगवान् को भी थोड़ा-बहुत आराम का अवसर मिलना ही चाहिए।

× × ×

दूसरे साहब ने बड़े दिनों और इतवार के दिन सत्याग्रह न करने का एक और ही कारण खोज निकाला है। उनका कहना है महात्मा गाँधी भारतवासियों की राय की अपेक्षा भगवान् से अधिक डरते हैं इसलिए और दिन चाहे वे जो करें परन्तु इतवार के दिन जिस दिन भगवान् और सब काम छोड़कर फ़ुर्सत से रहते हैं महात्मा जी सत्याग्रह की धोखाधड़ी को बन्द रखना चाहते हैं।

× × ×

एक साहब पूछने लगे चिलम चक्कर की बहकी-बहकी बातें अख़बार में छपवाने से क्या फ़ायदा? इस डाँट-डपट और लानत-मलामत के बावज़ूद भी हमारा ख़याल है कि चिलम चक्कर की बहकी बातों से कुछ फ़ायदा एक दिन ज़रूर होगा। मिसाल के तौर पर आप समझ लीजिये कि वे जामिन पतंग उड़ाकर बिजली पकड़ने की कोशिश किया करते थे और लोग उन्हें बहका हुआ पाताल समझकर हँसते थे। दिन आया कि ऐसी-ऐसी बहकी-बहकी बातों से ही बिजली

के आविष्कार होकर संसार का ऐसा भला हुआ कि भगवान् स्वयं भी मनुष्य का इतना कल्याण नहीं कर सकते थे। और देखिये सैकड़ों, हज़ारों वर्षों तक तक्षशिला, हड़प्पा और मिसर की ख़ुदाई में मिले शिलालेखों का कुछ भी अर्थ न निकल सकने पर भी आज विद्वान् उन ऊट-पटांग लकीरों के अर्थ निकालने लगे हैं तो आश्चर्य क्या एक दिन चक्कर की बेमाइना और मोहमिल जान पड़नेवाली बातों का भी कुछ उपयोगी अर्थ निकल आये।

चिलम चक्कर में एक कवि महोदय भी कभी-कभी शामिल होते हैं। कवियों की ख़स्ता हालत कहावत की तरह प्रसिद्ध है और नशे से बिलकुल बच जाये ऐसा कवि अभी प्रकृति ने पैदा नहीं किया। इन कवि महोदय को नशा है सिर्फ़ चिलम का और इस हलके दर्जे के नशे का परिणाम यह है कि वे स्वयं छन्दोबद्ध भाषा में रचना कर सदा दूसरों की रचना की खूबियाँ ही बयान किया करते हैं। आजकल युद्ध के ज़माने में उन्हें वीर रस की कविता बहुत पसन्द है। कल वे लार्ड टेनीसन की कविता 'चार्ज आफ दी लाइट बिग्रेड' 'घुड़सवार फ़ौज का धावा' गुनगुना रहे थे। उनके नथुने फड़क रहे थे, आँखें चमक रही थीं और बाँहें कभी आसमान की ओर कभी ज़मीन की ओर चल रही थीं। वे कविता पढ़ते थे अंग्रेज़ी में और स्वयं ही अनुवाद भी करते थे। अनुवाद पर कोई नुक़ताचीनी हुई नहीं क्योंकि 'छन्द प्रभाकर' का पण्डित चिलम चक्कर में कोई है नहीं। कविताएँ हैं और अनुवाद भी साथ ही लीजिये :

हाफ़ ए लीग, हाफ़ ए लीग, हाफ़ ए लीग आन वर्ड
ऑल इन द वेली आफ़ डेथ, रोड द सिक्स हण्ड्रेड
डेढ़ेकमील डेढ़ेकमील, डेढ़ीकमील बढ़ आगे।
चले सब मौत के द्वार, चले छह सौ बीर इक साथ
फारवर्ड द लाइट बिग्रेड! वाज़ दिअर मैन डिसमेड?
नॉट दो द सोल्जर न्यू, सम वन हैड ब्लण्डर्ड़
बढ़ चले वो घुड़ सवार, था न कोई बेज़ार
जान बूझ मौत के द्वार, राह पर उल्टे हाथ
दियर्स नोट टू मेक ह्वाई, दियर्स नो टू मेक रिप्लाई
दियर्स वट टू टू एण्ड डाई इण्टू द वेली आफ़ डेथ,
रोड द सिक्स हडेड।
दलील से काम नहीं जवाब से काम नहीं
मरना मारना है काम, बस मौत के द्वार चले छह सौ वीर इक साथ।

जोश में माना मारू बाजे की ताल पर हाथ हिला-हिलाकर वे बार-बार इस कविता को दोहरा रहे थे। आख़िर नहीं जो रहा गया दुर्मुख से, तो बोल ही पड़े— "क्या गधों की स्तुति गा रहे हो?"

आँखें लालकर कवि महोदय ने कहा—"क्या बकते हो?...इन वीरों की जिनकी यशध्वजा इतिहास के पृष्ठों पर फहरा रही है तुम गधा बताते हो?"

"गधे गीत गायें और ऊँट नाचें और दोनों एक-दूसरे की तारीफ़ करें गधों की तारीफ़ करनेवाले गधे भी मिल ही जाते हैं"— दुर्मुख बोले!

"तो तुम्हारी दृष्टि में इज़्जत होगी उन फायरों की जा बन्दूक़ की आवाज़ सुनकर बीबी के लहँगे में घुस जायें। बहादुर तुम्हारी दृष्टि में गधे हैं?'

"तुम एक रस्सी गले में डालकर उस शहतीर से झूल जाओ या सड़क किनारे के कुये में छलाँग मार दो तो तुम्हारी वीरता में क्या शक?" क्योंकि तुम्हारी राय में मौत से न डरना ही वीरता है। और जो डाकू पुलिस की परवाह न कर भले आदमियों को लूट लें वह भी बहादुर!

एक साहब ने कहा—"मौत से न डरना बहादुरी है यह तो हमारी समझ में आया परन्तु दूसरों को मार डालने के लिए अपनी जान भी ख़तरे में डाल लेना कौन बहादुरी है?"

"युद्ध में वीरता का अर्थ ही यह है कि दूसरों को मारा जाये?"

"लेकिन यदि वीरता के इसी आदर्श पर दुनिया चलने लगे तो शान्ति कैसे हो सकती है? अब आपकी कविता में जिस वीरता का गीत गाया है वह यही तो है न कि हुकुम मिला दुश्मन पर टूट पड़ो तो अपनी जान की परवाह न कर टूट पड़। यह नहीं सोचना कि आया इससे असल फ़ायदा है या नहीं सोचना कि दुश्मन जिसे समझ रहे हैं वह दुश्मन है भी या नहीं?"

"तो फिर वीरता क्या होती?" कवि महोदय ने कमर पर हाथ रखकर पूछा।

वीरता यह होती है कि वे छह सौ सिपाही यह सोचते कि हमें जो हुकुम दिया गया है वह मुनासिब है या ग़ैर मुनासिब! हुकुम को मुनासिब समझने पर खतरे की परवाह न कर वे आगे बढ़ते तो हम उनकी दाद देते। यह भी कोई दाद देने की बात है कि हमें हुकुम मिला है कुएँ में कूदकर जान दे देने का हम जान दिये देते हैं। यह तो दिमाग़ी कायरता है कि मुनासिब ग़ैर मुनासिब सोचने का साहस ही न करना?

"और वे हुकुम न मानते तो पीछे से गोली चलाकर जो उन्हें उड़ा दिया जाता!" एक तरफ़ से और आवाज़ आयी।

छाती पर हाथ धरकर दुर्मुख बोले—"सोई तो हम कहते हैं कि यों हुकुम पर जान दे देना बहादुरी नहीं, बहादुरी है ख़ुद सोचने का साहस करना। सिपाही की बहादुरी क्या जो रोटी ही इस बात की खाता है कि जान दे देनी है। बहुत से गुड़े भी तो रोटी कपड़े पर सिर काटने कटाने को तैयार मिल जायेंगे! यों तो कुत्ते भी बड़े बहादुर होते हैं लपका देने से चीते पर टूट पड़ते हैं।"

इन दलीलों से कवि महोदय नाराज़ होकर—"डेढ़ेकमील डेढ़ेकमील डेढ़ेकमील बढ़ आगे"—गाते हुए चिलम का मोह छोड़ चल दिये।

विनिमय

सम्पादक विप्लव

इससे पूर्व दो अंकों में श्रीयुत मिश्रपुरी के पत्र राय साहब की नीति के समर्थन में 'विप्लवी ट्रेक्ट' में प्रकाशित हो चुके हैं और कॉमरेड यशपाल की ओर से उत्तर प्रकाशित हो चुका है। हमारा विचार है कि इस बहस को इस अंक में समाप्त कर अगले अंक से दूसरे विषयों की ओर ध्यान दिया जाये। इसलिए हम पाठकों से इन अन्तिम पत्रों को ध्यान से पढ़कर परिणाम पर पहुँचने का अनुरोध करेंगे। बहस के मुख्य प्रश्न हैं राय साहब के मत के अनुसार इंग्लैण्ड प्रजातन्त्र की रक्षा के लिए लड़ रहा है इसलिए भारत को फिलहाल अपनी स्वतन्त्रता की समस्या को एक ओर रख ब्रिटेन की सहायता करनी चाहिए। कॉमरेड यशपाल का प्रश्न है क्या ब्रिटेन में प्रजातन्त्र शासन है? या ब्रिटेन दूसरे देशों की स्वतन्त्रता की रक्षा कर रहा है? अन्तिम प्रश्न है भारत की स्वतन्त्रता के दृष्टिकोण से कांग्रेस और मि. राय की नीति में कौन अधिक विश्वास योग्य है प्रश्नोत्तर को समझने के लिये अच्छा होगा यदि दोनों पत्रों को पैरों की संख्या से पढ़ा जाये। स.

१. विप्लवी ट्रेक्ट के विगत अंक में यशपाल जी के उत्तर को पढ़ा भाई यशपाल लिखते हैं—जर्मनी और इटली दो अत्याचारी शक्तियाँ हैं वे दूसरों की स्वतन्त्रता छीनती हैं उनका विरोध करना चाहिए परन्तु इससे संसार का पूँजीवाद तो नहीं मिट सकता? यहाँ आप ठीक त्रात्स्की जैसी बात कहते मालूम देते है। ट्राटस्की का भी ऐसी ही विचार था कि चारों ओर पूँजीवाद से घिरी इस दुनिया में केवल रूस ही में मज़दूरों किसानों का राज्य कायम नहीं किया जा सकता किन्तु आज उसकी आशा

के विपरीत रूस में प्रोलेटरियन राजय स्थापित है और विश्व की अन्तरराष्ट्रीय राजनीति में एक महत्त्व पूर्ण भाग अदा कर रहा हैं काश उस समय त्रात्स्की की विश्व में एक साथ क्रान्ति लाने और इस छोर से उस छोर तक साम्यवादी झण्डा फहराये जाने की बात मान ली जाती है रूस जिस अवस्था में आज है, उसमें होता, इसमें हमें सन्देह है। समस्त संसार से पूँजीवाद को हटाने से पहले आप यह तो देखिये कि उसको हटाने–जैसी अवस्थाएँ संसार में एक साथ विद्यमान हैं भी? मिसाल के तौर पर आज नहीं तो कल यदि जर्मनी में फ़ासिज़्म के नाश होने के फलस्वरूप किसी नयी व्यवस्था के फैलने की उम्मीद की जा सके तो क्या उस स्थिति का फायदा इसलिए न उठाया जाना चाहिए क्योंकि अमेरिकन जैसे पूँजीवादी राष्ट्र को तो उससे कोई आँच आती ही नहीं?

२. दूसरे शब्दों में जब तक अमेरिका में पूँजीवाद का नाश हो तब तक हमें जर्मनी में उपस्थित फ़ैसिस्ट विरोधी ताकतों को मदद इसलिए न देनी चाहिए क्योंकि उससे समस्त संसार के पूँजीवाद को तो कोई क्षति पहुँचती ही नहीं। दुःख है हम आपकी इस राय से इत्तफ़ाक़ नहीं कर सकते। हमें इस बात का अच्छी तरह मान है कि रूस आज वह रूस नहीं जो विगत युद्ध के बाद था। आज वह हर क्षेत्र में पहले की बनिस्बत् कहीं ज़्यादा मज़बूत है। वह जर्मनी के पास एक टेढ़ी दीवार की भाँति अटूट खड़ा है। यदि बिगत युद्ध में जर्मनी के हार जाने के बाद रूस की ऐसी अवस्था होती है जैसी उसकी आज तो जर्मनी का आज का नक्शा कुछ और ही हुआ होता। जर्मनी में फ़ैसिस्टवाद के विनाश की कल्पना करते समय हमें उसके आसपास के वायुमण्डल का ज्ञान भी रखना चाहिए।

३. प्रजातन्त्र से हमारा मुराद समाजवादी प्रजातन्त्र से नहीं किन्तु उस पूँजीवादी प्रजातन्त्र से है जो ब्रिटेन में है और फ्रान्स में था। जिस समय हम प्रजातन्त्र शक्तियों का जिक्र करते हैं तो हमारा मन्शा ब्रिटेन में कुछ मुट्ठी–भर लोगों से न होकर वहां के जन–साधारण से होता है। और इस युद्ध को हम उनका युद्ध इसलिए कहते हैं, क्यांकि उनके दबाव से ही ब्रिटेन का बूर्जुआ पक्ष, बदक़िस्मती से आज जिसके हाथ में राजनैतिक ताक़त है, उस युद्ध को चलाने के लिए मजबूर हुआ। हमें ब्रिटेन के कुछ मुट्ठी–भर लोगों और वहाँ की जनता को एक डण्डे से न हाँकना चाहिए।

४. अब रही बात कांग्रेस की आप उसके सम्बन्ध में फरमाते हैं—यदि नाज़ीवाद का अर्थ है एक राष्ट्र द्वारा निर्बल राष्ट्र की पराधीनता तो भारत की पराधीनता का विरोध कर कांग्रेस नाज़ीवाद का विरोध कर रही है। यहाँ आकर आप ज़रा मुद्‌द को गड़बड़ा देते हैं। यदि वास्तव में कांग्रेस अपनी पराधीनता की बेड़ी काट भारत को स्वतन्त्र करना चाहती हैं तो पराधीन बनानेवाले के साथ उसकी

मित्रता की बात कैसी। क्या कांग्रेस ने सत्याग्रह शुरू करने से पहले ब्रिटिश सरकार से सहयोग का हाथ नहीं बढ़ाया? पूना प्रस्ताव का क्या अर्थ? और क्या आज भी कांग्रेस ब्रिटिश सरकार से सहयोग की बातें नहीं कर रही है? बेचारे राजगोपालाचार्य तो मन में सहयोग की साध लिये ही जेल चले गये। महात्मा जी के अनुसार सत्याग्रह में समझौता अनिवार्य है यदि उनके कहे मुताबिक़ आज सरकार कांग्रेस के साथ समझौता कर उसे ताक़त से कुछ हिस्सा देने के लिये तैयार हो जाये तो वह आपके अनुसार उसी नाज़ीवाद के साथ विरोध होगा या सहयोग जिसके नीचे आपका देश काफ़ी समय से पिसता चला आ रहा है। हमारी समझ में नहीं आता कि फिर भारतीय स्वतन्त्रता के विचार को कांग्रेस उस समय किस प्रकार ज़िन्दा रख सकेगी जिसे कि राय आज भुला देना चाहते हैं।

५. कांग्रेस भारत की स्वतन्त्रता की विरोधी शक्ति नहीं है। हम भी पहले इसी अर्थ और विश्वास को लेकर कांग्रेस में आये थे। हम समझते थे कि यह एक राजनैतिक जनतन्त्रीय संगठन है जिसमें प्रत्येक व्यक्ति को अपने से विचार स्वतन्त्रता पूर्वक प्रकट करने का पूर्ण अधिकार है। जिस शक्तियों को आप भारतीय मार्क्सवादी होने के वास्ते सचेत करना और संगठित करना चाहते हैं हमने समझा था कि वह बहुत अच्छी तरह कांग्रेस के झण्डे के नीचे संगठित की जा सकती हैं किन्तु दुर्भाग्य, यह आशा दुराशा मात्र साबित हुई। आख़िर इसका कोई कारण होना चाहिए। **कांग्रेस मन्त्रिमण्डलों के ज़माने में जनता के प्रतिनिधि कहे जानेवालों ने मज़दूरों और किसानों पर पुलिस द्वारा गोलियाँ चलवायी। हमारे बोलने के अधिकारों को उनके हिंसा की बू आती है कहकर कुचला गया। ट्रेड डिस्प्यूट जैसे बिल कांग्रेस सरकार ने बना मज़दूरों के अपनी शिकायतें पेश करने के एकमात्र अधिकार हड़ताल को क़ानूनन रोक दिया। हमने कांग्रेस में रहते हुए अपनी आँखों के सामने यह सब कुछ देखा और देखा वामपक्षी भाइयों को कानून और व्यवस्था में रुकावट डालने वाले बताकर गिरफ़्तार** होते हुए और यह सब हुआ किनके द्वारा उन जन प्रतिनिधियों द्वारा जो साम्राज्यवादी मशीन को तोड़ने आफिसों में गये थे किन्तु बाद को उसी मशीन के पुर्जे बन जिन्होंने सब ज़ुल्म ढाये।

६. पहले कांग्रेस एक जनतन्त्रीय संगठन होने की वजह से प्रत्येक ऐसे व्यक्ति को अपने में आने की इज़ाजत देना था जो भारतीय स्वतन्त्रता का पक्षपाती हो, फिर भले ही वह नरम विचार रखता हो या उग्र किन्तु आज ऐसी स्थिति नहीं आज उस संगठन में आनेवाले के लिये यह ज़रूरी है कि वह महात्मा जी द्वारा बताये रचनात्मक कार्यक्रम में विश्वास रखता हो या ऐसा करने का ढोंग रचता हो। गत

वर्ष से स्वतन्त्रता दिवस पर पढ़े जानेवाले प्रतिज्ञा पत्र पर महात्मा द्वारा बताया कार्यक्रम अंकित कर दिया गया है। कांग्रेस संगठन में झूठे–नैतिक–दार्शनिक विचारों ने व्यक्तिवाद को जन्म दिया और केवल आज व्यक्तिवाद की पूजा ही असल कांग्रेसी होने की निशानी है। जिन शक्तियों को आप सचेत करना चाहते है उनका वर्तमान कांग्रेसी नेतृत्व में पूरा होना असम्भव है। इन सब बातों के लिए वर्तमान नेतृत्व ही दोषी है। वर्तमान नेतृत्व को बदल एक नये नेतृत्व को लाने की आवश्यकता पर हमने बहुत ज़ोर दिया किन्तु वह सब अवरोदन ही साबित हुआ। अब उपरोक्त विचारों के कांग्रेस संगठन में समावेश होने से नये नेतृत्व की सम्भावना भी जाती रही। अब कांग्रेस एक दल विशेष की चीज़ रह गयी जिसका कार्यक्रम महात्मा गाँधी द्वारा बनाया जाने लगा और अब उस कार्यक्रम के विरुद्ध आवाज़ उठाने के अर्थ हैं कांग्रेस के अनुशासन और एकता को तोड़ना। ऐसी स्थिति में आप ख़ुद ही सोच लीजिये कि कांग्रेस क्या थी और अब क्या रह गयी है।

आपकी साथी

सोमदत्त मिश्रपुरी

मौज़ूदा युद्ध का उद्‌देश्य क्या है इस बारे में चेम्बरलेन साहब बहुत लम्बी–लम्बी और पेचीदा बातें कहा करते थे उन पर व्यर्थ विवाद और जिरह भी कम नहीं होती थी। मि. चर्चिल ने इस बारे में दो टूक साफ़ बात कह दी—युद्ध का उद्‌देश्य है ब्रिटेन की विजय और झगड़ा समाप्त हो गया। हम राय साहब से भी ऐसी स्पष्टवादिता की आशा करते हैं परन्तु उन्हें वह शायद मुआफ़िक नहीं बैठती। सीधी बात यह है कि हम ब्रिटेन के ग़ुलाम हैं उसकी लड़ाई जर्मनी और इटली से है। हमें अपने मालिक की फ़तह मनानी चाहिए। राय साहब उसके लिए प्रचार करेंगे तो पिछले युद्ध में सरकार की सेवा करनेवालों की तरह उन्हें भी लाभ की आशा हो सकती है। इस सीधी बात को सीधे ढंग से न कहकर प्रजातन्त्र की रक्षा और नाज़ीवाद का विरोध बताने के ढोंग की ज़रूरत?

(१) पिछले दो अंकों में हम दो दफ़े दोहरा चुके हैं कि नाज़ीवाद और साम्राज्यवाद में कोई अन्तर नहीं दोनों ही का उद्‌देश्य अपने–अपने देश की पूँजीपति श्रेणी की सत्ता संसार पर क़ायम करना है। यदि एक देश का साम्राज्यवाद क़ायम है तो उसका झगड़ा दूसरी साम्राज्यवादी शक्तियों से होगा ही चाहे उसे नाज़ीवाद का नाम दिया जाये या जापान के दावे की तरह सभ्यता फैलाने का नाम दिया जाये! यदि हम कहते हैं कि हमें नाज़ीवाद और फ़ैसिस्टवाद के ढोंग को छोड़कर साम्राज्यवादी युद्धों के मूल कारण पूँजीवाद को हटाने की चेष्टा करनी चाहिए तो

हम त्रात्स्की सी बात कैसे करते हैं? राय साहब जर्मनी या इटली में प्रॉलिटेरियेट (किसान मज़दूरों) के राज की चेष्टा कर रहे हैं और इस काम में ब्रिटेन से सहायता चाहते हैं यह बात शायद मिश्रपुरी जी के सिवा कोई नहीं जानता! जर्मनी इस युद्ध से हार जाये आपकी इस इच्छा का हमें विरोध करने की ज़रूरत नहीं। आशा है यह पूरी हो जायेगी। परन्तु हमें यह आशा नहीं कि ऐसा होने से जर्मनी और इटली में इंग्लैण्ड के प्रजातन्त्र की सहायता से प्रॉलिटेरियेट का राज हो जायेगा! जर्मनी के पिछले बीस वर्ष के इतिहास से यदि पुरी साहब परिचित हों तो उन्हें याद होगा कि जर्मनी में किसान-मज़दूर राज्य क़ायम हो सकता था यदि वहाँ के पूँजीपतियों को इंग्लैण्ड के पूँजीपतियों की सहायता न मिल गयी होती! हिटलर की शक्ति इतनी न बढ़ पाती यदि इंग्लैण्ड की पूंजीपति शक्ति जर्मनी में समाजवाद क़ायम होने के भय से हिटलर के नाज़ीवाद को तरह न देती जाती। और पुरी साहब आज भी इस बात को लिखकर रख लें कि जर्मनी में हिटलर के पराजय हो जाने पर जर्मनी में किसान मज़दूर राज्य क़ायम होने का विरोध इंग्लैण्ड की पूँजीवादी शक्ति ही करेगी!

(२) आप इस बात की आशा लगाये बैठे हैं कि जर्मनी में हिटलर का पराजय होते ही रूस वहाँ समाजवाद क़ायम करने आ जायेगा। इस कल्पना का विरोध हम नहीं करते। परन्तु राय साहब की इंग्लैण्ड को सहायता देकर जर्मनी को कुचलने की नीति यदि पूँजीवाद का अन्त करने में सहायक होती तो क्या रूस को यह नीति समझ में नहीं आ सकती थी? आप रूस की बहुत दुहाई दे रहे हैं। हम आपसे ही पूछते हैं क्या राय साहब का नीति अन्तरराष्ट्रीय कम्युनिस्ट संघ की नीति और रूस की नीति के अनुसार है? शायद पुरी साहब को मालूम होगा कि बात ऐसी नहीं है। पिछले अंक में इंग्लैण्ड की कम्युनिस्ट पार्टी के मन्त्री हेरी पॉलिट के पैम्फ़लेट का ज़िक्र कर चुके हैं। क्या समाजवाद के प्रचार के लिए उचित नीति के सम्बन्ध में राय साहब की बात अन्तरराष्ट्रीय कम्युनिस्ट संघ की नीति और रूस की नीति से भी अधिक मान्य है?

(३) पुरी साहब कहते हैं प्रजातन्त्र से हमारा अभिप्राय इंग्लैण्ड के कुछ मुट्ठी-भर लोगों से न होकर वहाँ के जन-साधारण से होता है। क्योंकि, इनके दबाव से ही ब्रिटेन का बूर्जुआ पक्ष इस युद्ध को चलाने के लिए मजबूर हुआ है?'' इस तर्क का अर्थ यह होगा कि ब्रिटेन की मौज़ूदा सरकार जन-साधारण की सरकार है। यदि जन-साधारण इंग्लैण्ड की पूँजीपति श्रेणी को अपनी राय पर चलने के लिए मजबूर कर सकते हैं तो उन्हें अपनी सरकार क़ायम कर लेने में क्या अड़चन थी। इसके साथ यह भी मानना पड़ेगा कि ब्रिटिश सरकार की मौज़ूदा साम्राज्यशाही नीति भी ब्रिटिश जन-साधारण की नीति है। क्या हम पुरी साहब से यह पूछ सकते

हैं कि ब्रिटेन के जन-साधारण के हाथ में अपनी राय का दबाव पूँजीपति सरकार पर डालने के क्या हथियार हैं? पुरी साहब के सिद्धान्त के अनुसार जन-साधारण के हित के प्रतिनिधि समाजवादी और कम्युनिस्ट लोग ही हैं न? आज दिन की ब्रिटिश कैबिनेट में ऐसे कितने लोग हैं? पुरी साहब कहते हैं ब्रिटेन के जन-साधारण ने अपने प्रभाव से अपनी पूँजीवादी सरकार को जर्मनी से लड़ा दिया। हम पूछते हैं यदि ब्रिटेन के जन-साधारण का अपनी पूँजीवादी सरकार पर इतना ही दबदबा है तो उन्होंने जन-साधारण के हित के ही काम क्यों न करा लिये? शाय पुरी साहब का विश्वास हो कि ब्रिटेन में और ब्रिटिश साम्राज्य में जन-साधारण का शोषण होता ही नहीं।

(४) पुरी साहब को इस बात में सन्देह है कि कांग्रेस भारत की स्वतन्त्रता चाहती है। शंका का कारण यह है कि कांग्रेस के नेता ब्रिटिश सरकार से सहयोग की चेष्टा कर चुके हैं और आज भी इसके लिए तैयार हो सकते हैं। पुरी साहब की इस बात में बहुत-कुछ सत्य है परन्तु कांग्रेस के नेता ही तो सम्पूर्ण कांग्रेस नहीं। कांग्रेस का विशाल जनमत जो इसका विरोध कर रहे हैं उसे क्यों भूल जाते हैं। इसे भी जाने दीजिये। परन्तु कांग्रेस के समझौते के लिए उत्सुक होने के कारण यदि हमें उसका विश्वास नहीं करना तो शायद राय साहब का मार्ग ही उचित होगा जो समझौता नहीं चाहते बल्कि (ँराम्ू एल्स्ग्दह) नितान्त पराधीनता चाहते हैं। कांग्रेस समझौता करेगी अपनी आज की स्थिति थोड़ा आगे बढ़कर और राय साहब मौज़ूदा पराधीन परिस्थिति में शासन का अधिकार हाथ में लेने के लिए उतावले हैं। कहिये हम किसकी नीति को पसन्द करें?

(५) पाँचवें पैरे में कांग्रेस मन्त्रिमण्डलों के उन कार्यों की ओर आप ध्यान दिलाते हैं जो उन्होंने मज़दूर-किसान आन्दोलन को आगे न बढ़ने देने के लिए किये थे। हम मानते हैं कांग्रेस मन्त्रिमण्डलों की नीति इस देश में उग्र विचार के लोगों की दृष्टि में सन्तोषजनक नहीं थी। परन्तु एक अप्रिय बात कहने के लिए हम मजबूर हैं। कांग्रेस मन्त्रि मंडलों के कार्य का शिकार रायवादी तो विशेष रूस से बने नहीं थे, बने थे कम्युनिस्ट कहलानेवाले कुछ लोग और मज़ा यह है कि वे अब भी कांग्रेस को जन संस्था बनाने के प्रयत्न के बावज़ूद हज़ार रुकावटों में लगे हुए हैं।

(६) पुरी साहब को कांग्रेस के प्रति शिकायत है कि वह एक दल विशेष और ख़ासकर महात्मा गाँधी का गुट्ट बनती जा रही है। उसमें दूसरे विचारों के लोगों को गुंजाइश नहीं रही। हम पुरी साहब की शिकायत में काफ़ी सत्य देखते हुए पूछते हैं क्या उन्हें, कांग्रेस जैसी संस्था का जनमत के प्रतिनिधियों के हाथ से निकल जाना मंजूर है? यदि नहीं तो शायद वे भी यह भी जानते होंगे कि स्वयं कांग्रेस में प्रबल

मत कांग्रेस के गाँधीवादी गुट्ट का विरोध करनेवाला मौज़ूद है। ऐसी अवस्था में पुरी जी से विचार रखनेवालों का कर्त्तव्य क्या होना चाहिए? उन्हें कांग्रेस से बाहर होकर उन प्रतिक्रियावादी और अवसरवादी नेताओं, का समर्थक बनना चाहिए जो स्पष्ट रूप से जनता के अधिकारों का विरोध करनेवाली पूँजीवादी, समाजवादी और नौकरशाही संस्थाओं के साथ मिलकर भारत को कांग्रेस के उद्देश्य से भी पीछे खींच ले जाना चाहते हैं या उन्हें कांग्रेस में मौज़ूद अग्रगामी विचारों को संबल बनाकर उसे दल विशेष के हाथ की चीज़ बनने से रोकना चाहिए।

यशपाल

२९-१-४० हेज़ल ब्रे, मसूरी

हम आशा करते हैं इस विषय पर काफ़ी प्रकाश पड़ चुका है। भविष्य में इस विषय पर कोई नयी बात उठने या विशेष महत्त्व की बात सम्मुख आने पर ही उसे विप्लवी ट्रेक्ट में स्थान दिया जायेगा। *—सं.*

समालोचना

द्वापर की राज्य क्रान्ति मूल्य ६ आना (लेखक—श्री किशोरीदास वाजपेयी)
प्रकाशक—हिमालय एजेन्सी, कनखल पौराणिक नाटक

पौराणिक नाटक की रचना वाजपेयी जी ने केवल कथा या कला विनोद के लिए नहीं की है। पुस्तक का प्रथम संस्करण सुदामा नाम से समाप्त हो चुका है प्रस्तुत संस्करण का नाम पुस्तक के उद्देश्य को प्रकट कर देने के लिए ही बदला गया यह वाजपेयी जी ने भूमिका में स्वीकार किया है।

पुस्तक का सरसरा अध्ययन भी पाठक की आँखों में उँगली डालकर दिखा देता है कि पुस्तक राजनैतिक उद्देश्य से लिखी गयी है और वह राजनैतिक उद्देश्य से भी सामयिक भावना का अनुरूप, समाजवाद की प्रेरणा से पूर्ण है। वाजपेयी ने अपना कार्य निबाह दिया है। नाटक वे लिख गये हैं। समाजवाद से सहानुभूति होने के कारण हम उनके उद्देश्य की सराहना भी अवश्य करेंगे परन्तु नाटक की एक साहित्यिक कसौटी भी है उसकी भी तो उपेक्षा सर्वथा नहीं की जा

सकती। साहित्यिक कसौटी पर ध्यान देने के लिए वाजपेयी जी ने स्वयं भूमिका में ज़ोर दिया है। उन्होंने ख़ेद प्रकट किया है कि आजकल के नाटक लेखक नाटक' और प्रकरण तक में भेद नहीं जानते तब उनसे सुपाठ्य और सुरुचिपूर्ण की रचना की आशा करना व्यर्थ है।

वाजपेयी के साहित्यिक अनुभव के प्रति सम्मान रखते हुए भी हमें यह कहना पड़ेगा कि उनके प्रस्तुत नाटक का भाव यद्यपि सहानुभूति का पात्र है परन्तु साहित्य के दृष्टिकोण से वह समाजवादी साहित्य की कसौटी पर गिर जाता है। समाजवाद भाव प्रधान सिद्धान्त नहीं वह वैज्ञानिक सिद्धान्त है। उसका आधार है विकास और इतिहास! विशेष ऐतिहासिक अवस्था में ही समाजवाद के विचार या कोई भी विचार अंकुरित होकर पनप सकते हैं। इतिहास का क्रम है कृषियुग, सामन्तयुग और पूँजीवाद का युग। वाजपेयी जी ने अपने नाटक की कथाभूमि के लिए चुना है 'द्वापर' को। द्वापर के ऐतिहासिक और प्रामाणिक वर्णन आज प्राप्य नहीं। पर वह सम्भवत: कृषि युग और सामन्तयुग का सन्धिकाल रहा होगा उस युग में किसान-मज़दूर के अधिकार की भावना को पैठाना अन्य ऐतिहासिक प्रयत्न है जिसे अंग्रेज़ समालोचक एना क्रोनिज़्म या असंगति का नाम देते हैं। मज़दूर की समस्या पूँजीवाद के बिना उठ नहीं सकती क्या वाजपेयी जी का विचार है कि द्वापर युग में पूँजीवाद पनप चुका था? परन्तु वाजपेयी जी नान्दी में ही गँवा रहे हैं। "मनो कह्यो सासक जगत, है किसान मज़दूर।" यहाँ तक कि वे पूँजीवाद का ज़िक्र करना भी नहीं भूले। किसान मज़दूर का शोषण कृषि और सामन्तयुग में कल्पनातीत और अनऐतिहासिक है। भूमिका में वाजपेयी जी ने ऐतिहासिक नाटक में कल्पना के लिए स्वयं वर्जना की है।

राजनैतिक उद्देश्य से लिखे गये इस नाटक में वाजपेयी जी हमारे वर्तमान समाज की सभी समस्याओं को ले लिया है उदाहरण निरक्षरता का अभिप्राय। साक्षरता का प्रश्न भी द्वापर में विशेष ठीक नहीं बैठता। जिस समय विद्या प्राय: मुखाग्र ही की जाती थी साक्षरता की बात तो प्रेस के आविष्कार के बाद ही उठ सकती है। इसी प्रकार नाटक में रूमाल और तौलिये का ज़िक्र भी मौजूँ नहीं जान पड़ता, इस विषय में हमें यूरोप से बहुत-कुछ सीखना है। प्राचीनकाल का दिग्दर्शन करानेवाले किसी यूरोपीय चित्रपट को देखिये उसमें आप पात्रों के दाँत अवश्य मैले पाइयेगा क्योंकि उस समय यूरोप में टूथब्रश का रिवाज़ नहीं था। स्त्रियों के अधिकार का चर्चा भी नाटक में उठ गया है परन्तु शायद स्वयं वाजपेयी जी के अपने आदर्श के कारण वह पुरुषों के पैर धोने में ही सीमित रह गया।

समालोचक कटु कर्त्तय को निबाहने के लिए इतना कुछ कहने के बाद यह कहना अन्याय न होगा कि नाटक रोचक है और अभिनय के लायक़ है। विकास

की ओर जानेवाले सुधार प्रेमी इसे अवश्य बहुत पसन्द करेंगे। नाटक का प्रथम संस्करण समाप्त हो जाना इसकी सफलता का सबसे बड़ा प्रमाण है।

× × ×

हिन्दी 'पत्रिका' सम्पादक आर. डी. मिश्र, प्रकाशक, तमिलनाडु हिन्दी प्रचार सभा, त्रिचनापली

सुदूर दक्षिण में राष्ट्रभाषा हिन्दी प्रचार का कठिन कार्य करनेवाली तमिलनाडु हिन्दी प्रचार सभा की मुख पत्रिका 'हिन्दी पत्रिका' का तीसरा अंक हमारे सामने है। यदि सभा के कार्य का अनुमान हमें इस पत्रिका की सफलता से ही लगाना है तो उसे हम अवश्य उत्साहवर्द्धक समझेंगे। भारत राष्ट्रीयता की लड़ीं में पिरोकर भिन्न भाषा-भाषी प्रान्तों को एक साथ लाने का कार्य हिन्दी द्वारा ही हो सकता है और उक्त सभा को हाथ में ले सराहनीय कार्य कर रही है।

पत्रिका की भाषा शुद्ध है। प्रस्तुत सम्मेलनांक होने के कारण इसमें सभा को कार्यवाही का ही ज़िक्र है। सभा का कार्य ठोस और प्रशंसनीय है।

फरवरी
१९४१

हे ईश्वर

विप्लवी ट्रेक्ट में ईश्वर विश्वास के सम्बन्ध में कुछ लेख प्रकाशित हो चुके हैं। विषय की कठिनता के कारण वे लेख काफ़ी गम्भीर थे। इस लेख में कॉमरेड यशपाल ने इस गम्भीर विषय को ज़रा हलके लहज़े में लिया है। —सं.

मनुष्य दुःख से डरता है। दूसरे को दुःखी समझ शायद उसे अपने दुःखी हो सकने की सम्भावना का ख़याल आ जाता है। इसी से उसमें सहानुभूति जान उठती है और बन पड़े तो सहायता करने की इच्छा भी।

चिर कौमार्य का अपना निरन्तर सूनापन लिए अपनी कोठरी में अस्त व्यस्त खटिया पर हथेली पर ठोड़ी टिकाये जाने क्या सोच रहा था सो तो भूल गया। पर याद है, उसी समय बूढ़ी मेहतरानी का आकर दहलीज़ पर बैठकर मार्मिक स्वर में पूछना—"ऐसी कौन चिन्ता में डूबे हो बाबू?"

नहीं कुछ भी तो नहीं—उत्तर देते हुए मैंने सोचा मेहतर या अपने लड़के की बीमारी का झूठा बहाना बनाकर दो-चार आने मुफ़्त में ऐंठ लेने की भूमिका बाँधी जा रही है क्या? परन्तु वह सब नहीं हुआ। अपने शिथिल शरीर को दहलीज़ के दोनों ओर फैला कर मेहतरानी ने कहा—नहीं कैसे देख नहीं रही हूँ क्या? यह उम्र क्या इस तरह बिसूरने की है? अब तक तुम्हारा ब्याह नहीं हुआ और हुआ है तो बहू से बनती नहीं। यह सब क्या सहज सहा जाता है।"

"नहीं, ब्याह अभी नहीं किया और ज़रूरत भी कुछ जान नहीं पड़ती। तुम कहो कैसे आयी?" अपने आत्मसम्मान की रक्षा के लिए मैंने उससे पूछा।

"वाह रे! ज़रूरत कैसे नहीं? मैं क्या समझती नहीं हूँ? कौन ऐसी लड़की है जिसकी इतनी ऐंठ है? मुझे बताओ न! तुम्हारा जवान उम्र का बिसूरना देखा नहीं जाता। तुम जानते जो नहीं कौन बड़ी बात है सात बताशे तुम अपने हाथ लाकर मुझे दे देना और सात पत्ती इमली की। उस लड़की के नाम से एक

पुड़िया बाँध देना सातों धागों से और सात पैसे पीर जमाल की कुइयाँ पर मैं जाकर तुम्हारे नाम से चढ़ा आऊँगी। पाँच मील है कौन बड़ी बात है। तुम्हारे लिये इतना भी न कर सकूँगी? और फिर देखना गले में आँचल डाले हाथ जोड़े तुम्हारे पीछे-पीछे फिरेगा उस वक़्त फिर जो मन में आये इनाम बुन्दिया को दे देना। कल नहीं परसों ही तुम्हारी पुड़िया और पैसे पीर के यहाँ ले जाऊँगी तैयार रखना।''

मेहतरानी को अभी मुहल्ले का शेष काम देखना था इसलिए थकावट के बावज़ूद वह ज़मीन पर हाथ टेक सहारा लेकर उठी और मुझे ताक़ीद कर चली गयी। पहले क्या सोच रहा था परन्तु मेहतरानी के चले जाने के बाद पीर ज़माल की करामात की बात सोचने लगा। जिनके यहाँ सात बताशे और सात पैसे चढ़ा देने से पराये घर की लड़की पर क़ब्ज़ा हो जा सकता है। मेहतरानी की मूर्खता पर मुस्कराकर उठ जाना चाहता था कि याद आ गयी बात अपने शहर के कुछ परोपकारी सज्जनों इस साल चौमासे में बारिश कुछ देर से शुरू हुई थी और अनावृष्टि के कारण दुर्भिक्ष और महामारी की आशंका होने लगी थी। इन सज्जनों ने गली-घूम चन्दा किया कि वर्षा के लिए महायज्ञ किया जायेगा। ऐसे सार्वजनिक हित के काम में चवन्नी देने में संकोच कर अपना अपमान कराने की क्या ज़रूरत थी? इसलिए चवन्नी दी ही थी। परन्तु ख़याल यह किया कि शहर भर से चार पाँच सौ रुपया जमा कर भगवान् को प्रसन्न करने के लिए उनके नाम पर लगा दिया जायेगा। इससे वर्षा हो जाने की आशा है। इतना बड़ा देश दु:ख दारिद्रय से बच जायेगा। चार पाँच सौ क्या बड़ी चीज़ है। इतने दिन से भगवान् वर्षा को रोके बैठे हैं शायद वे इसी यज्ञ की प्रतीक्षा कर रहे हैं। शायद वे अपने जल का मूल्य चाहते हैं। भगवान् मूल्य चाहते किस तरह नहीं हैं? वे अपनी प्रत्येक कृपा का मूल्य चाहते हैं। यह जितने आकाश में सिर उठाये ऊँचे-ऊँचे मन्दिर, मसजिदें और गिरजे खड़े हैं यह सब भगवान् की कृपाओं का मूल्य ही तो मनुष्य ने दिया है। और मन्दिर में नित्य चढ़नेवाली भेंट काली जी के नाम से बलिदान होनेवाले बकरे यह सब भी तो भगवान् ही समेटते हैं और उनके नाम पर जितने घण्टा-घड़ियाल आरती कीर्त्तन होते हैं वह भी उनकी कृपाओं के मूल्य के खाते में ही तो जाता है। क़ुरान शरीफ़ में इस हिसाब को साफ़ तौर पर समझा दिया है। क़ायदा यह है कि पाँच दफ़े रोज़ नमाज़ अदा करने से तो अल्लाह ताला की मेहरबानियों की क़ीमत अदा होती है। यह एक फ़र्ज़ है। इतना करने में कुछ सवाब नहीं। छटीं नमाज़ और अदा करो तो वह तुम्हारे हिसाब में दर्ज होगी वह सवाब गिना जायेगा और उसके लिए कुछ फ़ालतू पाने की उम्मीद की जा सकती है।

सवाल यह है कि अल्ला-अल्ला करने या राम-राम सहस्त्र दफ़े दोहराने से फ़ायदा क्या? तुम्हारे ही सामने बैठकर कोई तुम्हारा नाम जपे जाये 'शिवराज' 'शिवराज' तो आख़िर दिक़ आकर झुँझला उठोगे—क्या मुसीबत है? परन्तु भगवान् इससे बुरा नहीं मानते! इसी से ख़याल आता है, या तो वे सुन नहीं पाते या परवाह नहीं करते! भगवान् से जितनी तरह की प्रार्थना की जाती है यदि उस सबकी ओर वे ध्यान देने लगें तो शायद एक भी प्रार्थना को स्वीकार करना असम्भव न हो सके! अभी जब महायज्ञ करके वर्षा बरसाने का आयोजन हो रहा था मुहल्ले में एक घटना हो गयी। लोगों ने सुबह उठकर देखा पास के चौक में रात के समय कोई टोना कर गया है। कुछ पूरियाँ एक पत्तल पर पड़ी थीं और उन पर गन्द डाल दिया गया था और साथ में पूजा के उपक्रम का दूसरा सामान सिन्दूर, फूल, घी की एक देवली वग़ैरह। सुबह लोगों ने यह सब देखा और क्रोध में गालियाँ देने लगे—ज़रूर कोई बदमाश बनिया होगा। रात में वर्षा न होने का टोना कर गया है। कुछ नौजवान धोती का फेंटा कमर में कसकर बनिये को पीट डालने के लिए तैयार हो गये। समझदारों ने समझाया ऐसे ऊल जलूल टोने और ग़लत स्वार्थ-भरी प्रार्थना को भगवान् नहीं सुनते। घबराने की कोई बात नहीं।

अदालत में घटना की अपेक्षा गवाही का ही मूल्य अधिक होता है परन्तु साधारण जीवन में बिना गवाही के भी सत्य को समझा जा सकता है। टोना करते समय लाला को किसी ने नहीं देखा था परन्तु यह तो हम भी जानते थे कि पिछले पन्द्रह बरस से अपने जीवन में सब सुख साध और स्वास्थ्य तक को क़ुरबान करके लाला ने जो रुपया बटोरा था उसी से इस साल उन्होंने बैसाख में खत्ती भरी थी। महीना-भर और बादल रुके रहने से ही वे बन जाते वर्ना उनका कहीं पता भी न चलता। सोचिये, पन्द्रह बरस की तपस्या कोई चीज़ होती है? हमारे ऋषि तो साल छह मास में ही इन्द्र और ब्रह्मा का आसन डोल जाने की आशा रखते थे। वह जमाने भी अच्छे थे कि तुरन्त ही रम्भा और उर्वशी पायजेब छनकातीं, तपस्वियों की बलाएँ लेतीं ठुमक-ठुमक करती आ पहुँचती थीं पर आजकल भगवान् के यहाँ या तो दफ़्तर में काम इतना है कि सब दरख्वास्तों पर ध्यान नहीं दिया जा सकता या फिर अब सख्ती हो गयी है कि सुनवाई होती ही नहीं। लाला जी का वह 'रुपया' देव की तपस्या में सूखी और जर्जर देह-भरी आँखों के सामने आ खड़ी हुई और समझदार लोगों की वह बात भी याद आ गयी कि ऐसे टोने-टोटके और बद्दुआ से कुछ नहीं होता। लाला भी सन्तोष से कहते सुनायी दिये—"हमारे टोने से कुछ नहीं होता तो तुम्हारे यज्ञ के टोने से भी भगवान् अपना नल नहीं खोल देंगे।"

मैं यह सोच रहा था कि बददुआओं से कुछ नहीं होता तो फिर भूकम्प, अनावृष्टि, आग लग जाना और इतने बड़े-बड़े युद्ध मनुष्यों को बरबाद करने के लिए क्यों आ जाते हैं? साइन्सवालों से बात करने से उलटे परेशानी ही बढ़ती है। वे झट बता देंगे पृथ्वी के गर्भ में गरमी इकट्ठी हो जाने से फूट पड़ी, भूकम्प आ गया या समुद्र की जल से लदी हवा इधर न बह उधर को पलट गयी इसलिए पानी नहीं बरसा। पर इससे क्या तसल्ली हो? इससे तो यही समझ में आता है कि संकट और मुसीबत भी ज़िन्दगी में जुड़े हुए हैं। संकट का उपाय कर लो बच जाओ। उपाय नहीं कर सकते, तो मर जाओ! यह अपनी अक्ल पर भरोसा और अभिमान करना भौतिक सभ्यता (Materialism) है। हमारे देश के सभी समझदार बताते हैं और दूसरे के धर्मगुरु भी उनका समर्थन करते हैं कि इसी भौतिक सभ्यता के कारण आत्मा और परमात्मा को भुला देंगे तो नाश के सिवा और क्या होगा? सहारा वहाँ मिलेगा? नैपोलियन बेचारा भी एक रोज़ घबरा उठा था। अपने समय के महा विद्वान् वैज्ञानिक लाप्लास को बुलाकर उसने पूछा यह पृथ्वी कहाँ से बनी और यह सौर चक्र किस तरह चलता है। लाप्लास ने नक़्शा खींचकर सब-कुछ समझा दिया कि जड़ प्रकृति की शक्तियाँ ही सब-कुछ करती हैं। विस्मय से नैपोलियन ने पूछा—"तो भगवान् कहाँ हैं?" लाप्लास ने विनय से उत्तर दिया—"सम्राट, भगवान् साइन्स के बाहर रहते हैं।"

लाप्लास एक बात कहना भूल गया। उसे कहना चाहिए था भगवान् मनुष्य के मन में रहते हैं। इससे भी अधिक उत्तर होता भगवान् मनुष्य की निर्बलता में रहते हैं। जितनी बातें हम जानते और समझते हैं उनमें भगवान् से कहीं वास्ता नहीं पड़ता। जहाँ हमारे ज्ञान की सीमा समाप्त हो जाती है हम अपने-आपको निर्बल समझ बैठते हैं वहीं से भगवान् का क्षेत्र शुरू हो जाता है। प्यास लगने पर सीधा इलाज है कि सुराही से गिलास में पानी लेकर पी लिया जाये उसके लिए भगवान् से प्रार्थना नहीं करनी पड़ती। नहर के किनारे के खेत की सिंचाई के लिए भी भगवान् की दुहाई नहीं दी जाती परन्तु जब देश भर में पानी नहीं बरसता या बेहद बरस कर बाढ़ आ जाती है और समझ में नहीं आता तो समाजी भाई कहते हैं अब भगवान् के सम्मुख यज्ञ द्वारा प्रार्थना करने के कोई चारा नहीं। हवन करो ख़ूब धुआँ उठे यों भगवान् का कलेजा नहीं पसीजता धुएँ से ही उसकी आँखों में आँसू आ जायें। किसी तरह काम बने! महात्मा जी कहते हैं, इस देश में अछूतों के साथ घोर अन्याय होता है इसी से इस देश में दुर्भिक्ष पड़ता है, बाढ़ आती है और भूकम्प आते हैं। मारवाड़ी सेठ जी का ख़याल है कि गो-वध का पाप इस पृथ्वी पर होता है इसी से इसका कल्याण नहीं। बहुत-

से सआदतमन्द नेक मुसलमानों का ख़याल है कि जिस देश में इतनी बुतपरस्ती हो, क़ाफ़िरों की हुकूमत हो, वहाँ जो क़हर आ जाये थोड़ा है।

पर भगवान् के क्रोध से वे ही मुसीबतें आती हैं जिनका हम कारण नहीं समझ सकते। जिन मुसीबतों का हम कारण समझ जायें उनके लिए भगवान् के यहाँ अपील किये बिना ही हम उपाय शुरू कर देते हैं। मिसाल के तौर पर जुकाम हो जाने पर हम समझ जाते हैं, सर्दी लग गयी। जोशाँदा। काढ़ कर पी लिया जाये! परन्तु यदि सारे बदन में एकदम से ऐंठन हो, जुबान बन्द होकर आदमी मर जाये तो वह भगवान् की इच्छा से या पिछले जन्म के किसी पाप से होता है। आजकल चेचक फैलने का भय देख गलियों की सफ़ाई और टीके की फ़िक्र की जाती है परन्तु अभी बहुत बरस नहीं हुए जब एक ही उपाय था कि चेचक फैलने पर भगवान् की ओर से इस मरज़ के महकमे के लिए जिम्मेवार गधे पर सवारी करनेवाली शीतला माता के यहाँ दूध में जल मिला कर रिश्वत दी जाये!

यों तो अब बहुत अस्तपाल खुल रहे हैं जहाँ भगवान् से प्रार्थना किये बिना हर मरज़ की दवा बोतल से निकालकर दे दी जाती है परन्तु अब भी इस देश में उन्हीं लोगों की संख्या अधिक है जो निकम्मी दवाइयों की अपेक्षा सर्वशक्तिमान् भगवान् या उसके प्रतिनिधियों काली, भवानी, हनुमान, भूत, बैताल और पीर की ही शरण लेना पसन्द करते हैं। सुनते हैं भगवान् उनका ख़याल भी ख़ूब करते हैं। किसी पढ़े-लिखे आदमी को साँप काटा जाने पर नश्तर लगाने की या विष-से-विष मारने की ज़रूरत पड़ती है परन्तु दूर देहात में इसके लिए गूँगा पीर के आगे ढोलक और थाली बजाकर मन्त्र पढ़ देने से ही काम बन जाता है। इसी तरह मनुष्य जितना ही शिक्षा से दूर रहता है भगवान् उतने ही उसके पास रहते हैं ज्यों-ज्यों मनुष्य की बुद्धि और ज्ञान का दायरा बढ़ता जाता है भगवान् पीछे हटते चले जाते हैं। असभ्य, हबशी और भील बात-बात में भगवान् और देवता की सलाह और सहायता लेते हैं। खेत बोने और काटने से पहले और बाद! शत्रु पर हमला करने से पहले या हार या जीत के बाद आँधी पानी, आग, बाढ़ हर बात में भगवान् से तुरन्त ही सलाह कर लेते हैं। भगवान् और देवता की प्रसन्नता और नाराज़गी का भी पता उन्हें तुरन्त लग जाता है। भगवान् और देवता उनके लिए कोई अप्रत्यक्ष और तर्क की वस्तु भी नहीं। वे भगवान् से सीधे बातचीत कर सकते हैं। उसे देख और सुन सकते हैं। परन्तु ज्ञान और शिक्षा से भगवान् को चिढ़ है। पढ़े-लिखे और सभ्य आदमियों के छोटे-छोटे मामलों में भगवान् दख़ल नहीं देते। इतना ही नहीं, ज्यों-ज्यों

मनुष्य की तर्क और जिरह की शक्ति बढ़ती जाती है भगवान् अदृश्य होते जाते हैं और उनके गुण और रूप भी सूक्ष्म होते जाते हैं और ऐसी अवस्था आ जाती है कि भगवान् को न देखा जा सकता है, न सुना, न सूँघा जा सकता है न छुआ। परन्तु उनके अस्तित्व और मौज़ूदगी को फिर भी मानना ही होगा। भगवान् को आप अनुभव नहीं कर सकते? हर्ज़ नहीं। वह अनुभव की वस्तु ही नहीं क्योंकि वह स्थूल पदार्थ तो है नहीं। परन्तु यह बात हम भूल जाते हैं कि असभ्य कहलानेवाले लोगों के भगवान् नितान्त स्थूल हैं और शक्तिमान बल्कि एक हद तक स्वेच्छाचारी और उच्छृंखल भी परन्तु अपने भक्तों का वे बहुत ख़याल रखते हैं। कम-से-कम उन लोगों का दृढ़ विश्वास ऐसा ही है।

मनुष्य की शक्ति बढ़ने के साथ-ही-साथ भगवान् की शक्ति बढ़ाने की भी तो ज़रूरत पेश आयी। इसलिए भगवान् के दूरदर्शी वकीलों ने कहा वह अनुभव से परे है और अशरीरी—अर्थात् शरीर रहित भी। शरीर होने से भगवान् की शक्ति पर सीमा लग जाती है। वे निस्सीम और सर्वव्यापक भी नहीं रह सकते थे और उन्हें कहीं-न-कहीं अपने अस्तित्व और मौज़ूदगी का प्रमाण देना ही पड़ता। इसलिए अपने किसी भी गुण से उनकी मौज़ूदगी का प्रमाण न पाये जा सकने की बात तय हुई परन्तु उन्हें मानना पड़ेगा ही। बुद्धि से भगवान् को न पाया जा सकता है और न पहचाना जा सकता है। यह इसलिए कि बुद्धि की पहुँच की तो एक सीमा है और भगवान् सभी सीमाओं के बाहर हैं। उन्हें पाया जा सकता है, या अनुभव किया जा सकता है केवल विश्वास से। और इसका तरीक़ा यह है कि पहले आप निस्सन्देह यह दृढ़ विश्वास कर लीजिये कि भगवान् हैं और आप उनकी मौज़ूदगी को अनुभव कर रहे हैं फिर आप उन्हें अनुभव करने लग जायेंगे। तरीक़ा कुछ बुरा भी नहीं। मैं भी एक बात कहना चाहता हूँ, आप आकाश में चल रहे हैं, यदि आप विश्वास नहीं कर सकते तो इसमें मेरा कुछ दोष नहीं। क्योंकि शर्त यह है कि आप पहले निस्सन्देह दृढ़ विश्वास इस बात का कर लें तभी आपको यह विश्वास हो सकेगा।

ख़ैर! इतनी लम्बी चौड़ी निराधार बहस से क्या लाभ? जब संसार के अरबों ही मनुष्य भगवान् को प्रतिपल अनुभव करते हैं, उनमें विश्वास करते हैं। गाँधी जी कहते हैं और सभी धर्मात्मा लोग कहते हैं कि संसार के यह लोग झूठ बकते हैं। यदि यह सब लोग वास्तव में भगवान् पर विश्वास करते होते तो संसार में इतना अनाचार क्यों होता? संसार में महा अनाचार फैला हुआ है इसलिए भगवान् के इन सनदयाफ़्ता भक्तों की ही बात माननी होगी! पर यह इतने लोग भगवान् पर विश्वास करने का ढोंग क्यों भरते हैं? मैं नहीं कहता मेरी उम्र बहुत अधिक है या मैंने दुनिया को बहुत अधिक छाना बीना है परन्तु दुराचारी और पापी कहलानेवाले

लोगों में...स्वयं अपने-आपको दुराचारी स्वीकार करनेवाले लोग वास्तविक ईश्वर भक्तों की ही तरह बिरले मिलेंगे परन्तु जिन्हें दुराचारी क़रार देकर जेल में बन्द कर दिया गया है उन्हीं की बात कहता हूँ...एक भी चोर, डाकू या बलात्कार करनेवाला ऐसा नहीं जो ईश्वर के अस्तित्व उसके न्याय और उसकी दया में विश्वास न रखता हो! भगवान् यह सब अनाचार देखते हैं और उनके कान पर जूँ नहीं रेंगती! तर्क करनेवाले कहते हैं, भगवान् ने मनुष्य को कर्म करने में स्वतन्त्र बना दिया है फल भोगने में वह परतन्त्र है। हमें न इस स्वतन्त्रता का अर्थ समझ आया न परतन्त्रता का। यदि अपनी इच्छा से मिर्च चबाकर हम हाय-हाय करें तो शिकायत की गुंजाइश नहीं। यह तो हुई फल भोगने में परतन्त्रता की बात पर यह कर्म करने की स्वतन्त्रता कैसी है? समझदार बताते हैं कि पैदा होते समय भी हम पिछले जन्म के कर्मों की गठरी बाँधकर साथ ले आता है तो फिर स्वतन्त्रता कैसी कुछ कहते हैं यह बात ग़लत है। पैदा सभी एक जैसे होते हैं, खाली और खुले हाथ धागा भी किसी के जिस्म पर नहीं होता। पर मुझे यह बात कुछ बेमतलब-सी जान पड़ती है। क्योंकि किसी के पहले रोने पर तो संसार के सब द्रव्य और पदार्थ उसकी ओर खिंचे चलते हैं और किसी की पहली चीख पर केवल क्षुधार्त माँ की आँखें ही उसकी ओर झुक पाती हैं। वह भी मेरी समझ में नहीं आता कि पैर से मिट्टी छूने के लिए तरसनेवाला और शरीर पर एक भी वस्त्र न होने से हेमन्त में मरनेवाला बालक कर्म करने की एक समान स्वतन्त्रता लेकर पैदा होते हैं। या बम्बई के मिल मालिक और खानाबदोश जयराम पेशा के बालक को संसार यात्रा आरम्भ करने की एक समान स्वतन्त्रता है? ख़ैर इस अप्रासंगिक बात को जाने ही देना बेहतर है। जब कर्म करने की स्वतन्त्रता मिलती है तो उसे ठुकराया क्यों जाये! पर कर्म करने की यह स्वतन्त्रता तो सभी को मिलती है। बच्चे का गला घोंटकर जेवर उतारनेवाले और बलात्कारी से लेकर नीरो, नादिरशाह, कंस और फराउन सभी को! सुनते हैं यह सब अत्याचार करने की स्वतन्त्रता देने के बाद भगवान् ऐसे दुष्टों को फल के फन्दे में फँसाकर ठीक भी ख़ूब करते हैं। मुझे सर्वज्ञ और सर्वशक्तिमान् भगवान् से इतना ही पूछना है? हे न्याय मूर्ति दयालु भगवान् जब आप जानते हैं कि अमुक-अमुक क्षुद्र जीव इतना अनर्थ करने की स्वतन्त्रता लेकर पैदा हो रहा है, तो उनके पहला घूँट लेते समय तुम माँ के स्तन पर चुटकी पर संखिये का लेप क्यों नहीं कर देते? या जिस माँ के गर्भ में ऐसे मस्तिष्क तैयार हो रहे होते हैं उसी समय उन्हें ठीक क्यों नहीं कर देते? यह सब तुम्हारे ज्ञान के बिना नहीं होता और इसका उपाय करने की शक्ति भी तुममें ज़रूर ही होगी आख़िर तुम सर्वशक्तिमान् हो! यदि यह सृष्टि तुम्हारी बनायी है, तो इसमें इतना दु:ख क्यों?

दुष्टता का दण्ड देने के लिए यह सब संकट तुम्हें बनाने पड़े हैं; पर दुष्टता की ही बनाने की क्या ज़रूरत थी? दुष्टता का दण्ड देने के लिए इतने दारुण संकटों की इजाद करने की अपेक्षा क्या यह कहीं अच्छा न होता कि मनुष्य मात्र के स्वभाव में लोभ और अन्याय की इच्छा ही पैदा न होती? जब इस प्रकृति और पृथ्वी को इतनी चतुरतापूर्वक बनाने की सामर्थ्य तुम में थी तो क्या सदा समय पर नपकर केवल आवश्यक वृष्टि करने, आग को ज़रूरी चीज़ें न जलाने और बीमारी के कीटाणु पैदा न करने का सामर्थ्य न था? इन सब बातों से शायद बचपन और नातजरुबेकारी का प्रमाण मिलता है इसलिए हम केवल विद्वानों की ही बातें करें।

आजकल के क्रान्तिकारी भगवान् के विरुद्ध भी क्रान्ति करने पर तुले हुए हैं। संसार और समाज में क़ायम अन्याय की परम्परा में उन्हें भगवान् द्वारा इन सब बातों की मंजूरी की मोहर दिखायी देती है। इसी से वे भगवान् की सत्ता से चिढ़ जाते हैं। समझदार और बुज़ुर्ग उन्हें समझाते हैं, भगवान् तो अन्याय करने के लिए नहीं कहते? क्रान्तिकारियों का समाधान इस बात से नहीं होता। वे कहते हैं—भगवान् अगर है, यदि वह सृष्टि का भला चाहता है, और यदि वह वास्तव में सर्वशक्तिमान् भी है, तो संसार से अन्याय, अत्याचार, कायरता, लोभ और दूसरे संकटों को दूर न करने की जिम्मेवारी उसी पर है। आख़िर वह मनुष्यों को मिथ्या भ्रम में फँसाये रखने के सिवा करता क्या है? उसकी ज़रूरत? हम वास्तविकता को ही क्यों न देखें? मिथ्या भ्रम में फँसने की ज़रूरत क्या?

परन्तु एक बहुत बड़ा क्रान्तिकारी और वास्तविकतावादी विद्वान् वोल्टेयर कहता है—भगवान् की ज़रूरत है और इतनी ज़रूरत है कि यदि वह न भी हो तो उसे बनाये रखने की ज़रूरत है। वोल्टेयर के विचार में भगवान् की ज़रूरत यह है कि उसका भय पापियों को पाप से बचाये रहता है। वोल्टेयर ने कितने बड़े पापियों को ईश्वर के भय से पाप से दूर रहते देखा, कह नहीं सकते; लेकिन हमें तो संसार में पाप की कमी दिखायी नहीं देती! हो सकता है जवाब मिले, यदि ईश्वर का भय न होता तो इससे हज़ारों गुणा अधिक पाप होता! यदि यही बात सत्य है तो हमें मानना पड़ेगा कि ईश्वर के सत्य या मिथ्या भय से मनुष्य की मनुष्यता वास्तविक रूप में प्रकट नहीं हो पायी। हो सकता है वह बहुत भयंकर होती। पर यह भी असम्भव नहीं कि वह कुछ और ही ढंग की होती! या मनुष्य ईश्वर के भय से मुक्त हो वास्तव में स्वतन्त्र हो अधिक अच्छी व्यवस्था की रचना कर लेता? हम वाल्टेयर से यह पूछेंगे ईश्वर के भय से कौन मनुष्य सदाचारी रहते हैं? वही लोग न जो स्वभाव से डरपोक हैं। ऐसे डरपोक अगर शरारत करने भी जाते तो

कौन क़िला गिरा देते? जो डरपोक नहीं है वे तो ईश्वर के भय के बावज़ूद अपनी करतूत से बाज़ नहीं आते! कुछ ईश्वर विश्वासी डरपोक कहलाने से ज़रूर नाराज़ होंगे। इसलिए हम यहाँ कहना चाहते हैं कि भले आदमी ईश्वर पर विश्वास न्याय और नेकी का राज्य आने की प्रतीक्षा में रह गये और दुस्साहसी और पापी लोगों की बन आयी! इस ख़याल से वोल्टेयर के कहने के अनुसार ईश्वर के विश्वास ने पाप को रोकने के बजाय उसे प्रोत्साहन ही दिया।

यदि हमारा यह ख़याल ग़लत हो और वास्तव में ही वोल्टेयर के कहने के मुताबिक़ मनुष्य समाज वास्तव में ही ईश्वर के भय के कारण ही पाप से दूर रहा है तो इस विश्वास से भी हमें विशेष उत्साह नहीं होता। क्योंकि ईश्वर के विश्वास ने मनुष्य को नेकी के लिए नेकी करना नहीं सिखाया। नेकी की राह में ही मनुष्य का कल्याण और सम्मान है यह न समझकर ईश्वर के भय से बदी से दूर रहना मनुष्य को जंगली जानवर से सभ्य नहीं बना देता। अलबत्ता उसे ईश्वर के भय के कठघरे में क़ैद ज़रूर किये रहता है। परन्तु इसे तो मनुष्यता की उन्नति का मार्ग नहीं समझा जा सकता।

इसके अतिरिक्त ईश्वर की इस अपूर्ण सृष्टि में जैसे और सब वस्तुएँ भलाई और बुराई दोनों कर सकती हैं उसी प्रकार ईश्वर का भय भी, अगर वह कुछ भलाई कर सकता है तो बुराई भी कर सकता है। भय तो आख़िर भय ही है। उसका काम है मनुष्य को अपनी शक्ति और सामर्थ्य पर भरोसा करने से रोकना। पाप क्या है? ईश्वर की दृष्टि में अन्याय और अत्याचार क्या है? यह बताने के लिए ईश्वर कभी नहीं आता! कम-से-कम सर्वसाधारण को तो ईश्वर की आवाज कभी सुनायी नहीं देती। ईश्वर के अहकाम सर्वसाधारण लोगों तक ईश्वर के कारिन्दों के ज़रिये ही पहुँचते हैं। सर्वसाधारण का यही लोग बता देते हैं कि किस-किस बात से भगवान् नाराज़ होते हैं और किस-किस बात में भगवान् का भय करना चाहिए। यों तो समय-समय पर भगवान् की आज्ञा के अनुसार पाप-पुण्य बदलते ही रहे हैं परन्तु एक बात निरन्तर रूप से भगवान् की आज्ञाओं और पाप-पुण्य के विचार में समान रूप से मौज़ूद रही है। यह बात रही है समाज के शक्तिशाली लोगों और शासकों के हितों और अधिकारों की रक्षा। इस बात में शायद कटुता और वैमनस्य की गन्ध मालूम हो परन्तु इतिहास साक्षी है। ईश्वर की आज्ञाएँ पुण्य या धर्म के लक्षण एक ही होते हैं। इन सबका प्रयोजन होता है समाज की व्यवस्था को क़ायम रखना।

समाज में सब लोग एक समान अवस्था में नहीं रहते। समाज के भिन्न-भिन्न लोगों और श्रेणियों की अवस्था उन लोगों के हाथ में मौज़ूद जीविका के साधनों पर निर्भर करती है। जीविका के इन साधनों के बिना मनुष्य ज़िन्दा नहीं रह सकता।

किसी ज़माने में जब जीविका के साधन एक गाँव या क़बीले के लोगों की साँझी सम्पत्ति रहे होंगे या समाजवाद और कम्युनिज़्म के स्वप्न में ऐसा हो जायेगा तो सब एक समान हो सकते हैं वर्ना समाज में सब एक अवस्था में नहीं होते। जिसके हाथ में सम्पत्ति वह मालिक दूसरा ग़ुलाम हो जाता है। कोई मालिक तो कोई नौकर रहता है कोई शासक और कोई प्रजा। समाज में व्यवस्था रखने या भय क़ायम करने का मतलब होता है जो जहाँ है वहीं रहे। इस काम के लिए लाठी और तलवार से तो सहायता ली ही जाती है परन्तु लाठी और तलवार चलाने के लिए भुजाओं में बल के साथ ही न्याय के अधिकार की भी सहायता ली जाती है यानी लाठी मारी जाये इस ख़ूबी से कि वह भली मालूम हो। यदि यह न्याय मनुष्य का ही बनाया हुआ है तो दूसरे मनुष्य उसके बारे में शंका कर सकते हैं। इसलिए इस न्याय पर मनुष्य से बड़ी शक्ति की मोहर लगायी जाती है। ऐसी शक्ति की जिससे जिरह करने का मौक़ा किसी को नहीं। यह शक्ति है भगवान् जिनका सन्देश ग़ुलामों को है कि मालिक के लिए जान दे दो। प्रजा के लिए उनका सन्देश है कि पति परमेश्वर है। मतलब यह कि भगवान् कहते हैं कि जैसे चला जा रहा है उसमें गड़बड़ करने से हम नाराज हो जायेंगे। जैसे चला जा रहा है वैसे चलते रहने देने का मतलब है कि जिसके हाथ में लाठी है उन्हें हाँकने दो, हाँकते चले जाओ। हत्या करना बुरा है परन्तु राजा या मालिक के हुकुम से ऐसा करना पुण्य है। खेत या सड़क पर किसी को मार डालने से भगवान् नाराज होते हैं परन्तु युद्ध में ऐसा करने से स्वर्ग मिल जाता है। चोरी न करो क्योंकि ऐसा करने से व्यवस्था बिगड़ती है। इससे सम्पत्ति के मालिक को भय रहता है। सच बोलने की ज़रूरत इसीलिए है। सन्तोष करना भी इसी लिए ज़रूरी है। परन्तु यह समझ में नहीं आता जो भूखा नंगा है वह सन्तोष क्यों करे? और कैसे करें? संसार में आज एक तिनका भी तो ऐसा नहीं जो किसी-न-किसी की सम्पत्ति न हो फिर भूखा नंगा रहे तो क्या? हाँ व्यापार नामक छल से वह जो कुछ कमा ले वह ना मुनासिब नहीं क्योंकि मालिक लोगों ने जायज़ करार दे दिया है। किसी की आँख बचाकर कुछ उठा लेना पाप है। किसी को मजबूर कर कोई चीज़ ले लेना डकैती है परन्तु लागत से ज़्यादा मोल ले लेना, ढेरों मेहनत करा ज़िन्दगी का बहुत-सा सामान तैयार कराकर एक दिन पेट भरने लायक़ मज़दूरी दे देना पाप नहीं क्योंकि समाज की मौज़ूदा व्यवस्था इसी तरीक़े पर क़ायम है। लेकिन हम तो बात कर रहे थे भगवान् की आ फँसे समाज की व्यवस्था में। पर भगवान् का उपयोग भी तो इसी काम के लिए होता है। शासकों और ताक़तवर लोगों को भगवान् धर्म क़ायम रखने का अधिकार देते हैं और शोषितों को उपदेश देते हैं। चुपचाप सहते जाने का। और उन्हें चुपचाप रखने के

लिए त्याग और सन्तोष का उपदेश भी उन्होंने दे दिया है। यों दरिद्र लोग भगवान् के प्यारे समझे जाते हैं। परन्तु भगवान् के इस प्यार पुचकार का लाभ शोषितों को अपनी दीन-हीन अवस्था में निष्क्रिय बनाये रखने के सिवा और कुछ नहीं होता। समाज में किसी भी परिवर्तन की चेष्टा करने पर भगवान् सदा उसका विरोध करने के लिए सामने आ जाते हैं। लेकिन मज़ा यह है कि परिवर्तन या क्रान्ति की कोशिश करनेवाले भी भगवान् के नाम पर ही बग़ावत शुरू करते हैं। यदि वे सफल हो जाते हैं तो उनकी मनचाही व्यवस्था को भगवान् को मंजूरी मिल जाती है। यदि वे असफल रह जाते हैं तो भगवान् की आज्ञा से उनका नाश कर उन्हें विश्वेह के अपराध में नरक भेज दिया जाता है। जिसके भी हाथ में लाठी और ताक़त होती है, जिसे भय क़ायम करने की ज़रूरत हो भगवान् उसी के हो जाते हैं। वोल्टेयर इस बात के गवाह हैं।

परन्तु निस्वार्थ न्याय और शान्तिप्रिय लोग भगवान् की चिन्ता न करते हों सो बात नहीं। ऐसे लोग भगवान् से झोली पसार कर कुछ माँगने नहीं जाते। उन्हें चाहिए केवल आत्मिक शान्ति। या फिर संसार की इस असफलता, सफलता के संघर्ष में उसका एकमात्र भरोसा! ऐसे सज्जन क़ायर नहीं। संसार की कठिनाइयों का सामना वे करने को तैयार हैं परन्तु अपनी शक्ति और सामर्थ्य को निस्सीम समझने की धृष्टता और मूर्खता भी वे नहीं कर सकते। अपने जीवन में अनेक समय ऐसे आते हैं जब वे अपने-आप को अपने प्रयत्नों और शक्ति की सीमा पर खड़ा हुआ पाते हैं। अपने ही जैसे किसी दूसरे मनुष्य की ओर सहायता और सान्त्वना के लिए देखने की इजाज़त उनका आत्म अभिमान उन्हें नहीं देता। ऐसे समय भरोसे की ज़रूरत भगवान् ही पूरी करते हैं। वे आँख मूँदकर भगवान् के चरणों या बाँह का सहारा ले स्वयं आगे प्रयत्न करने की कोशिश करते हैं। ऐसी अवस्था में सदा सफलता ही हो जाती हो सो बात नहीं। यदि सफलता मिली तो स्वयं अपने प्रयत्नों के लिए वे भगवान् को धन्यवाद देते हैं। यदि असफलता मिली तो वे इसे भगवान् की इच्छा समझकर या अपने प्रयत्न में कहीं कमी रह जाने की बात सोचकर भगवान् के चरणों में सिर झुका देते हैं। भगवान् जुए की बैठक के मालिक की तरह हैं। जिन्हें हारने और जीतनेवाले दोनों से ही खराज मिलता है। स्वयं अपने कठिन परिश्रम से सफलता पाकर उस भगवान् की कृपा समझने से मनुष्य अभिमान और गुरूर से बचता है और असफलता में तो उसका सहारा दिल को ढारस देता ही है। मनुष्य में अपनी शक्ति की सीमा का ज्ञान और भरोसा ढूँढ़ने की इच्छा उसे भगवान् पर विश्वास की ओर झुकाती है। भगवान् से उसे जो सहायता मिलती है उसका स्त्रोत है मनुष्य का अपना विश्वास। यह विश्वास मनुष्य को दृढ़ निश्चय और साहस की

टेक तैयार करने में सहायता देता है। परन्तु यह दृढ़ निश्चय और साहस तो भगवान् की शक्ति नहीं। यह तो मनुष्य के दिमाग़ की शक्ति है। भगवान् किसी देवता या भूत के ही नाम पर हम जो शक्ति अपने मन या दिमाग़ से पैदा कर पाते हैं वह शक्ति हमारी ही है भगवान् की नहीं। वह मकड़ी के जाल के सूत की तरह है जिसे मकड़ी स्वयं अपने ही मुख से निकाल कर उसका सहारा ले लेती है। यह तो मकड़ी के अपने ही शरीर का अंग है किसी दूसरे का वरदान नहीं। स्वयं अपने विश्वास से एक सहारा बनाकर उसका आसरा लेकर सन्तोष अनुभव करने से क्या यह कहीं बेहतर नहीं कि स्वयं अपने मनुष्यत्व का ही विश्वास किया जाये? मनुष्य जब अपनी कल्पना और विश्वास से भगवान् की रचना कर उससे इतना सहारा पा सकता है तो वह स्वयं अपना ही सहारा क्यों न ले? हमारी अपनी कल्पना से उत्पन्न हुई शक्ति का अस्तित्व स्वयं हमारे ही भीतर है हमसे पृथक नहीं। वह हमारी अपनी ही शक्ति का रूप है यदि हम अपने विश्वास से पैदा हुई इस शक्ति के कार्यों के परिणाम को देखें तो हम उन्हें अपने ही कार्य पायेंगे। वही बात होगी कि भूत से डरनेवाला लड़का बाप के कहने से हाथों में कालिख मल भूत का मुँह काला कर उससे छुट्टी पाने गया था और जब वह भूत के मुँह पर कालिख मल वीरता से लौट आईने के सामने खड़ा हुआ तो कालिख अपने ही मुख पर लगी देखा।

भगवान् तर्क और बुद्धि की पकड़ में नहीं आते, वे हैं विश्वास की चीज़। ज्ञान और बुद्धि के बिना विश्वास किया जाता है केवल भगवान् के अस्तित्व को स्वीकार करने के लिए ही। संसार का साधारण क्रम यह है कि हम पहले बुद्धि से किसी वस्तु को जानते पहचानते हैं तब उस पर विश्वास करते हैं। 'लिम्पा चूचू' वृक्ष का फल खाकर शारीरिक बुद्धि और शक्ति बढ़ने का विश्वास कोई नहीं करता क्योंकि यह कोई नहीं जानता कि लिम्पा चूचू वृक्ष कहीं संसार में है भी या नहीं। बुद्धि द्वारा जिस वस्तु का ज्ञान हमें नहीं उसकी प्राप्ति की इच्छा क्यों कर हो और यदि किसी लाल बुझक्कड़ से आप लिम्पा चूचू की तारीफ़ सुनियेगा तो उसे समझने और प्रत्यक्ष देखने की इच्छा ज़रूर कीजियेगा परन्तु भगवान् के बारे में बुद्धि को इतनी स्वतन्त्रता नहीं दी जा सकती। उनके बारे में तो पहले विश्वास ही करना होगा तब फिर विश्वास की ज़ंजीरों में जकड़ी बुद्धि से आप लँगड़ा तर्क कर सकेंगे। और फिर भगवान् स्वयं विश्वास करके शक्ति प्राप्त करने के सिवा और किसी काम आते भी तो नहीं। जब विश्वास ही भगवान् की शक्ति का आधार है तो फिर मैं मेहतरानी के पीर जमाल के कुएँ और लाला के चौराहे के टोने का ही अविश्वास क्यों करूँ?

फल तो कर्म का ही मिलता है। गिड़गिड़ाने और गुहार करने से सुनते हैं भगवान् के यहाँ कोई सुनवाई नहीं होती। लेकिन फिर भी समझदार लोग उन पर

विश्वास करते हैं और प्रार्थना करते हैं। ऐसा करने से लाभ भी होता है। भौतिक लाभ तो कुछ होता दिखायी नहीं देता हाँ ईश्वर भक्त और ईश्वर विश्वासी होने से समाज के लोग आदर श्रद्धा ज़रूर करने लगते हैं। सो यदि मुझे भी भगवान् से प्रार्थना करनी ही है तो यही प्रार्थना करूँगा—"हे भगवान् मैं तुम्हारा विश्वास न कर अपना ही विश्वास करना सीखूँ।"

बेकार एण्ड कम्पनी लिमिटेड

स्त्रियों की स्वतन्त्रता की माँग का नखरा!

अनेक बातों पर मतभेद होते हुए भी इस बात पर प्राय: सब लोग सहमत हो सकते हैं कि "तबीयत अपनी-अपनी और मज़ाक अपना-अपना।" संस्कृत के कवि भवभूति ने भी कहा है "भिन्न रुचि: लोका:" और अंग्रेज़ी में भी कहावत मशहूर है कि "डिफरेण्ट पीपल, डिफरेण्ट टेस्ट्स।" इतना मानने पर भी कोशिश प्रत्येक व्यक्ति की यही रहती है कि उसके मज़ाक, पसन्द या समझ को दूसरे लोग सही मानें। ऐसा न हो तो दुनिया में झगड़ा ही क्यों हो, बहस कैसे चले। और सब बातें तो जैसे-तैसे चल जायें लेकिन बेकार भाइयों की कटनी मुश्किल हो जाये। अपना तो गुज़ारा ही इस बात पर है कि झगड़ा हो तो दो पार्टियों में से कोई तो पूछेगा ही।

बेकार कम्पनी के बड़बोले ऐतिहासिक आजकल इस सर्दी में बेकार क्लब की बेघर-बार की मजलिसों से प्राय: ग़ायब रहते हैं। वजह दरयाफ़्त करने पर मालूम हुआ कि उनके परिचित एक भलेमानस के घर में झगड़ा हो गया है। भलेमानस से हमारा मतलब बिलकुल सीधे-साधे आदमी से नहीं रहता। ऐसे आदमी जिनसे न किसी को भय, न किसी को लाभ, भले हुए तो क्या और बुरे हुए तो क्या? हमारा मतलब भलेमानस से है, खाते पीते सज्जन जो आते-जाते को एक सिगरेट या चाय का प्याला भेंट कर सकें।

तो भलेमानस के घर झगड़ा होने से मतलब यह नहीं कि वहाँ लाठी चल गयी हो। लाठी पत्थर के मामले से हमारे ऐतिहासिक ऐसे दूर रहते हैं जैसे रोशनी से चमगादड़। झगड़ा यह है कि भलेमानस की श्रीमती जी यानी भलीमानस जी ने वूमेंसलीग के प्रस्ताव पढ़ लिये हैं और उनका विचार है कि इस देश की स्त्रियों की अवस्था सुधारने के लिए उन्हें समाज सेवा के मैदान में उतर आना चाहिए।

भलेमानस साहब यों तो नये तरीक़ेकार के समर्थक हैं परन्तु सामाजिक और पारिवारिक शान्ति को सबसे अधिक और महत्त्व देते हैं। भलेमानस जी और भलीमानस जी के विचारों का प्रभाव समाज और देश के क़ानून पर क्या पड़ेगा, हम नहीं जानते। परन्तु फ़िलहाल दोनों का प्रयत्न यही है कि वे दूसरे को अपनी दलीलों से क़ायल कर दें। बेकार ऐतहासिक संसार के अमली मैदान में मात होकर भी बात के मैदान के महारथी हैं। वे दोनों ही पक्षों की ओर से दलील दे सकते हैं और दोनों पक्षों को दूसरे की दलील की काट भी बता सकते हैं। उनका क़ायदा है कि दोनों में से जिसे कमज़ोर पड़ता देखते हैं, उसी की तरफ़ अपनी दलील की कुमुक दे देते हैं। श्रीमान् जी को ख़ुश करने से उन्हें मिलते हैं बढ़िया सिगरेट और श्रीमती जी को ख़ुश करने से उन्हें मिलते हैं गरम-गरम समोसे! सो ऐतिहासिक जी भी रूस और अमेरिका की तरह यही मनाया करते हैं कि इंग्लैण्ड और जर्मनी की लड़ाई की तरह मियाँ बीवी की लड़ाई बनी रहे और उनके चाय-समोसे और सिगरेट का सरंजाम इस सख्त सर्दी में बना रहे।

अब तक अगर श्रीमान् जी घर के कामकाज के बारे में श्रीमती जी का कभी कोई नुक्स निकाल देते थे तो श्रीमती थोड़ी देर मुँह फुला लेतीं और श्रीमान् जी उन्हें मना लेते। इस रूठने से एक क़िस्म से महीने पन्द्रह दिन में दम्पति के प्रेम पर चढ़ा कर पुराना प्रेम नया हो जाता था परन्तु जब से श्रीमती जी को अपने अधिकारों का ख़याल हो गया है, तब से यह रूठना मानलीला से समाप्त न होकर अब बहस में तबदील हो जाता है। फिर बहस दिनों ही चलती है। अभी उस रोज़ श्रीमती जी किसी जलसे में गयी थीं और भाग्य के विद्रूप से उसी रोज़ शाम को खाना नौकर ने कुछ ठीक नहीं बनाया। श्रीमान् जी ने गृहस्वामी के पद के अधिकार से एतराज़ किया। लेकिन श्रीमती जी ने बजाय मुँह बना लेने के कोरा उत्तर दे दिया—"मैं कोई खाना बनाने की नौकर तो हूँ नहीं।"

पतिदेव ने क्रुद्ध होकर पूछा—"तो घर का काम देखना तुम्हारा कर्त्तव्य नहीं है?"

उत्तर मिला—"तो क्या मैं घर के काम की नौकर हूँ?"

यह ऐसा सवाल था जिस पर दुतरफ़ा बहुत-कुछ कहा जा सकता था। इसलिए दोनों ही अपने-अपने समर्थक लेकर बहस चलाने लगे। इसी में बेकार ऐतिहासिक साहब की बन आयी।

मियाँ बीबी का यह झगड़ा मेहमानों के सामने चाय की महफ़िल में सभ्यतापूर्ण ढंग से एक सामाजिक प्रश्न के रूप में पेश हुआ। प्रश्न था—स्त्रियों का क्षेत्र और उनके अधिकार एक श्रीमती जी ने अत्यन्त गम्भीरता से दावा किया कि भारतीय

सभ्यता में स्त्री का स्थान ख़ास सम्मानपूर्ण है। वह घर की स्वामिनी है। इसीलिए उसे देवी शब्द से सम्बोधन किया गया है। अवतारों के नाम तक में स्त्री का नाम पहले आता है जैसे सीताराम-राधाकृष्ण-उमा महेश इसलिए भारतीय घरानों में स्त्री का ही अधिकार पुरुष से ऊँचा है। वह माता है और माता के नाते उसका स्थान सबसे ऊँचा है।

श्रीमान जी के समर्थक बोले—"स्त्री का स्थान माता का ज़रूर है वह पूजा का पात्र भी है परन्तु प्रजा के जितने पात्र देवी-देवता होते हैं वे सब मन्दिर में बन्द रहते हैं और चाबी रहती है पुजारी जी की जेब में। घर के मन्दिर में स्त्री पूजा की प्रतिमा है ज़रूर परन्तु मन्दिर का मालिक पुजारी तो पुरुष ही है। इसलिए उसी का अधिकार और शासन चलना ज़रूरी है।"

श्रीमती जी की कृपा से गरमागरम समोसे खा कर एक साहब ने कहा—"स्त्री को माता की पूज्य पदवी देना और फिर उसे पुरुष के क़ब्ज़े में बताना तो स्वयं पुरुष की ईमानदारी का ही मज़ाक है।"

ऐतिहासिक महोदय चाय का प्याला समाप्त कर अपने होंठों को चूसते हुए इस बात की प्रतीक्षा कर रहे थे कि श्रीमान् जी सिगरेट की डिबिया जेब से बाहर निकालें इसलिए अपने हाथों को मलकर उन्होंने इशारा किया कि खाना-पीना तो हो चुका अब धुएँ की बारी है। श्रीमान् जी को सचेत करने के लिए उन्होंने कहा—"सो तो बिलकुल ठीक है पर माता की पदवी की सबसे अधिक दावेदार तो गौ माता हैं जिनके गले में रस्सी डालकर आप खूँटे पर खड़ा कर देते हैं।"

माता पद का दावा करनेवाली श्रीमती जी की सहेली ने चिढ़कर प्रश्न किया—"तो आप स्त्री को भी गाय की ही तरह पुरुष की सम्पत्ति समझने का साहस कर सकते हैं?"

ऐतिहासिक जी की इस चोट से ख़ुश होकर श्रीमान जी ने झट सिगरेट की डिब्बी बाहर कर दी। शान्तिपूर्वक एक सिगरेट जलाकर ऐतिहासिक साहब बोले—"हमारे साहस करने की बात आप क्या कहती हैं? हम तो उन सब पुरुषों को महामूर्ख समझते हैं जो स्त्री नाम के जीव को पाल कर अपने सिर व्यर्थ का इतना भारी झंझट पाल लेते हैं। आप ही कहिये एक पुरुष के जीवन के गुज़ारे का झंझट ही क्या? परन्तु स्त्री के आ जाने से एक नहीं हज़ार झंझट पैदा हो जाते हैं और फिर स्त्री से पैदा होनेवाले झंझटों की वजह से पुरुष को परेशानी और फ़िक्र के सिवा लाभ क्या? आप ही बताइये न?' श्रीमती जी ने क्रोध में कहा—"झंझट तो पुरुषों की वजह से स्त्रियों को ही उठाना पड़ता है। पुरुषों को क्या झंझट है?...उन्हें कौन क़ैद है?"

एक ख़ूब लम्बा कश सिरगेट से खींचकर ऐतिहासिक महोदय बोले पुरुषों को क़द्र है उनकी हिमायत की। जो दिन-भर बैल की तरह घर का कारख़ाना चलाने के लिए घूमा करता है। कमबख़्त अपने निजी आराम का ख़याल तो करता नहीं उसे फ़िक्र रहती है कि बीवी के लहंगे में किनारी लमाने की और बच्चों के हज़ार झंझटों की। आप कुदरत को मानती हैं या नहीं? बताइये कौन बैल गौ माता के लिए चारा इकट्ठा करने की फ़िक्र करता है? पालतू जानवरों की बात जाने दीजिये। जंगल में ही देखिये क्या शेर, शेरनी के लिए शिकार ढोता फरता है? या हिरन हिरनी के लिए घास बटोरता है? पक्षियों में अलबत्ता इतना रिवाज़ ज़रूर है कि बच्चा जब तक फुदकने के लायक़ नहीं हुआ वे हफ्ता अठवारा उसकी चोंच में दाना भरते रहते हैं। मगर जहाँ उसके पर निकले कि उसे खदेड़ दिया गया। और दूसरी ओर अपने-आप को सृष्टि का राजा वहनेवाला पुरुष है जो असल में मूर्खों का राजा है। बीवी को सोने-चाँदी और रेशम में लपेट-लपेट कर रखता है कि आँख में काजल भरकर उसकी और मुस्करा भर दिया करे। और फिर इस दिल्लगी के नतीजे में बच्चों की शक्ल में अपने कन्धे पर एक के बाद दूसरा बोझ लादता चला जाता है। ज्यों-ज्यों यह मुसीबत बढ़ती जाती है, वह और ख़ुश होता है कि मेरा कुनबा बढ़ रहा है। औरों की चालाकी देखिये मर्द को कैसा बेवकूफ़ बनाती हैं मेहनत मर्द से कराती हैं और मालिक ख़ुद बनी रहती हैं। उसे फुसलाये रहती हैं कि तेरा घर है, तेरे बच्चे हैं। इनके लिए यह ला वह ला देख, मेरे सिर में अगर तेल नहीं होगा, अगर मेरे हाथों में मेंहदी नहीं होगी तो तेरी बेइज़्ज़ती हो जायेगी। मर्द बेवकूफ़ बन आँखें मूँदे कोल्हू के बैल की तरह चलता रहता है। अब तक मर्द को इस सब जहमत के बदले मालिक होने का ग़रूर हो सकता था परन्तु आज की औरतें तो मर्द का यह ग़रूर भी बरदाश्त नहीं कर सकतीं। वे कहती हैं तुम हमारे ग़ुलाम हो और अपने को ग़ुलाम समझो। मैं तो कहता हूँ, मर्दों को ऐसी औरतों का एहसानमन्द होना चाहिए जो उन्हें उनकी असली हालत बता रही हैं और ज़रूरत है इस बात की कि मर्द होशकर अपने अधिकारों की रक्षा के लिए अपना शोषण बन्द करने के लिए कुछ तजवीज़ करें।''

ऐसा विचित्र बात जो कभी नहीं सुनी थी सुनकर देवी जी ने ऐतिहासिक की ओर यों आँखें फाड़कर देखा मानों बिना बादल के आकाश में बिजली लपक गयी हो! और बोलीं यह आप क्या कह रहे हैं—शोषण स्त्रियों का मर्द करते हैं या मर्दों का स्त्रियाँ? श्रीमान् जी ने ऐतिहासिक की बात से ख़ूब उत्साहित हो खाली चायदानी को टटोलकर नौकर के उद्देश्य से चिल्लाकर हुकुम दिया—अरे कहाँ

गया, चाय और लाओ! और फिर कृतज्ञता पूर्ण नेत्रों से ऐतिहासिक की ओर से इस आशा से देखा कि वे कुछ और बोले।

ऐतिहासिक अपनी सिगरेट से कश खींचते हुए बोले—स्त्रियों का शोषण किसी समय होता होगा या उन लोगों के यहाँ होता होगा जहाँ स्त्रियाँ घरेलू पशु की भाँति बिना अधिकार के रहती हैं; परन्तु हमारे सभ्य समाज में स्त्रियों का शोषण कहाँ होता है? आप अधिकार माँगती हैं परन्तु कर्त्तव्य आप कौन-सा निभाती हैं? अधिकार होता है कर्त्तव्य की बिना पर। आजकल की स्त्रियाँ अपना कर्त्तव्य तो कुछ समझती नहीं। हाँ अधिकार ज़रूर माँगती हैं।

श्रीमती जी ने भयभीत स्वर में पूछा—"हाँ आप क्या कह रहे हैं? क्या स्त्रियाँ कुछ नहीं करतीं?—तो घर भर का यह काम कौन करता है? मर्दों को एक घण्टा गोद में बच्चा खिलाना पड़ जाये तो दिन में तारे दिखायी देने लगते हैं। आप फरमाते हैं, स्त्रियाँ कुछ करती ही नहीं।"

नये सिरे से गरमागरम ताजा भरा हुआ चाय पात्र आता देखकर ऐतिहासिक जी की बाँछें खिल गयीं। देवी जी को लम्बी-चौड़ी शह देने के इरादे से हाथ जोड़कर उन्होंने कहा—"यदि नाराज़ न हों तो एक बात कहूँ!"

"कहिये"

देवी जी से अभयदान पाकर ऐतिहासिक जी बोले—"मैं यह समझता हूँ कि आपके बिना श्रीमान् जी ज्यों-त्यों गुज़ारा कर लेंगे परन्तु क्या आप भी श्रीमान् जी के बिना गुज़ारा कर सकती हैं?"

इस बेढब प्रश्न से खीझकर साड़ी का आँचल नाक के सामने करते हुए श्रीमती जी बोलीं—"इसका मतलब?"

ऐतिहासिक साहब बोले—"इसका मतलब बहुत सीधा है। पुरुष वृक्ष के समान है जो पृथ्वी से और वायु से रस खींचकर बढ़ता है। स्त्री आकाश बेल के समान है जो वृक्ष की डालों से रस चूसकर ख़ुद बढ़ती है और वृक्ष को घेर स्वयं हरी-भरी बन जाती है और एक हद तक वृक्ष को भी सजा देती हैं।"

ख़ुश होकर श्रीमान् जी ने ऐतिहासिक के प्याले को तीसरी बार चाय के कषाय रस से भर दिया और कृतज्ञता से चीनी के चम्मच पर चम्मच उसमें उड़ेलने लगे हन्ता के ऐतिहासिक साहब को हाथ बढ़ाकर ऊँचे स्वर से 'बस बस' कहना पड़ा।

श्रीमती जी की एक सहेली ने अभिमान से मुख लाल करते हुए कहा—"पुरुषों को यदि इतना ही अभिमान है तो स्त्रियों के बिना घर चलाकर दिखायें तो।

ऐतिहासिक चंग पर चढ़ चुके थे। चुप कैसे रहते? बोले—"सो तो सैकड़ों पुरुष चलाते भी हैं; परन्तु स्त्रियाँ कितनी ऐसी हैं जो पुरुषों के बिना घर चलाती हैं। माना कि

कुछ वीर स्त्रियाँ ऐसी हैं ज़रूर, परन्तु उनकी संख्या प्रति हज़ार पुरुष पीछे एक भी नहीं। कोई और उत्तर न पाकर श्रीमती जी बोलीं,—"पुरुष स्त्रियों को छोड़े भी?"

"अब कहीं आपने पते की बात"—ऐतिहासिक जी बोले—"पर यह तो बतलाइये कि पुरुष स्त्रियों को छोड़े तो क्योंकर! जो स्त्रियाँ उपयोगी हैं अर्थात् भोजन कपड़ा पाकर पुरुष के आराम और एसाइश का सब सामान कर देती हैं, उन्हें पुरुष छोड़ने की मूर्खता नहीं करेगा; परन्तु आपके ढंग की स्त्रियों को—मतलब है पढ़-लिख जानेवालीं, काम की जगह बात बनानेवाली स्त्रियों को समझदार पुरुष कहीं-कहीं छोड़ने लगे हैं। यानी ऐसी देवियों को पुत्री पाठशाला की मास्टरी और डॉक्टरी कर पेट पालना पड़ने लगा है। अच्छा आप यह बताइये किसी भी घरेलू स्त्री का उपयोग सिवाय अपने पति के इस्तेमाल में आने के और है क्या? वह समाज के किस काम आती हैं?"

श्रीमती जी की सहेली बिगड़ उठीं, बोली—स्त्री के समाज के काम आने का मतलब? यह क्रोध देख ऐतिहासिक जी के होश ठिकाने आये। घबराये कहीं घर के लिए चाय की दावत से हाथ न धो बैठें। इसलिए सँभलकर बोलें—"मतलब यह है कि प्रत्येक व्यक्ति समाज के लिए कुछ-न-कुछ पैदा करता है या समाज की सेवा करता है। चाहे वह खेती कर अन्न उपजाये दुकान कर ज़रूरत की चीज़ लोगों को मुहैया करे या नौकरी कर किसी प्रकार के प्रबन्ध में सहायता दें, वह समाज के लिए कुछ-न-कुछ करता है परिणाम में अपने गुज़ारे के लिए जीविका पाता है। इस प्रकार सब व्यक्ति मिल-जुल कर समाज का निर्वाह करते हैं। और समाज व्यक्ति को गुजारा देता है। समाज के लिए पैदावार या सेवा करके ही व्यक्ति गुज़ारे का अधिकार पाता है। अब आप ही बताइये स्त्रियाँ समाज में कौन काम करती हैं जो समाज उन्हें गुज़ारा दे? वे तो सिर्फ़ एक ही व्यक्ति की आवश्यकता पूर्ण करती हैं। उनका जीवन एक ही व्यक्ति के उपयोग के लिए होता है उसी पर वे आश्रित रहती हैं इसी की वे सम्पत्ति रहती हैं...।

"पर इस अवस्था को हम क्यों सहें?" देवी जी ने क्रोध में कहा—

"समाज के आरम्भ से ही यह अवस्था चली आ रही है। स्त्री शारीरिक रूप से पुरुष के समान सबल नहीं इसलिए उसे पुरुष के अधीन रहना ही पड़ेगा।" एक और सज्जन बोले।

यह बात सुनकर सभी देवियाँ हतोत्साह हो एक-दूसरे की ओर देखने लगीं। ऐतिहासिक जी ने समझा यदि देवियों की पराजय आज निश्चत रूप से हो गयी तो फिर चाय की प्याली पर होनेवाला दलील का दंगल सदा के लिए समाप्त हो जायेगा। इसलिए वे पैंतरा ले उनकी सहायता के लिए आगे बढ़कर बोले—"यह

आप कैसी बात कह रहे हैं। इतिहास आपकी बात को साबित नहीं करता! पुरुषों के जीविका के साधन सदा ही एक से नहीं रहे और न उनकी सभ्यता ही एक-सी रही। स्त्रियों की अवस्था भी मनुष्य समाज की सभ्यता के साथ-साथ बदलती आयी है। स्त्रियों को शारीरिक निर्बलता आज उन्हें आश्रित बनाकर नहीं रख सकती...कुछ विस्मित होकर श्रीमान जी ने एक सिगरेट ऐतिहासिक जी की ओर बढ़ाते हुए पूछा—क्यों आज शारीरिक सामर्थ्य का महल क्यों नहीं रहा?''

सिगरेट ऐतिहासिक जी ने बेशक स्वीकार कर लिया परन्तु कहने चले गये—''मनुष्य ने विज्ञान द्वारा मशीन बनाकर अपनी शारीरिक शक्ति की सीमा बहुत बढ़ा ली है। पैदावार के काम में आज पैर की अपेक्षा मनुष्य का दिमाग़ ही अधिक काम करता है। नयी सभ्यता के अनुसार हल चलाने का मतलब दो ज़बरदस्त बैलों को सँभालकर हल की नोक को पृथ्वी में गड़ाना ही नहीं है। उनका मतलब आज है, हल चलाने की मशीन ट्रैक्टर पर बैठकर कलपुर्जे घुमा देना। इस काम को स्त्री भी पुरुष के ही समान कर सकती है। इसी ढंग से समाज के प्रबन्ध या सेवा के कार्य में सहयोग देने का अर्थ केवल भाला-तलवार और तीर-कमान बाँधना ही नहीं। आज स्त्री शिक्षक, चिकत्सक, प्रबन्ध आदि अनेक रूपों में समान-सेवा के कार्य को सँभाल सकती हैं। अपने भरण-पोषण के लिए आज उसे पुरुष के मुँह की ओर देखते रहने की आवश्यकता नहीं वह समाज का स्वतन्त्र अंग बन सकती है। पुरुष की सम्पत्ति या ग़ुलाम बने बिना आज उसका निर्वाह चल सकता है। दूसरी ओर आज दिन के जीवन संघर्ष में पुरुष के लिए जीवन निर्वाह का मार्ग इतना कठिन होता जाता है कि स्त्री को सम्पति बनाकर पालने के अरमान को पुरुष भूल जाने के लिए मजबूर हो रहा है। इसलिए अब स्त्री को स्वयं अपनी इच्छा न होने पर भी स्वतन्त्र होने के लिए विवश होना पड़ेगा।

श्रीमती जी के डूबते हुय दिल को कुछ सहारा मिला। सान्त्वना का एक साँस लेकर उन्होंने कहा—''तो फिर स्त्रियाँ स्वतन्त्र हो सकेंगी न?''

''हाँ क्यों नहीं हो सकेंगी—ऐतिहासिक जी ने कहा ज़रूर हो सकेंगी यदि वे समान जीवन के संघर्ष की ज़िम्मेदारी को अपने कन्धों पर लेने के लिए तैयार होंगी। मतलब यह है कि स्त्रियों को आर्थिक मैदान में पुरुषों के साथ कन्धे-से-कन्धा मिलाकर चलने के लिए तैयार होना पड़ेगा।''

देवी जी की सहेली ने उत्साह से कहा—''उससे हम थोड़ी ही डरती हैं। हमें तो पुरुष मौक़ा ही नहीं देते। सब ज़्यादती तो पुरुषों की है।''

एक और सज्जन जिन्हें श्रीमान् जी के अनुत्साहित दिखायी देने से चिन्ता होने लगी थी आगे बढ़कर बोले—''सो तो ठीक है परन्तु यह भी न भूलिये कि स्त्रियों

के आर्थिक रूप से स्वतन्त्र होते ही उनके कई अधिकार छिन जायेंगे। मिसाल के तौर पर बात-बात पर पति को डाँटना, गहनों के लिए जिद्द करना, तीन घण्टे मेंहदी लगाना, चार घण्टे बाल सँवारना और तीन घण्टे बटना मलकर नहाना। फिर नाख़ून रंग कर ठोड़ी पर उँगली रखकर बात करने का मौक़ा भी नहीं रहेगा। फिर बात-बात पर देवी जी और रमणी शब्द का भी प्रयोग नहीं होगा स्त्रियों के लिए राह छोड़कर पुरुष तुरन्त एक ओर नहीं हट जाया करेंगे। फिर तो देवी जी या तो सात घण्टे दफ़्तर में क़लम घिसायी करेंगी या मिल में खड़ी होकर मज़दूरी करेंगी।''

यह साहब अभी बोल ही रहे थे कि दूसरे साहब बोल उठे—''क्यों साहब फिर घर की रानी रूठ भी न सकेंगी?''

''रूठेंगी किससे? अपने सिर से तब उन्हें यह कहने का मौक़ा थोड़े ही रहेगा कि हम पुरुषों के लिए जान दिये देती हैं और वे हमारी परवाह ही नहीं करते। पर सवाल यह है कि इस मोल में भारत की लज्जा का भूषण पहने कोमलांगी स्त्रियाँ अपनी स्वतन्त्रता लेने के लिए तैयार होंगी भी या नहीं'' ऐतिहासिक जी बोले।

जान पड़ा कि देवियों को यह रूखी बहस कुछ विशेष पसन्द नहीं आ रही थी इस लिए सभा भंग करने के इरादे से श्रीमती जी की सहेली ने कहा—''घर में वो इन्तज़ार कर रहे होंगे'' और विदा लेकर चल दीं। खाने-पीने का सरंजाम समाप्त हो जाने से दूसरे लोगों को भी अपने-अपने घर चल देने में कोई एतराज़ न था।

चाय की चुस्कियाँ
दुर्मुख

एक साहब कुछ लोगों की इस बात से बहुत परेशान हैं कि चाय का प्याला हाथ में आया कि उनकी जुबान का स्विच खुल जाता है। आख़िर परेशान होकर कह ही बैठे क्या चुपचाप चाय नहीं ''पी जा सकती?''

बात करनेवाले साहब ने नाराज़गी ज़ाहिर किये बिना ही जवाब दिया—''हुजूर चाय से सोयी हुई ज़ुबान जाग पड़ती है इसमें हमारा कुसूर?''

बहुत अच्छा अगर आपको बकना ही है तो कम-से-कम लड़ाई की बात न कीजिये!

"लीजिये लड़ाई कि नहीं प्रेम की ही बात कहते हैं। आपका ख़याल क्या है? सत्याग्रह कामयाब हो जायेगा या नहीं?"

"हो क्यों नहीं जायेगा? इसमें सरकार को भी आपत्ति क्या है। गाँधी जी स्वराज तो माँगते नहीं। माँगते हैं केवल प्रचार की स्वतन्त्रता का अधिकार।"

"पर उससे भारतवासियों को ही क्या लाभ होगा? क्या स्वराज्य मिल जायेगा?"

"तुम भी यार चाय पीकर व्यर्थ ही गँवाते हो!"

"स्वराज्य क्या स्वराज्य के नाम से मिलेगा। वह मिलेगा बड़ी चालाकी से! और चालाकी जानते हैं सिर्फ़ गाँधी जी! अच्छा तुम बताओ बगला पकड़ना हो तो क्या तरीक़ा है?"

"जाल बिछाकर पकड़िये या ढेला मारिये!"

ग़लत बिलकुल ग़लत! इस। ढंग से बगला उड़ जायेगा! और फिर इसमें हिंसा है। असल तरीक़ा यह है कि मोमबत्ती जलाकर बगले के सिर पर रख आइये। मोम पिघलकर बगले की आँखों में भर जायेगी, अन्धा हो जायेगा, आप अहिंसापूर्वक पकड़ लाइये। समझे कुछ?...बस इसी तरह अंग्रेज़ों से मनमाना प्रचार करने का अधिकार ले लीजिये...जब उनकी आँखों में मोम भर जायेगी फिर स्वराज्य आपका ही है और किसका है?

× × ×

"गाँधी जी की एक बात समझ में नहीं आती! हम कहते हैं स्वराज्य चाहिए! गाँधी जी कहते हैं। पहले अपने सोचने-विचारने की स्वतन्त्रता छोड़ हमारी बात मानो तो स्वराज्य मिले।"

"ठीक ही तो कहते हैं। शास्त्रों में भी लिखा है ज्ञान तर्क से नहीं होता, श्रद्धा से होता है। जब आप गाँधी जी को गुरु स्वीकार करते हैं तो फिर उनकी आज्ञा माननी ही पड़ेगी? गुरु लोगों का तो यही ढंग है।"

"मतलब?"

"यही कि अपने आगे दूसरे की शक्ति वे स्वीकार नहीं करते।" गुरु द्रोणाचार्य ने एकलव्य से पूछा—हमें गुरु मानते हो? उत्तर मिला 'जी हाँ'।

द्रोणाचार्य ने आज्ञा दी तो फिर गुरु दक्षिणा में अपने अँगूठे काट दो!

सो गाँधी जी कौन नयी बात कहते हैं कि जनता स्वयं कुछ करने का साहस या दुस्साहस न कर सके!

× × ×

सुभाष बाबू अन्तर्ध्यान हो गये और सब लोग परेशान हैं। केवल उन्हीं को एकमात्र सच्चा नेता समझनेवाले परेशान हैं, अब कौन राह बतायेगा? उन्हें फिसाद की जड़ समझनेवाले परेशान हैं, मुसीबत के सोते का पता न रहने से उसे बन्द कैसे किया जायेगा? और-तो-और वाइसराय भी परेशान हैं कि यह करोड़ों रुपया खा जानेवाली पुलिस आख़िर करती क्या है?

× × ×

सवाल यहा होता है कि सुभाष बाबू अन्तर्ध्यान हो क्यों गये? कड़वी तेज़ चाय का प्याला सुरकते हुए एक महाशय बोले:—हम कहते हैं, अन्तर्ध्यान न हो जाते तो और करते क्या? तजरबा भी तो कोई चीज़ है। राजनीति में चोटी से एड़ी तक का ज़ोर लगाकर उन्होंने देख लिया। कभी तो लोग उनकी बात समझे ही नहीं। जब समझे तब मानी नहीं। लोग कहते थे सुभाष निडर हैं, ठीक कहता है पर हैं तो आख़िर 'आदमी' ही न ? 'आदमी' तो हम सभी हैं। सो आदमी की बात का क्या मानना? बात मानी जानी चाहिए महात्मा की। क्योंकि महात्मा लोग जो कहते हैं वह बात 'आदमी' के मामूली दिमाग़ की नहीं होती। वह स्वयं भगवान् ही महात्माओं के कान में कह जाते हैं। और भगवान् का दूत आदमी तभी हो सकता है जब कुछ असाधारण बात करे? ऐसी बात करे जो साधारण आदमी न करते हों! जो कुछ साधारण मनुष्य खाते हों न खायें। भूखा रहे और कहे मुझे भगवान् शक्ति दे रहे हैं। कपड़े न पहने कहे, क्या ज़रूरत ही क्या—संसार में कपड़े पहनकर पैदा ही कौन होता है? लोग बात करें तो चुप रहे! सदा यही प्रकट करे कि उसे जीवित रहने की कोई साध नहीं। जो बात करे उसे भगवान् की इच्छा बताकर करे! और उसकी बात का समर्थन करनेवाले भी हों! जो यह कहें महात्मा जी की बात को समझने की चेष्टा नहीं करनी चाहिए उस पर केवल विश्वास कर लेना चाहिए!...''

यह सब मुँह बना-बनाकर आहिस्ता-आहिस्ता अपनी बात कहे जो रहे थे कि दूसरे सज्जन बीच में बोल बड़े...''अभी उस दिन लखनऊ के अमीनाबाद पार्क में एक महात्मा आये थे सरकारी अफ़सरों और बड़े-बड़े रईसों के सामने महात्मा जी को दस फुट गहरा गढ़ा खोदकर दबा दिया गया और ऊपर से चूना गच्ची की क़ब्र चुन दी गयी। छत्तीस घण्टे बाद यह महात्मा जब जीते-जागते बाहर निकल आये तो हज़ारों लोगों ने इनके चरणों में सिर रख दिया। और लाखों की भेंट उनके चरणों में चढ़ गयी। पर कोई पूछे तो महात्मा जी के ३६ घण्टे तक पृथ्वी में दबे रहने से लखनऊ की जनता या संसार का क्या भला हो गया? अगर महात्मा जी भिक्षा माँगते तो दिन-भर में बासी रोटी का एक टुकड़ा मुश्किल से पाते परन्तु उन्होंने भेंट को मार दी ठोकर सो भेंट बरसने लगी!...''

तीसरे बोले अरे नहीं तो भेद महात्मा गाँधी और दूसरे नेताओं में है। दूसरे नेता चिल्लाते फिरते हैं, अरे हमारी बात सुनो और गाँधी जी कहते हैं—"हूँ मैं तो हिमालय जाऊँगा! मुझे क्या मतलब जनता से! इसीलिए जनता उनके पीछे-पीछे नाचती है।..."

...तो मतलब आपका कि सुभाष बाबू भी महात्मा बनेंगे?

...और नहीं तो क्या? त्रेता युग में महाऋषि वशिष्ठ और राजा विश्वामित्र में तनातनी चली। जब विश्वामित्र सब तरह हार गये तो वे भी ऋषि बन गये आख़िर वशिष्ठ जी को उनके सामने हार माननी पड़ी! हमें अब एक रोज़ सुभाष बाबू कौपीन पहन, जटाजूट बढ़ाये प्रकट होकर कहेंगे हिमालय में महाऋषि व्यास की बगल में बायें पैर के अँगूठे पर खड़े होकर तीन सौ तिरसठ दिन तक उन्होंने तपस्या की और इस दौरान में खरगोश के दूध और स्त्रीश फूल के पराग के सिवा उन्होंने कुछ सेवन नहीं किया। इस तपस्या से उन्हें ब्रह्म दृष्टि प्राप्त हो गयी है और जो कुछ वे कहते हैं भगवान् की प्रेरणा से बस फिर कहिये, कौन है जो उनके आगे सिर नहीं झुकायेगा?

कड़वी चाय पीकर जिन्होंने बात शुरू की थी दूसरा प्याला पीते उनका ख़याल बदल गया। बोले—"नहीं यह बात नहीं! सुभाष बाबू को हिन्दुस्तानी बीमारी हो गयी है!"

हैरान होकर दूसरे साहब ने पूछा—"हिन्दुस्तानी बीमारी का मतलब?"—मलेरिया?

'मलेरिया हिन्दुस्तानी बीमारी नहीं है। मलेरिया का मच्छर तो जिसको काट जाये उसी को मलेरिया हो सकता है। हिन्दुस्तानी बीमारी है "आध्यात्मिक शान्ति" की यह हिन्दुस्तानियों को ही होती है। इस बीमारी का मतलब होता है संसार मिथ्या है, जीवन भ्रम है, शरीर जल का बुलबुला है। वास्तविक वस्तु अनवश्वर आत्मा! देश, समाज, पड़ोसी, सम्बन्धी सब रखे रह जायेंगे साथ जायेगा धर्म! इसलिए सबको छोड़कर आत्मिक शान्ति प्राप्त करनी चाहिए! मनुष्य को परम स्वार्थी होना चाहिए सबको छोड़कर अपनी ही आत्मा की चिन्ता करनी चाहिए और इस स्वार्थ को परमार्थ का नाम देना चाहिए।"

तीसरे साहब ने कहा—"तुम बकते हो व्यर्थ में... बहुत चाय पीकर तुम्हारी बुद्धि भ्रष्ट हो गयी है। चाय पिया करो—चाय पीने से आदमी यूरोपियनों की तरह हमेशा संसार के झगड़ों की बात सोचा करता है। पिया करो गाँजे की चिलम या खाया करो अफीम! यह हैं भारतीय नशे। इनके सेवन से मन शान्त रहता है। संसार में कुछ करने की इच्छा नहीं होती! एक तरफ़ निश्चिन्त पड़े रहे कल्पना-ही-कल्पना में भगवान् से गपशप करते रहे और समझ आया कि संसार के सुख दुःख

सब झूठे हैं। असली सुख है कुछ न करने में। न कर्म होगा न उसका फल मिलेगा स्वयं मुक्ति मिल जायेगी समझे?

× × ×

रेल का सफर एक मुसीबत की चीज़ है। वजह यह कि घुग्घू बनकर बैठे रहिये और बिदर-बिदर सबों की ओर ताका कीजिये। और दूसरा आँख-से-आँख मिलाकर आपकी तरफ़ तकने लगे तो झेंपकर आँखें झुका लीजिये। मुसीबत है ख़ास कर थर्ड क्लास में। फर्स्ट क्लास में लोग क्या करते हैं मालूम है? सेकण्ड क्लास में समय कटता है ब्रिज में। थियेटर क्लास में पढ़ा जाता है अख़बार! थर्ड क्लास में आप अख़बार पढ़िये तो दस भले आदमी पूछ लेंगे—"क्या ख़बर है साहब?" लड़ाई के ज़माने में ख़बर सुनाना खतरे से खाली नहीं।

समय कट जाता है चैन से अगर आपके डिब्बे में कोई लाल बुझक्कड़ भाग्य से आ बैठें! जैसे उस रोज़ कानपुर स्टेशन पर हुआ! एक भले आदमी आये और आते ही खिड़की से सिर निकाल लगे चिल्लाने "चाहवाले—ओ चाहवाले!" चाय का कुल्हड़ लिया। मजे में चुस्कियाँ लेते आधा घण्टा उन्होंने बिताया और फिर खाली कुल्हड़ उलट कर बग़ल में रख लिया! और शुग़ल की तलाश में आसपास नज़र दौड़ाने लगे। समीप ही बैठे हुए थे एक सज्जन लोटा डोरी हाथ में लिये। इन्हीं की ओर देखकर आप पूछ बैठे—"कहाँ तशरीफ़ ले जाइयेगा?"

"इलाहाबाद" उत्तर मिला।

"क्या दूर देहात में?"

"नहीं शहर में...आपको मतलब?"

"यह रस्सी जो आप हाथ में लिये हुए हैं? क्या किसी को फाँसी लगाइयेगा?"

जानते नहीं...रास्ते में पानी-वानी की ज़रूरत पड़ती है। क्या बकरियों की तरह तलैया में मुँह देकर पानी पिया जाये?'

शुग़लो साहब ने पीठ पीछे से चाय का खाली कुल्हड़ उठाकर दिखाया—यह जो है? कलकत्ते तक सेवक जा रहा है स्टेशन स्टेशन जल है यह कुल्हड़ है चार पाँच घण्टे बाद यह कुल्हड़ नया हो जायेगा?

"गोया आप चार पाँच घण्टे बाद फिर चाय पीजियेगा?"

"ज़रूर!"

"फ़ायदा?"

"आप जल क्यों पीते हैं?"

"प्यास लगती है..."

"हमें नहीं लगती?"

“तो भगवान् का दिया जल पीजिये?”

“चाय भी तो भगवान् के दिये जल में ही बनती है और मनुष्य का बनाया मिठास और फुर्ती साथ में है।”

“पर एक आदत जो हो जायेगी?”

‘ःतन्दुरुस्त रहने की आदत बुरी है क्या?”

“तन्दुरुस्ती?...इसमें क्या तन्दुरुस्ती?”

“आप जगह-जगह का जल पीजियेगा फिर कहियेगा पानी लग गया...वहाँ पीते हैं उबले हुए जल की चाय निर्विकार चीनी और चाय नामक बूटी के पत्तों की स्फूर्ति?”

“और पैसा जो गाँठ से खोलकर देना पड़ता है?”

‘हूँ आप क्या काम करते हैं ‘मकान पर”।

“करते हैं कपड़े की दुकान।”

“और जो लोग कल से कपड़ा खरीदना ही बन्द कर दें?...छाल ही ओढ़ा करें?”

“अक़्ल मारी गयी है क्या? लाखों कपास बोनेवाले क्या करेंगे?”

“और आपको नहीं मालूम चाय की खेती करनेवाले भी दस लाख आदमी हैं और इस देश के सबसे बड़े व्यापारों में चाय का एक व्यापार है?”

“और चाय नुक़सान जो करती है’ एक साहब ने पूछा।”

“बहस से तो सभी कुछ नुक़सान करता है कुछ लोग कहते हैं कुनीन ही नुक़सान करती है। चाय नुक़सान करती तो फ़ौज में नहीं पिलायी जाती जनाब। हुज़ूर को मालूम है पिछली लड़ाई में जब सिपाहियों को पानी, कीचड़ और बरफ़ में खड़े हो ४८ घण्टे लड़ना पड़ता था तो डॉक्टरों ने उनकी शराब बन्द करके चाय पिलाने का हुकुम दिया था!”

“चाय में नशा होता है क्या?”

“नशा नहीं होता, थकावट को दूर करने और जिस्म की ताक़त को कुछ देर बनाये रखने की ताक़त होती है। चीनी और थोड़ा दूध चाय में मिलाने से उसमें कार्बोहाईड्रेड घुली हुई शक्ल में रहती है। कार्बोहाईड्रेड ख़ुराक़ भी है और इससे बदन में गरमी भी रहती है।”

“पर साहब चाय में वो बात नहीं?”

“कौन बात?”

“वहीं जो सुलफ़े की चिलम में है?”

“गोया कि पागल नहीं बनाती!”

◈

प्राप्त पत्र और उत्तर

प्रिय साथी,

विप्लवी ट्रेक्ट की उपयोगिता के सम्बन्ध में आपने जो विचार प्रकट किये हैं, उनके लिए धन्यवाद!

इस पत्रिका में प्रकाशित होनेवाले ईश्वर तथा धार्मिकता सम्बन्धी लेखों पर आपको एतराज़ है। इससे पूर्व भी दो तीन पत्र इस प्रकार के हमें प्राप्त हुए हैं जिनमें इस प्रकार के लेखों के बारे में आपत्ति की गयी है। आप इस बात को स्वीकार करते हैं कि ट्रेक्ट विचार प्रधान पत्र है, इसलिए उसमें सभी प्रकार के विचारों पर बहस करने की स्वतन्त्रता होना आवश्यक है।

आपका यह विचार कि नास्तिकता के विचार पश्चिमी विचारधारा के अंग हैं और भारतीय सभ्यता उन्हें कभी स्वीकार नहीं कर सकती हमें कुछ विचित्र-सा जँचता है। भारतीय सभ्यता में बौद्ध और जैन संस्कृति का महत्त्वपूर्ण स्थान है और यह दोनों ही सम्प्रदाय निरीश्वरवादी हैं। इस बात को जाने भी दें तो भी किसी बात के प्रिय और अप्रिय लगने के कारण ही उस पर विचार करने से डरना उचित नहीं। किसी विषय का अच्छा या बुरा लगना हमारे अभ्यास पर निर्भर करता है। यूरोप को नास्तिक समझ लेना भी एक भूल है। यूरोप के गली-कूचों में भी आपको भगवान् के निवास स्थान या गिरजे क़दम-क़दम पर मिलेंगे। वहाँ भी ईश्वर के नाम पर पुरानी प्रथाओं और सामाजिक बन्धनों की रक्षा की चेष्टा की जाती है। परन्तु यूरोप में शिक्षा और विज्ञान का प्रचार भारत की अपेक्षा अधिक होने से स्वतन्त्र विचारधारा के लोग भी वहाँ काफ़ी संख्या में मिलते हैं। यदि भारत में भी शिक्षा और विज्ञान का प्रचार होने से इस देश के लोग भी स्वतन्त्र रूप से विचार करना आरम्भ कर दें तो उससे चिन्तित होने का कोई कारण नहीं।

रही बात आस्तिकता और समाजवाद के वैर की? समाजवाद का भी एक दर्शनशास्त्र है। जिस समय सामन्तवाद जारी हुआ उसका भी एक दर्शन और राजनीति बनी और वह दर्शन और राजनीतिशास्त्र उस समय तक मनुष्य समाज द्वारा प्राप्त किये गये ज्ञान के आधार पर क़ायम हुई थी। इसके बाद समाज की अवस्था में विकास हुआ, पूँजीवाद आया। पूँजीवाद ने भी एक दर्शनशास्त्र और राजनीति को जन्म दिया। वह दर्शन शास्त्र और राजनीति अपने समय तक प्राप्त मनुष्य समाज ज्ञान-विज्ञान पर क़ायम हुई जिसका विकास पहले की अपेक्षा अधिक था। इसीलिए प्राचीन युग और मध्य युग के धार्मिक विश्वासों, राजनीति और आचारशास्त्र में आप काफ़ी अन्तर देख पाते हैं। इसी प्रकार इस समय में जब कि समाजवाद का विकास हो रहा है, एक नयी राजनीति और दर्शनशास्त्र हमारे सामने आ रहा है और मनुष्य

द्वारा प्राप्त वैज्ञानिक उन्नति पर उसकी बुनियाद रखी जा रही है। ईश्वर विश्वास ने समाज का कल्याण किया या हानि इस विचार को लेकर हम आस्तिकता के सिद्धान्तों को ग़लत या सही करार नहीं दे सकते! खेत में नक़ली आदमी बनाकर आप जानवरों को डरा सकते हैं। वह उपयोगी और लाभदायक चाल है। परन्तु इससे खेत में बड़े बाँस पर टँगी हाँडी और कपड़े के टुकड़े में प्राण नहीं आ जायेंगे और उसे वास्तविक मनुष्य नहीं माना जा सकेगा।

सदा हानि-लाभ की ही बात न सोचकर सत्य और असत्य को पहचानना भी एक काम है! यदि विप्लवी ट्रेक्ट में हम इस विषय की चर्चा करते हैं तो पाठकों की नाराज़गी का कारण नहीं होना चाहिए।

जब हम सोचने और विचार करने की शक्ति रखते हैं तो किसी बात पर केवल इसलिए विश्वास करते माना कि वह परम्परा से चला आ रहा है, बुद्धिमत्ता और साहस की निशानी नहीं। हममें इतना साहस क्यों न हो कि हम सत्य को समझने की चेष्टा करें। यदि कबूतर के सामने बिल्ली मौज़ूद है तो आँख बन्द कर लेने से ही उसकी मुक्ति नहीं हो सकती! ईश्वर विश्वास की आवश्यकता और उपयोगिता पर जब हम विचार करते हैं तो ईश्वर के अस्तित्व के बारे में हमारा तर्क करना भी स्वाभाविक हो जाता है। विश्वास द्वारा तर्क और बुद्धि पर बन्धन लगाना हमें उचित नहीं जान पड़ता। हमारी बुद्धि और तर्क द्वारा जिस सत्य को हम प्राप्त करें उसी पर विश्वास करना मनुष्यता है। अपनी बुद्धि और तर्क को विश्वासों के बोझ के नीचे दबा देना अपनी बुद्धि और मनुष्यता का अपमान करना है।

ईश्वर विश्वास एक चीज़ है और धार्मिकता दूसरी! धार्मिकता का अर्थ सदाचार नहीं। नास्तिक होते हुए भी परम सदाचारी हो सकता है। एक हिन्दू के लिए मुसलमान के विचारों को सहन करना है।

समालोचना

मस्तिष्क की रेखाएँ : लेखक श्री श्यामबिहारी शुक्ल 'तरल' सोक्ष एजेण्ट साहित्य-निकेतन, कानपुर। मूल्य)

'मस्तिष्क की रेखायें' छोटी-छोटी कहानियों का संग्रह है। लेखक का अभिप्राय है अपनी चिन्ता की रेखाओं से! कहानियों के कथानक और शैली में

चिन्तनशीलता ख़ूब स्पष्ट है और वह स्पष्टता इतनी उग्र है कि सब-की-सब ऊपर सतह पर आ गयी है। पाठक को कुछ सोचने की प्रवृत्ति होने से पहले ही लेखक की चिन्ता उस पर सवार हो जाती है। तरल जी की तरल भावुकता कहानियों के परिणाम में सीमित न रहकर उसकी भाषा और कथानक में उफनी हुई-सी दिखायी देती है। कहानियों की परिभाषा के तौर पर मुख पृष्ठ पर संकेत है, ''एक मनोवैज्ञानिक कथा संग्रह'' मनोवैज्ञानिक विश्लेषण कहानियों में न हो सो बात नहीं परन्तु पुस्तक पढ़ने के बाद उसमें प्राधान्य जान पड़ता है निरीह भावुकता का जो प्रचार की प्रवृत्ति से पूर्ण है। मनोवैज्ञानिक कथानक और शैली की प्रधान। स्पष्ट होती है लेखक की तटस्थता में। जिसका सबसे अच्छा उदाहरण हमें यूरोप के साहित्य में मिलता है चेकोव और गाब्रील दनंजियों की शैली में। जहाँ लेखक और पाठक कथा के पात्रों की ओर चिकित्सक कौतूहल और जिज्ञासापूर्ण दृष्टि डालते हैं। परन्तु तरल जी अपने पात्रों को गले लगाकर आँसू बहाये बिना नहीं रह सकते! इसीलिए हमारा ख़याल है कि इन कहानियों में विशेषता भाषोद्रेक की है भाव के विश्लेषण की नहीं। वे जल को शान्त प्रवाहित सलिल या उद्दाम बाढ़ के वेग के रूप में देखते हैं हाइड्रोजन और ऑक्सीजन के आनुपातिक रूप में नहीं।

कहानियाँ विशेष रूप से रुचिकर हैं और ख़ासकर राष्ट्रीय भावना में बलिदान की भावना पर निस्सार होनेवालों के लिए तो वे सन्देश का काम देंगी परन्तु कथा कला के ज्यामेट्रिकल टेक्नीशियन को उसमें कई कोण और रेखाएँ अस्पष्ट दिखायी देंगी। उदाहरण के लिए जीवन का सत्य, इन्क़लाब ज़िन्दाबाद और कर्त्तव्य के लिए त्याग कहानी से भी ऊपर उठ गया है और फिर इस प्रकार की सभी कहानियों में लेखक की कर्त्तव्यनिष्ठा उसके नायक को हथकड़ी बेड़ी पहनाकर फाँसी के तख़्ते पर ले जाकर खड़ा कर देती है। मानो कर्त्तव्य का क्षेत्र इसी में सीमित है। 'लोहे का टुकड़ा' अपने ठंग की कहानी है। कहानी समस्या प्रधान है परन्तु समस्या ऐसी उलझी हुई कि कुछ समझा नहीं जा सकता—उपयोगिता को लेखक विनाश का नाम देने का यत्न करता है। 'सोनी और भोला' को एक चित्र भले ही कहिये कहानी नहीं कहा जा सकेगा। उसमें वैचित्र्य, विकास और विपाक कुछ नहीं हाँ सहृदयता ख़ूब है। संग्रह में तीसरे प्रकार की कहानियाँ 'मृत्य को गोद में', मैं ग़रीब हूँ और 'वे आँखें' के ठंग की। यह कहानियाँ वास्तव में बहुत ही अच्छी और ऊँचे दर्जे की हैं। लेखक की सफलता की कसौटी है उसकी मौलिकता ''तरल' जी ने इस बात का विशेष ध्यान रखा है।

× × ×

'दीदी' (कविता) : लेखक : 'आकुल' प्रकाशक—आशा कुटीर, लखनऊ।

आकुल जी ने व्याकुल होकर रूठी हुई दीदी को मनाने के लिए कविता में मनौती की है। पुस्तक के प्रत्येक पृष्ठ पर भारी भरकम दीदी अनेक रगों में चित्र रूप से विराजमान हैं और आकुल जी कहीं दीदी की स्तुति वीणा वादिनी के रूप में, कहीं दीदी की आँखों को लेकर, कहीं उसकी शैतानी की शिकायत करते हैं। कविता का विषय है, दीदी और भैया का मानाभिनय! परन्तु अवरुद्ध प्रणय का रंग लिये हुए। मनोरंजक चुटकी भरनेवाली कविता का आनन्द लेते हुए, मनोवैज्ञानिक दृष्टिकोण रखनेवाला पाठक फ्रायड के (धृग्ज्ले ण्दस्र्ज्तें) 'भगिनी प्रणय' की गन्ध पाये बिना नहीं रह सकता। हमारे समाज के अस्वाभाविक और अवरुद्ध सम्बन्धों से पीड़ित प्रेमी हृदयों को इससे बहुत-कुछ सन्तोष हो सकेगा। दीदी के अनुराग में अपने को भूलकर लेखक दीदी पर भयंकर विद्रूप कसने से भी बाज़ न आया। शुरू में उसने लिख ही तो दिया—"दीदी का मूल्य एक रुपया मात्र!" मानो दीदी क्रय की वस्तु है? य.पा.

× × ×

जीवन सखा (मासिक) : जनवरी विशेषांक १९४१ प्रकाशक—स्वास्थ्य भण्डार, ८७ हिम्मतगंज, इलाहाबाद।

पत्र स्वास्थ्य रक्षा सम्बन्धी उपयोगी प्रकाशन है। स्वास्थ्य रक्षा ओषधियों द्वारा नहीं प्राकृतिक नियमों के पालन द्वारा। बल्कि पत्र का उद्देश्य है कि पाठक इन नियमों को समझकर अपने क्षीण स्वास्थ्य की रक्षा कर सकें विशेषांक में लेखों का संग्रह उपयोगिता के दृष्टिकोण से किया गया है। परन्तु ज्ञानवर्द्धन के उद्देश्य की भी उपेक्षा नहीं की गयी। गाँधी जी प्रकृति चिकित्सा के विशेष समर्थक हैं उनका लेख 'औषधोपचार व्यर्थ' शीर्षक संक्षिप्त है परन्तु पाठ्य है। इसके अतिरिक्त नागरिक जीवन में अनुभव होनेवाली कठिनाइयाँ क़ब्ज़ी, बदहज़मी, भोजन की समस्या आदि पर क्रियात्मक दृष्टि से बहुत अच्छे लेख हैं। चिकित्सा की दृष्टि से आधार निदान, जड़ी बूटियों का उपयोग तथा डॉक्टर दिलकश का लेख विद्युत चिकित्सा भी स्वास्थ्य की खोज करनेवालों के लिए विशेष प्रयोजनीय हैं। अंक सचित्र है और छपाई ख़ासकर ला जर्नल प्रेस की होने से नमूना पेश करती है। मूल्य वार्षिक ३) इस अंक का १)

◈

विनिमय : प्राप्त पत्र और उत्तर

आस्तिकता और नास्तिकता

विप्लव की पहली प्रति से लगातार मैं इस पत्र को ध्यानपूर्वक पढ़ता आ रहा हूँ। हिन्दी में शायद यह एक ही मासिक पत्र है जो केवल मनोरंजन की ही बात न कहकर विचारों की गहराई में आता हो! मैं महसूस करता हूँ कि विप्लव में छपे विचारों का असर बहुत लोगों पर ख़ूब गहरा पड़ता है इसीलिए यह दो शब्द मैं आपकी सेवा में लिखकर आपको कष्ट दे रहा हूँ। विप्लव विप्लवी ट्रेक्ट में राजनीति, इक्कोनॉमिस्क (अर्थशास्त्र) के सम्बन्ध में जो विचार प्रकट किये जाते हैं उन सबकी बुनियाद यूरोप के सिद्धान्तों पर रहती है। इसमें सन्देह नहीं कि यह बातें हमें यूरोप से सीखनी हैं क्योंकि इन बातों में यूरोप भारतवर्ष से आगे है परन्तु शोक का विषय यह है कि जिन बातों में भारत अभी यूरोप को सदियों तक सिखा सकता है, उन बातों में भी आप यूरोप के विचारों की बुनियाद पर चलना चाहते हैं मेरा मतलब है नास्तिकता के विचारों से। आपके पत्र में सदा ही नास्तिकता के विचारों का प्रचार किया जाता है और यह बात भारतीय सभ्यता के लिए विष के समान है। समय के अनुसार राजनीति बदल सकती है। हम यह भी मानने के लिए तैयार हैं कि मौज़ूदा समय में ऐसी हालत आ गयी है कि संसार में समाजवाद का प्रचार होना चाहिए परन्तु क्या समाजवाद के प्रचार के लिए वास्तविकता भी आवश्यक है?

यह हम मानते हैं कि धार्मिकता या ईश्वर को ग़लत समझनेवालों ने धर्म और ईश्वर के नाम पर ज़ुल्म और अत्याचार किये हैं। परन्तु इसका अर्थ यह तो नहीं हो जाता कि ईश्वर विश्वास और धर्म ने संसार का कुछ भला नहीं किया। और देशों की बात जाने दीजिये परन्तु भारत की तो सभ्यता ही धार्मिकता और ईश्वर विश्वास पर क़ायम रही है। भारत की महान सभ्यता में प्रजातन्त्रवाद और समाजवाद को भी जगह मिल सकती है परन्तु यदि आप इस सबके लिए नास्तिकता की शर्त लगा देंगे तो हमें यह कभी मंजूर नहीं हो सकता! ईश्वर का विश्वास मनुष्य में सदाचार और परोपकार की भावना पैदा करने में विशेष सहायक होता है इस बात से आप इनकार नहीं कर सकते। क्योंकि रूस ने ईश्वर और धार्मिकता से अपना सम्बन्ध तोड़ लिया है इसलिए आप भी ईश्वर और धार्मिकता के पीछे दुश्मन की तरह पड़ जायें, यह तो समझदारी और बुद्धिमत्ता नहीं। आपको मेरे इस पत्र में शायद गुस्ताख़ी जान पड़े परन्तु मैं यह इसलिए लिख रहा हूँ क्योंकि मैं विप्लव

को एक बहुत उपयोगी पत्र समझता हूँ उससे मुझे लाभ भी ख़ूब हुआ है। परन्तु इस एक बात को मैं नहीं मान सकता! मेरा यह ख़याल है कि बहुत-से लोग विप्लव में ईश्वर और धर्म के विरोध की बात पढ़कर ही शायद उसकी और अच्छी बातों की ओर भी ध्यान नहीं देते। मैं आपके विचारों से सहमत होने और आपका पाठक होने के नाते आपसे अनुरोध करूँगा कि आप इस विषय पर गहराई से ग़ौर करें।

—आपका शुभचिन्तक

रघुपतसहाय!

× × ×

प्रिय साथी,

विप्लवी ट्रेक्ट की उपयोगिता के सम्बन्ध में आपने जो विचार प्रकट किये हैं, उनके लिए धन्यवाद!

इस पत्रिका में प्रकाशित होनेवाले ईश्वर तथा धार्मिकता सम्बन्धी लेखों पर आपको एतराज है। इससे पूर्व भी दो तीन पत्र इस प्रकार के हमें प्राप्त हुए हैं जिनमें इस प्रकार के लेखों के बारे में आपत्ति की गयी है। आप इस बात को स्वीकार करते हैं कि ट्रेक्ट विचार प्रधान पत्र है, इसलिए उसमें सभी प्रकार के विचारों पर बहस करने की स्वतन्त्रता होना आवश्यक है।

आपका यह विचार कि नास्तिकता के विचार पश्चिमी विचारधारा के अंग हैं और भारतीय सभ्यता उन्हें कभी स्वीकार नहीं कर सकती हमें कुछ विचित्र-सा जँचता है। भारतीय सभ्यता में बौद्ध और जैन संस्कृति का महत्त्वपूर्ण स्थान है और यह दोनों ही सम्प्रदाय निरीश्ववादी है। इस बात को जाने भी दें तो भी किसी बात के प्रिय और अप्रिय लगने के कारण ही उस पर विचार करने से डरना उचित नहीं। किसी विषय का अच्छा या बुरा लगना हमारे अभ्यास पर निर्भर करता है। यूरोप को नास्तिक समझ लेना भी एक भूल है। यूरोप के गली-कूचों में भी आपको भगवान् के निवास स्थान या गिरजे क़दम-क़दम पर मिलेंगे। वहाँ भी ईश्वर के नाम पर पुरानी प्रथाओं और सामाजिक बन्धनों की रक्षा की चेष्टा की जाती है। परन्तु यूरोप में शिक्षा और विज्ञान का प्रचार भारत की अपेक्षा अधिक होने से स्वतन्त्र विचारधारा के लोग भी वहाँ काफ़ी संख्या में मिलते हैं। यदि भारत में भी शिक्षा और विज्ञान का प्रचार होने से इस देश के लोग भी स्वतन्त्र रूप से विचार करना आरम्भ कर दें तो उससे चिन्तित होने का कोई कारण नहीं।

रही बात आस्तिकता और समाजवाद के बैर की? समाजवाद का भी एक दर्शनशास्त्र है। जिस समय सामन्तवाद जारी हुआ उसका भी एक दर्शन और

राजनीति बनी और वह दर्शन और राजनीतिशास्त्र उस समय तक मनुष्य समाज द्वारा प्राप्त किये गये ज्ञान के आधार पर क़ायम हुई थी। इसके बाद समाज की अवस्था में विकास हुआ, पूँजीवाद आया। पूँजीवाद ने भी एक दर्शनशास्त्र और राजनीति को जन्म दिया। वह दर्शनशास्त्र और राजनीति अपने समय तक प्राप्त मनुष्य समाज ज्ञान-विज्ञान पर क़ायम हुई जिसका विकास पहले की अपेक्षा अधिक था। इसीलिए प्राचीन युग और मध्य युग के धार्मिक विश्वासों, राजनीति और आचारशास्त्र में आप काफ़ी अन्तर देख पाते हैं। इसी प्रकार इस समय में जब कि समाजवाद का विकास हो रहा है, एक नयी राजनीति और दर्शनशास्त्र हमारे सामने आ रहा है और मनुष्य द्वारा प्राप्त वैज्ञानिक उन्नति पर उसकी बुनियाद रखी जा रही है। ईश्वर विश्वास ने समाज का कल्याण किया था हानि इस विचार को लेकर हम आस्तिकता के सिद्धान्तों को ग़लत या सही करार नहीं दे सकते! खेत में नकली आदमी बनाकर आप जानवरों को डरा सकते हैं। वह उपयोगी और लाभदायक चाल है। परन्तु इससे खेत में बड़े बाँस पर टँगी हाँडी और कपड़े के टुकड़े में प्राण नहीं आ जायेंगे और उसे वास्तविक मनुष्य नहीं माना जा सकेगा।

सदा हानि-लाभ की ही बात न सोचकर सत्य और असत्य को पहचानना भी एक काम है! यदि विप्लवी ट्रैक्ट में हम इस विषय की चर्चा करते हैं तो पाठकों की नाराज़गी का कारण नहीं होना चाहिए।

जब हम सोचने और विचार करने की शक्ति रखते हैं तो किसी बात पर केवल इसलिए। विश्वास करते माना कि वह परम्परा से चला आ रहा है, बुद्धिमत्ता और साहस की निशानी नहीं। हममें इतना साहस क्यों न हो कि हम सत्य को समझने की चेष्टा करें! यदि कबूतर के सामने बिल्ली मौज़ूद है तो आँख बन्दकर लेने से ही उसकी मुक्ति नहीं हो सकती! ईश्वर विश्वास की आवश्यकता और उपयोगिता पर जब हम विचार करते हैं तो ईश्वर के अस्तित्व के बारे में हमारा तर्क करना भी स्वाभाविक हो जाता है। विश्वास द्वारा तर्क और बुद्धि पर बन्धन लगाना हमें उचित नहीं जान पड़ता। हमारी बुद्धि और तर्क द्वारा जिस सत्य को हम प्राप्त करें उसी पर विश्वास करना मनुष्यता है। अपनी बुद्धि और तर्क को विश्वासों के बोझ के नीचे दबा देना अपनी बुद्धि और मनुष्यता का अपमान करना है।

ईश्वर विश्वास एक चीज़ है और धार्मिकता दूसरी! धार्मिकता का अर्थ सदाचार नहीं। नास्तिक होते हुए भी परम सदाचारी हो सकता है। एक हिन्दू के लिए मुसलमान के विचारों को सहन?

◈

मार्च
१९४१

कहानी कहती है

(कहानी क्यों, कैसे और क्या कहती है? सं.)

सृष्टि में कोई भी वस्तु आत्मनिर्भर और स्वत:पूर्ण है या नहीं कहना कठिन है। साधारण ज्ञान और तर्क की पहुँच में तो ऐसी कोई वस्तु दिखायी नहीं देती। परन्तु ब्रह्मवादियों का कहना है कि ब्रह्म या भगवान् नितान्त आत्मनिर्भर और स्वतन्त्रपूर्ण हैं। ऐसी दूसरी वस्तु है, कला भक्तों की 'कला'! उन कला भक्तों की कला, जो कला की शुद्धता को ही प्रयत्न का उद्देश्य समझते हैं। उनका कहना है, ''कला कला के लिए'' (Art for art's Sake.)

परन्तु कला है क्या? कला की परिभाषा के सम्बन्ध में मतभेद हो सकता है, इसलिए इस परिभाषा को हम अपने शब्दों में न देकर लन्दन विश्वविद्यालय के अंग्रेज़ी साहित्य के प्रोफ़ेसर लासेल एबर क्रॉम्बी के ही शब्दों में देते हैं, "Art is always skill definitely and deliberately to produce an intended result."—कला वह प्रणाली या प्रयोग है जिसकी साधना वांछित परिणाम को प्राप्त करने के लिए निश्चित उद्देश्य और उपाय से की जाती है (भावानुवाद)। कला एक नहीं अनेक हैं। चित्रकला, युद्धकला और कलाबाज़ी आदि आदि। जब इन सब कलाओं, का हम एक निश्चित उद्देश्य और प्रयोजन समझते हैं, तो साहित्य कला के क्षेत्र में कला का उद्देश्य और प्रयोजन केवल कला कैसे माना जा सकता है? तिस पर भी हमें हिन्दी के इस विकास युग में 'कला के लिए कला' की आवाज़ सुनायी देती है। 'कला के लिए कला' के भक्त कविता, नाटक, कहानी और उपन्यास के साधनों द्वारा केवल कला की आराधना के पक्षपाती हैं। साहित्य के इन मूर्तों (Objects) में जहाँ कलाकार की सांसारिक भावना या पार्थिव उद्देश्य का हमारा अभिप्राय है राजनैतिक, आर्थिक और सामाजिक अभिव्यक्ति उन्हें मिली, कला की अशुद्धता की गन्ध उन्हें आने लगती है। कला की प्रतिष्ठित भावना के प्रति उन्हें अनाचार, बल्कि कहिये बलात्कार का बोध होने लगता है। इस प्रकार की रचनाओं पर प्रचार का

निशान लगाकर वे उन्हें साहित्य के दायरे से बाहर कर देना चाहते हैं। उनके विचार में साहित्य की आराधना केवल साहित्य की प्रतिष्ठा के लिए होनी चाहिए। ठीक उसी प्रकार जैसे निष्काम तपस्या का विधान है या किसी भैंस की सेवा केवल उसे गदराने के लिए की जाये, दूध की बूँद उससे लेना हराम क़रार दे दिया जाये।

ब्रह्मवादी मनुष्य और उसके समाज के अस्तित्व से पृथक् और पूर्व ब्रह्म की कल्पना करते हैं। इसलिए ब्रह्म की आराधना या भगवान् की प्राप्ति के लिए तपस्या की बात मनुष्य और उसके समाज के हित की उपेक्षा करके की जा सकती है, की ही जाती है। परन्तु साहित्य के क्षेत्र में कला के लिए कला की आराधना के पक्षपाती भी क्या मनुष्य और उसके समाज के अस्तित्व से पृथक और पूर्व साहित्य के अस्तित्व की कल्पना कर सकते हैं? ऐसे वितर्क की आशा 'मनुष्य' से नहीं की जा सकती। ऐसी अवस्था में मानना ही पड़ेगा कि साहित्य मनुष्य की सिंचित अभिव्यक्ति मात्र है। और इस अभिव्यक्ति को अधिक सुन्दर और रोचक बनाने के लिए ही साहित्य की कला है। अभिव्यक्ति के ढंग को सुन्दर और रोचक बनाने का प्रयोजन है, इस अभिव्यक्ति को अधिक प्रभावोत्पादक बनाना। जब साहित्य कला का जन्म ही एक उद्‌देश्य से हुआ है, वह उद्‌देश्य चाहे कितनी ही सुषुप्त अवस्था में मनुष्य के मन और मस्तिष्क में रहा हो, तो आज यह कहना कि कला केवल कला के लिए है, मनुष्य और उसके साहित्य के ऐतिहासिक विकास की यथार्थता से मुनक़िर हो जाना है। कला के लिए कला एक वितरण मात्र है। कोई भी कला केवल कला के लिए नहीं। शस्त्रविद्या या शस्त्रों की कला केवल पैंतरे लेने के लिए नहीं। उसका प्रयोजन है, शत्रु का पराभव! कलाबाज़ी भी केवल शरीर तोड़ने के लिए नहीं। उसका प्रयोजन है शरीर का स्वास्थ्य, या फिर कलाबाज़ का पेट भरने के लिए कुछ कमा लेना। इसी प्रकार साहित्य कला का भी उद्‌देश्य है मनुष्य की व्यक्तिगत और सामाजिक अभिव्यक्ति में शक्ति पैदाकर समाज के हाथ में एक सबल साधन दे देना, जो उसे अपने उद्‌देश्य और लक्ष्य की ओर बढ़ने में सहायता दे!

कला के लिए कला की आराधना के समर्थक इतना तो स्वीकार करते हैं कि कला का उद्‌देश्य मनोरंजन है। साहित्यकला ऊँचे दर्जे के सूक्ष्म मनोरंजन का साधन है। जैसा कि विष्णु शर्मा ने पंचतन्त्र में कहा है, "काव्य शास्त्र विनोदेन कालो गच्छति धीमताम्"! बुद्धिमानों का विनोद काव्यशास्त्र से होता है। परन्तु मनोवैज्ञानिक विश्लेषण के इस युग में मनोरंजन और विनोद कोई स्वतन्त्र उद्‌देश्य और लक्ष्य नहीं समझा जा सकता। अभिप्राय यह नहीं कि ऐसा समझा नहीं जाना चाहिए। प्राणिशास्त्र (Biology) और मनोविज्ञान (Psycohology) के तथ्यों को सामने देख ऐसा समझना ग़लत होगा और अज्ञान का परिचय देगा। मनोरंजन का अर्थ

यदि मानसिक सुख है तो सुख के मूल में हमें तृप्ति को स्वीकार करना होगा। तृप्ति का अर्थ है आवश्यकता की पूर्ति। यह आवश्यकता स्थूल यानी शारीरिक भी हो सकती है और सूक्ष्म अर्थात् भावना में भी हो सकती है। भावना या मन की अवस्था का शारीरिक अनुभूतियों से अटूट सम्बन्ध है। बल्कि यदि हम पूर्णतः वैज्ञानिक दृष्टिकोण से देखें तो भावना और शारीरिक आवश्यकता एक ही वस्तु हैं। अन्तर है केवल गूढ़ता का। कुछ आवश्यकताएँ प्रत्यक्ष, स्थूल और क्रियात्मक हो जाती हैं, कुछ मस्तिष्क के तन्तुओं का स्फुरण मात्र कर रह जाती हैं। हम उन्हें मानसिक आवश्यकता या भावना का नाम दे देते हैं। मतलब यह है कि साहित्य कला द्वारा प्राप्त किये गये मनोरंजन, सन्तोष और तृप्ति को चाहे जितना अपार्थिव नाम क्यों न दिया जाये, वह मनुष्य के व्यक्तिगत और सामाजिक जीवन से सम्बद्ध है।

साहित्य और साहित्य कला में मनुष्य के समाज का स्वप्न झलके बिना नहीं रह सकता। मनोरंजन के आगे उद्देश्य और प्रयोजन की चाहे जितनी उपेक्षा की जाये, साहित्य में वह रहेगा अवश्य ही। साहित्यकार जब केवल मनोरंजन के उद्देश्य से ही रचना करता है तब भी वह जाने या अनजाने में समर्थन और विरोध करता ही है। जिस उदाहरण को वह स्तुति के भाव से पेश करता है, वह उसके समर्थन की छाप लिए रहता है और जिस उदाहरण को वह निन्दा के भाव से पेश करता है, वहाँ विरोध के लिए शंका की गुंजाइश रहती ही नहीं।

हमें यहाँ बात कहनी है कहानी के बारे में! कहानी से अभिप्राय, कहानी मात्र यानी उपन्यास और पद्य कथानक से भी है। कहानी उतनी ही पुरानी है जितनी की मनुष्य को ढंग से बात कहने की सामर्थ्य! मनुष्य सदा से कथा प्रेमी रहा है। कारण यह कि कहानी मनुष्य और उसके समाज का दर्पण है जिसमें वह अपने–आपको देख पाता है। वेद, क़ुरान और बाइबिल में से कहानी से शून्य कोई भी नहीं। साहित्य का निन्यानबे प्रतिशत अंश कहानी रहा है, आज भी है और रहेगा भी। कहानी के प्रति अनुराग को निशिद्ध ठहराये जाने के बावज़ूद भी वह मनुष्य को आकर्षित करती ही रही है। उसका प्रभाव ऐसा ही है। इसीलिए उसका महत्त्व भी अधिक है। ऊपर कह आये हैं, कहानी समाज के क्रियाकलाप को दिखानेवाला दर्पण है परन्तु वह उससे अधिक है। वह समाज के लक्ष्य की अभिव्यक्ति भी है, और उसकी महत्त्वाकांक्षा का निर्देश भी।

कहानी से मिलनेवाले सुख में समाज के उद्देश्य की भावना प्रबल रहती है, इस बात को हम स्पष्ट कर सकते हैं कहानी सुनने या पढ़ने से प्राप्त होनेवाले सुख की तुलना यन्त्र संगीत से प्राप्त होनेवाले सुख से करने पर! यन्त्र संगीत से सन्तोष होता है केवल हमारे श्रवण तन्तुओं को। परन्तु कहानी सुख देती है हमारी कल्पना

को! कल्पना का क्षेत्र बहुत व्यापक है। जिन घटनाओं को साधारण रोज़मर्रा के जीवन में देखना दुर्लभ है, उन्हीं रोमांचकारी घटनाओं को चातुर्य से जब यथार्थ का रूप देकर पढ़ा या सुना जाता है तो वे हमारे कौतूहल को तृप्त करती हैं। प्रेम और प्रणय के चित्रण से हमारी विषय-वासना की तृप्ति सूक्ष्म रूप से होती है। जब पठन और अनुभव से स्वभाव में गम्भीरता आ जाती है, तब सन्तोष घटना वैचित्र्य की अपेक्षा चित्रण की वास्तविकता से प्राप्त होने लगता है। प्रश्न यह है कि जब साहित्य मनुष्य की वैयक्तिक तृप्ति का साधन बनता है तो वह सामाजिक रूप से उपयोगी क्यों न हो? क्यों न वह समाज के भविष्य निर्माण या विचारधारा को परिष्कृत करने का साधन बने?

साहित्य में कला के लिए कला की दुहाई देनेवालों से हम पूछते हैं,—साहित्य की रचना में समाज का चित्रण किये बिना क्या आप एक क़दम भी चल सकते हैं? समाज के इस चित्रण के प्रति पाठक के मन में एक अनुभूति अवश्य उठेगी। यदि यह अनुभूति स्तुति, सहानुभूति और करुणा की है तो आप समाज की उस व्यवस्था या संस्था के प्रति जिसका कि आपने चित्रण किया है, आप समर्थन की भावना पैदा करते हैं। यदि आप पाठक के हृदय में इस व्यवस्था और संस्था के चित्र के प्रति असन्तोष पैदा करते हैं तो विरोध की भावना भी आवश्यक है।

किसी भी अवस्था में हम साहित्य के निष्पक्ष होने की कल्पना नहीं कर सकते। साहित्यिक जब उदाहरण से सत्य और अस्तेय की महिमा का बखान करता है तब वह सामाजिक व्यवस्था में शान्ति क़ायम रखने और अव्यवस्था को दूर रखने की चेष्टा करता है। जब वह ईर्ष्या न करने और सन्तोष का उपदेश देता है तो वह समाज के मौज़ूदा विधान की वक़ालत करता है। क्या यह माना जा सकता है कि इस प्रकार की रचना का कोई उद्‌देश्य नहीं? इसी प्रकार जब वह दारिद्रय, करुणा और अन्याय के चित्र रोज़मर्रा के जीवन से हमारे सामने लाता है तो हमें यह सोचने के लिए विवश करता है कि क्या यह सब निरन्तर सहन किया जान चाहिए?

जिस प्रकार मनुष्य समाज श्रेणियों में बँटा है उसी प्रकार उनके भाव और अनुभूतियाँ भी पृथक्-पृथक् हैं। जिस श्रेणी का प्राधान्य समाज में होगा समाज का साहित्य भी उसी दृष्टिकोण से बनेगा। प्राचीन साहित्य को देख जाइये, उसमें सर्वसाधारण जीवन संघर्ष में रोज़मर्रा सामने आनेवाली समस्याएँ आपको दिखायी नहीं देंगी। इसका कारण यह है कि उस समय सर्वसाधारण शिक्षा के अभाव के कारण साहित्य से दूर थे। उस समय यदि सर्वसाधारण का कोई साहित्य रहा होगा तो वह मौखिक होगा। धूप के समय पेड़ की छाँह में या जाड़े के समय अलाव के पास बैठ उस साहित्य का-सा स्वादन सर्वसाधारण प्रजा करती होगी। और उनकी स्मृति में ही वह साहित्य रहता होगा। वर्तमान युग और उस युग के बीच

के हज़ारों वर्ष के व्यवधान को पार कर सर्वसाधारण के भावों को प्रकट करनेवाला और उनके जीवन का प्रतिबिम्ब दिखानेवाला साहित्य हम तक पहुँच नहीं पाया। उस समय के साहित्य के जो कुछ अंश हम तक पहुँचते हैं, वे या तो अवतारी पुरुषों के चित्रण हैं या राजकीय जीवन के। इसके नीचे यदि कहीं कुछ चित्र मिलता है तो राजदरबार में पहुँच रखनेवाले धनिक लोगों का। उस समय के साहित्यक का एक निश्चित राजनैतिक और सामाजिक उद्देश्य था। राजा की स्तुति कर, उसे प्रजा का पालक, रक्षक और सेवक बताकर वह राजा और उसकी श्रेणी के सामान्य सरदारों की सत्ता का समर्थन करता था। युद्ध में शत्रुओं को मारने के कार्य की प्रशंसा कर वह समाज को अपना अस्तित्व क़ायम रखने के लिए सदा युद्ध तत्पर रखता था। तप, वैराग्य और दान की प्रशंसा कर वह साधन सम्पन्न लोगों और साधनहीन लोगों में भावों की विषमता को दूर रखने की चेष्टा करता था। स्त्री को पति या पुरुष को केन्द्र मानकर अपना जीवन निछावर कर देने का उपदेश देकर वह समाज के संगठन की नींव वंश और उसकी सम्पत्ति की रक्षा करता था। उस समय के साहित्य की कला सामन्त युग के समाज की पूजा करती थी।

विनोद के लिए उसका प्रधान साधन था स्त्री! स्त्री के लम्बे केशों, कटीली आँखों, बिम्ब रक्त ओष्ठों, शंख ग्रीवा, उन्नत उरोजों, क्षीण कटि और सुविक्कण जंघा में ही उसे तमाम सौन्दर्य दिखायी देता था। उसे दिखायी देता था केवल स्त्री का शरीर! वह शारीरिक स्थूल सुख को ही पहचानता था। विरह में विसूरने के आनन्द या नारी के प्रेम में पुरुष के बलिदान होने की बात उसकी कल्पना में नहीं आती थी। शब्द जाल के पैंतरों से प्रेम करना (platonic love) वह नहीं जानता था। नारीत्व उसकी चिन्ता का विषय नहीं था और न नारी की इच्छा का ही कोई प्रश्न था! यदि कृष्ण कंकाल और मूंज की सी जटा-जूट और डाढ़ी मूँछ से भरे ऋषिदेव के शुष्क वृक्ष के समान रूखे शरीर से नारी लता के समान आलिंगन करने के लिए तैयार नहीं तो वह शाप की भागी है। नारी यदि पुरुष को तृप्ति नहीं दे सकती तो उसके अस्तित्व की सार्थकता[३] उस युग के साहित्य में वर्णन है सोने चाँदी के रथों और मणियों के फर्शों पर अप्सराओं के नूपुर की झंकार का! या फिर फूलों से लदे उपवन में कामदेव के कुसुमबाण चलाने का! यदि साहित्यक को इस बात से फुर्सत मिली है, तो वह महाराज के साथ वन में शिकार खेलने चला गया है, वहाँ महाराज किसी ऋषि कन्या या किन्नरी के नयन बाण के शिकार हो गये।

उस समय के साहित्य में किसान के कठोर परिश्रम द्वारा पृथ्वी का हृदय चीरकर अन्न निकालने और फिर भी अतृप्त रह जाने का वर्णन नहीं। उस समय का कलाकार मज़दूर के पसीने की झलक और गन्ध नहीं पाता! न समाज की

व्यवस्था पर बलिदान होती हुई नारी हृदय की सिसकियाँ ही उसे सुनायी देती हैं। कारण यह कि समाज का यह अंश इतना उपेक्षित था कि इसकी चीख-पुकार की परवाह किसी को न थी। प्राचीन महिमा के गीत गानेवाले कहेंगे, उस समय यह विषमता और दारिद्रय था ही नहीं। ऐसा ही होगा। और शायद इसीलिए तपस्या के रूप में असन्तोष प्रकटकर समता का दावा करनेवाले शूद्रक का सिर काट भगवान् रामचन्द्र ने शान्ति क़ायम कर दी थी।

समाज स्थिर नहीं गतिशील है। समाज के जिन परिवर्तनों ने राज सत्ता और सामन्तशाही के स्थान पर प्रजातन्त्र शासन प्रणाली की व्यवस्था ला खड़ी की, उसी ने समाज की भाषा और साहित्य को भी बदल दिया। राजदरबार की महिमा की बात छोड़ वह सभ्य नागरिक की जीवन समस्याओं का ताना-बाना बुनने लगा। भद्र समाज के आदर्श और स्वप्न साहित्य में परिलक्षित होने लगे। युद्धों और दिग्विजय के स्थान पर घर-बार की बातें आने लगीं। परन्तु समाज के जीवन में आनेवाले परिवर्तन यहीं तक नहीं रुके। भद्र मध्यम श्रेणी ने कला कौशल और व्यापार के जिस युग को जन्म दिया उसकी गति बहुत तेज़ थी और उसने डेढ़ दो शताब्दी में ही समाज का ढाँचा बदल दिया। उसके साधन बदल दिये और बदल दीं उसकी भावनाएँ। इस युग की भावनाएँ स्पष्ट हैं अंग्रेज़ी के पिछले विक्टोरियन साहित्य में, भद्र श्रेणी की समान्त युग के दमन के विरोध की पुकार सुनायी देती है फ्रान्स की राज्य क्रान्ति के पूर्व के साहित्य में जब इस श्रेणी की सत्ता और इस श्रेणी के पूँजीवादी दर्शन का दिवाला निकलने लगा तब यूरोप के साहित्स में प्रकट हुए विक्टर ह्यूगो, मोपासाँ, टॉलस्टाय, हालकेन, हार्डी और दनंजियों। भारत में यद्यपि सर्वसाधारण के शिक्षा और जाग्रति से दूर रहने के कारण उनकी पुकार स्पष्ट नहीं हो पायी परन्तु बंकिम, रवीन्द्र, शरत, प्रेमचन्द्र ने मध्यम श्रेणी की चेतना को प्रकट करने का प्रयत्न ज़रूर किया।

परिणाम में आया आज दिन का समाज। जिसका सबसे प्रबल अंग है, समाज की आर्थिक या जीवन निर्वाह की व्यवस्था द्वारा पैदा हो गया वह मनुष्य समूह, जो साधनहीन है। जिसे इस युग की क्रान्ति की शक्ति, समाजवाद या कम्युनिज़्म, 'प्रॉलिटेरियेट' का अन्तरराष्ट्रीय नाम देती है। इस प्रॉलिटेरियेट या साधनहीन मनुष्य समूह की शक्ति है उसकी संख्या समाज का यह अंग निन्यानबे प्रतिशत से अधिक है। इसकी शक्ति है जीवित रहने के लिए इसका संघर्ष! इसकी भावना है समाज को उस साँचे में ढालने की, जिसमें यह अंग जीवित रह सके। आज का साहित्य इस सबल अंग की उपेक्षा किये बिना नहीं रह सकता। आज दिन किसी भी देश और राष्ट्र का साहित्य इस अंग की वीभत्स अवस्था के चित्रण से भरा हुआ है।

सौन्दर्य और कला के उपासक आज साहित्य में रोटीवाद को देखकर हतोत्साह हो जाते हैं। मलय समीर और कोकिल की कूक की जगह उन्हें नाबदान की गन्ध और बेकार की आह मिलती है। वीणा और नूपुर की झंकार की जगह उन्हें सुनायी पड़ता है अधिकारों की माँग का चीत्कार! परेशान होकर वह कहता है; रहने दो अपना यथार्थवाद! हमें चाहिए सौन्दर्य और कला! पर कहाँ से आये सौन्दर्य?..कोढ़ी के आगे दर्पण रखने से तो कोढ़ ही दिखायी देगा।

...और फिर यह क्या कला नहीं? यह क्या समाज की व्यवस्था की अभिव्यक्ति नहीं है? क्या यह समाज की अपनी अवस्था के प्रति असन्तोष प्रकट करना नहीं? क्या इसमें समाज का उद्देश्य दिखायी नहीं पड़ता? क्या यह समाज का अपनी रक्षा के लिए प्रयत्न नहीं? तो फिर इससे बड़ी कला और क्या होगी?

साहित्य कला का सबसे प्रधान अंग रहा है कहानी! क्योंकि उसकी पहुँच सबसे अधिक दूर तक है। वह सभी जगह पहुँच सकती है और सब-कुछ कह सुन सकती है। सदा ही वह मनुष्य समाज की बात कहती आयी है, उसकी इच्छा और आदर्श की ओर संकेत करती आयी है। आज वह क्यों ऐसा न करे?

कहानी आज धूमिल आकाश, और विरूप पृथ्वी का चित्रण करती है। वह विवश है! वह करे क्या? और कुछ है जो नहीं! परन्तु साथ ही कहानी क्षितिज की ओर संकेत कर दिखाती है, एक भयंकर घटा को! यह घटा शायद एक तूफ़ान को अपने हृदय में लिए है और बिजली की भयंकर कड़क को! और इस सबके बाद क्या होगा?...

यह भी कहानी ही बतायेगी।...बताती भी है...और वह है केवल समाज के मन की बात!

बेकार एण्ड कम्पनी लिमिटेड

'तेरी इन आंखों ने किया बीमार हाए'! एक साहब अपनी जांच पर ताल देते हुए गा रहे थे। दूसरे साहब को गवास छूटी, वचे कहने लगे "तेरी इन जुल्फों ने किया बीमार हाए।"

जिन साहब के बरामदे में महफिल जमरही थी उन्हों ने आज़िजी के स्वर में कहा—"भगवान की दुहाई मेरी हालत पर तरस कीजिये!"

'क्यों तुम्हारी हालत को क्या हो रहा है?'' पहले गाने वाले साहब ने पूछा।

'भले घर की बहू बेटियाँ आती जाती हैं, कोई सुन लेगा तो मारे जूतियों के काँद गंजी कर देगा!' उत्तर मिला।

गाने वाले ऐठ गये—'हम क्यों क्या किसी का दिया खाते हैं? अपना दिल खुश न करें?'

तीसरे साहब ने बीच में रोक कर कहा 'अजब हिमाफत है, एक तरफ़ कहते हो आंखों ने बीमार किया और हाय हाय करते हो और दूसरी तरफ जनाब फर्माते हैं कि दिल खुश कर रहे हैं। दिल क्या हाय हाय से खुश होता है?''

''ठहरिये ठहरिये'', दूसरे गाने वाले बोले—''कहिये सबसे बड़ा कवि कौन हुआ है, बोलिये न अरे बोलते क्यों नहीं?'' किसी दूसरे को जल्दी बोलने में असमर्थ देख वे ख़ुद ही बोले, 'कहिये कालिदास, भवभूति—अरे संस्कृत आप क्या जानते होंगे, अच्छा कहिये शेक्सपियर, हाँ शेक्सपियर का सबसे अच्छा नामवर नाटक कौन है?'' उत्तर मिलने में देरी होते देख उन्होंने खुदही जवाब दिया ''शेक्सपियर का बेहतरीन नाटक है हैमलेट या कहिये ओथेलो, कालीदास का बेहतरीन नाटक है शकुन्तला! उसकी दूसरी मशहूर पुस्तक है मेघदूत, बताइये इनमें क्या भरा है?.... सिर्फ हाय, हाय! फिराके जाना! किया बीमार हाये! कहिये साहब उसमें आपको आनन्द आता है या नहीं?''

ऐसी हिम्मत भला किसको जो कह देता कि कालीदास और शेक्स पीयर के नाटक में आनन्द नहीं आता! लेकिन यह बात है केवल साधारण भले आदमियों के लिये। तीन जाति के मनुष्यों के मनुष्यों के लिये मनुष्य समाज का कोई भी साधारण नियम लागू नहीं हो सकता और वे हैं, आये समाजी, गांधीवादी और सबसे बढ़कर कम्यूनिस्ट!

एक आर्यसमाजी बोल ही उठे, 'क्यों साहब आनन्द से आपका अर्थ क्या है?'

कम्यूनिस्ट भी बोल पड़े 'जी हां आनन्द अपने अपने अभ्यास और दृष्टि कोण से होता है मिसाल के तौर पर गांधीवादी को आपकी गज़ल से कोई आनन्द नहीं आ सकता, उन्हें आनन्द अनुभव होता है केवल पर्खे की घूं घूं से।'

गांधीवादी साहब से भी न रहा गया बोले जी हां—''और तुम्हें आनन्द आता है जब तुम्हारे गले में हँसिया फंसा कर सिर पर हथौड़ा मारा जाय।''

कम्यूनिस्ट निरुत्तर नहीं हुये। जवाब दिया 'हां, पर एक शर्त; यदि यह सब अहिंसा की भावना से किया जाय।'

मुंह चिढ़ा कर गांधीवादी ने कहा ''आये अहिंसा की भावना वाले? अहिंसा की भावना तुम्हारे जैसों के लिए नहीं है।''

कम्यूनिस्ट अब भी चुप नहीं हुए, कह बैठे 'जी हां वह तो ब्रिटिश सरकार के लिये है जिसके पास तोप तलवार और हवाई जहाज है। हंसिये हथौड़े से क्या डर?'

इस झांय झांय से घबरा कर कालिदास और शेक्स पीयर का ज़िक्र करने वाले साहब आर्यसमाजी भाई से बोले "इन्हें मरने खपने दीजिये, आप कहिये, आनन्द से आपका क्या अर्थ है?"

आर्य पुरुष ने उत्तर दिया "एक आनन्द तो विषय सुख से होता है। यह मनुष्य को नाश के मार्ग की ओर ले जाता है। दूसरे आनन्द से मनुष्य का कल्याण होता है। शृंगार रस के कवियों के जिस आनन्द की आप बात कर रहे हैं, वह विषय वासना का सुख है। इसलिये स्वामी दयानन्द ने उसे अनुचित बताया है। यह एक प्रकार का व्यभिचार, है। व्यभिचार आठ प्रकार का होता है यानि साधारण व्यभिचार के अलावा मन का व्यभिचार आंखों का व्यभिचार, कानों का व्यभिचार आदि आदि। शृंगार रस की कविता और पुस्तकें ब्रह्मचर्य के लिए हानिकारक है। उनसे मनुष्य की उन्नति नहीं होती है। मनुष्य उल्टा गढ़े में गिरता है, इसलिए इनसे बचना चाहिये... आर्य भाई शान्तिपूर्वक अपनी बात कहे जा रहे थे लेकिन कम्यूनिस्ट साहब का पीछा गांधीवादी से छूटा तो इन्हें छेड़ बैठे पूछा–'क्यों महाशय जी' ब्राह्मचर्य का उद्देश्य क्या है?

"ब्रह्मचर्य का उद्देश्य है मनुष्य की मानसिक और शारीरिक उन्नति!"

"यह मानसिक और शरीरिक उन्नति किस लिये की जाती है?"

"मनुष्य को ज्ञानवान और बलवान बनाने के लिये।"

कम्यूनिस्ट साहब हँस पड़े! "यह तो वही बात हो गई जीव किसे कहते हैं, प्राणी को! प्राणी किसे कहते हैं, जीव को! हमारा अभिप्राय यह ज़ानना है कि मनुष्य उन्नति इसीलिये तो करता है न कि वह आनन्द प्राप्त कर सके और आप कहते हैं उन्नति करने के लिये आनन्द का त्याग करना चाहिये!"

समाजी भाई ने कहा "आप जिसे आनन्द समझते हैं वह वास्तव में आनन्द नहीं वह तो शरीरिक सुख है, वासना! असली आनन्द तो आत्मिक आनन्द है।

बहुत ज़ोर से हँसकर कम्यूनिस्ट साहब ने कहा, "यह एक ही रही। जिस आनन्द या सुख को सब लोग अनुभव कर सकते हैं, यहाँ तक बड़े से बड़ा महात्मा और नीच सब जिसे अनुभव करते हैं, उससे आप इनकार कर देना चाहते हैं और जिसे केवल लाखों में से कोई एक अनुभव करता है, करता भी है या नहीं उसका इसका कोई प्रमाणा नहीं, इस आनन्द को आप सत्य बताना चाहते हैं। आत्मिक आनन्द होगा या नहीं परन्तु शारीरिक और मानसिक तृप्ति कोई वस्तु है, उससे तो आप इनकार नहीं कर सकते। इस वस्तु को सभी जीव अनुभव करते हैं और मनुष्य

भी अनुभव करता है। जब प्रकृति ने इसे बनाया है तो आप इससे इनकार क्यों करते हैं? मुआफ़ कीजिये, आप स्वयं जो नेत्रमूंद प्राणायाम न कर यहां बेकार क्लब में आ बैठते हैं, यह क्या सुख की खोज में नहीं?"

कम्यूनिस्ट की इतनी दलीलें जान पड़ता है व्यर्थ ही गईं। समाजी आई ने फिर भी जिद्द की कि असली आनन्द तपस्या और सन्तोष से होता है।

'तपस्या से आपका मतलब?' कम्यूनिस्ट ने पूछा

'तपस्या से मतलब है त्याग और संयम, भोगों से दूर रहना!' उत्तर मिला।

'आपको मालूम है बिलायत की नाचने वाली औरतें कितनी तपस्या और संयम करती हैं? योग के ऐसे ऐसे कठिन आसन जिनसे शरीर दोहरा ही नहीं बल्कि तेहरा हो जाय, भोजन भी ऐसा सूक्ष्म की शरीर में जरा भारीपन न आ सके, और व्यवहार भी ऐसा रखती हैं कि शरीर में शिथिलता न आ सके बत्तीस और पैंतीस साल की उम्र में वे ऐसे फुदकती हैं जैसे बुल-बुल डाल-डाल शाख फुदकती हो। इन्द्रियों का ब्रह्मचर्य से यदि क़ायम न रखें तो छः महीने में उनके शरीर की दूकान का दिवाला निकल जाय! कहिये आप उन्हें योगियों और तपस्वियों की श्रेणी में मानने के लिये तैयार हैं या नहीं?... बल्कि वे तो एक ऊर्जा और ऊँची है, क्योंकि तपस्वियों और ऋषियों की तरह वे संसार के प्रलोभनों से डर कर जंगल में भाग नहीं जातीं बल्कि उनके बीच में रहती हैं और उनसे निर्लिप्त रहती हैं।"

कम्यूनिस्ट साहब कहने लगे तो कहते चले गये "परन्तु इनकी इस तपस्या संयम और साधना का उद्‌देश्य (ऍंग्न) अर्थात् निष्काम नहीं है। वे संसार के भोगों को अधिक से अधिक मात्रा में भोगने के लिये अपने आपको योग्य बनाये रखना चाहती हैं। हमारे खयाल में संयम और ब्रह्मचर्य का उद्‌देश्य यहीं नहीं होना चाहिये। इक्के के घोड़े को दिन भर दौड़ाइये और भूखा रखिये, सात दिन मुश्किल से काम देगा उसे ढंग से जोतिये तो १७ क्या २७ बरस काम दे जायगा। ब्रह्मचर्य का अर्थ है शरीर का उचित उपयोग, उसे जड़ बना देना नहीं।"

कम्यूनिस्ट और आर्य समाजी भाई सुख और आनन्द के सिद्धान्तों के बारे में माथा पच्ची कर रहे थे परन्तु दूसरे सज्जन पीते हुये सिनेमा के गीत गाते हुए क्रियात्मक रूप से सुख अनुभव करने की चेष्टा कर रहे थे।

जवानी शिक्षा के बजाय क्रियात्मक उदाहरण अधिक सफल होता है। समाजी भाई कम्यूनिस्ट की दलील मानने को कतई तैयार नहीं थे परन्तु एक शौकीन की तान सुनकर उनके चेहरे पर मुस्कराहट फैल गई। गाने वाले गा रहे थे,—

सैंया हमारे सारे गांय के पटवारी हैं...बचके रहो!

बचके रहो, जी बचके रहो।

बांके जोबन नहीं ताको सरकारी हैं... बचके रहो—

ओछे निगाहों के तीर मेरे कारी हैं...बचके रहो—

गाने वाले अपने गाने में मस्त थे। समाजी भाई और गांदीवादी दोनों ही खोसें निकाल कर हँस रहे थे। मालिक मकान ने सिर आज़िज़ी से कहा—"भाई क्यों मेरी फजीहत पर तुले हो?

'फ़जीहत कैसी?'

'यह गन्द जो बक रहे हो!'

'होली है भाई!'

'होली है तो क्या फूकने को मैं ही रह गया हूँ?'

'फूंकने की बात क्या? फागुन में सभी गाते हैं'

'गाते हैं तो कोई ढंग की चीज़ गाओ क्यों साहब क्या यह सब गाना ठीक है?'

मालिक मकान ने समाजी भाई की ओर देख कर पूछा 'आप ही बताइये?'

समाजी भाई हालाँकि इस गाने का मज़ा खुद भी ले रहे थे परन्तु मजबूर हो कर उन्हें मानना पड़ा कि यह गाना ठीक नहीं और जब कोई गाना तजवीज़ करने की भी प्रार्थना उनसे ही की गई तो उन्होंने झेंपते हुए कहा "गाने को आप गा सकते हैं, गाओ सब मिल कर उस प्रभु के धन्यवाद् 'परन्तु उसे किसी ने भी गाया।

कम्यूनिस्ट साहब की बहस की भूख अब भी न मिटी थी बोल पड़े "क्यों साहब पटवारी वाले गीत में ही क्या ख़राबी है?'

समाजी भाई का बताया गाना किसी ने पसन्द नहीं किया था इससे वे चिड़े तो बैठे ही थे। उस गाने में स्वयं अपने आप खुश होने की बात भूलकर उन्होंने कहा—क्यों खराबी क्यों नहीं है, कितना अश्लील है वह गाना।"

गाना गाने वाले साहब भी बार बार रोके जाने से चिड़ गये थे बेलो 'अश्लील तो आप खुद भी हैं।'

'सो कैसे'? 'समाजी भाई ने पूछा—

"कैसे क्या; आपके शरीर में जाने कौन-कौन अंग जुड़े हुए हैं।"

समाजी भाई ने महाबीरी घूंसा उठाया। वे गवैये का सिर चूर्ण कर देना चाहते थे परन्तु गांधीवादी और कम्यूनिस्ट ने हैं हैं या करते हो।' कहकर बीच बचाव कर दिया। गाने वाले बेबसी में हाथ हिलाकर बोले 'हम ससुर जो गायें वही अश्लील?'

उनकी तरफदारी करते हुये कम्यूनिस्ट बोले 'यह तो है ही ग़रीब के सब काम खराब और अमीर के सब अच्छे!'

गांधीवादी ने रोक कर कहा 'इस मामूली सी बात में भी आप श्रेणी द्वेश और हिंसा की आग फैलाने से नहीं रह सकते!'

'हम पूछते हैं' सच आप को इतना कड़वा क्यों लगता है?' क्या आप इतना नहीं जानते कि खिड़की पर रेशम के पर्दे लगे हों और फर्श पर बिछे हों कालीन और सोफ़ा पर आप एक बग़ल में मिस—और दूसरी में मिसेज़—को बैठा कर ह्विस्की पीजिये और बेहोश हो जाइये, आप को कोई रोकने वाला नहींऔर यदि आप ताड़ी पी कर लड़खड़ाते हैं तो आप हवालात में बन्द हो जायंगे। सोलह रुपये बोतल की शराब आप पीजिये सरकार को एतराज नहीं लेकिन अगर आप दुअन्नी में गांजे की चिलम पियें तो जुर्म है। सीधी बात है सड़क पर शराब पीना मना है, घर में नहीं। जिसके घर न हो वह क्या करे?

''गांधी वादी ने हाथ बढ़ाकर कहा पर आप के ख्याल में शराब पीना है ज़रूरी!''

कम्यूनिस्ट साहब की रुकती ज़ुबान को और ठेला मिल गया बकते चले गये—'अरे शराब नहीं; शराब तो एक उदाहरण है कोई भील बात आप ले लीजिये—'सड़क पर हीजड़ों का नाच देखेने हम खड़े ो जांय लफंगे कहलायंगे परन्तु पैसा खर्च करके सिनेमा में रण्डी का नाच देख आयँ तो शरीफ बन जायंगे?

समाजी भाई ने टोक कर कहा—''पर ज़िक्र तो हो रहा था साहित्य की अश्लीलता का!''

'साहित्य क्या भूत बना जाते हैं?' कम्यूनिस्ट ने उत्तर दिया 'जो हम आप कहते करते हैं वही तो साहित्य है। पढ़े लिखे अमीर आदमी जिस बात को मुश्किल से समझ में आने वाले शब्दों में कह देंगे वह साहित्यकला और विद्वता हो जायगी और जो बात ग़रीब आदमी सीधे सादे शब्दों में कह देंगे वह अश्लील हो जायगी।'

इसके माईने? आपका मतलब है यह जो साहब अभी जोबन के जोड़े के सरकारी होने का एलान कर उधर न ताकने के लिये कह रहे थे अश्लीलता नहीं बक रहे थे?' एक साहब ने सवाल किया।

'जी हाँ यह तो अश्लीलता कर रहे थे परन्तु जब कविसम्राट रवीन्द्रनाथ ठाकुर कहते हैं' खूब ऊँचे स्वर में कम्यूनिस्ट साहब गाने लगे 'कविता फेले दिये एशो मानश शुन्दरी (कविता को छोड़ो' यहाँ आओ हे सुन्दरी!) दूटि रिक्त हस्त शुधु अलिंगरे भरि (अपनी दोनों खाली बाहों में मुझे चिपटा लो!) कण्ठे जाड़ाइया दाओ...'

'बस कीजिये हे कृपालु!' हाथ जोड़कर मालिक मकान ने कहा 'आप बेकारों को यहाँ बुलाकर मैने भर पाया। अपने खुरों से सड़क की धूल को पवित्र कीजिये! मुझे अभी इसी मुहल्ले में रहना है!''

चाय की चुस्कियां
दुमुर्ख

दो पैसे में एक चाय का कुल्हड़ ले चुसकते हुए एक साहब सामने लगे एक बड़े इश्तिहार को पढ़ रहे थे—"चवन्ना चवन्नी के टिकट खरीद कर जंग के फण्ड में रुपया दो!"

उनके पास ही खड़े दूसरे साहब ने भी दो पैसे का कुल्हड़ लिया और पूछ बैठे, 'तुमने कितने टिकट खरीदे?'

'अभी तो नहीं खरीदा।'

'क्यों, हिटलर को रोकने के लिये चवन्नी भी नहीं दे सकते?'

'चवन्नी तो दिन भर में कमा पाते हैं भैया!'

जवाब अब नहीं रहा था परन्तु जुबान पर चाय का असर हो चुका था इसलिये बोलने लगे, "ठीक तो है, चवन्नी तो बड़े आदमी ही दे सकते हैं जो ट्रे में चाय पीते हैं। सरकार को चाहिये जंग फण्ड के लिये पैसे के चन्दे का टिकट भी बनाये।"

उनके पास ही खड़े दूसरे साहब बोले, "तुम भी खप्ती हो! चवन्नी से कम से लेना सरकार की तौहीन है। इससे कम तो कांग्रेस भी नहीं लेती! पैसा चंदा तो गोशाला का होता है या फिर मंदिर में चढ़ता है।" एक और साहब बोले, "हमसे तो कांग्रेसी अच्छे! अपने तो सरकार को चवन्नी चन्दा देते हैं। और दस रुपये पर साढ़े तीन रुपये खूद की उम्मीद रखते हैं। और कांग्रेसी लाखों रुपया जुर्माना चन्दा में दे चुके जिसका न सूद मांगे न मूल धन।"

× × ×

बात जी चल पड़ी तो एक साहब अपने गाँव के साहू जी की सुनाने लगे। साहू जी जान भले दे दें पैसे को हाथ से नहीं छोड़ सकते। और देखो तो जंग फण्ड में चवन्नी चन्दा भी नहीं दिया। जब साला हिटलर सिर पर आ धमकेगा तब जान को रोयेंगे। तहसीलदार साहब ने कहा, 'साह जी आप भी तो कुछ अपना हक़ अदा कीजिये, ग़रीब मज़दूर क़िसान तक औक़ात के मुताबिक दे रहे हैं।"

साहू जी ने दोनों हाथों से सिर पीट लिया, "बुरा हो, सत्यानास हो, इस ज़लमुए हिटलर का, जिसने हमारी आला हज़रत सरकार से चवन्नी की भीख मँगा दी।"

× × ×

लीजिये इस महीने मर्दुमशुमारी का ही अच्छा तमाशा रहा। किसी और पर जो बीती हो, बड़े लाट की कौंसिल के मेम्बर तक उससे न बचे। और तंग आकर वे सरकार की तनखाह (बजट) काटने तक के लिये तैयार हो गये।

मौलवी अब्दुलग़नी साहब ने असेम्बली में फ़र्माया ''मर्दुमशुमारी में हिन्दुओं के साथ रियासत और मुसलमानों के साथ ज़्यादती हो रही है। मुसलमानों को गिनाही नहीं जाता। उन जैसे बाइज्जत और बारुतबा आदमी को ही नहीं गिना गया तो छोटे मोटे का तो कहना क्या? और फिर मज़ा यह कि उनके कुनबे भर में किसी को नहीं गिना गया। और कुनबा भी छोटा मोटा नहीं!...बेग़म हैं, पाँच लड़कियाँ हैं, दो लड़के हैं...।

अब बताइये इतना बड़ा कुनबा पैदा करने और पालने से लाभ? इससे तो बेहतर होता 'बर्थ कण्ट्रोली क़ाजी साहब भी समझदार हैं। आज कल सरकार के खिलाफ बोलना ठीक नहीं। पर क़ाज़ी साहब सरकार के खिलाफ़ कुछ नहीं कहते, सिर्फ नसीहत करते हैं। नसीहत तो करते हैं परन्तु यह भूल जाते हैं कि परेशान आदमी नसीहत नहीं चाहता। वह तो कहता है :—

'नासिहा न कर नसीहत दिल मेरा घबराये हैं, मैं समझूं दुश्मन उसे जो मुझे समझाये हैं।'

खैर, तो क़ाजी साहब नसीहत यह करते हैं कि कांग्रेस तो सरकार की परेशानी का इतना खयाल कर रही है कि सरकार को आरम्भ से जो चाहे करने का मौका देने के लिये असेम्बली तक से दूर रहती है और सरकार का यह तरीक़ा है कि सरकार की परेशानी का इतना खयाल करने वालों को जेल भेजे जदे रही है। और फिर इतना ही नहीं, उन्हें जेल भेज कर हथकड़ी और बेड़ी भी पहनाती है। यानी भले आदमियों की बेइज्जती करती है।''

क़ाजी साहब खुद जो कांग्रेसियों के साथ मिल कर सरकार को परेशानी से बचाने के लिये जेल नहीं चले गये, इसका कारण सिर्फ यही है कि फिर सरकार को नसीहत करने वाला कोई नहीं रहेगा।

× × ×

काजी साहब कहते हैं अहिंसात्मक सत्याग्रहियों को हथकड़ी बेड़ी पहनाकर सरकार 'बेइनसाफ़ी' कर रही है।

'बेइन्साफ़ी?' होम मेम्बर साहब कान भर हाथ रख हैरान हो गये और बोले, ''वल्लाह! आप क्या कहते हैं?...जरायम पेशा, चोर डाकुओं और जबर-जनाह करने वालों के साथ बताइये हम कौन सुलूक कर रहे हैं। जो

अहिंसात्मक सत्याग्रहियों के साथ नहीं करते?...चोर डाकू क्या हमारे रिश्तेदार लगते हैं।''

कहिये, क्या कमाल है जवाब में? इसी को तो होम मेम्बरी की राजनीति कहते हैं।

समालोचना

THE STUDENT : Ed, Lalit Shankar. Publisher, All India Student Eederation, Jubbulpur
Price Annual Rs. 2/Single Copy3 Anna

विद्यार्थी समाज के होनहार मालिक हैं। किसी भी देश में इनके संगठन और आन्दोलन का विशेष महत्त्व होगा परन्तु हमारे देश में विद्यार्थी संगठन का महत्त्व और सभी देशों की अपेक्षा अधिक है क्योंकि इस देश में शिक्षा की कमी के कारण सार्वजनिक समस्याओं की ओर ध्यान देनेवालों की संख्या आटे में नमक के बराबर ही है। ऐसी अवस्था में विद्यार्थी समुदाय का उत्तरदायित्व इस देश में बहुत बढ़ जाता है। 'दी स्टूडेण्ट' विद्यार्थियों के आन्दोलन की पुकार है। इससे पूर्व भी विद्यार्थियों के कई पत्र 'स्टूडेण्ट हैरल्ड', 'स्टूडेण्ट ट्रिब्यून' आदि प्रकाशित हो चुके हैं। परन्तु उनका जीवन बहुत संक्षिप्त हुआ। दी स्टूडेण्ट के कई अंक हमारे सामने आ चुके हैं। विद्यार्थियों द्वारा प्रकाशित किये गये दूसरे पत्रों में और इस पत्र में कुछ अन्तर है। इससे पूर्व प्रकाशित विद्यार्थियों के कुछ पत्र 'दी स्टूडेण्ट' की अपेक्षा तड़क-भड़क में कहीं अधिक जोरदार थे और कुछ बहुत ही संक्षिप्त। स्टूडेण्ट का आकार और रूप रंग एक अच्छे मासिक पत्र जैसा है। उसकी विशेषता है लेखों से।

'दी स्टूडेण्ट' के लेख इस देश के राजनैतिक दृष्टि से सचेत जनसमुदाय के भावों को प्रकट करते हैं। उनमें बिना समझे-बूझे, केवल देश और देशभक्ति चिल्लाने का यत्न नहीं किया गया। उसमें देश की समस्याओं को वास्तविकता के दृष्टिकोण से लिया गया है। लेखों में उत्तेजना नहीं बल्कि विचार और विश्लेषण को प्रवृत्ति प्रकट होती है, जो ठोस प्रगति की बुनियाद है। एक बात जरूर खटकती है कि हिन्दुस्तानी विद्यार्थियों का पत्र हिन्दुस्तानी में न होकर अंग्रेजी में चले परन्तु

इसके लिए यह भी याद रखना पड़ता है कि विद्यार्थी आन्दोलन अन्तरप्रान्तीय संस्था है और बहुत से प्रान्तों के विद्यार्थियों के लिए हिन्दुस्तानी अंग्रेजी से भी दुर्गम है। हम पत्र के प्रति अपनी शुभकामना प्रकट करते हैं।

प्र.पा.

× × ×

'हिन्दी पत्रों के सम्पादक' ले.-बी.एस. ठाकुर

इस पुस्तक को एक प्रकार से हिन्दी के दैनिक, साप्ताहिक और मासिक पत्रिकाओं तथा उनके सम्पादकों की विवरण पत्रिका कहा जा सकता है। यदि पुस्तक इस दृष्टि से लिखी जाती तो उसमें पत्रों के विषय में कुछ अधिक सूचना रहती और पुस्तक में दिये गये कुछ अंश उसमें न होते। उस अवस्था में पुस्तक की उपयोगिता बढ़ जाती। परन्तु पुस्तक लिखने का उद्देश्य जैसा कि लेखक ने भूमिका और प्राक्कथन में प्रकट किया है, मुख्यतः है, हिन्दी लेखकों पर सम्पादकों द्वारा किये जानेवाले अन्याय के विरुद्ध आवाज उठाना। यह उद्देश्य भी बुरा नहीं। हिन्दी पत्रों के सम्पादक पैगम्बर नहीं, न वे नाजी पार्टी के फ्यूरर है, जिनकी आलोचना नहीं हो सकती हो।

सम्पादकों का परिचय और आलोचना उपयोगी हो सकती है यदि सम्पादक के कार्यों की हो। लेकिन सम्पादक की मसहरी उठाकर झाँकना, सज्जनता नहीं। निजी व्यक्ति में गतजीवन जिस प्रकार दूसरे भलेमानसों का उदाहरणतः स्वयं लेखक का है उसी प्रकार सम्पादकों का भी होना चाहिये। यदि सम्पादक लेखकों के प्रति अशिष्ट और क्रूर है, ईमानदारी से उनके विचारों को प्रकट नहीं करता तो वह अपराधी है। यदि यह साहित्य या भाषा के प्रति अन्याय कर रहा है, उसकी आलोचना कीजिये परन्तु सम्पादक नमक से प्याज खाता है, उसकी पत्नी की आयु क्या है, इन बातों से किसी को क्या है, इन बातों से किसी को क्या मतलब? पुस्तक को देखकर निराश से कहना पड़ता है कि उसका साहित्यिक उपयोग अधिक न हो सकेगा।

य.पा.

× × ×

पड़ोसी (सिनेमा) प्रभात पिक्चर

कहावत प्रसिद्ध है कि अमेरिका की एक प्रसिद्ध फिल्म कम्पनी के मालिक के पास एक लेखक अत्यन्त सुन्दर कला पूर्ण रचना लेकर पहुँचा। रचना न मंजूर कर

दी गयी। कारण पूछने पर लेखक को बताया गया कि रचना ऊँचे दर्जे की है पर सिनेमा के काम की नहीं। लेखक ने पूछा "आप क्या चाहते हैं? मालिक का उत्तर था "ऐसी चीज़ जिससे चौदह वर्ष का बालक या अशिक्षित व्यक्ति भी खुश हो सके।"

हमारे देश में फिल्म का रोजगार अच्छे पैमाने पर चल निकला है परन्तु अधिकांश में फिल्म कम्पनियों के मालिकों और डाइरेक्टरों का दृष्टिकोण वही है जो ऊपर दिया गया है। वे ऐसी चीज पैदा करना चाहते हैं जिससे हाल भर जाय! यह आर्थिक दृष्टिकोण बुरा नहीं परन्तु फिल्म का काम जनता के कला और सभ्यता के दृष्टिकोण को ऊँचा उठाना भी होना चाहिए। जैसे स्कूल खोलने या समाचार-पत्र चलाने का अभिप्राय केवल पैसा कमाना नहीं होना चाहिए, बहुत कुछ उसी तरह फिल्म के लिए भी कहा जा सकता है: जनता जितना समझती है उसी को दोहरा कर उसे खुश करने की बजाय उससे कुछ अधिक समझने का प्रयत्न भी करना चाहिए। बहुत कम हिन्दुस्तानी फिल्मों में यह बात पायी जाती है। प्रभात के 'आदमी' फिल्म में अलबत्ता इस बात की चेष्टा दिखायी दी थी और उसकी नजर से फिल्म देखनेवाले समझदार जनता की दृष्टि में प्रभात का आसन ऊँचा हो गया था। 'आदमी' के बाद प्रभात की नयी फिल्म 'पड़ोसी' की जो कहानी हमारे सामने आयी है वह इस बात का प्रमाण है कि जनता ने प्रभात के कार्य की सराहना की है।

पड़ोसी की कहानी इस देश की मौजूदा राजनैतिक और सामाजिक समस्याओं का कलापूर्ण और रोचक समन्वय है। इस कहानी को फिल्म के रूप में कैसे एक्ज़ेक्यूट किया जाता है, प्रत्येक रसिक फिल्म द्रष्टा इसकी प्रतीक्षा कर रहा है। फिलहाल सन्तोष इसी बात से हो सकता है कि 'पड़ोसी' डाइरेक्टर हमारे परिचित वी. शान्ताराम जिन्हें हम 'आदमी' में देख चुके हैं।

अप्रैल
१९४१

कांग्रेस किसकी?

(कांग्रेस का इतिहास कहता है वह आरम्भ में इस देश की जनता की प्रतिनिधि नहीं थी। देश की राजनैतिक परिस्थितियों के कारण जनता में उत्पन्न होनेवाले असन्तोष और कांग्रेस की मांग में सामंजस्य हो जाने से जनता ने उसे अपना प्रतिनिधि स्वीकार कर लिया। परन्तु आज कांग्रेस जनता को अलग छोड़ अपना आन्दोलन चलाना चाहती है, ऐसी अवस्था में कांग्रेस की स्थिति क्या होगी?—स.)

मौज़ूदा विकट परिस्थितियों में हमारा उद्‌देश्य जितना सीधा है उतना ही महत्वपूर्ण भी। बहुत संक्षिप्त रूप से कहा जा सकता है कि इस देश की जनता के लिये जीवन की परिस्थितियां बहुत विकट हो गई हैं। जनता का निन्यान्वे फीसदी भाग अत्यन्त कठिनता से जीवन रक्षा के योग्य आवश्यक पदार्थों को पा सकता है और परिस्थितियों को देखते हुए हमें इस बात का निश्चय है कि कल आने वाला दिन आज की अपेक्षा भी अधिक कठिन होगा।

राजनीति का अभिप्राय भास बोलचाल की भाषा में समझा जा सकता है, शान्तिपूर्वक जीवन बिताने और विकास कर सकने के लिये समाज या जनता का सम्मिलित प्रयत्न। व्यवहारिकता के लिये इस प्रयत्न को सरकार का रूप दिया जाता है। अपने सम्मिलित प्रयत्न यानी सरकार को यदि जनता अपने लाभ और कल्याण के लिये जारी रख सकती है तो यही उसकी स्वतन्त्रता है। जनता के सम्मिलित प्रयत्नों का उपयोग दूसरे लोगों के लाभ और हित के लिये होना ही उनकी पराधीनता है। हमारे देश की जनता की सबसे बड़ी कठिनाई या दुर्भाग्य यही है कि हम लोग इस सौ बरस के समय से देश की जनता के रूप में, स्वयं अपने हित के लिये और अपनी इच्छा से अपना जीवन बिताने का अवसर नहीं पा रहे। हमारी यह कठिनाई इस देश या जनता की राष्ट्रीय पराधीनता या विदेशी गुलामी के रूप में हम पर लदी हुई है। यद्यपि हम लोग जीवित हैं परन्तु हमारा

जीवन अपनी इच्छा से नहीं। हमारे जीवन को मनुष्य जीवन नहीं कहा जा सकता।

मनुष्यत्व क्या है इस प्रश्न के अनेक उत्तर विचारकों और पण्डितों ने दिये हैं। कुछ लोगों का कहना है मनुष्य में बुद्धि होना ही मनुष्यत्व की पहचान है परन्तु बुद्धि कम या अधिक पशुओं में भी होती ही है। बुद्धि केवल मनुष्य का ही एक मात्र ठेका नहीं है। मनुष्य और पशुओं में भेद करते समय मार्क्स मनुष्य की पहचान यह बताता है कि पशुओं के लिये जीविका या निर्वाह के साधन प्रकृति में अपने आप पैदा हो जाते हैं और मनुष्य अपने निर्वाह के साधन स्वयं पैदा करता है। अपने लिये निर्वाह के साधन पैदा कर सकने के अधिकार पर ही हमारा जीवन निर्भर करता है। इस अधिकार का होना या न होना ही स्वतन्त्रता या परतंत्रता है। इस अधिकार को ही समय और अवस्था के अनुसार व्यक्ति और देश की स्वतन्त्रता के नाम दिये जाते हैं। जिस समय यह प्रश्न एक अकेले व्यक्ति के सामने पेश होता है व्यक्तिगत स्वतन्त्रता का सवाल खड़ा हो जाता है, जिस समय यह प्रश्न एक सी अवस्था के बहुत से मनुष्यों के सामने आता है वह श्रेणी के प्रश्न का रूप धारण कर लेता है। इसी प्रकार किसी देश की सम्पूर्ण जनता के लिये इस प्रश्न के उठ खड़ा होने पर देश या राष्ट्र की आज़ादी की पुकार सुनाई देती है। हमारे देश की जनता के सामने आज यही प्रश्न है जिसे स्वराज्य, पूर्ण स्वाधीनता, आत्मनिर्णय का अधिकार और वैधानिक सभा द्वारा इस देश की जनता के प्रतिनिधियों को इस देश का शासन विधान तैयार करने की स्वतन्त्रता के रूप में मांगा जा रहा है। अधिक स्पष्ट शब्दों में इस मांग को जीवित रहने की इच्छा या प्रयत्न ही कहा जायगा। मनुष्य की यह मांग कितनी स्वाभाविक है। जीवन रहते हम मांग और इच्छा का न होना असम्भव है। परन्तु आश्चर्य यह है कि मनुष्य स्वयं अपने लिये इस अधिकार की रक्षा के प्रयत्न के लिये सब कुछ करता हुआ भी दूसरों से यह अधिकार छीन लेता है और जब इस अधिकार से हीन या पराधीन लोग जीवित रहने के अधिकार की पुकार मचाते हैं, तो उनसे इस अधिकार को छीन लेने वाले लोगों की नज़र में यह अशांति और अपराध जंचता है।

हमारे देश में यह समस्या आज बहुत उग्र रूप में पेश है। परन्तु इसका आरम्भ आज नहीं हुआ। इस समस्या का आरम्भ उसी समय हो जाता है जिस समय कोई भी व्यक्ति, श्रेणी या देश अपनी स्वतन्त्रता या जीवन के अधिकार को खो बैठता है। यह समस्या केवल दो अवस्थाओं में मिट सकती है। वह अवस्थाएं हैं या तो अधिकार खोया हुआ पराधीन देश इस अधिकार को पा ले या उसका अस्तित्व मिट जाय। ज्यों ज्यों अधिकार खोई हुई श्रेणी या देश का जीवन असह्य होता जाता है,

जीवन रक्षा के लिये प्रयत्न किये बिना वह रह नहीं सकता और इस विषय में उसकी चेतना भी प्रबल हुए बिना नहीं रह सकती।

हमारे देश में जनता के जीवन के अधिकार से रहित होने की समस्या अधिक विकट इसलिये है कि हम लोगों से इस अधिकार को छीन लेनेवाली शक्ति एक विदेशी राष्ट्र है। यह विदेशी राष्ट्र अपने हित के लिये इस देश की भूमि और पैदावार के दूसरे साधनों और इस देश की जनता के परिश्रम के फल को इस देश से बहुत दूर ले जाता है। परिणाम यह होता है कि इस देश की जनता पैदावार के साधनों और अपने परिश्रम के फल पर अधिकार न होने से अपनी आवश्यकतायें पूरी नहीं कर सकती। देश की स्वतन्त्रता के रूप में इस अधिकार को पाने के लिये पहला विराट प्रयत्न इस देश के लोगों ने १८५७ में ग़दर के रूप में किया। वह प्रयत्न असफल हुआ। वह प्रयत्न एक सशस्त्र वग़ावत के रूप में था और ब्रिटेन की अधिक चहुर और बलवान सशस्त्र शक्ति ने उस प्रयत्न को कुचल दिया। ग़दर के असफल हो जाने के बावज़ूद इस देश की स्वतन्त्रता की समस्या मिट नहीं गई। और वह प्रयत्न ही बन्द हो गया। इस देश की परिस्थितियों ने हमारी जनता के स्वतन्त्रता के प्रयत्न को दूसरा रूप दिया। हम निशस्त्र थे इसलिये निशस्त्र रूप से अपने स्वतन्त्रता के प्रयत्नों को उसी ढंग से करना आरम्भ किया जिस प्रकार हमें पराधीन बनाये रखनेवाली शक्ति उन्हें सहन कर सकती थी या उन्हें जारी रखने की इज़ाजत हमें दे सकती थी। इस प्रयत्न को करने वाले हमारे संगठन का नाम पड़ा (Indian National Congress) इण्डियन नेशनल कांग्रेस। आज कांग्रेस क्या है और कांग्रेस–ने इस देश के लिये क्या किया यह बातें छिपी नहीं और न आज हमारे पास इतना समय है कि हम कांग्रेस के इतिहास को दुहराने बैठें। आज कांग्रेस हमारी राष्ट्रीय संस्था है और हम दम भरते हैं कि वह इस देश की बहुबान जनता की प्रतिनिधि है। परन्तु जिस दिन इस राष्ट्रीय संस्था में अपना नाम इण्डियन नेशनल कांग्रेस रखा था उस दिन इस देश के कितने आदमी इसके नाम से परिचित थे? हमारा विश्वास है इस देश के फ़ीदस हज़ार आदमियों में से एक भी न तो इस नाम को जानता था न इसका अर्थ समझता था। उस समय कांग्रेस वास्तव में उन्हीं लोगों की प्रतिनिधि थी जो हिन्दुस्तानी होने के बावज़ूद अंग्रेजों से बराबरी का दावा करना चाहते थे और इस अधिकार का दावा करते थे, इस देश की करोड़ों जनता के प्रतिनिधि होने पर।

जिन परिस्थितियों में कांग्रेस का जन्म हुआ यदि वे परिस्थितियाँ न बदलतीं तो कांग्रेस भी एक बहुत सीमित सी वस्तु रह जाती। परन्तु ब्रिटेन का भारत पर पूँजीवादी शोषण नित्य प्रति विस्तृत हो रहा था और गहरा जा रहा था। भूमि का कर बढ़

रहा था, देश में खेती के सिवा जीवन का और साधन न रह जाने के कारण भूमि के प्रति टुकड़े पर बोझ बढ़ता जा रहा था। भूमि के जिस टुकड़े पर पहले तीन आदमी निर्वाह करते थे उस पर अब दस को निर्वाह करना पड़ने लगा। देश में दूसरे रोज़गार न होने के कारण किसानों को खेती की पैदावार का मूल्य पर्याप्त न मिल पाता था। इसका परिणाम यह हुआ कि किसान पैदावार तो उतने ही परिश्रम से करने पर भी भूखा और नंगा रहने लगा। देश की आबादी के बढ़ते जाने परन्तु रोज़गार न बढ़ने इस देश के आदमियों को जीवन निर्वाह के लिये रोज़ी मिलना कठिन होता गया। हालत से तंग आकर पूरा पेट भरने लायक मज़दूरी न मिलने पर वे आधा पेट भरने लायक मज़दूरी पर ही काम करने के लिये तैयार होने लगे। शिक्षित मध्यम श्रेणी की अवस्था भी बेहतर नहीं थी। इस श्रेणी के निर्वाह का साधन था व्यापार या नौकरी। देश में उद्योग धन्धों के बढ़े बिना व्यापार नहीं बढ़ सकता और नौकरियों की संख्या भी इस श्रेणी की ज़रूरत को पूरा करने लायक संख्या में बढ़ाना सम्भव नहीं था। ऐसी अवस्था में जीवन बिताने की कठिनाइयों को अनुभव करने के कारण इस देश की सभी श्रेणियों में असन्तोष की आग सुलगने लगी।

इन सब कठिनाइयों का उपाय जनता को केवल यही समझ में आता था कि उसे अपने देश में इस बात का अधिकार हो कि वह जीवन की आवश्यकताओं को पूरा कर सकने के साधनों को अपनी ज़रूरतें पंरा करने में लगा सके। इस मांग को पूरा करने के लिये स्वराज्य की पुकार उठी।

पिछले युद्ध के समय भारत की यह पुकार काफी ऊंची हो चुकी थी और पिछले युद्ध में ब्रिटिश सरकार ने भारत से आवश्यकता अनुसार सहायता पाने के लिये इस देश की जनता को किसी हद तक अपने मामले में निर्णय का अधिकार देने का वायदा कर लिया। परन्तु बाद में इस प्रकार के वायदे को पूरा करना ब्रिटेन को अपने हम में हानिकारक जान पड़ने लगा। परिणाम यह हुआ कि वे वायदे ठुकरा दिये गये। कांग्रेस ने इस वायदाकशी पर विरोध के रूप में आन्दोलन चलाया। और इस आन्दोलन का रूप था स्वराज्य अर्थात जनता के लिये आत्मनिर्णय के अधिकार की मांग। वास्तव में ही इस समय जनता असन्तुष्ट थी और कांग्रेस की इस मांग में जनता की अनुभूति और प्राणों की शक्ति मिल गई और स्वराज्य के लिये सत्याग्रह के आंदोलन में यह सूम्पूर्ण देश क्षुब्ध समुद्र की तरह डांवाडोल हो गया। देश में सब ओर स्वराज्य की ही पुकार सुनाई देती थी। यह स्वराज्य क्या होगा यह बात न तो जनता के ही सन्मुख स्पष्ट थी और न स्वयं कांग्रेस के ही सन्मुख परन्तु इतना खूब अच्छी तरह स्पष्ट था कि देश की जनता अपनी अवस्था से असंतुष्ट थी और इस अवस्था को बदलने के लिये वह कांग्रेस पर भरोसा करती रही थी।

कांग्रेस पर जनता के विश्वास का प्रमाण कांग्रेस की आज्ञा से लाखों आदमियों के जल जाने के रूप में तो मिला ही परन्तु कांग्रेस पर जनता के विश्वास का इससे अधिक प्रबल प्रमाण मिला उस समय जब असेम्बलियों के चुनाव में जनता ने अपने भाग्य का निर्णय करने का अधिकार कांग्रेस के हाथ में दे दिया। असेम्बलियों में जाकर कांग्रेस ने क्या किया इस बात को फिलहाल हम एक ओर रहने देंगे। शायद मौज़ूदार क़ानून में जो कुछ सम्भव था कांग्रेस ने किया इससे अधिक करना कांग्रेस के लिये सम्भव ही न था। इस जिरह को एक ओर छोड़ इतना तो निश्चित रूप से कहा जा सकता है कि कांग्रेस आरम्भ में चाहे जिस रूप में रही हो परन्तु १९२० से वह वास्तव में ही देश की असंतुष्ट जनता की प्रतिनिधि बन गई थी और १९४० तक के २व वर्षों में वह देश की प्रगति और पुकार का रूप बनी रही।

परन्तु इस बीस वर्ष के बाद कांग्रेस के रवैये में एक विचित्र परिवर्तन आ गया है। आज वह अपने आपको देश की जनता की प्रतिनिधि कहती हुई भी जनता की शक्ति में नहीं बल्कि विचार विशेष के कुछ चुने हुए व्यक्तियों की शक्ति और त्याग पर अपने कार्यक्रम को सफल बनाना चाहती है। इसका कारण क्रियात्मक राजनीति में तो केवल यही हो सकता है कि कांग्रेस को जनता पर विश्वास नहीं। कांग्रेस को जनता पर विश्वास न होने का अर्थ है, जनता की इच्छा और प्रवृत्ति जिस ओर है उस ओर और उस ढंग से जाना कांग्रेस को मंजूर नहीं। कांग्रेस जनता के प्रतिनिधित्व का अधिकार तो चाहती है परन्तु इसके साथ ही वह जनता के लिये उद्‌देश्य नश्चित करने वा अधिकार भी चाहती है। ऐसी अवस्था में कांग्रेस और जनता की स्वतन्त्रता की भावना में न केवल भेद हो जाना अनिवार्य है बल्कि उसमें विरोध भी हो जायगा। और यह विरोध हमें प्रति दिन स्पष्ट होता दिखाई देता है।

जिस प्रकार अपने जन्म के समय कांग्रेस एक सीमित और निर्वाचित श्रेणी की ही प्रतिनिधि थी उसी प्रकार आज फिर वह जनता के सम्पर्क से हटकर बहुत सीमित लोगों की वस्तु बनती जाती है। ऐसी अवस्था में कांग्रेस के सचेत जनसमूह का कर्तव्य क्या हैं? उनके सामने दो ही मार्ग हैं। एक तो यह कि जनता का उद्‌देश्य कांग्रेस से एक होता न देख वे कांग्रेस के दायरे से बाहर निकल अपने प्रयत्नों के लिये दूसरा संगठन तैयार करें और दूसरा उपाय यह है कि कांग्रेस को संकुचित और सीमित बना देने के प्रयत्नों का विरोध करें।

आज दिन चलने वाला व्यक्तिगत सत्याग्रह गांधी जी और उनके दल का कांग्रेस को निश्चित रूप से अपनी मौरूसी वस्तु बना लेने का प्रयत्न है। परन्तु इस प्रकार जनता से बिछड़ी हुई कांग्रेस आखिर होगी किस मर्ज़ की दवा?

कांग्रेस को बचाइए

(सी.पी. बरार प्रान्तीय राजनैतिक सम्मेलन में अध्यक्ष पद से दिये गये का. यशपाल का भाषण—सं.)

आज दिन हमारे देश और संसार में मौज़ूदा परिस्थिति ऐसी नहीं कि भूमिका बाँधकर विवाद के लिये प्रश्न खड़े करने की जरूरत हो। आज समस्याएँ स्वयं मुँह फैलाकर सभी ओर से बढ़ी चली आ रही हैं। संसार एक विकट संघर्ष में फंसा हुआ है। इंग्लैण्ड और जर्मनी की साम्राज्यलोभी शक्तियाँ अपने अस्तित्व की रक्षा के लिये या संसार के आधिपत्य के लिये लड़ रही हैं। इन साम्राज्यशाही शक्तियों के अलावा दूसरा युद्ध संसार भर में चल रहा है इन लोगों में जो जीवन रक्षा या पैदावार के सभी साधनों के मालिक बन कर, समाज़ की पैदावार की शक्तियों को अपने मुनाफ़े के प्रयोजन से चलाना चाहते हैं और उन लोगों में, जो परिश्रम कर समाज के लिये सभी कुछ पैदा कर स्वयं भूखे और नंगे रह जाते हैं। हमारे अपने देश में समस्याओं की गुत्थी और भी अधिक उलझी हुई है। अन्तर्राष्ट्रीय दृष्टि से या सरकारी तौर पर हमारा देश नाज़ियों और फ़ैसिस्टों के साम्राज्य विस्तार के क्रूर और बर्बर प्रयत्नों के विरुद्ध दूसरे राष्ट्रों की स्वाधीनता और प्रजातंत्र की रक्षा के लिये लड़ रहा है। स्वयं हमारे अपने देश में ब्रिटिश साम्राज्यशाही और जनता का प्रतिनिधित्व करने वाली कांग्रेस या इस देश की जनता के लिये आत्मनिर्णय के अधिकार की माँग करने वालों में चल रहा है। इसके साथ ही हमारा देश और जनता शोषितों और शोषकों के संसारव्यापी संघर्ष से भी बरी नहीं है। यद्यपि बड़ी बड़ी अन्तर्राष्ट्रीय और राष्ट्रीय समस्याओं के नाम पर देश की ९९% जनता की समस्या को भुला देने और दबा देने का यत्न किया जाता है। परन्तु वह दब नहीं सकती क्योंकि इस समस्या का सम्बन्ध देश के उस भाग से है जिसके सामने दूसरे भागों की संख्या आटे में नमक के बराबर रह जाती है।

आज हम लोग राजनैतिक दृष्टि से अपनी समस्याओं पर विचार करने के लिये एकत्र हुए हैं। हमारी राजनीति का अर्थ बहुत सीधा है, जीवित रहने का अवसर और अधिकार! यह अवसर और अधिकार हमें नहीं है और हम इसे प्राप्त करना चाहते हैं। यह अवसर और अधिकार ही हमारे लिये स्वाधीनता स्वराज्य और देशभक्ति है। जिस देश की पूजा और भक्ति के नारे हम लगाते हैं वह क्या है? क्या इस भूमि के आकाश को चूमने वाले पहाड़ देश हैं, या इस देश की विशाल नदियाँ और लम्बे चौड़े खेत देश हैं? इस देश के प्रति हमारी श्रद्धा और प्रेम का

कारण यही है कि इस देश के साधनों से हमारे जीवन की रक्षा होनी चाहिए। यदि देश की भूमि और पैदावार के दूसरे साधन हमारे जीवन की रक्षा नहीं कर सकते, यदि इस देश में पैदावार और हमारी जरूरतों को पूरा करने के सब साधन होते हुए भी हम लोग भूखे और नंगे बने रहते हैं, इन साधनों पर हमारा अधिकार नहीं तो यह देश हमारा नहीं। जो लोग इस देश के साधनों से लाभ उठाते हैं। वास्तव में देश उन्हीं का है। इस देश को इस देश की जनता का बनाना ही हमारी समस्या है और इसी उद्देश्य से इस देश का राजनैतिक संगठन—कांग्रेस स्वराज्य की मांग पर आन्दोलन करता आ रहा है।

इस सम्मेलन के साथ कांग्रेस का नाम नहीं जुड़ा है परन्तु उस नाम के न जुड़ा रहने पर भी यह कांग्रेस ही है। कांग्रेस है क्या? इस देश के राजनैतिक दृष्टि से सचेत लोग ही जो इस देश की जनता के लिये अपना शासन स्वयं करने के अधिकार की मांग करते हैं और उसके लिये प्रयत्न करना चाहते हैं, उन्हीं का नाम कांग्रेस है। कांग्रेस की इस परिभाषा पर यह एतराज किया जा सकता है कि इस देश के लिये स्वतन्त्रता की मांग और प्रयत्न करने का दावा तो मुस्लिम लीग, हिन्दू सभा और कांग्रेस के विरोधी उदार दल के लोग भी कर सकते हैं परन्तु वे लोग अपने आपको कांग्रेस नहीं समझते बल्कि अपने आपको कांग्रेस का प्रतिद्वन्दी समझते हैं। जो लोग इस देश में किसी सम्प्रदाय या जाति विशेष का राज्य कायम कर अपने आपको शासक बना कर इस देश की स्वतन्त्रता की बात सोचते हैं, वे लोग भारतवर्ष की जनता की स्वतन्त्रता की बात नहीं बल्कि अपनी हुकूमत और दूसरों को पराधीन बनाकर रखने की बात सोचते हैं। इस प्रकार के स्वप्न केवल अपने आपको और कुछ भोले आदमियों को कुछ समय तक धोका देने में ही सफल हो सकते हैं। हमारे लिबरल भाई इस देश की स्वतन्त्रता प्राप्त कर लेना चाहते हैं। केवल असेम्बलियों में कानून बनाकर। उन्हें यह भूल जाता है कि ब्रिटेन की साम्राज्यशाही के वरदान से बंनने वाली कौन्सिलों और असेम्बलियों में जितने कानून बनाये जायँगे वे उस शक्ति की स्वीकृति से ही बनेंगे जिस शक्ति ने इन कौन्सिलों और असेम्बलियों को जन्म दिया है। कौन्सिलों की राह से स्वराज्य क़ायम करने के लिये कांग्रेस ने विधान को मंजूर कर लिया। युद्ध के मामले में ब्रिटिश सरकार की इच्छा को पूरा करने में कांग्रेस ने एतराज किया। इस मामले में जो सफलता कांग्रेस ने प्राप्त की है वह क़ानूनी सुधारों के ज़रिये स्वतन्त्रता प्राप्त करने के स्वप्न को दूर कर देने के लिये काफी होनी चाहिए, परन्तु लिबरल लोगों का यह स्वप्न दूर नहीं होता। इसका कारण यह है कि लिबरल लोगों का स्वराज्य इस देश की आम जनता के स्वराज्य के खयाल से अलग है।

कांग्रेस की शर्त है अहिंसात्मक और शान्तिपूर्ण उपायों से इस देश के लिये पूर्ण स्वतन्त्रता प्राप्त करना। अहिंसात्मक और शान्तिपूर्ण, यह दो शब्द महात्मा गांधी के हाथों में पड़कर आम जनता की समझ से बहुत दूर चले गये हैं। इन शब्दों का अर्थ महात्मा जी के विचार में उनके अतिरिक्त कोई दूसरा व्यक्ति नहीं समझ सकता। परन्तु यदि कांग्रेस द्वारा प्रयोग में लाये जाने वाले शब्दों अहिंसा और शान्तिपूर्ण या अर्थ निशस्त्र उपायों से है, तो कांग्रेस को चार आना चन्दा देने वाले या और भी दूसरे राजनैतिक दृष्टि से सचेत लोग, इस उपाय में विश्वास रखते ही हैं। अहिंसा की शक्ति क्या है, इस बात को समझने की कोशिश किये बिना भी इतना तो हम जानते ही हैं कि इस देश को जनता शस्त्रहीन है और बिना शस्त्रों के ही उसे अपना उद्‌देश्य प्राप्त करना है। न तो हम शस्त्रों के मिलने की प्रतीक्षा में अपने शोषण को चुपचाप सह सकते हैं और न सरकार की संगठित शस्त्र शक्ति का मुकाबिला आतंकवाद से कर अपनी शक्ति नष्ट करने में विश्वास करते हैं। इस बात की शिक्षा हमें अपने देश के अनुभवों और संसार के इतिहास से मिल चुकी है। जनता की क्रान्ति ऐसे मुट्ठी भर आतंकवादियों द्वारा नहीं हो सकती, जिन्हें जनता से दूर रहना पड़े और जिनके उद्‌देश्यों से जनता अपरिचित रहे। जनता की भलाई के लिये जनता के हाथ में शासनशक्ति लाने का काम जनता की शक्ति द्वारा ही हो सकता है। जनता मनुष्य की शक्ति का विराट रूप है। छोटे-से-छोटे या बड़े से बड़े साधन उस समय तक व्यर्थ पड़े रहेंगे जब तक उनका उपयोग करने के लिये मनुष्य की शक्ति न होगी। घास खोदने वाले खुरपे से लेकर कपड़ा बनाने वाली मैशीन, तोप, तलवार और हवाई जहाज तक मनुष्य की शक्ति के बिना अकारथ रह जायँगे। यह हम मानते हैं कि ब्रिटिश सरकार के पास हथियारों की प्रबल शक्ति है परन्तु हथियारों की यह प्रबल शक्ति और सरकार को चलाने वाली मैशीन भी मनुष्य शक्ति के बिना नहीं चल सकती। इस देश में ब्रिटिश सरकार का शासन इस देश की मनुष्य शक्ति या जनता के सहयोग से ही सफल हुआ है। फ़ौज में, सरकारी दफ्तरों में, और दूसरे सभी कामों में, अंग्रेज़ सरकार ने भारतवासियों की ही जनशक्ति का व्यवहार किया है। अंग्रेज़ सरकार ने भारतवासियों के सहयोग से ही भारतवासियों पर शासन किया। स्वयं अपने ऊपर विदेशी शासन क़ायम करने के लिये भातरवासियों का सहयोग अंग्रेजों को चाहे जिस कारण प्राप्त हुआ हम पर प्राप्त अवश्य हुआ। इस सहयोग की वजह चाहे भारतवासियों का भय हो, उनमें राष्ट्रीयता के भाव की कमी हो, उनकी आपस की फूट हो या उनकी नासमझी हो, जो भी हो, इस देश की जनता की शक्ति का अंग्रेजों को सहयोग ज़रूर प्राप्त हुआ। इस जनशक्ति के विरोध में संसार की कोई शासक शक्ति निरंतर रूप से किसी देश

को अपने शासन में बाँधकर नहीं रख सकती। कांग्रेस का कार्यक्रम जनता की इस शक्ति को अपनी दासता के सहयोग से दूर कर अपनी स्वतन्त्रता के प्रयत्न की ओर लगाना रहा है।

देश की स्वतन्त्रता के लिये इस देश में कई आन्दोलन चल चुके हैं। इन आन्दोलनों में केवल प्रस्ताव पास करने वाले लिबरलों (उदारदल) से लेकर आंतकवादियों और सामुहिक रूप से शस्त्रशक्ति के सहारे बगावत करने वाले कूका सिख दल, और बर्मो क्रान्तिकारियों आदि सभी का स्थान है। इन सभी से अधिक सफलता जनता को सचेत और जागरिक कर, उन तक आज़ादी का संदेश पहुँचाने में कांग्रेस को मिली। इसका कारण था कि जहाँ दूसरे दलों के कार्यक्रम में केवल कुछ गिने चुने आदमियों के लिये स्थान था वहाँ कांग्रेस में संगठन और प्रयत्न में इस देश के स्त्री पुरुष मात्र के लिये जगह थी। कांग्रेस ने इस देश की जनता को अपने बल पर अपनी माँग पूरी करने की प्रेरणा दी और इसका रूप हुआ सरकार से असहयोग का आन्दोलन। कांग्रेस का यह सार्वजनिक आन्दोलन कम या अधिक रूप में बीस वर्ष तक चलता रहा। यद्यपि कांग्रेस को इस बीस वर्ष के समय में इतनी सफलता न मिल सकी कि वह इस देश के लिये स्वराज्य के रूप में स्वयं अपना शासन करने का अधिकार प्राप्त कर लेती, परन्तु इतना वह जरूर कर पाई कि देश की जनता को उसने इस कार्य के लिये जागरित कर एक मोर्चे पर खड़ा कर दिया। कांग्रेस को इतनी सफलता मिली कि जनता का विश्वास उस सरकार की अपेक्षा जो इस देश पर लगभग तीन सौ वर्ष से शासन कर रही है कांग्रेस पर अधिक हो गया। ब्रिटिश सरकार को कांग्रेस के असन्तोष और विरोध के तथा इस देश में विदेशी शासन का विरोध करने वाले दूसरे दलों के परिणाम स्वरूप १९३५ के सुधार देने पड़े। सन् १९३५ के सुधार यद्यपि एक प्रकार से दिखावा मात्र हैं परन्तु उससे दो बातें स्पष्ट हो जाती हैं, एक बात तो यह कि सरकार बावज़ूद अपने हथियारों की बेशुमार शक्ति के इस देश की जनता की सम्मिलित पुकार की अवहेलना नहीं कर सकी और दूसरी बात यह कि जनता के बल पर भरोसा करने वालों कांग्रेस इस देश की सबसे प्रबल राजनैतिक शक्ति है। यदि जनता की राय के बल पर कांग्रेस नौ प्रान्तों में मंत्रीमण्डल कायम कर सकती तो जनता की इस शक्ति का व्यवहार कर इससे बहुत आगे और भी कुछ कर सकती है। इस प्रकार कांग्रेस में अपना विश्वास जमाकर और उसके साथ अपनी शक्ति देकर इस देश की पीड़ित जनता मुक्ति की लड़ाई लड़ने के लिये मोर्चे पर डटी हुई थी। १९३५ के सुधार, वे जैसे भी रहे हों कांग्रेस के नाम से इस देश की जनता के मुक्ति प्राप्त करने के

सफर में एक मंजिल थी। इस मंज़िल तक पहुँचने का उद्देश्य मुक्ति के सफ़र को आगे जारी रखना ही था। परन्तु इस मंज़िल पर पहुँचकर कांग्रेस अड़ गई।

कांग्रेस के त्रिपुरी और रामगढ़ के अधिवेशनों और पिछले तीन सालों में हमें कांग्रेस में एक अन्तर विरोध दिखाई देता है। १९३५ से पहले कांग्रेस का इतिहास यह था कि कांग्रेस के संचालक नेता जनता को स्वराज्य की लड़ाई में आगे बढ़ने का उपदेश देते थे। परन्तु १९३५ बाद से एक विचित्र परिवर्तन आ गया। जनता स्वराज्य की लड़ाई को आगे बढ़ाने के लिये व्याकुल रही और नेता लड़ाई को टालने के लिये। नेताओं की ओर से कहा जाता रहा कि देश वास्तव में लड़ाई के लिये तैयार नहीं। कांग्रेस नेताओं के यह कहने का अर्थ कि देश लड़ाई के लिये तैयार नहीं, ठीक वही है जो ब्रिटिश साम्राज्यशाही के प्रतिनिधियों के यह कहने का है कि भारत स्वराज्य के योग्य नहीं। भारत स्वराज्य के योग्य नहीं, इस बात पर अंग्रेजों के नुक्ता निगाह से गौर करने पर शायद कुछ दलीलें हमें मिल जायें परन्तु वह स्वराज्य की लड़ाई के लिये तैयार नहीं, यह बिलकुल विचित्र बात है। देश को स्वराज्य की लड़ाई के लिये तैयार न होने का अर्थ है कि देश की जनता पीड़ित नहीं। जो पीड़ित और शोषित है वह मुक्ति न चाहे, यह विश्वास के योग्य बात नहीं। देश की जनता के बार–बार आन्दोलन के लिये पुकारने और कांग्रेस की हाई कमाण्ड के यह फैसला देने में कि देश आन्दोलन के लिये तैयार नहीं एक राज है और वह राज यह कि देश की जनता तो अपनी मौज़ूदा अवस्था को असह्य पाकर उससे मुक्ति पाने के लिये व्याकुल हो रही है। और कांग्रेस की हाई कमाण्ड आन्दोलन की ओर जनता की प्रगति में एक भय और आशंका देख पाती है। कांग्रेस की हाई कमाण्ड का यह भय और आशंका क्या है, इसे हम महात्मा गांधी के ही शब्दों में प्रकट करना उचित समझते हैं।

कांग्रेस हार्ह कमाण्ड है क्या? इस प्रश्न के दो उत्तर होंगे। यदि स्वयं कांग्रेस हाई कमाण्ड से इस प्रश्न का उत्तर पूछा जाय तो वे अपने आपको महात्मा गांधी के हाथ में रबर की मोहरें बतायेंगे। परन्तु बात इससे ठीक उल्टी है। महात्मा गांधी कांग्रेस की हाई कमाण्ड के हाथ में एक हथियार के तौर पर है। गांधी जी के महात्मापन से जनता को मोहने और अपने पीछे लगाने में हाई कमाण्ड को बहुत सहूलियत रहती है इसीलिये कांग्रेस को बकरी बनाकर उसके गले में महात्मा गांधी की रस्सी डाल दी गई है कमाण्ड के ही हाथ में। जब तक महात्मा गांधी के पूज्य चरणों का आसरा लेकर जनता की बकरा को साथ लगाये फिरने की जरूरत रहती है, तब तक महात्मा गांधी के कांग्रेस के चार आना मेम्बर न होते हुए भी उन्हें डिक्टेटर बनाये रखा जा सकता है परन्तु जब हाई कमाण्ड को अपना अभिप्राय या

जिस श्रेणी के वे प्रतिनिधि हैं उसका स्वार्थ पूरा करना होता है, गांधी जी को अपने आध्यात्मिक योग और तपस्या को पूरा करने की छुट्टी दे दी जाती है। आज से कई वर्ष पूर्व जब कांग्रेस की हाई कमाण्ड ने अपनी श्रेणी के स्वार्थ को पूरा करने के लिये कौन्सिल और असेम्बली में जाना उपयोगी समझा, गांधी जी का विरोध उन्हें रोक नहीं सका। इसी प्रकार अभी हाल में पूना और देहली में सरकार के हाथ भारत के जन धन की सहायता को जब कुछ शासन अधिकारों के लिये बेचने का प्रश्न आया, उस समय भी गांधी जी के आदर्शों को अक्रियात्मक और गैर अमल बनाकर कांग्रेस हाई कमाण्ड भारत के शासन में सरकार के साथ भाग बटाने को तैयार हो गयी। उस समय कांग्रेस के प्लेटफार्म से लगातार पास किये गये युद्धविरोधी और साम्राज्यशाही के विरोध के सब एलान भुला दिये गये। कांग्रेस के अहिंसा और शान्तिमय उपाय को एक ओर रखकर कांग्रेस हाई कमाण्ड अपनी मांग पूरी कर दिये जाने की शर्त पर युद्ध की हिंसा में भाग लेने के लिये तैयार हो गई। आज यदि कांग्रेस हाई कमाण्ड ब्रिटिश सरकार के युद्ध के प्रयत्न से सहयोग नहीं कर रही तो उसका कारण उनका अहिंसा के प्रति प्रेम नहीं बल्कि सरकार का उनकी मांग को ठुकरा देना है।

आज कांग्रेस की ओर से महात्मा गांधी की डिक्टेटरशिप में युद्ध के अवरोध का जो सत्याग्रह चल रहा है, वह इस देश के राजनैतिक दृष्टि से सचेत सभी लोगों के लिये एक समस्या है। जो लोग कांग्रेस के चार आना मेम्बर हैं, उनके लिये यह समस्या और भी अधिक गहरी है। यहनया सत्याग्रह हाई कारणों से एक विचित्र आन्दोलन है। इस आन्दोलन में देश की आज़ादील के लिये प्रयत्न करने की इच्छा होने से आप भाग नहीं ले सकते। कांग्रेस के मेम्बर होने के नाते भी आप इसमें भाग नहीं ले सकते। यों कांग्रेस के मेम्बर होने के नाते हमारा कर्तव्य है कि हम इसमें भाग लें, परन्तु इस आन्दोलन में भाग वे ही लोग ले सकते हैं जो गांधी जी के विशेष विश्वासपात्र हैं।

कांग्रेस ने अपना उद्‌देश्य इस देश के लिये पूर्ण स्वराज्य बताया और इस स्वराज्य का अथ्र बताया देश की जनता के हाथ में शासन की शक्ति देकर उनके पीड़न और शोषण का अन्त करना। इस प्रकार कांग्रेस ने इस देश की जनता की सहानुभूति से शक्ति और बल प्राप्त किया है। जनता ने आज–कल के इस सत्याग्रह आन्दोलन का उद्‌देश्य भी स्वराज्य ही समझा। ऐसा समझना स्वाभाविक भी था क्योंकि युद्ध के विरोध का आन्दोलन चलाने से पहले कांग्रेस हाई कमाण्ड ने सरकार के युद्ध के लिये किये जाने वाले प्रयत्नों का विरोध न करने या उसमें सहायता देने के लिये जो शर्तें रखींख, उनमें एक अधकचरे स्वराज्य की ही मांग

थी जिसमें कांग्रेस पर कब्जा रखने वाली श्रेणी अंग्रेस नौकरशाही के साथ हिस्सा बाँधटना चाहती थी। अपनी यह मांग पूरी न होने पर कांग्रेस को युद्धविरोध का आन्दोलन गांधी जी का डिक्टेरशिप में चलाना पड़ा। इसका कारण स्पष्ट है कि कांग्रेस हाई कमाण्ड खूब अच्छी तरह जानती है कि जिस तरह के स्वराज्य के लिये वे आन्दोलन करना चाहते हैं, उसमें जनता का सहयोग उन्हें नहीं मिल सकता परन्तु गांधी जी को अवतारी महापुरुष बनाकर बिना किसी तर्क और दलील के लोगों को उनके पीछे लगाया जा सकता है। यह बात जाहिर है कि कांग्रेस हाई कमाण्ड को यह आन्दोलन बिना इच्छा के मजबूरन चलाना पड़ा है। स्वराज्य या जनता के हाथ में शक्ति देने के लिये कोई आन्दोलन चलाना न तो कांग्रेस हाई कमाण्ड को मंजूर है न गांधी जी को। इसमें उन्हें भय है, जनता के हाथ में शक्ति चले जाने का। किसान मजदूर जनता के हाथ में शासन शक्ति चले जाने से कांग्रेस पर शासन करने वाली वह श्रेणी, जो इस देश के शासन में कोई परिवर्तन नहीं लाना चाहती सिवा इसके कि अंग्रेजों द्वारा किये गये शोषण का भाग भी उन्हीं को मिले, के हाथ से शक्ति निकल जायगी और गांधी जी को इस काम में भयंकर हिंसा दिखाई देती है।

कांग्रेस पर शासन करने वाली शक्ति, कांग्रेस हाई कमाण्ड और गांधी जी का यह भय ठीक ही है। यदि कांग्रेस स्वराज्य चाहती है और वह स्वराज्य कांग्रेस को गवर्नमेण्ट थाली में रख भेंट स्वरूप नहीं दे देती, बल्कि यह स्वराज्य जनता की शक्ति अर्थात किसान मजदूर और नौकरी पेशा लोग जो जनता का ९९०९ से भी बड़ा अंग है, से लिया जाता है तो निश्चय ही यह लोग शासन शक्ति अपने हाथ में लिये बिना न मानेंगे। इस समय परिस्थितियों ने इस श्रेणी को सचेत कर दिया है। आज यह श्रेणी संसार के किसी भी देश में इतना बेसमझ नहीं है कि अपनी शक्ति से, अपनी कुर्बानी से अपना खून बहाकर स्वराज्य ले और उसे इस देश के पुंजीपतियों और जमीन्दारों के हाथ स्वयं अपना खून चूसने के लिये सौंप दे। इस प्रकार की क्रान्तियों का समय संसार से कूच कर गया है। इस प्रकार की क्रान्ति थी फ्रांस की राज्यक्रान्ति, जब साधनहीनों ने क्रान्ति की और शासन का अधिकार सौंप दिया मध्यम श्रेणी के पूंजीपतियों, व्यापारियों और पेशेवर लोगों के हाथ में। वह समय अब बीत चुका है। शोषित श्रेणियों के अनुभव आज मार्क्स के सिद्धान्तों के नाम से समाजवाद और कम्यूनिज्म के रूप में संसार के सामने आ चुके हैं। हमें यदि समाजवाद और कम्यूनिज्य के शब्द विदेशी होने के कारण पसन्द नहीं, तो कोई हर्ज़ नहीं परन्तु भारत के स्वराज्य का अर्थ ऐसा राज्य जिसमें मनुष्य द्वारा मनुष्य का, श्रेणी द्वारा श्रेणी का और एक राष्ट्र द्वारा दूसरे राष्ट्र का शोषण न हो, ही होना चाहिये इसमें तो किसी को एतराज नहीं। कहने को तो गांधी जी और

गांधीवादियों को भी इसमें एतराज नहीं परन्तु जब किसान मजदूरों और निम्न नौकरी पेशा लोगों के प्रयत्नों से समाज में शोषण दूर कर समानता लाने की भावना सामने आती है, तो हिंसा के भय से वे कांप उठते हैं। इस प्रकार की हिंसा का भय देखकर वे स्वराज्य के आन्दोलन को न चलाना ही बेहतर समझते हैं। कांग्रेस हाई कमाण्ड और गांधी जी की यह भावना इस नये सत्याग्रह आन्दोलन में बहुत स्पष्ट है। इस आन्दोलन का उद्देश्य स्वराज्य प्राप्त करना नहीं बल्कि केवल युद्ध के प्रयत्नों का विरोध है। यहाँ भी एक ग़लती की सम्भावना है। इस सत्याग्रह का उद्देश्य युद्ध का विरोध भी नहीं। उद्देश्य है, केवल युद्ध विरोधी व्याख्यान देने और नारे लगाने की स्वतन्त्रता प्राप्त करना। युद्ध का विरोध कांग्रेस या गांधी जी इसलिये नहीं करना चाहते कि वे इस समय अंग्रेजों को संकट से लाभ उठा कर अपनी स्वराज्य की लड़ाई। जीत लेना अनुचित समझते हैं। यह बात तो गांधी जी ने स्पष्ट कर दी है कि कांग्रेस सरकार पर इस संकट के समय वे कोई उलझन नहीं लादना चाहते, युद्ध के आरम्भ में प्रान्तीय सरकारों के मंत्रीपदों से इस्तीफा देते समय युद्ध विरोध का कारण बताया गया था अंग्रेज सरकार का भारत की जनता की इच्छा या स्वीकृति के बिना भारत को युद्ध में घसीट लाना। परन्तु अब युद्ध के प्रयत्नों के विरोध का कारण बताया जाता है अहिंसा प्रचार! कांग्रेस के आन्दोलन को स्वराज्य प्राप्ति का साधन न बनाकर, उसे अंहिसा प्रचार का साधन किस प्रकार बना दिया गया, यह हम समझ नहीं सके। आज कांग्रेस का उद्देश्य भारत के लिये स्वराज्य प्राप्ति न होकर संसार में अंहिसा की स्थापना हो गया है। एक डिक्टेटर को, उद्देश्य प्राप्ति के लिये किये जाने वाले प्रयत्नों को चलाने की स्वतन्त्रता दी जा सकती है परन्तु उद्देश्य बदल देने की स्वतन्त्रता किसी डिक्टेटर की कभी नहीं दी गई। यहाँ तक कि हिटलर और मुसोलिनी भी जिनकी क्रूरता और अत्याचार की कहानी हम सदा ही कहते और सुनते हैं इतनी मनमानी नहीं कर सकते परन्तु यही मनमाना अहिंसा के अवतार गांधी जी कर रहे हैं। किसी संस्था का अपने उद्देश्य से गिर जाना उसका अंत है। गांधी जी ने कांग्रेस को उसके उद्देश्य से गिरा दिया है। कांग्रेस का उद्देश्य भारत के लिये स्वराज्य प्राप्ति था और साधन अहिंसात्मक आन्दोलन परन्तु वह अहिंसा का साधन आज उद्देश्य बन गया है और कांग्रेस की शक्ति गांधी जीद के सत्य के परीक्षणों में नष्ट हो रही है।

संसार का कोई भी मनुष्य हिंसा का समर्थन नहीं कर सकता। संसार के किसान और मजदूर और निम्न श्रेणी के नौकरी पेशा लोग, जो हिंसा का सब से बड़े शिकार बनते हैं। कभी भी हिंसा का समर्थन नहीं कर सकते। हिंसा को मिटाने का एक मात्र उपाय है, शासन की शक्ति शोषण के रूप में निरंतर हिंसा करने वालों के हाथ से

लेकर उन लोगों के हाथ में दे दी जाय जिनकी हिंसा होती है और स्वयं हिंसा करने का उपाय जिनके हाथ में कोई नहीं। परन्तु ऐसा करना इन अहिंसा का ढोंग करने वालों की नज़र में पड़ी भारी हिंसा है। अहिंसा के प्रचार का यह सत्याग्रह आखिर हमें ले कहाँ जायगा? क्या सचमुच गांधी जी को शिखंडी बनाकर अपने हिंतों के लिये लड़ने वाली श्रेणी अहिंसा में विश्वास करती है? गांधी जी के कार्यक्रम में विश्वास प्रकट करने वाले स्वयं अहिंसा में कितना विश्वास करते हैं यह भी हमें देख लेना चाहिये। पं. जवाहरलाल नेहरू कहते हैं—'यदि मैं अंग्रेज होता तो इंग्लैण्ड पर जर्मनी का आक्रमण होने पर उसका सामना अहिंसापूर्वक न कर शस्त्रों से ही करता।' दूसरी ओर हैं कांग्रेस के प्रधान मौलाना आजाद। वे कहते हैं, 'यदि भारत पर कोई विदेशी शक्ति आक्रमण करेगी तो उसका सामना वे तलवार खेंच कर ही करेंगे।' कांग्रेस की हाई कमाण्ड के दूसरे रत्नों की बाबत इतना कहना ही काफी है कि जो भारत के जनधन की सहायता पूना के प्रस्ताव के अनुसार बेचने को तैयार थे और हमें कोई आश्चर्य न होगा यदि सरकार से इस विषय में शीघ्र ही कांग्रेस हाई कमाण्ड का समझौता हो जाय और युद्धविरोध के सत्याग्रह का नाटक समाप्त हो जाय। परन्तु आज युद्ध का विरोध वे स्वराज्य की माँग के नाम पर न कर अहिंसा की प्रतिष्ठा के नाम पर ही करना चाहते हैं। स्वराज्य की बात को जनता के हाथ में शासन की शक्ति लेने की बात को वे उड़ा देना चाहते हैं। जनता को इस सत्याग्रह में सर्व साधारण रूप से भाग लेने की जो मनाही है उसका स्पष्ट कारण्या यह है कि जनता के वे सचेत लोग जो वास्तव में जनता का शासन चाहते हैं इस सत्याग्रह में शामिल होकर कहीं इस सत्याग्रह को सार्वजनिक आन्दोलन न बना दें और यह आन्दोलन स्वराज्य की मांग पर उठकर किसी मजदूर और परिश्रम करने वाली श्रेणियों का शासन स्थापित करने का यत्न न करने लगे। वर्ना अहिंसा के प्रति विश्वास की उस परीक्षा में जिसमें पं. नेहरू, मौलाना आजाद और हाई कमाण्ड के दूसरे नेता पास हो सकते हैं, भारत की स्वतन्त्रता चाहने वाले और आतंकवाद से नहीं बल्कि जनता की सामूहिक शक्ति से स्वराज्य प्राप्त करने का विश्वास करने वाले सभी लोग पास हो सकते हैं। लेकिन गांधीवादी कांग्रेस के इस सत्याग्रह में सामूहिक शक्ति के लिये स्थान नहीं। यह आन्दोलन सफल होना चाहता है केवल व्यक्तिगत कुर्बानियों और त्याग पर। सत्याग्रह और अहिंसात्मक आन्दोलन में यदि कुछ सार और बल हैं तो केवल सामूहिक शक्ति का और गांधीवाद किसी सामूहिक शक्ति से डरता है। राजनैतिक क्षेत्र में सफलता शक्ति से ही मिल सकती है, निरे त्याग से नहीं। यदि त्याग और कुर्बानी की भावना से हम लोग कुएँ में छलाँग लगा देंगे तो इससे स्वराज्य नहीं मिल जायगा। जनता के हाथ

में शक्ति प्राप्त करने के लिये जनता की अहिंसात्मक बल्कि कहना चाहिये निशस्त्र शक्ति में हम विश्वास कर सकते हैं क्योंकि इसके सिवाय और कोई उपाय ही नहीं परन्तु हम यह विश्वास नहीं कर सकते कि भगवान की प्रेरणा से किसी महात्मा के उपवास करने या जेल जाने से इस देश की जनता का उद्धार हो सकता है।

व्यक्तिगत त्याग के उदाहरण हमें भारत के आतंकवादियों के इतिहास में जैसे मिलते हैं उस पाये के त्याग से गांधीवादी सत्याग्रह बहुत दूर है। सैकड़ों व्यक्ति फाँसी पर झूल गये औ उम्रकैद और काला पानी कितनों ने काटा। हजारों बेमियाद नज़र कैद किये गये परन्तु उन कार्रवाइयों से हम स्वराज्य न पा सके क्योंकि जनता हमारे साथ न थी। आज उसी भूल को गांधीवादी कांग्रेस दोहराने जा रही है। आज वह अपना आन्दोलन जनता की सामूहिक शक्ति पर नहीं बल्कि गांधीवादी की व्यक्तिगत कुर्बानी पर कर रही है और यह कुर्बानी है, एक माह से लेकर एक साल तक की जेल, जिससे ब्रिटिश साम्राज्यशाही का हृदय और साहस पानी पानी हो जायगा। ऐसी आशा केवल नासमझ लोग ही कर सकते हैं। परन्तु हम गांधी जी और गांधीवादी कांग्रेस को नासमझ मानने के लिये तैयार नहीं। इस बात यह है कि इस सत्याग्रह का दिखावटी उद्‌देश्य क्या है इस बात का ज़िके करने से पहले हम इस युद्धविरोधी सत्याग्रह की वास्तविकता भी जरा देख लें। सत्याग्रही युद्ध का विरोध नहीं करते केवल इस बात का एलान मात्र करते हैं कि वह युद्ध का विरोध करने जा रहे हैं। ताकि पुलिस आये और उन्हें पकड़ ले और वह युद्ध का विरोध करने के झंझट में न पड़े। एक ओर कांग्रेस कहती है कि हम स्वराज्य की मांग इस संकट के समय ब्रिटिश सरकार के सामने रख उसे परेशान नहीं करना चाहते दूसरी ओर वह युद्ध के विरोध का दावा भी करती है परन्तु वह विरोध ऐसा है जिससे जनता की आँखों में धूल झोंकी जा सकती है, यह दिखा कर कि एक आन्दोलन चलता रहा है तुम्हें और क्या चाहिये? और कुछ न कर केवल सरकार को एक पत्र लिख कर जेल चले जाने से सरकार को भी परेशानी नहीं होती। इस युद्ध विरोध में कितनी इमानदारी है इस बात का प्रमाण जिला उन्नाव का गांधी आश्रम है जिसके कार्यकर्त्ता युद्ध विरोध प्रचार करने की इच्छा प्रकट कर जेल जा रहे हैं और आश्रम युद्ध में सहायता देने के लिये घोड़ों की नालें बनाकर सरकार के हाथ बेच रहा है। कांग्रेस के पूँजीपति मेम्बर एक ओर तो युद्ध विरोधी प्रचार के लिये जेल जाते हैं और जुर्माना भरते हैं दूसरी ओर अपनी मिलों से युद्ध के सामान सप्लाई करने का ठेका कर लाखों रुपया घर भर रहे हैं। जब जनता इस सब जादूगरी से परेशान होकर पूछती है कि वे तो स्वराज्य चाहते हैं, उन्हें अहिंसा धर्म के लिये क्यों व्यर्थ में बलिदान किया जा रहा है तो उत्तर मिलता है यदि

सरकार युद्ध विरोधी प्रचार की आपकी स्वतन्त्रता को स्वीकार कर लेती है तो बाकी रह ही क्या जाता है। इसका मतलब तो यह होगा कि आप चाहें युद्ध में सहायता दें, चाहें न दें। यही तो स्वराज्य है गोया गांधीवादी सत्याग्राही ब्रिटिश सरकार को धोखपा देकर युद्ध विरोध की स्वतन्त्रता के बहाने स्वराज्य मांग लेना चाहते हैं जैसे सावित्री ने यमराज से पुत्र का वरदान माँग कर अपने मरे हुए पति को वापिस ले लिया था। लेकिन आप यकीन रखिये ब्रिटिश सरकार इतनी भोली नहीं है। उसे आप धोखा नहीं दे सकते हाँ, धोख दिया जा सकता है जनता को जो दिया ही जा रहा है।

आइये अब एक बार इस आन्दोलन के उद्‌देश्य को भी देखा जाय। इस आन्दोलन का उद्‌देश्य स्वराज्य नहीं है यह बात गांधी जी कई दफ़े दोहरा चुके हैं। इस आन्दोलन का उद्‌देश्य युद्ध का विरोध भी नहीं है क्योंकि उससे ब्रिटिश सरकार को पारेशानी हुए बिना नहीं रह सकती। इसीलिये युद्ध विरोध कांग्रेस ने इस ढंग से किया है कि युद्ध की तैयारी में कोई विघ्न नहीं पड़ा। आज ब्रिटिश सरकार भारत में पाँच साल सिपाही भरती कर चुक है, फिलहाल इससे अधिक की उन्हें जरूरत नहीं। तो फिर इसय आन्दोलन का उद्‌देश्य है क्या? महात्मा गांधी के शब्दों में कांग्रेस की जान बचाना। यदि कांग्रेस इस समय कुछ नहीं करती है तो कांग्रेस की जान नहीं बच सकती। देश की जनता का विश्वास और श्रद्धा कांग्रेस पर नहीं रहता। जनता के हृदय में कांग्रेस के लिये स्थान न रहना ही कांग्रेस की मृत्यु होगी। इसलिये कुछ-न-कुछ तमाशा जनता को इतना ही नहीं, इससे एक कदम और आगे बढ़िये। यदि कांग्रेस सत्याग्रह शुरू न करती तो इसका परिणाम क्या होता? जनता की अवस्था सब प्रकार से असह्य हो चुकी थी कांग्रेस के पूर्ण स्वतन्त्रता के वायदे जनता के सामने थे। इस अवस्था में यदि कांग्रेस सरकार को परेशान न करने वाले युद्ध विरोधी सत्याग्रह का आन्दोलन न चलाती तो जनता की क्षुब्ध शक्ति ऐसे आन्दोलन के रूप में फूट पड़ती जिसका उद्‌देश्य केवल दिखावटी और ऊपरी सुधार न होता और न अंग्रेस नौकरशाही से शासन शक्ति लेकर हिन्दुस्तानी सरमायदारों के हाथ में शक्ति दे देना होता। बल्कि इस देश के परिश्रम करनेवाले लोगों को देश का शासन बनाना होता। हम नहीं कह सकते यह आन्दोलन सफल हो जाता परन्तु इसका उद्‌देश्य वही होता जो १९१७ की रूस की समाजवादी क्रान्ति का था। इतना अन्तर जरूर रहता कि भारत में यह क्रान्ति निशस्त्र होती। गांधी जी और गांधीवादी कांग्रेस से यह बात छिपी नहीं है। इसी प्रकार के आन्दोलन की आशंका को देख कर गांधी जी बराबर आन्दोलन चलाने से इनकार करते आये हैं क्योंकि उन्हें देश में हिंसा भरी हुई दिखाई देती है। आन्दोलन चलाने में साम्प्रदायिक

अशान्ति का भय बताया गया परन्तु शोषित जनता के आन्दोलन में साम्प्रदायिकता के लिये स्थान नहीं। साम्प्रदायिकता के वैमनस्य के लिये उसी आन्दोलन में स्थान होगा, जहाँ गरीब जनता का शोषण करने के लिये उस पर शासन करने के अधिकारों को बांटने का प्रश्न आएगा देश में भरी हुई अंहिसा के कारण गांधी जी को सत्याग्रह का व्यक्तिगत आन्दोलन चलाना पड़ा इसलिये कि सार्वजनिक आन्दोलन न चलाना पड़े। यहा आन्दोलन सार्वजनिक आन्दोलन को रोकने का उपाय है। ठीक उसी तरह जिस प्रकार बर्साती नदी के प्रवाह को रोकने के लिये नदी में से नहरें निकाल कर उसकी धारा के वेग को कम कर दिया जाता है उसी प्रकार जनता के सामने इस व्यक्तिगत सत्याग्रह के आन्दोलन को रखकर जनता को अपने आन्दोलन से विमुख करने का आयोजन किया गया है। इस सत्याग्रह आन्दोलन के उद्देश्य ने स्पष्ट कर दिया कि कांग्रेस का संचालन करनेवाली साधन सम्पन्न श्रेणी को आज जनता में विश्वास नहीं रहा और इन दोनों श्रेणियों के हित अलग अलग हैं। जनता चाहती है ऐसा स्वराज्य जिसमें शासन की शक्ति उसके हाथ में हो और पैदावार के साधनों पर उसका नियन्त्रण हो। वह जनता के स्वयं आन्दोलन कर शक्ति प्राप्त करने से ही होगा। कांग्रेस चाहती है ऐसा स्वराज्य जिसे ब्रिटिश सरकार जनता की शक्ति के भय से कांग्रेस के हाथ में सौंप दें। शोषित जनता जहां आज है वहीं पड़ी रहे और शासन शक्ति अंग्रेज पूंजीपति शासन के बजाय हिन्दुस्तानी पूंजीपति श्रेणी के शासन में आ जाय। ऐसा हो सकता है केवल समझौते से। इसीलिये गांधी जी सदा ही समझौते का दरवाजा खुला रख कर सत्याग्रह की धमकी देते हैं। मौज़ूदा सत्याग्रह के परिणाम में हम जनता की शक्ति को अपने उद्देश्य की प्राप्ति के लिये बढ़ता हुआ। नहीं देखते। हम देखते हैं केवल यह कि इस सत्याग्रह से जनता के वे सचेत अंग जो कांग्रेस में आगे बढ़ आये थे जनता से छीने जाकर जेलों में बन्द कर दिये जा रहे हैं। यह सत्याग्रह जनता की शक्ति को केवल व्यर्थ नष्ट करने का साधन मात्र हैं। ऐसी अवस्था में उन लोगों का कर्तव्य क्या है जिन्होंने गांधीवादी कांग्रेस में सत्याग्रह कर गांधीभक्त होने की सनद पाने के लिये जेल की राह नहीं पकड़ ली? उनके सामने परिस्थिति बिलकुल सीधी है। यदि स्वराज्य का अर्थ वे लोग इस देश का शासन जनता के हाथ में देना समझते हैं तो इस व्यक्तिगत सत्याग्रह के पिंजरे में बन्द होकर उनका जनता से बिछुड़ जाना महामूर्खता है। उनका कर्तव्य तो यही है कि वे जनता को भ्रम में पड़कर अपनी शक्ति नष्ट करने से बचाये। जनता की शक्ति को ऐसी अहिंसा के प्रचार में नष्ट करने के बजाय जो शोषण को हिंसा नहीं समझती जनता को अपनी समस्याओं को समझने और उन्हें हल करने में लगाये। एक कांग्रेस मेम्बर होने के नाते उनका यह कर्तव्य

है कि वे जनता के कारण स्वराज्य या आत्मनिर्णय के अधिकार को प्राप्त करके कांग्रेस के उद्‌देश्य की रक्षा करें। हमारे देखते कांग्रेस का उद्‌देश्य स्वराज्य प्राप्त से बदलकर अहिंसा का प्रचार बनता जा रहा है। कांग्रेस इस देश की जनता की संस्था है उसे एक आदमी के हाथ का खिलौना बन जाने देना कांग्रेस के साथ विश्वासघात है। यदि कांग्रेस जनता की है, यदि वह नता की शक्ति का ही दूसरा रूप है तो व्यक्तिगत आन्दोलन में उसको सीमित करना उसकी हत्या कर देना है। इस समय कांग्रेस को राजनैतिक उद्‌देश्य पर दृढ़ रखना ही मुख्य कार्य है।

आज किसी भी राजनैतिक चर्चा से युद्ध के जिक्र को छोड़ देना कठिन है। आज एक संसारव्यापी युद्ध चल रहा है। कांग्रेस प्रजातंत्र और राष्ट्रों की स्वाधीनता के लिये लड़ रहे हैं। स्वयं भारत को वे यह अधिकार शायद इसलिए नहीं दे सकते कि भारत इन अधिकारों की रक्षा करने की ताकत नहीं रखता। अंग्रेज़ों की राय में भारत अपने लिये स्वतन्त्रता और प्रजातंत्र के अधिकार की रक्षा करने की ताक़त नहीं रखता परन्तु दूसरे देशों के लिये इन अधिकारों की रक्षा भारत जरूर कर सकता है। युद्ध के विषय में भारत के सामने सबसे विकट प्रश्न है कि किसी विदेशी शक्ति के भारत पर आक्रमण कर देने पर क्या किया जायगा? सरकार इसके लिये भारतवासियों के जन धन को खर्चकर अपनी मर्ज़ी से हमारी रक्षा की तैयारी कर रही है। कांग्रेस की स्थिति इस बारे में विचित्र है। तब तक सरकार भारत से बाहर शत्रुओं से लड़ रही है कांग्रेस उसका विरोध करेगी और अहिंसा का प्रचार करती रहेगी परन्तु जब शत्रु भारत पर टूट पड़ेगा उस समय वह तलवार खींचकर उकसा मुकाबिला करेगी। शत्रु के भारत पर आक्रमण करने पर उसका मुक़ाबिला न किया जाय यह कोई भी भारवासी न चाहेगा बल्कि यह चाहेगा कि शत्रु का मुक़ाबिला ऐसा मुँह तोड़ किया जाय कि उसे सफलता की कोई आशा न हो परन्तु प्रत्येक समझदार अंग्रेज़ और भारवासियों अच्छी तरह जनता है कि इस प्रकार का मुकाबिला केवल सेना के बल पर नहीं किया जा सकता और खास कर भारतवर्ष जैसे देश में जहाँ युद्ध के नये वैज्ञानिक साधनों की इतनी कमी हो। यहाँ यह मुकाबिला किया सकता है केवल जनता के दृढ़ सहयोग के आधार पर। और इस देश की ९९.९ड़ फीसदी जनता का दृढ़ और सच्चा सहयोग शत्रु के विरुद्ध सरकार को उसी समय प्राप्त होगा जब जनता इस देश को अपना समझेगी। जब जनता यह महसूस करेगी कि उनका भी कुछ अपना है जिसे शत्रु उनसे छीन लेना चाहता है। जिस जनता का अपना कुछ भी नहीं वह किस वस्तु की रक्षा के लिये जड़ेगी? शत्रु के बाहिरी आक्रमण का विरोध करने के लिये सरकार की सब से बड़ी बुद्धिमत्ता

यही होगी कि वह इस देश को सही अर्थों में इस देश की जनता का देश बना दे। इसका एक ही उपाय है कि देश के पैदावार के साधनों पर देश की जनता का अधिकार हो और जनता को अपने परिश्रम के फल को प्राप्त होने का निश्चय हो।

अन्त में इतना कहना आवश्यक है कि यहाँ जो कुछ कहा गया है वह अधिकांश में कांग्रेस की आलोचना ही जान पड़ेगी। परन्तु यह आलोचना पराई निन्दा नहीं। यह स्वयं हमारी अपनर भूलों और कमजोरियों को समझने की चेष्टा है। कांग्रेस के अस्तित्व को बचाना ज़रूरी है क्योंकि मौज़ूदा परिस्थितियों में वही हमारा एक मात्र राजनैतिक साधन है। कांग्रेस को बचाने के लिये उसे हमें फिर स जनता की वस्तु बनाना होगा। केवल शिक्षित और राजनैतिक दृष्टि से सचेत जनता की ही नहीं बल्कि जनता के उस विशाल अंग की वस्तु कांग्रेस को बनाना होगा जो चुपचाप सब कुछ सहता जाता है, शिकायत तक करने का जिसे साहस नहीं। परन्तु जिस दिन वह उठेगा, उस दिन भूकम्प के विभ्राट और ज्वालामुखी के ताण्डव से उठेगा। कांग्रेस को, खूब सफ़ेद कुर्ता धोती पहन मोटर पर चढ़ने वालों की संस्था से किसान, मजदूर और निम्न श्रेणी के नौकरी पेशा लोगों की चीज़ बनाने के लिये सबसे पहली जरूरत इस बात की है कि कांग्रेस का उद्देश्य स्पष्ट किया जाय। कांग्रेस की हाई कमाण्ड ब्रिटिश सरकार से इस बात का तकाजा करती है कि वह इस युद्ध के उद्देश्यों को स्पष्ट करे परन्तु हम कांग्रेस से तकाजा करते हैं कि वह अपने उद्देश्य पूर्ण स्वराज्य के रूप को स्पष्ट करे। इस स्वराज्य में मंत्रियों और गवर्नर के क्या अधिकार होंगे इस बात से अधिक महत्त्व मजदूर और किसान के इस प्रश्न का है कि उन्हें परिश्रम करने के बावज़ूद भी पेट भर खाने को और तन ढाँपने को कपड़ा मिलेगा या नहीं। हमें समझाया जाता है स्वराज्य हो जाने पर गरीबों के सब कष्ट दूर हो जायँगे। परन्तु कांग्रेस के कार्यक्रम में आज स्पष्ट रूप से इस बात का चर्चा क्यों नहीं किया जाता कि मजदूर किसानों और निम्न नौकरी पेशा लोगों की इस स्वराज्य में क्या स्थिति होगी। भूख से तड़पने वाले भारतीयों की दृष्टि में वैधानिक प्रश्नों की अपेक्षा अधिक महत्त्व इस बात का है कि उन्हें नियमित रूप से मज़दूरी और रोजगार मिलने का निश्चय हो। उन्हें इस बात का निश्चय हो कि दिन भर की हड्डीतोड़ मेहनत के बाद वह साँझ को भर पेट रोटी पा सकेंगे। किसान की दृष्टि में इस बात का महत्त्व अधिक है कि बावज़ूद उसके लगातार मेहनत करने के उसे मिलता है केवल भूख नंग और कर्जे का बोझ!

शोषित और पीड़ित जनता के प्रश्न को हल करने के लिये यह आवश्यक है कि कांग्रेस में श्रेणी प्रतिनिधित्व को स्थान दिया जाय। किसान, किसान सभाओं के ज़रिये, मज़दूर, मज़दूर सभाओं के ज़रिये और नौकरी पेशा लोग अपने संगठनों के

ज़रिये कांग्रेस के अंग समझे जायँ। कांग्रेस के रचनात्मक कहलाने वाले कार्यक्रम में चर्खे के झंझट को हटाकर मज़दूरों के लिये निर्वाह योग्य मज़दूरी का प्रश्न उठाया जाय और इस मज़दूरी का बाज़ार भाव से अनुपात निश्चित हो। मजदूर की मेहनत और उसकी ज़रूरतों के ख्याल से यह मज़दूरी निश्चित की जाय। बेकार जनता को चर्खे की राह जीविका पाने के भ्रम जाल से निकालकर उसे उद्योग धन्दों में स्थान दिया जाय। पूँजीवाद के श्राप के कारण आज मनुष्य समाज का कल्याण करने वाली वस्तुएँ भी उसे हानि पहुँचा रही हैं। आज वैज्ञानिक उन्नति, कला-कौशल के आविष्कार और उत्पत्ति के साधनों के बढ़ने से पैदावार तो बढ़ती है परन्तु वह पैदावार आम जनता के उपयोग के लिये न होकर कुछ लोगों के मुनाफ़े के लिये होती है। मज़दूरी के रूप में मेहनत करने वाले अपने परिश्रम का फल पा नहीं सकते। इसलिये वे लोग जितनी पैदावार करते हैं उसे खर्च करने के लिये खरीद नहीं सकते। परिणाम यह होता है कि पैदावार को कम करने की ज़रूरत होती है, उसके लिये मज़दूरों को मज़दूरी से हटाया जाता है। मज़दूरों के वेकार होने से खरीदने वालों की तादाद घटती है, पैदावार को और कम करना पड़ता है, वेकारी और बढ़ती है। अपना मुनाफ़ा कायम रखने के लिये दूसरा उपाय सरमायादार करते हैं मज़दूरी को घटना। इन सभी कार्यों का परिणाम होता है देश में त्राहि त्राहि मच जाना और जनता का संकट में फँसना। यदि देश की जनता का कल्याण कांग्रेस का उद्देश्य है तो उसके कार्यक्रम के अनुसार पैदावार के साधनों मिलों, कारखानों, खानों और बड़े-बड़े फार्मों को जो मज़दूर अपने परिश्रम के परिणामस्वरूप बनाते हैं, उनका उसमें भाग होना चाहिये। पैदावार के साधनों पर समाज के रूप में मज़दूरों की मिल्कियत हो जाने पर मज़दूरों की बेकारी का सवाल नहीं रह जाता। पैदावार को मुनाफे के लिये न कर उसे पैदावार के लिये मेहनत करने वालों के उपयोग के लिये पैदा करने से और व्यापारिक चालबाजियों के कारण आने वाले आर्थिक संकटों का भय नहीं रह सकता। कांग्रेस के कार्यक्रम में किसान परिश्रम और उसके गुजारे के विचार से भूमिकर की व्यवस्था होनी ज़रूरी है। किसान के परिश्रम से होने वाली पैदावार में किसान के निर्वाह का प्रश्न पहला है न कि साम्राज्यशाही युद्धों के खर्च का। इसलिये उस भूमि पर से लगान हटाने की मांग कांग्रेस के कार्यक्रम में होना जरूरी है जो किसान को भर पेट रोटी देने में भी असमर्थ है। इसी कार्यक्रम पर चल कर कांग्रेस जनता की वास्तविक प्रतिनिधि बन सकती है। इस कार्यक्रम को पूरा करने के लिये कांग्रेस का वायसराय से भेंट करना, मुस्लिम लीग से सौदे करना ज़रूरी नहीं। इस कार्यक्रम को पूरा करने के लिये कांग्रेस के कार्यकर्त्ताओं को मज़दूरों और किसानों के संगठनों के ज़रिये उन तक

पहुँचना जरूरी है। जहाँ यह संगठन न हों, वहाँ कांग्रेस कार्यकर्त्ताओं द्वारा इन संगठनों का बनाना ज़रूरी है तभी कांग्रेस का अस्तित्व क़ायम रह सकता है। इस कार्यक्रम पर चलने से कांग्रेस स्वराज्य के उद्‌देश्य जनता के हाथ में आत्मनिर्णय और अपना शासन स्वयं करने की शक्ति सौंप सकती है। परन्तु यह कार्य-क्रम सामूहिक शक्ति का है वैयक्तिक सत्याग्रह का नहीं। इस देश की जनता के रूप में हम जो कुछ भी करना चाहते हैं या कर सकते हैं उसका एकमात्र साधन हमारी सामूहिक शक्ति कांग्रेस ही है। इस समय हमारा सबसे मुख्य और आवश्यक राजनैतिक कार्य अपने इसए राजनैतिक साधन को नष्ट होने से बचाना है। तभी हम वास्तविक क्रान्ति के मार्ग पर, उस क्रान्ति के मार्ग पर जो जनता को इस देश का शासक बना सकती है आगे बढ़ सकते हैं। यही इनक्लाब का रास्ता है। इनक्लाब जिन्दाबाद!

बेकार एण्ड कम्पनी लिमिटेड

कुछ दिन से बेकार एण्ड कम्पनी के कामरेड की अवस्था अधिक बिगड़ गई है। वजह यह है कि युद्ध के कारण साधारण जनता की पहुँच के रोज़गार तो सब ढीले हैं, आमदनी का कोई उपाय निकाला नहीं जा सकता परन्तु खर्च में कमी आने के बजाय बढ़ती हो गई। ह्विस्की, इन्टली पामर, पेट्रोल, कीमखाब, मलमल से यों भी उन्हें कभी वास्ता नहीं था परन्तु जब आटा, नमक, दियासलाई तक मँहगी हो गई तो वे भला लड़ाई के असर से कैसे बच सकते थे। पर पेट भरना तो हर हालत में ज़रूरी है और बीड़ी पिये बिना रहा नहीं जाता। बजट में कमी हो तो किस तरह? लड़ाई के लिये चन्दा न दे सकने की फिक्र भी कम नहीं थी परन्तु वह तो राइस मैन साहब (फाइनान्स मिनिस्टर) ने दूर कर दी। क्योंकि दियासलाई की पेटी जब भी वे दो पैसे में खरीदते हैं, समझ लेते हैं, एक पैसा हिटलर हत्यारे के सिर पर बम फेंकने के लिये दे रहे हैं।

कोठरी के किराये से अलबत्ता परेशान हैं। तीन महीने से किराया दे नहीं पाये। मकान मालिक के डर के मारे अपनी गली लांघना तक छोड़ दिया है। भगवान पर उनका विश्वास नहीं परन्तु भगवान इस बात की उपेक्षा कर उनका ख़याल किये ही जाते हैं। अर्थात् इतिहासज्ञ पर दया कर भगवान ने सर्दी का मौसिम ख़तम कर गरमी शुरू कर दी है और इतिहासज्ञ अपनी रात चाहे जहाँ, रेलवे स्टेशन के सामने

या अमीनाबाद पार्क में मज़े में काट सकते हैं। लेकिन कभी-कभी भगवान इतिहासज्ञ जी से मज़ाक करने के लिये रात में आँधी चला देते हैं। उससे छत पर सोये लाखों ही भगवान के भक्तों को कष्ट होता है। वे भगवान की दुहाई देते हैं परन्तु कामरेड भगवान को गाली देते हुए किसी गोदाम, किसी खाली मकान के बरामदे की तलाश में चल देते हैं।

परसों रात की आँधी में कामरेड साहब उसी भुतहे मकान में शरण लेने पहुँचे जिसके किराये पर न चढ़ सकने के कारण बेकार एण्ड कम्पनी लिमिटेड की बैठकें मज़े में हुआ करती हैं। और कल आप फरमाते क्या हैं कि रात भर उन्होंने अच्छा तमाशा देखा, मकान में एक अहिंसा कानफ्रेंस होती रही।

"अहिंसा कानफ्रेंस!! सो कैसे?" एक महाशय ने विस्मय से पूछा।

अहिंसा का अर्थ ढूँढ़ निकालने में कामरेड चक्कर में पड़ गये। माथे पर त्योरी चढ़ाकर बोले "यहीं अहिंसा, जिसका मतलब होता है हमें तंग न करो, हमारे आराम का ख़याल करो?"

"पर कानफ्रेंस कर कौन रहा था?" इस प्रश्न पर वे चकराये कहने लगे "हम आधी नींद में थे या सुपना देख रहे थे कह नहीं सकते पर ऐसा मालूम होता था कि बाहर सड़क पर कुत्तों की, एक कमरे में बिल्लियों की, दूसरे में चूहों की कानफ्रेंस हो रही है और तीसरे में शाक सब्जी की। और कभी ऐसा जान पड़ता था कि जर्मनों, अँग्रेज़ों, अमेरिकनों, रूसियों, बलगोरिया के लोगों, जापानियों, हिन्दुस्तानियों, चीनियों सभी लोगों की साझी कानफ्रेंस थी।"

एक सज्जन जो बेकार एण्ड कम्पनी में बहस सुनने के बावज़ूद मंगलवार के दिन चुपके से महावीर जी को प्रणाम कर आते हैं कुछ घबराहट से बोले, "इस मकान को लोग भुतहा मकान झूठ थोड़े ही कहते हैं, भूत होंगे?"

आर्य समाजी भाई ने कहा—"तुम भी निरे महावीर के सैनिक (बन्दर) ही हो। भूत क्या होता है? भूत कुछ नहीं होता। सब मन की भावना और संस्कार होता है।"

कामरेड ने सोचकर कहा—'ठीक है महाशय जी, अब तक हम कवि सम्राट रवीन्द्रनाथ ठाकुर की उस कहानी प्लेहुब एूदहो (क्षुधित पाषाण) को निरी कल्पना ही समझते थे परन्तु अब जान पड़ता है ज़रूर ठीक ही होगी! और जिस तरह मध्य भारत के घने जंगल में बने महल में नवाब के हरमसराय की सुन्दरियों की वासना घुट घुटकर संगमरमर के सम्भावित प्रासाद के पत्थरों में समा गई उसी प्रकार हम बेकारों का असन्तोष और चाँय-चाँय इस भुतहे मकान की ईंटों में समा गये हैं..."। कामरेड कहे जा रहे थे और बीड़ी पिये जा रहे थे। उनके साथ बैठे एक दूसरे कामरेड की नज़र उनकी बीड़ी पर थी। बीड़ी के लिए हाथ बढ़ाते हुए उन्होंने कहा,

"हाँ, हाँ बहुत भूमिका हो चुकी अब बताओगे भी रात अहिंसा कानफ्रेंस में हुआ क्या?...लाओ बीड़ी इधर दो!"

बीड़ी में तमाखू समाप्त हो चुका था शेष थी केवल पत्ते की चिरांध! इसलिये उसे उदारती से साथी कामरेड को देते हुए कामरेड साहब अहिंसा कान्फ्रेंस का चर्चा सुनाने लगे।

एक ओर तो मच्छरों की भन भन के मारे नींद आना मुश्किल था दूसरी ओर से आने लगीं कान्फ्रेंस की स्पीचों की आवाजें। सड़क पर ज़ोर से कुत्ते भोंक रहे थे। पहले सोचा कोई चोर होगा। फिर ख़याल आया आंधी को झोंक रहे होंगे परन्तु जान पड़ा कुछ सवाल जवाब कुत्तों में चल रहा है। फिर उनकी बात भी समझ में आने लगी। मालूम हुआ कुत्तों की कान्फ्रेंस हो रही है। एक कुत्ता बहुत ज़ोर की आवाज़ में गरज गरजकर भोंक रहा था और पिछले पंजों से ज़मीन खरोंचता जाता था। यह कह रहा था,—"सब कुत्ते एक, सब कुत्तों की भूमि एक, सब कुत्तों का लीडर एक!" हम कुत्ते लोग संसार के सब प्राणियों से श्रेष्ठ हैं। हम शेर से लड़ सकते हैं, आदमी को काट सकते हैं। बिल्लियाँ कमीनी होती हैं। उन्होंने चालबाज़ी से संसार में अपना सिक्का जमा रक्खा है। मज़े में मकानों की चार दीवारी से घिर कर सुरक्षित हैं। दूध, दही चुरा चुरा कर खाती हैं और सब चूहों पर इन्होंने अपना अधिकार जमा रखा है। अब सब जगहज हमारा अधिकार होगा। हम संसार में नया तरीका (नै ध्रं) जारी करेंगे जिसमें केवल कुत्तों का राज होगा। हम कुत्तों में भी सरताज हैं। हमारे साथ दबी हुई नाक वाले और चुंधी आँख वाले कुत्तों का और नेवलों का समझौता हो गया है। हमारे खिलाफ़ कोई नहीं बोल सकता। काट खाना और पंजा मार देना यह संसार का सबसे अच्छा नियम है।"

बीच में एक कुत्ता कुछ और कहना चाहता था परन्तु दूसरे कुत्तों में उसे भौं-भौं कर धमका दिया। नेता के सामने किसी को बोलने का अधिकार नहीं।

जब नेता बोलना शुरू करता या चुप होता या किसी ओर पंजा फटकारता तो सब कुत्ते अगला एक पंजा उठा कर कहते 'जय नेता की, नेता की जय।'

साथ के कमरे में ही बिल्लियों का कलरव सुन कुत्तों की कान्फ्रेंस को छोड़, बिल्लियों की बात की ओर ध्यान देना आरम्भ किया।

एक बिल्ली जिसकी तोंद चूहों के बोझ से आगे बढ़ जाने के कारण उसे अपनी मोटी गर्दन को पीछे झुका सिर का बोझ तौलना पड़ता था और गालें फूल जाने के कारण जिसकी आँखें दब गई थीं, एक पंजा कमर पर रख दो पैरों पर खड़ा हो व्याख्यान दे रहा था। दूसरे पंजे की मुट्ठी बांध अपने प्रत्येक शब्द पर प्रहार कर

उसे प्रभावशाली बनाता जाता था। वह कह रहा था,—"संसार में शान्ति, समानता और न्याय की रक्षा के लिये हमें प्राणों की बाज़ी लगाकर लड़ना होगा। अपने अपने घर की चार दीवारी के भीतर बिल्लियों को स्वतंत्रतापूर्वक आत्मनिर्णय का जन्मसिद्ध और प्राकृतिक अधिकार है इस वैयक्तिक स्वतन्त्रता और प्रजातंत्र पर ही संसार भर की सभ्यता की नींव है। हम कुत्तों के इस अधिकार को स्वीकार करते हैं कि सड़कों पर वे चाहे जिस पर भूंकें और जिसे काटें परन्तु यदि वे मनुष्य के घर की चार दीवारी के भीतर प्रवेश कर या मकानों के दरवाजों को घेरकर बिल्ली साम्राज्य की शान्ति रक्षा में विघ्न डालना चाहें तो इसे हम किसी प्रकार भी सहन नहीं कर सकते। कुत्तों की यह पाशविक नीचता और बर्बरता है कि वे घरों में घुसकर दूध दही के मटकों में मुँह डालें और चूहों जैसी कमज़ोर जातियों पर आक्रमण करें। हम दूध दही के मटकों और चूहों की रक्षा के लिये जो कुछ भी आवश्यक होगा अपनी जान की बाजी लगाकर करेंगे। बिल्ली साम्राज्य ने प्राणी मात्र के कल्याण के लिये जिस सभ्यता का विकास किया है वह सभ्यता इस समय भयंकर खतरे में है। शान्तिपूर्वक कोने में बैठकर चिड़ियों और चूहों का उपयोग करना, दबे पाँव आलमारी या छींके पर से पाने से ही संसार में शान्ति कायम रह सकती है। भौ। भौं करके बर्तनों को उलटने पलटने और भक्ष जीवों को ललकार शिकार करनेवाले इन कुत्तों ने संसार से न्याय और शान्ति को मिटा देने की कसम खा ली है। यह कुत्ते संसार में किसी दूसरे का अस्तित्व सहन ही नहीं कर सकते। संसार में इनके साम्राज्य का अर्थ है और सब प्राणियों का नाश। संसार का कौन जीव है जिसे यह शान्ति से रहने दे सकते हैं। हम बिल्लियों ने कभी समानता और न्याय के विरुद्ध पंजा नहीं उठाया। संसार का इतिहास इस बात का गवाह है कि हमने कभी चीते, भेड़िये या भालू के विरुद्ध कान नहीं हिलाया। हमारा नियम सदा से यह रहा है कि स्वयं जीवित रहो और दूसरों को जीवित रहने दो! कभी कोई बिल्ली कुत्ते पर नहीं झपटती। यदि कुत्ते बिल्लियों पर झपट कर हमें दबाना चाहते हैं तो हम उनकी आँखें नोच लेंगे मुँह खसोट देंगे। हम बिल्ली भाइयों की ऐतिहासिक वीरता का वह प्रमाण देंगे कि इतिहास याद रखेगा। यदि कुत्ते हमारे घरों में घुसने का दम भरते हैं तो हम भी उनके नाके बन्द कर देंगे। हमारे वीरों ने बाग़ों और फुलवाड़ियों में कुत्तों के साथी नेवलों को ऐसा पछाड़ा है कि उनकी रीढ़ की हड्डी का फ्रेक्चर ठीक होने में एक सदी लग जायगी। हमारे बहादुर अब मकानों के दरवाज़ों पर डट गये हैं और जगह जगह हम सड़कों पर भी छापा मारकर हम उनकी शक्ति को समाप्त कर रहे हैं। निर्बल और असहाय जातियों के अधिकार की रक्षा के लिये बिल्ली साम्राज्य अपने स्वार्थ की उपेक्षा करके भी संसार में न्याय क़ायम रखेगा। "वक्ता के इस प्रभावशाली भाषण से प्रसन्न हो कर बिल्लियामेण्ट के मेम्बर प्रसन्नता और उत्साह से म्याऊँ म्याऊँ करने लगे...."

"बिल्लियामेण्ट क्या?" प्रश्न किया गया।

"अरे भाई जैसे हिन्दुस्तानियों की कांग्रेस, मुस्लिमों की लीग, अंग्रेजों की पार्लमेण्ट, रूसियों की सोवियत और जर्मनों की राइस्टैंग वैसे ही बिल्लियों की बिल्लियामेण्ट समझ लीजिये।" कामरेड कहते चले "हाँ बिल्ली परिषद की म्याऊँ म्याऊँ के मारे महाबिल्ली का भाषण सुनाई देना असम्भव सा हो गया परन्तु उसी समय साथ के कमरे से चिकर की आवाज़ सुनाई दी और जान पड़ा कि उस ओर चूहों और छछूँदरों की सभा हो रही है। उस ओर ध्यान करने से दिखाई दिया कि मोटे-मोटे चूहे तो पाल्थी मारे बैठे हैं और एक चूहा जिसका शरीर दूसरे चूहों से कहीं दुबला था और दोनों कान सिर पर ऊपर उठे हुए थे और आँखों पर गोल गोल ऐनक के शीशे और माथे पर त्योरियों चढ़ाये था शांत गम्भीर स्वर में एक पंजे को छाती के सामने किये समझा रहा था।

"हम लोगों को बिल्लियों और कुत्तों से अपने अधिकार की रक्षा करनी है तो हम लड़ाई करके ऐसा नहीं कर सकते। हमें उनका हृदय परिवर्तन करने का यत्न करना चाहिये। हमें बिल्लियों को विश्वास दिला देना चाहिये कि हमारे दिल में उनके प्रति कोई वैर विरोध नहीं। हम उनसे प्रेम करते हैं। जब हम उनसे प्रेम करते हैं तो उन्हें भी हमसे प्रेम करना चाहिये इस प्रकार परस्पर प्रेम जब सब जीव करने लगेंगे तभी संसार में सुख शान्ति क़ायम हो सकेगी। एक दूसरे को मारकर कभी न्याय और समानता कायम नहीं हो सकती। न्याय और समानता तो कभी क़ायम हो सकती है जब सबके हृदय में एक दूसरे के लिये प्रेम हो। बिल्लियों के हृदय में हमारे प्रति प्रेम और दया का भाव पैदा करने के लिये हमें बिल्लियों को इस बात की इजाजत दे देनी चाहिये कि वे जितना भी खाना चाहें खा लें। हम हाथ न हिलायें और हमारे मुख से उफ़ न निकले तब भगवान स्वयं हमारी रक्षा के लिये आयेंगे। मैं जो कुछ आपसे कह रहा हूँ भगवान की प्रेरणा से ही कह रहा हूँ।....

एक और चूहा जो उसमें छोटा था लेकिन बोलने में तेज़ उठ खड़ा हुआ बोला, बिल्लियाँ हमसे प्रेम करेंगी तो खायँगी क्या? भगवान से हमें यदि बचना है तो संगठित शक्ति से ही बच सकते हैं। यदि एक बिल्ली चूहे पर झपटती है तो दूसरे चूहों को मदद के लिये आगे बढ़ना चाहिये। बिल्ली एक समय में एक ही चूहे पर आक्रमण कर सकती है। यदि उस समय दूसरे चूहे बिल्ली की दुमकाटने लगें और कुछ चूहे बिल्ली के कान कुतरने लगें तो पंजे के नीचे के दाबे हुए चूहे को उसे छोड़ना पड़ेगा। इस तरह हम लोग यदि साहस करेंगे तो बेशक कुछ चूहे मारे जायँगे परन्तु बाद में अपनी रक्षा के लिये बिल्लियाँ स्वयं हमसे दूर रहेंगी और यदि हम चूहे लोग हिम्मत करके उसी तरह बिल्लियों के बच्चों को कुतर डाला करें जबकि उनकी आँख भी न खुली हो तो हम बहुत बड़े भय से बच सकते हैं...यह चूहा अभी बहुत कुछ कहना

चाहता था परन्तु एक रोबदार चूहे ने खड़े होकर, "क्या कहते हो! तुम क्या जानते हो दुनिया में बड़े बड़े मसले हैं। दुनियां में आज़ादी की एक जंग मच रही है। हाथियों और गैण्डों में दोस्ती हो गई। तुम चूहे हज़ार बातें बनाओ लेकिन हमें अभी बिल्ली लोगों से सभ्यता सीखनी चाहिये। देखो, वे कितनी साफ़ सुथरी रहती है। उनकी म्याऊँ म्याऊँ कितनी भली मालूम होती है और तुम चूहे निरी चिड़ चिड़ करना जानते हो। तुम्हें डिसप्लिन सीखना चाहिये जो लीडर कहें उसमें चूँ चूँ नहीं करना चाहिये।"

बहुत से चूहे आपस में कहने लगे 'वाह वाह कितना समझदार चूहा है। यह चूहा ही असल में वहादुर है।'

एक ओर से एक चूहे ने जिसके माथे पर एक दाग़ सा बना हुआ था खड़े होकर कहा—'चूहों की मुसीबत कैसे कटे छछून्दर तो हमारा साथ देते ही नहीं।'

एक छछून्दर जो दीवार के साथ बेठा था, बोला, 'हम कभी तुम्हारा साथ नहीं देंगे और देखेंगे कैसे तुम लोग अपना राज क़ायम कर लेते हो। तुम्हें हम लोगों को बराबर हिस्स देना पड़ेगा हमारी तादाद कम है तो क्या? हम लोग तुम्हारे साथ मिलकर बिल्लियों से कभी नहीं लड़ेंगे। हमारा तुम्हारा क्या साथ? बिल्लियाँ तुम्हें मारकर खा जाती हैं हमें खाती थोड़े ही हैं। हमें तो सिर्फ़ मारकर छोड़ देती हैं। हमारा तुम्हारा साथ क्या? तुम चाहते हो हम भी तुम्हारी तरह चूं चूं बोली बोलें। हम कभी ऐसा नहीं कर सकते। हम हमेशा अपनी चिड़ चिड़ बोली बोलेंगे। तुम चूहे इस छछून्दर तुम्हारी जाति दूसरी हमारी दूसरी। हम अपनी कौमियत कभी नहीं छोड़ सकते। हम अपना इलाका चूहों से अलग बँटवा लेंगे। चूहे फर्श के बीच में रहा करें और हम किनारे रहा करेंगे। चूहों से एकदम हम केवल इस शर्त पर कर सकते हैं कि चूहे चूहे रहें और छछून्दर छछून्दर। हमारा अधिकार अलग हो, हमारी गिनती अलग हो, नहीं तो हम बिल्ली से दोस्ती कर लेंगे।"

जिस चूहे के माथे पर दाग़ था उसे गुस्सा आ गया। उसने ताल ठोक कर कहा "तुम कौन होते हो हमारा सामना करने वाले? हम तुमसे पहले बिल्ली से दोस्ती कर लेंगे। हम बिल्ली से कहेंगे हमें मारते हो तो कोई हर्ज नहीं पर छछून्दर को भी ज़रूर मारो। और तुम होते कौन हो जी? शहरों और गाँवों के घरों और अनाज की खत्तियों पर हमारा पुराना हक है। हमारे बाप दादा इन जगहों में हमेशा से रहते आये हैं। तुम कल तो जंगल से आये हो तुमसे बदबू आती है। तुम तो निरे अछूत हो। हम पहले तुम्हें मारेंगे बिल्ली हमें मारती है तो क्या?"

झगड़ा बढ़ता देखा तो चश्मे और ऊँचे कान वाला चूहा बोला 'देखो भाई मैं कहता हूँ, परमेश्वर को प्रसन्न करने के लिये आपस में प्रेम से रहो। परमेश्वर ने किसी को चूहा और किसी को छछून्दर बनाया है। सब को अपना अपना धर्म मानना चाहिये...'

एक चूहे ने उठकर कहा "अपना अपना धर्म मानने ही से तो झगड़ा होता है। सब लोग चूहा धर्म और छछून्दर धर्म छोड़ दें तो झगड़ा ही मिट जाय।"

छछून्दर ने कहा "यह कभी नहीं हो सकता यह कभी नहीं हो सकता। देखो छछून्दर धर्म की सब बातें हमने छोड़ दी हैं। हम तो अब जहाँ तक हो सकता है बिल्लियों की तरह रहते हैं बिल्लियों की बोली बोलते हैं। धर्म कर्म से हमें यों तो कोई मतलब नहीं परन्तु फिर हमारी चूहों से बहस किस बात पर होगी? इसलिए ज़रूरी है छछून्दर धर्म और छछून्दर सभ्यता की रक्षा की जाय और उसके लिये एक नहीं लाखों करोड़ों छछून्दर मर मिटेंगे और हम चूहों को नेस्त नाबूद कर देंगे, मैं छछून्दरों का नेता हूँ मेरे हुक्म के बिना कोई छछून्दर चूहों से एकता की बात नहीं कर सकता।"

दिवार के किनारे बैठे हुए बहुत से छछून्दरों ने चिल्ला कर नारा लगाया— "छछून्दर लीडर जिन्दाबाद।"

जब यह हाल देखा तो मोटे मोटे पेट वाले कुछ चूहे इकट्ठे होकर बोले "अच्छा हम लोग वर्किंग कमेटी बनाकर बिल्लियों से मुक्ति प्राप्त करने का उपाय निकालते हैं। सब चूहे और छछून्दरों को उसे मानना होगा। यह चूहे एक ओर चश्मे वाले चूहे को घेर कर विचार करने बैठे।"

इस वर्किंग कमेटी में सभी बहुत समझदार चूहे इकट्ठे हुए थे इसलिये वे लोग बहुत समझ बूझकर और धीरे-धीरे बातचीत करते थे। यहाँ यह निश्चय हुआ कि बिल्लियों से लड़ झगड़ कर पार नहीं पाया जा सकता किसी-न-किसी तरह चतुराई से उनसे समझौता किया जाना चाहिये। इसके लिये तरीका यह ही हो सकता है कि बिल्लियाँ मोटे-मोटे चूहों की इज्जत करें। ऐसी हालत में चूहे इस बात की कोशिश करेंगे कि कुत्ता बिल्ली युद्ध में वे किसी-न-किसी प्रकार बिल्लियों को सहायता करने का निश्चय दिलाना चाहते हैं और नहीं तो कुत्ता बिल्ली युद्ध जारी रहने तक चूहों की चूं चूं बन्द करा दी जायगी।"

एक सहायक ने एकतराज किया यह सब मन गड़न्त बकवास है।

कामरेड बोले, "जनाब, हमें भगवान से तो कोई प्रेरणा मिलती नहीं। हमें तो मन घड़न्त बात ही करनी होगी। आपका मनशा क्या है?...हम बोला ही न करें?"

कामरेड कहने को तो कह गये पर आगे बकने का हौसला टूट गया इसलिये शाक सब्जी की बात और अन्तर्राष्ट्रीय मामला फिर के लिये रह गया।

◈

राजनैतिक चमगीदड़

टिप्पणी—श्रीयुत दुर्मुख का कहना है कि राजनीति का प्रयोजन है जीवन के अधिकारों की रक्षा। इस दृष्टि से प्रत्येक श्रेणी की राजनीति पृथक होना स्वभाविक है। भारत के उदार राजनैतिक दल के लोग अपने आप को किसी भी श्रेणी का प्रतिनिधि नहीं बताते इसलिए उनकी राजनीति केवल उपहासास्पद ही है। —सं.

१३ मार्च को चन्द्रग्रहण के शुभ लग्न में जब होली का रंग उतर कर खुमारी की निढाल शिथिलता ज़ोर पर थी, नींद से भरी आँखें उघाड़ उघाड़ कर इस देश के महानीतिज्ञ लिबरल अर्थात उदार दल के लोग राजनैतिक चर्चा के लिए एकत्र हुये। उदार दल की राजनैतिक परिभाषा दूसरे राजनैतिक दलों की भाँति सहज नहीं। सभी दलों और श्रेणियों की राजनीति अपनी परिस्थितियों, दुखदर्द और शिकायत को दूर करने के उद्देश्य से चलती है। मज़दूरों को शिकायत है, दिन भर मेहनत करने के बाद भी गुज़ारा नहीं चलता। मकान, महल, कारखाना या जहाज़ वे बनाते हैं पर वह हो जाता है किसी दूसरे का ही। दिन भर पूरी शक्ति से जान लड़ाकर काम करने से उन्हें आधा पेट भोजन भी नहीं मिलता। जितनी वे मेहनत करते हैं मज़दूरी उससे कहीं कम पाते हैं इसलिये अपनी मेहनत की पैदावार को खरीद नहीं पाते। सेठ जी कहने लगते हैं, माल नहीं बिक रहा बाज़ार मन्दा है इसलिए पैदावार कम करो। मुसीबत पड़ती है मजदूरों पर! वे बेकार हो जाते हैं। पेट पर पत्थर रखकर बैठो! क्यों? क्योंकि कल तुमने बहुत सा सामान तैयार कर दिया था। इस सबका इलाज क्या हो? यही मज़दूर की राजनीति है। किसान को शिकायत है, जोतने बोने के बाद जो अनाज वह पैदा करता है वह चला जाता लगान, बकाया और साहूकार के कर्ज़े में। वह क्या खाये धूल? जोतना बोना काम उसका है तो ज़मीन्दार की मिल्कीयत किस बात की? और वह कहता है जोत बोकर हमें तो पेट के लिए रोटी नहीं बच पाती तुम लगान मांगते हो हवाई जहाज़ बनाने के लिये, हवाई जहाज़ है या रोटी? मुसलमानी का दम भरने वालों की भी राजनीति है, वे कहते हैं अगर हमारी चल जाय तो हरा झण्डा ही सब जगह फहराया करें। नौकरियाँ सब मुसलमानों को मिल जायँ और टैक्स सब हिन्दू दिया करें। हिन्दू कहते हैं हमारी चल जाय तो गली गली साँड फिरा करें उनके ग़ले में बड़े-बड़े घंटे बंधे हों। सूदखोरी, दुकानदारी, दफ्तर की नौकरी सब हिन्दुओं के लिए रिज़र्व रहे मुसलमान सिर्फ कूंजड़े, धुने, जुलाहे का काम किया करें।

कांग्रेस के जीडर चाहते हैं जनता के ज़ोर की धमकी देकर अंग्रेज़ नौकरशाही का सब अधिकार अपने हाथ में ले लें और कांग्रेस को चन्दा देने वाले बड़े-बड़े सेठों के मुनाफे के लिये नये कानून बनें। सब लोगों की अपनी राजनीति है। परन्तु उदार दल की क्या राजनीति है? सो कोई नहीं कह सकता इसीलिए वे स्वयं ही कहते हैं हमारी तो वे पार्टी की राजनीति है। मतलब यह है कि उनकी अपनी कोई शिकायत नहीं। वे सभी की बात उदारता से मानने के लिये तैयार हैं। उन्हें चाहिये केवल इतना कि उन्हें बुलाकर लाट साहब मिजाज़ पूछ लिया करें। कोई कमेटी बने तो उसमें उनके लिये एक कुर्सी हो। बड़े आदमियों के साथ जो सुलूक होना चाहिये वह उनके साथ हो। कानून सरकार चाहे जो बनाये उस पर अंग्रेज़ी में बहस करने की इजाज़त ज़रूर होनी चाहिये। सरकार के बनाये किसी कानून से उन्हें कभी सन्तोष नहीं हुआ। उसके खिलाफ उदार दल वालों ने धड़ल्ले को स्पीचें दीं लेकिन जब जनता उन क़ानूनों का विरोध करने खड़ी हुई तो इस दल के उदार हृदय लोगों ने समझाया यह सब मूर्खता है। हल्ला और गड़बड़ से कभी न कुछ बना है न बिगड़ा है। मुँह से बेशक कहो यह अन्याय है परन्तु कानून को माने जाओ! इन्हीं महाविद्वान लोगों की राजनैतिक कान्फ्रेंस मार्च की तेरह तारीख को हुई। कान्फ्रेंस हुई हिन्दुस्तान के सबसे बड़े होटल में और वहाँ भी राजा और नवाबों की कमेटी के लिये रिजर्व कमरे में। अब आपही सोच लीजिये किस दुख और दर्द की हालत में परेशान होकर किन शिकायतों को दूर करने के लिये बेचारे जान लड़ाने के लिये इकट्ठे हुए होंगे?

पहले दिन फैसला यह हुआ कि अखबार वालों को कुछ सुनने न दिया जाय। यह लोग व्यर्थ में शोर मचायेंगे। पर दिन भर बहस करने के बाद समझ में आया कि जब हमारी बातचीत का चर्चा ही पब्लिक में कुछ नहीं हुआ तो कांन्फ्रेंस का फ़ायदा क्या? ख़ैर जो कुछ हुआ था सब अखबारों में छपवा दिया गया। और दूसरे दिन के लिए अखबार वालों को कान्फ्रेंस के नाटक के लिये निमन्त्रण दे दिया गया।

कान्फ्रेंस में सबसे रोचक वस्तु थी मुख्य प्रस्ताव। पहले दिन यह प्रस्ताव जिस रूप में पेश हुआ उसे देखकर जान पड़ता था मिडिल स्कूल के लड़कों के लिए राजभक्ति का पाठ तैयार किया गया है। इसमें ब्रिटेन के प्रति राजभक्ति की प्रतिज्ञा, संसार में स्वतन्त्रता और प्रजातंत्र की रक्षा के लिये ब्रिटेन की प्रशंसा, अफ्रीका में इटालियनों को पछाड़ देने के लिए बधाई और नाज़ियों को कुचल डालने के लिये अंग्रेज़ सरकार के इरादे की तारीफ़ थी। इसके बाद हजूर वायसराय से प्रार्थना की गई थी। कि वे नई एक्जेस्यूटिव कौंसिल में सभी कुर्सियाँ हिन्दुस्तानियों को दें और ख़जाने और भारत की रक्षा के प्रबन्ध के दफ्तर भी हिन्दुस्तानियों को सौंप दें। शायद एक्जेक्यूटिव कौन्सिल में सभी जगहें भारतीयों को देने पर भी यह दो दफ्तर अग्रेंजों

के ही हाथ रह जाते। क्या करना आखिर सोचते भी हैं तो उदारता से। परन्तु दूसरे दिन इस प्रस्ताव का रूप बहुत कुछ बदल गया।

कोई कान्फ्रेंस हो वह किसी-न-किसी श्रेणी के लोगों की प्रतिनिधि होती है परन्तु यह उदार लोगों की कान्फ्रेंस किसकी प्रतिनिधि थी? यदि उपस्थिति को देखा जाय तो यह कान्फ्रेंस थी उन लोगों की पचमेल जिन्हें कोई अपना प्रतिनिधि मानने को तैयार नहीं परन्तु इसके साथ ही रुपये पैसे की हैसियत से उनका सरकार और जनता दोनों में मान है। कान्फ्रेंस में अधिक संख्या थी हिन्दू लोगों की या हिन्दू सभाइयों की! यहाँ तक कि प्रधान पद से सर सप्रू को भी उनके प्रति सम्मान दिखाना पड़ा। जब बीर सावरकर ने सभाभवन में पैर रक्खा हिन्दू सभाई उठकर खड़े हो गए और जब वे बोलने को होते तो सब ओर से चुपचुप की आवाज़ लगने लगती ताकि उनके श्रीमुख से निकला हुआ कोई शब्द अनसुना न रह जाय! बिटिश सरकार की तारीफ होती है कि वह हिटलर से लड़ रही है परन्तु हिन्दुस्तान के हिन्दू और मुसलमान दोनों ही ऐसे हिटलरभक्त हैं कि ब्रिटिश सरकार के प्रजातंत्र की हज़ार तारीफ करने के बावज़ूद भी उन्होंने अपने अपने हिटलर बना लिए हैं। मुस्लिम लीग के कैद आज़म तो मशहूर हैं ही उनकी स्वीकृति बिना मुसलमानों के मामले में कोई चूं नहीं कर सकता। हिंदू भी भला पीछे कैसे रहते? उन्होंने मुसलमानों से कहा तुम्हारा कैदआज़म है तो हमारा भी 'वीर' है। मुसलमानों का जवाब देने पर हिन्दुओं ने स्वयं अपने ऊपर एक तानाशाह बैठा लिया।

कान्फ्रेंस में मुसलमानों की संख्या कम थी इसलिये खास बम्बई नगर से ही दो चार सज्जनों को समेट लेना ज़रूरी था और किया भी वैसा ही गया। शोभा के लिये कुछ मुसलमानों को अपने साथ रखने का ढंग कांग्रेस ने चला दिया है तो लिबरत लोग भला इस रस्म को क्यों न पूरा करते? इस देश के मुसलमानों की राजनीति को बहुत कम लोग समझ पाते हैं इसीलिए प्रायः यह विचार होने लगता है कि मुसलमानों में या तो देशभक्ति की कमी है या उनमें राजनैतिक जागृति नहीं। हमारी समझ में यह बात यों आती है। एक तो देश में मुसलमानों की संख्या हिन्दुओं के बराबर नहीं दूसरे उनमें शिक्षा का प्रचार देर से हुआ। राजनैतिक जागृति शिक्षा के बिना आ नहीं सकती। मुसलमानों में जितनी शिक्षित जनसंख्या है वह कहीं ते अल्प संख्या (श्हदीूब) के और कहीं बहु संख्या (ीैंरदीूब) के कारण नौकरी पा ही जाते हैं इसलिये उनमें परिस्थितियों के संकट को राजनैतिक कारणों में ढूँढ़ने की प्रवृत्ति नहीं हो पाती। मुसलमानों की उस श्रेणी के लाग जो नौकरियों के झंझट से परे हैं और राजनीति में अपने संकट टालने के लिये

नहीं बल्कि राजनैतिक शक्ति प्राप्त करने के लिये भाग लेना चाहते हैं वे दो दलों में बँटे हुए हैं। एक तो वे जिन्होंने कांग्रेस के साथ सम्मिलित होकर शक्ति प्राप्त करने की कोशिश की, दूसरे वे जिन्होंने कांग्रेस का विरोध कर सरकार की नज़रों में महत्व प्राप्त किया और अंग्रेजों की सहायता से कांग्रेस के मुकाबिले वे लीडर बन गये। इसके अलावा और मुसलमान आये तो कहाँ से। परन्तु उदार लोगों की तो दिखाना था कि मुसलिम जनता पर भी उनका असर है सो उन्होंने ब्रिज की डमिया बुलाकर कर लिया।

कांग्रेस और राष्ट्रीय आन्दोलन का विरोध करने में अम्बेदकर अच्छा नाम कमा चुके हैं इसलिए कान्फ्रेंस में रंग जमाने के लिए उन्हें भी बुलाया गया। वे आ तो गये लेकिन हज़ार उकसाने पर भी कन्नी काटते गये। उन्हें क्या मालूम था क्या कहने से वायसराय की एक्जेक्यूटिव में उनके लिये कुर्सी सुरक्षित हो सकती है। ईसाइयों का प्रतिनिधि चुना गया सर महाराजसिंह को। अच्छा होता उन्हें ईसाइयों का प्रतिनिधि समझने के बजाय नौकरशाही का प्रतिनिधि समझा जाता।

कान्फ्रेंस का नाम था नो पार्टी कान्फ्रेंस। इस वे पार्टी या बे पेन्दी के नेताओं को उसमें महत्व दिया जाना ज़रूरी था। इस काम के लिये मिल गये सीतलवाद और कवास जी जहाँगीर जी। जहाँगीर जी ने पूरी शक्ति से, हाथ पैर हिलाकर कांग्रेस को अमली दुनिया की सतह पर उतर आने की शिक्षा दी। हवा में उड़ती हुई कांग्रेस को नीचे खींचने। के प्रयत्न में स्वयं कवास जी के पैर ज़मीन से उखड़ गये और अपने पहले विचारों की अपेक्षा कहीं उग्र बातें वे कह गये। कुछ लोगों का ख्याल है अगर कवास जी को अपनी विशाल पूँजी को संभालने का बखेड़ा न होता तो वे निश्चय ही एक अच्छे अग्रसर राष्ट्रीय नेता बन जाते। पर यह न होता और वह न होता तब तो बहुत होता और बहुत कुछ करने की ज़रूरत भी न पड़ती।

जैसे लीग का अर्थ है जिन्ना और कांग्रेस का अर्थ है गांधी उसी प्रकार उदार दल का सम्पूर्ण सार सप्रू साहब में समाया हुआ है। सप्रू साहवा का सयदाब भारत के लिये अभिमान की वस्तु है। और फिर उनकी वक़ालत की लियाकत भी लित्वीनौफ़ से क्या नहीं। पर जैसे लित्वीनौफ़ सोवियट रूस के काम न आ सके वैसे ही शायद सर सप्रू हिन्दुस्तान के काम कम ही आयेंगे। सप्रू साहब को शानदार स्पीच ने सरकार, कांग्रेस और लीग तीनों को सम्मानपूर्वक भारत की राजनैतिक उलझन से निकल पाने की राह बता दी और ब्रिटेन को अमूल्य सम्मति दे दी कि भारत का हृदय विजय करने का बस यही समय है। परन्तु यह सेवा तो लिबरल लोग सदा से ही करते आये हैं। मुश्किल यह है कि कद्र उनकी न सरकार की नज़रों में न इस देश की जनता की नज़रों में हो पाई। फिर भी वे अपनी उदारता निबाहे जाते हैं और उदारतापूर्वक सरकार और जनता

दोनों को अपनी सलाह दिये जाते हैं। उदार लोग जनता को सलाह तो अवश्य देते हैं परन्तु अपने आपको वे जनता का अंग नहीं समझते। यह बात उनकी बम्बई की पंचायत के वाद-विवाद से स्पष्ट है।

इन नेताओं के अपने आपको जनता से अलग समझने की प्रवृत्ति और जनता के प्रति इनके अविश्वास की प्रवृत्ति, इसी बात से स्पष्ट है कि जनता की मांगों को प्राप्त करने के विचार न कर वे जनता को वश में करने की बात सोचते हैं। उनके सामने इस समय सबसे कठिन समस्या यह है कि यदि सरकार उन्हें शासन में सहयोग देने के लिये निमंत्रित करे अर्थात् उन्हें मंत्रीपद सौंप दें तो वे जनता के प्रतिनिधियों असेम्बली के मेम्बरों के विरोध के बावज़ूद शासन किस प्रकार चलायेंगे? असेम्बली के मेम्बर उनका बजट पास न होने देंगे और सैकड़ों दूसरे वैधानिक संकट पेश करेंगे ऐसी अवस्था में वे शासन को किस प्रकार सफल बना सकेंगे?

उदार दल का इस प्रकार की समस्याओं पर विचार करना इस बात का प्रमाण है कि जनता की मांग और भावना से उनकी सहानुभूति नहीं है। स्वराज्य वे भी चाहते हैं परन्तु किसी और ढंग का या किसी दूसरे ही ढंग से। इस समय उनके सामने प्रश्न है कि सरकार के साथ मिलकर असंतुष्ट जनता पर किस प्रकार शासन किया जाय?

उदार दल की इस अवस्था को समझकर हम उनकी राजनीति की बुनियाद को समझ सकते हैं। सरकार के खिलाफ़ उदार दल को शिकायत है कि वह भारतवासियों को अपने ऊपर शासन का अधिकार नहीं देती। जनता से और जनता की प्रतिनिधि कांग्रेस से उन्हें शिकायत है कि वह बलवा करने पर तुली है। अभिप्राय यह है कि सरकार और जनता के झगड़े में उदार दल बीच में रहनेवाला दल है और इनकी सहानुभूति जनता की अपेक्षा सरकार की ओर ही है। उनकी जितनी उदारता है वह सब सरकार के ही प्रति।

यह उदार चाहता क्या है? सरकारी नौकरियों का आरतीयकरण इनकी सबसे बड़ी मांग है। दूसरी बात यह चाहते हैं कि वायसराय की एक्ज़ेक्यूटिव में सभी स्थान भारतीयों को दे दिये जायँ। यदि अँग्रेज सरकार इन उदार लोगों की बात मान ले या किसी दूसरने कारण से उन्हें अपना उद्देश्य पूरा करने में सफलता मिल जाय तो इनके ख़्याल से तो भारत स्वाधीन हो जायगा और भारत की इस स्वाधीनता का अर्थ होगा गोरे रंग के अफ़सरों की जगह काले या सांवले रंग के अफ़सर आ जायेंगे। इससे आगे शायद इतना और हो जाय कि अंग्रेज सरकार की अमलदारी में भारत से पूँजीपतियों के साथ जो पक्षपात किया जाता है उसमें कुछ कमी आ जाय, शेष जैसा आज है वैसा ही स्वराज्य की अमलदारी में रहेगा। उदार लोग इतना

परिवर्तन भारत के कल्याण के लिये पर्याप्त समझते हैं इससे अधिक उन्हें कुछ नहीं चाहिये। उदार-दल से यह भी छिपा नहीं है कि जनता इससे अधिक चाहती है। वह चाहती है शासन की शक्ति अपने हाथ में लेना, यह बात उदार दल की दृष्टि में अराजकता है। उदार लोग न केवल जनता की इस भावना को प्रोत्साहन दे सकते हैं बल्कि वे इसका विरोध करना भी ज़रूरी समझते हैं।

इसके साथ ही वे लोग सरकार को धौंस दिखाते रहना भी अपना कर्तव्य और अधिकार समझते हैं। जनता और सरकार की इस लड़ाई में उदार दल किसी ओर भी नहीं और दोनों ओर ही है। जनता स्वराज्य मांगती है, तब वे कहते हैं हम भी चाहते हैं कि भारत का शासन भारतीयों के हाथ में हो। जब सरकार कहती है जनता बलवाई है इसका शासन और दमन दोनों चाहिये तब उदार भाई कहते हैं, यही तो हम भी कहते हैं कि शासन और व्यवस्था की रक्षा होनी चाहिये।

उदार दल की यह नीति बच्चों की पुस्तक की एक कहानी की याद दिलाती है। पशुओं और पक्षियों में लड़ाई हुई थी उस समय चमगीदड़ दोनों ओर रह कर लाठ उठाना चाहा था परन्तु इस फ़रेब में उसे मुँह की खानी पड़ी और बेचारे को दिन में मुँह दिखाना मुश्किल हो गया। वही हाल उदार दल का हो रहा है और इसलिये अपनी कानफ्रेंस की कार्रवाई उन्हें अब ताजमहल होटल के कमरे में करनी पड़ती है जहाँ जनता की पहुँच किसी प्रकार न हो सके, यहाँ तक कि समाचार पत्रों के प्रतिनिधियों तक से उन्हें छिपना पड़ता है। यह हैं हमारे राजनैतिक चमगीदड़।

चाय की चुस्कियां
(राजनैतिक चटनी)
दुर्मुख

जिसके मन की भावना जैसी रहती है प्रभु की मूर्ति उसे वैसी ही दिखाई देती है। यह बात थी सतयुग में। इस युग की बात यह है कि जिसके मन में जैसी भावना रहती है चाय पीते ही वह जिह्वा पर आ जाती है। सो ही बात हुई एक लालाजी

बोले अब आ गया है अन्तिम समय स्टैलिन का, अगर युगोस्लाविया हिटलर ने ले लिया तो फिर क्या है फिर रूस पर ही झपटेगा।''

बहस की ताक में बैठे हुए दूसरे एक साहब बोल उठे ''अव्वल तो हिटलर और स्टैलिन के बीच में आपने इतना बड़ा 'अगर' रख दिया और फिर यदि आपका 'अगर' पूरा भी हो जाय तो हिटलर को और कोई काम नहीं?''

लाला जी बोले 'वाह यार तुम भी जान पड़ता है अखबार उल्टा ही पढ़ते हो! हिटलर का असली दुश्मन तो रूस ही है, कब से वह रूस से पैंतरा करने की बात सोच रहा है। यह तो कहो कि बीच में दूसरे झंझट आ फँसे वर्ना वह कभी का रूस से उलझ गया होता। चाहे किसी से पूछ लो हिटलर सदा से कहता आया है कि उसका सबसे बड़ा शत्रु रूस है। वह सबको सह सकता है। रूस को नहीं सह सकता। उसे ज़रूर वह ठिकाने लगायेगा। वह रूस को छोड़ थोड़े ही सकता है।'

एक साहब जो चुपचाप सुन रहे थे बोल पड़े 'अगर इजाजत हो तो एक मामूली सा क़िस्सा कह सकता हूँ।' किस्से का नाम सुन लालाजी के मुँह में भी पानी भर आया, बोले ''ज़रूर, जरूर कहिये।''

यह साहब बोले ''हमारे मुहल्ले में एक खां साहब हैं, रोब दाब के आदमी हैं। सलाम पाने से खुश रहते हैं और अफ़सरों को खुद सलाम करते हैं। किस्मत की बात एक ठाकुर और हमारे यहाँ आ बसे हैं ठाकुर साहब के आ जाने से मोहल्ले के सलाम बँटने लगे, कुछ मिलते खां साहब को और कुछ मिलते ठाकुर साहब को। ठाकुर साहब खां साहब के सामने से गुजरते हैं तो गर्दन तान लेते हैं। खां साहब यों आदमी भले हैं पर अपनी इज़्ज़त हरएक को प्यारी होती है। मोहल्ले से खां साहब को निकालने का एक उपाय। सोचा। कल्लू चमार से उन्होंने गांठ जोड़ी कि अगर वह ठाकुर साहब को बीच बाज़ार गाली दे उन पर जूता फेंक दे तो खां साहब पचास रुपये देने को तैयार हैं।

कल्लू चमार ने कहा ''यों तो हजूर माई बाप हैं जिन्दगी ही आप की है, जब चाहें खिदमत में ले लें लेकिन ठाकुर हैं जिस्म के क़दावर अगर दो झापड़ भी रख दिये तो कई दिन के लिये खटिया पर लेट जाऊँगा। अगर महीना दो महीना कुछ परवस्ती हो, सूखी हड्डियां पनपें तो ग़रीब परवर के लिये लड़ जाऊँ।''

खां साहब मतलब समझ कर मुस्कराये और बोले 'कोई परवाह नहीं, ठीक तो कहते हो अपने यहाँ भैंस नहीं ब्याही है सेर भर दूध रोज़ ले जाया करो। पट्ठे दण्ड प्रेलो और जौहर दिखा दो!'

'कल्लू ने दांत निकाल कर हंस दिया 'अरे जिन्दगी ही हुजूर की है।'

अब कल्लू गजरदम सेर भर दूध पीते हैं और ठाकुर के आंगन के सामने जा खम ठोक दस पांच दण्ड बैठक पेल आते हैं। एक दिन कल्लू ने मन में सोचा न

हो ठाकुर बिगड़ जांय इसलिये मौक़ा देख ठाकुर को चरण छूना कर बोले 'हजूर एक अरज़ है और खां साहब के यहां से सेर भर दूध और पचांस रुपया बख्शीश का किस्सा सुना दिया और बोला, 'हजूर चरणों की बदौलत ग़रीब आदमी खुद पा जाता है यहां सामने दो चार दण्ड बैठक कर ही लूँगा तो हजूर का क्या बिगड़ता है?'

ठाकुर बोले 'पिये जाओ दूधा पट्ठे अपना मतलब पूरा करो!'

सो बात जनाब हिटलर की है। रूस को दो झापड़ देने का झांसा दे रूस के आगे खम ठोक वह इंग्लैण्ड से राइनलैण्ड, चेकोस्लोवाकिया, अस्ट्रिया जाने दूध के कितने कटोरे पीके अब मोटा हो इंग्लैण्ड से ही भिड़ गया है।

× × ×

हमारा खयाल था ब्रिटिश सरकार पर अब मुसीबत आ गई। कांग्रेस तो स्वराज्य मांग ही रही थी, तिस पर लीग ने भी स्वराज्य की मांग का प्रस्ताव पास कर दिया, हिन्दू सभा भी वही मांगती है और तो और लिबरल लोग भी वही मांगने लगे। जब इतने मोर्चों से स्वराज्य मांगा जा रहा है तो ब्रिटिश सरकार कहां रक्षा पायगी?

इतने मोर्चों से स्वराज्य की मांग हो तो ब्रिटिश सरकार की भलाई है। अगर सब लोग एक ही मोर्चे से मांगने लगते तभी मुसीबत थी।

× × ×

ब्रिटिश सरकार मतलब बड़े लाट साहब के लिये एक बात संकट की ज़रूर पेश आ गई कि बम्बई में स्वयं उनकी कौन्सिल के तान मेम्बर स्वराज्य की बात पर ज़ोर दे गये। इतना ही नहीं जितने सर इकट्ठे हुए सभी बजाय 'यस सर' के 'नो सर' कह रहे थे।

पर ग़नीमत है तो यह है बम्बई की इस सभा में सभी सर थे, हाथ पैर (आम जनता) वहां नहीं थे नहीं तो जाने कुछ का कुछ हो जाता।

× × ×

और फिर सर लोग तो होते हैं दानी! कहते हैं दाना दुश्मन बुरा नहीं होता। दुश्मन दाना हो और बुरा न हो।

इसका मतलब शायद यह है कि दाना लोग दुश्मनी करते हैं बातचीत की! हाथ पैर की नहीं!

× × ×

कुछ लोग हैरान हैं महीना होने को आया लिबरल लीडरों की कानफ्रेंस खतम हुई और बड़े लाट ने उसकी ओर ध्यान भी नहीं दिया। पर बड़े लाट ध्यान किस बात पर दें! कौन नई बात की लिबरल लीडरों ने? वायसराय की कौन्सिल में सब भारतीय हों, खजाना भारतीयों के हाथ में हो? यह बात तो कांग्रेस जाने कब से कहा करती है। इन बातों के लिये लिबरलों की कद्र होनी होती तो कांग्रेस की ही न हो जाती। लिबरलों की कद्र तो इस बात से होती है कि वे सरकार की तो कहें।

परन्तु हर बात के कहने का मौका होता है। जब लिबरलों को जनता को सुनाकर बात कहनी है तो कुछ जनता की सी कहनी होगी, जब सरकार को कहनी होगी तब सरकार सो कही जायगी। उसके लिये सरकार को चाहिये सरों को घर बुलाकर बात करें।

× × ×

गांधी जी का हरिजन बन्द है खबर थी कि हरिजन चलने वाला है पर फिर नहीं चला। महात्मा जी के सेक्रेटरी देसाई जी ने एलान कर दिया है कि कुछ कारणों से हरीजन नहीं निकल सकेगा! पर वे कुछ कारण है कौन?

काग़ज पर छापने की मैशीन की तंगी गांधी जी को हो नहीं सकता। सो कारण सीधा ही है कि गांधी जी युद्ध के विरुद्ध अहिंसा का प्रचार करेंगे और सरकार को हरिजन की ही हिंसा करनी पड़ेगी। गांधी जी हिंसा पसन्द नहीं करते। वे स्वयं हिंसा करना चाहते हैं न दूसरों से कराना चाहते हैं। सो क्या लाभ हरिजन शुरू करने से?

पर हिंसा का यह सवाल तो सत्याग्रह पर भी तो लागू होता ही है। जब मालूम है कि सत्याग्रहियों को जेल जाना ही है तो फिर सत्याग्रह कर सरकार से हिंसा कराने से लाभ?

समालोचना

पुनर्मिलन (चित्रपट)

प्रत्येक फिल्म न केवल साहित्य के समान ही प्रत्युत उससे भी अधिक महत्व रखती है क्योंकि उसके प्रभाव का क्षेत्र पुस्तक की अपेक्षा कहीं विस्तृत है। साहित्य की समालोचना की जाती है उसे नियंत्रण में रख अधिक उपयोगी बना विकास की ओर

ले जाने के लिए। इस दृष्टि से फिल्म की उपेक्षा वरना साहित्य के प्रति कर्तव्य की उपेक्षा करना होगा।

पिछले फिल्मों में पुनरमिलन ने काफी ख्याति प्राप्ति की है। कई दृष्टिकोण से अनेक फिल्मों की अपेक्षा है भी अधिक विकसित। फिल्म का कथानक अच्छा है, उसके अभिनेता कुशल हैं, उसमें सूक्ष्मता भी है। परन्तु पुनरमिलन सर्वथा पूर्ण हो यह नहीं कहा जा सकता। कथानक की दृष्टि से उसमें कहानी को दोहराया जाना किसी भी दर्शक को खटके बिना नहीं रह सकता। मनोहर बाबू के हाथों नशे में उनके सेठ मिश्र की हत्या का अन्तिम समय में ज्यों का त्यों पुन: दिग्दर्शन न केवल अनावश्यक है बल्कि दर्शक उससे ऊबने लगता है। यदि आरम्भ में हत्या किस प्रकार हुई इस रहस्य को प्रकट न कर केवल कुमार को हत्या के बाद घर छोड़ते दिखा दिया जाता तो दर्शक के लिए हत्या एक पहेली बन जाती और उसे सुलझाने के प्रयत्न में दर्शक का मन कहानी के विकास में अधिक रम जाता।

निस्सन्देह पुनरमिलन की कहानी का घटनाचक्र रोचक है और अभिनेताओं ने भी पुलिस आफ़िसर को छोड़कर अपनी भूमिका को ख़ूब निभाया है परन्तु भारतीय चित्रपटों की प्रधान न्यूनता से पुनरमिलन के डाइरेक्टर भी बच नहीं सके हैं। चित्र को पूर्ण और सफल बनाने के लिए उसमें पात्र के चरित्र का आश्रय नहीं लिया गया बल्कि अभिनेताओं की योग्यता का आश्रय लिया गया है। उदाहरण के लिये प्राइवेट लाइफ आफ़ एलिज़ावेथ एण्ड एसेक्म और आल दिस एण्ड हैवन टू फिल्मों में प्रधान अभिनेत्री एक ही है। आप अभिनेताओं को पहचान बेशक जाइये परन्तु एलिज़ाबेथ का अभिनय करते समय अभिनेत्री का व्यक्तित्व ओझल हो जाता है वह पूर्ण रूप से एलिजाबेथ बन जाती है। वही अभिनेत्री जब आलदिम एण्ड हैवन टू में गवर्नेस के रूप में आपके सामने आती है, वह केवल एक शान्त, निराश, कर्तव्य परायण युवती रह जाती है। एलीज़ाबेथ और गवर्नेस दोनों से आप परिचित हो गये परन्तु अभिनेत्री बेटीडेविस स्वयं क्या है यह जानना सम्भव नहीं। यही वेटी डेविस और फ़िल्म डाइरेक्टर की विशेषता है। डारेक्टर बेटी बेविस के व्यक्तित्व पर निर्भर नहीं करता वह केवल उसकी अभिनय कुशलता पर भरोसा करता है।

परन्तु भारतीय फ़िल्मी में यह बात कहाँ। न्यूथियेटर को कानन मिल गई उनकी फ़िल्म में कानन प्रधान और पात्र गौण हो गये। विपापति में, स्ट्रीट सिगर में, जवानी की रीति में जहाँ देखिये पात्र की प्रकृति कहीं नहीं सभी जगह कानन, कानन का पहचाना व्यक्तित्व खड़ा है। वही बात पुनरमिलन में है। पुनरमिलन ने स्नेहप्रभा और किशोर साहू की कहानी के अनुरूप उपयोग नहीं किया वे दोनों कहानी से बहुत ऊपर उठ आये हैं। पुनर्मिलन भूल जायगा याद रह जायेंगे स्नेहप्रभा और किशोर साहू।

पुनरमिलन के डाइरेक्टर को स्नेहप्रभा मिल गई है इसलिये उसे क़दम क़दम पर नचाना और गंवाना चाहिये! जिस तरह तरकारी में मिर्च तेज़ होने से तरकारी का ज़ायका छिप जाता है। और मिर्च ही चिर्म जान पड़ती है उसी तरह पुनरमिलन में स्नेहप्रभा ही स्नेहप्रभा दिखाई पड़ती है। दर्शक को कोयली नहीं स्नेहप्रभा याद रहती है।

डायरेक्टर स्नेहप्रभा के अभिनय द्वारा कोयली के चरित्र को ऊपर नहीं, ला सका स्नेहप्रभा ही सन्मुख आये हैं। और उसमें भी स्नेहप्रभा का नृत्य और संगीत स्नेहप्रभा की अदा या कहिये स्वयं स्नेहप्रभा का शरीरे! स्नेहप्रभा के गले और पैरों की छमक पर पुनरमिलन की सफलता है। यदि पुनरमिलन से प्रभा के गाने और नृत्य निकाल दिया जाय तो शेष क्या रह जाता है? परन्तु किसी चित्र की सफलता पात्रों के चरित्र से होनी चाहिये, केवल नृत्य और राग से ही नहीं। नृत्य और राग के सहारे चित्र को सफल बनाने के प्रयत्न का अर्थ है कि पात्रों के चरित्र और कथानक में सार नहीं है। अंग्रेजी फिल्मों में यह बात नहीं जिन दो फिल्मों का ज़िक्र ऊपर किया गया है प्राइवेट लाइफ़ एलिजाबेथ एण्ड एसेक्स आलदिस एण्ड हेवन टू या और किसी भी फिल्म को ले लीजिये उसकी सफलता संगीत पर नहीं। उसमें एक गाना तक नहीं रहता। वहाँ अभिनेता का नहीं बल्कि पात्र के चरित्र और कथानक का महत्त्व रहता है।

हमारे चित्र पट यदि केवल सहगल, कानन, प्रभा और पहाड़ी के गले पर ही निर्भर करेंगे तो उससे हमारी कला आगे न बढ़ सकेगी। योग्य अभिनेता राष्ट्र के लिये अभिमान की वस्तु है इसमें सन्देह नहीं परन्तु कला उससे ऊपर है।

एक बात और, हमारे डाइरेक्टर इस बात की कसम खाये रहते हैं कि चित्र पट को सुखान्त (Comedy) ही बनाना है इसलिये जहाँ चित्र के समाप्त होने से वह स्थायी प्रभाव छोड़ सकता समाप्त न कर उसे और आगे खींचा जाता है। वह सुखान्त ज़रूर बन जाता है परन्तु वह बेसवाद हो जाता है चूसी हुई गण्डेरी की भाँति।

–य.पा.

मई
१९४१

व्यक्तिगत सत्याग्रह की बकरी

द्वितीय सी.पी. बरार प्रान्तीय विद्यार्थी सम्मेलन का उद्‌घाटन करते समय को. यशपाल के भाषण का सार। *—सं.*

जीवन का लक्षण गति है और उसका उद्‌देश्य भी गति है जड़ता मृत्यु का लक्षण है और उसका परिणाम भी मृत्यु होता है। मनुष्य समाज का भूत और वर्तमान का इतिहास प्रगति का इतिहास है। समाज के गतिमान शरीर में सबसे अधिक गतिमान अंग है विद्यार्थी समुदाय। विद्यार्थियों का गतिशील होना। आवश्यक और स्वाभाविक है क्योंकि वे समाज के उत्तराधिकारी हैं। समाज जो कुछ विकास आजतक कर पाया है उसे विद्यार्थियों को सम्भालना है और इस विकास को आगे जारी रखने का काम भी विद्यार्थियों के कन्धों पर है। मनुष्य समाज का भविष्य कैसा होगा; इस बात की जिम्मेदारी भी विद्यार्थियों पर है। यदि आज दिन के हिंसा, पारस्परिक द्वेष और अशांति पूर्णसमाज के स्थान पर हम व्यवस्थित समाज की स्थापना करना चाहते हैं, जिसमें मनुष्य-मनुष्य, श्रेणी-श्रेणी और देश-देश में विरोध और शोषण की भावना न होकर सबके लिए समान अवसर हो तो इस प्रकार के समाज की स्थापना की आशा भी विद्यार्थियों से ही की जा सकती है। मनुष्य की कल्पना और बुद्धि उसकी चारों ओर की परिस्थितियों और संस्कारों से सीमित रहती है। व्यक्तियों के श्रेणीहित भी उनकी न्याय की धारणा को प्रभावित किये बिना नहीं रह सकते परन्तु विद्यार्थी का जीवन अपने निजी स्वार्थ की सीमाओं से उतना अधिक नहीं घिरा रहता और विद्यार्थी से आशा की जा सकती है कि वह अपने व्यक्तिगत और श्रेणीगत स्वार्थ की अपेक्षा मनुष्य समाज के सझो हित की ओर ध्यान दे सकेगा।

हमारे अपने देश में विद्यार्थियों की यह जिम्मेवारी और भी अधिक है क्योंकि इस देश में शिक्षा और चेतना के अभाव के कारण जनता का बहुत बढ़ा अंश अपने हिंतों को समझने और उनके लिए प्रयत्न करने में असमर्थ है। इस देश की आज

दिन की ग़ुलामी और अवनति की जिम्मेवारी वर्तमान पीढ़ी और गुजरी हुई पीढ़ियों पर है और यदि आये दिन यह देश स्वतन्त्र होकर उन्नति करेगा तो उसकी जिम्मेवारी हमारी उगती हुई पीढ़ी इस देश के विद्यार्थियों पर है।

मनुष्य सामाजिक प्राणी है। व्यक्तिगत रूप से अपनी आवश्ययकताओं को पूर्ण कर जीवन बिताना उसके लिए सम्भव नहीं। इसलिए, उसे अपनी सब समस्याओं को समूह, समाज और देश के रूप में देखना पड़ता है। समूह, समाज और देश के रूप में प्रश्नों और समस्याओं को देखना ही राजनीति है। यदि विद्यार्थी अपने समाज और देश की समस्याओं को समझने का यत्न करते हैं तो वे राजनीति से दूर नहीं रह सकते। समाज का अंग होने, समाज के भावी उत्तराधिकारी और निर्माता होने के नाते समाज और देश की समस्याओं की विद्यार्थी कभी उपेक्षा नहीं कर सकते। विद्यार्थी जीवन समाज के लिये उपयोगी बनने की तैयारी का समय है। समाज के लिए उपयोगी बनने के लिए विद्यार्थियों को जहाँ दूसरे अनेक विषयों की शिक्षा प्राप्त करना आवश्यक है वहाँ सबसे अधिक आवश्यकता है इस बात की, कि वे समाज की व्यवस्था और संगठन के नियमों का अध्ययन करें या राजनीति सीखें।

हमारे देश की विदेशी सरकार और इस देश के नेता विद्यार्थियों को नसीहत देते हैं कि वे राजनीति तथा सार्वजनिक कार्यों में भाग न लें। हमारा देश यदि सुख शान्ति की अवस्था में होता तो इस नसीहत का एक अर्थ हो सकता था। परन्तु ऐसी अवस्था में जब कि हमारा देश जीवन के अधिकार के लिये लड़ाई लड़ रहा है, हमारे देश के सबसे सजग और सशक्त अंग विद्यार्थियों से यह कहना कि वे देशवासियों के जीवन का अधिकार प्राप्त करने की लड़ाई में इसलिए भाग न लें क्योंकि यह राजनीति है और विद्यार्थियों को राजनीति में भाग न लेकर अपने कोर्स की पुस्तकें परीक्षा की तैयारी के लिए रटनी चाहियें, एक धोखा है। विद्यार्थियों को यह कहना है कि वे अपने व्यक्तिगत जीवन को सफल बनाने के लिये ही अपनी सम्पूर्ण शक्ति लगा दें और देश की जनता के सामाजिक जीवन की उपेक्षा करें अदूरदर्शिता और मूर्खता का परिचय देना है। विद्यार्थी देश की जीवन मृत्यु की परीक्षा की तैयारी न करें और व्यक्तिगत जीवन में सफल क्लर्क कामयाब सौदागार बनने की ही बात सोचें यह विद्यार्थियों को स्वार्थ की शिक्षा देना है। जीवन को व्यक्तिगत हानि लाभ के दायरे में सीमित रखना राष्ट्रीयता और कौमियत की भावना के लिए हानिकर है। जब तक हम लोगों का दृष्टिकोण व्यक्तिगत रहेगा, हम केवल व्यक्तिगत दृष्टिकोण से अपने हानि लाभ की बात सोचते रहेंगे, हम बिखरे हुय तिनकों की भाँति रहेंगे, हमारी जाति हिन्दुस्तानी राष्ट्रीयता की मज़बूत रस्सी का रूप नहीं ग्रहण कर सकेगी।

हम भारतवासी इस बात का अभिमान करते आये हैं कि हमारी सभ्यता बहुत पुरानी है और हमारा देश सोने की चिड़िया था, यहाँ दूध और घी की नदियाँ बहती थीं। जिस समय योरुप के लोग असभ्य थे, वे वृक्षों की छाल और पशुओं की खालें ओढ़कर जीवन बिताते थे उस समय हमारे पूर्वज रथों और विमानों पर चढ़कर वेद मन्त्र और काव्य गीत गाया करते थे। आज इस बात पर बहस करने का अवसर नहीं कि हमारा अभिमान ठीक है या नहीं। हो सकता है यह ठीक ही हो परन्तु इस बात से हम इनकार नहीं कर सकते कि उस सब पुरानी सभ्यता और उन्नति के बावज़ूद हम आज देश और राष्ट्र के रूप में पराधीन हैं, शोषित हैं और दलित हैं। हज़ारों मील दूर से इस देश में आने वाली एक जाति के मुट्ठी भर आदमियों ने हमें पराधीन बना दिया। हमारी सभ्यता, वीरता और अभिमान एक ओर रखा रह गया। व्यक्तिगत रूप से भारतवासी चाहे जितने श्रेष्ठ, बलवान और योग्य रहे हों परन्तु राष्ट्रीय रूप में वे बिलकुल कमज़ोर और अयोग्य प्रमाणित हुए। इसका कारण था भारतवासियों की प्राचीन सभ्यता और संस्कार जिसके अनुसार भारतवासी सदा प्रत्येक प्रश्न को वैयक्तिक दृष्टिकोण से देखते आये हैं। हम लोगों के जीवन का दृष्टिकोण वैयक्तिक हो जाने का कारण रहा है हमारी आध्यात्मिक या धार्मिक शिक्षा। भारतवासियों ने एक राष्ट्र के रूप में जीवित रहने के स्थान पर वैयक्तिक रूप से जीवित रहना ही सीखा है और हमारे व्यक्तिगत जीवन की महात्मवाकांक्षा रही है स्वर्ग और मुक्ति प्राप्त करना। हमें यह सिखाया गया कि यह संसार मिथ्या है, संसार में बलवान और सामर्थ्यवान बनने का प्रयत्न भ्रम है। यह संसार और समाज हमारे संगी, साथी, जाति और राष्ट्र के लोगों से हमें कुछ मतलब नहीं क्योंकि इनमें से कोई भी हमारे साथ जीवन के अन्तिम लक्ष अर्थात् मृत्यु के पश्चात् स्वर्ग या नरक तक नहीं जायगा। हमारे साथ जायगा केवल हमारा पुण्य। हमें अपने संगी साथियों, जाति और राष्ट्र के लोगों से क्या लेना है! न वे हमारा साथ दे सकते हैं और न हम उनका। इसलिए हमें व्यक्तिगत रूप से अपनी आध्यात्मिक उन्नति की बात ही सदा सोचनी चाहिए। हमारी इस व्यक्तिगत धार्मिक संस्कृति और भावना का परिणाम यह हुआ कि जब विदेशी शक्ति ने संगठित राष्ट्रीय शक्ति के रूप में हम पर आक्रमण किया हम व्यक्तिगत रूप से अपने घर की चिन्ता करने लगे। विदेशी शासन ने यदि हमारे व्यक्तिगत जीवन में दखल नहीं दिया। हमारे चौके चूल्हे को भ्रष्ट न करने का एलान कर दिया तो हमें उस विदेशी शासन और इस देश के लोगों के शासन में कोई अन्तर दिखाई न दिया। विदेशी शासन को हमने उस समय तक अपने लिए विपत्ति न समझा जब तक कि उनके पूँजीवादी और साम्राज्यशाही शोषण ने हमारे देश से सब रोज़गारों को मिटा हमें निरन्तर बेकारी

का शिकार न बना दिया। आज जब व्यक्तिगत रूप से जीवन निर्वाह कर सकना भी हमारे लिए असम्भव हो रहा है, जब भूख और नंग के कारण हम बिलबिलाने लगे हैं तब देश को विदेशी गुलामी और साम्राज्यशाही के शिकारों से छुड़ाने की बात हमारे ध्यान में आने लगी है। अब हम यह भी समझने लगे हैं कि विदेशी गुलामी से निजात व्यक्तिगत प्रयत्न से नहीं मिल सकती इसके लिए सम्पूर्ण देश के संयुक्त प्रयत्न, राष्ट्रीय प्रयत्न की ज़रूरत है! विदेशी गुलामी के श्राप ने हमें शोषण की चक्की में पीसकर यह बात सिखा दी कि जीवन का व्यक्तिगतरुख ग़लत है। उससे हम संसार की जद्दोजहद में जी नहीं सकते। यदि हम संसार में अब किसी प्रकार जीवित रहना चाहते हैं तो उसके लिए हमें राष्ट्रीय तौर पर प्रयत्न करना होगा।

तीन सौ वर्ष की गुलामी और शोषण के कष्ट का मूल्य देकर हमने राष्ट्रीयता का ...सीखा है। परन्तु हमारी सरकार और हमारे राजनैतिक नेता विद्यार्थियों को उपदेश दे रहे हैं अपने जीवन को राजनैतिक क्षेत्र से समेटकर वैयक्तिक क्षेत्र में ले जाने का, राजनीति है क्या? जैसा कि हम ऊपर बता आये हैं राजनीति है जीवन को सामूहिक और राष्ट्रीय दृष्टि से देखना।

आज हमारे राष्ट्रीय आंदोलन की बागड़ोर एकमात्र गांधी जी के हाथ में है। विद्यार्थियों को गांधी जी का उपदेश है यदि वे देश की स्वतन्त्रता की लड़ाई में भाग लेना चाहते हैं तो उन्हें विद्यार्थी जीवन से नाता तोड़कर वैयक्तिक सत्याग्रह के खेमे में डेरा डाल लेना चाहिए। गांधी जी का कहना है कि विद्यार्थी विद्याध्ययन और राष्ट्रीय काम एक साथ नहीं कर सकते। यदि विद्यार्थी इन दोनों कामों को एक साथ करना चाहते हैं तो उन्हें राष्ट्रीय कार्यक्रम के नाते गांधी जी के राष्ट्रीय रचनात्मक कार्यक्रम, चर्खा चलाना, ग्रामों की सफ़ाई और अछूतोद्धार के कार्यों में ही भाग लेना चाहिए। विद्यार्थी लोग जो विचारों के विकास के मार्ग पर आगे बढ़ रहे हैं उन पर गांधी जी का यह व्यक्तिगत सत्याग्रह और चर्ख़े की तानाशाही लादना अन्याय है। विद्यार्थियों से हम यह आशा कभी नहीं कर सकते कि वे राष्ट्रीय आन्दोलन में अनुशासन का पालन न करें। अनुशासन का पालन विद्यार्थियों को करना चाहिये परन्तु उन्हें इस बात के लिये विचार स्वतन्त्रता होना भी आवश्यक है कि जो अनुशासन उन पर लादा जा रहा है। वह राष्ट्र के उद्देश्य और कार्यक्रम को पूरा करने में कहाँ तक सहायक हो सकता है।

राष्ट्र का उद्देश्य और कांग्रेस का कार्यक्रम अब तक रहा है इस देश के लिये स्वराज्य परन्तु गांधी जी की तानाशाही ने कांग्रेस के मौज़ूदा व्यक्तिगत सत्याग्रह आन्दोलन का उद्देश्य बना दिया है युद्ध के विरुद्ध अहिंसा के प्रचार को। विद्यार्थी जो मानसिक विकास और विचार स्वतन्त्रता के लिये लड़ रहे हैं, कांग्रेस का

उद्देश्य बदल देने की इस तानाशाही को चुपचाप सिर झुका कर सहन नहीं कर सकते।

कांग्रेस इस देश की एक मात्र राष्ट्रीय प्रतिनिधि संस्था है। विद्यार्थियों ने कांग्रेस के सार्वजनिक आन्दोलन का रूप धारण करने के दिन से लगातार उसमें अपनी शक्ति भर सहयोग दिया है। आज भी वे विद्यार्थी की हैसियत से उसके लिये सब कुछ करने के लिये तैयार होंगे परन्तु अनुशासन का अर्थ यदि यह समझा जाय कि कांग्रेस के उद्देश्य का बदल दिया जाना तब वे चुपचाप सहकर व्यक्तिगत सत्याग्रह की कुर्बानी की बकरी बन जायं तो यह विद्यार्थियों की बुद्धि और जागृति का अपमान करना होगा।

कांग्रेस के नेताओं की विद्यार्थियों से शिकायत है कि कांग्रेस के आन्दोलन में उन्होंने जितनी आशा की जानी चाहिये थी उतना सहयोग नहीं दिया। यह शिकायत जिस प्रकार विद्यार्थियों की बाबत की जाती है उसी प्रकार भारत की दूसरी श्रेणियों की बाबत भी की जा सकती है। कांग्रेस के नेताओं की यह शिकायत ग़लत भी नहीं परन्तु एक सवाल पैदा होता है—

देश की जनता कांग्रेस के स्वराज्यप्राप्ति के आन्दोलन में भाग क्यों नहीं लेती? क्या जनता को स्वराज्य की आवश्यकता नहीं? क्या जनता विदेशी साम्राज्यशाही के शोषण और नियंत्रण को अनुभव नहीं कर रही? क्या जनता गुलामी के शिकंजे से छूटना नहीं चाहती? क्या जनता की अवस्था विदेशी शासन के शोषण ने असह्य नहीं बना दी? जनता अपनी दुरावस्था से निकलना और मुक्ति पाना न चाहे यह बात विश्वास के योग्य नहीं। यदि कांग्रेस का स्वराज्य प्राप्ति का कार्यक्रम जनता के लिये दीन हीन दशा से मुक्ति दिलानेवाला कार्यक्रम है तो जनता क्यों उसमें विश्वास नहीं करती? हमारे सामने इस प्रश्न का एक ही उत्तर है। या तो कांग्रेस के कार्यक्रम में कुछ सार नहीं और यदि उसमें कुछ सार है तो कांग्रेस भारत की जनता को अपना कार्यक्रम समझाने में असफल रही। कांग्रेस स्वराज्य, पूर्ण स्वराज्य, वैधानिक सभा आदि दुर्बोध नारे लगाकर जनता को स्वतन्त्रता की लड़ाई के लिये तैयार करना चाहती है परन्तु इन नारों से जनता यह समझने में असमर्थ रह जाती है कि स्वतन्त्रता का अर्थ और रूप क्या होगा।

कांग्रेस जिस स्वराज्य और स्वतन्त्रता की पुकार उठा रही है वह भारतवासियों के स्वर्ग और जन्नत की कल्पना के समान अस्पष्ट है। इसीलिये राष्ट्रीयता का दावा करने के लिये स्वराज्य चिल्लाने और अपने देशवासियों के सामने देशभक्त होने का सम्मान प्राप्त करने के अलावा स्वराज्य की इस मांग का कोई क्रियात्मक और सफल रूप नहीं। बात कुछ कड़वी है परन्तु इस देश में स्वराज्य और स्वतन्त्रता

की मांग केवल दिखावा मात्र है। स्वराज्य की पुकार सब लोग मचाते हैं परन्तु वास्तव में स्वराज्य चाहता कोई नहीं। इसका कारण यह है कि स्वराज्य से परिचय किसी का नहीं, कोई जानता नहीं स्वराज्य क्या है? स्वराज्य और स्वतन्त्रता की पुकार मचाने के बावज़ूद इस देश के निवासियों की श्रेणीगत मांगें ही प्रधानत: हमारा ध्यान खींचती हैं।

इस देश में स्वराज्य चाहता कौन है? हमारे देश में किसानों की अवस्था अत्यन्त शोचनीय है परन्तु क्या वे स्वराज्य चाहते हैं, क्या वे स्वराज्य के लिये उतावले हो रहे हैं? यदि आज उनके सामने प्रश्न हो कि वे स्वराज्य चाहते हैं या लगान में कमी? तो किसान का उत्तर होगा पहले वह चाहता है लगान में कमी स्वराज्य बाद में आता रहेगा। इस प्रकार यदि देश के मज़दूरों के सामने प्रश्न हो कि वे स्वराज्य चाहते हैं या अपनी मज़दूरी में बढ़ती? तो उनका उत्तर होगा मज़दूरी में बढ़ती तुरंत चाहिए इसके बाद स्वराज्य होता रहेगा। यदि बात मध्यम श्रेणी के नौकरी पेशा लोगों की बाबत कही जा सकती है। यदि उनके सामने प्रश्न हो कि वे स्वराज्य चाहते हैं या लड़ाई के ज़माने में मंहगाई का भत्ता तो वे भी स्वराज्य की प्रतीक्षा करमंहगाई का भत्ता तुरंत लेना चाहेंगे। किसान, मज़दूर और नौकरी पेशा लोगों को राजनैतिक दृष्टि से कम समझ कहा जा सकता है परन्तु हमारे देश की पूंजीपति श्रेणियाँ क्या माँग पेश करती आई हैं। उन्होंने भी स्वराज्य के बजाय सदा एक शिलिंग चार पेंस के स्थान पर? शिलिंग पांच पेंस और तीन पेंस की मांग और विदेशी माल पर टैक्स लगाने का तकाज़ा किया है ताके उनके रोज़गार और कारोबार में मुनाफ़ा बढ़ जाय। इसी प्रकार हमारे देश की उस आसूदा हाल श्रेणी का भी, जो कांग्रेस, मुस्लिम लीग और हिन्दू महासभा को चलाकर सरकार से और आपस में राजनीति के दाव पेंच खेलती है, स्वराज्य की मांग का प्रस्ताव पास करने के बाद जब ठोस और क्रियात्मक कार्यक्रम का सवाल आता है, आम जनता के स्वराज्य का कोई क्रियात्मक रूप पेश न कर केवल नौकरशाही में भारतीयों के लिये नौकरी और छोटे लाट तथा बड़े लाट की कौन्सिल में सीटों के भाव तोल की बात ही करते हैं। ऐसी अवस्था में स्वराज्य और देश की स्वतन्त्रता देश भर की साझी माँग होने के बावज़ूद व्यक्तिगत और श्रेणी रूप से किसी की भी समस्या नहीं। जब इस देश की जनता व्यक्तिगत रूप से अपनी कठिनाइयों से मुक्ति का उपाय स्वराज्य नहीं समझती तो स्वराज्य को वह अपने जीवन और मृत्यु का प्रश्न किस प्रकार बना सकती है? स्वराज्य के प्रति इस दिखावे के उत्साह और वास्तविक उदासीनता की जिम्मेबारी है कांग्रेस के उन नेताओं पर जो पचास वर्ष से अधिक समय में भी स्वराज्य को आम जनता के समझने योग्य वस्तु नहीं बना सके। स्वराज्य का वे कोई

ऐसा चित्र जनता के सामने पेश नहीं कर सके जिसमें देश के निवासियों की सब श्रेणियाँ अपना स्थान और हित देख पातीं।

आज यदि हम स्वराज्य को इस देश की जनता की सम्मिलित पुकार और मांग बनाना चाहते हैं, यदि देश की स्वतन्त्रता को हम इस देश की जनता के जीवन मरण का प्रश्न बना देना चाहते हैं तो उसके लिये आवश्यक है कि स्वराज्य और देश की स्वतन्त्रता का जो चित्र या रूप देश की जनता के सामने रखा जाय उसमें देश की सब श्रेणियों के जीवन से सम्बन्ध रखनेवाली माँगों का स्थान हो। उसमें किसान के लिए उसकी पैदावार से उसके निर्वाह के योग्य भाग मिलने की व्यवस्था हो, मज़दूर के लिये निर्वाहयोग्य मज़दूरों की व्यवस्था हो और देश की दूसरी सभी श्रेणियों के लोगों के लिये भी जीवन निर्वाह के साधन प्राप्त करने के उपायों की व्यवस्था हो। यह कार्यक्रम एक राजनैतिक नारा मात्र न होकर ठोस आर्थिक कार्यक्रम होना चाहिये। यदि कांग्रेस या देश के राजनैतिक दृष्टि से सचेत लोग स्वराज्य या देश की स्वतन्त्रता की मांग को इस रूप में जनता के सामने पेश कर सकते हैं तो यह हो नहीं सकता कि जनता साम्प्रदायिक प्रपंच में फंस सके और इस मांग को सफल बनाने में अपनी शक्ति न लगाये।

इसमें सन्देह नहीं इस संसारव्यापी संकट के समय अपने देश और देश की जनता के प्रति विद्यार्थियों की जिम्मेवारी बहुत भारी है। परन्तु अपनी जिम्मेवारी को विद्यार्थी आँख बन्द कर भेड़ियाधसान की राजनीति पर चलकर पूरा नहीं कर सकते। यदि वे इस देश की जनता की स्वतन्त्रता के लड़ने के लिए आगे बढ़ेंगे तो सब से पहला काम उन्हें करना होगा कि जनता की स्वतन्त्रता का एक आदर्श अपने सामने रखें। इस आदर्श को उन्हें पहले स्वयं ही समझना होगा। उन्हें यह देखना होगा कि स्वतन्त्रता के इस उद्‌देश्य और आदर्श में जनता की सामूहिक सहानुभूति और प्रयत्न के लिए कितना स्थान है। संसार से हिंसा और स्पर्धा को मिटाकर वे शक्ति, समता और स्वतन्त्रता का संग्राम लड़ने के लिए आगे बढ़ेंगे जरूर परन्तु इस लड़ाई का कार्यक्रम युक्तियुक्त और क्रियात्मक होना चाहिये। राजनैतिक नेताओं के फतवों और गुरुडम के पथ पर चलनेवाली भेड़ियाधसान, राजनीति कभी स्वतन्त्रता की ओर देश को नहीं ले जा सकती।

राजनैतिक और आर्थिक स्वतन्त्रता हमारा उद्‌देश्य है परन्तु इस स्वतन्त्रता को प्राप्त करने के लिए मानसिक स्वतन्त्रता पहली चीज़ है। विद्यार्थियों को गुरुडम के जाल से बच कर क्रियात्मक राजनीति को समझकर अपना मार्ग निश्चित करना होगा। विद्यार्थी राष्ट्रकी लक्षेत शक्ति है। बजाय तकली और चर्खे के सूत में उलझने के उनका काम है देश की जनता में चैतन्य और जागृति फैलाना और जनता को

ऐसे कार्यक्रम पर आन्दोलन के लिए संगठित करना जिसमें सम्पूर्ण जनता के हित सम्मिलित हों।

विद्यार्थी यदि राजनैतिक आन्दोलन में सम्मिलित होते हैं तो वे आध्यात्मिक पचड़े में न फँसकर राजनैतिक मार्ग पर चलेंगे। वे यदि कुर्बानी करेंगे तो उससे पहले उसके राजनैतिक लक्ष को समझ लेंगे गुरुवचनम् प्रमाणम् के फतवे के जाल में वे नहीं फँसेंगे। हमारे राजनैतिक आन्दोलन की धार आजकल व्यक्तिगत सत्याग्रह है रेगिस्तान में जाकर बिना किसी परिणाम की आशा के सूखती चली जाती है। हमारे नेताओं को सन्तोष है कि वे साम्राज्यशाही के दमन के विरुद्ध विरोध का प्रदर्शन किये चले जा रहे हैं। फल की आशा वे नहीं करते, वे पूरा करते हैं केवल अपने आध्यात्मिक कर्तव्य को। विद्यार्थी इस प्रकार की वे सिर पैर की राजनीति से संतुष्ट नहीं हो सकते। व्यक्तिगत सत्याग्रह के बलिदान की बकरी न बन वे व्यक्तिगत सत्याग्रह के स्थान पर सामूहिक प्रयत्न की पुकार उठायेंगे। इस समय सम्पूर्ण देश को मोर्चे पर खाने का यही एक मात्र उपाय है और यही विद्यार्थियों का कर्तव्य है।

बेकार एण्ड कम्पनी लिमिटेड

बंकिम बाबू ने लिखा है—"कलयुग मे अंग्रेज़ी राज के प्रभाव से उत्पन्न बाबू लोग प्रातःकाल अख़बार का पाठ किया करेंगे!" कलियुग तो आ ही गया है और इस देश में बाबू नाम के जीव की भी कमी नहीं। बाबू और चाहे जो करे परन्तु अख़बार का पाठ अवश्य करता है यदि स्वयं नहीं खरीद पाता तो माँगकर पढ़ता है।

अख़बार पढ़ने के भी कई ढंग हैं। भक्त तुलसीदास जी ने लिखा है—"जाकी रही भावना जैसी, प्रभु मूरति देखी तिन तैसी।" सो इसी प्रकार अख़बार भी भिन्न-भिन्न भावना से पढ़ा जाता है। अच्छी हैसियत के खाते पीते बाबू अख़बार इसलिए पढ़ते हैं कि अंग्रेज़ी में बड़े आदमियों के मुँह से निकली भाषा का पाठ कर सकें। सरकारी नौकर बाबू इसलिए अख़बार देखते हैं कि साहब लोगों की छुट्टी और तबदीली का हाल मालूम होता रहे। कांग्रेसी बाबू आजकल सत्याग्रह में जेल जानेवालों का हिसाब देखते हैं। कुछ बाबू अख़बार में जूट, लोहे और बुलियन का भाव देखकर सन्तुष्ट हो जाते हैं और कुछ रेस, क्रिकेट और फुटबाल की जीमखाना ख़बरों के लिए ही अख़बार के फिराक में

रहते हैं। परन्तु बाबू लोग सबसे अधिक पाठ करते हैं नौकरी तलाश करने की भावना से। बेकार कम्पनी के सभी मेम्बर अपने-आपको बाबू समझते हैं और अख़बार पढ़ते हैं। सबसे अधिक उनका ध्यान जाता हैं हू (नौकरी खाली) के कालम की ओर! परन्तु हमारे ऐतिहासिक साहब जहाँ दूसरे साधारणनिमयों से बरी हैं वहाँ वे नौकरी तलाश करने की भावना से भी मुक्त हैं। युद्ध को ख़बरों में उन्हें कोई दिलचस्पी नहीं रहती क्योंकि उन पर वे विश्वास नहीं करते। सत्याग्रह की ख़बर भी वे नहीं पढ़ते पर अख़बार ज़रूर पढ़ते हैं और पढ़ते हैं वे पृष्ठ जो दूसरे नहीं पढ़ते अर्थात् विज्ञापन के पृष्ठ।

बेकार एण्ड कम्पनी के ऐतिहासिक के समाजवाद का दम भरने के कारण गाँधीवादी महोदय को उनकी प्रत्येक बात एतराज के काबिल जान पड़ती है। यहाँ तक कि उन्होंने ऐतिहासिक साहब के यों विज्ञापन पढ़ने पर भी एतराज़ कर उन्हें मूर्ख प्रमाणित करने की चेष्टा शुरू की।

गाँधीवादी ने पूछा—"आख़िर विज्ञापन पढ़ने से समय बरबाद होने के सिवा लाभ क्या?

ऐतिहासिक साहब ने गम्भीरता से उत्तर दिया इन विज्ञापनों द्वारा हम मनुष्य समाज की सभ्यता के विकास का अनुमान लगाते हैं। देखिए मनुष्य की बुद्धि का चमत्कार! वह स्वयं अपने लिए आवश्यकताएँ पैदा करता है और फिर इन आवश्यकताओं को पूर्ण करता है। प्रकृति की उसे तनिक भी परवाह नहीं। वह बाल बढ़ाने के तेल तैयार करता है, बाल उड़ाने के नुस्खे बनाता है। नींद भगाने के लिए चाय और नींद लाने के लिए ओवल्टीन बनाता है। सिर्फ़ जलाकर धुँआ बना देने के लिए सिगरेट तैयार करता है। वासना न होने पर वासना पैदा करने के लिए दवाई खाता है और फिर बर्थ कण्ट्रोल के तरीके ढूँढ़ता है। यदि वह दुबला है तो मोटे होने की, ओर मोटा है तो दुबले होने की दवाई करता है। काले चेहरे को गोरा और गोरे को चिकना बनाने के उपाय उसके पास हैं। जो सब काम पहले भगवान् के जिम्मे थे उन सभी को आज मनुष्य स्वयं करता है!"

गाँधीवादी सज्जन ने कहा—"बस यही तो लक्षण हैं सर्वनाश के! मनुष्य किस प्रकार विषयों में फँसता जा रहा है, यह सब वासना की पूजा है!"

एक महाशय ने प्रश्न किया—"क्यों साहब सर्वनाश इसमें क्या है?"—अख़बार में से एक विज्ञापन के चित्र की ओर संकेत कर उन्होंने पूछा—"इसमें सर्वनाश क्या है?"

चित्र में एक बहुत सुन्दर युवती एक उँगली ठोड़ी पर रखे मुस्कराती आँखों से देख रही थी। 'हाँ, इसमें सर्वनाश क्या है?' उन्होंने फिर पूछा, सुन्दर स्त्री का

चित्र बनाना सर्वनाश है? तो भगवान् जो सुन्दर स्त्रियों की रचना करते हैं सबसे बड़े सर्वनाश करनेवाले हैं?

गाँधीवादी महोदय ने थथलाकर कहा—'नहीं नहीं, मतलब यह नहीं। सौन्दर्य बुरी वस्तु नहीं बुरी वस्तु है वासना को बढ़ाना!'

यह साहब फिर बोले—"वासना को बढ़ाना बुरा है तो भगवान् ने वासना का बीज मनुष्य के हृदय में पैदा कर सबसे बड़ा बाप किया!"

गाँधीवादी महोदय ने फिर उत्तर दिया—"नहीं भगवान् पाप का बीज नहीं बोते! भगवान् ऐसा न करते तो सृष्टि कैसे चलती।"

यह महाशय फिर बोल उठे,—"यदि भगवान् को अपनी सृष्टि फूलती-फलती देखने का शौक है तो वे वासना का खेल देखना भी ज़रूर पसन्द करते होंगे।"

गाँधीवादी को परेशान देख समाजी भाई सहायता के लिए बोले, "प्रत्येक वस्तु की एक सीमा होनी चाहिए जब कोई वस्तु सीमा से आगे निकल जाती है तब ही वह विनाशकारी होती है, यही बात वासना के सम्बन्ध में समझी जानी चाहिए।"

"परन्तु भगवान् ने तो वासना की कोई मुनासिब डिग्री मुक़र्रर नहीं की।" वासना के वकील बोल उठे।

"परन्तु बुद्धि तो दी है भगवान् ने" समाजी भाई ने कहा। कम्युनिस्ट साहब जो अभी तक चुप थे अब और चुप न रह सके बोले,—"जो भगवान् उचित वासना की डिग्री मुक़र्रर करना भूल गये उन्हें मनुष्य को बुद्धि देने की बात ही क्या याद रही होगी।"

समाजी भाई ने क्रोध में उत्तर दिया—"बुद्धि भगवान् ने नहीं दी तो क्या तुमने बनायी है?"

दियासलाई से दाँत कुरेदते हुये कम्युनिस्ट साहब बोले—"हम इस बात की कोई गवाही पेश नहीं कर सकते कि बुद्धि हमने बनायी है। शायद आप इस बात की कोई गवाही दे सकते हों कि बुद्धि भगवान् ने ही बनायी है।"

"और क्या?" समाजी महोदय ने उत्तर दिया—"जब हम तुम स्वयं बुद्धि को नहीं तैयार कर सकते तो उसे भगवान् ने ही तैयार किया होगा!"

"आपको नहीं मालूम बुद्धि को किसने तैयार किया है? हमें मालूम है।" कम्युनिस्ट के साथी बोले—"मनुष्य को बुद्धि दी है जूजू ने!"

"जूजू ने? जूजू कौन?" समाजी महोदय ने पूछा।

"जूजू वह महान् शक्ति है जिसने मनुष्य के हृदय में भगवान् का विचार पैदा किया है?" कम्युनिस्ट के साथी ने उत्तर दिया।

समाजी ने उत्तर दिया—"यह सब अन्धविश्वास और कुसंस्कार है। जूजू कोई वस्तु नहीं केवल कल्पना है। जूजू के अस्तित्व का कोई प्रमाण?"

अपने साथी को हाथ के इशारे से रोक कम्युनिस्ट बोल उठे "प्रमाण हम आपको दे दें तो आप मान जायेंगे?"

"आप प्रमाण दीजिये तो।"

"मतलब यह कि जूजू के अस्तित्व का हम प्रमाण अस्तित्व को बिना प्रमाण ही मान लेंगे।"

"वाह यह कैसे हो सकता है? ईश्वर के अस्तित्व के तो प्रमाण हैं, जूजू के अस्तित्व का प्रमाण क्या?"

"वही प्रमाण जो ईश्वर के अस्तित्व के हैं, जूजू के अस्तित्व के भी हैं।"

इस नीरस बहस से तंग आकर एक-दूसरे मेम्बर बोल उठे "परन्तु इतिहासज्ञ जी यह विज्ञापन देखने से आपको लाभ क्या होता है? खरीद तो आप दे दें तब भी उसे नहीं मानेंगे और भगवान् के कुछ सकते नहीं?"

"खरीद न सकने पर भी हमें सन्तोष तो हो जाता है" इतिहासज्ञ साहब ने कहा—"देखो, परी के समान सुन्दर युवती को बग़ल में लेकर उपवन की सैर करना सबके भाग्य में नहीं परन्तु शेक्सपियर के नाटक और कालीदास की शकुन्तला पढ़कर सभी आनन्द पा सकते हैं। कारण कि वे कल्पना में कुछ देर के लिए यदि वे पाठक हैं तो अपने-आपको नायक और यदि पाठिका हैं तो नायिका के स्थान में समझ लेते हैं। इसी प्रकार जब हम पियरसोप का इश्तहार पढ़ते हैं तो समझते हैं संगमरमर के गुसलखाने में पियरसोप से स्नान कर रहे हैं। जब हम लिपस्टिक का विज्ञापन पढ़ते हैं तो दिखायी देने लगता है बिम्बोष्ठ रमणी अपना मुख हमारे सामने बढ़ाये हुये है। जब हम ठ नं. के सिगरेट का विज्ञापन पढ़ते हैं तो समझ लेते हैं हमारे मुख से धुएँ के बादल निकलकर कमरे की छत पर छा गये हैं। इसी प्रकार जब हम रमणियों की कमर पतली करनेवाले पदार्थों का हाल पढ़ते हैं तो जान पड़ता है हमारी बाँह में..."

"देखो देखो, कहीं पागल न हो जान!" एक सज्जन ने टोका।

सिर खुजाते हुये इतिहासज्ञ बोले, "हाँ ठीक तो कहते हो?"

कम्युनिस्ट के कम बोलने से बहस का रंग कुछ जम नहीं पाया था वे अख़बार में ही मस्त थे। उनकी ओर देख एक सज्जन ने अख़बार छीनकर कहा—"अरे तुम समाजवाद क़ायम करने के लिए मरे जाते हो यह देखो पूरा समाजवाद क्या वर्गवाद क़ायम कर दिया।"

"कैसे?"

''कैसे क्या? कम्युनिज़्म कहते किसे हैं बताओ तो?''

''कम्युनिज़्म का मतलब है प्रत्येक व्यक्ति अपनी शक्ति भर काम करे और प्रत्येक व्यक्ति को आवश्यकता के अनुसार सब पदार्थ मिल सकें!''

''तो बस फिर इतिहासज्ञ साहब ने तो अपना कम्युनिज़्म क़ायम कर लिया। अपनी शक्ति भर काम करने की शर्त के बारे में बात यह है कि काम करने की शक्ति इनमें है नहीं और आवश्यकता अनुसार पदार्थ पाने के बारे में इनकी सब आवश्यकताएँ कल्पना में पूरी हो जाती हैं क्योंकि विज्ञापन पढ़ इन्हें तृप्ति का सुख प्राप्त हो जाता है।''

''मुआफ़ कीजिये, कम्युनिस्ट बोले कम्युनिज़्म कल्पना में क़ायम नहीं हो सकता क्योंकि कम्युनिस्ट कल्पना में तृप्ति और सन्तोष प्राप्त करने में विश्वास नहीं करता। कल्पना में तो अध्यात्मवादी ही सब सुख और तृप्ति प्राप्त कर सकते हैं।''

''अच्छा तुम्हीं बताओ विज्ञापनों में ऐशो इशरत के सामान का ज़िक्र पढ़कर तुम्हें क्या ख़याल आता है।'' इतिहासज्ञ जी ने कम्युनिस्ट से प्रश्न किया।

''इन विज्ञापनों को देखकर हमें तो दुःख होता है'' कम्युनिस्ट ने उत्तर दिया!

''दुःख होता है, क्यों? क्या तुम नहीं चाहते कि स्त्री-पुरुष सुन्दर बनें उनके लिए आराम के साधन मुहैया हों? क्या लिपस्टिक से होंठ लाल किये, ज्योजेंट की साड़ी में पतली कमर लचकाती हुई, ईवनिंग इन पैरिस की ख़ुशबू का बादल अपने चारों ओर लिए रमणी के चित्र की कल्पना से क्या मन की ऊसर भूमि में रस का मेघ नहीं बरस जाता? कम्युनिस्ट तो अपने को यथार्थवादी कहते हैं। संसार के पदार्थों को भ्रम और मिथ्या नहीं समझते! जिस वस्तु से आनन्द प्राप्त होता है, सुख मिलता है उसे आनन्द और सुख देनेवाली स्वीकार करते हैं फिर तुम्हें इन भोग के योग्य वस्तुओं के विज्ञापनों से क्यों दुःख होता है जी? क्या तुम भी वेदान्ति लोगों और गाँधीवादियों की तरह सुख के साधनों से सुख पाकर भी उन्हें जिह्वा से मिथ्या भ्रम करना निस्सार बताकर निर्लिप्त होने का पाखण्ड और चाहते हो?...''

इतिहासज्ञ चुप होना ही नहीं चाहते थे परन्तु बहस के मैदान में कम्युनिस्ट भी कम नहीं थे उन्होंने और अधिक ऊंचे स्वर में चिल्लाकर कहा—''तुम अपना ही गला बजाते जाओगे या किसी दूसरे की भी सुनोगे?''

''हाँ-हाँ कहो; कहते क्यों नहीं, कहो न! तुम्हें रोक कौन रहा है?'' भद्रता से इतिहासज्ञ ने उत्तर दिया!

''हमें दुःख इसलिए होता है कि होंठ लाल करने से और ईवनिंग इन पैरिस लगाने से कहीं अधिक सुख हमें होता है पेट में मोटी-मोटी दो रोटियाँ डालने और लस्सी का एक बड़ा कुल्हड़ पीने से! और हम देखते हैं कि मनुष्य की शक्ति का

इतना बड़ा भाग ख़र्च हो रहा है नाख़ून रंगने में और होंठ सुर्ख करने में और दूसरी ओर लोग नंगे उघाड़े फिर रहे हैं...।''

इतिहासज्ञ ने टोक दिया—''तुम हो निरे दहकानी, तुम इकोनामिस्क यानी अर्थ शास्त्र बिल्कुल नहीं समझते! अरे किसी के ओंठ और नाख़ून रंगने के लिए जब कोई मेहनत करता है तो उसे रोटी कपड़ा पाने का मौक़ा मिलता है। यदि नफ़ासत और श्रृंगार के यह सब रोज़गार बन्द हो जाय तो कितने आदमी बेरोज़गार हो भूखे मरने लगें? ''अर्थ-शास्त्र की बात करते हो?'' कम्युनिस्ट ने पूछा—''तो सुनो। जानहेग की शराब की बोतल नौ रुपये में आती है। नौ रुपये का अर्थ अर्थशास्त्र में है बोलो क्या?...''

''एक सौ चवालीस आने पाँच सौ छिहत्तर पैसे'' गाँधीवादी बोल उठे!

''तुम निरे चर्ख़े की माल ही रहे दोस्त! अरे रुपये का मतलब आने और पैसे हैं तो आने पैसे का क्या मतलब है? सुनो रुपये का मतलब काग़ज का पुर्जा भी हो सकता है परन्तु सभी काग़ज के पुर्जे या चाँदी के टुकड़े रुपया नहीं बन सकते। रुपये का मतलब है उतने टके की मेहनत! सब-कुछ मेहनत से ही पैदा होता है। आदमी ने मेहनत की है दिन-भर उसे एक दिन के लिए रोटी कपड़ा और मकान का किराया मिलना चाहिए! सो सब वह एक रुपया ले लेता है।...एक टिकट कि इस आदमी ने इतनी मेहनत कर दी है इसे इतनी मेहनत से तैयार सामान मिल जाय! नौ रुपये का यह मतलब है एक मज़दूर का पन्द्रह दिन का गुज़ारा एक बाबू के बीवी बच्चों का नौ दिन का गुज़ारा! बीमार पड़े हुए किसी ग़रीब की जान का मोल परन्तु जानहेग की बोतल का मतलब है पीकर कुछ घण्टों के लिए पागल और निकम्मे बन जान! छोड़ो जानहेग को, साड़ी में लगानेवाले ज़री के किनारे का दाम है साठ रुपया! अब श्रीमती जी दो माह तक एक मामूली परिवार के पेट भरने लायक़ मेहनत को बदन के चारों ओर लपेटे फिरती हैं कोई उनकी ओर देख भर ले। जैसे मिठाई पर सोने-चाँदी का वरक़ लगाकर गाहक को ललचाने की कोशिश की जाती है उसी प्रकार श्रीमती जी भी गाहक ढूँढ़ने के लिये...''

आर्यसमाजी महोदय ने घूँसा उठाकर कहा—''अगर इस तरह का बकवास करोगे तो हम उठ जायेंगे।''

गाँधीवादी ने कहा—''इन लोगों के मन और मस्तिष्क में विषय-वासना इतनी गहरी घुस गयी है कि इन्हें सिवा इस बात के कुछ और दिखायी नहीं देता।''

कम्युनिस्ट ने सिर पर हाथ मारकर कहा—''भैंस के आगे बीन बजाई...।''

नाराज होकर गाँधीभक्त बोले—''हम भैंस हैं?''

"अरे भाई नहीं,...हमारा मतलब है ऐशो इशरत के समान तैयार करने पर मनुष्य की मेहनत व्यर्थ नष्ट होती है या नहीं!" कम्युनिस्ट ने पूछा!

"हाँ, अब कही तुमने!" गाँधीवादी और आर्यसमाजी ने सन्तोष से कहा।

इतिहासज्ञ फिर बिगड़ उठे—"तुम्हारा मतलब है कि यह सब कारोबार बन्द हो जायँ! करोड़ों आदमी जो इससे रोटी पा रहे हैं, भूखे मरने लगें!"

"नहीं भूखे मरने को हम किसी को नहीं कहते! हम कहते हैं यह सब नख़रे के सामान तैयार करने के बजाय पहले भूखे नंगे मरनेवाले करोड़ों के लिए भोजन कपड़ा तैयार करने में मेहनत ख़र्च की जाय।"

इतिहासज्ञ बोले—"अरे कभी किसी चीज़ की नहीं है बाज़ार भरे पड़े हैं ग़रीब आदमी कुछ खरीदते ही नहीं। बिक्री नहीं इसमें वे रोज़गारी है?"

कम्युनिस्ट के साथी बोले "यह अच्छी रहीं, बिक्री नहीं इससे बेरोज़गारी है, बेरोज़गारी है इससे बिक्री नहीं?"

हम सोधी बात तुम्हें बता दें, इतिहासज्ञ बोले—"मालिक और व्यापारी तो वह माल तैयार करावेंगे जिसमें मुनाफ़ा हो! रोटी बिके तो रोटी और संखिया बिके तो संखिया!"

कम्युनिस्ट ने पूछा, "मतलब यह है कि समाज में पैदावार लोगों की ज़रूरतों को पूरा करने के लिए नहीं कुछ आदमियों को मुनाफ़ा पहुँचाने के लिए होती है।"

इतिहासज्ञ ने कहा—"अरे इसी को तो समाजवाद कहते हैं।"

"मतलब तुम्हारा" गाँधीवादी भाई बोले।

'मतलब यह है कि समाज में ज़ोर अगर भोग करनेवालों की जगह मेहनत करनेवालों का हो जाय तो मुनाफ़े को ख़याल छोड़ सबकी ज़रूरत पूरी करने का ख़याल किया जाय! और सबकी ज़रूरतें पूरी हो जाने के बाद शोक की चीज़ें बनें।"

"हाँ ऐसा ही होना चाहिए" सिर झुकाकर गाँधीवादी बोले हैं?"

"इसी को समाजवाद कहते हैं" गाँधीवादी ने कहा।

"नहीं इसे समाजवाद नहीं कहना चाहिए!"

"तुम्हारी कसम! कम्युनिस्ट से पूछ लो न!"

"तो हमें नहीं चाहिए यह इसमें ज़रूर हिंसा होगी!" कहकर गाँधीवादी उठ गये।

◈

चाय की चुस्कियाँ
दुर्मुख

लोगों को शिकायत है विप्लवी ट्रेक्ट में कला या आर्ट का कुछ चर्चा नहीं रहता। लीजिये आज हम कला की और वह भी चित्रकला की बात सुनाते हैं। एक चित्र बनाया जाना चाहिए। यह चित्र बहुत भावपूर्ण और करुणारस को प्रकट करने के लिऐ बनाया जायगा अब सुनिये चित्र यों होगा।

चर्चिल साहब दोनों हाथ सिर पर रखे रो रहे हैं हमदर्दी से! उन निर्बल देशों की हमदर्दी से जिन्हें नाज़ी दमन के राक्षस ने चबा डाला। चर्चिल साहब के सामने कुछ कब्रें बनाइये। इन कब्रों में पोलैंड, नार्वे, बेल्जियम, फ्रान्स, चेकोस्लोवाकिया की आज़ादी की लाशें लेटी हुई हैं। जब आज़ादी के इतने मुर्दों का मातम करना है तो रोनेवाले को बहुत देर तक रोना पड़ेगा। इसलिए उन्हें आराम से बैठकर रोने के लिए कोई चीज़ चाहिए।

उनके बैठने के लिए बनाइए एक पिंजरा। इस पिंजरे में देवली के भारतरक्षा क़ानून के राजबन्दी फड़फड़ा रहे हैं।

अगर आप इस चित्र को न बना सकें तो फिर हमें कला के शौक़ीन न होने का दोष न दीजियेगा।

× × ×

देवली के राजबन्दी कई बेहूदा माँगें पेश कर रहे हैं। पहली बात तो यह कि वे कहते हैं, हम लोगों में छोटे-बड़े का भेद नहीं, हम सबको एक क्लास में एक तरह रखा जाय।

"यह बात मान लेने में सरकार को क्या आपत्ति?"

ख़ूब! आपत्ति नहीं! देवली के कम्युनिस्ट अपने को चालाक समझते हैं! छोटे बड़े का भेदभाव मिटाकर समाजवाद और कम्युनिज़्म की स्थापना का आरम्भ वे सरकार से ही करवाना चाहते हैं।

× × ×

राजनीति में अब तक यही दोष था कि उसके धर्म के अलग रहने से उसमें कहा—कुछ जाता था और किया कुछ जाता था। गाँधी जी ने राजनीति को धर्म का अंग बनाकर उसे सत्य पर क़ायम कर दिया। इस सिद्धान्त के अनुसार कांग्रेस अंग्रेज़ों

को प्रतिज्ञा भंग का दोष लगाती है। कई दफ़े स्वराज्य दे देने की प्रतिज्ञा कर वे मुनकिर हो गये।

इसमें दोष अंग्रेज़ों का नहीं राजनीति का ही है। गाँधी जी की दया से सत्य और धर्म की चादर ओढ़कर भी कांग्रेस इस कठिनाई से नहीं बच सकी! देखिए न! कांग्रेस का ऐलान है कि वह भारत की एकमात्र राजनैतिक संस्था है और भारतवासी धर्म, सम्प्रदाय और जाति के भेदभाव के बिना कांग्रेस के मेम्बर बन सकते हैं। यहाँ तक तो ठीक है परन्तु जब कांग्रेस सत्याग्रह आन्दोलन आरम्भ करे तब गाँधी जी हुकुम दे देते हैं कि नास्तिक इसमें भाग नहीं ले सकते। साम्प्रदायिक विचार से जैन और बौद्ध नास्तिक होने के कारण सत्याग्रह में भाग नहीं ले सकते। बुद्धि का व्यवहार करने के कारण जो लोग नास्तिक हैं, या साम्प्रदायिकता में विश्वास नहीं करते, वे भी सत्याग्रह में भाग नहीं ले सकते।

कांग्रेस कार्यक्रम में भाग लेने के लिए अब तक शर्त थी अहिंसा में विश्वास होना परन्तु यह शर्त काफ़ी नहीं उतरी इसलिए अब शर्त हो गयी भगवान् में विश्वास होना।

बुद्धि के कुछ धनी सोचतें हैं; कांग्रेस राजनैतिक आन्दोलन है, इसमें भगवान् पर विश्वास का पचड़ा जोड़ने की ज़रूरत ? उन्हें हम बता देना चाहते हैं कि भगवान् में विश्वास होना भी राजनैतिक प्रश्न है और वह इस प्रकार:—

कांग्रेस का कार्यक्रम चलता है गाँधी जी की आज्ञा पर! गाँधी जी की आज्ञा चलती है भगवान् की प्रेरणा पर। अब आप बताइये जो भगवान् के अस्तित्व में विश्वास नहीं करेगा वह गाँधी जी को मार्फ़त भगवान् की प्रेरणा पर और उसकी मार्फ़त कांग्रेस के कार्यक्रम पर विश्वास कैसे कर सकता है? इसलिए राजनैतिक दृष्टि से कांग्रेसवादी का गाँधीवादी और भगवान्वादी होना आवश्यक है।

× × ×

एक बात और—कांग्रेसवादी का भगवान्वादी होना ही काफ़ी नहीं। जैसे इसलाम में केवल भगवान् पर विश्वास करना काफ़ी नहीं, भगवान् पर विश्वास करने के साथ ही भगवान् के पैग़म्बर मुहम्मद साहब पर विश्वास करना भी ज़रूरी है इसी प्रकार कांग्रेसजन को भगवान् और गाँधी जी के भगवान् के दूत होने पर भी विश्वास होना ज़रूरी है।

इस्लाम का क़लमा है—'लाइलहि लिल्ला मुहम्मद रसूल इल्ला'' अर्थ है भगवान् एक है और मुहम्मद भगवान् के रसूल (प्रतिनिधि) हैं। इसी प्रकार कांग्रेस का क़लमा है

गाँधी गोबिन्द दोनों बड़े, दोनों में राखो आस।
गोविन्द से गाँधी बड़े पहुँचायें गोविन्द पास।।

गाँधी जी का कहना है भगवान् जो कुछ करते हैं मनुष्य की भलाई के लिए ही करते हैं। अभी देखिये देश भर में हिन्दू-मुस्लिम दंगे होने लगे आप क्या समझते हैं—यह दंगे भगवान् की इच्छा बिना हो सकते थे? भगवान् की इच्छा के विरुद्ध तो यह दंगें तब होते जब इन्हें नास्तिक करते? जब इन्हें भगवान् के भक्तों ने जान जोखिम लेकर किया है तो ज़रूर भगवान् की इच्छा से ही किया है। अब सुनिये इससे लाभ क्या हुआ।

पहली बात इससे यह साबित हो गयी कि हिन्दू और मुसलमान एक साथ नहीं रह सकते। क्योंकि हिन्दू हिन्दू है और मुसलमान मुसलमान! आदमी, आदमी एक साथ रह सकते हैं परन्तु हिन्दू मुसलमान एक साथ नहीं रह सकते।

सरकार को भी इससे लाभ ही हुआ। देश के लोगों का ध्यान सत्याग्रह से हट कर साम्प्रदायिक दुराग्रह की ओर लग गया। सरकार को मुसीबत का सामना तभी करना पड़ता है जब लोग सरकार से राज माँगते हैं। जब वे एक-दूसरे के प्राण लेना चाहते हैं तो सरकार को क्या मतलब? दफ़ा १४४ काफ़ी है।

फ़ायदा इसे कांग्रेसी लीडरों को भी हुआ। कारण यह कि हिन्दू मुसलमानों को आपस में लड़ने की छुट्टी देने के लिए सत्याग्रह बन्द करना ज़रूरी हो गया इससे रोज़ नये सत्याग्रही ढूँढ़ने की मुसीबत से बचे। आप ही बताइये, बिना किसी लाभ की आशा दिलाये लोगों को जेल जाने के लिए तैयार करना मज़ाक़ नहीं। इससे आसानी से तो आप भलोमानुसों को बीमे के लिए तैयार कर सकते हैं।

जिन्ना साहब को यह फायदा हुआ कि मुसलमानों को विश्वास करना पड़ेगा कि हिन्दुओं के साथ गुज़ारा नहीं, अलग से पाकिस्तान बसाना ही अक्लमन्दी है और इसके लिए आन्दोलन चलाना चाहिए।

हिन्दुओं को यह विश्वास हो गया कि हिन्दू महासभा का कहना ठीक है। मुसलमान यों ही चैन नहीं लेने देते यदि कहीं पाकिस्तान बस गया तो फिर किसी हालत में प्राण नहीं बचेंगे इसलिए पाकिस्तान का विरोध करने में कोई कसर नहीं छोड़नी चाहिए।

दुःख अगर किसी को हुआ तो उन्हीं को जो भगवान् की इच्छा और प्रेरणा का भरोसा और विश्वास न कर आदमी को हिन्दू मुसलमान के रूप में भगवान् की शतरंजी चालों की गोटें बनकर मरता कटता नहीं देखना चाहते बल्कि चाहते हैं कि आदमी अपना मालिक ख़ुद बन जाय। परन्तु उन्हें तो दुःख होना ही चाहिए क्योंकि वे दुष्ट नास्तिक जो हैं!

× × ×

आजकल कांग्रेसियों और कम्युनिस्टों की गिरफ़्तारी का ज़ोर है! यह गिरफ्तारियाँ हो रही हैं 'भारत-रक्षा' क़ानून के अनुसार। भारत-रक्षा क़ानून का यह प्रभाव देख एक महाशय, उसे भारत-राक्षस क़ानून कह देना चाहते हैं। लेकिन यह उनकी भूल है। उन्हें भारत रक्षा क़ानून का अर्थ समझने का यत्न करना चाहिए—

सरकार ने एक क़ानून बनाया है जिसके अनुसार भारत को हानि पहुँचानेवालों को सज़ा देकर ऐसे कार्य से रोका जाता है। इस भारत रक्षा क़ानून के अनुसार सज़ा पानेवाले हैं सभी भारतवासी और ऐसे भारतवासी जो भारत के लिए जान देने को फिरते हैं।

यह बात कुछ आदमियों को मुश्किल से समझ आती है कि भारत की रक्षा भारतवासियों से ही करनी पड़ रही है? लेकिन इसमें समझ न आने की कोई बात नहीं। ब्रिटिश सरकार ऐसी ही रहमदिल और परोपकारी है। आप जानते होंगे सरकार एक क़ानून के अनुसार उन लोगों को भी सजा देती है जो आत्महत्या करने की चेष्टा करते हैं। स्वराज्य माँगनेवाले भारतवासी आत्महत्या का अपराध करने का यत्न कर रहे हैं इसलिए सज़ा के मुस्तहक़ हैं।

× × ×

हाँ तो आत्महत्या की कोशिश करने से सज़ा मिलती है परन्तु आत्म्हत्या कर लेने के बाद आपको सज़ा कोई नहीं दे सकता। यही बात भारत रक्षा क़ानून के बारे में भी है।

जब तक आप स्वराज्य पाने की कोशिश करते रहेंगे या इस तरह की बातें करते रहेंगे, आपको भारत रक्षा क़ानून के अनुसार सज़ा मिलती रहेगी परन्तु जब आप स्वराज्य हासिल कर लेंगे, भारत रक्षा क़ानून आपको कुछ न कहेगा।

मतलब यह है कि फिर ब्रिटिश सरकार की नज़रों में आप मरे जिये एक बराबर हो जायँगे, उन्हें आपसे लाभ?

× × ×

कुछ दिन से सिकन्दर साहब और जिन्ना साहब की दोस्ती फीकी पड़ती जाती है। जिन्ना साहब कहते हैं हिन्दू और मुसलमान एक नहीं हो सकते, नहीं हो सकते। और सिकन्दर साहब कहते हैं, पंजाब के हिन्दू पंजाबी, मुसलमान पंजाबी, सिक्ख पंजाबी और पंजाबी पंजाबी सब एक। एक देश एक जाति, एक बोली और एक नेता,—सिकन्दर!

जिन्ना साहब कहते हैं नहीं, हिन्दू अलग मुसलमान अलग। हिन्दुस्तान अलग, पाकिस्तान अलग। दो नेता अलग-अलग, गाँधी अलग जिन्ना अलग।

और तो और यह एकता भी सबको एक-सी माफिक नहीं बैठती। वह पुरानी कहावत ही ठीक है। काहू को बैंगन बायले काहू की बैंगन पथ! इसीलिए जिन्ना साहब ने पंजाब बंगाल को लीग का परहेज़ मुआफ कर दिया है।

× × ×

हिन्दुस्तान के सूबों की सैर आपने की हो तो शायद आप जानते होंगे कुछ सूबों की राजधानियों में चिड़ियाघर हैं। इन चिड़ियाघरों के पिंजरों में बन्द रहते हैं शेर, भालू, चीते और गैंडे! यह जानवर किस हिसाब से चिड़िया कहलाते हैं; यह दुर्मुख समझ नहीं पाये! ख़ैर ब्रिटिश साम्राज्य की छत्रछाया में अगर हिन्दुस्तानी प्रजातन्त्र और स्वाधीनता की रक्षा के लिए लड़ सकते हैं तो शेर और गैंडे को ही चिड़िया कहने में क्या हरज है?

जून
१९४१

'ईश्वर प्रेरणा' का फन्दा

क्या मनुष्य प्रकृति से अन्य किसी अलौकिक शक्ति के हाथ का खिलौना है; क्या वह जड़ प्रकृति के वश में है; या अपना मार्ग निश्चय करने में स्वतन्त्र है? इन प्रश्नों का उत्तर इस लेख में देने का प्रयत्न किया गया है। —सं.

मनुष्य और पशु में क्या अन्तर है? इस प्रश्न का उत्तर आमतौर पर दिया जाता है कि मनुष्य में बुद्धि रहती है और पशु में नहीं। लेकिन यह उत्तर सन्तोषजनक नहीं; क्योंकि कुछ मनुष्यों में बुद्धि इतनी कम रहती है कि वह प्राय: पशुओं के ही समान होते हैं और कुछ पशुओं में भी पर्याप्त बुद्धि रहती है बुद्धि केवल मनुष्य का ही ठेका नहीं है। दूसरा उत्तर इस प्रश्न का दिया जाता है, खाना, सोना, भय, सन्तानोत्पत्ति मनुष्यों और पशुओं में एक समान हैं, मनुष्य की विशेषता है 'धर्म!'

यह धर्म क्या है? धर्म का साधारण परिचय यह कहकर दिया जा सकता है कि मनुष्य को क्या करना चाहिए और क्या नहीं करना चाहिए इस बात का निर्णय ही धर्म है। मनुष्य को यह करना चाहिए वह नहीं करना चाहिए, यह उत्तर पर्याप्त नहीं। यहाँ प्रश्न खड़ा होता है, क्यों? अमुक कार्य क्यों करना चाहिए और क्यों न करना चाहिए। इस बात का निर्णय करने के लिए मनुष्य जीवन के उद्‌देश्य का प्रश्न सम्मुख आ जाता है। मनुष्य के जीवन का उद्‌देश्य जिन कार्यों से पूर्ण हो वे हमें करना चाहिए और जिन कार्यों से मनुष्य का उद्‌देश्य पूर्ण होने में बाधा पड़े वे उसे नहीं करना चाहिए।

मनुष्य के जीवन का उद्‌देश्य क्या है? इस प्रश्न को ढूँढ़ निकालने से एक बहुत बड़ी समस्या का हल हो सकता है परन्तु मनुष्य जीवन के उद्‌देश्य के सम्बन्ध में ही झगड़ा है। यदि मनुष्य जीवन का उद्‌देश्य क्या है इस प्रश्न का निश्चय हो जाय तो धर्म के सम्बन्ध में झगड़ा न रहे। मनुष्य जीवन का उद्‌देश्य या धर्म क्या है। इस प्रश्न को हल करना ज़रूरी है परन्तु हल किया कैसे जाय? इस विषय पर न

जाने कब से विवाद चला आ रहा है परन्तु हल हो नहीं पाया। इस प्रश्न को हल करने का उपाय क्या हो सकता है? यदि हम ठीक उपाय ढूँढ़ निकालें तो सम्भवत: इस प्रश्न को हल कर सकेंगे। अब तक इस प्रश्न का हल जिस तरीक़े से ढूँढ़ा गया है वह सफल नहीं हुआ। उस तरीक़े से निराश होकर मनुष्य ने घबराकर कहा—शास्त्र और स्मृतियाँ भिन्न-भिन्न बातें कहती हैं। पहुँचे हुए ऋषि महात्माओं की भी इस विषय में राय एक नहीं, किसकी राय को ठीक माना जाय। धर्म का तत्त्व समझना कठिन है, जिस मार्ग पर बाप दादा चले आये हैं, चलते जाओ।

जिस प्रकार अनेक दूसरे उपदेशों और रायों के सम्बन्ध में मतभेद है उसी प्रकार बाप दादा की पैड़ (पदचिह्नों) पर चलते जाने की सलाह के बारे में भी मतभेद हो सकता है। बिना सोचे समझे किसी मार्ग पर चलते जाने का निश्चय मनुष्य की उन्नति की राह को बन्द कर देगा। यह मार्ग चाहे धर्म का हो या अन्य कोई दूसरा मार्ग। सोच समझकर मार्ग बनाना ही मनुष्य की विशेषता है। मनुष्य और पशु में क्या अन्तर है इस प्रश्न का उत्तर हम दे सकते हैं कि मनुष्य सोच समझकर राह बनाता है परन्तु इस बात का प्रत्यक्ष प्रमाण क्या है कि मनुष्य अपना मार्ग सोच समझकर बनाता है और दूसरे जीव ऐसा नहीं करते या नहीं कर सकते! इसका उत्तर मनुष्य जीवन का उद्देश्य निश्चित करनेवाले नये दर्शनशास्त्र (फ़िलासफ़ी) को वैज्ञानिक रूप देनेवाले विद्वान् कार्ल मार्क्स ने दिया है। मार्क्स का कहना है कि पशु जिन प्राकृतिक अवस्थाओं में पैदा होते हैं उन्हीं में निर्वाह करते चले जाते हैं। पशुओं के जीवन के साधन प्रकृति में स्वयं पैदा होते हैं। इसके विपरीत मनुष्य अपने जीवन के साधनों को स्वयं पैदा करता है और जीवन के साधनों को स्वयं बनाने के कारण वह अपनी परिस्थितियों में परिवर्तन कर सकता है। मनुष्य द्वारा अपने जीवन की परिस्थितियों में परिवर्तन करते रहने के कारण उसके जीवन का ढंग बदलता रहता है। जीवन का ढंग बदलने से समय-समय पर जीवन के उद्देश्य के सम्बन्ध में उसके विचार बदलते जाते हैं।

ऊपर कहा—गया है कि शास्त्रों, स्मृतियों और महापुरुषों के वचन को प्रमाण नहीं माना जा सकता क्योंकि उनकी राय में एक-सी नहीं। किसी समय किसी पुस्तक में एक बात लिख दी गयी थी और किसी महापुरुष ने कोई बात कह दी थी वह उस समय की विचारधारा के अनुसार सत्य जान पड़ी होगी परन्तु मनुष्य के जीवन की परिस्थितियाँ बदल जाने स उसके विचारों का दृष्टिकोण बदल गया इसलिए वह अब उसके लिए सत्य नहीं भी रह सकती। यही बात मनुष्य के जीवन का उद्देश्य निश्चित करने के सम्बन्ध में भी है। अमुक बात कहीं लिखी है या कही गयी है इसलिए उस पर विश्वास किया ही जाय, यह तरीक़ा ग़लत है। उचित तरीक़ा है

मनुष्य की परिस्थितियों को देखकर उसका मार्ग और उद्देश्य निश्चित करने का। परिस्थितियों का अर्थ है प्राकृतिक परिस्थितियाँ और अवस्था और इसके साथ उन परिस्थितियों और अवस्थाओं को भी ध्यान में रखना चाहिए। प्राकृतिक और मनुष्य द्वारा पैदा की गयी परिस्थितियों के आधार पर विचार करने के तरीक़े को भौतिकवाद कहा जाता है क्योंकि इस विचारधारा की बुनियाद प्राकृतिक और भौतिक परिस्थितियों और अवस्थाओं पर रहती है। इसके विपरीत दूसरा तरीक़ा जो समाज में मनुष्य का उद्देश्य और मार्ग तय करने के लिए उपयोग में लाया जाता रहा है, अध्यात्मवाद है। अध्यात्मवाद शब्द प्रमाण की बुनियाद पर चलता है। शब्द प्रमाण का अर्थ है कि पहले एक सिद्धान्त को मान लिया जाय क्योंकि ऐसा विश्वास करने के लिए कहा गया है। उदाहरणत: यह मान लिया गया कि मनुष्य को भगवान् ने बनाया है। भगवान् ने मनुष्य के लिए जीवन का उद्देश्य निश्चित कर दिया है उस उद्देश्य को प्राप्त करना ही मनुष्य का कार्य है। या मनुष्य का आत्मा–परमात्मा का अंश है और इस अंश अर्थात् आत्मा का परमात्मा में मिल जान ही मनुष्य जीवन का उद्देश्य है। मनुष्य जीवन का यह उद्देश्य मानने से पहले हमें यह विश्वास कर लेना होगा कि सृष्टि रचनेवाले भगवान् हैं, उन्होंने मनुष्य के लिए एक मार्ग निश्चित कर दिया है जो बदल नहीं सकता। इस बात पर जब विश्वास कर लिया जाय तभी अध्यात्मवाद चल सकता है। भौतिकवाद आरम्भ होता है निरीक्षण और तर्क की बुनियाद पर अध्यात्मवाद आरम्भ होता है बिना दलील किये विश्वास कर लेने पर।

भौतिकवाद की विचारधारा का आधार मनुष्य की परिस्थितियों का ऐतिहासिक रूप से निरीक्षण करना है। और जीवों से मनुष्य की विशेषता है उसका अपने जीवन निर्वाह के साधन स्वयं बनाना। मनुष्य अपने जीवननिर्वाह के लिए किन उपायों का व्यवहार करता है यह बात निर्भर करती है उसकी प्राकृतिक या भौतिक परिस्थितियों पर। प्राकृतिक परिस्थितियों में निर्वाह के लिए मनुष्य को क्या कुछ प्राप्त होता है और वह अपने निर्वाह के लिए क्या और कैसे पुन:–पुन: उत्पन्न करता है।

जीवन निर्वाह के लिए आवश्यक पदार्थों को मनुष्य या मनुष्यों का कोई समाज किस प्रकार उत्पन्न करता है इस बात पर विचार करते समय हमें केवल उनके शरीर रक्षा के प्रयत्नों पर ही ध्यान नहीं देना परन्तु इस बात पर भी ध्यान देना होगा कि वे अपना जीवन किस प्रकार बिताते हैं, उनके परस्पर सम्बन्ध क्या रूप लेते हैं और उनके जीवन की भावना क्या है, मनुष्य की भावना ही उसका जीवन है। मनुष्य क्या है उसका जीवन किस ढंग का है इस बात को समझने के लिए यह जानना ज़रूरी है कि वह क्या उत्पन्न करता है और किन अवस्थाओं में उत्पन्न करता है। मनुष्य उत्पन्न करता है भौतिक पदार्थों को, भौतिक उपायों से, भौतिक परिस्थितियों में

जिनमें से अनेक स्वयं उसके प्रयत्न से ही पैदा होती हैं। मनुष्य की परिस्थितियों से अभिप्राय उसकी भौतिक परिस्थितियों से तो है ही परन्तु उन परिस्थितियों से भी है जिन्हें वह अपने प्रयत्न से स्वयं पैदा कर लेता है। मनुष्य द्वारा स्वयं पैदा की गयी परिस्थितियाँ भी उसके मार्ग को निश्चय करने में सहायक होती हैं। इस विचार से मनुष्य जड़ भौतिक पदार्थों के हाथ परबस न होकर स्वयं अपना मार्ग बनाता है।

समाज में मनुष्य की संख्या बढ़ने से उसके निर्वाह के लिए आवश्यक पदार्थों की पैदावार को बढ़ाने की आवश्यकता होती है। पैदावार के नये ढंग निकाले जाते हैं। पैदावार के तरीक़े में परिवर्तन होने से मनुष्य समाज के जीवन के ढंग में परिवर्तन आता है और उनके विचार करने का तरीक़ा भी बदल जाता है। पैदावार के काम में मनुष्य एक-दूसरे से किस प्रकार सहायता पाते हैं इस बात पर उनका आपस का सम्बन्ध या सामाजिक संगठन निर्भर रहता है। पैदावार के तरीके में भी परिवर्तन आ जाता है। किसी भी समाज की अवस्था का निरीक्षण करने पर हम उस समाज के सामाजिक और राजनैतिक सम्बन्धों और संगठन की जड़ में जीवन निर्वाह के लिए आवश्यक पदार्थों को उत्पन्न करने के तरीके को बुनियाद के तौर पर पायेंगे। समाज में मौज़ूद सामाजिक और राजनैतिक सम्बन्धों के अनेक रहस्यमय, दैवी और आध्यात्मिक कारण बताये जा सकते हैं परन्तु असलियत में इनका कारण पैदावार की व्यवस्था ही रहती है।

चेतना, विचार, संस्कार और अनुभव की उत्पत्ति और बढ़ती मनुष्यों में शारीरिक विकास और भौतिक परिस्थितियों के कारण होती है। भौतिक परिस्थितियों में जीवन रक्षा के लिए मनुष्य शरीर के अनेक अंग और उसका मस्तिष्क जो कार्य करता है वही उसमें विचार और अनुभूति पैदा करते हैं। मनुष्य का मस्तिष्क पशुओं के मस्तिष्क की तरह उनके शरीर का ही अंग है और शरीर की तरह एक भौतिक पदार्थ है। मनुष्य के मस्तिष्क का कार्य भी उसके शरीर के दूसरे कार्यों की भाँति भौतिक कार्य है। मनुष्य के मस्तिष्क में भौतिक क्रिया से होनेवाले कार्य ही उसके जीवन की रूप रेखा और विचारधारा को जन्म देते हैं। मनुष्य समाज के विचारों की सम्पूर्ण सम्पत्ति उनका सामाजिक ज्ञान, राजनीति धर्म और अध्यात्मवाद सब भौतिक कारणों और उसके मस्तिष्क से उत्पन्न हुए हैं। जिस प्रकार मनुष्य के शरीर का जीवन भौतिक क्रिया है उसी प्रकार उसके विचार भी भौतिक क्रिया हैं। चेतना या विचारशक्ति शरीर में जीवन के बिना नहीं रह सकती। जीवन के विकास के साथ-साथ चेतना और विचारशक्ति बढ़ती है। जब जीवन का विकास कम होता है जैसा कि हम निचलेक दर्जे के पशुओं, पक्षियों और जंगली जातियों में देखते हैं, तो चेतना और विचारशक्ति कम रहती है। जीवन संघर्ष में ज्यों-ज्यों मनुष्य

परिस्थितियों से लड़कर नयी परिस्थितियाँ बनाकर अपने जीवन का विकास करता जाता है उसका मस्तिष्क उन्नति करता जाता है, उसकी चेतना और विचारशक्ति बढ़ती जाती है। अर्थात् भौतिक शरीर से ही चेतना का विकास होता है, यह भौतिकवाद का सिद्धान्त है। अध्यात्मवाद का सिद्धान्त इससे ठीक उलटा है, उनका कहना है कि पहले चेतना रहती है उसके बाद शरीर की सृष्टि होती है।

अध्यात्मवादियों की यह बात तर्कसंगत नहीं जान पड़ती। मनुष्य के शरीर और मस्तिष्क के बिना चेतना यदि रही होगी तो कहाँ? ऐसी अवस्था में उस चेतना को अनुभव कैसे किया जा सकता था? और उसके मौज़ूद होने का प्रमाण ही क्या था? इस बात को केवल विश्वास से माना जा सकता है। यह विश्वास हमें करना होगा बिना किसी वैज्ञानिक प्रमाण के क्योंकि किसी पुस्तक में ऐसा लिखा है या किसी महात्मा ने ऐसा कहा है। इतिहास भी इस बात का समर्थन नहीं करता। इतिहास में हम मनुष्य चेतनार को उत्तरोत्तर बढ़ता हुआ पाते हैं। मनुष्य की चेतना का प्रमाण उसका ज्ञान है। मनुष्य का ज्ञान क्रमश: बढ़ रहा है यदि मनुष्य की चेतना इस भौतिक शरीर से भिन्न कोई पदार्थ है, यदि उसका विकास इस भौतिक शरीर के विकास के साथ नहीं हुआ, यदि उसी मनुष्य से बड़ी किसी शक्ति ने मनुष्य को प्रदान किया है तो उसे आरम्भ से ही पूर्ण होना चाहिए था। परन्तु हम अपने रोज़मर्रा के जीवन में और इतिहास में ज्ञान और चेतना के क्रमश: विकास को देखते हैं और इतिहास इस बात का गवाह है कि चेतना और ज्ञान मनुष्य के विकास और अनुभव के साथ बढ़ रहा है, वह मनुष्य की अपनी रचना है। मनुष्य के मस्तिष्क द्वारा बनाये गये धार्मिक सिद्धान्त भी मनुष्य की रचना है, भगवान् के सम्बन्ध में बनाये सिद्धान्त और भगवान् की प्रेरणा भी मनुष्य की रचना है। ऐसी अवस्था में यदि मनुष्य स्वयं पैदा की हुई भगवान् की प्रेरणा से आगे अपने विचार को न जाने दे तो इसे जहालत के सिवा और क्या कहा जा सकता है।

अध्यात्मवादियों के अनुसार मनुष्य के जीवन का क्रम और उद्‌देश्य मनुष्य द्वारा स्वयं नहीं बल्कि एक ऊँची महान् शक्ति द्वारा निश्चित किया जाता है। इस शक्ति को चाहे भगवान् कहा जाय या सर्वव्यापक आत्मा। मनुष्य की आत्मा इस शक्ति के सम्पर्क से शक्ति और प्रेरणा पाकर सही मार्ग को पहचान सकता है। विज्ञान की सहायता से मनुष्य उस शक्ति को खोज नहीं सका है। अध्यात्मवादियों का कहना है कि मनुष्य के ज्ञान की एक सीमा है और वह शक्ति उस सीमा से बाहर है। यदि कोई वस्तु मनुष्य मात्र के ज्ञान की सीमा से बाहर है तो उसे भौतिकवादी नहीं पहचान सकते परन्तु अध्यात्मवादी भी तो मनुष्य ही हैं फिर वे उस शक्ति को कैसे पहचान सकते हैं और उससे प्रेरणा पा सकते हैं। अध्यात्मवादियों

का कहना है कि उस शक्ति से अनुभूति द्वारा प्रेरणा प्राप्त करते हैं। हम इस बात पर विश्वास कर सकते हैं कि अध्यात्मवादी यह अनुभव करते होंगे कि वे प्रेरणा प्राप्त करते होंगे, परन्तु यह प्रेरणा है क्या? इस बात से इनकार नहीं किया जा सकता कि मनुष्य का मस्तिष्क एक भौतिक पदार्थ है और परिस्थितियों के अनुसार उसका विकास होता आया है। भौतिक परिस्थितियों के साथ ही मनुष्य के अपने प्रयत्नों से जो सामाजिक परिस्थितियाँ सामाजिक सम्बन्धों, धर्म विश्वास या न्याय के रूप में पैदा हो जाती हैं उनका भी प्रभाव मनुष्य के मस्तिष्क की प्रवृत्ति और उसकी विचारधारा पर पड़ता है और मनुष्य को एक ख़ास तरीके पर सोचने और विचारने का अभ्यास हो जाता है। अपने विचारों और मस्तिष्क के अभ्यास के कारण मनुष्य उचित-अनुचित और न्याय की धारणा बना लेता है और अपनी इस धारणा को शंका और सन्देह से बचाये रखने के लिए उसे वह महान शक्ति की इच्छा, आज्ञा और प्रेरणा मानने लगता है परन्तु महान शक्ति के प्रति विश्वास स्वयं उसके मस्तिष्क की उपज है और उस महाशक्ति की प्रेरणा और आज्ञा मनुष्य का स्वयं बनाकर अपने पैरों में डाला हुआ फन्दा है।

मनुष्य के जीवन में मस्तिष्क का कार्य प्रधान है। मस्तिष्क दो कार्य करता है एक विचार और दूसरा विश्वास। मस्तिष्क के सामर्थ्य के अनुसार मनुष्य विचारता है और विश्वास करने लगता है। मनुष्य की विचार शक्ति की उन्नति होती जाती है इस लिए पहले किसी समय किये गये विचारों के अनुसार क़ायम किये गये विश्वासों को उसे बदलना पड़ता है। इस नियम के अनुसार मनुष्य के विश्वास को विचार के अनुसार चलना चाहिए। परन्तु मनुष्य के विश्वास और विचार में प्राय: संघर्ष उपस्थित हो जाता है।

मनुष्य समाज के विकास का सीधा मार्ग तो यह है कि विचार को प्रधानता दी जाय। मनुष्य अपने प्रयत्न से पैदावार के साधनों की उन्नति कर जो नयी परिस्थितियाँ पैदा करे उन परिस्थितियों पर विचारकर सामाजिक सम्बन्धों को क़ायम किया जाय। समय-समय पर समाज में पैदावार का जैसा तरीक़ा रहता है उसके अनुसार समाज का जो अंग शक्तिशाली रहता है वह शासन का अधिकार अपने हाथ में कर लेता है। उस समय के विचार समाज के निर्वाह और रक्षा के विचार से इस व्यवस्था को उचित बताते हैं। समाज इस पर विश्वास करने लगता है। अवस्था के अनुसार व्यवस्था कर लेने से समाज में विकास नहीं रुकता पैदावार के साधनों में उन्नति होती है। मनुष्य नयी परिस्थितियाँ पैदा कर लेता है और समाज को अपनी व्यवस्था फिर से बदलने की ज़रूरत महसूस होने लगती है। ऐसी अवस्था आने पर वे लोग जिन्होंने पहली व्यवस्था में उस समय की विचारधारा और विश्वास के अनुसार

अपने हाथ में शासन अधिकार प्राप्त कर लिए थे और इससे लाभ उठाते रहे हैं, अपने हितों की रक्षा के लिए नयी परिस्थितियों में भी पुरानी व्यवस्था को क़ायम रखना चाहते हैं। प्राचीन व्यवस्था के विश्वासों के अनुसार क़ायम विश्वास पर उस व्यवस्था को ही क़ायम रखना वे न्याय समझते हैं, और इसे ईश्वर की इच्छा और आज्ञा समझते हैं यही उनके विचारों में ईश्वर की प्रेरणा होती है।

जिस समय मनुष्य समाज खेती द्वारा अपनी सम्पूर्ण आवश्यकताओं को पूर्ण करता था एक ख़ास ढंग से समाज का संगठन क़ायम था। भूमिपति सर्दारों का राज्य था। यह सरदार ही सर्वेसर्वा थे। उद्योग धन्धों का विकास होने पर मनुष्य केवल अपने ही उपयोग के लिए पदार्थ पैदा न कर पदार्थों को विनिमय के लिए अधिक संख्या में पैदा करने लगे और अपने व्यवहार के लिए आवश्यक पदार्थ विनिमय में प्राप्त करने लगे। इससे समाज में व्यापार बढ़ा और समाज को कृषि प्रधान अवस्था से व्यापार के युग में आना पड़ा। कृषि प्रधान युग में जो श्रेणियाँ मालिक और शासक थीं उन्होंने समाज में आनेवाले इस परिवर्तन का घोर विरोध किया। इस संघर्ष का इतिहास विचारों की क्रान्ति, धार्मिक क्रान्ति, सामाजिक क्रान्ति और राज्य क्रान्ति है।

आज मनुष्य समाज फिर परिवर्तन की ड्योढ़ी पर खड़ा है। यंत्रों के विकास ने पैदावार का ढंग इस प्रकार बदल दिया है कि पैदावार का कोई भी काम मनुष्य अकेला नहीं कर सकता परन्तु सामाजिक सम्बन्ध अब भी पुराने तरीके पर चला आ रहा है अर्थात पैदावार के साधनों का मालिक एक ही व्यक्ति हो और पैदावार के फल का स्वामी भी एक ही व्यक्ति हो। पैदावार के तरीके और पैदावार के साधनों की मिल्कियत के सम्बन्ध में जो विषमता आज दिन मौज़ूद है उसे दूर करने के लिए एक परिवर्तन और क्रान्ति आ रही है। इस क्रान्ति के अनुसार सम्पत्ति पर मिल्कियत तथा स्वामी सेवक का सम्बन्ध बदल जान ज़रूरी है। इस परिवर्तन को रोक प्राचीन प्रथा की रक्षा के लिए आज जो प्रयत्न ईश्वर विश्वास और ईश्वर की प्रेरणा के नाम पर किये जा रहे हैं वे केवल फन्दे हैं जो प्राचीन समय की व्यवस्था की रक्षा के लिए उपयोगी परन्तु आज वे समाज के विकास के मार्ग की अड़चन हैं। समाज अपनी रक्षा के लिए इस फन्दों को रौंद कर आगे बढ़े बिना नहीं रह सकता।

बेकार एण्ड कम्पनी लिमिटेड

सुनते हैं महापुरुषों की गाली से भी दूसरों की भलाई हो जाती है। श्रवण के पिता ने दशरथ को शाप दिया, "जा तू पुत्र के शोक में मरेगा"। दशरथ की मनोकामना पूर्ण हो गयी, अर्थात् पुत्र पैदा हो गया और पुत्र भी रामचन्द्र जैसा बाद में दशरथ पुत्र शोक में मरे तो क्या? पुत्र का मुख तो देखा! मरने को क्या है, मरते तो यों भी और पुत्र न होने के शोक में मरने से पुत्र के वियोग के शोक में मरना अधिक बुरा नहीं। कुछ-कुछ वैसा ही मामला आजकल लखनऊ में हो रहा है। भगवान् ने बेमौसम की आँधी और वर्षा भेज दी है इससे आम और ख़रबूजे की फ़सल मारी गयी तो क्या फिलहाल गरमी तो कम हुई और शरीफ आदमियों के लिए बाग की घास पर बैठकर सन्ध्या की ठण्डी हवा में बहस करने का मौक़ा आया। इस बारिश से नुक़सान हुआ तो यही कि ख़रबूजे की फ़सल कम हो गयी और ओले की मार से अमियाँ झड़गईं। अमीर आदमी अगर ख़रबूजे और आम खाना चाहें तो इनके लिए ख़रबूजा काठियावाड़ और पंजाब से आ जायगा आम आ जायगा दक्खिन से। रहे ग़रीब उन्हें टका पसेरी ख़रबूजा। पेट भरने को और सड़क पर टपका हुआ आम नहीं मिलेगा तो भगवान् क्या करे? भगवान् की सेवा में यह ग़रीब लोग ही कौन बड़ा दान पुन्न कर देते हैं। भगवान् ही उनका ख़याल करें तो क्या?

एक सन्ध्या की ठण्डी हवा में इसी ढंग से अमीनुद्दौला पार्क की घास पर बहस चल रही थी। स्थूल शरीर और चिकने गाल फुलाये एक व्यक्ति जिनके शरीर और स्वर से आराम और गम्भीरता प्रकट हो रही थी बोले, "तुम कहते क्या हो, भगवान् तो ग़रीबों पर ही दया करते हैं वरना ग़रीबों का है कौन! इसी से तो भगवान् को दीनबन्धु कहते हैं भगवान् को अमीरबन्धु तो कोई नहीं कहता।"

भगवान् के विरुद्ध ग़रीबों पर दया न करनेवाले चिचियाकर बोले, "ग़रीबों वर अगर भगवान् दया करते तो ग़रीब ग़रीब ही क्यों होते? ग़रीबी का अर्थ तो है दुःख उठाना। भगवान् की दया से यदि दुःख ही मिलता है तो भगवान् अपनी दया अपने ही पास रखें और ग़रीबों को अमीर बना दें। अमीर भगवान् की दया के बिना भी मज़े में रहते हैं और ग़ीरबों पर राज करते हैं। यदि अमीर यह विश्वास करते हैं कि भगवान् की दया ग़रीबों पर है तो वे स्वयं ग़रीब क्यों नहीं बन जाते? क्यों भगवान् की दया प्राप्त करने की कोशिश नहीं करते। यह सब धोखा है न तो भगवान् और भगवान् पर विश्वास करनेवाले ही ग़रीबों पर दया करते हैं। यह ग़रीबों को बेवक़ूफ़ बनाने का तरीक़ा है कि वे भगवान् पर भरोसा किये बैठे रहें और अपनी अवस्था सुधारने का यत्न न करें ताकि अमीरों की चैन से कटती रहे।"

इनकी बात काटकर कोहनी के सहरे लेटे एक साहब बोल उठे, "अगर भगवान् कुछ नहीं है तो तुम अमीर बन जाओ न! कौन रोकता है तुम्हें?"

इनका साथ देते हुए दूसरे सज्जन बोल उठे, "सोशलिस्ट भी बनते हैं और अमीर भी बनना चाहते हैं।" अपनी जगह से बढ़कर यह साहब और ऊँचे स्वर में बोले "यों तो सोशलिस्ट ग़रीबों से सहानुभूति की बातें बनाते हैं और ख़ुद अमीर बनना चाहते हैं।

इन्हीं का समर्थन करने के लिए इनकी बात काटकर दूसरे साहब बीच में बोल उठे "अरे सोशलिस्ट, सोशलिस्ट की तो पहचान ही यह है दिन-भर चाय और सिगरेट पीये। यह लोग तो भोग और वासना के ग़ुलाम हैं और संसार में असन्तोष और हाय हाय फैला देना चाहते हैं। इन लोगों की तो राक्षसी वृत्ति है इनसे कभी ग़रीबों की भलाई और कल्याण हो ही नहीं सकता..."

यह साहब अपनी बात समाप्त कर ही नहीं पाये थे कि एक और सज्जन एक तरफ़ से बोल उठे "जानते हो आजकल सोशलिस्ट कौन लोग होते हैं, सोशलिस्ट वे लोग बन जाते हैं जिन्होंने चार अक्षर अंग्रेज़ी के पढ़ लिए, रोज़गार कोई मिला नहीं, घर में कुछ पूँजी नहीं पर चाहते हैं आराम से रहना। इन लोगों का क़ायदा है जहाँ से जो मिले मार खाओ और चैन की बंसी बजाओ।"

चारों ओर से बौछार पड़ने के कारण भगवान् विरोधी सोशलिस्ट साहब अपनी बात कह सकने को कोई मौक़ा न पा बेबसी में खीसें निकाल हँसते जाते थे और पत्ता मात्र बची अपनी बीड़ी से फूँकें खींच-खींचकर उसका सुलगना जारी रखे थे मानो उसकी पतिंगा-भर आँच के सहारे ही वे अपने चारों ओर के विरोध का सामना कर लेंगे। सोशलिस्ट की यह अवस्था देख एक सज्जन ने गम्भीर और ऊँचे स्वर में कहा बिलकुल ठीक यानी आप सोलह आने सही फरमा रहे हैं। सोशलिस्ट और कम्युनिस्ट वही लोग होते हैं जिनके घर जमा पूँजी कुछ नहीं होती, रोज़गार मिलता नहीं, चार अक्षर पढ़ लेते हैं और आराम से रहना चाहते हैं। सोशलिज़्म की ज़रूरत भी तो उन्हीं लोगों को है जिन्हें जबरदस्ती ग़रीबी और मुसीबत के दिन काटने पड़ रहे हैं परन्तु वे ग़रीब रहना नहीं चाहते। वे लोग जानते हैं ग़रीबी क्या मुसीबत है, इसलिए ग़रीबी को भगवान् की दया नहीं समझ सकते...।"

सोशलिस्टों को चोर बतानेवाले महाशय इन सज्जन की ओर विस्मय से देखने लगे। "आप बिल्कुल ठीक फरमाते हैं" कहकर जब इन्होंने बात शुरू की थी तो महाशय जी ने समझा था यह उन्हीं का समर्थन करेंगे पर यह निकले सोशलिस्ट ही। इन्हें मात देने के लिए महाशय जी ने उत्तर दिया, "अरे भाई ग़रीब नहीं रहना चाहते तो मेहनत करो, रुपया कमाओ, अमीर बन जाओ, रोकता कौन है?"

मौक़ा देख बीड़ी पीनेवाले सोशलिस्ट बोल उठे, "कह तो दिया आपने अमीर बन जाओ। पर बन कैसे जायँ। यह जो इतने लोग बेकार फिरते हैं क्या अपनी इच्छा से ऐसा करते हैं? जिन लोगों को पेट भरने लायक़ तनख़्वाह और मज़दूरी नहीं मिलती क्या वे अधिक तनख़्वाह और मज़दूरी पाना नहीं चाहते। पूँजीवाद ने जब समाज में रोज़गार छोड़ा ही नहीं तो लोग रोज़गार पा कहाँ से जायँ? माना कोई बहुत चालाक है तिकड़म से कोई रोज़गार चला कर अमीर हो जाता है परन्तु उसकी जगह दस पाँच और ग़रीब और बेरोज़गार भी तो हो जायेंगे..."

कोहनी के सहारे लेटे हुए साहब ने टोका, "क्यों हो जायेंगे बेकार;, कैसे हो जायेंगे, तुम क्या किसी का रिजक छीन सकते हो?"

"हो कैसे नहीं जायेंगे" यह साहब बोले, "दस वकीलों में जब ग्यारहवाँ चालाक वक़ील आयेगा तब दस का रिजक छीन कर ही अपनी वकालत चलायेगा। दस बजाजों में ग्यारहवाँ बजाज आयेगा तब दस के गाहक तोड़े बिना उसकी दुकान चल नहीं सकती। अरे खोनचा ही लगा ले तब भी सौ खोनचे वालों का पेट काटे बिना अमीर क़ैसे बन सकते हैं..."

"मियाँ यह सब न करने की बातें हैं। भगवान् के यहाँ किसी के लिए कमी नहीं।" एक साहब ने ताना देकर कहा।

ताने की परवाह न कर वह साहब बोले—"कमी नहीं है आप कहते हैं लीजिये एक ही मिसाल देख लीजिये। अभी दो साल पहले गरमी के मौसम में तीस चालीस रुपये में मलाई की बरफ़ की मशीन लगाकर शहर में सौ डेढ़ सौ आदमी रोज़गार कर लेते थे। यह लोग दो अढ़ाई रोज़ कमा लेते थे। किसी अमीर को और अधिक अमीर बनने की सूझी उसने मलाई की कुल्फ़ी और बरफ़ का एक कारखाना कलकत्ते में खोल दिया। मशीन और विज्ञान का ज़माना है जो जमे पानी को भी पिघलने नहीं देता सो पूँजीपति साहब की बरफ़ और कुल्फ़ी भी ऐसे बक्सों में रख-रखकर जिनमें वह पिघल नहीं सकती कलकत्ते से लेकर दिल्ली तक शहर-शहर पहुँचती है। एक-एक आने दो-दो आने की मलाई की बरफ़ की डिबिया मिलती है। आपको वह मँहगी भी नहीं पड़ती। मलाई की बरफ़ बनाने वाला रुपये के माल में चार छह आने अपनी मेहनत के लगाता था तीन चार रुपये का बेचकर उसका निर्वाह मज़े में चल जाता था। मलाई की बरफ़ का पूँजीपति व्योपारी रुपये में एक आना दो पैसा मुनाफ़ा लेकर ही गुज़ारा कर लेता है क्योंकि वह दिन-भर में पचास हज़ार रुपये का सौदा बेचता है। अब मलाई की बरफ़ बेचनेवाले की जगह मलाई की बरफ़ का पूँजीपति मालिक या कम्पनी के ठेले लेकर चवन्नी रोज़ की मज़दूरी पर मई-

जून की चिलचिलाती धूप में सड़क-सड़क चक्कर काटते फिरते हैं बताइये आप ही इससे बेरोज़गारी हुई या नहीं...''

बीच में बोलकर जिन साहब ने सोशलिस्ट का समर्थन किया था उन्होंने रोककर कहा ''सोशलिस्ट और दूसरे आदमियों में यही तो फ़रक़ है कि दूसरे आदमी व्यक्तिगत रूप से अपनी ग़रीबी की मुसीबत को दूर करने की कोशिश करते हैं और समाजवादी यानी सोशलिस्ट व्यक्तिगत तरीक़े में विश्वास नहीं करता। वह जानता है ग़रीबी, भूख और नंग समाज में दो चार की मुसीबत नहीं बल्कि समाज के कुछ पूँजीपतियों को छोड़कर सभी लोगों की मुसीबत है। ऐसी हालत में चालाकी और तिकड़म से दूसरे आदमियों से पैंतराकर ख़ुद रुपया कमा लेने से उसकी मुसीबत दूर नहीं हो सकती। वह अगर अपना इन्तजाम कर भी लोग तो दूसरे ग़रीब तो तरसते और मरते रहेंगे जैसे उसका दुःख वैसा उस जैसे दूसरे करोड़ों आदमियों का दुःख। इसके लिए ज़रूरत है समाज में लूट के कारण ग़रीबी और बेरोज़गारी पैदा करनेवाले तरीके को दूर करने की...''

यह साहब लेक्चर देने के ढंग से रोब के साथ बोलते चले जा रहे थे। इनका यह रोब स्थूल शरीर और गुलगुले गालोंवाले सज्जन को सहन न हुआ। सोशलिज़्म के व्याख्यान के इस गुब्बारे में उन्होंने आहिस्ता से एजराज़ का काँटा चुभाने के लिए कहा, ''सोशलिस्ट दूसरों का भला करेंगे? कर चुके! अरे जिन्हें अपने सिगरेट और चाय से फुरसत नहीं मिलती वे दूसरों का भला क्या करेंगे? सोशलिस्टों में त्याग का भाव है कहाँ जो वे किसी दूसरे का भला कर सकें!''

सोशलिस्ट महोदय ने नयी बीड़ी जला अपनी लम्बी गर्दन आगे बढ़ाकर पूछा ''त्याग से आपका मतलब?''

कोहनी के बल लेते हुए महाशय ने हंसकर उत्तर दिया, ''त्याग का मतलब तुम क्या समझो, तुम्हें तो खाऊँ-खाऊँ के सिवा और किसी बात से मतलब ही नहीं...'' इन्हीं की बात को जारी रखते हुए गुलगुले गालवाले सज्जन बोले, ''त्याग को समझना चाहते हो तो महात्मा गाँधी की ओर देखो। उनके हृदय में ग़रीबों के लिए दाद है वे उनका भला चाहते हैं। सोशलिस्टों की तरह केवल चिल्लाकर नहीं बल्कि ग़रीबों की तरह कष्ट में रहकर वे ग़रीबों का दुःख दूर करना चाहते हैं। फूस की झोंपड़ी में एक अँगोछा पहनकर वह महात्मा अपना समय बिता रहा है...।''

भावुकता के कारण यह सज्जन धीमे स्वर में नाटकीय ढंग से और आसपास बैठे सज्जन महात्मा के प्रति अपनी श्रद्धा और भक्ति दिखाने के लिए आँखें फाड़-फाड़कर प्रेम से हज़ार दफ़े सुनी इस बात को चुपचाप सुन रहे थे। सोशलिस्ट

महोदय पर गम्भीर वातावरण का भी कोई प्रभाव न पड़ा और वे बोल ही पड़े, "क्यों साहब किसी महात्मा के अँगोछा पहनने में त्याग क्या है"

अत्यन्त आश्चर्य और क्रोध से अपनी महीन धोती को ताजी हवा भीतर भरने के लिए हिलाते हुए कोहनी के सहारे लेटे हुए सज्जन बोले, "वाह साहब अँगोछा पहनकर गुज़ारा करने में त्याग नहीं और आपके हैट पतलून पहनने में त्याग है। इस कृतघ्नता के लिए तुम्हें लज्जा नहीं आती?"

बावज़ूद इस ताने के सोशलिस्ट को लज्जा नहीं आयी और वे निर्लज्जता से बोलते चले गये, "हमारे पतलून पहनने में कोई त्याग नहीं है। पायजामा छोड़कर पतलून हम इसलिए पहनते हैं कि जहाँ चुस्ती रहे और लोगों की आँखों में भले और इज़्ज़तदार जचें। पोशाक पहनने में यही प्रयोजन होता है। राजा महाराजा और औरतें गले में जो सोना, चाँदी, मोती, नीलम का बोझ उठाते फिरती हैं सो इसीलिए कि लोगों की आँखें उधर खिचें और लोगों में चर्चा हो। अगर हमें विश्वास हो जाय कि अँगोछा या कफनी पहनने से हमारी इज़्ज़त समाज में अधिक होगी तो हम वही पहना करें। परन्तु हमारी इज़्ज़त तो उससे हो नहीं सकती। उलटे धूप में हमारा बदन जलेगा। कोई छतरी लेकर हमारे पीछे-पीछे चलेगा नहीं। हमारी अँगोछा और क़फनी पहनने का अर्थ लोग यह समझेंगे कि कमबख़्त के पास धोती पायजामा के लिए पैसे नहीं हैं और कोई हमें दुकान दफ़्तर या ढाबे में भी घुसने नहीं देगा परन्तु यदि हमारे पीछे दस पाँच आदमी जय-जयकार करनेवाले और सामने से भीड़ दूर करनेवाले हों तो हम भी अँगोछा कफ़नी पहनना ही बेहतर समझेंगे। उस समय कोई यह न समझेगा कि हम पैसा न होने से बेबसी के कारण अँगोछा पहन रहे है। उस समय हमारा यह काम त्याग समझा जायगा, इससे हमारी प्रतिष्ठा बढ़ेगी, हमारी बात का मूल्य बढ़ जायगा, हमारे अँगोछा पहनने, कद्दू का पानी पीने का चर्चा होगा और लोग समझेंगे हम बड़े तपस्वी हैं, लोग आँख बन्द कर हमारे पीछे चलने लगेंगे। लेकिन यह तरीक़ा जनता के प्रति ईमानदारी का नहीं। जनता को हमारी बात से इस कारण तो लाभ नहीं हो सकता कि हम कच्ची हल्दी घोलकर पी सकते हैं या सिर के सहारे खड़े हो सकते हैं। हमारी बात से जनता को लाभ तभी होगा जब उससे जनता की अवस्था में सुधार हो सकेगा और जनता हमारी बात को अन्धविश्वास के कारण नहीं बल्कि समझ बूझकर माने। जनता को बहकाकर भलाई के..."

"तुम्हारी ऐसी की तैसी" कोहनी के बल लेटे हुए सज्जन ने उठकर कहा "तुम महात्मा जी..."

इनके क्रोध की कुछ भी परवाह न कर दूसरे सोशलिस्ट और भी अधिक ऊँचे स्वर में चिल्लाकर बोले, "ऐसी तैसी का मतलब? क्या आप किसी को अपनी राय

भी न देने देंगे? हाँ बताइये किसी महात्मा के अँगोछा पहनने से देश को क्या लाभ? क्या अँगोछा पहनने से देश की ग़रीबी, बेरोज़गारी और नपुंसकता दूर हो जायगी? क्या आपका मतलब है देश-भर के लोग आवश्यकताएँ कम करके अपने आपको त्यागी और महात्मा समझ लें तो देश में स्वराज्य हो जायगा? अगर नंगे रहकर राम-राम और अल्ला अल्ला करने से ही स्वराज्य मिल सकता तो इस देश में साठ लाख साधू यही किया करते हैं। यदि फूस की झोंपड़ी में रहना तपस्या है और उससे देश की भलाई हो सकती है तो इस देश में ऐसे तपस्वियों की कमी नहीं है जो जेठ की धूप और पूस का पाला नंगे उघाड़े में नदी किनारे रेत पर बैठे बिता देते हैं, यह क्या यहाँ ऐसे-ऐसे तपस्वी मौज़ूद हैं सूलों पर सेज जमाते हैं, एक हाथ आकाश की ओर खड़ा कर सुखा देते हैं परन्तु इन सब तपस्वियों के जमघट देश में मौज़ूद रहते देश ग़ुलामी, भूख और बेकारी में फँस गया...।''

इन्हें रोककर गुलगुले गालवाले महाशय ने अपने दूध से सफ़ेद खद्दर के कुर्ते को दिखाकर कहा, ''ग़रीबी दूर करने का गाँधी जी का यह तरीक़ा आपको दिखायी नहीं देता?''

यह ढोंग तो हमें ख़ूब दिखायी देता है परन्तु इससे देश की ग़रीबी किस प्रकार दूर होती है, यह नहीं दिखायी देता। खद्दर का प्रचार होने से कितने ग़रीबों को पहले की अपेक्षा अधिक कपड़ा पहनने को मिलने लगा? गाँधी भण्डारों से कितने ग़रीब लोग खद्दर का कपड़ा ख़रीदते हैं? गाँधी खद्दर भण्डारों के ग्राहक हैं रईस लोग जो दुअन्नी की मारकीन की जगह रुपये गज का खद्दर ख़रीदकर लोगों को यह दिखाना चाहते हैं कि हम तो बहुत सादा और सिम्पल हैं। आपके गाँधी खद्दर भण्डारों में सस्ता खद्दर जितने का बिकता है उससे कहीं अधिक रक़म का बिकता है महँगा खद्दर और रेशम। ग़रीबों को इस खद्दर से क्या लाभ?

गुलगुले गालवाले बहुत गम्भीरता से बोले अरे भाई ख़रीदने की बात नहीं हम खद्दर बनाने की बात कहते हैं खद्दर को बनाते तो ग़रीब आदमी ही हैं इससे कुछ ग़रीबों को रोज़ी तो मिलती है? क्या इसे भी नहीं मानेंगे?

जनाब क्या मान लें हम? आप बताइये खद्दर बुननेवाले मज़दूरों की अवस्था क्या मिल में मज़दूरी करनेवाले मज़दूरों से अच्छी है, क्या उन्हें मज़दूरी अधिक मिलती है? मिल का मज़दूर दस बारह आने पाता है तो खद्दर का मज़दूर दो चार आने पाता है। अगर देश में निरे खद्दर का प्रचार हो जाय तो मज़दूर और भी ग़रीब हो जायेंगे।...

''परन्तु रोज़गार तो अधिक लोगों को मिल जायगा। बिलकुल ग़लत जब लोगों की आमदनी घट जायगी तो कपड़े की बिक्री कम होगी लोग अँगोछा लपेटकर

गुजारा करेंगे, महात्मा बन जायेंगे। बल्कि मिलों से सम्बन्ध रखनेवाले बीसियों दूसरे रोज़गार बन्द हो जायेंगे बेरोज़गारी और बढ़ेगी।''

सोशलिस्ट की इस गुस्ताख़ी पर हैरान होकर एक और सज्जन बोले,''मशीनों से बेरोज़गारी नहीं फैलती? यह तो आप नयी बात बता रहे हैं।''

सोशलिस्ट साहब बोले यों तो आग से घर भी जला दिया जा सकता है परन्तु आग के बिना काम भी नहीं चल सकता। मशीन से बेरोज़गारी होती है जब एक आदमी उसे अपने लाभ के लिए चलाकर दूसरों को लूटता है और जब मशीन सब लोगों की साझी दौलत हो जाय और सबकी भलाई के लिए सब लोग आपस में काम को बाँटकर मशीन से करें तो बेकारी कैसे होगी? बेकार तो मज़दूर या नौकर होता है, मालिक नहीं होता। जब समाज के सब लोग मालिक बन जायेंगे तो उन्हें बेकार कौन बना सकेगा? गाँधीवादी मशीन ने मनुष्य समाज की जो भलाई की है और जिस तरीके से भलाई कर सकती है उसकी ओर ध्यान न देकर मशीन का विरोध किये जायेंगे। अरे भाई घोड़े पर अगर दुमकी तरफ़ मुँह करके बैठे हो तो चक्कर जायेगा ही। सामने की ओर मुँह कर लो तो चक्कर न आये परन्तु गाँधीवादी ऐसी नहीं करेंगे। वे घोड़े पर बैठने से ही इनकार कर रहे हैं परन्तु घोड़े पर तो कोई-न-कोई बैठ ही गया। आम जनता यदि मशीन पर अधिकार नहीं करेगी तो पूँजीवादी तो उस पर सवारी गाँठेंगे ही...।''

''असल में तो खद्दर के लिए अफ़ीम का नशा है। सोशलिस्ट ग़रीबी बेकारी और शोषण समाप्त करने का उपाय समाज के हित के विचार से बताते हैं पैदावार के साधन भूमि और मशीन को समाज भर की सम्पत्ति बनाकर इतनी पैदावार की जाय कि किसी की आवश्यकता पूरी होने से न रहे। गाँधीवादी कहते हैं मशीन से शोषण होता है इसलिए बहुत बुरी चीज़ है। आम जनता को उसे प्राप्त करने की कोई कोशिश नहीं करनी चाहिए यह बला जिसके पास है उसी के पास रहने दो। तुम मशीन से असहयोग करो। मशीन से असहयोग हो नहीं सकता। मतलब यह है मशीन पूँजीपति की सम्पत्ति बनी रहे और शोषण चलता रहे। जो लोग ग़रीब शोषण का विरोध करना चाहें वे तकली घुमाकर करें और उसी नशे में अपना सिर भी घुमाकर करें...।''

ठण्डी हवा में बहस शायद कुछ देर और चलती परन्तु पार्क के दूसरे कोने में किसी परोपकारी ने लाउडस्पीकर पर रेडियो के रिकार्ड सुनाने शुरू किये— ''नाचो नाचो मेरे मनके मोर।'' सो सोशलिस्ट साहब के लेक्चर से बचने के लिए लोग उठ उठकर उस ओर चल दिये।

◈

विनिमय

प्राप्त पत्र और उनके उत्तर

विप्लवी ट्रेक्ट मई, १९४१ के अंक में क्रान्तिकारी यशपाल का लेख सेवाग्राम के दर्शन प्रकाशित हुआ है। इस लेख के सम्बन्ध में वर्धा से गाँधी सेवा संघ के सदस्य श्री किशोरीलाल घनश्यामदास मशरुवाला का पत्र प्राप्त हुआ है। मशरुवाला जी का विचार है कि ग़लत जानकारी के कारण लेख में कुछ ऐसी बातें लिखी गयी हैं जिनसे ग़लत फ़हमी फैलने की सम्भावना है। इस सम्भावना को दूर करने के लिए श्री मशरुवाला जी का पत्र यहाँ प्रकाशित किया जाता है। —सं.

श्री मशरुवाला जी के उक्त पत्र के लिए धन्यवाद। "सेवाग्राम के दर्शन" लेख में अनेक बातें ग़लत जानकारी के कारण लिखी गयी हैं परन्तु उनमें से अधिकांश से विशेष ग़लतफ़हमी की आशंका नहीं होनी चाहिए। उदाहरणत: महात्मा जी के सेक्रेटरी वर्धा में रहते हैं या सेवाग्राम में इससे विशेष अन्तर क्या पड़ता है? फिर भी वास्तव की जानकारी उपयोगी है और भूल सुधार के लिए मशरुवाला जी को धन्यवाद है। मशरुवाला जी गाँधी जी के सेक्रेटरी नहीं हैं परन्तु श्री महादेव जी देसाई की अनुपस्थिति में सेक्रेटरी का काम निभा देते हैं। उन दिनों भी वे इस काम को कर रहे थे। लेख में भी यही लिखा गया है कि देसाई जी की जगह मशरुवाला जी काम कर रहे थे।

सरकार बहादुर ने सेवाग्राम में टेलीफ़ोन लगाकर गाँधी जी पर एहसान नहीं किया अपने ग्राहकों की संख्या बढ़ा ली है। ऐसा ही होगा परन्तु एक-एक ग्राहक के लिए सरकार चार-पाँच मील तक टेलीफ़ोन की तार खींचती फिरे, ऐसा प्राय: नहीं होता और फिर विशेषकर साम्राज्य विरोधी कार्यक्रम को प्रोत्साहन देने के लिए। इसीलिए इसे सरकार बहादुर की सज्जनता समझा जाय लेकिन यह भी सम्भव है कि सेवाग्राम में फ़ोन लगा देने से सरकार के रेवेन्यू का चश्मा खुल गया हो।

अलबत्ता आश्रम के मैनेजर श्रीयुत् शाह के स्वास्थ्य का विचार न कर उन्हें ज़बरदस्ती विवेचन में घसीटने की भूल हुई। उनके स्वास्थ्य की बाबत कुछ मालूम नहीं था। जब इतनी दूर गये थे तो आश्रम की फ़िलॉसफ़ी को समझने की इच्छा स्वाभाविक ही थी। कुछ मौक़े की बात कहिये कि भेंट शाह साहब से ही हुई और हमने उनके स्वास्थ्य और कार्य की बाबत जानकारी न होने से विवेचना में उलझाकर उनके आराम करने में विघ्न डाला।

सेवाग्राम में हम लोगों का आतिथ्य नहीं हुआ इस बात का कोई ग़िला नहीं। जिस प्रकार जनता सेवाग्राम के दर्शनों को जाती है उनके लिए शरबत के गिलास और चाय के प्याले लेकर तक़ल्लुफ़ में पीछे-पीछे फिरने की न तो आशा ही की जानी चाहिए न ऐसा उचित ही जान पड़ता है। अभिप्राय यह है कि जब जनता सेवाग्राम इतनी संख्या में पहुँचती है कि व्यक्तिगत रूप से उनकी मिज़ाज पुरसी नहीं की जा सकती तो उनके लिए सामूहिक रूप से एक छप्पर ही डाल दिया जाय और ज़मीन पर कुछ फूस बिछा रहे। जहाँ हम जैसे लोग जो व्यक्तिगत रूप से प्रसिद्ध और आकर्षक नहीं वे बैठकर प्रतीक्षा कर सकें। सेवाग्राम के सम्बन्ध में जो कुद लिखा है वह व्यक्तिगत असुविधा की शिकायत के लिए नहीं लिखा। प्रयोजन था केवल विचारों की ओर ध्यान दिलाने का। उसमें हिंसा की भावना नहीं है। विनीत—यशपाल

परिश्रम से लेख लिखने के बाद यदि वह प्रकाशित न हो सके तो निराशा अनुभव होना स्वाभाविक है। यदि हमें कुछ लेखकों को इस प्रकार निराश करना पड़ता है तो वह अपने शौक़ के लिए नहीं बल्कि पाठकों के प्रति अपने कर्त्तव्य के विचार से। पत्र या पत्रिका लेखक के सन्तोष के लिए नहीं बल्कि पाठकों के उपयोग के लिए है। यदि हम किन्हीं लेखकों के भावों को न दुःखाने के लिए जैसे तैसे लेख और कविताएँ छापने लगें तो परिश्रम से कमाये छह देकर पत्र ख़रीदनेवाले क्या सोचेंगे? यदि हम पाठकों को छह आने भर के मूल्य की उपयोगी पाठ्य सामग्री न दें पत्र को लेखकों के लिए मशक्कत का अखाड़ा बना दें तो पाठकों के प्रति कर्त्तव्य की बेपरवाही होगी।

विप्लवी ट्रेक्ट में सम्पादक के दोस्तों के कितने लेख छपते हैं इसे वही लोग जानते हैं जिन्हें विप्लवी ट्रेक्ट के कार्यालय में व्यक्तिगत रूप से आने का अवसर मिला हो या सम्पादक से लेखों के सम्बन्ध में बातचीत करने की आवश्यकता हुई हो। अधिक न कहकर हम इतना कह देना चाहते हैं कि हम लेख की एक-एक पंक्ति को तरसते रहते हैं। तिस पर भी पाठकों के प्रति अपने कर्त्तव्य को निभाये जाना चाहते हैं। आशा है निराश लेखक हमें क्षमा करेंगे।

सम्पादक

समालोचना

नरमेध (उपन्यास) : लेखक सर्वदानन्द वर्मा, प्रकाशक : छात्र हितकारी पुस्तक माला, दारागंज इलाहाबाद मूल्य १.५० रु.।

"नरमेध" वर्मा जी का नया उपन्यास है। वर्मा जी इससे पूर्व कई उपन्यास लिख चुके हैं। उनके उपन्यासों का एक निजी दृष्टिकोण हैं। वे कहानी सुनाने के लिए उपन्यास नहीं लिखते, इसलिए चमत्कारित घटना की प्रधानता उनके आख्यान में नहीं रहती। वर्मा जी का पिछला उपन्यास संस्मरण एक वर्णन था बहुत हद तक स्त्री की स्थिति के प्रति समाज पर अभियोग के रूप में। नरमेध में वे और आगे बढ़े हैं। इसमें केवल नारी की अधिकारहीनता की ही वकालत नहीं बल्कि पुरुष द्वारा अपने अधिकार की रक्षा के लिए खड़े किये सामाजिक ढाँचे की क्लिष्टता का परिचय है जो स्वयं पुरुष को भी बेबस किये दे रहा है।

नरमेध का कथानक सामयिक समाज के आधार पर होने से उसमें जहाँ-तहाँ देश की राजनैतिक विक्षप्ति का संकेत ज़रूर है और आर्थिक अव्यवस्था का अनेक स्थान पर। स्त्री की आर्थिक परवशता को उसकी ग़ुलामी का आधार स्वीकार किये बिना वर्मा नहीं रह सके बल्कि वे उसका ढिंढोरा तक पीट गये। वर्मा के पहले उपन्यासों में जो भावों से खेलकर सन्तोष की सृष्टि करने की प्रवृत्ति दिखायी पड़ती है वह नरमेध में बदल गयी है। यहाँ प्रवृत्ति ने समाज की विशृंखलता और मनुष्य की अपाहिजता के प्रति उग्रता और कटुता का रूप ले लिया है। और वह इस हद तक स्पष्ट हो गयी है कि नपुंसक कला के भक्त उन्हें प्रोपगैण्डिस्ट कहकर मुँह चिड़ाने लगें तो आश्चर्य नहीं।

समालोचक ख़ुद प्रोपेगैण्डिस्ट के नाते बदनाम हैं परन्तु उसे स्वयं ही पुस्तक में प्रोपेगैण्डा दिखायी दे रहा है। नरमेध का देवेन्द्र मनुष्य ज़रूर है परन्तु अपने आदर्श के चौखट में उसने अपनी संस्कारावृत्त मनुष्यता की उपेक्षा इस हद तक की है कि वह स्वाभाविकता की सीमा पर लड़खड़ाने लगा है। इसी प्रकार स्त्री के विरोध को सामने ले आने के लिए लेखक की निष्ठा ने घर की बहू ज्योति को सहसा ही उग्र साहसी, सोसाइटी रमणी बना दिया है। यह बात स्वभाव विकास से न होकर बिलकुल अचानक हो गयी जान पड़ती है और कुछ खटकती भी है। जब लेखक समाज की संस्कारागत स्वाभाविकता को बदलने का यत्न कर रहा है तो, मौज़ूदा संस्कारों की दृष्टि से देखने पर उसमें अनेक स्थान पर अस्वाभाविकता दिखायी देगी ही।

वर्मा जी ने हिन्दी साहित्य के क्षेत्र में अपने पुरुषार्थ से जो स्थान प्राप्त कर लिया है उसे देखते उनका उत्साह बढ़ाने की चिन्ता की ज़रूरत नहीं। उनकी शैली और सफलता बहनों के लिए पाठ्यक्रम का काम दे सकती है। नरमेध, समालोचक के विचार में वर्मा जी का अब तक का High Water Mark है लेकिन उसमें कोई ग़लती न हो सो बात नहीं। कम-से-कम हमारे विचार में और वह यह कि पुस्तक के विचार प्रधान होने के कारण जब पात्र सोचने लगते हैं तो वे बहुत देर तक सोचते ही चले जाते हैं, ऐक्शन बन्द हो जाता है। यह बात यदि एक पात्र के सम्बन्ध में होती तो एक बात थी परन्तु यह सभी के सम्बन्ध में है। शेक्सपियर के नाटकों में एक दोष है सोली लोकी (एक ओर मुँह कर बात कहने का) वह बात नरमेध में भी काफ़ी है। वर्मा जी को इस बारे में शेक्सपियर नहीं गल्सवर्दी के निकट होना चाहिए था पुस्तक में सजीवता भी बहुत अधिक आ गयी है। शिथिल और अकर्मण्य पात्र एक भी नहीं। इसका कारण है लेखक की आदर्श प्रियता।

यह कहना कि वर्मा जी बहुत अधिक रिअलिस्ट है ग़लती है। वे रिअलिस्ट हैं ज़रूर लेकिन वहीं तक जहाँ तक अपनी बात कहने के लिए उन्हें समाज के पटों को खोलना पड़ता है। इसके बाद वे अन्योक्ति से शिकायत के कारणों की ओर झुककर जैसा होना चाहिए उसकी कल्पना करने लगते हैं। नरमेध वास्तव में उस दर्जे का उपन्यास है कि अनुवाद द्वारा भी हिन्दी में यदि उसका प्रवेश होता तो वह स्वागत के योग्य था। भाषा की दृष्टि से वर्मा नयी हिन्दी के पक्षपाती हैं परन्तु उसमें "रोज़मर्रा" का पुट और अधिक होने से अच्छा रहता। भाषा में खस्तेपन की अपेक्षा कोमलता अधिक है जैसे वे "जीवन की अमराई में प्रवेश" वृन्तच्युत कलिक की भाँति..."

"नरमेध" लेखक के सन्तोष का विराम चिह्न नहीं वह लेखक के असन्तोष की भूमिका है जो आनेवाली अनेक कृतियों की सूचना है। हम चाहते हैं वर्मा जी लिखें और ख़ूब लिखें।